国家出版基金项目
NATIONAL PUBLICATION FOUNDATION

上海市“十三五”重点图书出版规划项目
近代中国经济转型历史与思想研究文库
上海财经大学创新团队支持计划资助

# 荣家企业制度变迁（1896–1937年）：基于诺斯制度变迁理论框架的分析

柯 华 ◎著

上海财经大学出版社
SHANGHAI UNIVERSITY OF FINANCE & ECONOMICS PRESS

**上海文化发展基金会图书出版专项基金资助项目**

**图书在版编目(CIP)数据**

荣家企业制度变迁:1896—1937年:基于诺斯制度变迁理论框架的分析/柯华著.—上海:上海财经大学出版社,2020.6
(近代中国经济转型历史与思想研究文库)
ISBN 978-7-5642-2823-1/F·2823

Ⅰ.①荣…　Ⅱ.①柯…　Ⅲ.①家族-私营企业-企业制度-研究-中国-近代　Ⅳ.①F279.245

中国版本图书馆CIP数据核字(2019)第121244号

□特约编辑　柳萍萍　夏　晴
□策　　划　袁　敏　黄　磊
□责任编辑　袁　敏
□封面设计　张启帆　贺加贝
□封面篆刻　林　健

**荣家企业制度变迁(1896—1937年)**
——基于诺斯制度变迁理论框架的分析
柯　华　著

---

上海财经大学出版社出版发行
(上海市中山北一路369号　邮编200083)
网　　址:http://www.sufep.com
电子邮箱:webmaster@sufep.com
全国新华书店经销
上海华业装璜印刷厂印刷装订
2020年6月第1版　2020年6月第1次印刷

---

787mm×1092mm　1/16　25.25印张(插页:2)　426千字
定价:90.00元

# 近代中国经济转型历史与思想研究文库

**主　编**

程霖

**副主编**

王昉

燕红忠

# 总 序

近代中国面临"千年未有之大变局",中国经济也在外部冲击和内部调整之中发生了空前的转型变迁。本文库聚焦近代中国经济转型历史与思想研究,力图全方位、多视角地解析近代中国经济的转型路径与发展脉络。对近代中国经济转型的历史进程、思想演变及其内在逻辑规律的揭示,对于当下正处在新的转型之中的中国经济的涅槃和更生,无疑具有强烈的启示意义与现实价值!

本文库以经济史与经济思想史作为主要研究基质,以问题导向性作为划分体例,分别以独立专著形式展开研究,选题内容广博丰富,聚焦于近代中国财政、金融、保险、城乡关系、农村地权、民族资本主义、家族企业变迁等各个方面,在详尽搜集各领域相关经济思想和经济史料的基础上,深入研究了近代中国经济相关领域制度变迁和转型升级的经验及教训,有助于揭橥中国道路的近代历史渊源。

同时,正如习近平总书记在 2016 年 7 月 8 日他主持召开的经济形势座谈会上所指出的:"坚持和发展中国特色社会主义政治经济学,要以马克思主义政治经济学为指导,总结和提炼我国改革开放和社会主义现代化建设的伟大实践经验,同时借鉴西方经济学的有益成分。"观察近代中国经济转型同样也有一个不可忽视的重要理论背景,就是西方经济学说在近代中国传播与本土化,为此本文库也纳入了这方面的专著。

本文库是上海财经大学"创新团队建设项目"成果之一,不仅较为全面、深刻地展示了近代中国经济转型历史与思想的重要研究成果,为新时代构建中国特色社会主义政治经济学理论体系、学科体系和话语体系提供了可靠立足点,同时基于对近代中国经济转型发展经验教训的总结和提炼，有助于与现当代中国经济转型实践的逻辑连接，也有助于指导并预测中国经济转型的未来方向，从而为世界经济发展尤其是后发国家的转型发展提供具有可借鉴性和可推广性的中国智慧。

丛书主编　程　霖

# 序　言

柯华博士作为上海财经大学经济学院经济史专业的博士生，接受了系统的理论训练，为撰写博士论文而苦读四年半。荣家企业的研究一直是企业史的热点，但是关于荣家企业制度的研究，我觉得至少还可以从两方面进行推进：一是逻辑和理论的提练；二是用新的方法对史料进行考察。我们不仅需要一些新的观点，还需要一个整体的理论框架，即中国式企业制度变迁演进的框架的建立，这才是摆脱模仿困境的根本，是对经济学和管理学有所贡献的使命所在。同时，需要突破中国经济史在研究资料方面的限制，很多研究者很注重一手资料的挖掘，但是在一手资料已经挖掘得差不多了之后，就不知道研究该如何继续进行下去，这导致了研究的局限性。实际上史料的利用还在于突破原来的史料考证的局限性，引入经济学、管理学一些先进的方法来对史料重新考察。如制度方面的史料，作者对"制度事件"的收集、分类、统计和诠释就是基于一种对于新的史料分析方法的探索，尽管这一研究方法还有待于完善，但作者的理论探索精神是非常值得肯定的。又比如财务数据的收集，是研究企业很重要的切入点和抓手。作者利用他在财务分析方面的特长，对于荣氏企业的财务状况作了很好的有独到见解的分析。还有就是企业家精神方面的研究。鸦片战争以后，儒学与西学融合为特征的中国商人表现出非凡的进取精神，推动了中国经济的发展。儒家伦理深刻地影响了近代的企业制度变迁，但是在企业家精神方面，却一直感觉意犹未尽。此书对荣氏兄弟的企业家精神、实业理念和企业家权威和共同信念等都有所涉及与丰富。

柯华博士的《荣家企业制度变迁(1896－1937)——基于诺斯制度变迁理论

框架的分析》,系在其博士论文基础上修改完善形成的。本书从整理上海档案馆的一手资料入手,特别是收集了财务资料和制度相关的史料,明晰梳理了荣家企业制度三个周期的变迁的脉胳。本文发现荣家企业的每个制度变迁周期都是围绕一个单项或者整体制度的生命周期进行的,如第一周期的广生钱庄、第二周期的工头制度,第三周期的总公司制度。本文的企业制度生命周期是以效率为划分标准,体现了正报酬时期大量"转移支付"进行制度扩展和负报酬时期的"间断均衡"特征。此书从企业制度史的角度,试图为当代中国企业制度的发展提供历史借鉴。由于注重制度理论和中国企业史的结合,使该著作不仅具有经济史学术理论价值,同时也具有一定的现实借鉴意义。

柯华博士是一位好学上进、自强不息的青年学者,勇于创新并且乐于助人。他多年从事志愿者工作,为社会的公益及弱势群体奉献爱心。

杜恂诚

2019年6月于上海浦东寓所

# 前　言

本书的创新在于使用新制度经济学的方法研究企业史，并选择执近代制造业牛耳的荣家企业为典型的、可长期追溯的样本。本书认为企业制度变迁是有生命周期的，并基于环境、知识、技术、信念和正式制度之间复杂的关联，对荣家企业制度变迁的周期性特征进行研究。本书发现荣家企业的每个制度变迁周期都是围绕一个单项或者整体制度的生命周期进行的，如第一周期的广生钱庄、第二周期的工头制度以及第三周期的总公司制度。本书的企业制度生命周期是以效率为划分标准，体现了正报酬时期大量“转移支付”进行制度扩展和负报酬时期的“间断均衡”特征。本书的新制度经济学框架是基于诺斯早期20世纪70年代的古典制度变迁框架，并综合了后期21世纪初诺斯在制度研究上的最新知识论转型而建立的，企业家及其组织的理性是基于知识和信息的完全性的。结合荣家企业案例研究，尝试用此框架分析了一系列制度变迁上的难题，如新奇制度的产生，技术和制度变迁的关系，知识、信念与制度供需的关联，以及如何走出无效率制度锁定。本书特意强调了知识的投资可以弥补知识的不完全，从而对企业制度变迁具有重要性。此外，本书的研究是建立在前辈们对荣家企业大量而充分的史料整理工作的基础上的，并使用了新的史料学分类方法，即用“制度事件(事态)”重新分类史料；同时在部分史料特别是财务方面，收集并整理了大量一手资料。

本书分为七部分，导论部分从企业史研究新视野的角度出发，以新制度经济史学方法的兴起为背景，讨论和分析了新制度经济史学方法的适应性问题，指出建立企业为主体的制度变迁的重要性及其对中国企业史研究的重要意义，并结合诺斯的知识论转型，重构了古典企业制度变迁模型。此外，介绍了本研究关于案例和史料的处理方法，并对所涉及的制度经济学的概念，如知识、共同信念，企业制度、制度变迁，适应性效率，渐进均衡和间断均衡，都一一进行了介绍。本书第一章介绍了知识、技术、资本积累及新制度的产生，基于荣家企业的实证，回答了新制度经济学的重要问题：新奇制度是如何产生的。通过对荣氏兄弟企业家精神和实业理念的生成过程的知识基础的分析，说明中国近代大规模学习和模仿的制度环境下，学习精神对企业家特别重要。第二章从实践的角度，即"干中学"的角度说明了荣家企业的制度变迁的技术、报酬导向和适应性效率的特征，并根据报酬划分了1937年前荣家企业的三个制度生命周期。第三章到第五章，结合史料就荣家企业的案例关注企业是如何面对适应性效率挑战的，分别从制度环境、知识不完全、技术变迁、经营信念变迁和正式制度变迁的角度，对企业制度生命周期进行深入分析，同时就三个周期分别出现的无效率制度及其变迁进行了解剖。第六章对荣家企业三个周期的制度环境投资、知识分立和企业家权威与正式制度等进行总结。

本书系本人在上海财经大学就读经济史博士期间，尝试以新制度经济史学的方法来研究企业史的成果，前后研究共经历四年多时间，在此真诚地感谢杜恂诚导师的极其认真的指点和宝贵的建议，真诚地感谢预答辩的老师们的宝贵建议和鼓励，真诚地感谢盲审专家的建议，最后，本书也得益于博士期间诸位老师和师兄师弟、师姐师妹的热情的讨论和意见。

真诚感谢!

# 目　录

## 第二章　实践与荣家企业制度变迁



## 第三章　荣家企业第一个制度变迁周期(1896—1908年)

## 第四章 荣家企业第二个制度变迁周期(1909—1924年)



## 第五章 荣家企业第三个制度变迁周期(1925—1937年)

## 第六章　荣家企业制度变迁总结

# 导　论

国内学者多侧重于以历史学的方法研究中国经济史，以经济学分析方法贯穿始终的文章不多，在国际学术会议交流时受到很大影响。经济史成熟到一定程度后，学界开始提倡引进新理论来研究中国经济史，以突破原有格局，获得新的学术活力。吴承明指出："经济学是研究经济史的方法，而历史又是研究经济学的最好的方法。目前中国以历史学方法研究问题是主流，而以经济学理论特别是用西方经济学前沿理论框架研究经济史的凤毛麟角。造成了中国经济史的跛脚，追赶不上西方经济史学前进的步伐……必须把经济学理论与中国经济史学的方法之间的隔阂打通，做到经济学理论与历史分析的完美结合，再根据历史实践对经济理论进行不断的检验和修正。"〔1〕

与此相呼应，本书应用制度变迁理论来研究中国近代企业史，并以近代荣家企业为典型案例，提出一种基于微观基础（企业制度变迁）的制度变迁模式。实证研究欠缺是包括新制度经济学在内的主流经济学的一个弱点〔2〕。因此，在实证的基础上，本书尝试通过制度变迁理论在企业层次的运用来挖掘制度变迁的微观机制及其历史特征。

将制度分析清楚而直接地融入经济史以及一般历史的书写之中，会产生些什么样的不同呢？……一个简短的回答便是：制度与历史的结合，比之其他方

---

〔1〕 吴承明：《经济史：历史观与方法论》，载《中国经济史研究》2001年第3期。

〔2〕 主流经济学向来重理论轻事实。例如，在赫尔默尔卓和泰罗的著作《产业组织》（1989：126）中，在写到企业理论时评论道：目前，在这个领域，事实依据与理论的比率是非常的低！科斯：《新制度经济学》，载科斯、诺斯等：《制度、契约与组织》，经济科学出版社2003年版，第11页。

式,将能使我们讲出一个更好的故事(North,1990:131)。基于诺斯经济史研究的启示,本书将用制度与历史的结合来讲述一个近代荣家企业制度变迁的故事。

## 一、文献综述

### (一)企业史研究新视野:新制度经济史学方法兴起

近代企业史研究是中国经济史重要的领域,而企业史的三大主题分别为企业制度、企业家精神、城市经济联系,并以企业制度为核心[1]。从近代企业制度史角度,又可以把中国近代企业史研究划分为三个阶段(新中国成立之后),它们分别是史料的收集和整理阶段、管理学与公司治理范式主导阶段、新制度经济学范式主导阶段。

第一阶段的时间跨度从20世纪50年代到80年代,是对中国近代企业史料和行业史资料进行收集和整理的阶段,学界开始有计划地整理和挖掘各类企业档案资料、工商行业的契约文书,以及有关人员的口述记录,史料整理为企业史的研究奠定了扎实的材料基础。中国社会科学院和上海社会科学院为企业史料整理的两大中心,上海为近代经济发展中心,上海档案馆现存1 000余家、30多万卷史料。上海社会科学院通过40多年企业史研究,出版30多种企业、行业史的专著与史料集,并有大量的研究论著。特别是1992年成立中国企业史资料研究中心,为国际瞩目[2]。

第二阶段的时间跨度从20世纪80年代到90年代末,是管理学与公司治理范式主导研究阶段,又可细分为早期和晚期。早期的研究着眼于个别典型企业和行业发展,以及经营管理经验的发掘和总结,并受意识形态影响较深[3];随着改革开放的不断深入,90年代后,与企业发展现状相适应的公司理论得到迅速发展,并为企业史研究提供了新工具。因此,此阶段的晚期进入了公司治理范式主导阶段,特征是学者对近代企业微观治理机制的深入分析,弥补了对

[1] 中国社会科学院和上海社会科学院甚为重视中国近代企业史,张仲礼认为企业史是中国经济史重要的分支;张忠民指出尽管企业史研究是中国经济史主要研究领域,却依旧相对薄弱。张忠民、陆兴龙主编:《企业发展中的制度变迁》,上海社会科学院出版社2003年版,序和前言。

[2] 黄汉民:《研究中国企业史的资料宝库》,载张忠民、陆兴龙主编:《企业发展中的制度变迁》,上海社会科学院出版社2003年版,第373页。

[3] 受到政治意识形态影响,此阶段早期对于晚清政府、北洋政府、国民党政府与公司之间,官僚与企业之间,以及资本家与工人之间剥削与反剥削、压迫与反压迫的关系进行大量研究。

近代公司制度内部微观机制(权利分配、制衡与演进等方面)考察的空白〔1〕。

第三阶段,进入21世纪并随着使用管理学范式对企业史研究的丰满,企业史研究的转折再次出现:一则从管理学和公司治理角度研究企业史,成果丰富成熟,扩展空间已是有限;二则有关近代企业史的研究缺乏对经济学的贡献。因此,近代企业史研究发展到了第三阶段,时间从20世纪末期开始〔2〕。理论背景是新制度经济学理论的异军突起,不断冲击主流经济学,并从90年代中期开始在国内广泛传播,到21世纪时理论已初具框架〔3〕,从而可以为近代企业史研究提供成熟的新理论工具。

经济史研究颇受现实需要和理论发展背景的双重驱动。21世纪的改革开放提出了更深刻的经济史研究要求,运用新范式如新制度经济学是中国经济史学科发展趋势所需。〔4〕杜恂诚的著作《金融制度变迁史的中外比较》(上海社会科学院出版社,2004年)是一个典范,此书以诺斯、弗里德曼和舒尔茨用史实验证或发展一种经济学理念的成功为范例〔5〕,用新制度经济学范式研究了中外金融史上的制度变迁,提出具有独创性的政治周期理论以解释中国近代的发展,意义深远。〔6〕吴承明(1992)指出"在国外经济史学领域新理论与新方法层出不穷,逐步取代传统理论与方法成为学术的主流,而中国经济史学家在方法论上却比较保守"。李伯重等学者甚至疾呼:"中国经济史学曾经有过辉煌的历

---

〔1〕张仲礼、张国辉、许维雍、黄汉民、高家龙等国内外知名学者对企业及制度进行了卓有成效的研究,其他又如叶世昌、施正康(1998)对公司制度、产权关系思想、发展股份制等思想的分析;还有潘必胜(1998)、王处辉(2001)等对企业组织形态、组织结构的研究;张忠民(2002)根据企业理论和制度经济学理论的新进展,考察公司律以前的公司治理机制及其演进等;李玉(2002)对晚清公司制度的研究;朱荫贵(2008)对中国近代股份制企业的研究,都颇为经典。

〔2〕张忠民、陆兴龙(2003,前言)认为20世纪90年代中叶,在当代中国企业制度建设以及新制度经济学理论不断创新的背景下,企业制度及其变迁已经成为中国经济史研究的热点。本书考虑到20世纪90年代中期,经济史虽已出现制度经济学的理论应用,但影响尚微。

〔3〕刘和旺(2010)认为,由于林毅夫(1989)、吴敬琏(1995)、汪丁丁(1992)等学者的大力推介,科斯和诺斯等的制度经济学在中国受到推崇。而周业安(2003)断定新制度经济学是继马克思主义经济学后,在中国获得主流地位的一个经济学分支。

〔4〕国际经济史研究分史鉴学派、新制度经济学派和计量经济学派三大流派,新世纪以降,史鉴学派继续为基础方法的前提下,新制度经济学等新范式及其他社会经济学、数量分析、比较研究受到大量应用,跨学科和多学科综合性研究不断兴起,气象颇新。

〔5〕诺斯将产权理论运用于经济史研究,成为西方产权学派的代表人物,代表作是诺斯和托马斯的《西方世界的兴起》;弗里德曼和舒尔茨的《美国货币史》则通过对美国货币史的叙述和分析来阐述货币主义思想,两部经典著作都以史实来验证经济学理念。

〔6〕杜恂诚运用新制度经济学理论,创造性地发现诱致性变迁和强制性变迁在一个国家的金融制度的变迁过程中会交替发生,从而提出正向交替、逆向交替、二次交替等新概念。

史,但是目前却出现了衰落的迹象,面临着生死存亡的危机。"[1]

在上述学者呼吁和示范下,中国经济史和企业史研究产生积极变化。吴承明认为:"中国近代企业史在20世纪90年代向企业管理和经营学方向发展,近年来则颇受新制度学派的厂商理论和经济史学说的影响。"[2]2007年上海社会科学院经济研究所与上海市经济史学学会联合举办的"近代中国社会环境下的企业发展"国际学术讨论会上,多数与会学者做出了热烈响应,认为"制度和关系"是企业史研究的共性,视制度问题和网络关系为思考和解决问题的最重要的特征和方法,体现着企业史研究的新水平。[3] 知名学者亦纷纷率先使用国际先进的经济史学研究方法,如制度变迁、交易费用、产权等新制度经济学理论进行研究。杜恂诚(1993,1998,2006)分别以儒家伦理影响企业交易费用的实证分析为基础,论述家族企业和若干市场制度的合理性及负面因素;对中国近代环境西方式股份公司存在的制度缺陷进行了分析,并提出以钱业组织为典型的近代中国无限责任制度是降低金融风险的有效制度安排,而行业协会和司法机关是保证履行无限股东责任的配套制度力量;朱荫贵(2003)对近代企业制度中有形制度、无形制度两方面进行了深入探索;王玉茹(2003,2006)从制度变迁比较角度,分别提出中日近代不同的企业制度的发展途径导致中日经济近代化的不同命运和对非正式制度约束影响民族企业经营进行了制度经济学分析;戴一峰(2003,2006)则从新经济社会学的社会关系网络嵌入、新制度经济学传统向现代公司制度变迁两个角度对侨批局建构进行制度分析;刘兰兮(2006)主要关注新制度经济学中非经济因素习俗习惯对经济行为的影响,对民国定货契约习惯和裁处进行制度分析;陆兴龙(2006)则分析了近代上海商业企业的发展和制度演进。

### (二)新制度经济史学方法的适用性与不适用性

借鉴和吸收国际新兴理论是中国经济史研究走向国际化的重要途径,但应用新范式为研究工具,首先要明了其前提条件和适用性。

---

[1] 李伯重:《理论、方法、发展趋势:中国经济史研究新探》,清华大学出版社2002年版,第Ⅴ、Ⅵ页。杜恂诚(2002)对此表示赞同:"过去国内学者多侧重于历史学的方法研究中国经济史,少有以经济学的分析方法贯穿始终的文章,在进行国际学术会议交流时,受到很大的影响。"尹振涛(2008)呼应杜恂诚时指出:"目前在中国经济史学界以历史学方法研究问题还是学术主流,而以经济学理论,特别是西方经济学前沿理论为框架的经济史研究却凤毛麟角。造成了中国经济史研究方法上的'跛腿',追赶不上西方经济史学'跑步'前进的步伐。"

[2] 刘兰兮主编:《中国现代化过程中的企业发展》,福建人民出版社2006年版,序。

[3] 张忠民、陆兴龙、李一翔主编:《近代中国社会环境与企业发展》,上海社会科学院出版社2008年版,第1—6页。

中国现代诸多经济问题研究的起点皆可追溯到近代，19世纪中期一批资本主义性质的新式企业开办，昭示着当时中国迈向近代化的开端，而随着新式企业数量的不断增加，反映了不同历史时期中国经济近代化发展的水准。因而中国现代化的开端是在19世纪中期(吴承明,2006)。鉴于近代经济是在“西方势力强行入侵而中国传统的封建集权政治继续起作用”的复杂背景下展开，对资本主义新经济制约的因素很多。主流“新古典综合派经济学说”是基于自由市场制度安排已经完善的假设而构建的，根本不谈制度。而经济史要求整体观察，制度等因素都很重要(吴承明,1995)。传统经济学将现行的市场制度当作既定不变的假设条件，这限制了它在对付多种经济问题时的可用性，许多如无摩擦交易、完备的信息和明确界定的产权等假设在处理不发达的国家的经济问题时尤其不恰当(林毅夫,1994:372)。杜恂诚(2004)批评主流经济学忽略制度，热衷于用脱离现实和历史的精致模型分析经济现象，其苛刻假设下所做的经济学分析，具体运用到中国近代社会时，就会发现不怎么贴切。中国近代是新、旧经济二元并存激烈动荡的时代，缺乏稳定的经济、政治、社会环境，旧制度因为冲击而受到破坏，这为新经济发展打开了生存空间。近代制度创新和变迁如“洋务运动、清末新政、辛亥革命”等，皆为无技术、资本重大变化的情况下，以制度变迁为动力推动经济发展的经济现象[1]，从而超越了主流经济学的研究范畴。无疑，正视制度的存在，引入新制度经济学理论为研究工具是国内经济史研究大势所趋。

以“交易成本”为逻辑起点，科斯、诺斯等学者通过批评主流经济学“无视制度”的缺陷而建立了新制度经济学框架，并由于对中国经济发展的解释具有针对性，从20世纪90年代中期开始，中国学界兴起新制度经济学研究热潮，客观上为中国经济史应用新工具创造了前提条件。中国经济史应用新制度经济学理论研究的初始，多着眼宏观制度环境与企业的关系，关注国家政策、法律和产权正式制度等对近代中国企业的影响。随着现代企业制度建设的需要及新制度经济学理论不断创新，研究企业制度变迁成为企业史研究的焦点。然而，随着新制度经济学范式研究的深化以及广泛应用，渐渐发现存在适用性限制，刘爱新(2010)就认为当研究的视角放置于中国近代经济发展时，制度变迁理论提

---

〔1〕 制度及变迁对中国经济影响很大，林毅夫在《制度、技术与中国农业发展》(上海人民出版社，2005年)中用计量证明1978—1984年间农业快速增长中，农作物总产值增加一半都归于制度变迁(家庭承包责任)带来的生产率提高。

供了全新的思考维度和分析框架,但许多研究只简单借用制度经济学理论中的概念,对历史和理论的结合及经济理论本土化的重视远远不够。另外,还有学者指出:当新制度经济学运用于中国企业史研究,学者大多只能从国家和宏观层面上来理解企业制度,对微观经济主体的选择行为分析无法进行,一旦遇到复杂的企业投资、管理问题,则返回公司治理范式,导致理论框架出现前后矛盾(汪戎,2004;刘爱新,2010)。隐藏于深层的理论适用性问题一再被发现,这种问题源于中西方发展不同历史背景导致的经济学逻辑分析的差异。理论必须解释和预测现象,若不能如此,则说明此理论有根本的缺陷(Friedman,1953)。随着研究的深入,新制度经济学理论步了主流经济学的后尘,在中国近代企业史研究中对中国社会微观基础演化(个人和企业的行为如早期的"官督商办、北洋政府的保息政策,到超前采用股份制却产生投机泡沫,导致中国一段时间闻有限公司而变色;此外中国公司制度中的官利、企业吸取存款的传统、董事会形存实亡、中西/新旧并存的企业制度安排、落后的工头制度和传统儒家伦理来管理企业取得好的效率,而先进的、用科学管理的企业却在竞争中失败"等制度现象)做不出令人信服的解释,从而在理论适用性上受到严肃挑战。

新制度经济学特别是制度变迁理论直接应用于中国近代企业史研究之所以受到适用性问题的困扰,本书认为根源是制度变迁理论缺乏微观基础。这既与当今宏观经济学被普遍指责缺乏微观基础相关,也与西方经济发展的历史逻辑及史学研究传统相关。

首先,制度变迁理论受其奠基者诺斯的知识结构影响而偏向宏观。二次大战后,西方发生史学革命,历史主义几乎被推翻,社会科学方法进入史学,叙述的历史变成分析的历史。同时经济学也发生革命,凯恩斯主义盛行,宏观经济学兴起,随之结构主义和制度经济学代兴。诺斯受到时代的影响,他一度着迷于凯恩斯主义,并在早期的研究中大量运用凯恩斯宏观经济学来研究经济史,当诺斯在1600—1850年的航运革命研究中重新发现制度的作用以后,就从凯恩斯宏观经济学研究经济史转而从经济史角度来研究制度及其变迁。由于路径依赖,凯恩斯主义在方法上为诺斯对历史材料进行实证分析提供了便利,典型如诺斯(1981)以国家、产权和意识形态为三大支柱构建了成熟的制度变迁理论框架,这个研究被韦森(2009)视为"大视角"的制度变迁理论。诺斯的制度变迁理论把握大历史,闪耀真知灼见,却忽视了对微观制度研究。这种对微观研究的缺乏体现于史料的处理上,就是忽略历史的连续性。典型如诺斯(1994:

14):所自称“我们只能考察历史的某些重要时刻,因而这一过程中不免要破坏它的基本连续性”。诺斯承认,为了把握长期历史而无法关注更多历史细节,因此在史料的处理上,基本上是从一个宏观制度跳跃到另一个宏观制度！这样,微观研究上的空白就不可避免地出现了,历史的连续性也受到了挑战。在诺斯的大视野中,其逻辑在宏观制度之间跳跃,但的确没有在微观层面上去研究制度的产生和变迁,又典型如诺斯(1972,1981,1990)在分析制度变迁时,详细地研究了大量制度,如庄园制度、土地产权、英法等国的政治制度框架、19 世纪土地法、1787 年美国西北法等,却着重强调制度出现后对组织的激励,忽略对制度的来源及生成的追溯,视这些宏观制度的来源为不言而喻的存在。诺斯的弟子格雷夫(1998)不得不承认,由于过于专注正式规则和国家力量,诺斯的制度分析难以解释自我实施的制度存在,对经济主体为什么遵守一些规则而无视其他一些规则的行为无从解释,这正是对诺斯制度分析缺乏微观基础的一种婉转批评。

其次,更加深层的分析即理论逻辑与历史一致性而言[1],逻辑肯定是历史的理论再现,是经过修正的历史。诺斯的制度分析应该说其逻辑与历史是一致的,尽管会有所差别,但基于欧洲的历史而形成的制度变迁逻辑,为何缺乏微观基础呢?

追溯现代经济学确立之时代,“历史从哪里开始,思想进程也就从哪里开始”[2]。吴承明(1995)认为西方经济学理论是从历史的和当时的社会经济实践中抽象出来的。实际上,亚当·斯密被视为现代经济学之父,其《国富论》(1776 年)被普遍认为确立了现代经济学学科发展的主要渊源。斯密的研究对象和逻辑思考起点都是基于工业革命史实,此时离西方基本市场制度确定已经有 100 多年,如追溯到文艺复兴,则归于 14 世纪的历史事件。[3] 黑格尔认为历史是不同环节之间的阶段性演进过程,前一环节的知识会隐含到下一环节的日常生活中,成为后者的发展前提。以西方经济史为基础建立的现代经济学体系,把市场制度的完善隐含于现代经济日常生活中,退出主要的研究范畴,所以斯密的经济学分析逻辑视市场制度完善为理论出发点,并为隐含的理论预设前

---

[1] 历史与逻辑的统一,指客观现实的历史是逻辑的基础和内容,逻辑行程终归要由历史进程来决定。

[2] 《马克思恩格斯选集》,第 2 卷,第 122 页。

[3] 工业革命前欧洲已奠定资本主义基本制度安排:资本主义思想体系建立归于文艺复兴、欧洲宗教革命及科学革命和启蒙运动;重要的市场制度安排如专利法、市场自由、民族国家的兴起、产权保护都在工业革命前已完成,政治制度安排则源于 17 世纪的英国建立的代议制立宪政体。

提！斯密的经济学分析包括理论演绎和历史归纳，前者主导了古典经济学派、宏观经济学派和新古典经济学派的一脉；后者则主导历史学派、新历史学派、旧制度学派和新制度经济学派。此后"如同自然科学一样，经济学着迷于一般性理论的魅力，试图建立一个囊括所有情况的理论"。[1] 继承斯密的经济学分析逻辑的主流经济学家在演绎之路越走越远，直至完全抛弃斯密的历史归纳法，发展出"市场制度完善为隐含前提的均衡分析框架"，并在对西方市场经济进行的现实分析中，只关注市场制度完善后的均衡实现的问题。演绎法的极端是被喻为经济学皇冠的"一般均衡"分析框架。主流经济学家不断去历史化，满足于抽象模型中的理论演绎，最终把制度和历史抽象成不存在之物，只剩下理性经济人，从而招致科斯等学者的激烈批评，讽刺其为"黑板经济学"。[2]主流经济学的方法论源于基于西方经济历史而归纳出的斯密经济学分析逻辑，只不过后来者过分追求一般性，以至于把隐含的历史前提抽象成虚无，可谓源于历史而否定历史。

那么制度经济学又是如何"因为基于欧洲的经济史生成的制度分析逻辑"导致了微观基础的欠缺呢？尽管诺斯严厉批评一般均衡忽略制度因素，可是诺斯的制度变迁理论也摆脱不了同样"基于欧洲经济史的逻辑路径"影响。典型标志是在研究制度变迁时，诺斯(1971，1981，1990)一再强调"有效率制度安排激励有效率组织的发展"是西方兴起的关键和核心。鲜明指出：本书的中心论点一目了然，那就是有效率的组织是经济增长的关键；一个有效率的经济组织在西欧的发展正是西方兴起的原因所在。有效率的组织需要在制度上做出安排和确定所有权以便造成一种刺激，将个人的经济努力变成私人收益率接近于社会收益率(诺斯、托马斯，1972)；另外从最初与兰斯·戴维斯以及罗伯特·托马斯的合作研究开始，诺斯自称一直把制度置于理解各经济体的中心，因为它们构成了各经济体的激励结构(诺斯，2008：2)。此外国内研究诺斯的专家如卢现祥(1997，2003)、韦森(1999，2001，2009)、姚洋(2002)、秦海(2004)、汪丁丁(2005)、周业安(2004，2005)、刘和旺(2010)等都视"组织和制度的共生关系"为诺斯制度变迁理论的核心。这实际也是对斯密经济学分析逻辑的回归，即视市

---

[1] 人们对一般性理论的迷恋，部分导致了在现代经济学和社会学中存在一定程度的忽略历史的现象。从希腊寻求自然界的共同模式和对称性，到牛顿建立经典力学体系和爱因斯坦建立相对论，一般性目标贯穿于科学历史中，并深深影响了经济学。杰弗里·M. 霍奇逊：《经济学是如何遗忘历史》，高伟等译，中国人民大学出版社2008年版，第4—6页。

[2] 与科斯等的尖锐批评稍有不同，霍奇逊(2008：3—11)的批评相对委婉，强调一般化理论是重要的，但一般性方法必须对特定的历史背景、制度背景和文化背景保持敏感。

场制度完善为现代经济学的分析前提。诺斯(1990:67)一直关注什么样的组织会出现以及如何演化,是如何受到制度框架的根本性影响,当视现代组织是从产权等制度激励中演化出来的,并强调现行的政治规则决定经济规则时,就可清晰地洞见,诺斯的制度分析逻辑上潜移默化地视有效率制度安排为西方兴起的前提,这是欧美经济史在逻辑上的再现。刘和旺(2010:85)指出,如果从诺斯的学术源头寻找诺斯转向制度分析的原因,首先想到的是亚当·斯密,从欧文·索贝对作为制度主义者的亚当·斯密描述中可以看出两者的相似之处。这样当诺斯的制度分析逻辑因为视产权保护等市场制度为既定生成,并由第三方的国家负责实施时,就把制度生成之前微观组织的努力忽略掉了,因此自我实施的制度成为诺斯制度变迁理论的一大空白。

(三)进一步阐述:主体及研究对象

寻找理论的微观基础是20世纪迄今的经济学深刻变革的要求(汤为本、杨艳红,2003),宏观经济学的微观基础是指对构成宏观经济模型基础的单个经济行为人、家庭和厂商行为规律的理论分析。需要对微观的行为基础、合理的微观结构基础以及微观行为之间具有的协同性等进行研究,从而保证加总后微观个体和宏观总体之间依然相互联系。[1] 制度变迁理论缺乏微观基础是新制度经济学的缩影。[2]尽管交易成本经济学假定个体是机会主义行动者,但是它的分析单位"交易成本"是在组织和制度水平上操作化的。个体水平的行动绝少是分析的焦点。[3] 这个尖锐的评价表明新制度经济学尚在完善微观基础之路径艰难跋涉。那么如果要建立制度变迁的微观基础,我们应该寻找什么样的主体、分析框架及研究对象呢?

1. 个人主义方法论的批判导致的结合:企业和历史

就制度变迁理论研究而言,由于现实中的制度变迁并非在鲁宾孙个人世界中进行,而是在个人及组织交往中进行,制度和组织是共生的,制度变迁的微观

---

[1] 汤为本、杨艳红:《西方宏观经济学微观基础研究综述》,《中南财经政法大学学报》2003年第5期。

[2] 新制度经济学代表人物格雷夫(2008:5)承认新制度主义所用的概念和分析并不重视个人的行为动机。它通常将经济制度视为通过政治程序制定的规则,由政治机构自上而下地强加给经济主体。政治制度和政治组织是新制度经济学的中心问题,政治制度和政治组织之所以关键,是因为经济制度的建立和变化是通过政治过程来实现的。交易费用经济学补充了这一分析视角,它假设经济主体会对规则做出反应,他们会选择合约,并通过合约来建立各种组织,使交易费用最小化。

[3] 维克多·尼,斯梅尔瑟等:《经济学与社会学中的新制度主义》,《经济社会学手册》,罗教讲等译,华夏出版社2009年版,第76页。

基础必然与组织相关。当制度变迁强调微观组织的参与,强调组织如何推动有效率的制度的产生时,把研究视野置于企业家及其企业组织就极其关键。但“经济学由于过分重视抽象的无历史的个人行为,造成在企业的研究上仍然是盲目的”(霍奇逊,2008:282—297)。诺斯自称为研究组织的先驱,早期更提出包含个人、自愿合伙(企业)、国家的三种层次的古典制度变迁模型,[1]但诺斯在制度研究上先是重视国家,而后转而从抽象的人性假设出发去建立制度变迁微观基础,在方法论上陷入一种自相矛盾。[2] 对企业家及其组织的强调是对当今经济学领域中个人主义方法论统治一切的弊端的纠正,用历史主义和归纳为主的方法可以取得宏观和微观制度变迁在方法论上的一致。制度经济学隐含的历史主义代表着主流经济学对现实挑战而逐步放松假设的退却,也是长期受抑制的制度、历史、文化因素渗透经济学的表现。

无论是“博弈论”“制度设计论”还是“制度自发生成论”,都强调个体在制度变迁中的主体性地位,认为制度变迁的微观基础最终要分解到个体这个最小维度[3],这种个人主义方法论并非全无合理性。但现实世界的交易费用打破了经济学的理想世界,为制度和组织提供了存在空间,诺斯的制度分析逻辑即建立于“制度和组织共生”的命题之上的。抽象个人并非制度及变迁研究的合适起点,林毅夫(1994:375)指出:鲁滨孙个人世界不需要制度,制度安排是获取集体行动收益的手段。具体的、历史的个人必须替代抽象的个人,具体的、历史的个人在制度信念上依赖于组织,而企业是近、现代经济活动中最活跃的存在,缺乏企业的经济学就如莎士比亚戏剧缺乏哈雷王子,把企业制度变迁置于制度微观研究的核心符

---

[1] 诺斯制度变迁思想是不断演进的。刘和旺(2010)指出,大多人无视诺斯的演进特征,将诺斯的前期和后期思想混在一起,忽略诺斯从建构理性主义向演进理性主义的发展。韦森(2009)等强调要正视诺斯后期思想,特别是诺斯转向认知论的制度新分析趋势。诺斯在后期与前期思想存在重要差异,有从宏观制度分析向微观分析的转变趋势。诺斯(1971,1973,1981)提出宏观性制度变迁框架,诺斯(1981,1990)开始尝试用意识形态来构建理性有限的个人行为框架,然后,诺斯(1990)从补充国家强制实施产权的角度,用博弈论的方法研究制度的自我实施;诺斯(2005)转向认知论,建立“个人信念—选择—决策结构”的新框架,表明宏观向微观基础研究转向明显。

[2] 诺斯(1990)开始转向有限理性的个人行为研究,后来在新著《理解经济的变迁》中转向个人及其信念,对人类意向性、心智结构、共同信念等进行了分析,发展出一条微观研究的路径。然而人性的演绎必须具有历史的基础,依旧缺乏历史基础的个人让诺斯陷入矛盾:制度变迁在宏观上的历史归纳方法与微观上抽象演绎方法的冲突。

[3] 个人与制度关系存在两种观点,制度结构主义者认为制度超越了个人,而制度功能主义者则认为个人创造了制度。不论是何种观点都承认制度是个人交往中的产物,而集体行动、公共选择理论和博弈论等都提供了微观分析思路。

合历史主义的视野,令人满意的企业理论将对制度研究做出重大贡献。

总结:制度变迁理论缺乏微观基础。而经济学又需要对无历史的个人主义方法论进行弥补,因此研究企业家及其企业组织为代表的微观行为是两全的结合。个人主义方法论如果脱离历史,就只能在确定性的均衡世界凭空演绎经济人理性行为,历史主义的研究对象为具体的、历史中的个人,本文指出一种把个人行为与制度及企业组织结合的崭新路径。

2. 充满产业革命精神的中国近代企业家

经济学理论需要在历史中积淀,在充满不确定性的中国近代:宏观上,社会旧制度不断被打破,使社会陷入某种失序,而有效的新制度安排迟迟不能建立;宏观旧制度打破之时,微观主体受到了西方现代工商业精神刺激,异常活跃起来,冒出中国近代最具冒险精神和企业家创新精神的一批企业家,他们不断追求创造性的利润来源,在既定的社会环境甚至是恶劣的环境约束下,不断搜索获利机会。凭借罕见的信念,以某种不屈不挠的精神创造着新经济在中国近代发展的奇迹:第一艘中国人自己经营的川江航运中的"蜀通"号,第一艘远洋轮船"中国"号;张謇的大生纱厂、荣氏兄弟的面粉纺织企业集团、简照南兄弟的南洋兄弟烟草公司、范旭东的久大、永利盐碱工业系统的艰难创业,以及中国的"摩根"银行家陈光甫以少量资本在外国资本环伺下成功开创上海商业储蓄银行等,都代表了某种产业革命精神。在此种精神鼓励下,许多微观主体及其组织不遗余力地推广新式机器、新技术、新制度,把新机器、新技术、新制度运用于中国旧经济中,以求得进步;尽管近代农业是"最陈旧最不合理"的经营方式占了主流,依旧不少人在农业中开办各种垦牧公司,推广新果树、新树种,为中国的经济进步而努力不息(汪敬虞,2000:103－110)。

在微观主体的努力中,冒险、进取和创新成为企业家及其组织成功的力量来源。在这些企业家及其经济组织的努力下,无数微观制度变迁不断累积,在旧制度的边际上进行变迁,他们学习和模仿,追求创造性利润,这些经济活动构成中国近代制度变迁的支撑,也为近代新经济 20 世纪初到 30 年代令人惊讶的发展奠定微观基础。中国近代拥有一个"旺盛的创业欲望,炽热的爱国精神和强烈的竞争意识"的企业家群体(张仲礼、潘君祥,1992)。

在近代中国企业家个人信念或偏好的影响及其组织的作用下,如春秋战国奠定此后千年中国制度安排的基础,一个特殊时代的一个微小的历史事件就可能导致某些新制度的产生,并沿长期的路径演化下去,在"蝴蝶效应"下,初始条件的细微差别成为后来大相径庭的制度分流。对近代这样创造和破坏并存的时代,因为其承前启后的时间特征,任何制度的创造都会深刻影响中国以后的长期发展。

## 二、重构古典制度变迁模型及制度变迁要素分析

诺斯的制度变迁围绕此类问题而展开:如为什么有些国家富裕,而有些国家贫穷?为什么有些国家采取了增进福利的政治秩序而另一些却没有这样做?当意识到制度变迁的理论框架缺乏微观基础时,从“自上而下”转为“自下而上”的制度变迁研究就成为趋势。企业家及其组织从事有目的的活动成为微观制度变迁的主角,形塑着制度变迁方向。以企业为代表的制度变迁需要新的分析框架。解决诺斯制度变迁框架的适用性问题,并尝试运用完整的框架来研究企业史,本质上要求把国家为主体的制度变迁框架转换为企业为主体的企业制度变迁框架,从而弥补新制度经济史学在中国运用的缺陷。

自 20 世纪 80 年代以来,诺斯对组织与制度之间的关系的理解一直是:组织及其企业家……是制度变迁的主角,他们形塑了制度变迁的方向(North, 1990)。组织和制度的共生关系是诺斯制度变迁理论的核心范畴。特别是诺斯 1990 年在明确区分了组织与制度之后,组织作为制度的变迁主体的脉络就更加清晰,因此诺斯的制度变迁主体实际上是包括了个人、企业和国家三个层次的组织者,的确,在诺斯以后的制度分析中,也没有视组织及其企业家只为国家和政治家,企业也是制度变迁的主体(相应文献最早可参考戴维斯与诺斯(1971)提出的国家、自愿组织和个人三类古典制度变迁模型。追根溯源,诺斯的国家为主体的制度变迁模型是以戴维斯与诺斯(1971)的古典制度变迁框架为原型的)。总之,视组织为“虚拟的经济人”的假设贯穿了整个诺斯的制度分析之中,个人和企业以及国家,在诺斯的制度分析框架中都归结为本质上一致的组织人。

意识到企业作为组织人,也是诺斯制度变迁的主体(诺斯之所以继承德国历史学派重视国家的传统,精心构建具有经济人理性的“国家、产权和意识形态”三位一体的制度变迁框架,却放弃了古典制度变迁模型,是因为古典的制度分析不能直接应用于现实中的制度变迁,又难以解释无效率制度的广泛存在),那么如何处理企业制度变迁中的“有限理性”问题呢?当我们在诺斯早期的企业制度变迁模型中引入认知或行为视角来诠释企业主体的“有限理性”,就启发我们提出完整的、把国家主体转换为企业主体的新制度变迁模型。

理性人依旧是合理假定,但是世界由“确定性和不确定性”两部分组成,制

度是两个世界的分界线，制度变迁主体是追求创造性利润来源的、理性的企业家及其组织。零利润定理[1]主宰了确定性的世界，完全信息和完全竞争的新古典条件下，市场取得均衡；而不确定性世界是不完全信息的来源，也是企业家利润和风险（亏损）的源泉。经济学本质上是解决稀缺性的理性选择模型[2]，人类的进步源于“欲望无限和资源有限”的矛盾，企业家为代表的企业将打破确定性下的最优均衡水平，为追求正利润而向不确定性世界进军。对于企业家来说，人类意向性（经济学中重要概念偏好和信念，还有欲望无限的假设，都是一种意向性，诺斯晚年非常重视意向性对制度变迁的作用）体现为企业家及其组织为追求创造性利润来源，不断投资于技术进步，建立新的更加有效的组织和制度，增加知识存量和改变信念以寻求新的获利机会。而这一个复杂的、微观的过程中，无数组织不断在边际上推动整体的制度变迁，无数微观主体的努力积累起来，最终推动了经济发展，也不断推动制度的边界从确定性世界向不确定性世界移动。此分析框架中定义了制度变迁的主体、制度变迁的动力还有制度变迁的手段以及适应性效率标准。

周业安（2006）把新制度经济学分为三个阶段：第一阶段是古典模型或完全契约阶段；第二阶段是不完全契约和交易成本经济学阶段；第三个阶段是深入分析有限理性的阶段，以及对学习、认知的跨学科的理论的研究。[3] 本书基于戴维斯与诺斯早期的古典制度变迁模型，结合诺斯后期的知识论，对制度变迁模型进行改进，把企业主体重新引入制度变迁框架，并在荣家企业实证的基础上建立间断均衡特征和渐进特征相结合的制度变迁样本。

### （一）戴维斯与诺斯的制度变迁模型及改进

#### 1. 模型的假设

戴维斯与诺斯（1971）提出一种滞后供应的制度变迁模型，分个人、自愿合伙组织和国家三个层次，在时间系列中对新制度安排进行预期成本收益分析，为最优制度选择提供理性计算。以下是自愿合伙（企业）的模型：

---

〔1〕 经济学理论著名的零利润定理（Zero Profit Theorem）：长期来看，在一个竞争行业中任何企业的经济利润都会趋向于零，从而实现均衡。

〔2〕 科斯引用罗宾斯（1935）在《经济科学的性质与意义论文集》中给出的经济定义，指出经济学是一门把人类行为当作一种所要达到的目的与稀缺之间的关系作为研究的对象的科学，稀缺意味着有选择地使用。经济学家更愿意把这门学科称为人类选择的科学。

〔3〕 鲍尔斯：《微观经济学：行为、制度和演化》，周业安译，中国人民大学出版社 2006 年版，译者前言。

$$PV_{v_1} = -Co^{v1} + (R_1^{v1} - Cr_1^{v1})/(1+r) + (R_2^{v1} - Cr_2^{v1})/(1+r)^2 + \cdots + (R_n^{v1} - Cr_n^{v1})/(1+r)^n$$

$$PV_{v_2} = -Co^{v2} + (R_1^{v2} - Cr_1^{v2})/(1+r) + (R_2^{v2} - Cr_2^{v2})/(1+r)^2 + \cdots + (R_n^{v2} - Cr_n^{v2})/(1+r)^n$$

$$\vdots$$

$$PV_{v_m} = -Co^{vm} + (R_1^{im} - Cr_1^{im})/(1+r) + (R_2^{im} - Cr_2^{im})/(1+r)^2 + \cdots + (R_n^{im} - Cr_n^{im})/(1+r)^n$$

$PV$ 表示对某项制度的现值收益；$v_m$ 表示存在 $m$ 个自愿合作的制度类型，$Co$ 表示新制度所需要的组织费用，$Cr$ 表示各期成本费用；$R$ 表示各期收益；$r$ 是贴现率。此公式定义了一个具有理性人特征的制度主体，能够计算每种制度 $n$ 期的收益，经过加总就得到 $m$ 个不同的制度安排的收益现值，理性人简单地通过对 $m$ 个制度进行收益比较，并从中选择具有最大值的制度安排实施变迁。

2. 模型的修改

直接应用原模型于荣家企业的制度变迁分析存在缺陷：刘和旺(2010)认为原古典制度变迁模型不能把意识形态纳入分析框架；此外，以外生而不是内生的"相对价格和偏好"作为制度动力；既然是理性人假设，那么得到的制度预期就是理性预期，而理性预期的条件被忽略了；而且，旧制度的影响也被忽略；最后现实中制度变迁并非仅仅为某个制度垄断者[1]的设计。诺斯(1994，2005)重新诠释制度，把制度变迁理解成基于心智模型的学习过程。认知或行为视角的引入启发了本研究，为符合现实需要本书把模型修改为：

$$\sum_{l=1}^{k} PVv_1^l = -(\sum_{l=1}^{k} R_0^l - \sum_{l=1}^{k} Cr_0^l) - \sum_{i=1}^{p} D_i - Co^{v_1^l} + (\sum_{l=1}^{k} R_1^{v_1^l} - \sum_{l=1}^{k} Cr_1^{v_1^l})/(1+r) + (\sum_{l=1}^{k} R_2^{v_1^l} - \sum_{l=1}^{k} Cr_2^{v_1^l})/(1+r)^2 + \cdots + (\sum_{l=1}^{k} R_n^{v_1^l} - \sum_{l=1}^{k} Cr_n^{v_1^l})/(1+r)^n$$

〔1〕"规则来源于自利"(North，1990a，p. 48)，诺斯提出一个正式规则设计的思路：规则制定者就像一个有歧视性偏见的垄断者那样行事，他为不同的选民群体提供了一定程度的保护与正义，并设计和保护产权；而作为回报，统治者将获得税收收入。

$$\vdots$$

$$\sum_{l=1}^{k} PVv_m^l = -(\sum_{l=1}^{k} R_0^l - \sum_{l=1}^{k} Cr_0^l) - \sum_{i=1}^{p} D_i - Co^{v_m^l}$$
$$+(\sum_{l=1}^{k} R_1^{v_m^l} - \sum_{l=1}^{k} Cr_1^{v_m^l})/(1+r)$$
$$+(\sum_{l=1}^{k} R_2^{v_1^l} - \sum_{l=1}^{k} Cr_2^{v_1^l})/(1+r)^2 + \cdots$$
$$+(\sum_{l=1}^{k} R_n^{v_m^l} - \sum_{l=1}^{k} Cr_n^{v_m^l})/(1+r)^n$$

关于模型一些说明：

(1) $\sum_{l=1}^{k} PVv_1^l$ 代表 $k$ 个决策主体期望从某些特定的组织形式的创新中能够获取的净收入加总现值；$v$ 代表企业组织类型(其他两种类型是个人 $P$ 和国家 $C$)，下标数字 1,2,3,…代表 $m$ 个特定的制度安排组成的选择集。

(2)$R$ 代表主体从新安排创新中获取的预期报酬，0 表示前期，下标 1,2,3,…,$n$ 代表预期报酬的年份，上标 $l$(1,2,3,…)表示 $k$ 个决策主体的相应报酬。

(3)$r$ 是与主体决策时选择的相适应的贴现率，因为取贴现率计算现值的做法并不普遍，很多时候特别对近代中国进行制度分析的时候，忽略贴现率并不影响结果。

(4)$Co$ 指特定新制度安排的预期组织成本。

(5)$Cr$ 是决策主体承担的预期经营成本。这个在企业制度变迁模型中可以当作经营成本，预期收益和成本的分析是本模型的主要特征，当净收益大于 0 时，理性的制度主体就会做出制度变迁的决策并实施之。

这个新企业制度变迁模型，预期收益和成本的分析是其主要特征，假设原制度处于均衡，但是会面对各种不确定性变化的挑战，制度主体对变化做出的理性反应，是重新计算各种新制度安排的预期收益，当净收益大于 0 时，就会做出制度变迁的决策并实施，打破制度均衡取得收益后，利润恢复为 0，制度在新水平上实现均衡。

第一，原制度变迁模型中，没有解释制度可行选择集从何而来，只是假定一开始就存在一个以上可行的制度选择集合。作为一个严谨的模型，需要追问：究竟是什么在决定着制度主体的可行选择集合？相关的系列追问如下：制度变迁是从哪里开始和结束？究竟在什么时候，制度主体们会主动或者被迫开始新一轮的制度变迁周期,即可以设想成制度选择集合中又出现了新制度安排?

笔者把这些问题归为制度预期的形成和实现的问题。根据理性预期理论[1]的启示(约翰·穆斯,1961;卢卡斯,1972),笔者认为制度理性预期的形成与经济决策中的理性预期具有一样的性质,有知识(信念是知识的一种)、信息两个维度:只有当基于客观的而不是空想的完全知识的预期和完全的信息,才能形成制度的理性预期。所以,关于知识和信息的条件随即引入本模型,制度可行选择集合来源于主体拥有的完全知识。[2] 然而,当不确定性存在时,在现实中完全知识是难以达到的,此时就产生了信念(信念在博弈论中被视为一种概率)。既然现实中不存在完美设计的制度(诺斯,2005),那么,由于无知,制度更多是一种无法精确设计的含有信念的方案,也更多表现为对环境的适应,现实中的制度几乎都是知识和无知共同导致的、适应性的产物,如果用知识来衡量确定性,那么,无知(无知是信念产生的原因)则是用来衡量不确定性的指标,无知产生信念,所以,知识和信念体系是制度预期形成的来源。[3] 注意到自然、社会科学的知识对制度的供给已普遍为学术界所认同(*V. W.* 拉坦,1978;菲尼,1996);根据诺斯(2005),偏好改变也是制度变迁的来源之一,而信念在某种意义上等同于偏好。根据哈耶克(1945),信念的确源于知识,但同时它又是对个人无知、未来无知的适应。总之,与知识一样,我们确信传统和习俗,还有宗教禁忌等信念体系将会严重地影响着新制度预期的形成。

第二,新的公式把原制度收益从某个制度垄断者的收益变换为 $k$ 个制度主体的加总预期收益。从单一转换为多个制度主体,符合现实的情况,扩展的结果是企业能否进行新制度创造不仅取决于企业家个人的收益情况,还要考虑其他的利益主体(例如其他股东、管理层和工人)的预期收益情况,所以,最终是否

---

[1] 所谓"预期",就是从事经济活动的主体(如个人、企业等)在决定其当前的行动以前,对未来的经济形势或经济变动所做的一种估计。而"理性预期"则是当人们的预期符合实际上发生的事实时的情形。很显然,公众要进行预期就离不开有关的信息,这种信息不仅包括历史的统计资料,而且也包含对有关经济变量因果关系的判断等知识。

[2] 制度主体的知识来源于基因、文化遗产和经验(诺斯,2005),是基于信息的加工品,关于制度的决策信息则是主体的知识结构的产物,知识来源于信息又表现为信息。日常生活中哪怕最小的行动,也体现着心智上的巨大努力(熊彼特,1934)。当知识完全的假定引入制度变迁模型,意味着知识不完全到完全的获取并非免费,我们要为知识完全付出投资。

[3] 当知识分工和不确定性的存在,现实中需要把传统文化、信念处理成简化知识、遗传知识的工具;当制度是对无知的适应,要把不确定性处理成确定性信念(信念在博弈论中为概率),例如宗教信仰和神话就是不确定性下产生的对未知存在的信念,而保险制度安排则是对不确定性风险进行确定性分配的制度。

发动制度变迁,取决于参与制度决策者全体加总后的总收益情况。

(1) $(\sum_{l=1}^{k} R_1^{v_1^l} - \sum_{l=1}^{k} Cr_1^{v_1^l})$ 表示所有主体 $l=1,\cdots,k$ 对新制度的预期收益和成本。

(2) $\sum_{l=1}^{k} PVv_1^l$ 则表示所有制度主体 $l=1,\cdots,k$ 对新制度的预期收益加总后的现值(它扣除了旧制度的收益和旧制度的处置成本以及组织费用),只有最后加总现值大于 0,新制度才有可行性。

第三,哪怕制度变迁的预期是理性的,还要考虑主体对制度的购买能力,并支付旧制度处置成本。从经济学上,商品的自由处置的假设太强而受到批评,原来公式中之所以没有把旧制度考虑进去,同样是因为假设旧制度是自由处置的,即处理成本为 0,笔者认为制度自由处置的假设与商品自由处置的假设一样,不符合现实情况[1],旧制度即代表着制度变迁的路径依赖,它通常不是不花费任何处置成本就可以退出的,这样,在公式中,旧制度就必须处理成需要成本进行处理的项目(现实制度处置成本存在"大于 0,等于 0,小于 0"三种情况,自由处置仅仅意味着处置成本等于 0,在现实中是小概率事件)。

(3) $-\sum_{l=t}^{k} D_0^l$ 表示某项旧制度安排的处置成本。

(4) $(\sum_{l=1}^{k} R_0^l - \sum_{l=1}^{k} Cr_0^l) + \sum_{i=1}^{P} D_i + Cov_1^l$。

同一个制度安排,每个人都有不同的成本[2];剔除制度维持成本,经等式转换,制度实现需要支付的代价=制度的购买成本=制度购买价格 $P$=收入-利润=(4),(根据:成本=收入-利润,制度×价格=成本,各项收益相约除后,剩下的是(4)所列的常数项),根据(4)和公式,制度变迁的难度与制度价格、新制度组织费用、旧制度的处置成本皆成正比,而与新制度报酬成反比。也就是说,旧制度的阻滞成本越大,组织费用越大,价格越高,就越难以实施变迁。如果新制度的预期利润越大,则越容易实施变迁。

第四,原模型没有更加充分考虑制度存在 $n$ 期时制度报酬的具体变化情

---

[1] 利润为 0 的均衡制度不意味着自由处置。企业是难于自由退出的专业化投资(威廉姆森,1985)。

[2] 例如荣家企业中最为知名的工头制度,工头的处置成本就是小于 0 的,而企业家和工人的处置成本就是大于 0 的,因为前者是受益者,能够从腐朽的工头制度中得到各种好处和收益,而企业家和工人则是受害者,不得不为之支付无效率、浪费的成本,或者是各种贿赂和送礼的成本。

况。如果 $n$ 归于无限,那么没有必要出现制度变迁,因为制度是永远有效的,此时,哪怕收益很小,加总的收益也无穷大,所以 $n$ 是有限的。因为现实中制度受到时间演变的影响:其一,任何制度都随着时间演变或者归于均衡,即制度报酬为0,如果是不完美设计的制度,那么随着不确定性,其报酬上会先报酬递增,再报酬递减于0,甚至到负报酬,负报酬的制度会归于消灭,这反映并解释了历史上出现的许多制度例如奴隶制度或者氏族制度,今天为何不存在的情况;其二,正如其一所述,许多时候,新制度的出现意味着旧制度的淘汰,例如今天的民主制度已经取代了奴隶制度;其三,在现实中当 $n$ 是有限时,加上制度是不完美设计,意味着制度有一个生长、繁荣到萧条和死亡的生命周期。[1] 为了更加清楚地反映这一点,笔者从会计的角度,视制度为商品,引入制度的有形、无形折旧的概念。

第五,制度不是单项的,而是一个复杂的矩阵[2]网络,往往是从单项变迁到整体的渐进过程。

第六,企业家主动追求利润是企业制度变迁的内在动力[3],利润水平是制度效率衡量标准。

### (二)荣家企业制度变迁中的一些要素描述

上述模型涉及的企业制度变迁模型的相关要素如下:

(1)制度环境即制度及其变迁的外部约束。

(2)企业制度变迁主体:本文主要是指具有企业家精神和实业理念的荣氏兄弟。具体包括:①荣家企业中的制度垄断者[4]:本研究中主要指荣宗敬、荣德生(包括其控制的决策集团),其拥有的信念、知识和学习、模仿能力,构成企

---

[1] 阿夫纳·格雷夫(《大裂变》,中信出版社2008年版)认为"正如热亚那的历史所表明的那样,制度可能会有生命周期。最初,制度往往是自我实施的,但是随着时间的流逝,制度削弱过程就会逐渐显现。最初的增强,反映了制度在提供有关人的行为的认知、协调和信息基础方面的作用"。格雷夫指出,一旦制度增强过程开始出现,制度削弱过程就会开始起作用,尽管它发生的条件还不清楚。

[2] 指由各种独立的规则以及非正式约束组成的复杂结构(诺斯,1990),引为企业制度是由各项制度组成的复杂系统。

[3] 零利润定理视现实世界为静止,无视企业追求最大化利润的努力,受到许多批评,最早追溯到奈特(1921)。

[4] 在工业化早期,资本所有权起着压倒一切的支配作用,自由放任的趋势是生产控制落入最初企业家即财产所有者手中,而不是落入提供劳动服务的所有者手中(奈特,1922)。荣氏兄弟是制度垄断者,荣氏企业的制度变迁在早期决策主要取决于荣氏兄弟的知识和信念变迁情况。荣氏兄弟在申新纺织系统九个厂的股份皆超过50%,处于控股地位。上海社会科学院经济研究所编:《荣家企业史料(上册)》,上海人民出版社1962年版,第284页。

业制度变迁的主要根源。②部分参与者:银行、银团、高层、中层管理者和荣氏二代接班人。③弱参与者:工人和普通职员。④外部性引致的其他外部参与者:国家和公众、舆论和学者名人等。企业制度管辖范围内的人,都称为企业人,意思为个人在企业制度和制度变迁中具有的身份。

(3)制度收益函数:对于制度,无论是新或旧的制度,每个制度管辖范围内的企业人都拥有关于制度的收益函数,尽管不是每个人都能够自由表达自己的利益(事实上,荣家企业中的工人往往难以向制度垄断者荣氏兄弟表达自己的利益诉求),这些制度收益函数以预期的形式表达。

(4)理性预期取决于制度主体的知识和信念的结构,现实中的知识和信念往往是不完全的。决定制度选择集合是制度变迁主体的知识和信念体系。知识又分社会科学知识和自然科学知识,决定制度的知识主要是社会科学知识。每个人都基于自己的知识存量而拥有因遗传和学习而建立的信念体系,一个企业制度的建立,需要资本、生产和管理、技术方面的知识及共同信念。知识存量和信念体系制约着人的行为,决定了制度的可行选择集。由于知识专业分工并分立于个人,所以不同主体拥有不同的知识存量和信念,这些知识和信念决定了制度供给;制度的存在必须拥有共同信念,在企业的早期,这个共同信念往往决定于制度垄断者的个人信念。总之,共同信念和制度的形成有着密切的关系。

(5)制度矩阵(指正式制度与非正式制度组成的复杂的结构):一个工厂、一个企业可以成为一个制度矩阵;企业集团为更大规模的制度矩阵联合。

(6)企业家为了追求创造性利润的来源,在既定约束下,会不断发动微观上的制度变迁(企业制度纵横向扩展),直到达到边际收益等于边际成本的制度均衡条件。制度扩展和知识、信念的更新与形成新制度供给存在直接关系,所以企业家不断投资于知识。特别注意到,制度从来不会在空洞抽象中起作用,它通过影响特定投资、教育、信念甚至环境等因素来创造获利机会。

(7)不确定性下“知识不完全”处处存在,这是理性有限的原因,现实中所谓有效率的制度并非帕累托最优,其具有的往往是适应性效率。现实中观察到,制度主体通过不断试错,在反馈中更新知识和信念,是一个不断从信息不对称趋向信息对称的适应性效率产生的过程。荣家企业制度的变迁过程也不例外。

(8)现实中的制度变迁不只是需要预期,或者说制度主体对制度进行大量购买需要资金的支持,无论是外部的资金还是内部转移支付的资金。

(9)企业通过意识形态投资加强企业中的共同信念,巩固了企业制度,并形成企业家权威,由于偏好和意识形态刚性,让它成为双刃剑。

(10)企业制度的生命周期:组织、企业家和企业制度各有自己的生命周期,互相间的抵消、叠加,所以让企业呈现周期性变迁。

(三)意识形态如何纳入企业制度变迁模型

现实世界中,正式制度只是少数的,在大量非正式制度[1]中呈现冰山一角。新制度经济学强调非正式制度与正式制度的契合,认为正式制度必须与非正式制度相适应。诺斯(2008:144)指出:仅仅实施正式制度会带来失望甚至是灾难,正式制度有效需要非正式约束和实施的补充。正式制度和非正式制度需要互相均衡,它们甚至相互转化。

(1)意识形态等非正式制度降低了组织内部的交易费用,使内部交易成为可能。另外,某些时候也可能增加交易费用。

(2)意识形态等非正式制度保证个人、组织之间日常生活的基本合作。如果没有意识形态等非正式制度安排起作用,外部交易费用会高到不可接受。合作是人类社会中的普遍要求,意识形态是自我实施的。诺斯(1999:37—38)在描述日常交易时,指出买卖双方基于不成文的契约而保持基本信念,卖橘子的可能不会在口袋塞入腐烂的橘子,而我也不会趁人不注意把橘子装入口袋,彼此承认在橘子和美元上的产权,并接受纸币为一定数量资源的合法代表物。这些文化传统或意识形态,在日常生活普遍的交往中起作用,否则合作难以保持。

(3)意识形态的投资形成并加强企业的共同信念,企业人分享企业中的共同信念,可以节约(理解他人交易行为)交易成本,形成确定性的预期,简化了行为和选择,是企业内部合作的效率高于市场合作效率的关键,使企业人聚集努力于共同目标。没有共同信念,企业将会解体,如同一群人无意识地走在一起。制度与非正式制度的关系由共同信念体现。

(4)意识形态及大量非正式制度限制了正式制度的可行集合:传统和习俗,还有宗教禁忌等阻碍或促进新制度的变迁。特定的正式制度需要特定的非正式制度来支撑,信念的改变为新制度提供了可能,然后制度实施离不开特定的非正式制度。其中,意识形态对制度的维持,体现于对制度共同信念的维持或者削弱,在模型中则为制度折旧分析,这帮助我们理解为什么有的企业可以存

---

〔1〕 非正式制度包括行事准则、行为规范及惯例。它们隐含在道德伦理文化传统和宗教信仰之中。

在百年以上，而有的企业却仅有短暂生命。

总之，我们甚至可以把意识形态投资视为有收益的投资。

## 三、案例的研究方法

本书的研究方法亦是案例的方法。使用案例的方法研究企业，科斯（1937）最早使用于新制度经济学中，威廉姆森（1975；1985）在建立交易成本经济学时亦依赖于案例的检验。“以案例研究结合历史制度分析，重点关注制度在可执行层面的特征与后果”是新制度经济学前沿趋势（周业安，2003）。

任何社会的早期经济发展的历史中总有几个才智出众的家庭，他们通过范围广泛的活动而鹤立鸡群，并在任何其他类型的组织都难以达到的规模上做生意（刘易斯，1955）。20 世纪上半叶中国最大的民族资本集团荣家企业正是如此。它在中国近代举足轻重，并有如下特征：

1. 典型性

20 世纪初中国企业家的来源主要有三类：第一类是买办，首先服务于外国企业后把积累的财富和管理经验用于经营自己的企业；第二类是官僚，具有较高的社会地位，有广泛的人脉，易得到各方的支持；第三类是平民出身，在创业过程中学习，使企业由小到大，逐步发展壮大。荣宗敬、荣德生兄弟为此类企业家的典型代表，以民间企业家的身份，无官方背景之干扰，清白出身，白手起家，具有强烈的创业精神，使荣氏兄弟不论是在清政府、北洋军阀、民国等时期，都鲜明体现出在商言商。

2. 独特性

传统和西方的二元冲突，兄弟俩鲜明而不同的风格，稳重保守对激进冒险，把传统和西方文化的冲突表现得淋漓尽致。荣宗敬住于上海十里洋场，奢侈浪费，张扬，并不惮于在中国交易所甚至资本主义中心的美国芝加哥期货交易所进行投机冒险。而荣德生居于无锡，安于农村的自然风景，一生稳重敬业，重视传统，笃信佛教并迷信于风水，专注于企业内部的管理和技术质量控制，越来越视厂为家，爱护工人，建立劳工自治区，节俭平和。有趣的是兄弟俩皆有一种“家国天下”的情怀，并不断回报社会。

3. 长期性和可持续检验

中国近代工业不过“纱、粉、丝”三业。荣家企业在“粉和纱”两项占大头，颇能代表中国近代企业制度变迁的典型。[1] 荣家从1903年进入面粉业,大部分利润用于扩张,同时重视技术的不断引进,使用新式机器扩大生产规模,迅速发展了28年,先后建立21个工厂。荣家企业因罕见的增长速度,受外人佩服而编入日本教科书,作为经典案例。企业存在的长期性是制度研究的关键,企业生命周期如果很短则无法开展丰满的制度变迁研究,因为企业的制度变迁和知识模仿、学习都需要长时段观察。在近代中国,由于动荡的环境,大多数企业的生命周期极短,常因各种意外而夭折,给企业制度变迁、知识模仿学习的研究造成相当的困难。荣家企业家族在混乱的时代中生存,迄今家族仍活跃于企业界:荣氏二代的荣毅仁续写红色企业家传奇,荣氏三代荣智健以"中信事件"重蹈当年荣家芝加哥交易所投机失败的覆辙,旋即组建新的金融、地产公司。因此本研究具有可追溯性和检验性。

## 四、史料的处理方法

"博弈论"的制度分析方法成功的一个关键在于对博弈问题的规范性描述,这种规范性描述是科学、系统地分析博弈问题的基础。但定性的制度研究难以数量化,考虑到对制度的科学描述有利于制度研究,我们有需求寻找一种制度分析的规范方式。从新制度经济学的角度,通常认为交易是制度研究的最小单位,并是从科斯到威廉姆森的一贯传统,甚至可追溯到康芒斯,格雷夫则同时用"交易和契约"为基本的制度研究单位。但交易为基本单位去研究经济史中的制度,在史料处理上却不可行,因为交易无法界定,而且成千上万的重复的交易,并非全部有意义。以交易为基本研究单位,必然导致无效率而又重复的研究。特别是在史料上往往是通过事件来界定事实并以其为研究的对象,交易为基本单位与史料的收集及整理的方法不相符。

我们知道,事件一般由主体加上时间、地点和行为内容三要素构成。一个制度事件中,包含主体的信念、知识和信息,并反映出制度安排和变迁以及制度环境。收集事件在技术上是可行的,并与史料的整理方法相容,而收集交易和契约相对困难,不只因为存在隐性契约(如非正式制度安排中的习俗);而且交易难以衡量,不但日常化、数量成千上万,而且缺乏公认的框架,只有抽象的概念,当应用于观察史实和数据时,研究者常常感到无以入手。有谁能够界定出

---

〔1〕《中国银行民国十九年度营业报告》,1931年5月,第8—9、30页。

一个企业内部全部的合作(包括日常和暂时性行为合作、有形和无形的合作)?考虑到史料整理的可行性和史料的构成要素(人类的习惯是记录事件,而构成事件的都是有用的、重要的信息,事件在某种意义上构成了所谓的历史),本书尝试用事件来描述制度,这种方法已经在信息经济学上得到了良好的使用[1],并为建立规范性描述的制度研究提供了借鉴的基础。事件作为本书企业制度变迁的基本研究单位,本书充分收集案例的相关制度事件,建立研究制度变迁的数据库,并对其进行分类梳理,最后分析归纳,从而把研究奠定于扎实而充分的实证基础之上。

本书收集的荣家企业制度事件(四要素:主体、时间、地点、事情)或事态(形成规章制度),主要划分为制度环境变迁、正式制度变迁、非正式制度(经营理念、信念)变迁、技术变迁、知识变迁五个类型。

## 五、相关的概念和定义

### (一)知识、默会知识和共同信念

1. 知识与默会知识

在波兰尼看来,知识一部分是明示的,也是可标准化的;一部分是默示的,不可标准化的;知识是客观性和个人化的结合。这个性质决定了学习和模仿过程的特征。默会知识(tacit knowing)的概念由波兰尼于1958年在《个体知识》中提出,并在其整个思想体系中居于核心地位。波兰尼认为:"人类的知识有两种。通常被描述为知识的,即以书面文字、图表和数学公式加以表述的,只是一种类型的知识。而未被表述的知识,像我们在做某事的行动中所拥有的知识,是另一种知识。"他把前者称为明确知识,也称为名言知识(articulate knowledge),而将后者称为默会知识,也称为非名言知识(inarticulate knowledge)。所谓明示知识,即能够用各种名言符号加以表述的知识。所谓默会知识,是指那种我们知道但难以言传的知识。"我们所知道的要比我们所能言传的多",这一日常生活和科学研究中的基本事实被揭示,默会知识的普遍存在和默会知识是自足的,而明示知识则必须依赖于被默会地理解和运用。因此,所有的知识不是默会知识就是植根于默会知识。一种完全明确的知识是不可思议的。默会知识不能够明确表达或者完全表达,所以无法完全模仿(模仿的不完全性),

---

〔1〕 信息经济学在研究信息时把"事件"称为信息的第一层次,并对此进行收集和整理,为研究奠定实证分析的基础。董保民著,王勇编:《信息经济学讲义》,中国人民大学出版社2005年版,第67页。

这决定了学习他国经验的局限。我们可以模仿明示知识却无法模仿默会知识，经常观察到西方人学习东方或者东方人学习西方几十年，却其实不得精髓，没有默会知识支撑，任何模仿和学习都只是“形似而神不似”。

**表0—1** **信息知识分类比较**

| 分类 | 内涵 | 处理的程度 | 性质 |
| --- | --- | --- | --- |
| 数据(data) | 原始资料 | 未经处理 | |
| 信息(information) | 消息 | 粗处理 | 不规范的、表面的、片面的，仅有外部联系 |
| 知识(knowledge) | 学识 | 精处理 | 规范的、深入的、较全面的，有内部联系 |
| 理论(theory) | 系统的知识 | 提炼 | 全面的、系统的、有规律性的 |

表格来源：吴季松著：《知识经济学：理论、实践和应用》，北京科学技术出版社1999年版，第5页。

知识的传播途径为干中学、正式制度、学校、家庭和社会教育、出版业、社会的职业培训、新闻媒体、技术转让与专利、机器设备为代表的商品交易。根据经济合作与开发组织(OECD)提出的一套测度知识的指标体系，包括测度知识投入、测度知识存量与流量、测度知识产出、测度知识网络和测度知识的学习五个概念；其中知识的投入用科研经费、工程技术人员就业、专利技术、贸易支出、人力资本投入来做指标。

2. 信念及共同信念

非正式约束从何而来？它们来源于社会传递的信息，并且是我们所谓文化传承的一部分……文化界定为由教育和模仿而代代相传并能够影响行为的那些知识、价值及其他因素(Boyd and Richerson，1985：2)。[1] 从根源上可以把非正式约束归结于知识和无知的结合(在一个确定性的理想世界中，不需要制度，也不需要意识形态)，知识和无知的结合共同产生所谓文化和道德、价值观等信念体系。

诺斯认为信念直接产生了制度。“正式规则、非正式规则和它们的实施有效性是怎样产生的呢？它们源自人类信念。”[2]“信念体系是人类行为的内在表现。制度是人们施加给人类行为的结构，以达到人们希望的结果。也就是说，信念体系是内在的表现，制度是这种内在表现的外在显示。”[3]

[1] 诺斯著，杭行译：《制度、制度变迁与经济绩效》，上海人民出版社2008年版，第52页。
[2] 同上，第46页。
[3] 同上，第47页。

诺斯(2005)以信念为制度变迁的起点,提出“主导信念”的概念:那些处在做决策位置的政治和经济企业家,来做决策,或者决策的那些人来形成主导信念,并接受检验。主导信念“随着时间的推移”决定经济和政治绩效的精致的制度结构的共生。

主导信念代表制度内在共同信念的形成,制度决策者必须把主导信念上升为制度的共同信念,否则制度无法形成。共同信念是从组织文化中衍生出来的一个新制度经济学概念。共同信念的形成,是企业制度生成的必要条件,也是理解企业制度折旧的关键因素。所以一个重大的结论就是:企业制度的生命周期不是由物质条件决定的,而是由决定了企业人的行为的共同信念决定的,共同信念的加强和削弱,对应着企业制度的巩固和涣散。[1]

**(二)制度与企业制度、制度变迁**

1. 本书制度定义源于诺斯

诺斯认为制度是一个社会的游戏规则,即为决定人们的相互关系而人为设定的一些制约,制度构造了人们在政治、社会或经济方面发生交换的激励结构,制度变迁决定了社会演进的方式,是理解历史变迁的关键。[2] 制度的主要作用是通过建立一个人们相互作用的稳定结构来减少不确定性。制度由正式制约、非正式制约和它们的实施方式构成。非正式制约指的是日常的行为规范、行为准则和习俗等,它来源于社会的文化积淀,主要用传统来解决协作问题,是对正式制约的拓展、说明和修正。正式制约包括政治(司法)规则、经济规则和合约等,它来源于社会生产的专业化和劳动分工,相对非正式制约而言,它起着修正、修改和代替的作用。

古典经济学理论认为企业组织是追求利润最大化、抽象的生产函数的代表,但如何实现利润往往成为一个黑箱;在新制度经济学领域则分别从“产权、契约、交易成本、资产专用化”等方面来具体定义企业组织;而在演化理论中,企业亦被看作由利润推动的,但其行为却并非追求利润最大化。但无论主流经济学还是诺斯的制度变迁理论以及演化经济学,在企业研究方面依旧是缺乏的,钱德勒(1997:5)指出:“近年来,经济学者和历史学者已经对这些现代经济机构

---

〔1〕 如新古典经济学假设企业整体有一个人格化的行为目标:利润最大化,且是企业制度的共同信念,企业中的每个人都服从这个共同目标,否则个人利益出现对企业利润最大化目标的偏离,就会出现对共同信念的损害,严重时甚至使企业解体。

〔2〕 道格拉斯·C. 诺斯著,杭行译:《制度、制度变迁与经济绩效》,上海人民出版社 2008 年版,第3页。

给予了越来越多的注意,如爱德华·梅森、卡普兰、加尔布雷思、威廉姆森、鲍莫尔、马里斯、彭罗斯和艾夫里特、蒙森等人,都跟在小伯利和米恩斯的开拓性研究工作之后,研究现代工商企业的营运和活动。可他们都不想研究其历史发展……有历史癖好的经济学则仅仅开始研究机构变迁对其工业组织的影响,诺斯是这个领域的创新者,在他和兰斯·戴维斯合写的著作里,扼要地提出一种极为有用的机构变迁理论,并将它运用于美国经济成长上。在与罗伯特·托马斯共同进行的研究中,他揭示了工业组织的改变是如何影响西方世界的发展的。诺斯及其同事的著作以这种全面性历史观来检验、支持并提高其理论。可是他们至今还未能集中精力对任一特定经济机构的历史发展做出详尽的分析”。

诺斯视组织为“创立者设计并用来最大化其财富、收入以及其他一些由社会制度结构所提供机会”所限定目标的工具。在追求目标的过程,逐渐改变着组织的结构。组织不仅是制度约束也是技术、收入、偏好等约束的函数。组织为了实现目标必须获取的相应知识和技能,反过来又极其深刻地影响现有知识的演化以及知识被应用的程度。

2. 企业制度

那么,什么是企业制度呢? 由林毅夫的定义:制度为社会中个人所遵循的行为规则,制度可以被设计成人类对付不确定性和增加个人效用的手段。[1]企业制度(企业是一种组织,而企业制度是其内部的制度安排)就是这样一种面对不确定性的挑战的装置,是企业家为了追求创造性利润而建立于企业内部,并由企业内部人来实施和遵守的一系列制度安排,即由正式制度(指产权结构、企业内部监督与控制、人力资源管理、财务核算、日常管理、从生产到采购营销的等级部门)和非正式制度安排(共同信念、意识形态等)构成的制度矩阵。本书无意定义一个全新的企业制度,只为研究需要而视企业制度为追求创造性利润的企业家基于客观知识和技术而进行的主观人为设计,是市场制度的有机组成部分;企业和市场为可互相替代的存在,交易无论是在企业内部通过等级制度来组织,还是在企业间通过市场来自发进行,其成本都是一种影响决策的变量。

3. 制度变迁

研究企业制度,不能视企业制度为不变的静态均衡。制度变迁在舒尔茨看

---

[1] 诺斯等:《财产权利与制度变迁》,引自林毅夫:《关于制度变迁的经济学理论:诱致性变迁与强制性变迁》,三联书店、上海人民出版社1994年版,第373页。

来是重要的[1],企业制度变迁同样如此。制度分析是基于个人主义还是集体主义的方法,决定着对制度变迁的不同理解,通常古典制度学派是个人主义方法论,而演化制度学派是集体主义和群体主义。古典理论认为个体追求利润而将制度从一个均衡推移到另一个均衡;演化制度学则认为个体在制度变迁中没有能动性和意识性,制度变迁由超越个体的系统性动力所驱动。[2] 实际上,前者过分强调了个人理性,后者过分强调了个体的无知。哈耶克的方法论介于两者之间,既不是完全的个体理性,也不是在结构面前毫无能动性的集体主义,而是基于认知的"进化理性主义":个体既受制于社会结构,也能改变规则推动结构演化。此外,本书以公认的新制度经济学成熟理论即诺斯的制度变迁框架为基础框架,诺斯(1971)在早期提出了一种基于"个人、企业和国家"三个层次的制度变迁框架,但令人不解的是关于企业的制度变迁框架受到了诺斯的严重忽略,本书尝试把古典和演化制度学理论相结合而提出一种企业家及其企业组织的制度变迁框架。[3] 制度变迁成为企业家追求利润而发动的、不断打破不确定性世界的过程,代表着一个秩序到另一个秩序的演变,亦是一个基于利润的预期而不断追求制度完美的过程(这同时代表着知识上的完全性获得的过程)。

(三)不确定性下的利润、效率标准及适应性效率

1. 零利润及企业追求利润最大化

对企业来说,最重要的就是利润。而对利润来源的解释上存在一个矛盾。经济学著名的零利润定理认为:长期来看,在一个竞争行业中,任何企业的经济利润都会趋向于零;但传统经济学理论同时认为企业一直在追求利润最大化。

(1)对零利润定理的批判。

古典零利润定理不但把现实中不断变迁的世界变为静止的确定性世界,还无视企业追求最大化利润来源的努力。受到诸多批评,对此,最早追溯到奈特(1937)对"利润来源于不确定性"的研究。

奈特(2005:109-110)先否定了确定性的世界存在利润,认为"在变化可预

---

[1] 制度变迁理论是新制度经济学的制度三大理论之一。T. W. 舒尔茨认为:一个十分明显的事实是,特定的经济制度关系重大,它们是会变迁的,且事实上正在发生变迁。引科斯等:《财产权利与制度变迁》,上海人民出版社 1994 年版,第 252 页。

[2] 黄少安:《产权理论与制度经济学》,湘潭大学出版社 2008 年版,第 6 页。

[3] 近年来演化和新古典学派有整合的趋势,通过建立个体认知、行为和制度的关系,制度不仅是客观和外在的约束,还是充分认知为内涵的主观、内在约束,个体呈现复杂的无知和无意识性(诺斯,1993;青木昌彦,2005)。

见的情况下,变化不会扰乱生产服务的完全竞争的先决条件,而成本和价值完全相等时,也就不会有利润产生。在奈特假设的伊甸园中,一切都是确定时,人们的全部能量用于工作,所有人都如同机器,机械般地自动调整,智慧都不必存在,这时完备知识才可能实现。只有当不确定性出现时,机械地做事情和采取行动才成为生命中次要的事情,存在不确定性的时候,世界的主要问题和社会的首要功能是决定做什么和如何做?不确定性(奈特的不确定性不是指可以预计概率的风险,而是不知道概率的不确定性,而西方经济学中的不确定性多指概率性的存在)带来的两个特征也就产生,第一个就是产品是为市场生产,其依据完全是非个人需求的预测,生产者需要承担预测消费者需求的责任;第二个就是预测工作和大部分生产技术指挥和控制进一步集中于十分狭窄的生产者阶层,就是企业家。企业家在不确定性中承担风险,取得利润,表现为:(1)专业知识、专门管理、资源更加有限利用,使不确定性向确定性转换。应对不确定性成为一个具有一般意义的管理问题和风险控制问题。(2)不确定性问题与管理问题之间的不可分性,在关于企业家的分析中尤其重要,企业家擅长于承担不确定性或者运用手段改进经济控制。(3)我们自然接近了应对不确定性最根本的方法,获取有关未来的更好的知识,以及获得对未来的最好的控制。就组织的投机活动而言,其最大的好处是提供商业信息,使市场预测成为可能"[1]。奈特把不确定性理解为对价格影响的因素,因此,"需求变化和知识,技术进步和组织创新"是不确定性也是利润的来源。奈特对一般均衡框架内的利润提出巨大挑战,导致经济学界对不确定性问题展开广泛讨论。讨论的焦点是能否把不确定性问题纳入新古典经济理论的传统分析框架。

哈耶克(1945)承认只有与不确定性相联系,有趣的经济协调问题才会出现。但是他把不确定性归结为经济行为主体对具体某一时间和地点的变化的适应性决策问题。与奈特相同,哈耶克是从知识角度来认识不确定性,把知识的不完全性和预期的不确定性归结为知识的分散性,从而把不确定性问题归结为决策中知识的利用问题。哈耶克的逻辑是:不确定性是知识不完全引起的,没有人能够拥有完全的知识,而且知识分散于个人,产生于环境变化和实践中,

---

〔1〕 奈特(2005)把利润和不确定性联系的意义是把确定性的世界理解为一个模型,在模型内是信息完全、理性、均衡,也是零利润的,只有存在不确定性时,并通过对价格的影响才有利润和不均衡的出现。而企业家是为了追求不确定性而存在,所以创造性利润从不确定性的角度来说就是企业家对不确定性的克服。

只有把决策权分配于有相应知识的人手中，最终决策必须由那些熟悉这些环境、直接了解有关变化和了解为适应这些变化马上可以获得资源的人做出（哈耶克，2000:49），才能够解决不确定性的挑战。

许多人把知识和不确定性归于现实中存在的摩擦和理性有限，而不是真正对应奈特的均衡状态之下受到的不确定性的那种非均衡的冲击。西蒙（1957）把人类的认知结构引入企业行为分析，提出有限理性假设，并用该假设解释不确定性。西蒙（1961）有限理性假设的基本含义是：经济行为主体在主观上追求理性，但只能在有限程度上做到这一点。相对于复杂的客观环境，人类的认知和计算能力是有限度的，完全确定的最优化决策即使是可能的，也将面临高昂的成本约束。西蒙把他的有限理性称为“主观理性”，而把新古典经济学所说的完全理性称为“客观理性”。客观理性及其最优化理论只是一种理想性假设，在现实决策中不可能遵循这一原则。实际上西蒙已把不确定性归结为在复杂的决策环境下最优化决策的成本约束问题。在决策成本的约束下，决策过程更多地遵循“令人满意”原则。在此基础上，西蒙特别强调组织程序或制度设计对缓解人类有限理性限制和节约决策成本的重要意义。

演化经济学者 Nelson & Winter（1982）在继承阿尔钦思想的基础上建立了一个完整的经济变迁的演化理论，并试图解释在变化的市场环境中企业是如何行动的。企业将被看作是由利润推动的，但它们的行为却不被假定为在明确界定的和外在给定的选择集合上使利润最大化。在不确定性条件下，企业行为的最大的限制是知识的不完全性。

在一般均衡理论中，导致经济变迁的原因只能是经济系统之外的战争和自然灾害等因素，而市场经济的发展永远是动态的，在 1934 年出版的《经济发展理论》中，熊彼特试图从经济系统内部找到导致经济变迁的因素，他把这种内在的力量归结为企业家实施的供给上的“新组合”，即创新。在其后期著作中，熊彼特进一步阐述了创新的性质，并提出“创造性破坏”的概念——创新不断地从内部破坏旧的经济结构而代之以一种新的经济结构；德鲁克（Drucker，2004）继承了熊彼特的思想，反复强调经济体系中永远包含不确定性，还把企业发展模型落实到了管理实践的层次，认为企业家不断地搜寻变化、回应变化，把变化当作潜在的机会，并断言未曾预见的情况往往是启动革新的良机。

新制度经济学承认不确定性的普遍存在，对确定性的古典均衡世界也提出批评。从经济学家的观点来看，这种新古典公式似乎可以解释一切问题，其中包括:世界是和谐的,制度并不存在,所有的变化都可以通过市场的完全运行来实现。简言之,信息费用、不确定性、交易费用都不存在(诺斯,1999:5)。林毅夫(1994:373)认为:"在任何社会中,个人都面临不确定性和灾难发生的可能性,除此之外,他拥有工作能力的生命周期又很有限。他希望活下去,并希望达到高层次的满足。"这些不确定性导致了制度的需要。

诺斯(2008)在用人类意向性[1]来阐述一种动态的经济变迁时,提供了一种思路:在确定性的世界中,均衡是完全可以实现的,企业的最大利润就是零。[2] 关键是谁愿意待在零利润均衡中呢?这恰好和古典理论描述的不同,在古典经济理论框架中,经济是静态均衡的,没有人愿意偏离均衡,因为这样是非理性的:利益最大化受到损害。而现实中人类意向性表现之一是"欲望的无限与资源有限"的矛盾,人类总是希望社会不断向前发展,最大化的欲望总是不能够得到满足,这样的意向性加于均衡经济体系的后果就是在不确定性的世界中寻找新利润,此即创造性利润来源,它的取得是源于不确定性世界。我们知道,在为斯密(2007,第七章)所揭示的两种人性倾向中:一种是所有人都在寻求改善他的生活条件,这是从我们降生就开始直到死亡才结束的要求,在经济学上理解为个人追求最大化利益及不断改善生活;另一种是人类有着与生俱来的"交换与贸易的倾向",这种不断改善生活的努力,对应人类打破静态均衡的意向性所在。

(2)制度变迁的内生动力:追求利润。

诺斯、林毅夫等都把利润和制度变迁紧密联系,但却没有把企业家追求利润和制度变迁的动力彻底贯通,依旧视不可控制的外在性变化促进了利润形成。林毅夫也认为制度变迁是一群人在响应由制度不均衡引致的获利机会时所进行的自发变迁。[3] 导致利润形成的外部因素中,诺斯分析了"规模经济、外部性、风险、交易费用"四个方面。利润来源于不确定性,也源于制度不均衡

[1] 诺斯在《理解经济变迁过程》(2008:36)中专门有一章讨论人类意向性导致不同制度结构的问题。

[2] 的确如零利润定理所揭示的,在确定性世界中,企业实现最大化利润并非难事,因为完全信息意味着完全竞争,竞争市场的压力会让企业的激励问题自动解决,否则,那些没有按照最大化利润行事的企业会受到淘汰。如阿尔曼·阿尔钦(1950)指出的,输家不能生存,而是适者生存,这也就是经济人理性在企业的延续。一般均衡下企业实现最大利润并且利润为0,所有的要素都得到相应的报酬,边际收益等于成本,即资本得到均衡利息、工人得到均衡工资、企业家得到均衡报酬、土地得到均衡地租。总之,均衡状态内所有的生产者都只能在长期内得到成本补偿而不是超额利润。

[3] 科斯、阿尔钦、诺斯等:《财产权利与制度变迁》,上海人民出版社1994年版,第16—17页。

引致的获利机会,但这样是把利润当作由制度外部原因引起的,就完全把制度变迁归于偶然性了,唯有制度环境变化了,如疾病和自然灾害或者战争,利润才会出现,这样人的努力体现在什么地方?没有人的主观驱动,制度何以发生变迁?换言之,我们置企业家追求创造性利润来源的努力于何处呢?

当从确定性世界的零利润出发,人类意向性在经济领域转化成为企业家追求创造性利润来源的意向,这种意向得到一些人的响应,并成立一种组织即企业,并建立企业制度,企业制度管辖范围内的个人获得企业人的身份。企业家为首的企业人不断创新、冒险和投机,突破制度确定性限制向不确定性的世界进军,冒险成功则取得新知识[1]为代表的各种"创新、发明,不确定性消除或者是确定性世界打破",从而导致创造性利润出现。

上述过程需要如下假设:第一个假设,知识市场的完全性不能够瞬间达到,存在摩擦,否则新知识的取得没有收益,何来激励创造新知识?第二个假设,制度(制度甚至可以视为一种有价格的特殊产品)市场和技术市场的完全性也不能够瞬间达到[2],即制度市场出现交易费用为根源的利润,技术市场出现生产成本为根源的利润;然后企业才能开始追逐利润之旅,直到知识、技术产品和制度的市场实现均衡水平,报酬递减、利润消失,除非冒险再次出现。[3]

我们看到,企业家并不满意利润为零的均衡,他们不是静静等待制度外部变化引起的获利机会,企业家积极行动,他们投资知识、技术和信念,改变制度和改变制度环境,总之,不会停止创新行动,不会停止追求利润的行动,不断打破均衡,以追求创造性利润为终生目标。经济生活中有这样的企业家群体存在,静态的均衡成为不可能。如果企业家没有这种意向性,我们的社会就会长久保持在低水平的均衡之上,不会产生生产力的进步。人类意向性在个人身上就是改善自己的生活,最大化自己的利益,而在企业家身上,就体现为永远不停

---

〔1〕 诺斯的制度外部的利润来源指"规模和风险、交易费用和外部性"都是投资于知识来取得,经验和知识的集中造成规模,知识本身就是对风险的抵消,只要有合适技术和制度设计,外部性也可解决,而技术和制度都取决于新知识生成。

〔2〕 这两个假设就是创造性利润来源出现的前提,如果知识传播是无摩擦的过程,知识市场的完全性可以瞬间达到,那么信息对称下不可能出现任何利润。

〔3〕 Williamson(1996)在其新论著中含蓄地承认,其分析框架中存在着内在逻辑矛盾:在一个充满不确定性的世界中经济行为人是有限理性的,同时又拥有设计有效的治理结构的能力。这个矛盾的解决在于可以把世界分为确定性和不确定性两部分,在不确定性到确定性的过程,人的理性也不断从主观理性向客观理性变迁。现实中,知识、制度和产品这三个市场复杂交叉、企业家不断冒险突破制度的确定性取得利润,并在时间上并存连续,远非本书所能完全解释。

止追逐利润,这种追求导致企业制度变迁和社会发展。

企业家身上体现的特殊的气质,即企业家精神或者资本主义精神,视追求创造性利润为终身职业,勤奋刻苦、努力学习、敢于冒险,是企业家的意识形态,当它与资本的扩张增值的本能结合,就成为现代制度变迁的强大驱动力。

2. 制度效率评价标准

在判断制度变迁的效率上,黄少安(1995)总结存在着三种效率标准:

第一是马克思的生产力标准,即越能促进生产力发展的制度越有效率。这个标准着重的是制度变迁的结果,既有宏观意义又有微观意义,具有较强的可操作性。第二是布坎南的合意一致性标准。只要变迁所涉及的各主体之间能够就变迁达成一致,那么变迁效率就高。这个标准着重的是变迁过程,变迁的合意性高,变迁的成本就低(布坎南,1989)。第三是科斯的交易成本标准。只要变迁使交易成本最小化,那么变迁就是有效率的。这里的交易成本既包括制度自身的成本,又包括在制度框架下进行交易行为的成本(科斯,1990)。

三种标准适用于不同的制度变迁情况。生产力是客观标准,包含了技术变迁的影响,适合对企业的整体发展的判断;一致性同意是主观标准,合意的一致性取决于不同主体对变迁成本与收益的预期,变迁经常涉及利益的再分配,造成主体之间的"一致同意"经常难以达到,总有反对意见,况且在信息的不完全和理性有限两种情况下,会让主体产生错误的判断,因此,在考虑企业内部存在信息不对称和道德风险影响时,比较适用;交易成本最小化原则,是新制度经济学中最常使用的标准,通常假定技术水平不变,因此没有考虑制度对生产成本的影响。如果需要同时对技术和制度进行最优选择,企业家往往是选择交易费用和生产成本的加总最小,这意味着增加交易费用来加强监管而减少生产成本(转型成本)也是最优的。荣家企业对工头制度的改革,主因是因为工头制度对生产成本和产量质量产生了负面影响,最终的制度变迁是通过更多的管理制度(意味着管理层次的增加和交易费用的上升)[1];在单项制度变迁而不是整个制度矩阵变迁时此原则亦有适用性,如1934年改进委员会对荣家企业的整理方案,就含有众多寻求交易费用最小化的措施。

---

〔1〕 交易费用最小化的悖论:交易费用测量表明,经济体越发达,其交易费用越是上升的,而不是减少(Wallis and North,1988):47%—55% of GNP in 1970 US economy; and 26% in 1870(without setup cost)。诺斯解释为现代社会中生产成本减少,交易费用增加,所以交易费用呈现整体上升趋势。

3. 适应性效率

一般均衡中，理性人在完全信息和完全竞争等条件下取得的最优选择，是配置性效率。但是，一般均衡的条件在现实中不可能存在，知识不完全（信息不对称）、垄断、不确定性处处存在，这样的结果是产生普遍的适应性效率。

诺斯（1994）在其诺贝尔经济学奖获奖演讲的最后指出，“长期增长的关键不是资源配置的效率，而是适应性效率（adaptive efficiency）”。诺斯（2005）提出，适应性效率是指“某些社会面对冲击进行灵活调整的能力，以及改进制度以有效处理变化了的‘现实’的能力”。具体而言，“适应性效率考虑的是确定一个经济随时间演进的方式的各种规则。它还要研究一个社会去获取知识、去学习、去诱发创新、去承担风险及所有有创造力的活动，以及去解决社会在不同时间的瓶颈的意愿”[1]。诺斯的适应效率，实际上在宏观上就是用财富总量的增长率来作为帕累托标准的替代品。在他看来，所谓制度的无效率，意味着建立了一个不能导致经济增长的约束的集合，对于制度绩效的评价来说，总量经济增长率仍然不是一个中性的标准。而威廉姆森强调的适应性效率，则是缔约人之间相互适应、减少摩擦的效率，可谓微观效率。威廉姆森（1996）含蓄地承认，其分析框架中存在着内在逻辑矛盾：在一个充满不确定性的世界中经济行为人是有限理性的，同时又拥有设计有效的治理结构的能力。[2] 为了弥补这一缺陷，他提出了“洞察力”概念，从而把经济行为人的有限理性解释为不完全的但却充满“洞察力”的、在主观上追求理性的契约行为。洞察力赋予经济行为人以学习、预测未来、预感威胁等契约签订所依赖的各种因素。

**（四）企业制度的渐进均衡和间断均衡**

企业家及其企业组织为寻求创造性利润而创造新制度，但是，因为后来者的模仿和竞争，创新者的知识和信息的优势会慢慢丧失，从而让企业制度的报酬从初始的递增到达递减，并最终停止于零利润的均衡点。假设企业制度报酬不会递减而最终收敛，企业制度就会无限扩展，一直达到市场极限，从而导致市场为一个企业代替。企业制度到达均衡是以知识和信念的渐进变迁为基础的，并由非正式制度传导到正式制度，所以企业制度是从一个均衡转移到另一个均

---

[1] 诺斯：《制度、制度变迁与经济绩效》，上海三联书店 1994 年版，第 108—109 页。

[2] 威廉姆森明确地把交易作为最基本的分析单位，从交易的异质性出发讨论交易成本约束条件下的经济协调的效率问题。并指出，不同交易的特征及其相应的成本差异是决定不同治理形式（市场和企业）相互替代的决定因素。事实上，这一思想直接来源于 Coase(1937)。判断交易异质性的维度主要是资产专用性、不确定性和交易的次数。其中，不确定性和资产专用性是最重要的变量（Williamson，1991）。

衡的,一般认为这个过程是渐进和积累性的。但是,由于路径依赖、信息不对称和道德风险等原因,制度会锁定于无效率而主体不自知(主体对知识和信念认识不完全而产生认知危机),从而导致存在间断式均衡路径。尼尔·弗利格斯坦(Fligstein,1990)以19世纪晚期到20世纪的美国大公司为样本,发现企业遵循一种间断均衡模式。市场周期性动荡、严重竞争和过度生产导致公司出现系统危机。管理者应对危机时都会从一种公司控制概念转向另一种公司控制概念,这些控制模式的迭代过程是危机打破制度均衡,并急寻新秩序的过程。秩序一旦制度化即产生一个新的制度均衡周期。[1] 需要指出的是,间断均衡在本企业制度变迁模型中引申为以负报酬的危机形式表现出来的均衡重建模式,而并非一般人所理解的,仅仅是以突变的形式出现的大量新制度形式。本书认为大量新制度变迁并不能概括间断均衡的最重要特征,因为大量的新制度变迁在正报酬之下通过制度主体的努力(特别是大量利润支撑下),也同样可以产生自我加强的制度变迁,一个制度创新成功往往会引起大量的新制度创新。本书观察到荣家企业在负报酬下进行的制度变迁,往往是间断均衡特征的经典。

(五)制度环境:企业的总体环境和具体环境

经济发展离不开经济环境,这个环境限定了经济发展的可行集。近代经济发展的环境包括自然资源和基于历史而形成的社会经济政治等制度安排等,构成了中国近代经济发展的路径依赖。另外,一个国家经济的发展,首先要从资源禀赋开始着手,这就涉及近代中国的土地、人口、矿产资源、森林等。而诺斯定义的制度环境是一系列用来建立生产、交换与分配基础的基本的政治、社会和法律基础规则,支配选举、产权和合约权利就是构成经济环境的基本规则类型的例子。而且环境是可以改变的,在法律结构的逻辑中,这类变迁可能源于政治行动对宪法的修正,或是源于对司法解释的变迁,或是公民偏好的改变。[2] 诺斯等新制度学派学者尤其重视对宏观组织国家和意识形态的研究,但是,个体的偏好也会改变环境和制度。

尽管制度环境可能包括地理、资源禀赋和技术、政治、文化传统和自然经济等特征,但本书只强调与企业紧密相关的制度环境特征,根据企业受到影响的

---

〔1〕 间断均衡的概念源于古尔德等人的生物进化理论,原用来解释生物界为什么会在极短的时间之内突然爆发性出现了大量新的生命体,这是渐进进化所无法解释的,寒武纪大爆发就是一个非常好的例证。

〔2〕 科斯、阿尔钦、诺斯:《财产权利与制度变迁》,上海人民出版社1994年版,第14页。

程度划分为直接影响与间接影响，而把制度环境分为总体和具体两个层次。

总体环境上，政府对“经济的干预传统的削弱”和“人格化交换体系”两方面主导着经济，也分别从宏观、微观两个维度刻画了总体企业制度环境特征，它们间接影响着荣家企业。能够直接影响荣家企业制度的具体环境如下所述：19 世纪 30 年代，世界范围内以美国为主导正在兴起技术革命和管理革命，而中国还是一个封闭的社会，以中国传统的旧经济缫丝业为例，民间经济界人士相当保守，甚至拒绝任何技术上的改进以更好地赢取外国市场，顽固程度比欧洲中世纪的行会犹过之。当时的中国经济制度整体上处于无效率的制度锁定（lock in）。直到 1840 年鸦片战争英国入侵，中国被迫打开国门，结束封闭状态。到 1894 年，“国中气象，至此一变”。[1] 清政府逐渐意识到需要响应外国资本扩张，借以解决财政问题，于是，统治者的偏好的变化遂产生了推动制度变迁的意愿，1894 年对民间开放设厂权是一个标志性的信号。随后，1895－1911 年和 1895－1899 年，分别出现第一个外资和民族企业办厂的高潮。有效率的新式经济组织就此大规模产生，在微观领域开始了追求有效率的制度安排的驱动力，这就是诺斯核心制度命题的反题及中国经济发展的制度路径开端：“有效率的组织的形成，并即将促进（从微观到宏观的）有效率的制度安排的产生”。

## 六、本书的创新点和不足

### （一）本书的创新

（1）本书的创新在于使用新制度经济学的方法研究企业史，并选择执近代制造业牛耳的荣家企业为典型的、可长期追溯的样本。此外，本书的研究是建立在前辈们对荣家企业大量而充分的史料整理工作基础上的，并使用了新的史料学分类方法，即用制度事件分类史料，但在部分史料特别是财务方面，本书收集并整理了大量第一手资料。

（2）用新制度经济学方法研究经济史，前辈的研究大多集中于正式制度对中国近代企业的影响或大多运用“交易成本或产权理论”分析近代企业制度变迁，而缺乏完整地应用制度变迁理论框架研究近代企业史。本书以企业代替国家为制度变迁的主体，在诺斯早期 20 世纪 70 年代的古典制度变迁框架的基础上，还结合了后期 21 世纪初诺斯在制度研究上的最新知识论转型方面的研究，

---

〔1〕 荣德生：《乐农自订行年纪事》，上海古籍出版社 2001 年版，第 17 页。

从而改进了诺斯的制度变迁理论框架,为近代企业史研究提供了一个相对严谨的、内在逻辑一致的新框架。

(3)本书认为企业制度变迁是有生命周期的,并基于环境、知识、技术、信念和正式制度之间复杂的关联,对荣家企业制度变迁的周期性特征进行研究。本书的企业制度生命周期是以效率为划分标准的,体现了正报酬时期"大量转移支付"下的制度扩展和负报酬时期的"间断均衡"特征。

(4)本书结合荣家企业案例研究,尝试用新企业制度变迁框架分析了一系列制度变迁上的难题:如新奇制度的产生;技术和制度变迁的关系;知识、信念与制度供需的关联;以及对"无效率制度锁定和如何走出无效率制度锁定"进行了深入分析。本书特意强调了知识的投资对企业制度变迁的重要性。具体就荣氏企业研究而言,"企业家精神、实业理念、荣氏兄弟分立的知识、企业家个性化的信念及企业家权威、工头制度变迁的新分析、总公司的制度意义和变迁、负债扩展、荣宗敬投机"等方面都进行了具有创新意义的研究。

### (二)本书的不足

(1)周业安(2001)认为,中国制度经济学研究不令人满意,大致表现于两方面:一是主流化的强劲动力促使众多研究者一味追求理性选择模型的完美,忽视了正式制度和非正式制度的内在关联;二是案例研究没有上升到揭示"个性化知识"在制度变迁中关键作用的高度,使得很多案例没有精炼出有意义的观点。并认为近年来已经很少有高水平的案例研究出现。的确如此,制度研究的难度是其检验的长期性,现实中难以收集好的制度研究案例。本书局限于荣家企业史料本身,还需要对其他近代企业进行扩展研究,以收集更多的企业案例对新理论框架进行检验和完善。

(2)方法论上,强调基于中国历史逻辑而建立一种基于企业制度的新制度分析逻辑,但是这个所谓中国式的历史制度分析逻辑需要更深入的分析,不断改进理论框架以完成这样一个艰巨的挑战。

(3)在把握诺斯在制度研究上的认知论转型,并处理不确定性和有限理性等方面需要更多的探索。

# 第一章　知识、技术、资本积累及新制度的产生

## 第一节　新奇的制度一定会产生吗?

新制度经济学首要解决的第一个问题就是:新奇的制度一定会产生吗?[1]如果新奇的制度一定会产生,那么什么决定了新奇的制度的产生? 明确回答是新的知识和信念,它们是制度供给的决定因素。

诺斯(2005:23)指出:人们所持的信念决定了他们的选择,而这些选择反过来又构造了人类处境的变化 。具体而言,人们根据知识创造了关于世界的信念体系,信念体系又导致了制度的产生。知识、信念和制度之间存在互动关系,并发生如此循环往复的故事:可感知的现实影响了信念,信念进而影响制度,制度产生政策,政策作用于改变了的可感知的现实。[2]

诺斯的"感知到制度之间"的循环表明:知识(感知的结果)和信念的变迁引起了制度变迁。但是这还不够,制度本质上是对人行为的约束以引起合作(只有关于行为的知识成为共同知识,才能够做到这一点)。"合作的根本问题是:

〔1〕 在制度变迁压力下,新奇的制度一定会自然产生吗? 雷国雄、陈恩(2009)指出,诱发性制度变迁模型在此方面的解释存在明显的理论瑕疵,这一瑕疵也同样存在于 Schotter (1981)、Aoki (2001)的进化博弈的制度变迁模型中。因此,深入研究潜在地约束在这些模型假设之内的新奇制度的产生问题,是推进制度变迁理论发展的重要方向。

〔2〕 诺斯(2008:1—4)甚至把信念置于其经济变迁的核心,认为除了极少数经济学家如弗里德里希·哈耶克外,大多数经济学家都忽略了思想观念在决策中的作用。诺斯(后期)越来越重视信念、认知、心智构想和意向性在人类社会制度变迁中的作用。

个人通过何种方式来获知他人的偏好和可能的行动。更进一步来说,这是公共知识的问题。因为个人不仅需要知道其他人的偏好,还必须意识到他人也知道自身的偏好与策略。"[1]诺斯固然强调了知识和信念会影响制度变迁,但是通过什么环节来影响制度变迁呢?我的观点是:现存的知识和信念体系决定了制度的可行选择集[2],人们只能在这个由知识和信念约束的制度选择集合中进行选择。[3]制度是知识的应用结果,新制度可行选择集合来源于新知识和信念,制度的应用又会引起知识和信念的变迁。

哈耶克、布坎南等也声称制度是知识的结果:制度起源于社会交往,个人局限性让人去寻求交易弥补不足,在交易过程中,人不知道结果,交易重要的不只是物品交流,更加重要的是知识的交流。当某些知识会减少不确定性时,这些知识就流传下来形成共同知识,再进一步形成文化和制度。社会上存在许多弱势文化和强势文化,互相进行竞争,弱势文化被迫模仿强势文化。哈耶克、布坎南从抽象的层次对制度起源做了说明,而诺斯从具体的过程对制度演进进行了说明。下面是三个重要的分析结果:

(1)关于知识和制度,假设在一定资源约束下,制度的最优选择决定于制度选择空间大小,或者制度可行选择集合,这个集合受到知识(社会和自然科学知识)和其他条件如信念、风俗习惯的约束,刘易斯(1993)提到经济发展受禁忌的约束。

(2)制度变迁的先声一定是知识、信念的更新,而且承担这些变化的是企业中的个人。

(3)与技术变迁一样,知识进步会影响制度变迁供给曲线的右移。[4]

知识和信念变迁作为制度供给因素引入企业制度变迁模型,对中国近代极

---

〔1〕 诺斯著,杭行译:《制度、制度变迁与经济绩效》,上海人民出版社2008年版,第19页。

〔2〕 这比强调文化是制度之母更全面:(1)知识是理性行为的基础;(2)信念是行为来源,"人类在不同环境中的自我意识已经导致了信念体系极大的不同,这些信念体系过去是、现在和将来继续是人类行为最基本和最主要的源泉"(诺斯,2008:150)。

〔3〕 这个制度可行选择集合与制度供给关系密切。新制度经济学中,制度供给是一个社会提供制度的能力和提供制度的多少。影响制度供给的因素主要有:设计成本,实施成本,宪法秩序,现有知识积累和科学知识的进步,非正式约束、文化传统和意识形态。V. W. 拉坦(1994)特别强调知识(社会科学知识)对制度供给的影响。

〔4〕 V. W. 拉坦(1994)认为,制度变迁不仅是由舒尔茨和诺斯讨论的对更有效率的制度绩效的需求所引致,而且也是关于社会与经济行为以及组织与变迁的知识供给进步的结果。正如科学和技术知识的进步会使技术变迁的供给曲线右移一样,社会科学知识和商业、法律、社会服务、计划等方面的知识进步也会让制度供给曲线右移,而且这方面的知识进一步降低了制度创新(变迁)的成本。

有针对性，中国近代是一个知识和信念同时大变迁的时代，这个时期国人涌现出强烈的学习西方的意愿。大量西方知识和文化信念的传播，为新组织和新制度开拓了大量获利机会，并成为一个时代的特征。[1] 在此背景下，从微观的角度我们观察到新奇的制度产生了。

## 第二节　荣氏早期的知识、技术的积累：企业家信念和实业理念

19 世纪末期的中国，宏观上，由于封闭的国门已经被迫打开，西方的新知识和信念已经率先在沿海传播，然后向内地辐射。传统中央集权式的国家力量处在不可避免的衰落中，权力于是开始由集中而分散到地方和民间；正式制度上，随着洋务运动[2]的深化，现代企业组织的理念慢慢从军事工业渗透到民用工业，清政府已不再公开阻挠新式资本主义经济的发展，标志是 1894 年对民间开放了设厂权。但是，血缘和地区性的地缘和宗法关系等传统非正式制度的结合而构成的“差序格局”，却仍然只是缓慢变迁。微观上，1861 年外资就在中国开设了第一家现代公司；1867 年，民间人士容闳、郑观应、何启、胡礼垣等开始推崇和鼓吹西方公司制度；唐廷枢、徐润等买办成为中国本土第一批现代企业家(资本家)；进而在甲午战败后的 1895 年，外资和民间资本联手兴起了第一个办厂高潮，此时距离第一家外资建立现代公司，已经过去了 34 年之久。

这样的宏观、微观环境下，近代著名的企业家荣氏兄弟之所以冒险投资实业，创造有效率的组织以进行有效率的制度变迁，并成为具有企业家精神的实业家，究竟是一种偶然还是必然？本书的回答是这有其必然性。作为民族资本主义的先行者，荣氏兄弟拥有的“知识和信念结构”起了重要作用，它们决定着荣氏兄弟对可行制度集的最优选择会是投身钱庄业并进而勇于投资现代性的机器大生产的实业。

---

〔1〕 荣氏企业中有许多现代的信念如民主、平等、仁治等，又如张謇在《厂约》中对自己、对集权的制约，这能否发展为一种民主制度呢？此制度生成路径是如何的，只是生成个体信念就可以吗？现实中信念可能会受到抵制，也可能会受到加强，能否最终成为宏观层面的制度，这个过程需要在微观中特别是共同信念的形成中去探索。

〔2〕 洋务运动，又称自救运动、自强运动。是 19 世纪 60－90 年代晚清洋务派所进行的一场引进西方军事装备、机器生产和科学技术以维护清朝统治的自救运动。洋务运动前期口号为“自强”，后期口号为“求富”。

本书早期的史料收集与分析围绕荣氏兄弟即荣家企业的制度垄断者〔1〕而进行,企业制度在早期一般是由制度垄断者,就是早期的资本家(或企业家)来决定制度变迁的方向。奈特指出:“早期,公司相对来说不重要,社会经济生活中只存在少数银行和贸易公司。人们大都使用自己的资本,雇佣劳动力和租用他人的土地,因此,管理功能集中于资本家身上。而且工业处于生长阶段,竞争还没有充分发展,这种情况下,资本所有权起着压倒一切的支配作用。”〔2〕这明确了荣氏兄弟垄断荣家企业制度变迁的原因:资本稀缺造成的产权优势和企业家才能的结合。

总之,“没有互相干扰的情况下,自由放任的趋势是工业控制,生产落入最初企业家(财产所有者)手中,而不是落入提供劳动服务的所有者(工人)手中”〔3〕。荣氏兄弟对企业制度变迁的垄断会保持一段时间,只有等待企业发展到了“规模经营,范围经济”的阶段,因为产权分离的需要,才会有力量打破企业家的天然制度垄断,并让企业制度的变迁开始出现分离或多元化趋势〔4〕,荣氏兄弟垄断荣家企业制度变迁的情况才会慢慢改变。早期荣家企业制度变迁因为具有垄断特征〔5〕,为我们研究制度变迁的知识、信念来源提供了分析上的便利,即荣家企业的制度变迁在早期主要取决于荣氏兄弟的知识和信念结构及其变迁。〔6〕

以荣氏兄弟为研究对象,可把其知识和信念积累过程相应划分为两个时期

---

〔1〕 制度垄断在这里是相对现代的开放性的产权而言,早期的资本家和企业家的合二为一,导致了对制度设计的垄断权。

〔2〕 富兰克林·H. 奈特著,王宇、王文玉译:《风险、不确定性和利润》,中国人民大学出版社2005年版,第18页。

〔3〕 同上,第225页。

〔4〕 尽管此前有个发展过程,并通过危机来促进变迁。荣家企业在1934年搁浅后,出现企业控制权的明显分离。历史表明,伴随市场和企业制度发展以及知识、管理和技术的资本的集中,企业制度不断变迁,其中著名的变迁是钱德勒的管理层级理论,即管理上的职业分工造成经营权和所有权的分离,并伴随技术上的变迁,这一切都是企业及其企业家追求利润的长期努力结果。

〔5〕 荣氏兄弟利用产权带来制度垄断分几种情况:(1)广生钱庄在1898年产权变迁前,两大股东因获得(父亲的朋友)信任而取得制度垄断权;(2)保兴(茂新)在1903年产权变迁前因大股东朱仲甫信任取得的制度垄断权;(3)振新纱厂在荣德生主持建厂后,受到股东排挤失去制度垄断权,却由于首任经理不善经营而再度出山,得到股东授予的部分制度垄断权,后颇多掣肘;(4)振新纱厂(1914年退出)因经验而形成无限责任公司理念,荣氏兄弟在茂新、福新、申新三大系统确立基于产权控制的制度垄断权,并一直到20世纪30年代才受到冲击。

〔6〕 即使制度变迁,垄断权力不断开放,产权带来的影响力也依旧占据重要地位,如加尔布雷斯所说,企业权力始终归最重要的生产资料占有者。

进行研究(1937 年后进入全面抗战),第一个时期,从 1875 年到 1905 年,是荣氏兄弟企业家精神和实业理念形成的阶段,这意味着荣氏兄弟对制度变迁驱动力的生成,荣氏兄弟从此开始了冒险进取、终生奋斗的企业事业。第二个时期,从 1906 年到 1937 年,代表在实践中生成和更新知识和信念,并不断供给“适应性效率的企业制度”的阶段。荣氏兄弟在创造实业时,以报酬(或者负报酬)为导向,通过实践和学习,以持续地创造有效率的制度来维持企业的发展。荣家企业模仿西方技术和制度,投资于知识和技术、不断进行知识和信念的更新,以追求更高的效率——这并非理想化的、一般均衡世界中的配置效率,而是一个具有现实感的、适应性效率的取得过程。

## 一、制度的供给:早期知识信念来源与结构

从荣家企业制度变迁史来考察,1875 年到 1905 年是荣氏兄弟的事业发轫期,也是荣家企业发展源头,本阶段发生两件大的制度事件:其一,1896 年在父亲荣熙泰的支持下,年轻的荣氏兄弟组织广生钱庄,标志着企业家精神的形成并成为现实制度,荣氏兄弟由此开始了终身追求创造性利润来源的冒险事业;其二,1902 年、1905 年荣氏兄弟连续投资于面粉和纺织两种新式机器大工业生产,由过渡性金融业转向新式实体经济,让荣家企业制度成为现代意义上有效率的组织,影响非常深远。

鉴于这两个事件有其内在连续性,特别是实业举办离不开钱庄在融资上的支持[1],故一起归为第一周期。有人会疑问:钱庄是荣氏兄弟举办的新式企业吗? 我认为,从其建立过程、行业性质还有经营服务对象等来看,还不能算是新式企业。荣氏的广生钱庄具有旧企业制度色彩,但其也并非是简单的旧式企业,它是过渡性质新旧交融的企业。与山西票号不同,“钱庄适应性了时代,顺应外资打开中国市场的需要,其经营方向和方式逐渐纳入外资运行的轨道,甚至被西方人士称为‘Native Bank’”。[2]这样从逻辑上也就可以理解荣氏兄弟从钱庄过渡到新式机器大工业为何比较容易。

在“重农轻商”的传统旧信念占据主流时,荣氏兄弟大胆投资钱庄和实业,

---

〔1〕 许多学者分析荣氏企业时对历史整体性重视不够而忽视荣氏兄弟经营广生钱庄的重要经验积累,无从追溯新式制度的来源。

〔2〕 杜恂诚:《民族资本主义与旧中国政府(1840—1937)》,上海社会科学院出版社 1992 年版,第 11 页。

不是因为凭空产生的某个想法所致,亦非偶然的心血来潮,这是一种体现企业家冒险精神和进取心的表现。笔者认为,这是由特定的"知识和信念"所内在决定的最优选择。从制度变迁理论的角度,可供制度垄断者荣氏兄弟选择的企业制度选择集里面,先要有(新式)企业制度供给的信念中的形成,而制度供给的先决条件是具备了相关的"知识和信念"积累。正是这些相关知识和信念,决定了制度可行选择集,而兴办钱庄和面粉、纺织厂则是荣氏兄弟对制度可行选择集在不同阶段进行理性选择的结果。

那么,我们会进一步分析荣家企业创始人荣氏兄弟是如何形成自己的知识和信念结构的,什么样的知识和信念结构会激励产生广生钱庄的组织和制度安排,并进一步产生茂新(保兴)面粉厂、振新纱厂等现代西方公司制度安排呢?

由于荣宗敬目前整理出的个人资料不多,本书以荣德生为典型,剖析其知识和信念的存量和结构的情况。荣德生早期的知识和信念主要来源于家庭教育、幼儿私塾教育、游历、职业教育、日常生活、自学阅读书籍杂志六个方面,这六个方面的知识信念来源对我们理解制度变迁的供给的形成,有着非常重要的启示。

荣德生的相关知识和信念情况,如下面6张表所示(1875年到1905年荣德生知识、信念来源事件)。

**表1—1　　荣德生家庭教育取得的知识**

| 年份 | 摘　要 | 资料来源 | 分析 |
|---|---|---|---|
| 1875 | 先世素经商。于时(1860年)已成童,因奉父命入铁肆习业……不数年司会计……最后母殁,资用匮乏……坐是境益窘,遂决然作远游记。先至浙之乌镇,辗转至粤东。 | 荣1 | 父荣熙泰习商、并具冒险进取精神 |
| 1875 | 荣德生七月初四出生,家世务农,并经商。"(荣德生)时则世乱初定,人心和平,故皆安居乐业也。" | 荣德生生平事业年表 | 经商世家 |
| 1880 | 外祖母说,小儿五六岁即要学做小事。下半年即跟外祖母学扎黄钱,每万枚值一百廿文,以补家用。 | 荣德生生平事业年表 | 商业意识培养 |
| 1881 | 晚上,兄弟同在一处,听外祖母述洪杨逃难时身经一切,形形色色,听之不倦,至今不忘。 | 乐3 | 冒险和好奇心培养 |
| 1881 | 见母亲每日摇棉花、织布,从早至晚不歇。 | 荣德生生平事业年表 | 勤俭的家风 |

续表

| 年份 | 摘　要 | 资料来源 | 分析 |
|---|---|---|---|
| 1881 | 荣熙泰常年在外谋生，母石氏操持家务艰难度日，因此早年荣德生受母教颇多。据国学大师唐文治《荣母石恭人家传》记载，荣母石恭人"乱平归里，家产荡然，惟恃女红度日，其琐尾流离之苦，有非常人所能堪者。年十九，来归先生(荣熙泰)，事堂上恪恭，克尽孝道。念戈夫人(石氏之母)茕独无依，迎之家，养之终身。乡人佥曰：'幸哉！有女如此，胜于有子矣。'先生自经兵燹后，家道中落，养鱼耕田以自给。恭人朝夕辟纑以佐之，灯火荧荧，每至夜分，凡所烹饪缝制之具，皆不取售于市，其勤俭之操，可谓难矣"。 | 唐文治《荣母石恭人家传》 | 勤俭的家风 |
| 1881 | 荣氏兄弟出生后，其母独力承担起教育子女的任务，"一面督促他们的学业，一面实施劳动教育"和"家史教育""教之何以行义，何以施德，何以拯民"。这些教育给荣德生幼小的心灵播下了经世济民、善良进取的种子。荣母对荣德生的教育，不仅体现在她的言传上，而且还体现在她的身教上。荣母主持家政时虽然家贫如洗，但"每当闾里告贫，或戚党称贷之时，靡不尽力以供给之"。 | 唐文治《荣母石恭人家传》 | 助人德行信念培养和生成 |
| 1881 | 荣熙泰通风水阴阳八卦，尝诏二子："今天下岌岌乎患贫，非贫之患，有财不能生之患。列强之立国也，以商各挟其金石、水火、声光、化电之学，夺造化而斗鬼神，赫然充塞于天地，皆其战胜之利器也。吾国自罢百家，而后商失其学，工心计者皆可为货殖之雄，不知经纶民物之精义，固自有其专门之学。即专门之学而求之，虽布帛菽粟，亦可开富有之大业，是不可以不知也。" | 秦敦世：《荣隐君传》，《荣德生文集》第549页 | 父亲重商，认为经商可成大业 |
| 1885 | 姑丈即至局，薪俸亦同，诸人无积习，公事甚起色。(父亲荣熙泰做事得力)辅助朱仲甫全省最优，得三水河口厘金大差。 | 乐6 | 父亲影响：做事得力 |
| 1887 | 荣德生在家，助母家事、农事、蚕桑、种菜。 | 乐7 | 勤俭肯劳动的习惯养成 |
| 1887 | 朱仲甫受到上级器重，上调为知府，"父亲荣熙泰代卜，必在二月某日，缺在西，或如肇庆。后挂牌，果得该府"荣熙泰当年得任总账。 | 乐8 | 宗教信仰影响 |
| 1892 | 朱仲甫之弟参加乡试，过上海加广东，两兄弟去送行，受到称赞，朱说可以从两子中派一人来。答可以让荣德生来，但是却又暗电"切不可来，粤厘务非少年商人可做，往来不便，独身不合，带眷更不上算……去电因太尊面说，以此示为准。因尔志尚佳，宜求实事也，先有禀上"。 | 荣14 | 父亲信念影响荣德生树立人生志向 |

续表

| 年份 | 摘 要 | 资料来源 | 分析 |
| --- | --- | --- | --- |
| 1894 | 讲到父亲荣熙泰接班三水差已三次,总办心信。三江来去商船人氏,遇困难,恳为转请解厄,名誉颇利人口。各分局遇有讣告,时去查理,秉公处之。所以朱世丈遇事询问,商民悦服,连差之久所由来也。 | 乐16—17 | 父亲秉公处事 |
| 1895 | 因帮助同事买军用品白蜡杆五百支作枪用,竟得到六品军功!想做官而捐官,父亲荣熙泰认为不可:"小官得资不正,不堪供父母,大官无本事做,如得七品以上官……无本事不易得"。 | 乐19 | 父亲影响做官信念 |
| 1896 | 每至乡,父尝讲:"治家立身,有余顾族及乡,如有能力,即尽力社会。以一身之余,即顾一家;一家之余,顾一族一乡,推而一县一府,皆所应为。并常看曾文公政书,研求国文,俾得应用;每日写字,以求通体"。另"父亲荣熙泰去世,老成有言:余兄弟年轻,恐难久持,信用不足,有防兄弟者。因而,格外小心,开支省俭,作事稳重,日久即无邪言"。 | 乐22—23 | 父亲影响家国天下信念等 |
| 1896 | 荣德生先想学算命,后想学医,又放弃。其父说"既已开设钱庄,兄弟合力,内外同做,不必学医……不若开店容易发展"。当时社会环境是开钱庄大兴。 | 乐21 | 荣德生信念变迁和形成中 |
| 1896 | "临行再三训迪,对社会经历,得失本末,多所启发。后来余兄弟同心协力,和衷共济,数十年如一日,即由庭训而来,事业之成,亦根源于此也。" | 荣314 | 父亲对兄弟同心协力信念的影响 |
| 1896 | 荣氏兄弟创业的开始,就从没有脱离过氏族宗族关系网,且父亲荣熙泰言"兄弟合力,内外同做",对产权进行了安排。 | 乐22—23页 | 父亲社会网络关系影响 |

注:①荣,简指《荣家企业史料》;②荣德生生平事业年表,载于《荣德生文集》,第567页;③乐,指《乐农自序》。其他资料来源也可一并本文参考附表说明和文献参考,其他表格未做特别说明皆同。

家庭教育方面,个人从小受到家庭潜移默化的熏陶,对日后发展产生了重大而持久的影响。

**表1—2　　私塾教育**

| 年份 | 摘 要 | 资料来源 | 分析 |
| --- | --- | --- | --- |
| 1873 | 八月初二,荣宗敬出生。荣德生回忆荣宗敬幼岐嶷,长聪剛,垂髫就傅,尝从殷省甫先生读,为文俶儻有奇气。 | 《荣德生文集》第474页:《吾兄宗敬创业经历》 | 私塾教育 |

续表

| 年份 | 摘　要 | 资料来源 | 分析 |
|---|---|---|---|
| 1879 | 是年,兄从殷省甫启蒙,实由春泉二先生代教也。 | 乐 4 | 私塾教育 |
| 1883 | 荣德生"拜孔夫子,拜先生",学前受先生考已识之方块字三百,始读《千家诗》。 | 乐 4 | 传统私塾教育 |
| 1882 | 《百家姓》《千字文》 | 乐 4—7 | 同上 |
| 1883 | 《千家诗》《大学》《中庸》《学而》 | 同上 | 同上 |
| 1884 | 《公冶长》《子罕》《子路》《阳货》 | 同上 | 同上 |
| 1885 | 《梁惠王》《公孙丑》《滕文公》《离娄》 | 同上 | 同上 |
| 1886 | 《万章》《告子》《尽心》《孟子》 | 同上 | 同上 |
| 1887 | 《幼学须知》 | 乐 7 | 同上 |
| 1888 | 《诗经》 | 乐 8 | 同上 |

注:荣德生兄弟的私塾教育,以传统的思想儒家伦理为主。

**表 1—3　　游历取得知识**

| 年份 | 摘　要 | 资料来源 | 分析 |
|---|---|---|---|
| 1889 | 第一次出门,从无锡到上海,经历苏州、昆山,周大王庙,锡金公所码头。 | 乐 9 | 游历学习 |
| 1893 | 随着朱仲甫料理屑事。先到汕头,再经过香港,19岁,"初见之,如到外国,满山灯火……"再抵省城,再往三水河口。 | 乐 15 | 游历香港 |
| 1895 | 二月随父回粤任原职,再经香港,十二月厘金局差满回家,未能连任。 | 乐 18 | 经过香港 |
| 1900 | 1900 年八国联军攻陷北京,李鸿章从两广调走,荣德生原为李鸿章下属相约保举做官,失之交臂。荣德生从广州回无锡。行万里路,胜读万卷书。荣德生在香港待了 5 天。在香港候船里,他天天到码头探听消息。有一次,荣德生无意间发现海滩上雪白一片,呀啃之声不绝于耳,仔细一看,原来是码头工人正在装卸进口面粉。他不禁喟然感慨:"中国进口外国面粉千百万包,就是损失千百万人的权利。民食仰赖外国,长此以往,如何了得!" | 荣 9 | 香港 |

游历增长见识,行万里路胜读万卷书,可从见识方面补充知识并影响信念。

表1—4 职业学习

| 年份 | 摘　要 | 资料来源 | 分析 |
| --- | --- | --- | --- |
| 1886 | 父亲荣熙泰托陆家石桥旧友荐兄荣宗敬到南市铁锚厂学商。不久起伤寒而母亲带回。同时父亲荣熙泰那边"公事蒸蒸日上"。 | 乐7 | 职业学习 |
| 1887 | 荣宗敬去上海钱庄学徒。 | 荣4 | 职业学习 |
| 1889 | 兄荣宗敬推荐,荣德生去钱庄学徒,从先生学算盘除法、乘法、飞归法、开方、积算、推钱。 | 乐10 | 钱庄职业经历 |
| 1889 | 同店中一起出门看戏,不肯问路,误时而晚回店,受到先生严厉责骂。 | 乐10 | 同上 |
| 1889 | 过年向人要对联,太忙几次不得,自思求人不如求已,学字自写。 | 乐9 | 同上 |
| 1890 | 三位学生,荣德生为领袖,为人肯干无怨言,认为自己一生事业,得力在此时,每日收入支出,一望而知。先生都夸奖他学得出。 | 乐11 | 同上 |
| 1890 | 荣宗敬学出转入森泰蓉汇划字号任收解做跑街,为八把头之一,主要是担当承揽生意,联系客户,专理无锡、江阴、宜兴汇兑。接触买卖棉麦客户。荣宗敬求知强烈,在习业和工作中勤奋好学,认真办理业务。 | 荣家企业发展史第2页 | 同上 |
| 1890 | 荣宗敬在森泰蓉钱庄任跑街时,专管无锡、江阴、宜兴三地汇总收解,接触的客户多为经营棉麦等农产品,使他对棉麦产销市场产销情况,增长了不少见识。引《中国企业史·近代卷》。 | 第579页 | 同上 |
| 1890 | 荣熙泰回家经上海,荣德生去见面,父亲荣熙泰让他读书进科举,称"刻已学商,回去读不成,被人窃笑,不如学商,当留心,亦可上进"。是后,一一勤慎,记账、看银等事,略有进步。 | 乐11 | 初步经商信念 |
| 1891 | 方君为经理差余出外跑,收钱,收银,入批水,南北公估,因此对批水颇有经验,稍有把握……记账、结账,一切由余所理……其实,余之一生事业,得力在此时。每日收入支出,一望而知。一年营业,稍有成见。 | 乐13 | 职业学习、钱庄技术积累 |
| 1892 | 是时,每日照常学业,更加努力,全店各事均学之。银洋账目,结账月盘,皆学理。朱先生每与友言,此生可做事,惜小钱庄无由发展。荣宗敬在森泰蓉,时生意颇忙,汇兑不少。 | 乐13 | 钱庄职业经历 |
| 1893 | 随父任职三水河厘金局朱仲甫手下帮账。 | 乐15 | 厘局经历 |
| 1894 | 荣宗敬所在钱庄遇中日战争,吃天津小麦之亏,失利颇巨,不支而歇,即回家。荣宗敬所从事钱庄"号闭无事,俟号事了,方去申"。 | 荣313 | 职业经历 |

续表

| 年份 | 摘　要 | 资料来源 | 分析 |
|---|---|---|---|
| 1899 | 少年重任人不服，做事不帮忙，不料荣德生做账轻而易举，又过年自写对联，众人皆服。从此文案全局皆推荣德生，更有厉世伯推为全局第一。 | 乐 30 | 职业经历 |
| 1900 | 1900 年八国联军侵华北方开战，内地到申不少，汇款基繁，日有五千以上，占利日有二百。荣家兄弟看到战乱时期，有关民生的东西不受到打击反而大得利，从此兴起办面粉厂的愿望。 | 荣 9 | 职业经历 |

荣德生的职业经历，主要是技术方面的知识积累，还有职业方面的信念培养。

**表 1—5　　日常生活影响**

| 年份 | 摘　要 | 资料来源 | 分析 |
|---|---|---|---|
| 1883 | 跟父亲荣熙泰拜访提督军门王青山，并见朱太太(姑丈曹竹村胞妹)。 | 乐 4 | 社会关系网络 |
| 1884 | 旧时谋生靠亲戚关系。父亲荣熙泰受到姑丈之胞妹之夫提督军门的提携，系曾国荃旧部下，去广东求前途。又结识族叔俊业，此人受张之洞重用，任要职。从中讲到与人拉“大同乡”的关系，与族叔同乡之谊的朱仲甫受推荐得好差(磨刀口的厘差)，云差小不便多用人，就让荣俊业推荐一二人，荣熙泰受到推荐得公职。 | 荣 4 | 人际关系、宗族同乡提携 |
| 1892 | 旧时传统回家就要四处拜访亲族和族人，社会关系，这也是旧信念所致。 | 乐 14 | 传统信念、人际关系 |
| 1894 | 国中气象，至此一变。是时“公车上书”。 | 乐 17 | 关注社会 |
| 1897 | 无锡各往来日熟，各有盈余，托余代为分送乡人夕米，余不肯多取，只数十元，沿路听辛苦者送之，是为代劳善举之初，下年习以为常。有善举基金之庄，以怡昌为多，上始相沿已久。存此心者，皆有厚望，沈舫斋、赵莩斋、赵梧轩、蒋润之、单蓉坡等均专心善举者。 | 乐 24 | 传统善举 |
| 1898 | 接到广东姑母信，说王青山任韶关总后，要人去帮账，问荣德生愿意去否？推荐了邻居族叔培林去。另接到姑丈来信帮忙代办起服。 | 乐 24 | 社会关系网络 |
| 1899 | 先受到人情之托，帮忙姑丈补报及起服之事，受到官吏刁难并闷气，最终并误事不讨好。本不想就馆，一再受到催促，再到赴粤任省河补抽局总务账房，朱仲甫手下。见到朱收入甚高，羡慕之极。 | 乐 28 | 传统人情世故 |

日常生活的影响比较难把握，主要是涉及非正式制度框架下的传统习俗等影响。

表1—6　　荣德生自学知识

| 年份 | 摘　要 | 资料来源 | 分析 |
|---|---|---|---|
| 1890 | 《九成宫》 | 乐11 | 自学书法知识 |
| 1894 | 《纲鉴易知录》《曾国藩家书》,自学政书、官阶升转等书。 | 乐17 | 自学 |
| 1895 | 《大事记》《大清民刑律》《秋水轩尺牍》《洗冤录》 | 乐19 | 自学 |
| 1896 | 先学《医宗必读》及药书数部;又投门生帖,向赵艺经先生学习古文;并学地理。 | 乐22 | 自学且拜师学古文 |
| 1897 | 《人子须知》《堪舆地理大成》《地理辨正一贯》 | 乐23 | 自学 |
| 1889 | 每日闭门看书,此时所看转为政治之用。 | 乐30 | 自学 |
| 1900 | 《事业》《美十大富豪传》、其他事业相关书;“常常到书店,选事业可观之书”。 | 乐31 | 自学 |

荣德生的自学是围绕信念变迁进行的,经历了从做官到一心从事实业的转变。

上述6个表格是一个大胆尝试,通过收集相关资料,并在此基础上来分析企业家的知识、信念结构的情况,在史料事件上使用了制度事件的概念,并加入时间和主体。

## 二、早期荣氏兄弟的知识(技术)结构和信念特征

分析荣德生的知识信念结构,可以发现某种客观存在决定了主观意识和信念的生成,整理出关于荣氏兄弟形成企业家精神和实业理念的清晰线索以及以后荣家企业制度变迁中的一些基本特征:

(1)在家庭教育方面,荣氏兄弟的先世素经商,其父亲荣熙泰则“奉父命入铁肆习业,不数年司会计”。表现出勤劳和强烈进取心,并在家庭陷入困境时,毅然远出谋生(在传统社会罕见故有“决然”一词),正是企业家精神中最重要的冒险精神的体现,可以说是荣氏兄弟具有家世遗传的企业家精神的基因。荣宗敬的冒险进取甚至投机,有其父深刻的影响。就荣德生而言,从小就受到商业意识培养,父母皆勤劳节俭;又因为父亲荣熙泰亦重视经商,不赞同荣德生做官,认为荣德生年少志向佳,应做实事;同时认为商业可成大业。这样的信念熏陶下,荣德生兄弟的企业家精神:勇于冒险、进取、勤劳节俭、以追求创造性利润为终身事业(可成大业)都一一具备。另外,如荣熙泰经常教诲的“家国天下”和

“兄弟合作,和衷共济”的信念也对荣德生日后一生的影响重大,深刻渗透于其企业制度安排之中。

(2)私塾的传统教育,强调忠孝家庭观念以及中庸为代表的儒家伦理和道德。这样的知识结构也同样对日后的荣家企业制度变迁起了重大的影响。具体来说就是以厂为家、中庸的制度变迁路线和对企业文化中对儒家伦理道德的重视。不过,这方面荣氏兄弟对传统文化存在分流,荣氏兄弟所受到的私塾教育应该说大体相差不大,传统的教育影响荣氏兄弟以后一生的知识结构,如果考虑到举办实业而学习模仿西方知识和文化,中西方不同知识信念的矛盾和冲突成为不可以忽略的影响制度变迁的因素。但是,传统的影响也非一成不变,在实际学习西方的知识信念和制度的潮流冲击及现代商品经济和现代化挑战压力下,传统知识和文化信念日渐式微,西方文化似乎成为主流,并在荣氏兄弟举办实业的经历中,有消有长:在荣宗敬身上,是传统受到削弱,日益西化;在荣德生身上,传统精神却表现得特别明显,不但根基越来越稳,还得到西方知识和信念的滋养而壮大,并最终以传统为主把中西方知识信念融合在一起,成为荣德生成功的独具匠心的企业文化。

(3)游历方面知识影响:特别是荣德生几次游历香港,亲身接触开风气之先的香港的实业,对荣德生实业思想的形成起重大促进作用。

(4)钱庄实习和厘局账户的职业经历:一则培养了荣氏兄弟在钱庄方面的经营管理知识和技术。二则培养了荣德生兄弟经商成就事业之信念。三则就荣德生在厘局中做账房,有机会深入接触各行各业,细心了解了实业厚利;另外,也由于做官的社会地位和薪水皆高,一度影响荣德生,让其兴起做官的信念,反方向影响着企业家精神和实业信念的生成。

(5)关于日常生活中的知识和信念:除了在日常生活中可以对社会风气变迁进行了解外,一个重要结果就是荣德生敏锐(结合钱庄业务)观察到有关民生的东西在乱世反而容易得利,促进兴办面粉、纱厂的实业理念,除此日常生活,大部分是关于传统的宗族观念和“差序格局”式社会网络、人际关系处理。

(6)自学:因为荣德生对《事业》《美十大富豪传》等其他事业相关书和杂志异常感兴趣,并“常常到书店,选事业可观之书”,并自云美国十大富翁影响了其一生的信念,书籍成为荣德生接触西方知识的重要来源。

(7)此阶段的技术积累,主要是荣氏兄弟在钱庄中实习所得,可以说,在荣家企业中,现代知识的比重并不大,所以早期荣家企业办钱庄时还可应付知识不完全的挑战,但在举办实业时,就在技术和知识上遇到巨大阻碍,特别反映为企业早期的亏损和举步维艰。这种模仿西方制度和技术带来的默会知识缺乏,成为促使荣德生积极学习的压力,并费尽心机四处参观工厂,才渐渐掌握了现代企业制度的经营管理的知识。不过,现代科学技术和科学管理上的知识不完全,始终是以后荣家企业发展的一个重大的缺陷(也是当时整个中国的经济发展的重大缺陷),虽然经过荣家企业"积极引起先进机器设备的战略"而得到弥补,但是,负面影响依旧很大。以后我们会渐渐发现技术变迁对民族企业竞争的掣肘,重视技术本是荣家企业在民族企业中的相对优势,在面对外国竞争的时候就成为绝对的劣势,现代技术和科学管理知识的欠缺,引致荣家企业对知识的不断投资和产业升级的渴望。

## 三、荣氏兄弟企业家精神(信念)的生成

> 所有这些人都节制有度,讲究信用,精明强干,全心全意地投身于事业中,并且固守着严格的资产阶级观点和原则。……这就是新教伦理和资本主义精神的联系,当"工作、赚钱"成为一个天职时,新教伦理的禁欲产生了资本主义精神。
>
> ——韦伯:《新教伦理与资本主义精神》

上述讲到的主要是知识方面的影响,就单独信念的生成,还要补充的是宗教信仰和学习精神两方面。宗教信仰诸如传统国人对鬼神·风水·易经的信仰,使人精神上有所敬畏,对自我实施有强作用。荣氏兄弟中宗教信仰影响企业家精神主要是两方面:一是佛教、鬼神·风水·易经的影响;二是儒家伦理的影响。

### (一)传统中佛教、鬼神·风水·易经的影响

(1)荣德生小时候"每日由祖母携往念佛,听邻近人说农桑养蚕等事。直到十月初三,祖母病逝"[1]。然后在回忆录中多次讲遇到风水·鬼神之事,让荣德生有所敬畏。[2]

(2)在宗教信仰中,荣熙泰的影响很大,荣氏兄弟父亲荣熙泰通风水·阴阳八卦,人常年在外谋生,称居恒深自刻苦,而勇于赴义,家无余财,自言其得力于

---

[1] 荣德生生平事业年表,《荣德生文集》,上海古籍出版社2002年版,第567页。

[2] 例如1895年,厘局同事丁步春遇到冤鬼讨命而身投大海的事件。

《易》。尝诏二子："今天下岌岌乎患贫，非贫之患，有财不能生之患。列强之立国也，以商各挟其金石、水火、声光、化电之学，夺造化而？鬼神，赫然充塞于天地，皆其战胜之利器也。吾国自罢百家，而后商失其学，工心计者皆可为货殖之雄，不知经纶民物之精义，固自有其专门之学。即专门之学而求之，虽布帛菽粟，亦可开富有之大业，是不可以不知也。"[1]从易经研究得到"经商可开富有大业"的思想，这种宗教信仰无疑对荣氏兄弟具有很大影响。

(3)父荣熙泰据传会相术，颇灵验。荣德生子承父业，乐农回忆录中讲到自学地理和八卦易经等术，并屡逢怪异之事，如梦老虎得风水之地，梦良方可治病。另外1899年赴粤坐船时遇三僧，皆大寺方丈，其中鼎湖山方丈小巅，自称能看相及禅语，谓荣德生不宜仕不宜读书，"儒释道农工商均妙，但要一心不二，十二年悟道精深"；另外，1900年两次相面，一次是厘局赏识荣德生的厉世伯介绍的某委员相荣德生："不是官不是商，名利双得，高于道府"。另一次是苏州渡僧桥茶馆，有人相荣德生有"大富之局"，荣德生本想在官场上努力，哪知和尚相士都劝他往实业上走。后来荣德生在1902年改风水"将西横山父墓改艮坤向，九曲水出明堂，可望富贵，尤多丁，后颇应验"[2]。

显然，荣德生在诸多信念中，最终选择一心不二做实业，除了父亲的忠告[3]，宗教信仰在关键时刻[4]起了某种重要的推动作用，不能说改变了荣德生的人生之路，但起码让荣德生坚定了企业家精神和实业理念，并在未来面对不确定性世界，勇敢进行冒险、进取事业时，能够得到信心上的强烈支持。

**（二）第二部分宗教信仰主要是儒教伦理的影响**

这表现在：(1)私塾拜师孔子，系统学习儒家入世学说；(2)父亲教诲以及在乡里日常生活中感受到"家国天下"的儒家伦理的影响；另如1901年办实业遇到困难时，股东杨某特意过来表示支持并云："吾望邑中烟窗林立，学校林立"。这就说明了从荣熙泰到荣德生到当时普通股东，都有一种"修身齐家治国平天下"的儒家入世的信念，这个和韦伯在宗教革命中形成的新教伦理中"入世并以

---

〔1〕秦敦世：《荣隐君传》，《荣德生文集》，上海古籍出版社2002年版，第549页。

〔2〕荣德生：《乐农自订行年纪事》，上海古籍出版社2001年版，第24—25、28、42页。

〔3〕1895年，荣熙泰告诫荣德生"小官得资不正，不堪供父母，大官无本事做"。参见荣德生：《乐农自订行年纪事》，载《荣德生文集》，上海古籍出版社2002年版，第19页。

〔4〕1900年正是荣德生完成企业家精神和实业理念的关键时候。

赚钱为终身职业”的天职观非常类似。[1] 传统的轻商观念,经过如此转换,就成为寄托“修身齐家治国平天下”的理想的现实工具,办实业不但可成大业,还可以实现自己的理想信仰,由于理想和现实的统一,从而获得精神和信念上的坚定和莫大激励。

正是宗教信仰让荣德生坚定了企业家精神。特别是1899年大寺方丈对荣德生的劝告,这类似韦伯所讲资本主义精神与新教伦理之间的影响。儒家入世思想的影响力不可忽视。

（三）企业家之学习精神

与西方的企业家精神不同,中国企业家的独特特征就是学习精神特别强烈。这是时代的危机与“感知危机[2]”相契合的一个普遍现象,感知危机会导致强烈的学习,取得知识的完全性,知识的完全程度的提高又进一步导致制度变迁。在荣德生身上明显地观察到这点。微观主体的学习精神,源于时代背景下宏观上的二元矛盾和中西文化痛苦的冲突,急剧的文化转变,这让个体信念产生了急剧变迁,并制造出精神分裂,这为社会制度变迁提供了微观样本。民族危机和生存危机压力下,整个社会的潜力都调动起来,危机下个体的改变和成长都是超越正常水平的,而后发优势是存在的,就知识的外部性和共享性,前人的经验、知识市场上模仿成本的确小于创新成本,从而为落后的个体和国家学习其他国家的先进知识和信念体系提供了可行性选择。最新的制度和组织管理思想的传播,既是竞争压力又是获利机会,会产生不可预测的影响。在一个大动荡、大变迁时代,知识信念的更新前所未有的迅速,技术也是如此。微观企业面临的不只是西方列强先进的知识和信念,以及相应的制度和技术竞争压力,还有国内迅速变化的环境和市场,因此不能迅速学习并跟上时代的变迁,就意味着被淘汰。学习精神必然成为中国近代最鲜明的一种企业家精神。

观察到:荣氏兄弟皆努力好学,求知欲望强烈。荣宗敬在“习业和工作中勤奋好学,认真办理业务”[3]。荣德生在钱庄中也“为学生领袖,为人肯干无怨

---

[1] 韦伯以典型企业家本杰明·富兰克林(Benjamin Franklin)和一群传统的悠闲的货庄主为鲜明对比,富兰克林的冒险进取的精神,体现了典型的“新教伦理结合世俗”产生的资本主义精神,清教徒的伦理产生了资本主义精神,这种精神就是克制、诚信、对创造财富的信仰。参见马克斯·韦伯:《新教伦理与资本主义精神》,社会科学出版社2010年版,第26页。

[2] 感知危机是诺斯在《理解经济变迁》(2010中文版)中提出的一个概念,认为制度变迁之前先有感知上的预兆,是对之前信念的怀疑和否定。

[3] 许维雍、黄汉民:《荣家企业发展史》,人民出版社1986年版,第2页。

言，积极学习学生所教业务，不久就能够独当一面，荣德生认为自己一生事业，得力在此时(钱庄学徒)，每日收入支出，一望而知"。除了在职业经历中显示出学习精神，荣德生在办面粉厂、纺织厂时期，从筹办到经营初期，也体现出强烈的学习精神，这是由于认识到对西方企业制度和技术的知识存在不完全(默会知识不足)，为了弥补知识方面的欠缺，除了天天待在厂中亲自参与实践，还千方百计寻找机会(甚至行贿工头)，取得参观学习其他面粉厂和纱厂的机会，参观过程中，一一询问清楚并作详细笔记，可见学习精神之强烈。而且这种学习精神伴随其一生。1909 年 35 岁的荣德生"余每至申，物色杂志样本，余暇时加以涉览"。1910 年"南京劝业会请去参观，连去参观三次"。1912 年自学经济学；1914 年"余每晚必看书至十时后，各人苦之"。1932 年，薛明剑回忆荣氏兄弟创业史："荣丈昆仲之服务社会，已如前述，而其个人好学之心甚殷。每日虽百事纷纷，仍必日阅报纸数种，故能洞明世界大势"。[1]

总结：荣氏兄弟的企业家精神是由中外的知识和信念互相渗透生成的：(1)世家经商；(2)荣德生小时候的经商体验；(3)荣氏兄弟父亲、母亲在冒险进取、勤奋节俭方面的巨大影响；(4)加上钱庄实习的勤奋努力经历，"认真好学，一生事业得力在此"，并在实习时，立下在商业方面出人头地的志向；(5)宗教信仰的融入；(6)西方知识的传播，日常生活接触是一方面，另外荣德生在游历香港，在自学时看《事业》杂志、《美十大富翁》和其他事业方面的杂志皆可以了解西方知识。荣宗敬则在当时的对外开放的商埠上海[2]谋生，对西方知识和信念也不乏接触。可以说，(中外)知识和信念的因素共同作用，让荣氏兄弟企业家精神形成，并在此信念激励下，开始了经办钱庄和实业的冒险事业生涯。

荣家的企业家精神概括为勤劳节俭、勇于冒险进取、学习精神强烈和追求利益，并视追求创造性利润来源为终生事业。企业家精神的生成，意味着追求创造性利润来源的制度变迁驱动力的生成。从此，在企业家精神的驱动下，荣氏兄弟主导开始了一轮又一轮的荣家企业制度变迁，以追求创造性利润来源。

此外，注意到荣德生的企业家精神的生成有一个过程，特别是荣德生一度

---

〔1〕 荣德生：《乐农自订行年纪事》，上海古籍出版社 2001 年版，第 55、57、71 页；薛明剑：《实业家荣丈昆仲创业史》，载《薛明剑文集》，当代中国出版社 2005 年版，第 805 页。

〔2〕 1894 年后，上海不但是贸易中心，还成为中国制造业中心。

信念多变,在做官、学医、经商等诸多职业之间徘徊,即使1896年广生钱庄开办后,还想往功名上走;并在1899年,放弃钱庄事业,前往广东厘局就官,直到1900年官场前程无着,厘局也归民间包办,才最终定下心思,一心扑在企业经营之上。

## 四、荣氏兄弟实业理念的形成

企业家精神并不等同兴办实业,一般旧商人并不缺乏以赚钱为职业的企业家精神,所以,如果要上升为举办实业的企业家精神,这就需要额外的新知识和信念来支撑。况且实业理念当时存在稀缺性,荣德生"正想着,尚无同意者,因南北商人,除旧有事业兢兢业业外,别无新的思想"。这意味着兴办实业需要大胆的新思想,而大多旧商人虽然拥有兢兢业业的企业家精神,一心追求利润,却限于见识不能形成新思想,自然无法发动机器大工业生产的先进制度变迁。制度变迁的前提是相关制度的知识信念的生成,也即制度供给不是无条件的,而是取决于制度变迁主体的特定知识和信念结构。鉴于此,对荣氏现代企业制度形成的关键即实业理念,还需进一步分析。

实业知识主要来源于西方知识和信念及技术和制度的传播,在沿海的上海,荣宗敬也能接触到西方实业思想,对西方的机器大工业的知识和技术肯定风闻。但是在荣家企业形成实业理念,却应该主要归功于荣德生的个人经历和职业经验。

荣德生沿海谋生曾三次游历香港,不断接触西方知识和技术:1893年荣德生经香港赴粤厘局,"初见之,如到外国,满山灯火"。当时香港虽只三条街,但是繁荣如外国,特别是电力的使用,给年仅19岁的荣德生留下了深刻的印象;然后荣德生1895年和1900年两经香港回无锡,特别是1900年因为候船在香港待了5天。天天到皇后大道和九龙码头探听消息,其间对码头上搬运的机制面粉进行直接接触。但此前荣德生已关注实业并发现存在巨大的预期报酬空间,"余自十九岁至粤,至本年滞港,来来往往,曾见兴新业而占大利者已不少,如太古糖厂、业广地产、火柴、制罐食品、电灯、自来水、矿业等等,颇欣慕"〔1〕。而厘局收税职业又为有心之人深入了解机器大工业生产提供了机遇,"在粤补抽,曾管二百零四种税,至申照收税各货,大都探问营运状况"。荣德生不但探

〔1〕 广东、香港和上海的近代知名公司和新兴产业。太古糖厂,1881年建立于香港。

知外国面粉是无捐税之货,还细心询问各行各业的营运情况,对实业厚利非常有数。1900 年,荣德生官路不通,从广东经香港回到无锡另觅前程,又再通过钱庄的业务往来,观察到市面因战乱而萧条,而面粉等民生实业反而兴旺,并带动钱庄汇款业务急剧增加。几处见识结合,办实业的思想才臻于成熟:“如仿做,不外吃、着两门最妥”[1]。另外荣宗敬此人见多识广,对西方思想仰慕,因此荣德生实业理念得到荣宗敬的支持,形成共同信念是水到渠成。[2]

综上,实业信念的形成要比企业家精神更加困难,必须具备几个因素:(1)周边因素,模仿和学习西方先进知识具有天时地利。地处沿海无论是谋生、职业经历和游历,多有机会直接接触西方的知识。[3] (2)实业经营理念的生成,需要深层接触西方知识,荣德生依赖“厘局账房经历、游历香港经历加上阅读美国富翁传记等实业方面书籍”,逐渐形成理念。(3)传统的影响如何嵌入和支持,让实业得以降生于中国传统制度环境。这方面,荣宗敬主持的广生钱庄对实业的支持是关键。因此,当荣德生发现钱庄盈利能够支撑实业时,实业理念终于成形并走向操作。

关于荣家企业实业理念的形成,补充几点:

(1)鉴于荣氏受到张謇的影响极大,所以张謇对现代公司制度的鼓吹和肯定对荣氏办实业起了影响。[4] 中日甲午战争后,中国开放设厂权,中国面临日益深重的民族危机,当时的“文章魁首”状元张謇在社会上大力倡导实业救国,特别强调要创办近代大农业、大工业、大商业。在中国 19 世纪末股份制仍处于起步阶段,社会“风气未开”,张謇本人也是经历“千磨百折,首尾五载,忍侮负饥”,多方集资,才好不容易办起大生纱厂。可以说,没有股份制就没有大生纱厂,1901 年张謇创办通海垦牧公司,开垦苏北沿海滩涂荒地,仍然依靠股份制集资。张謇指出:“甚愿天下凡有大业者,皆以公司为之。”张謇对股份公司制度的鼓吹,推动了现代公司制度理念在社会上的传播。荣氏兄弟和张謇是大同乡,而荣德生在无锡地方

---

[1] 以上几段引号中的话皆引自上海社科院编:《荣家企业史料(上册)》,上海人民出版社 1962 年版,第 4、9 页,以及荣德生:《乐农自订行年纪事》,载《荣德生文集》,上海古籍出版社 2002 年版,第 32 页。

[2] 荣德生回忆指出,兄长荣宗敬当时也同样有办面粉厂的观点并决定由广生盈余支持。引荣德生:《先兄宗敬纪事述略》,载《荣德生文集》,上海古籍出版社 2002 年版,第 313 页。

[3] 日本学者久保亨(2002 年上海企业制度·企业家精神·城市经济联系国际学术会议文集)把眼光转向近代企业经营中的周边因素。指近代一部分企业是由中国华侨留学生创办,代表中国从内部走向外部的存在。他们不是在中国社会的中心而是在周边,就产生了周边因素。

[4] 根据上海社科院编:《荣家企业史料(上册)》,上海人民出版社 1962 年版,第 554 页,《朱复康访问记录》,荣德生生平最推崇南通张謇。

建设就是模仿张謇的南通模式，另外，张謇"父教育，母实业"的强国富民思想也同样影响了荣德生对教育的投资。若说张謇没有对荣氏兄弟办实业起影响，于理不通。另外，荣家企业发展到一定程度后，就开始和张謇有直接交集，如1920年，荣宗敬与张謇等组织左海公司，承领滩地，举办实业；1921年，荣德生参加张謇创立的"苏社"，3月在荣德生处梅园主办会议，并当选常区理事。(2)钱庄汇兑业务中的信息优势：1900年北方战事起，让内地到上海购小麦大增加，一下子内地到上海的汇款多起来，广生钱庄大得利润，并如此数年均同。荣氏兄弟由钱庄汇兑业务中探知，汇款大半是增裕、阜丰两粉厂办麦所用。特别是荣德生前既见广东洋粉充斥，今又见苏省机粉畅销，又认识到粉业关系民生所需，倘在无锡产麦区建一厂，必能发达。[1] 遂坚定了兴办面粉厂的信念。(3)钱庄盈余对实业理念的支撑：企业经营方面的信念与资本上的支持分不开，因为在钱庄上的成功，所以，1900年，钱庄生意好转，荣德生开始想向实业上注意。"占利亦优，日有二百元，心中甚畅，想从此余利可向自营实业上注意。"[2]潘必胜(1998)提出：1900年，荣氏兄弟与退职官僚朱仲甫合伙在无锡开办保兴粉厂，标志荣家近代企业的诞生，但其萌芽则始于1896年的广生钱庄建立。

## 第三节 荣家企业的早期资本积累

根据本书构建的企业制度变迁模型(公式如下)：

$$
\begin{aligned}
\sum_{l=1}^{k} PVv_1^l = & -\left(\sum_{l=1}^{k} R_0^l - \sum_{l=1}^{k} Cr_0^l\right) - \sum_{i=1}^{p} D_i - Co^{v_1^l} \\
& + \left(\sum_{l=1}^{k} R_1^{v_1^l} - \sum_{l=1}^{k} Cr_1^{v_1^l}\right)/(1+r) \\
& + \left(\sum_{l=1}^{k} R_2^{v_1^l} - \sum_{l=1}^{k} Cr_2^{v_1^l}\right)/(1+r)^2 \\
& + \cdots + \left(\sum_{l=1}^{k} R_n^{v_1^l} - \sum_{l=1}^{k} Cr_n^{v_1^l}\right)/(1+r)^n \\
& \vdots
\end{aligned}
$$

---

[1] 上海社科院编：《荣家企业史料(上册)》，上海人民出版社1962年版，第10页。

[2] 荣德生：《乐农自订行年纪事》，上海古籍出版社2001年版，第32页，这也是一个正式制度影响并产生非正式制度的实例。

$$\sum_{l=1}^{k} PVv_m^l = -(\sum_{l=1}^{k} R_0^l - \sum_{l=1}^{k} Cr_0^l) - \sum_{i=1}^{p} D_i - Co^{v_m^l}$$
$$+ (\sum_{l=1}^{k} R_1^{v_m^l} - \sum_{l=1}^{k} Cr_1^{v_m^l})/(1+r)$$
$$+ (\sum_{l=1}^{k} R_2^{v_m^l} - \sum_{l=1}^{k} Cr_2^{v_m^l})/(1+r)^2$$
$$+ \cdots + (\sum_{l=1}^{k} R_n^{v_m^l} - \sum_{l=1}^{k} Cr_n^{v_m^l})/(1+r)^n$$

购买制度先要支付一笔组织费用，此即所谓资本。因为是初次建立制度，$(\sum_{l=1}^{k} R_0^l - \sum_{l=1}^{k} Cr_0^l) + \sum_{i=1}^{p} D_i = 0$，没有旧制度的收益和处置成本，$Co^{v_1^l}$ 代表对资本的需求。

荣氏兄弟的企业家精神和实业理念的形成，只是为正式制度变迁提供了一种可行的有效率的制度选择，这种选择包含了技术上的最优选择（为什么是钱庄和实业），而要进行实际上的操作，即所谓制度购买。[1] 显然要实现预期收益，第一步就是要投入资本，即对制度购买进行支付。对比兴办实业中的重重阻碍，钱庄制度变迁的实施，即企业制度变迁模型中所谓的制度的“组织费用支付及制度购买”却非常顺利。

荣氏兄弟的第一步冒险是以父辈荣熙泰平生积累为资本，金额是 1 500 银元。投资旧式金融业，由荣熙泰出面“请友聚股”，招股（招三个股东）设立广生钱庄。$Co^{v_1^l} = 3\ 000$ 银元，荣氏兄弟占一半的股份。

荣氏史料记载：“（荣氏兄弟）父曾是清政府税吏，字熙泰，文治其字，无锡人，先世素业商。歇浦，奉父命入铁肆习业，不数年司会计，后母亲去世，生计所迫，远游先至浙江乌镇，转到广东。先随太湖水师提督王青山到广东，遇到其族叔荣俊业，时在总督张之洞之营务处，与朱仲甫（后来成为其姑丈）结交，得磨刀口厘差，跟随做事，薪金三十一两八钱，又随到三水口、肇庆府知府，又回来三水等地。1895 年才离开广东。颇有积蓄。”[2]这就是荣家企业的资本积累来源，也就是说，形成制度的收益的理性预期并实现，是需要现实中的物质资本来支撑的，制度购买对应的制度价格，可以根据“收入＝成本（制度价格×数量 1）－

[1] 因为企业制度变迁公式可以引申出新制度价格的公式，制度有价格自然对应有制度购买。

[2] 上海社科院编：《荣家企业史料（上册）》，上海人民出版社 1962 年版，第 4 页。

利润”的等式,从制度预期收益函数的公式中推导:

制度价格$=(\sum_{l=1}^{k}R_0^l-\sum_{l=1}^{k}Cr_0^l)+\sum_{i=1}^{p}D_i+Co^{v_1^l}$。故本书视制度创造为类似商品的一种购买。根据公式,钱庄的制度购买价格＝0＋0＋3 000＝3 000 银元,等于资本。

# 第二章　实践与荣家企业制度变迁

## 第一节　技术、报酬、适应性效率

### 一、技术与制度选择

我们的制度变迁模型恰恰好建立于资源基数的扩张依赖于技术进步，最终取决于知识存量的基点上。

——道格拉斯·诺斯(1981:16)

新古典企业根据要素价格选择技术从而制造某一种最终产品，而决定产出的资本存量是实物资本、人力资本、自然资源和知识的一个函数。生产函数中知识体现为技术。一般而言，技术的变化被视为内生的，并被认为是社会成员在发明与创造上投资的结果。然而，“创造能力”则取决于知识存量，人们可以把技术进步派生的需求视为基础知识的扩张。最后，除非基础知识存量的扩张，不然新技术的发展最终会陷入收益递减的境地(诺斯,1999:4、16)。

历史上大多数时期技术的变迁是缓慢的，到了现代，科学技术才使克服收益递减成为现实。技术变迁的研究早于制度变迁，从熊彼特到施姆克勒(Schmookler)、戴维(David)，再到罗森伯格(Rosenberg)，这些文献强调了四点：(1)在产权激励缺失的情况下，市场规模是决定创新增长率和技术变迁的唯一的、最重要的因素(Sokoloff,1988)。(2)通过专利法、商业秘密法以及其他一些法律、激励机制得到发展,提高了创新报酬率,带动发明产业的发展,并使这一产业融入现代西方世界经济的演化过程中,这构成了第二次经济革命的基础。(3)正如罗森伯格(Rosenberg,1976)所指出,纯粹知识与应用型知识之间的联系并不简单,应用型知识是纯粹知识发展的重要源泉。(4)技术的发展凸现出技术变迁方式的路径依赖特征。如阿瑟(Arthur,1989)、戴维(David,1985)所指出的,并不总是最优的。[1] 受到技术路径依赖的启发,诺斯提出了制度变迁上的路径依赖——报酬递增。

企业制度变迁模型把技术约束在既定的水平上。知识和技术存量决定了人们活动的上限,但它们本身并不能决定,在这些限度内人类如何取得成功。政治和经济组织的结构决定着一个经济的实绩及知识和技术存量的增长速率。人类发展中的合作与竞争形式以及组织人类活动规则的执行体制是经济史的核心(诺斯,1999:17)。在诺斯眼中,虽然技术决定了生产成本和产品的数量,却不能完全决定全部成本,除了劳动力成本,其他如劳动力的管理、契约签订和监督实施、销售费用等都是交易费用。总之,这些生产成本之间和产品价格之间的费用就是交易费用,它们决定了制度的种类和存在的可能性,并且是经济增长的关键。钱德勒也发现,现代科层制企业的发明是美国经济增长的主要原因之一,技术发展只能对 1870—1910 年间铁路生产率的急速提高提供一半的解释,另一半的解释在于组织创新,即监督评价和协调复杂系统的等级制度的创立。[2]

大部分新制度经济学家没有关注技术和制度变迁的关系,直到 20 世纪 90 年代,诺斯才提出:假定技术不是给定的,而是不断演化的,那将会是如何一个情况? 如果人们同时需要选择技术和制度,那又会如何? 交易费用、转型成本(一般指生产成本)之间,技术变迁和制度变迁之间存在联动,诺斯和瓦理斯(North & Walis,1994:617)于是提出了一个经济史分析中把技术变迁、制度变迁和交易费用联系在一起的新理论框架。指出了技术和制度综合在一起的四种变迁方式 :交易增进(削弱)制度变迁,是指能够提高(或降低)交易投入效率的制度变迁;交易增进(削弱)技术变迁,是指能够提高(或降低)交易投入效率的技术变迁;转型增进(削弱)制度变迁,是指能够提高(或降低)转型投入效率

[1] 诺斯著,杭行译:《制度、制度变迁与经济绩效》,上海人民出版社 2008 年版,第 104、128 页。
[2] 林毅夫:《关于制度变迁的经济学理论:诱致性变迁与强制性变迁》,科斯等:《财产权利与制度变迁》,上海人民出版社 1994 年版,第 372 页。

的制度变迁;转型增进(削弱)技术变迁,是指能够提高(或降低)转型投入效率的技术变迁。并认为中间产品是最重要,在理解历史上的技术变迁和制度变迁中起了一个关键的作用。[1] 诺斯等的研究揭示制度变迁并不仅仅是为了降低交易费用。[2] 而交易增进(削弱)技术变迁和转型增进(削弱)制度变迁就是制度和技术变迁互相影响的两种方式。

现代社会一般将技术进步分为三个分支,即新产品和新工艺的发明、把发明转化成为商业应用的创新以及把革新普及到经济社会的扩散。因此,技术进步包括了技术发明、技术创新和技术扩散三部分。但对于近代中国的民族棉纺织工业来说,在发展初期,海外先进技术的引进成为推动该行业技术进步的主要因素,而技术发明、技术创新和技术扩散等技术进步方式则在近代中国民族棉纺织工业发展的中、后期起到了促进技术进步的重要作用。

在荣家企业中:

(1)我们观察到荣氏兄弟为了追求创造性利润,同时选择制度和技术,并构成组织的最优选择。钱庄的制度选择中无疑包含了特定的金融技术,而在形成实业理念时,意味着同时选择了面粉、纺织两类机器大工业生产技术以及相应的现代企业股份制度。假设技术不变迁,才能在既定技术水平上考虑制度的均衡水平的实现。制度主体同时选择技术和制度,意味着决策时需要同时考量生产成本和交易费用。

(2)制度变迁的主体和技术变迁的主体是同一的,推动制度变迁和技术变迁的行为主体都是追求利益最大化的经济人。制度变迁中成本与收益的比较起着关键的作用,技术也同样如此。本文观察到荣氏兄弟为了追求利润而不断推动企业制度变迁的同时推动技术变迁。

(3)在荣家企业的创业早期,企业家更加关注技术变迁而不是制度变迁,一则在初始投资规模上,投资于技术的资本远远大于制度。以 1902 年建成投产的保兴(后来的茂新)面粉厂为例,机器投资占原始股本的 59%左右,另外建筑等固定资产投资占 51%,制度方面的投资微乎其微;而 1909 年定制美国钢磨 10 万两,进行技术变迁的费用占当时股本的 166.7%(6 万两股本),此外荣家企

---

[1] 转引韦森代译序:《再评诺斯的制度变迁理论》,载诺斯著,杭行译:《制度、制度变迁与经济绩效》,上海人民出版社 2008 年版,第 29 页。

[2] 制度作用于人,对人的激励包含了技术上的合作。专利制度激励的不是交易费用而是技术,我们以前的大多数制度变迁研究对此明显无动于衷。

业纺织厂中对技术的投资更加巨大,以1906年建振新纱厂为例,定机22 050英镑(时1英镑折10元算,共约22.05万银元),加上建筑支出约9万元,合计31.05万元(购地尚且不计),技术变迁费用计为原始股本20.08万元的154%左右;二则表现在荣家企业不断发动技术变迁,以此为取得适应性效率的重要方式。可见,企业早期投资大部分用于技术方面,用于制度方面的投资微不足道,而技术是最重要的竞争手段,企业中交易费用似乎相对无关紧要。

(4)荣家企业的许多制度变迁是基于技术变迁而进行的,技术变迁引起了制度变迁(转型促进技术变迁引起转型促进的制度变迁),随着经济的发展,企业家发现制度可以促进(削弱)转型(生产)(即制度不仅仅影响交易费用,制度变迁中交易费用最小化原则受到挑战),机器大工业生产条件下,当大量的协调反作用于大量生产时,具有历史路径的科学管理革命就出现了[1],管理层次增加导致交易费用的增加。因此技术变迁与制度变迁的关系并非想象的那么简单,它们共同服务于利润最大化目标(交易费用增加而利润增加的特殊情况出现),此外技术的影响体现于制度有形折旧中的物质折旧,这是我理解诺斯的所谓中间产品的一种方式。(以上技术变迁费用和资料来源,请详细参考附表4:技术变迁)

## 二、报酬导向的制度变迁

企业制度变迁模型中,报酬是制度变迁的主要动力。[2] 我们先看戴维斯与诺斯的制度变迁原模型。在荣氏兄弟成立钱庄时,这个公式是完全适用的。原因是:(1)在荣家企业早期,由于制度变迁是荣氏兄弟垄断(广生钱庄)的原因,我们只简单考虑制度垄断者对新制度的预期即可,而无须对所有参与制度变迁的主体的利益进行加总分析。甚至可以假设荣氏兄弟两人的制度报酬函数相同,不过,随着企业的发展,制度变迁主体的产权逐步开放、制度参与主体

〔1〕 钱德勒(1987)分析1840—1920年的美国家族企业制度变迁时指出,制度的转变主要由市场的扩大、新兴技术在生产中的广泛应用,以及由此导致的企业规模的膨胀,使得管理复杂化和专业化……市场扩大和技术进步只是现代经理式企业产生的一般前提,但传统文化、伦理规范等非正式制度对美国家族企业的制度变迁具有深刻的影响,尤其是“社会信任资本”和“经理市场”的成熟,对制度的演变有着重要作用。

〔2〕 学者如熊彼特和韦伯认为企业家精神也是一个推动制度变迁的动力。而马洛斯对欲望的层次模型更加广泛地提出了制度变迁动力的问题,从最低层次生存欲望到最高的自我实现,都可能是制度变迁动力来源。但是经济学框架下把所有欲望归于某种可以顺序比较的效用函数,报酬是制度预期效用收益函数的数量化标准。

不断增加(荣家企业集团发展到后来,中小股东、管理层、银团、工人甚至外部舆论皆用不同的方式参与并影响着企业制度的变迁),就会变成如公式(2—1)(2—2)(2—3)所示的报酬加总的情况,此时新制度的收益由 $PVv_1$ 变为 $\sum_{l=1}^{k} PVv_1^l$,而且,荣氏兄弟具有相同的制度报酬函数的强假设也在现实中发生了变迁,荣家企业在发展到一定程度时,出现了分别由不同主体的不同信念分别主导的情况,导致制度变迁产生分流和多元化趋势。(2)第一次设立制度,往往无旧制度的影响,不用考虑旧制度的处置成本和旧制度的收益情况。

$$PVv_1 = -Co^{v1} + (R_1^{v1} - Cr_1^{v1})/(1+r) + (R_2^{v1} - Cr_2^{v1})/(1+r)^2 + \cdots + (R_n^{v1} - Cr_n^{v1})/(1+r)^n$$

$$PVv_2 = -Co^{v2} + (R_1^{v2} - Cr_1^{v2})/(1+r) + (R_2^{v2} - Cr_2^{v2})/(1+r)^2 + \cdots + (R_n^{v2} - Cr_n^{v2})/(1+r)^n$$

$$\vdots$$

$$PVv_m = -Co^{vm} + (R_1^{im} - Cr_1^{im})/(1+r) + (R_2^{im} - Cr_2^{im})/(1+r)^2 + \cdots + (R_n^{im} - Cr_n^{im})/(1+r)^n$$

(2—1)式代表多主体参与制度变迁的预期收益情况;(2—2)比较特殊,代表有多主体且存在旧制度处置费用的情况;(2—3)代表多主体、旧制度存在收益(正或负)、旧制度存在处置成本下进行制度变迁的情况。这三种情况在荣家企业制度变迁的实践中都一一存在。

$$\sum_{l=1}^{k} PVv_1^l = -Co^{v_1^l} + (\sum_{l=1}^{k} R_1^{v_1^l} - \sum_{l=1}^{k} Cr_1^{v_1^l})/(1+r) + (\sum_{l=1}^{k} R_2^{v_1^l} - \sum_{l=1}^{k} Cr_2^{v_1^l})/(1+r)^2 + \cdots + (\sum_{l=1}^{k} R_n^{v_1^l} - \sum_{l=1}^{k} Cr_n^{v_1^l})/(1+r)^n \qquad (2-1)$$

$$\sum_{l=1}^{k} PVv_1^l = -\sum_{l=1}^{k} D_0^l - Co^{v_1^l} + (\sum_{l=1}^{k} R_1^{v_1^l} - \sum_{l=1}^{k} Cr_1^{v_1^l})/(1+r) + (\sum_{l=1}^{k} R_2^{v_1^l} - \sum_{l=1}^{k} Cr_2^{v_1^l})/(1+r)^2 + \cdots + (\sum_{l=1}^{k} R_n^{v_1^l} - \sum_{l=1}^{k} Cr_n^{v_1^l})/(1+r)^n \qquad (2-2)$$

$$\sum_{l=1}^{k} PVv_1^l = -(\sum_{l=1}^{k} R_0^l - \sum_{l=1}^{k} Cr_0^l) - \sum_{i=1}^{p} D_i - Co^{v_1^l} + (\sum_{l=1}^{k} R_1^{v_1^l} - \sum_{l=1}^{k} Cr_1^{v_1^l})/(1+r) + (\sum_{l=1}^{k} R_2^{v_1^l} - \sum_{l=1}^{k} Cr_2^{v_1^l})/(1+r)^2 + \cdots + (\sum_{l=1}^{k} R_n^{v_1^l} - \sum_{l=1}^{k} Cr_n^{v_1^l})/(1+r)^n \quad (2-3)$$

在中国近代这样一个特殊的、充满不确定性的环境下,荣氏兄弟在人类特有的意向性驱动下,基于自己的知识和信念结构而产生了鲜明的、具有时代特征的企业家精神和实业理念,荣氏兄弟勤劳节俭、学习精神强烈,勇于冒险进取和追求利润,并视追求创造性利润为终生事业。企业家精神的生成,意味着追求创造性利润来源的制度变迁驱动力的形成。

对钱庄和实业进行投资,是这种冒险的第一个周期。荣氏兄弟根据私人产权安排的独占性,模仿西方的先进技术和制度安排,建立一个适应中国制度环境、正式制度和非正式制度相结合、具有适应性效率的企业制度矩阵,并成为企业制度垄断者。然后在企业家精神激励下,开始利用先进企业制度为工具,以投资企业为终身事业,不断追求创造性利润来源,以报酬导向引导荣家企业的制度变迁。

## 三、荣家企业的适应性效率

荣家企业的效率是本书制度分析的基础,但现实涉及的效率不可能是一般均衡中完全竞争和完全信息下取得的帕累托最优效率,而是适应性效率。因为制度均衡时是零利润,否则就会导致制度的变迁,故荣家企业的适应性效率主要用企业利润来衡量:

(1)我们在荣家企业制度变迁中所观察到:战争、市场变化和宏观制度的不完善和道德风险的不确定性处处存在,所以,制度由于无知[1],更多无法精确地设计,更多地体现为制度对环境的适应和人对制度的适应。在企业制度安排中,制度理性设计和制度适应性是冲突的,并通过试错和信息反馈来弥补冲突,

---

〔1〕 也就是说,只要知识是完全的,最优制度就可以设计出来。而现实的知识是分立和不完全的,所以难以设计出最优制度。

取得效率的改进,这个既依赖于学习的过程也依赖于洞察力发挥。在企业追求最大化利润的目标下,诺斯和威廉姆森的适应性效率在本质上是相同的,都归于企业家及其企业组织改善知识不完全的能力,这亦是本书对适应性效率的观点。

(2)制度变迁模型一般假设预期中的收益和成本是瞬间实现的,这其实是理想中的配置效率,即知识完全下的理性预期。但是由于不确定性的存在,这导致在现实中不可能实现配置效率,不确定性导致知识是永远不完全的。所以,现实中所谓有效率的制度其实不具有帕累托最优效率,只具有适应性效率。在现实中亦观察到:制度主体在发动制度变迁时,存在不断试错的过程,于反馈中更新知识和信念,不断从信息不对称趋向信息对称,从知识不完全趋向完全,形成适应性、积累性的发展。荣家企业制度变迁就是如此,这个过程也体现为冒险和危机并存,之所以是冒险就因为存在知识不完全,之所以出现危机是因为试错要付出代价,负报酬伴随着冒险和危机而到来,并成为制度间断式均衡变迁的来源。

(3)就微观的荣家企业中,除钱庄之外,面粉、纱厂等机器大工业生产是基于模仿西方技术和制度的结果,其适应性效率的体现是:西方正式制度与传统非正式制度的融合,或者是均衡,表现为利用家族、宗族、同乡为基础建立的社会关系网络来降低不确定性,并有效地参与资源配置,从而保证缺乏西方式信用制度为基础的合作的契约能够有效实施;同时,适应性地利用官僚和传统人际关系网来促进企业发展;并在正式制度上则随着实践而不断取得默会知识,通过"干中学"以改进制度[1];而技术上则大力引进西方先进机器设备,不断以技术变迁带动制度变迁;另外,还必须在非正式制度上进行组合,例如企业家在集体主义和个人主义进行有效率的组合,用家族、同乡等传统宗族、血缘、地缘来约束企业中的个人行为并凝聚共同信念,视厂为家。

## 第二节 荣家企业制度的生命周期划分

企业制度变迁不是完全取决于资本或技术,也不因劳动、技术密集或者资

---

〔1〕 赵冈、陈钟毅明确提出近代棉纺织业存在学习的模型:外资工厂的存在,影响了中国民族企业的学习历程,并提供了国人实地学习(即干中学 learning by doing,作者按)的模型。引赵冈、陈钟毅:《中国棉纺织史》,中国农业出版社 1997 年版,第 163 页。

金密集而在本质上有所不同,它取决于企业的知识、技术和信念的周期性变迁。如同人有生命周期,制度也一样,利润是衡量周期处于何种阶段的关键。企业投资于具有创新意义的制度,就会通过交易成本最小化以及制度促进转型成本而取得利润,并在初期实现报酬的递增,因为存在竞争,加之受到市场规模和技术的约束,报酬总额达到顶点后就进入报酬递减阶段,最后达到0的均衡点。如果此时知识达到完全,那么制度就永远保持在零利润的均衡状态,此时并无生命周期。但是,只要不确定性存在,就限制着知识,使之永远无法到达完全性,从而基于知识不完全的制度就无法完美地设计,即永远存在改进的可能,当新的知识和信念不断积累,新的制度就会被创造出来,从而取代旧制度。旧制度从其产生到最后为新制度替代而消失的时间 $n$,即其生命周期。生命周期的概念已隐含在本文建构的制度收益函数的预期公式之中:制度生命周期等于 $n$,一般是有限的。如果 $n$ 是无限,那么制度无须变迁,制度完美而永远有效,哪怕收益极小,加总的收益也趋于无穷大。既然制度的生命周期 $n$ 是有限的,那么在进行实际的企业制度分析之前,我们需要对荣家企业制度进行周期 $n$ 的判断,下文将进行企业制度周期的划分。

## 一、宏观上的经济阶段划分(1887—1937年)

尽管中国近代经济增长不如人意,但还是在艰难环境下取得了发展,1887—1937年,中国实际人均消费需求年均增长率为1.5%;人均国民收入年均增长率为1.23%[1],在外忧内患的环境下尤其难得。[2] 宏观上,近代中国的适应性效率是在危机中取得的,处于锁定中的中国旧制度体系,由于制度决策主体不思进取,骄傲自满,造成知识和信念大大落后于西方,只到"面临千年之大变局时",中国的被迫开放导致旧制度锁定同时被打破,这样,新知识和新信念传播才成为可能;这样,新知识和新信念对制度供给的改善,让新制度安排也成为可能;对企业家及其组织而言,也即出现新的获利机会。"千年之大变局"意味着制度环境的改变,激励了新式企业在中国的出现。现代企业在中国近代的出

〔1〕 张东刚:《总需求的变动趋势与近代中国经济发展》,高等教育出版社1997年版,第23页。

〔2〕 但和几乎同时起步追求现代化的日本同期相比,中国的增长可算缓慢。日本在1889—1938年,经济增长率达到3.15%,人均实际可支配收入增长2.3%。(日)南亮进著,景文学等译:《日本的经济发展》,对外贸易教育出版社1989年版,第42、365页。

现是一种适应环境的变迁的结果,也是学习造成信念和知识变迁的结果[1],微观而有效率的组织的产生,对中国经济发展具有重要意义。中国近代于是出现经济发展的两次繁荣时期,根据统计,第一次黄金发展时期在1895－1913年,新建资本万元以上民办工矿达463家,资本总额9 110.3万元,民间投资分别占了90%和80%以上的比重;第二次黄金发展时期为1913－1926年,也主要是民间企业推进[2]。学界一般把1887年到1949年间的经济发展划分为三个阶段。第一个阶段:1887－1914年。这个阶段推动中国经济增长的动力主要是洋务运动和大量外国资本的输入;第二个阶段:1914－1936年。在这一时期的经济增长发展中,国内私人资本起了很大的推动作用,因此又称为私人资本阶段。1914年以后,主要资本主义国家都忙于第一次世界大战,外国资本在中国的投资呈绝对下降趋势,但已经有了初步积累的中国私人资本出现了投资高潮。北洋政府尤其是民国政府成立后,建立了各种协调经济发展的政府机构,颁布了很多法律法规,这对当时经济的发展也起到了重大作用;第三个阶段:1936－1949年。由于战争,这一时期中国的经济发展基本上处于停滞状态。

## 二、荣家企业的经典阶段划分及制度生命周期界定(1896－1937年)

本书研究的出发点是报酬导向的企业制度变迁,并且无论是正还是负报酬都对企业的制度变迁起了巨大的推动作用。所以很重要的工作是整理出荣家企业的报酬数据。

因为历史原因,荣家企业在财务资料上存在一些缺陷:(1)1920年之前,仅有中式四柱记账,体现传统流水账的记录方式;1920年之后才开始进行新的西式记账,但荣家企业年终给出会计决算表,下属各厂也有独立账册。按照现代财务核算要求,就需要甄别企业内部关联交易并编制合并报表,然而进行现代子母公司样式的统一核算,数据上是难以收集的。(2)1926年始,申新纺织公司档案忽然中断;因为某种原因,申新系统1930－1934年的资料很缺少,仅存1932年的资料可以完整分析。(3)荣家企业中工厂多,变动复杂,有的工厂先租

---

〔1〕 中国近代,许多看起来落后的制度之所以能够存在,一个原因就是环境造成的适应性效率,人和制度的适应,制度和环境的适应是重要的。所以会有奇特的现象,有些制度过于先进,但却不能够在中国近代起作用,反而会被所谓落后的制度在竞争中淘汰,如穆藕初是中国科学管理的先驱,其工厂在中国市场竞争中失败,最后为荣氏企业收购;也如一开始的银行业战胜不了钱庄,而许多交易所在中国成为灾难。

〔2〕 杨德才:《中国经济史新论》,中国经济科学出版社2004年版,第282页。

后买,有的工厂毁于火灾重建;有的只为补齐序列,同名不同厂;另不断受到各种临时或长期原因而停工和停产;这样对数据的处理产生困难。尽管财务数据存在缺陷,本书根据上海社会科学院编《荣家企业史料》相关的30张表格财务数据进行汇编,并查找上海档案馆Q193－1开头的全部公开的财务数据,包括从1910年到1937年申新纺织总公司、各厂决算表、上海“申新、福新、茂新”各棉纺织厂年结、会计报告及“福新系统”红账等18套新、旧账表,花费大量时间整理一手资料,从而对荣家企业的财务数据进行了大量的补充。表内包括21个工厂(其中2个工厂合并财务报表),3个企业系统,1个总公司。(4)关于洋厘等货币折算:根据上海市历年银元市价记载,1917－1926年10年间,银元最高是1919年的0.768两,最低是1924年的0.707两,一般市价保持在0.72上下浮动,又考虑到荣家企业中以规元两为记账单位,在1920年以后已经很少使用,因此涉及的财务数据不多,所以统一采取0.72的折算比例。同理,考虑法币在1937年前亦无大的贬值,故用1∶1的比例折算。

对于欠缺的数据,本文考虑了多种方法进行弥补,例如使用定性方式如亏损、盈利等描述,笔者认为这些处理是适宜的,并不足以影响报酬为根据来划分危机阶段。所以利用上档一手资料中《荣德生、荣宗敬年表合编》及收集荣德生等人的相关回忆录,结合《荣家企业发展史》等权威研究中关于工厂的盈利情况,对数据进行再次补充。

通过对财务数据的观察(各厂＋总公司利润汇总),荣家企业计有5次系统性的负报酬出现。

**表2—1　　荣家企业总报酬财务数据汇总(1896—1937年)**

| 年份 | 各厂总计(元) | 申新(千元) | 茂新(千元) | 福新(千元) | 申、茂、福总公司(千元) | 申茂福＋总公司(千元) | 各厂＋总公司汇总(元) |
|---|---|---|---|---|---|---|---|
| 1896 | 不良 | | | | | 0.00 | 不良 |
| 1897 | 不良 | | | | | 0.00 | 不良 |
| 1898 | 占利无多 | | | | | 0.00 | 占利无多 |
| 1899 | 盈余 | | | | | 0.00 | 盈余 |
| 1900 | 6 805.56 | | | | | 0.00 | 6 805.56 |
| 1901 | 6 944.44 | | | | | 0.00 | 6 944.44 |
| 1902 | 6 944.44 | | | | | 0.00 | 6 944.44 |

续表

| 年份 | 各厂总计(元) | 申新(千元) | 茂新(千元) | 福新(千元) | 申、茂、福总公司(千元) | 申茂福+总公司(千元) | 各厂+总公司汇总(元) |
|---|---|---|---|---|---|---|---|
| 1903 | 6 944.44 | | | | | 0.00 | 6 944.44 |
| 1904 | 6 944.44 | | | | | 0.00 | 6 944.44 |
| 1905 | 98 611.11 | | | | | 0.00 | 98 611.11 |
| 1906 | (9 722.22) | | | | | 0.00 | (9 722.22) |
| 1907 | (59 722.22) | | | | | 0.00 | (59 722.22) |
| 1908 | (9 722.22) | | | | | 0.00 | (9 722.22) |
| 1909 | 0.00 | | | | | 0.00 | 0.00 |
| 1910 | 0.00 | | | | | 0.00 | 0.00 |
| 1911 | 0.00 | | | | | 0.00 | 0.00 |
| 1912 | 237 777.78 | | | | | 0.00 | 237 777.78 |
| 1913 | 204 295.56 | | | | | 0.00 | 204 295.56 |
| 1914 | 401 456.67 | | | | | 0.00 | 401 456.67 |
| 1915 | 425 783.33 | | | | | 0.00 | 425 783.33 |
| 1916 | 398 522.78 | 20.65 | | | | 20.65 | 398 522.78 |
| 1917 | 322 459.44 | 118.07 | | | | 118.07 | 322 459.44 |
| 1918 | 539 060.00 | 222.50 | | | | 222.50 | 539 060.00 |
| 1919 | 1 403 375.56 | 1 048.06 | | | 17.76 | 1 065.82 | 1 421 136.49 |
| 1920 | 3 247 175.50 | 1 378.58 | 756.65 | 1 432.60 | 147.98 | 3 715.81 | 3 395 156.74 |
| 1921 | 934 897.99 | 826.32 | 114.53 | 9.93 | 177.96 | 1 128.74 | 1 112 860.92 |
| 1922 | 256 108.87 | 633.72 | (37.52) | (462.08) | 83.74 | 217.86 | 339 845.54 |
| 1923 | (772 174.59) | (924.99) | (174.29) | 194.56 | 76.12 | (828.60) | (696 050.08) |
| 1924 | 389 496.51 | (383.70) | 169.43 | 688.13 | 253.80 | 727.66 | 643 294.30 |
| 1925 | 2 865 510.99 | (3.24) | 396.62 | 2 444.81 | 155.47 | 2 993.66 | 3 020 978.23 |
| 1926 | 2 611 346.67 | 1 455.97 | 0.00 | 186.10 | (164.92) | 1 477.14 | 2 446 422.88 |
| 1927 | (11 429.44) | 144.48 | 0.00 | (106.95) | (246.56) | (209.03) | (257 990.72) |
| 1928 | 4 591 693.33 | 1 824.54 | 417.98 | 2 547.48 | 132.19 | 4 922.19 | 4 723 884.67 |
| 1929 | 4 310 684.67 | 2 984.89 | 229.64 | 1 195.82 | 56.21 | 4 466.56 | 4 366 892.60 |

续表

| 年份 | 各厂总计(元) | 申新(千元) | 茂新(千元) | 福新(千元) | 申、茂、福总公司(千元) | 申茂福+总公司(千元) | 各厂+总公司汇总(元) |
|---|---|---|---|---|---|---|---|
| 1930 | (1 257 518.04) | (864.88) | 0.00 | (426.25) | (5 164.91) | (6 456.03) | (6 422 424.53) |
| 1931 | 505 628.04 | 1 052.85 | 0.00 | (1 907.40) | (4 929.21) | (5 783.76) | (4 423 581.96) |
| 1932 | 3 477 227.30 | 2 468.99 | 利润合并于福新 | 1 726.01 | (2 461.99) | 1 733.01 | 1 015 237.30 |
| 1933 | (698 441.16) | (1 338.44) | 0.00 | 905.17 | (1 419.95) | (1 853.22) | (2 118 391.16) |
| 1934 | (9 347.66) | (2 094.37) | 338.60 | 869.25 | (753.15) | (1 639.67) | (762 497.66) |
| 1935 | 140 450.00 | (1 271.51) | 262.25 | 1 150.08 | (765.12) | (624.30) | (624 670.00) |
| 1936 | 4 571 430.00 | 3 084.99 | 354.20 | 1 132.25 | (1 637.03) | 2 934.41 | 2 934 400.00 |
| 1937 | 11 724 543.82 | 11 724.54 | 0.00 | 0.00 | 0.00 | 11 724.54 | 11 724 543.82 |

资料来源:附表1。

备注:①1986—1900年主要报酬是广生钱庄,钱庄经营期间缺少具体财务数据,后面是根据回忆整理出来的数据:广生钱庄1900—1908年的利润根据乐30、40、41、43、47整理所得;振新纱厂1907、1912、1914年的数据分别根据乐52、62、72整理所得;茂新一厂1905—1908年的数据根据乐47、54整理所得。②本表只是一个汇总资料,包括各厂1896—1937年的具体年份的收益,各厂数据直接从财务报表中整理,申新、茂新、福新3个系统系各厂报表数据汇总(1920年以前因为未编新式会计故无报表数据可以直接汇总);③总公司1920年成立,故以前并无利润。④各厂+总公司利润汇总(元)为本文主要数据,其他为参考数据(3大系统加上总公司的参考数据本应等于各厂加上总公司利润汇总,因报表数据不全,所以存在差额)。单位换算:规元两按0.72∶1的系数折算成银元,法币按1∶1折算银元,括号内为负报酬。

首先,荣家企业微观上的发展周期和宏观发展周期基本重合,1887—1936年是中国整个经济发展的长周期,而荣家企业发展相对应的长周期是1896—1931年,微观周期在时间长度上小于宏观周期的发展时期,正好是处于宏观经济周期中间段;其次,宏观上中国整体经济在"一战"后的1922年开始出现困难和调整,在1927年因为北伐战争而出现经济发展的中断,而微观荣家企业相应在1922年和1927年也经历了类似的困难局面。最后,除了宏观周期的影响外,微观企业还受到企业制度自身周期和企业家个人决策失误等微观因素的影响,这种冲击分别在1896年、1908年、1931年前后出现,并体现为企业的负报酬。因为微观企业制度除了受到宏观经济周期的影响外,还有自己的小周期,所以

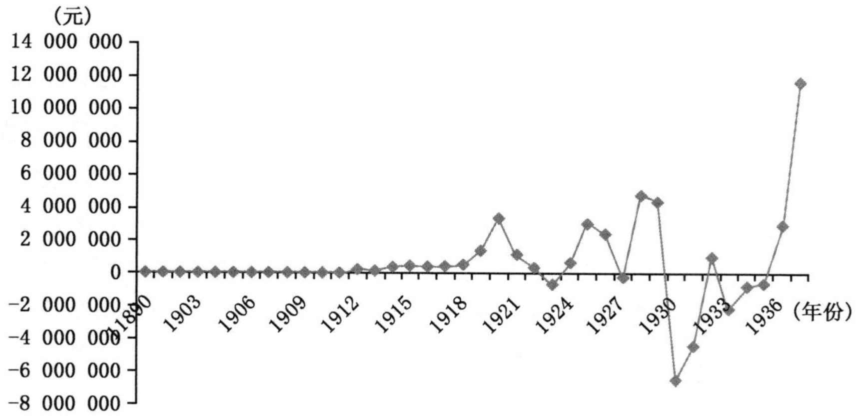


**图 2—1　总报酬折线图**

在企业制度周期的划分上与宏观周期有所不同,具体划分方法又有三种。

1.《荣家企业史料》的经典划分:五个阶段(1896—1949 年)

按《荣家企业史料》,荣家企业划分为五个阶段:一是 1896—1922 年的发展阶段;二是 1922—1931 年的困难中发展阶段;三是 1931—1937 年的危局中的停滞阶段;四是抗日战争时期的 1937—1945 年;五是抗战胜利后,从恢复到瘫痪的 1945—1949 年。这是一种定性的划分,基本上反映了荣家企业的总体发展情况。

2. 当事主体荣德生的划分:四次危机(1896—1937 年)

荣德生作为企业的创始人,其划分具有一定的权威性。根据荣德生回忆录《乐农自序》:"(1922)棉纱部分皆无利,面粉虽然微利,无济于事……此为余入实业界第三次风险,即光绪卅四年,民国元年及本年也。"[1] 1922 年危机下债权人催款厉害,荣德生印象很深刻,根据上述文字回忆,荣德生认为荣家企业包括 1922 年的危机在内,总共经历三次危机,分别是 1908 年、1912 年和 1922 年。因为是 1922 年的回忆,那么加上后来众所周知的 20 世纪 30 年代企业大危机,则计有四次危机。

当事人由于亲身经历而具有深刻认识,历史主体的判断是我们研究中必须慎重考虑的重要因素。按荣德生的逻辑,笔者整理出荣家企业的四次危机。这

---

〔1〕 荣德生:《乐农自订行年纪事》,上海古籍出版社 2001 年版,第 91 页。

四次危机:第一次是1908年,荣宗敬在上海做面粉投机失败,牵动荣家企业所办的广生钱庄,各行不肯放款,以致开支无以着落,只能让钱庄清算倒闭,度过危机。第二次是辛亥革命后的1912年,振新纱厂原棉告竭,各往来户无法再借,在董事会上请董事垫款不肯,以致新年不能开工。荣德生使出浑身解数,用个人智慧和关系取出抵押的栈单,终于度过危机。第三次是1923年,企业过度扩张,却遭遇市场恶化,外有日英美等国商品倾销,内有军阀混战,影响民生,荣家企业陷入亏损。第四次是1931—1935年,内部荣宗敬等投机美国、加拿大期货损失惨重,内部经营也出现重大问题,外部则天灾人祸加上美国购白银案,让上海现银存底抽去三分之一,物价狂跌,市场萧条,无人肯放款。荣家企业失去信用,历经荣宗敬辞职、银行逼债,银团介入经营和政府管制、汇丰拍卖等事件,直到1935年下半年,危机才始现缓解。相对应荣家企业四次危机,就是四个发展周期:1896—1908年、1908—1912年、1912—1922年、1922—1937年。

3. 制度报酬导向的企业制度周期划分:三大周期(1896—1937年)

总体而言,根据荣家企业各厂报酬数据,从1899年到1926年左右,大体上是具有报酬递增的利润[1],而在1926年后出现了大起大落的波动,特别是1930年开始的那一阶段的报酬,起伏无一定的规律,说明当时环境变化很大,经营情况也出现大的冲击而出现波动(典型如投机失败和抵货运动)。根据各厂+总公司利润汇总数据,我们观察到总报酬为负报酬的时期总计有五个时期:其中1896年初期是企业制度变迁的开始,由于知识不完全而造成亏损;而1927年是企业制度外部因素冲击而非系统性危机,这一年因为荣宗敬受到蒋介石通缉而财产受到查封、加上北伐战争影响的几次停工,所以出现负报酬;排除两个特殊的负报酬,此外还有三个时期的亏损:第一个时期:1906—1908年,总的收益体现了连续三年亏损。第二次负报酬出现于1923年(1923年、1924年两年纺织系统其实连续出现大规模负报酬)。第三次负报酬出现于1930—1935年(其中1932年因为抵货运动而亏损迅速转为盈利,后在1933年继续陷入亏损)。因此,根据总收益的大规模负报酬出现的时期和企业内部的因素,排除1927年的负报酬,并把1896年的负报酬归于第一个周期,我们可以把荣家企业划分为"收缩到扩张再到收缩"的三次完整的周期。

---

〔1〕 荣家企业的会计利润中扣除了官利,体现为纯经济利润。官利的经济学意义相当于资本要素的报酬。所以当收益总额中已经减掉所有生产要素劳动、资本、地租、利息、企业家才能的报酬,剩下的是纯收益,方便处理成奈特所谓不确定性的经济学意义的利润。

根据报酬也就是利润数据划分的三个周期,与荣德生的回忆危机的三次情况,在时间上是大体相当的,其中一次比较特殊的危机,就是荣德生在回忆录中提到的 1912 年振新的危机。只是根据 1912 年振新纱厂报酬数据,并无报酬递减,而且根据企业趋势来判断,振新反而处于报酬递增的阶段(当时市场背景非常繁荣,振新 1913—1914 年连续盈利,证明这次危机不是报酬导向造成的危机,荣德生因此成为大股东争夺企业控制权的牺牲品)。而荣家史料的五个阶段划分,只是一种定性的划分,与本书研究目的不同,也并非按照完整的周期来划分的。综合上述三种划分,如果我们排除外部干扰(1927 年),根据报酬情况,可以把荣氏划分为"完整的收缩、扩张、危机的周期性变化"的三个制度变迁阶段:1896—1908 年、1909—1924 年、1925—1937 年。

本书对企业制度周期性变迁从制度环境的界定开始,然后依次是对知识[1]、技术、信念和正式制度变迁的观察。在每个企业制度的生命周期,制度环境视为既定约束;而技术是活跃的影响因子,决定着组织的最优生产水平;然而企业人尤其是制度垄断者的"知识存量和信念体系"决定正式制度的供给(共同信念同时视为非正式制度),正式制度犹如巨大冰山所露出水面的一角,而连续变迁的制度环境、技术、知识和信念,则是水面下隐藏着的巨大冰山。

---

〔1〕 知识是对信息的加工和理论化;分立的知识和制度对知识的整合是本书所强调的重点,知识中含有技术,亦是信念生成的关键,知识的缺乏即无知程度是对不确定性的衡量。

# 第三章　荣家企业第一个制度变迁周期(1896—1908年)

在古典经济学理论框架中,一般的研究者习惯于把企业视为一个自动生产产品的黑箱,从而把具有结构的、生动的企业组织过程,简单化为追求利润最大化的、瞬间完成的静态过程:似乎投入土地、资本、技术和劳动力等资源就可以产出产品,严重地忽略了制度和组织的过程;即使注意到了制度的创造,也依旧局限于静态的研究,关注制度的生成。本书以诺斯的企业家及其组织对有效率的制度安排为基本命题,对近代的企业家及其组织的有效率制度的安排进行研究。需要强调的是,企业家理性选择最优制度并实施只是一个开始,更加重要的是企业家建立有效率组织和制度之后的故事。创造制度并非意味着事情的完结,相反,它只是挑战的开始,一直到制度的寿终正寝,还会面临许多不确定性的挑战,例如荣氏兄弟建立企业组织之后,就不断碰到企业内部冲突、市场动荡之类的挑战,甚至产品市场的饱和都会导致制度变迁。

本书认为,企业家及其组织创造制度的这样一个过程,也不能简化成为瞬间完成的,例如企业制度的创造,首先要有出资者来发起,以及筹集足额的资本,这会涉及股份公司、合伙企业和无限责任公司等不同的产权安排;然后购买并配置各类生产要素,等到形成(生产性)组织,又涉及技术的选择,还有更加具体的例如销售、人事和会计等制度安排。如荣家企业配置劳动力而实行了后来为人所诟病的工头制度;组织购买原料和产品销售的花庄、麦庄和经销处等制度安排;并且,为了协调组织内部个人行为,还要形成股东会议、董事会、厂务会议、生产制度等系列的规章制度,用这些规章制度来规范日常管理到会计核算再到营业监督等一系列的正式制度和非正式制度安排。所以,我们很容易就明白,现实中的企业制度不可能是单项制度安排,而是一个制度矩阵。

## 第一节　制度环境

本书的制度环境有两部分,第一部分是附表所列的 1895—1900 年发生的 11 个制度事件,我们归结出荣家企业第一周期的宏观制度变迁的国内背景:虽然社会政治环境依然充满不确定性,但是实业投资的环境大有改善,因此 1895 年开始出现民族、外资企业的投资热潮;而国外制度变迁背景是 19 世纪末 20 世纪初,美国为首的发达国家兴起第二次工业革命,并以电力使用为标志。我们还观察到传统的深刻的影响无处不在:首先荣氏兄弟处于一个社会人际关系网络中生存,这个网络遍及日常生活,甚至连钱庄股本的筹集也是依靠人际关系网取得、出现经济纠纷如荣氏兄弟追讨父辈担保产生的欠款,也是通过第三方的族内长老公议而非官府法庭实施。

**表 3—1　　第一周期制度环境(1895—1900 年)**

| 年　份 | 制度环境事件分类 | 件数 | 特　征 | 备　注 |
| --- | --- | --- | --- | --- |
| 1895—1900 | 制度环境 | 8 | 描述了社会宏观环境(3),制度实施方式(1)、社会关系网络(3)、传统信念(1) | 环境界定获利机会 |
| | 随机冲击 | 3 | 战争对政局、市场和广生钱庄业务的冲击 | 影响钱庄盈余、实业理念 |
| | 改变制度环境 | 0 | | |
| | 投资制度环境 | 0 | | |

资料来源:附表 2。

第二部分是 1900—1908 年所列的 18 个制度事件列表,观察到 1900 年荣家企业开创实业后,企业和制度环境开始有互动。以 1904 年为起点,荣氏兄弟开始积极参与"改变制度环境"并"投资制度环境":参与商会和同业组织的"办麦公会",是与企业的扩展直接相联系的行为;而荣氏兄弟重视知识,投资教育是一种显著社会性的行为特征。同时,值得关注的是制度环境事件表明,实业经济投资环境好转非常明显。

表 3—2　　第一周期制度环境(1900—1908 年)

| 年　份 | 制度环境事件分类 | 件数 | 特　征 | 备　注 |
| --- | --- | --- | --- | --- |
| 1900—1908 | 制度环境 | 10 | 描述了社会宏观环境(4)、微观环境(2)、社会关系网络(1)、传统信念(3)。 | 环境界定获利机会 |
| | 随机冲击 | 1 | 1904 年日俄战争导致茂新盈利。 | |
| | 改变制度环境 | 4 | 1904 年开始参加商会,并任无锡县开原扇董,兼任劝学事。 | |
| | 投资制度环境 | 3 | 1904 年开始投资教育,改良荣氏家塾,1906 开始设公益小学,1906 年投资义庄和修族谱。 | |

资料来源:附表 2。

## 第二节　适应性效率的挑战:知识不完全

从知识和信念的预期,到实践中形成企业正式制度,是一个实质性的变迁。在不确定性处处存在的情况下,制度理性设计和制度适应性是冲突的,需要通过试错和信息反馈来弥补冲突,从而取得效率的改进。许多制度从一开始就是知识是不完全的,需要默会知识的投资,而且从信息不对称趋向信息对称亦需要知识的更新。

第一周期的荣家企业制度变迁,有三个标志性事件,分别是:(1)1896 年荣氏兄弟设立广生钱庄;(2)1902 年荣德生主持建成的保兴面粉厂;(3)1905 年参股振新纱厂。三大制度事件揭开了荣氏兄弟实践企业制度变迁的序幕。因为现实中的制度不是配置性效率而是适应性的效率,所以从 1896 年到 1908 年,荣家企业经历了一种"不适应到适应再到不适应"的兴衰更替之周期性变迁,而以钱庄企业制度为中心进行制度扩展(转移支付形式),是荣家企业在第一个制度变迁周期的主要特征。

### 一、正式企业制度的生成:广生钱庄

荣氏兄弟早期的教育,除了为其企业家精神和实业理念的生成提供了支撑,还提供了钱庄制度的供给。当荣氏兄弟决定创业并开始选择创业的方向时,荣氏兄弟在钱庄 3 年间的学徒生涯所学的扎实的知识和技术,就成为制度供给的决定性因素,作为理性的制度决策者,荣氏兄弟的父亲荣熙泰,他除了投资钱庄外,还

有更好的制度选择吗？当然，传统社会中，人际关系网络也可能提供更优的选择，如荣德生在早期就更加愿意继承父辈的事业，去厘局做账房先生。但是，作为理性投资者，从知识和技术的角度，钱庄的确是当时荣氏兄弟的最优选择。

我们首先考察荣氏兄弟创造的第一个企业制度：广生钱庄。钱庄的知识基础在前面的企业家精神和实业理念生成的过程中已经得到奠定，因此不再重复。另外，初期关于钱庄的经营理念和正式制度变迁的制度事件非常少，技术变迁同样如此，而关于钱庄的正式制度的制度事件(1896—1899年)仅有8起，主要涉及从产权安排(3起)到荣氏兄弟分工合作以及投资多元化(兼营茧行1起)。

第一，产权安排。考虑到荣熙泰在创办钱庄时起着决定性作用，他能够在家道衰落时，决然远走异乡，追求前程，并在同乡和宗族关系的帮助下，得到发展并积累了之后为荣氏兄弟进行投资的资本。那么我们研究钱庄的产权安排和分工的形成时，就应该特别认真考虑荣熙泰的作用。荣氏兄弟在荣家企业集团中的产权安排上，早期一般的观点是"兄弟同股同权"，此种情况往往创业时期容易执行，而发展起来后则容易产生争夺主导权的矛盾，荣氏兄弟却能够在发展中避免这种争夺和内耗，一直相安和谐。

**表3—3　　　　第一周期正式制度**

| 年　份 | 制度事件分类 | 件数 | 特　征 | 备　注 |
|---|---|---|---|---|
| 1896—1899 | 产权变迁 | 3 | 企业困难时发生产权变迁一次 | |
| | 各类企业制度变迁(单项) | 1 | 钱庄建立无限责任、学徒、人事等企业制度 | |
| | (逆)纵横向制度扩展 | 2 | 企业制度早期的扩展 | |
| | 制度实施 | 0 | | |
| | 投资多元化 | 1 | | |
| | 其他 | 1 | 企业人知识和技术的完善 | 干中学 |

资料来源：附表6。

尽管荣氏两兄弟后来在经营信念、产业升级和制度变迁方向，甚至对待传统文化等方面不断产生诸多分歧，并最终因为信念不同而导致制度大分流。但是，每每在关键时刻，荣氏兄弟总能配合默契，互相协调，渡过一次又一次难关，真正做到和衷共济。有学者把此归于传统文化中"弟友兄恭"的传统信念的影响，但本文认为钱庄出资者父辈荣熙泰，在非正式制度上对荣氏兄弟的产权进行了安排，才是荣氏兄弟和谐合作的关键。在广生钱庄设立50年后(1946年),荣德生在报刊发表文章回忆先兄事迹,披露了荣熙泰遗言:“临行再三训迪,对社会经历,得失本末,多所启发。后来余兄弟同心协力,和衷共济,数十年如一日,即由庭训而来,事业之成,亦根源于此也”。实际上,在逝世前,荣熙泰不止一次交代荣德生:“既已开设钱庄,兄弟合力,内外同做”。另外,荣熙泰平时就一再强调:“父父子子,兄兄弟弟,而家道正,正家而天下定”[1]。这种思想在企业中相应体现为某种特殊的产权安排(也即产权存在某种没有协议的非正式安排),并导致了荣氏兄弟团结合作。荣氏兄弟受传统影响至深的知识和信念结构,决定并在实践中加强了这种非正式制度的合法性。我们发现,在荣家企业许多决策上,荣德生虽屡屡提出不同意见,对兄长的许多冒险投机有诸多埋怨,但是,一旦真正进行了决策,仍是全力支持,并每每在关键时刻,不遗余力甚至押上身家来支持企业度过危机。这种值得深思的现象,如果只归于兄弟间的感情和文化传统,似乎过于单薄,而父辈遗命的非正式的产权安排能够提供一种合理的解释。

关于钱庄,还有一次制度上的产权安排是1898年三个合伙股东的退出,让荣氏兄弟成为独资经营者。这种产权上的变迁,改变了企业制度的性质,也正式赋予荣氏兄弟制度变迁垄断者的地位。

第二,关于荣氏兄弟合作分工。钱庄时期,潘必胜(1998)指出:1900年,筹建保兴粉厂,1902年投产,标志荣家近代企业的诞生。但萌芽则始于1896年的广生钱庄。广生钱庄不是近代企业,但它的意义在于人事上奠定了荣宗敬主持外部经营而荣德生主持内部管理的分工关系。荣氏兄弟之间的确存在分工,但是只提内、外分工,这种说法受到本书基于史料考察的强烈质疑:首先,钱庄的人事分工是否为一种长久制度安排,就值得疑问。因为荣德生此时尚无全心全意介入钱庄经营,而是荣宗敬全面主管钱庄内、外业务,因此兄弟间有无存在内、外分工是大问题。在钱庄的经营上从开业到倒闭,基本上是荣宗敬亲自抓内、外经营,原因是此时钱庄业务尚小,并无须多派人手。况且,荣德生在1896年创办钱庄时,企业家信念还处于不确定中,一时想学医,一时想当官,在钱庄困难时即1898年,还分心忙于帮姑丈曹竹村起服,而四处奔波;甚至1899年经朱仲甫再三邀请而又再度赴粤省河厘税任总账,其间更是把精力放于做官的前

[1] 唐文治:《荣熙泰先生家传》,载《荣德生文集》,上海古籍出版社2002年版,第551页。

程,直到1900年因意外而止[1],重回无锡短暂参与钱庄业务不到半年,又马上一心扑在保兴(茂新)面粉厂的筹建工作上。其次,在荣家企业发展过程中,荣德生在无锡主持一方,从生产到营销的业务,不曾限制于对内事务,更是积极参与地方建设,为无锡和江苏甚至全国的社会事业出谋划策。再次,荣氏兄弟在企业的业务上各有体系,本非一体,所以内、外之分似乎无从说起。实际情况是荣氏兄弟形成合作的默契,各主导一个企业系统(参见本文第五章,典型如荣德生在无锡申三厂股权占优,而荣宗敬在上海申一厂股权占优)。在企业系统之间互相支持,倒是存在某种分工,即荣宗敬主事上海企业,荣德生主事无锡和内地企业,互不干涉内部业务。最后,荣家企业经营重心不断转换,开始钱庄为主业,此时整个荣家企业就以荣宗敬为主导,上海为重;然后荣宗敬1908年投机失败,广生钱庄倒闭,信誉尽失,无锡的茂新、振新业务反而成为主业,此时企业处处体现以荣德生为主导,无锡为重;然后到荣宗敬1913年上海建福新面粉厂并主导上海申新纺织系统发展,再到1921年建立"茂福申"总公司,名义上重新确立荣宗敬在荣家企业中的主导地位,此时离1896年创钱庄已有25年时间。此后,荣德生不满荣宗敬的投机金融的经营方针,自言"至申,与申新部分、福新部分叙谈,申厂事不能兼顾,只任公正董事。有纷争,归余劝解,不取董事费。申总经理费,全归兄收入。无锡面粉盈余利息,总经理收入,照规定分派,麦灰作酬劳。分与吾兄弟者,另立学记,助入公益中学,每年共有万余"[2]。荣德生从此在无锡潜心发展实业,导致荣家企业集团出现实际上的制度大分流,直到荣宗敬1934年再度投机失败,经营上再陷莫大危机而导致整个申新系统搁浅,又不得不依靠荣德生的无锡企业系统从资金到人才的全力扶持,才最终化险为夷。所以,荣氏兄弟之间并非系统的内、外分工模式,而是各有主导信念,并形成自己的企业制度矩阵的平等合作的支持模式,制度变迁取向上,一个偏金融一个偏实业;他们的合作基础是产权交叉基础上的企业之间的协同,即表现为互相支持进行"转移支付式"制度变迁:先是荣宗敬主导的钱庄支撑起对包括面粉和纺织在内的一系列投资与制度扩展;然后是荣德生主导下的面粉厂支撑起对纺织厂进行的投资与制度扩展。总之,两个系统(无锡、上海)自成体系,进行的是独立系统间的分工合作,是集团内部的协同作战而不是企业内部的协同

[1] 1900年八国联军攻陷北京,李鸿章从两广调走,荣德生原为李鸿章下属相约保举做官,失之交臂。上海社科院编:《荣家企业史料(上册)》,上海人民出版社1962年版,第9页。

[2] 荣德生:《乐农自订行年纪事》,载《荣德生文集》,上海古籍出版社2002年版,第88页。

分工。

第三,钱庄制度上的传统信念体系特征:(1)荣氏兄弟皆是从钱庄习徒出身,因此在钱庄制度上,采取了产权上"家族控制企业、学徒制度、旧式四柱记账"等一系列传统的制度安排。(2)传统中的习俗、文化也渗透到钱庄的制度之中,这其中最主要的就是钱庄依靠宗族血缘、地缘而进行的人格化合作,也即"差序格局式"经济秩序:钱庄的招股是在亲朋好友中进行的,业务也是依靠熟人社会,如存款多以熟人为限,增长缓慢,放款又以信用放款为主,自不轻易放于陌生人,否则风险难以控制。无疑,荣氏兄弟受到传统文化的影响是很深的,从小的家庭教育和私塾教育,还有青少年的职业经历、日常生活,积累的大部分是在传统的"差序格局"社会人际关系网络中处理的经验,无论是钱庄的原始资本(荣熙泰受到同乡提携而起家,积累下办钱庄的资本)、钱庄合股来源,还是荣氏兄弟的技术和知识结构的形成,都无法剥离而独立于传统的宗族、血缘、地缘影响。正是这样的知识、信念结构产生了传统主导的制度供给。

第四,钱庄制度的稳定变迁特征:由于钱庄的制度安排,似乎不具有新知识的创新优势,广生钱庄发展到一定阶段后,就局限于旧模式而渐渐失去变迁动力,趋于稳定。我们发现,钱庄早期制度在负报酬压力下连续进行纵、横向自我完善的变迁,如1896年在无锡设立分庄;兄弟分工于无锡和上海;1897年业务推至常熟、常州、溧阳。而钱庄主持人荣宗敬则不断努力发展业务和培养人脉,以克服默会知识不足,随着业务的熟悉,钱庄制度的知识体系日益完全。所以,自1900年起,在荣家企业的各种史料中很少发现广生钱庄存在大的制度变迁。基本上可以推测钱庄制度已经达到大体上的均衡,发展余地受到限制。甚至此时荣氏兄弟各自把精力偏离钱庄的业务重心(1900年),荣宗敬一心用钱庄资金投资商业、股票和做面粉投机;荣德生则忙于面粉厂和纺织厂业务。

第五,正式制度对非正式制度的影响:正如潘必胜(1998)所强调的,广生钱庄的经验影响深远。特别是导致了后来企业经营上一系列的信念的生成[1]:首先,在传统和父亲遗留影响下,虽然荣氏兄弟投资时遵守同股同权,在实际决策时,荣德生处处以兄长荣宗敬为主导,产权上体现"兄友弟恭"的家庭等级秩序。其次,兄弟分工合作的信念:在对广生钱庄的经营中,荣宗敬坐镇上海,承接各种汇兑业务,积极开拓进取和扩大社会交往,培养社会关系;荣德生坐镇无锡并负责向苏南

---

〔1〕"金融业最小,但是金融事业实为最初根本。"乐农史料选编:《荣德生与企业经营管理》,上海古籍出版社2004年版,第211页。

腹地的江阴、宜兴等地发展业务,拓展运营空间。以后,荣氏兄弟各主导一处,协同发展企业。最后,钱庄经营的经历培育出荣氏兄弟的投资才干和经营理念,并重视学习和调查。特别注意到荣宗敬经营金融业的实践中,在后期生成的"大胆融资、勇于借款的冒险经营方式"和"金融投机取胜的理念",甚至"分期付款购买机器设备",都与荣氏兄弟(荣宗敬)对金融知识的掌握密不可分。

## 二、新旧制度并存时期:1900年后新式制度生成

随着1900年茂新(保兴)面粉厂、1905年振新纱厂的兴建,荣家企业集团逐步形成一个复杂的制度矩阵,而且新旧制度互相支撑,形成一个新旧制度并存的局面。

根据表3—4、表3—5统计的制度事件:1900—1908年第一周期的正式制度变迁,主要围绕茂新(保兴)面粉厂和振新纱厂。根据这段时期的制度事件统计,首当其冲的不是制度变迁而是技术变迁(计11次,其中茂9振2),其中技术变迁中隐含着工头制度安排;其次是产权变迁5次,其中茂新在1902年、1903年、1904年、1905年有4次,振新1次;人事变迁7次(茂5振2);纵向一体化制度变迁4次,横向制度变迁1次(5次皆茂新)、逆横向制度变迁1次(钱庄倒闭),多元化投资6次(分别投资茂新面粉厂、振新纱厂、裕大祥和熟煤、股票、期货等);其他如支付交易费用和制度组织费用、建立个人销售代理制度、形成分期付款策略、成立初级集团各1次。如下两表统计:

**表3—4　荣家企业制度事件列表(茂新)(1900—1908年)**

| 年份 | 制度事件分类 | 件数 | 特征 | 备注 |
|---|---|---|---|---|
| 1900—1908 | 技术变迁 | 11 | 特别重视技术,变迁次数最多 | ① |
| | 产权变迁 | 5 | 早期茂新的产权变迁非常频繁 | |
| | 各类企业制度变迁 | 10 | 人事(7)、销售制度(1)、工头制度(1)、制订企业规章(1) | |
| | (逆)纵横向制度变迁 | 6 | 逆横向制度变迁是钱庄清算 | |
| | 多元化投资 | 6 | 多元化投资特别活跃 | |
| | 其他 | 3 | 组织费用、分期付款、初级集团各1件 | |

资源来源:参见本文附表4到6:荣家企业正式制度、技术变迁和产权变迁、纵横向制度变迁。

①没有把技术变迁和制度变迁分开统计,原因是早期的技术变迁数据简单,仅以引进设备为主。

荣德生主持兴建面粉厂和纱厂,投资机器大工业的实业经济,在当时完全属于创新的制度,荣家企业集团大胆引入西方技术,模仿建立西式的有限、无限公司制度,从此进入了全新的制度变迁阶段。新式现代企业制度一般包括产权制度、生产制度、管理制度、组织制度、企业决策和信息制度、企业人事制度及相关利益激励制度等单项制度组成的制度矩阵。

**表 3－5　　振新纱厂制度事件(1905－1908 年)**

| 年份 | 制度事件 | 资料来源 | 制度评价 |
|---|---|---|---|
| 1905 | 振新纱厂是有限公司,股东对企业债务负有限清偿责任,不连累私人家产,以保护经营者利益。其名为“股份有限公司”,实则有限责任公司,在决策上,实行一人一票制,而不是如股份有限公司的一股一票制。在这种组织体制中,哪一个股东起决定作用不直接取决于个人的经营管理能力,而取决于其个人影响力,并最终由其社会地位和经济实力决定。 | 潘必胜(1998 年) | 有限公司制度 |
| 1905 | 振新建成后,聘张园游乐场主人张云伯为经理,当铺老板徐子仪为副经理,但“经理在申不管生意,副经理读书不知生意,一味扳价” 一个“不管”,一个“不知”,企业经营管理权废置。 | 潘必胜(1998 年) | 经营管理 |
| 1906 | 向外国订购机器和装机工程均委托洋行办理,根据 1906 年 4 月 15 日振新纱厂与上海瑞生洋行订立购机和装机合同摘要。 | 荣 18 | 技术变迁:引进外国先进设备 |
| 1906 | 振新造厂时,引擎招屠阿大装,纱机由杨春荣、沈阿虎、刘阿荣装置……外国工程师,请张君笠江通译。 | 荣 18 | 技术变迁:装置机器 |
| 1907 | 振新二月正式开机,无甚利也。开业到中秋,已经欠裕大祥卅余万两。叶振斋为银钱董事,与石君商量。经理在申,副经理读书,不知生意,一味扳价,请为主张。让荣德生兼理纱厂。荣德生开始力辞后答应帮助云伯(经理),销清存货,至年不再欠款,明年决不再办,由股东解决。 | 乐 51 | 人事变迁 |
| 1908 | 振新尚好,有微利,正式任余为经理,人事略有调动,总管改吴炳奎,张至秋间辞去。 | 乐 52 | 人事变迁 |

就产权制度安排,呈现有限无限混合的现象,广生钱庄和茂新是无限责任公司,而振新是有限责任公司。潘必胜(1998)指出:“荣家企业的产生和发展(1902－1915 年),在本阶段,荣家企业先后或同时采用过无限公司、有限公司的组织形式,但都不是自觉的选择,带有自发和模仿的性质。”

茂新(保兴)早期是有限责任公司,1903年产权变迁,大股东退出保兴,荣氏兄弟毅然收股改保兴为茂新,同时增资到5万两,荣氏开始控股;1904年增资到6万元,并于1905年注册为无限责任公司;茂新面粉厂成为荣家企业的摇篮,不仅因为它建立得早,更是因为它实现集权的管理体制早,使企业管理组织和家族组织结合得早,实现了权责结合、权能结合。使企业在顺境中能大力扩展,在逆境中能力挽狂澜。按现代企业理论,企业家才能和资本家财富相结合是一个导致企业兴旺的最佳组合。西方资本主义到现代通过所有权和经营权的分离,由资本家主导型企业进入经理人主导型企业,才实现这一结合。但在这里,我们却看到,由于股东之间感情密切的缘故,在企业发育的原始阶段就实现了这种结合,虽然这种结合也带有原始的痕迹(潘必胜,1998)。

而振新纱厂成立初为有限责任公司。股东对企业债务负有限清偿责任,不连累私人家产,以保护经营者利益。其名为“股份有限公司”,实则有限责任公司,在决策上,实行一人一票制,而不是如股份有限公司的一股一票制。在这种组织体制中,哪一个股东起决定作用,不直接取决于个人的经营管理能力,而取决于其个人社会影响力,并最终由其社会地位和经济实力决定(潘必胜,1998)。

产权变迁是最重要的制度变迁,往往会带来一系列的制度结构变迁,这种变迁与新的制度主导者的信念和知识结构息息相关。所以,我们发现一个有趣的现象,频繁的产权变迁往往伴随频繁的人事变迁,如1903年荣氏兄弟收股改茂新,随之则是大规模人事变迁,目的是为了控制企业经营。但正常经营中的人事调整则是围绕提高效率。此外,产权的变迁也与企业的效率密切相关(注意到广生钱庄也是在经营困难时期产生产权变迁),例如茂新的产权变迁第一次是在经营出现困难时出现,见到经营无大利,大股东于是退出;茂新第二次增资和第三次正式注册为无限责任公司,其背景是1904年实现巨额盈余。

1904年出现的官利制度也是产权制度的一种,是在资本稀缺时对股东投资的一种风险补偿和权益保障,目的是消除不确定性(杜恂诚,2004)。官利制度,在没有完善的资本市场和发达信用制度安排的情况下,起了积极的促进投资实业、保障股东权益的作用,具有适应性效率的制度安排,朱荫贵等学者对此有精辟的论述。

1904年茂新开始制订厂规及职工办事章程,这是企业寻求制度规范化的必然结果,也是知识完全性的表现。早期的经营者由于经验全无,不知如何管理现代化工厂,曾有日本人调查中国早期工厂,发现厂里混乱肮脏,有负儿之母,倚姐之妹,妨碍父兄工作之子弟,呼喊叫骂嬉笑,竟让日本调查者感觉如入万怪之堂、群魔之窟(徐鼎新,1995:14)。如果工厂没有任何秩序,结果自然是产品质量差,无法与人竞争。这样,为了保证基本的生产秩序,就需要建立规范的内部控制制度,在企业内部规范"企业人"的行为,建立良好的合作秩序。

此阶段,荣家企业组织内部的各种变迁中,以技术变迁为最多,且多数是以从西方引进设备的形式进行(11次有8次),一则说明中国企业严重依赖外国技术供给,成为日后与外国竞争的致命弱点。二则说明技术在企业中占有重要的地位,技术变迁往往带动制度变迁:(1)机器大工业的技术引进,资本筹集金额巨大,广生钱庄只需3千两资本,而茂新(保兴)面粉厂要3万两资本,振新纱厂是27万多两资本,分别是钱庄的10倍和90多倍,西方的股份公司制度就当然成为完成巨额筹资的制度安排,因此机器大生产就带来相应的产权制度和融资制度的变迁;(2)机器大工业生产带来了现代工厂制度,要求把工人从分散的家庭中集中于一个工厂内,并建立严格的纪律来约束工人;(3)技术变迁中隐含工头(机匠)制度的建立;(4)大量生产,带来了纵向一体化的制度要求。仅仅茂新面粉厂这期间发生纵向一体化变迁4次,分别是2次设立麦庄,2次设立批发处,这正是钱德勒"大量生产带来大量分配"的初级结果,企业制度创新慢慢延伸到原材料和销售市场,是因为传统的采购和销售已经不能够满足机器大生产的需要,所以相应的制度变迁必然产生,除了技术变迁的影响,这也是制度创新带来一系列制度变迁的连锁反应。而1次横向制度变迁则归于危机下的产物,1907年茂新面粉厂连续亏损,企业家试图寻找新的利润增长点,所以购进美国打米机,以制度和技术变迁一起对付负报酬压力,结果失败。

其他如"分期付款"的融资策略、个人代理销售制度、成立初级行动集团都是正式企业制度产生的策略,这些策略直接作用于实践,并改变可感知的现实。其中蕴含着以后的制度变迁的重要路径,如"分期付款"购买机器设备日后成为荣家企业一直坚定信奉的、执行的理念。王禹卿个人代理面粉也衍变为销售佣金制度[1],而成立"办麦公会"的初级行动集团,是企业家企图改变外部环境,控制市场价格,具有向外部寻求合作、扩展企业秩序的逻辑,导致了荣家企业日后发展出利用大生产操纵原料和销售市场、利用交易所操纵原料和产品定价权等经营理念。

---

〔1〕 销售佣金制度成为荣氏加强竞争的一种常用制度,关于佣金支付相关数据详见上海社科院编:《荣家企业史料(上册)》,上海人民出版社1962年版,第50页。

此阶段,茂新面粉厂除了 1905 年因市场环境变化而取得巨额利润外,其余年份皆为亏损,而振新纱厂开始的经营也很不如意,所以制度变迁的背景是创业初期的知识不完全造成的负报酬刺激,此种背景导致产权、人事变迁和技术变迁频繁发生。

## 第三节　适应性效率的挑战:信念冲突及融合

荣氏兄弟所参与的保兴面粉厂和振新纺织厂的制度变迁与广生钱庄不同,它们具有新制度的特征,对比传统制度,它们是新奇的制度:技术上是一种机器大工业生产,制度上则是西方股份公司制度。那么身处中国传统环境下,会带来什么样的制度变迁特征呢?这是学界研究颇多的问题。

从新制度经济学的角度,则归为旧制度处置成本的不同和意识形态投资两者导致新旧制度变迁的难度不同,在比较钱庄的举办与保兴面粉厂、振新纱厂的举办过程中可以明显发现这点。

钱庄是父辈荣熙泰出资,出面招股也是荣熙泰,在亲友的帮助下,筹资过程异常顺利,(1896 年)正月半去申商量,定下后旋即二月初八开业,既无外部封建势力反对也无内部旧制度的掣肘,历时不到一月即成。

而茂新面粉厂从 1900 年 8 月 20 日决定兴办,在官僚朱仲甫的强势支持下立案,并得专利十年,购地于无锡西门太保墩,半年后即 1901 年 2 月 8 日开工,先后受到图董、乡绅两次以“侵占公地和破坏风水”为由的兴讼阻碍,幸好无锡县的顶头上司的上司总督大力支持实业,罕见连续八次督批,最后甚至把当地知县摘顶,才迫使当地乡绅主动寻求和解,此时已拖到 11 月份。官司前后历时 9 个月,因为社会网络的人际关系背景深厚,所以仅花费 800 元解决问题,而其对手则用去 8 000 元;其间又因技术问题而换机匠,方在 1902 年 2 月 8 日正式开工,前后足足历时 1 年半而建成面粉厂。[1]

振新纱厂 1905 年成局,1906 年动工,“也有当地江姓出而起诉,后即和解”,到 1907 年 2 月正式开机[2],也历时 1 年多。

---

〔1〕 上海社科院编:《荣家企业史料(上册)》,上海人民出版社 1962 年版,第 11—13 页。荣德生:《乐农自订行年纪事》,载《荣德生文集》,上海古籍出版社 2002 年版,第 31—40 页。

〔2〕 上海社科院编:《荣家企业史料(上册)》,上海人民出版社 1962 年版,第 17—19 页。

## 一、新制度安排的外部性:旧意识形态的阻碍

两相比较,发现钱庄为旧制度,与传统非正式制度容易协调,并无意识形态上的阻碍;而创办实业则受到传统意识形态的大力阻碍,在荣家企业案例中,无竞争对手如旧手工制粉业的直接反对,反而是似乎不相干的乡绅以"破坏公地和风水"为名义,百般阻碍,鲜明带上旧意识形态阻碍新制度的特征。

钱庄的举办之所以顺利,因为它本身基于传统,容易被传统社会接受,这就是非正式制度和正式制度在适应性上达到均衡的体现。而新兴实业则不同,其技术和制度安排都是来源于西方社会,早期国人把西方公司制度等思想视为洪水猛兽,受到清政府为首的大多数人的强烈抵制,所谓"十之七八反对西法,甚至满朝盈野皆反对"(张忠民,2002),直到甲午战败以后,清政府才转变了态度。但是,正式制度变迁容易,如1895年清政府即放松民间资本办厂控制,1898年已有正式法律鼓励民间办实业,挽回利权;而非正式制度变迁则非一日之功。因为民间风气之未开,各种抵制和猜疑、反对是形形色色,既显赫如状元张謇者,在1895年得官方支持出面兴办纱厂,也要前后历经5年才艰难办成。[1]

钱庄和机器大生产的实业,代表着不同的制度变迁路径(体现中西文化的差异,特别是在人格化交易和非人格化交易方面的区别)。传统中国社会,个人处于一个分割的状态中,每个人都在特定的宗教、种族、宗族集团中,与其中的成员发生社会经济交往,这些集团中,合同通过非正式的经济、社会制度来执行,不同集团的成员间几乎不存在主动合作,但是各集团成员感到自己与本集团社会成员的生活密切相关,而与集团外的人则产生割裂,造成了社会上的一种社会结构的分割。而在西方式个人主义社会结构中,社会处在一种整合状态中,因为经济交易发生在不同的集团成员之间,人们在各个集团之间经常流动,合同通过法庭这样的专业化组织来实行,自立这种行为受到社会很高的评价。个人主义特征与集体主义特征的分流而体现出的就是"人格化交换"和"非人格化交换"的不同发展结果,个人主义特征与集体主义特征的环境,决定着经济增长,也构造了人们在政治、经济、社会方面发生交换的激励结构。西方公司制度是适应西方的文化传统而创造出来的,荣氏兄弟模仿西方公司制度,照搬用于不同的中国近代传统环境中,必然会产生适应性的挑战。

---

[1] 1899年,张謇在南通设大生纱厂,自倡到开车凡阅五载。

更加重要的是,面对新制度的冲击,外部的非正式制度,特别是旧制度的既得利益者,即荣家企业案例中的阻碍新兴实业的乡绅,由于意识形态原因[1],仇视新兴实业,对荣氏兄弟发动的制度变迁进行破坏,保兴面粉厂不仅开工后遭遇两度诉讼,投入生产后,谣言和暗中抵制也依旧紧紧相随。这些史实告诉我们:简单认为只要"新制度预期收益大于成本,制度变迁就一定会发生"是简单的理想,没有考虑到旧制度及其意识形态的受益者会运用其控制的资源来阻碍新制度变迁。从另一个角度,不能把办企业当作没有外部性的事件,早期实业可能具有强外部性,即新知识和新信念对旧知识和旧信念的冲击非常大。这种情况需要考虑社会成本问题。人类在不同环境中的自我意识已经导致了信念体系极大的不同,这些信念体系过去是、现在和将来继续是人类行为最基本和最主要的源泉(诺斯,2008A:150)。通过对人的行为的影响,信念体系可用于减少交易费用,自然也可用于增加交易费用。因而,需花大量投资去使人们相信这些制度的合法性,因而政治和经济制度的结构理论就一定要与意识形态理论相结合(诺斯,1999:19)。

上述论断意味着两点,第一,旧制度和旧意识形态会以增加交易费用的方式,阻碍新制度和新的意识形态的产生;第二,荣氏兄弟要改善制度环境,取得适应性效率,需要投资于意识形态,以减少外部性产生的交易费用,这就是我对荣氏兄弟以后积极对地方道路、宗族义庄、社会教育进行投资的一个新解释。

在建立茂新(保兴)面粉厂时,由于外部性而增加的交易费用归于某种新制度阻滞成本(用 $Cs$ 表示,以区别 $Co$、$Cr$);$Cs^0=800$ 两白银;$Cs^1, Cs^2, \cdots, Cs^n$ 等表示后面第 1 期,第 2 期,一直到第 $n$ 期的阻滞成本,如我们观察所得,荣氏茂新(保兴)面粉厂在建厂投产后继续遇到无形的阻力,如产品有毒的谣言、乡绅对机制面粉的暗中抵制,都为新兴市场的开拓设置了重重阻碍。在中国近代,这种创新制度受到旧制度和旧意识形态的阻碍而产生额外的交易费用是经常有的,而且不一定发生在创建时期,广东第一家缫丝厂就是开业后受到手工业者的冲击而被迫迁移到澳门。除了上述意识形态上的支出外,企业筹建和投产后遇到的其他支出包括打点官府、应对刁难、行贿等,这些额外费用都不是组织

[1] "(图董江先生)以为有意不顾地方人情,心中不快..... 当时重仕而轻商人也。"地方乡绅调查到荣氏兄弟是商人,既而阻挠保兴面粉厂的建造。引荣德生:《乐农自订行年纪事》,上海古籍出版社2001年版,第38页。

费用,是本书归于新制度的外部性引起的阻滞成本。[1] 然而,阻滞成本不一定是正的,外部性也不一定是负的,我们还观察到,荣氏建造面粉厂遇到本地乡绅阻碍,也有人不顾利害而愿相助,荣德生回忆当办厂遇到困难时,就有小股东杨某来问候,并表达希望地方兴旺之意。

## 二、适应性效率的制度安排:非正式制度的契入

近代中国试图复制西方资本主义强国的成功,清政府在1898年公布《振兴工艺给奖章程》,次年在上海设立商务总局。诺斯指出:当以美国的成功故事为背景,将其产权法复制到其他国家时,尽管规则相同,由于实施机制和方式以及行为准则和行动者的主观模型不同,真正的经济结构和预期的正式结果也不相同。严中平也指出:如果在这个时代,谁要创办纺织工厂,他就不得不和洋货、洋人发生千丝万缕的联系,那么他和封建统治就不得不有千丝万缕的联系。[2]

荣氏兄弟发动新式制度变迁时,从西方引入的正式公司制度和传统的非正式制度间发生了既合作又排斥的现象,传统的非正式制度是一把双刃剑。但是,企业家们解决问题的方式简单而明了,他们把西方的正式公司制度和中国传统的非正式制度进行结合,并产生了矛盾又统一的荣家企业制度矩阵:家族企业、股份无限公司(或有限公司)、官利制度、工头制度、旧式记账和现代的机器大工业生产、新式营销等制度安排奇异地结合在一起。问题是它们是有效率的吗?资料表明:这种中西混合的确具有适应性效率,体现出正式制度和非正式制度的某种均衡。

制度激励合作,然后是对人的行为进行确定性约束,以实现共同目标。先进的制度安排需要人来执行,而制度管辖范围内的人是在传统社会熏陶下成长的,这会是难题。理解和执行新的制度安排,需要制度管辖范围内的人对自己的知识和信念进行更新。适应性效率首先要求的是人和制度的相互适应,因为制度需要人来实施;其次要求的才是制度和环境的适应。人的知识和信念结构是难以瞬间改变的,这取决于偏好的稳定程度,也即意识形态刚性的程度,因为涉及人类心理学和行为学理论,所以暂放一边,但是通过学习改变旧知识和信念并非不可能,尽管这需要大量的投资。的确如此,后来的荣家企业迅速开始

---

[1] 1872年中国民营第一家继昌缫丝厂,是新式机器生产大工业,1881年南海爆发丝织机工群起捣毁工厂恶性事件,被迫迁往澳门。

[2] 严中平:《中国棉纺织史稿》,科学出版社1955年版,第124页。

对知识进行了大量投资。

荣氏建立西方股份公司制度时,面临的是传统主导环境,那么我们可否取消传统呢?诺斯指出制度是稳定的,它由复杂的正式约束和非正式约束构成,非正式约束已经成为人们行为习惯的组成部分,因而具有顽强的生命力。正式约束和非正式约束与实施方式一起形塑了我们的日常生活,指引着我们的大部分活动。[1] 这意味着我们离不开传统社会中的非正式制度,它规定了日常生活中的大部分现世活动。如果完全取消和排除传统的影响,意味着出现大量知识、信念和制度真空,而只构建一个正式制度是不可能达到秩序良好的状态的。如果人与人之间没有传统的非正式约束来保障基本的信任和合作,根本就不可能产生低到合乎效率的交易费用,从而没有任何产出可以实现,这在经济上是个悲剧。如果没有非正式制度来适应正式制度,如果没有道德和习俗等来制约人的交换行为,也就没有任何的自我实施的存在,意味着高到不可想象的交易费用。[2]

既然不能取消传统,那么,建立西方式的非正式制度安排来代替传统的非正式制度安排可行吗?在建立西方式企业制度时,有没有办法同时把西方的意识形态和道德伦理还有法治精神等一一搬来?实际告诉我们,这有如下难度:首先,西方社会的信念(源于古希腊和罗马)的形成非一朝一夕之功,需要长期培养和潜移默化积累之功,才能形成稳定的偏好,并且融入西方的日常生活信念中。其次,历史路径而形成的传统非正式制度与传统社会下成长的国人密切联系在一起,非正式制度存在于人们的信念体系和知识结构中,这岂非意味着要同时把人和非正式制度一同更替?即使不用更替所有的国人,那么考虑到培养国人形成西方的非正式制度所需要的时间和投资,还需要克服默会知识之类的困难,这些绝非贫穷落后的国人所能够支付的代价,全盘转入西方历史路径并支付巨大的意识形态投资,显然没有适应性效率。

综上可知,偏好和信念的稳定性,知识更新所需要的投资,还有改变需要的长时间,决定了人的知识结构和信念不可能轻易改变,就算强行改变,也需要支付大到不可承受的巨额投资;而我们离不开非正式制度对现世生活的塑造,又不可能朝夕间搬来西方的非正式制度体系。所以,选择、改造、更新和应用传统的道德伦理等意识形态就成为最优选择!幸运的是,儒家伦理本身也具有适应

---

〔1〕 诺斯著,杭行译:《制度、制度变迁与经济绩效》,上海人民出版社2008年版,第114—115页。

〔2〕 人类社会没有意识形态的约束,监督费用会非常高,伦理道德是对一种监督的投资的替代。

性。不要忘记,荣氏兄弟本身就是从传统中成长的,他们可以从传统主导中形成企业家精神和实业理念,意味着传统背景下信念的改变是可能的。况且西方观察家还发现传统的优点:“由于中国老百姓的坚韧顽强和勤劳,商人的精明和进取心,他们能够抓住政治动荡年代的每一次间歇恢复元气重建产业,利用每一个机会发展和前进。”〔1〕中立观察者的结论充分说明了在不确定性环境的冲击下,传统意识形态的作用并非全都负面。

荣家企业和其他许多企业的实践证明:儒家伦理是可以应用于现代企业制度中的,并且很早就在实践中创造着中国特色的制度变迁的路径。杜恂诚指出:“中国近代,中国商人效法西方建立一批现代企业制度,没有公德约束的情况下(非正式制度欠缺)诱发了大量不当的交易成本,如合伙人之间的猜疑、企业间的违约。民间商人在创办企业时希望找到一种企业制度,促进企业内外合作,减少交易费用,儒家伦理在此过程中起了重要作用,其模式就是‘父慈子孝,兄友弟恭’的企业管理层模式。”〔2〕这段话精辟地描述了企业家对传统非正式制度的选择和使用的过程。总之,只有建立现代正式企业制度和传统非正式制度相适应的制度矩阵,企业制度才具有适应性效率。

值得注意的是,西方正式公司制度和传统非正式制度的结合是在互相演变中进行的,西方企业制度的传入在知识上是一个大突破〔3〕,带来了西方的先进知识和信念,但是正式制度变迁和非正式制度变迁的互相影响过程非常缓慢〔4〕,传统的非正式制度则通过企业人和企业家、企业家精神渗透了西方公司制度的变迁。“(由于传统的非正式制度契入)慢慢开始带有严重的中国化倾向。公司制度在中国的实践是存在许多偏差的,如股东和股东会权力普遍得不到尊重;家族化扩大蔓延;中小股东对自己合法权益没有重视;经过许多试错,国人才认识到企业的公司治理的机制,如股东、董事会和经理的内部牵制,防止

---

〔1〕 徐雪筠等译编:《上海近代社会经济发展概况(1882—1931)——〈海关十年报告〉译编》,上海社会科学院出版社1985年版,第344页。

〔2〕 杜恂诚:《金融制度变迁史的中外比较》,上海社会科学院出版社2004年版,第284—285页。

〔3〕 西方公司的集资功能让国人大开眼界,为之震惊。1867年最早由容闳提出公司制度思想,开始引起清政府无限惶恐,直到6年后由轮船招商局开始实施西方股份公司制度。

〔4〕 张謇亲自为大生纱厂拟定《厂约》,作为企业管理的基本规章。规定了总理和各经董的各自职责,对各级职员的工资待遇、利润分配、各所章程的制定办法和定期考核制度、功过赏罚办法等事项,张謇在《厂约》中还将自己置于大家的监督之下,鼓励各级职员对自己提意见,对厂务提建议。这些都体现出西方制度带来的新信念。但张謇在个人权威下决策难免独断专行,30多年掌控企业,基本上董事会名存实亡,民主决策成摆设。

舞弊的机制等。”[1]施正康的研究表明,国人对公司制度认识是从实践的角度持续进行的,并非是一成不变的简单复制,而是加入了许多中国传统社会的元素,用中国人的眼光思维经验价值观去判断、取舍、改造新制度。结果是演绎出一个不同于西方公司制度的发展过程。初始条件的细微差别就能够使后来的发展结果大相径庭,这会导致成功的制度变迁也会导致失败的制度变迁,从中显示出的正是中国近代社会中传统成分根深蒂固的力量。

从企业制度模型的分析可知:这种正式制度和非正式制度的互相演变,归根到底是制度主体的知识和信念对制度的供给问题。就荣家企业而言,制度变迁垄断主体荣氏兄弟的知识和信念结构,决定了最优的正式公司制度的形式和发展路径是中西方融合的形式,考虑到荣氏兄弟知识和信念结构中传统的深厚影响,儒家伦理自然而然地融入其所建立的新制度中去,是水到渠成。这意味着企业人的知识、信念及其在实践中的更新,将决定正式制度和非正式制度以后的演变方向。

## 第四节　第一周期的正式制度

### 一、正式制度的效率:从知识不完全到完全

与一般均衡的知识完全假设相反,现实中的知识市场常常是不完全的,而市场主体之间的知识水平的差距,造就了不完全的产品市场,利润或亏损从中产生。

**表3—6**　**荣家企业第一周期广生、振新、保兴三厂初期报酬情况**　单位:两

| 年份 | 广生钱庄 | 振新纱厂 | 保兴面粉厂 |
|---|---|---|---|
| 1896 | 不良 | | |
| 1897 | 不良 | | |
| 1898 | 占利无多 | | |
| 1899 | 盈余 | | |

[1] 施正康:《近代中国对公司制度的认知及实践结果》,张忠民、陆兴龙主编:《企业发展中的制度变迁》,上海社会科学院出版社2003年版,第72页。

续表

| 年份 | 广生钱庄 | 振新纱厂 | 保兴面粉厂 |
|---|---|---|---|
| 1900 | 4 900 | | 筹办 |
| 1901 | 5 000 | | 开工 |
| 1902 | 5 000 | | 开业无利 |
| 1903 | 5 000 | | 收股改茂新① |
| 1904 | 5 000 | | 微利 |
| 1905 | 5 000 | 筹办 | 66 000 |
| 1906 | 利薄 | 开工 | −7 000 |
| 1907 | 无利 | −50 000 | −7 000 |
| 1908 | 亏损清算 | 微利 | −7 000 |

数据来源:参见本书附表1。

①保兴面粉厂1903年改为茂新。

从表3－6可知,广生钱庄在1896年开业,到1898年为止的三年都亏损(微利),并导致产权变迁,从合伙企业变为荣氏兄弟独资;保兴面粉厂从1902年开业到1904年的前三年,经营同样不尽如人意,从而也导致产权变迁,荣氏兄弟"收股改茂新";振新1907年开业即亏损5万两,当年不得不更换经理让荣德生主持业务,并于1908年正式任命为经理,1909年"申锡并股",产权再次发生变迁;三个企业无论是新、旧制度安排,在企业经营的早期都不约而同地出现负报酬,这是偶然还是必然?

制度变迁模型在知识完全(信息完全)的情况下,只考虑预期的收益,不用担心现实和预期收益的不一致。而现实中处处存在知识不完全(信息不对称)、存在各种不确定性,企业要取得效率,需要考虑经济随时间演进的方式,并不断在实践中"获取知识、去学习、去诱发创新、去承担风险及所有有创造力的活动"。就钱庄而言,预期的制度变迁收益因为知识不完全性(默会知识缺陷),并非马上可实现的,毕竟荣氏兄弟只有钱庄学徒的经历而无主持钱庄经历,适应性效率要求制度变迁主体在实践中通过"干中学",不断学习来取得管理企业的默会知识和技能,并通常是在知识不完全造成的负报酬压力下进行的。原因很简单,其他企业(如其他钱庄)具有经营管理上的默会知识,占有竞争优势,新进入者如果知识欠缺,只好承担负报酬。

保兴和振新也是如此吗?回答是肯定的。除了经营上的知识和技能要掌握外,先进的西方企业制度对国人来说亦是需要在实践中不断学习,以克服默会知识陷阱,才能接近制度的均衡知识水平,从而发挥出新制度的优势,取得创造性利润。

模仿西方,创造新制度对荣氏兄弟等人来说是一种冒险,需要具备威廉姆森(1996)所谓的“企业洞察力”。诺斯也指出:“(有效率)制度变迁依赖于感知,对既有框架的某些边际做些改变,将使他们的境况得到改善。但是这种感知的深浅,强烈地依赖于他们获取的信息的多寡,以及他们是如何处理这些信息的……人们常常在信息不完全的情况下行动,处理那些通过心智构想而得来的信息,因而他们常常是行进在无效率的路径上。”[1]这意味着企业需要不断地试错,并付出代价,才能走出知识欠缺造成的无效率路径。长期来看,为了应付挑战,企业需要建立一个完备的知识学习和更新体系,以培养先进技术和管理技能,从西方的公司发展的经验来看,这是包括教育、职工培训、科研的综合体系。

从知识的不完全到向完全的逼近需要付出代价,荣氏兄弟付出的代价相当于一种试错成本,表现在组织管理上就是企业(早期)的负报酬。此外,企业家还要努力进行学习上的投资,并不断进行各种充满洞察力的活动,才能走出初始的、知识不完全造成的无效率的路径,这其实符合“万事开头难”的客观规律,本书注意到,在渡过最初的难关后,企业往往会迅速进入一个快速增长的报酬递增时期,直到下一个由“不确定性带来的知识不完全”的到来为止。

表3—7是15个关于学习新技术管理知识的制度事件,表明经过荣氏兄弟的学习和努力,不断克服企业制度面临的各种不确定性,使制度安排从知识不完全开始向完全方面迅速转变,企业慢慢取得适应性效率。广生钱庄在1899年后进入报酬递增阶段;茂新(保兴面粉厂)在1909年后进入迅速发展期,步入报酬递增阶段;振新纱厂也从1909年后渐渐步入报酬递增阶段。

**表3—7　　知识不完全下的学习(1900—1909年)**

| 年份 | 制度事件 | 资料来源 | 制度分析评价 |
|---|---|---|---|
| 1900 | 荣德生探知面粉是外人所需,免税物,加上乱世中由钱庄汇兑业务中知道粉业关系民生所需,倘在无锡产麦区建一厂,必能发达。 | 荣10 | 洞察力 |

[1] 诺斯著,杭行译:《制度、制度变迁与经济绩效》,上海人民出版社2008年版,第9—10页。

续表

| 年份 | 制度事件 | 资料来源 | 制度分析评价 |
| --- | --- | --- | --- |
| 1900 | 通过米行经理推荐,去上海美商增裕参观,去阜丰,不允参观,去天津和芜湖,均不知道详细情况,大约造本三四万,托瑞生洋行尤葛民,同乡介绍,问明制粉事。 | 乐33 | 学习精神 |
| 1902 | 1902年9月到芜湖益新面粉厂参观。 | 乐42 | 学习参观 |
| 1903 | 出粉稍改良,麦机添一只,由韩福记造。水洗不用,因麦潮,出粉软,顾客不乐购。 | 乐43 | 实践中学习改进 |
| 1903 | 茂新自改后每日去路稍爽。添一粉筛,自做仿造也。想去华兴参观学习,彼老板不允许人看。烟台庄收去,苏锡申足以销完,只望增出数。唯石磨时时要停,不能够多出,粉比人小二角,所以难以获利。 | 乐43 | 实践中学习改进 |
| 1903 | 并至杭参观官办粉厂……后顺流西湖,天天阴雨,住通益公纱厂客房,定货出货者住满。总办高懿诚,府班,为人勤俭,陪观全厂,余将扼要一一抄入日记,为后来做纱厂基础。 | 乐41 | 参观学习 |
| 1904 | 订茂新厂规及职工办事章程,经常研究工厂管理办法。9月赴南京镇江调查粉麦产销情况。 | 年表 | 学习、调查研究 |
| 1904 | 市价因石而小,华兴、阜丰、增裕,则大为得利。几经设法买通黑炭工头去华兴参观,上下各处机器均看明,并将要点摘下来,决心改添用钢磨。 | 乐45 | 实践中学习改进 |
| 1905 | 向洋行办理们订购茂新粉机,学习粉纱机械知识,常常就不懂的地方请教别人。 | 年表 | 实践学习 |
| 1905 | 欲至姜堰麦庄……调查麦情二三天。 | 乐45 | 实践调查 |
| 1905 | 早起晚归,只睡六个小时。粉厂之外双添纱厂,倍感忙碌矣。而理想不停。 | 乐47 | 勤奋努力 |
| 1907 | 振新二月正式开机……经理在申,副经理读书,不知生意,一味扳价。 | 乐51 | 反例 |
| 1907 | 荣德生迅速查明存货,招纱号,一月售完,二月出清,并不亏折……买籽花五千包……得到总经理赞赏。每日到厂,看各部分利弊得失,一一明瞭。用花若干,出数如何可以增加,开支如何可以扯轻,牌子会好。 | 乐51 | 努力实践 |
| 1908 | 荣宗敬赴京津视察粉销状况。 | 年表 | 调查学习 |
| 1908 | 余由此得经历,一味顾大局,各事均得分寸,一一布置。 | 乐54 | 经历学习 |

续表

| 年份 | 制度事件 | 资料来源 | 制度分析评价 |
|---|---|---|---|
| 1909 | 荣德生在锡潜心研究厂务管理及劳动安全。尤其注意厂内和营业方面人事安排,佐理人员大都才具干练、经验丰富。如吴昆生、浦文汀、查促康、杨少裳、王禹卿、荣浩泰、浦志达。并参照欧美杂志样本,改进工场设计。 | 乐55 | 研究学习管理 |
| 1909 | 余每至申,物色杂志样本,余暇时加以涉览……穷思极想,建筑无力,因需要现金难借也。一面问明定机方法,一面计划厂屋地位,拆改一切办法,石磨拆除,打米机出售,改作麦间,粉机昭样本计地方尺,一一算好。彼时无工程师、建筑师,只靠自己一切预备,本属筹谋。 | 乐55 | 研究学习实业 |

备注:①年表指:上档Q193—1—428荣宗敬、荣德生年表合编。

报酬递增的情况如下表所示:

**表3—8　　荣家企业第一周期的企业报酬递增**　　单位:两

| 报酬递增开始年份 | 广生钱庄 | 报酬递增开始年份 | 振新纱厂 | 报酬递增开始年份 | 茂新面粉厂 |
|---|---|---|---|---|---|
| 1898 | 占利无多 | 1907 | —50 000 | 1907 | —7 000 |
| 1899 | 盈余 | 1908 | 微利 | 1908 | —7 000 |
| 1900 | 4 900 | 1909 | 有利 | 1909 | 有利 |
| 1901 | 5 000 | 1910 | 有利 | 1910 | 有利 |
| 1902 | 5 000 | 1911 | 辛亥革命一度停工无利 | 1911 | 辛亥革命利润薄余 |
| 1903 | 5 000 | 1912 | 60 000 | 1912 | 128 000 |
| 1904 | 5 000 | 1913 | 利 | 1913 | 130 000 |
| | | 1914 | 200 000 | 1914 | 120 000 |

资料来源:附表1。

## 二、正式制度的报酬递增特征:转移支付

原戴维斯和诺斯的制度变迁模型中只有对新制度的预期收益和成本的比较,加上新制度的组织费用,并没有考虑到旧制度;修改后的模型,把旧制度考虑进去,提出制度处置成本和旧制度存在净收益(正或负的净收益)时的情况。荣家企业制度变迁案例中,就大量存在此种情况:原制度是正收益的,而又要进

行新的有效率的制度变迁,此时会如何?显而易见,因为企业的利润增加即报酬新增,利润等于0是制度均衡,利润减少是报酬递减,所以,成功的话就是实现了制度的报酬递增,失败的话就进入报酬递减。在考察荣家企业早期的经营时,的确存在这种转移支付:用旧制度的盈利来购买新制度,这是第一种转移支付方式。即所谓以钱庄为中心进行制度购买和转移支付,这是荣家企业制度在第一个发展周期的典型特征。下面是制度购买的公式(结果就是形成新旧制度——钱庄和实业并存的局面):

$$\begin{aligned}\sum_{l=1}^{k} PVv_1^l = & -\left(\sum_{l=1}^{k} R_0^l - \sum_{l=1}^{k} Cr_0^l\right) - \sum_{i=1}^{p} D_i - Co^{v_1^l} \\ & + \left(\sum_{l=1}^{k} R_1^{v_1^l} - \sum_{l=1}^{k} Cr_1^{v_1^l}\right)/(1+r) \\ & + \left(\sum_{l=1}^{k} R_2^{v_1^l} - \sum_{l=1}^{k} Cr_2^{v_1^l}\right)/(1+r)^2 \\ & + \cdots + \left(\sum_{l=1}^{k} R_n^{v_1^l} - \sum_{l=1}^{k} Cr_n^{v_1^l}\right)/(1+r)^n\end{aligned}$$

$$\vdots$$

$$\begin{aligned}\sum_{l=1}^{k} PVv_m^l = & -\left(\sum_{l=1}^{k} R_0^l - \sum_{l=1}^{k} Cr_0^l\right) - \sum_{i=1}^{p} D_i - Co^{v_m^l} \\ & + \left(\sum_{l=1}^{k} R_1^{v_m^l} - \sum_{l=1}^{k} Cr^{v_m^l}\right)_1/(1+r) \\ & + \left(\sum_{l=1}^{k} R_2^{v_m^l} - \sum_{l=1}^{k} Cr_2^{v_m^l}\right)(1+r)^2 \\ & + \cdots + \left(\sum_{l=1}^{k} R_n^{v_m^l} - \sum_{l=1}^{k} Cr_n^{v_m^l}\right)/(1+r)^n\end{aligned}$$

原来公式中要考虑旧制度收益和旧制度处置成本,加上新制度的组织费用,就构成制度购买价格。制度购买价格$=\left(\sum_{l=1}^{k} R_0^l - \sum_{l=1}^{k} Cr_0^l\right) + \sum_{i=1}^{p} D_i + Co^{v_1^l}$;但是,注意到荣家企业中出现新旧制度并存的特殊情况,也就是说,在制度主体的选择集中,认为旧制度是有效的,旧制度不用处理(无处置成本),同时又组织新制度的变迁,此时新制度购买价格$=\mathrm{Co}^{\mathrm{v}_1^1}$(比要处理旧制度的价格大大降低了)。现实中,这时所谓旧制度不但是有效率的,$\left(\sum_{l=1}^{k} R_0^l - \sum_{l=1}^{k} Cr_0^l\right) \geqslant 0$,收益大于0,还在同个制度变迁主体(荣氏兄弟)的控制下,为新制度提供购买资金,把旧制度(荣家企业中的广生钱庄)产生的利润用于购买新制度,此即本书所谓制度间转移支付方式购买新制度。一般制度变迁理论认为制度主体在新旧制度之间只能选择其一,如果进行创新,会获得创新的收益,但需要放弃的旧制度的利润,这样旧制度利润构成制度继续创新的机会成本,这种教科书式的理论并没有得到现实的完全检验,实际上理性人会在特定的情况下选择新旧制度并存,所以本书提出的新旧制度并存的制度变迁模型对经典制度变迁的理论无疑是一种补充。

经统计相关数据,荣家企业以钱庄盈利来转移支付进行制度购买是一种常态的策略。这种转移支付式的制度购买,以广生钱庄实现的盈利为基础,在1896—1908年间,笔者统计采用转移支付的方式有如下7次大的新制度变迁:(1)入股茂新面粉厂;(2)尝试经营熟煤;(3)兼营茧行;(4)入股商业裕大祥;(5)入股振新纱厂;(6)用钱庄资金做橡胶股票;(7)面粉期货。不过除了(1)(3)(5)外,其余4次最终归于失败,特别是入股商业裕大祥和用钱庄资金做橡胶股票和面粉期货,带来巨大的失败和亏损,所谓成也制度扩张,败也制度扩张,正是新制度扩张的失败,导致了旧式制度广生钱庄的终结。

根据表3—9,可以总结出一条清晰的制度变迁路径:在1900年到1908年之间,荣氏兄弟并不止步于广生钱庄的利润,而是在企业家精神的激励下,大量尝试各种制度变迁,以追求新的创造性利润来源。而所谓旧制度钱庄的资金及盈利,则是支撑荣氏兄弟进行各种制度创造的基础,因为此间,唯有钱庄提供了持续稳定的利润和资金来源,才能用于支付一次又一次的新制度组织费用。

**表3—9　制度转移支付统计列表(1900—1908年)**

| 年份 | 制度事件 | 资料来源 | 制度分析评价 |
|---|---|---|---|
| 1900 | 钱庄生意好转,荣德生开始想向实业上注意。“占利亦优,日有二百元,心中甚畅,想从此余利可向自营实业上注意。” | 乐32 | 钱庄盈利,支持实业 |
| 1900 | 店中结余四千九百两,为历年所无,余利即入股,为投资实业之起点。 | 乐35 | 钱庄盈利,支持实业 |
| 1900 | 朱仲甫决定和荣德生合做面粉厂……荣德生函申兄同意各入三千,共六千元,其余九千招股。 | 乐34 | 钱庄盈利,支持实业 |
| 1902 | 光绪廿八年(1902年)店中生意颇旺。兄添营熟煤,未能做好。 | 乐41 | 钱庄盈利,支持新业务 |

续表

| 年份 | 制度事件 | 资料来源 | 制度分析评价 |
|---|---|---|---|
| 1903 | 荣宗敬任茂新批发经理,荣德生是年起每逢春季兼营收购丝茧。 | 年表 | 钱庄盈利支持茧行 |
| 1905 | 是年,裕大祥初开,兴致甚好。(荣氏兄弟入股裕大祥) | 乐46 | 钱庄盈利,支持向商业扩展 |
| 1905 | 裕大祥是一家投机字号,只要有钱赚,什么生意都做……荣宗敬为了便于自己的经营活动,也入了股,成为裕大祥的股东之一。 | 荣7 | 钱庄盈利,支持向商业扩展 |
| 1905 | 荣德生提议成立振新纱厂得到支持,“当日,余兴致甚好,兄余同。广生生意不差,即提出六万元入股,为各人三万”。这样,荣氏兄弟与买办荣瑞馨等7人发起成立振新纱厂,荣家企业从面粉行业扩展到了棉纺织业,荣宗敬任振新董事。 | 荣17,乐49 | 钱庄盈利,支持纱厂实业 |
| 1907 | 广生无甚利,本少汇清,放出无力也。兄大做面粉,明赚未结。 | 荣20,乐52 | 钱庄资金用于面粉投机 |
| 1908 | 四月到申,橡皮股票不佳,粉贱,并沉失定货一船,兄粉有利变无利,抛出追讨,王禹卿经手,致涉讼赔钱。 | 乐52 | 钱庄资金用于投资股票等 |

①年表是指:Q193—1—428申新系统企业史料(第六编第二期)荣宗敬、荣德生合编年表。其他参见附表或前表说明。

这种“新旧制度之间的转移支付”最早起源于1900年荣氏兄弟参与茂新面粉厂,但比较典型的例子应该是荣家企业早期开设茧行时与广生钱庄产生的资金互相调剂模式。1896年,荣家与人合伙开设公鼎昌茧行(后亏本退出),不久于1903年左右自设茧行独营。荣家自有十余亩桑田,雇人植桑养蚕。每年“春间,兼营收茧,年年照常,可得二三千”[1]。其中在收茧季节有大量资金调剂,茧行业务与广生钱庄的汇兑业务互有促进,这奠定了以后荣氏实业投资和金融业之间以及面粉和纺织实业之间相互调剂与彼此扶持的转移支付模式[2],在后来成为惯例,除不久就直接运用于茂新面粉厂和振新纱厂之间外[3],还在荣家企业后续发展中,大量应用于茂新面粉厂、福新面粉厂与申

[1] 上海社科院编:《荣家企业史料(上册)》,上海人民出版社1962年版,第7—8页。
[2] 同上,第9页;许维雍、黄汉民:《荣家企业发展史》,人民出版社1986年版,第6页。
[3] 后来茂新面粉各厂之间和面粉厂对申新纺织系统的支持,都是这种转移支付模式。

新纱厂之间。[1]

凡事有利有弊,也正是因为各种事业依赖钱庄资金和利润支撑,连为一体,所以当荣宗敬投机事业失败,不可避免地牵动广生钱庄的根本,荣德生指出:“(1908年)兄亏本约五万,广生资本牵动,余只得极力设法,此为入市以来最困难棘手之一次。往来(行庄)均欠,需用无着,岌岌不保……幸余将广生、茂新、振新均早安排,未曾牵入漩涡,然往来户已皆留手矣”[2]。最后导致荣氏兄弟忍痛放弃父辈所留的钱庄。

总结:荣家企业制度的第一个生命周期,是广生钱庄为主要支撑不断发动制度变迁的阶段[3],其总体过程如下:早期的开办因为缺乏默会知识,导致知识不完全,于是经过1896—1898年前2年的挫折,由荣宗敬主持的广生钱庄才开始适应了环境,取得适应性效率并实现了大幅盈余,在1899—1905年的6年间,广生钱庄进入报酬递增时期,同时,由于广生钱庄提供了制度购买的资本,荣家企业出现第一次快速扩张。在此阶段,1899年,荣德生离开钱庄约1年多,前往广东厘局就馆,直到1900年8月,荣德生重回无锡,并一手主持操作创建保兴面粉厂事宜。广生钱庄报酬递增时期,出现大量制度间的转移支付,作为制度垄断者,荣氏兄弟以广生钱庄的盈余和资金为支撑,不断发动制度变迁,以购买更多的有效率的制度,取得更多创造性利润,但是这些尝试大多失败了,根据本书附表:荣家企业纵横向一体化的资料,1886—1908年,荣氏兄弟以钱庄为本业(此时实业是多元化投资,到了后钱庄时代,则以实业为本,金融业反而是多元化投资),总共发生11次纵、横向制度变迁,其中纵向制度扩展4次,多元化投资达到7次,分别是1902年办面粉厂,1905年参与振新纱厂,还尝试其他诸行业如1989年兼营茧行、1902年经营熟煤,投资商业、搭股裕大祥和投资股

[1] 19世纪末20世纪初兴起了一批企业集团。在这批企业集团中,通过调拨内部资金相互支持求得共同发展是一个普遍现象。详细参考朱荫贵:《论中国近代企业集团内部的资金调拨流动》,《社会科学》,2008年第6期。

[2] 荣德生:《乐农自订行年纪事》,上海古籍出版社2001年版,第52—52页,上海社科院编:《荣家企业史料(上册)》,上海人民出版社1962年版,第24—25页。

[3] “申新事业是先由金融资本转变为面粉工业资本,再转变为纺织工业资本。所以未述申新事业之前,必先叙述其面粉事业,而面粉事业之资金,实源于其金融事业——广生钱庄。”引《广生钱庄》,乐农史料选编:《荣德生与企业经营管理》,上海古籍出版社2004年版,第211页。

票、面粉期货等[1],在企业制度变迁时,以横向变迁或是多元化投资为主导,说明荣氏兄弟没有把大量利润和资金用于钱庄本身,而是急于寻找钱庄之外的新的利润增长点,引人深思。

根据企业制度变迁模型,以投资茂新(保兴)面粉厂为例说明第一周期企业制度变迁的特征,早期荣氏投入是 6 000 两白银,组织费用一共是 30 000 两,建茂新(保兴)的外部性支出的是 800 两,可以归于新加制度变量阻滞成本(Cs)。其中 $-Co^{v_1^l}=30\ 000$ 两白银;$Cs^0=800$ 两白银;$Cs^1,Cs^2,\cdots,Cs^n$ 等表示后面第 1 期、第 2 期,一直到第 $n$ 期的阻滞成本。

$$
\begin{aligned}
\sum_{l=1}^{k} PVv_1^l = & -(\sum_{l=1}^{k} R_0^l - \sum_{l=1}^{k} Cr_0^l) - \sum_{i=1}^{p} D_i - Co^{v_1^l} - C_s^0 \\
& + (\sum_{l=1}^{k} R_1^{v_1^l} - \sum_{l=1}^{k} Cr_1^{v_1^l} - Cs^1)/(1+r) \\
& + (\sum_{l=1}^{k} R_2^{v_1^l} - \sum_{l=1}^{k} Cr_2^{v_1^l} - Cs^2)/(1+r)^2 \\
& + \cdots + (\sum_{l=1}^{k} R_n^{v_1^l} - \sum_{l=1}^{k} Cr_n^{v_1^l} - Cs^n)/(1+r)^n
\end{aligned}
$$

$$\vdots$$

$$
\begin{aligned}
\sum_{l=1}^{k} PVv_m^l = & -(\sum_{l=1}^{k} R_0^l - \sum_{l=1}^{k} Cr_0^l) - \sum_{i=1}^{p} D_i - Co^{v_m^l} - C_s^0 \\
& + (\sum_{l=1}^{k} R_1^{v_m^l} - \sum_{l=1}^{k} Cr_1^{v_m^l} - Cs^1)/(1+r) \\
& + (\sum_{l=1}^{k} R_2^{v_m^l} - \sum_{l=1}^{k} Cr_2^{v_m^l} - Cs^2)(1+r)^2 \\
& + \cdots + (\sum_{l=1}^{k} R_n^{v_m^l} - \sum_{l=1}^{k} Cr_n^{v_m^l} - Cs^n)/(1+r)^n
\end{aligned}
$$

上面是企业中包括阻滞成本的制度预期收益公式:其中,$Cs^0=800$,并假设 $Cs^1,Cs^2,\cdots,Cs^n$ 的值为 0。旧制度收益情况一般分为三种:(1)等于 0,表明旧制度处于均衡状态,利润为 0,不影响新制度变迁;(2)大于 0,说明旧制度的效

[1] 荣得其回忆指出,这段时期荣宗敬甚至曾经贩卖米到天津,结果蚀去二千元。因为米不同于面粉,没有加工过,不容易赚钱。引乐农史料选编:《荣德生与企业经营管理》,上海古籍出版社 2004 年版,第 197 页。

率为正，增加了新制度的变迁成本；(3)小于 0，说明旧制度效率为负，减少了新制度的变迁成本。但在茂新面粉厂的制度变迁中，虽然 $-(\sum_{l=1}^{k} R_0^l - \sum_{l=1}^{k} Cr_0^l) > 0$，却不增加新制度变迁的成本，反而促进了新制度的变迁；同时，$\sum_{i=1}^{P} D_i = 0$，表明旧制度无须支付处置成本(如解散人员和清账费用)。因此，在制度垄断者荣氏兄弟的主持下，新、旧制度并存，旧制度的利润巧妙转移，用于支付新制度的组织费用和阻滞成本。

## 三、正式制度的生命周期

在荣家企业的第一个制度生命周期，以 1896 年荣氏兄弟举办广生钱庄为周期的开始，并以 1908 年钱庄倒闭清算为周期的结束。这是因为考虑了“广生钱庄为第一周期制度变迁的推进中心”，所以广生钱庄制度的生命周期影响并决定了第一周期的荣家企业整个制度周期的变化情况[1]，荣家企业的总体报酬数据证明了这种情况。

1896 年，荣氏兄弟开始了冒险追求创造性利润之路径，建立广生钱庄是荣氏兄弟事业发展的第一步，是企业家精神生成并实践的开始，意义重大。这涉及技术和制度的变迁，而之前是知识、信念和资本的积累。报酬情况是我们判断钱庄的生命周期的依据。

当一个制度的存在期限 $n$ 为有限时，制度是有生命周期的理论，在本案例中，荣家企业制度在第一个制度变迁周期，其最重要的制度安排就是无限责任性质的广生钱庄，其生命周期为 12 年，钱庄经历了早期的负报酬和其后的报酬递增再到最后报酬递减三个阶段。构成一个完整的倒 $U$ 型生命周期：

(1)制度周期的开始：1896 年，荣氏兄弟在父辈帮助下成立广生钱庄。

(2)钱庄早期的负报酬阶段：1896—1898 年的 3 年，早期经营不顺利，经历的是知识不完全的冲击；危机必然导致变迁，一个主要后果是 1898 年，钱庄三个合伙股东退出，钱庄由荣氏兄弟独资经营，非常重要的产权制度变迁出现。

(3)钱庄的报酬递增阶段：1899—1905 年的 7 年，皆是经营顺利，利润高且稳定(以投入资本 1 500 元计算，资本报酬率维持在 300%左右。)

---

〔1〕“(荣氏企业)就规模来说，当然是纺织事业最大，金融事业最小，但金融事业实为最初之根本。”引《广生钱庄》，乐农史料选编：《荣德生与企业经营管理》，上海古籍出版社 2004 年版，第 211 页。

(4)钱庄报酬递减阶段:1906—1908年的3年:报酬递增到报酬递减的转折点出现于1905年,1906年亏损持续到1908年。

(5)钱庄的负报酬意味着周期的结束:1908年,荣宗敬投机股票和面粉皆失败,牵动钱庄倒闭,荣家企业的事业遇到第一次重大挫折。

企业制度的生命周期并非由物质条件决定,那么是什么决定了企业制度的生命周期呢?显然,从广生钱庄的案例,其生命周期是由制度垄断者的行为和共同信念决定的。企业的存在是因为拥有共同的信念,从而把所有的企业人组织成一个有共同目标的团体。一般而言,企业是为了追求最大化利润而存在。注意到企业的共同信念的加强和削弱,往往对应着企业制度的巩固和涣散程度。企业制度的存在取决于某种意义上的共享,荣氏兄弟(主要是荣宗敬主导钱庄的共同信念形成)的钱庄事业中,维持钱庄的繁荣就是这样一个企业的共享意义。因为这代表企业内部所有主体的利益最大化的选择,钱庄繁荣时,股东得到红利,经营者得到企业家才能的报酬,掌柜、学徒等则得到工资和红利;但是如果企业家无心经营,企业的绩效就会下降,结果是钱庄组织的各主体失去对未来收益的信心和激励,甚至感到留在企业中前途无望,从而使企业陷入分崩离析的境界。

具体而言,在经营的早期,钱庄经营虽因为创造者知识的不完全和适应性效率对默会知识的需求造成一定的困难,但是,负报酬压力反而激励荣氏兄弟在信念上更加勤奋努力,不断改进制度,甚至在经历产权变动后(1898年三个股东因为企业无利而退出)更加专心经营。[1] 于是,我们发现,钱庄日益好转,效率不断提高:1897年"无锡各往来日熟,各有盈余"。同年"店中汇利日好,已推至常熟、常州、溧阳"。1899年"店事如前……助理李伯萱,已熟习,可放心"。同年"三七搭,汇款申出厘大,锡补厘小,日有盈余"。1900年"汇款起色,利益尚佳"。同年,"占利亦优,日有二百元,心中甚畅"。"光绪廿七年(1901年)店中汇款仍好,至年终,余五千两,信用日好,如此连数年均同"[2]。经历前两年艰难,广生钱庄转好,并走上报酬递增的制度变迁之路:从1899到1905年,连续6年

---

〔1〕 1898年钱庄制度变迁发生,在困难时合伙人失去信心而退股,合伙转兄弟独资。"广生已开三年,无余派账,计算不亏,有三股东不愿再做,将原本五百元拆去,如此只存一半,归吾兄弟独开,外面不知,亦无变动,余反为专心,料必做得好也。"引荣德生:《乐农自订行年纪事》,上海古籍出版社2001年版,第26页。

〔2〕 上述资料分别引自荣德生:《乐农自订行年纪事》,载《荣德生文集》,上海古籍出版社2002年版,第24、28、31—32页,上海社科院编:《荣家企业史料(上册)》,上海人民出版社1962年版,第6页。

大幅盈余(荣氏投入资本金计1 500两,6年合计利润3万多两,是荣氏兄弟投入资本1 500两的20倍)。但是好景不长,企业制度到达报酬递增的高峰后,很快进入报酬递减,并在三年后即1908年,广生钱庄大势已去,这年荣家企业接连发生大事,先是四月荣宗敬投资的橡皮股票不佳,然后粉贱并沉失一船定货,致涉讼赔钱;最后是入股份的裕大祥投机而倒闭,根据上海市粮食油脂公司调查资料[1]:“1908年,荣宗敬自设之广生钱庄,早已搁浅,茂新亦将动摇。宗敬所亏甚巨,对外信用全失,债主纷集。不得已,茂新业务暂由王禹卿处理。核欠庄款不足二十万两,乃向各庄开诚接洽,由禹卿立据负责,始得勉渡难关”。荣德生在回忆录中则指综合因素如市场不景气、麦贵粉贱、外国竞争激烈和投机失败的结合,才导致营业大亏:“美粉竞销,麦收不佳,麦贵粉贱。兄做粉暗亏,有利粉沉失,抛出粉照交,栈底损失,结亏由钱庄调度。裕大祥受总经理及各人支亏,营业大亏”[2]。但是荣德生不得不承认荣宗敬的投机和多元化战略失败是此次危机的主要原因:“兄亏本约五万,广生资本牵动,余只得极力设法,此为入市以来最困难棘手之一次……幸余将广生、茂新、振新均早安排,未曾牵入漩涡,然往来户已皆留手矣。”按荣德生的说法,这是荣家企业在经营上遇到的第一次大困难,且祸不单行,此时茂新面粉厂也陷入困难:“振新小余,茂新亏少许,连三年共亏损二万余矣”。[3]聚生钱庄的经理李裕成也回忆道:“1908年,荣家经营的茂新,这时六万两资本几乎蚀光。我聚生钱庄放款八万两。这时道台要来贴封条,我再借给荣氏四万两,先后共欠十二万两。”[4]

可见,这时荣家企业已经是岌岌可危,陷入全面亏损。不考虑茂新的亏损,光荣宗敬投机亏损5万多两就足以致命;广生钱庄(算上报酬递增时期的全部6年)盈利也不过3万多两,幸运的是,茂新面粉厂于1905年因日俄战事而销售忽然好转,曾获6.5万两巨额利润,由此所得盈余积累,才使荣家企业在全面亏损下略为维持一二。

但事已至此,企业家在危机时刻,需要重新考虑制度选择,于是,放弃广生钱庄就成为荣氏兄弟的最优制度变迁的理性选择,这就是一种逆向制度扩展,选择破产和收缩组织,也证明了诺斯的制度不能完美设计的观点,所以,企业制

---

[1] 上海社科院编:《荣家企业史料(上册)》,上海人民出版社1962年版,第24页。
[2] 荣德生:《乐农自订行年纪事》,上海古籍出版社2001年版,第52页。
[3] 荣德生:《乐农自订行年纪事》,第54页。
[4] 上海社科院编:《荣家企业史料(上册)》,上海人民出版社1962年版,第21页。

度具有生命周期,这就意味着:(1)制度的确不能无限期存在,至今世界上还不曾存在过一种长期不变迁的组织或者制度,从知识上分析,因为知识不断在进步,过去的知识会淘汰,制度就好像是一种会过时的商品;那么因为时间的流逝,而一定存在折旧(损耗贬值),会计上的折旧分无形、有形两种(概念介绍)。(2)旧制度被放弃,根本原因是制度主体对旧制度的收益函数的收益的预期发生变化,这些变化根源于无形折旧,即可能是外部新知识或新技术(通过市场竞争)的冲击,让旧制度出现效率削减;也可能是根源于有形折旧,即内部制度的共同信念受到制度主体的行为损害,导致信念丧失,从而步入无效率的困境,甚至是锁定于无效率状态;总之,当旧制度从有效率演变为无效率的时候,一定会受到负报酬的惩罚,并在制度变迁主体们缺乏力量,即不能够走出无效率的锁定时,就不可避免陷入破产解体等地步,此时,制度的生命周期就到头了。(3)既然提及了制度的折旧,那么进一步阐述其性质。首先,制度内部的有形折旧是可以弥补的,例如制度中的共同信念受到损害(例如,破坏规则和丧失激励)而形成的有形折旧,可以通过意识形态的投资,重新塑造共同信念进行弥补;其次,无形折旧是无涯弥补的,制度的无形折旧一般是指新技术和新知识等造成的制度的无形折旧,例如苏伊士运河的开通和轮船的航运,使欧洲与中国之间的信汇时间缩短了一大半。海底电缆的铺设和电报电信业务的开展,就对中国的大洋行垄断形成了冲击,从而过渡到了中小洋行阶段。这些技术因素造成的冲击,因为是具有知识的先进性,从而是不能用意识形态投资弥补的,那么如果发动变迁的话,就可能需要进行单项或者甚至是整体的制度矩阵的变迁。[1] 上面三点是理解为什么有的企业可以存在长达百年,而有的企业只创设几年就分崩离析的关键。

当旧制度成为无效率的制度而无法走出锁定时,就会陷入破产的地步。这时,决定制度生死的关键是制度变迁主体对旧制度的收益预期,荣氏兄弟“再三计划,茂新、振新照常,广生汇兑已微,放账无力,不能顾全,只可至年收歇……兄弟共商,还是向赚的路走,专心两厂,从此发愤用力”[2]。完全是出于荣氏兄

---

〔1〕 无形折旧的出现必然伴随新知识和新技术,其经济上的意义就是让原来收益成本均衡的制度出现不均衡,如新产品出现,让旧产品价格下降,新的有效率的制度拥有高于旧制度的效率,交易费用也少于旧制度,而旧制度生产的产品在同样条件下,必定成本高于拥有新制度安排的企业。因此通过产品市场竞争传递,旧制度收益函数表现为收益减少,成本上升,成为相对无效率的制度。例如科学管理制度对旧式工头制度;新式股份公司对旧式合伙企业等。

〔2〕 荣德生:《乐农自订行年纪事》,载《荣德生文集》,上海古籍出版社,第53页。

弟在未来预期收益上的考虑,无效率的钱庄制度其生命周期至此结束。[1]

我们观察到一个特点:荣氏兄弟与相关人员组成的企业集团,是作为一个组织而存在的,它与制度是一种共生的关系。所以,荣家企业组织在此次危机中,通过投资新制度茂新面粉厂与振新纱厂得以继续存在,而曾经的核心制度:广生钱庄却作为旧制度而消亡,所以旧制度的生命周期与组织的生命周期是不同步的,在荣家企业的历史中,旧制度广生钱庄已经结束,荣氏兄弟和荣家企业组织却还依旧存在,并在以后的岁月中创造了更大的辉煌。因此,本文的一个判断是组织与制度是共生的,但是两者的生命周期却不一定相同,即组织与制度是一种共生的关系,而不是共死的关系。

## 第五节　无效率的制度及其变迁

荣家企业在第一周期的实践证明,制度并不总是有效率的。经过广生钱庄(1899—1905 年)连续 6 年的报酬递增,以及广生钱庄的盈利和资金为支撑的大规模制度购买后,过度扩展带来的问题集中爆发,1906－1908 年,广生、茂新、振新三个企业的经营先后陷入困局,加上荣宗敬投机面粉导致大规模亏损,荣家企业进入危机时期。负报酬压力下,荣家企业出现了激烈的由金融业转向实体经济的制度变迁:荣氏兄弟毅然放弃起家的钱庄而全面转型于实体经济,全部精力放于面粉和纺织工厂的发展上。但是,作为新制度经济学的重大问题:需要研究无效率的制度是如何出现的?无效率的制度安排最后是如何处理的?这些问题带领我们进入一个全新的制度变迁领域,即危机刺激下的荣家企业制度变迁,也即间断均衡式制度变迁。

### 一、一般制度变迁在危机研究上的缺陷

有学者指出:企业制度有两个结果:一是提供结构外不能得到的收入;二是改变竞争方式,减少交易成本。制度变迁是一种效益更高的新制度对原制度的取代过程。根据诺斯制度变迁理论,企业制度变迁似乎单纯只是一种效率更高的制度对效率低的制度的取代。这个论断无法理解如何形成一个效率更高的

---

[1] “卅五年终,因无暇兼顾,将广生收歇,人欠仍有四万余。”引《广生钱庄》,乐农史料选编:《荣德生与企业经营管理》,上海古籍出版社 2004 年版,第 212 页。

新制度;或者为什么认为企业在经营顺利时会去创造一种效率更高的新制度。事实上,由于信息不对称,许多企业不知道自己的企业是无效率的,只有发现企业出现负报酬,甚至陷入危机面临着巨大压力时,才认识到制度的无效率存在,从而被迫仓促间发动激烈的企业制度变迁。具体来说,如果认为制度变迁的主体在利益上是均匀同一的,所以就在其认识到预期收益大于成本时会以集体的形式迅速行动,进行制度变迁,不管是有危机还是没有危机的时期,本文认为:(1)这种理解过于简单,这种看法没有意识到制度变迁往往有不同利益的主体参与,而且出现利益冲突——哪怕是比较简单的家长专制模式的公司,只要涉及不同的利益,制度变迁就成为不同利益主体的激烈博弈过程,因为不同的主体会有不同的预期收益,所以一个企业人的"预期收益大于成本"不等于所有的企业人(即企业内部的制度变迁主体)都是"预期收益大于成本",否则无效率制度存在的原因将无从解释。代表既得利益集团的决策者或者制度垄断者的制度收益函数甚至会渐渐脱离均衡水平上的企业制度收益函数,直到受到利润上为负的惩罚。(2)这样理解制度变迁过于理想。况且就是假设同一主体主宰制度变迁,可制度变迁的外部性从何体现呢?旧意识形态难道一点都不影响新制度变迁的发生吗?荣氏兄弟早期创办新式工厂的过程中遭遇的巨大阻碍,鲜明地证明:即使新制度预期收益大于旧制度,也不一定会发生预期上的制度变迁。(3)这个批评与"诺斯认为制度变迁是经济增长的结果或者是经济增长的本身"并没有冲突,因为许多微观制度变迁的确是在一个大的经济增长的时代背景下发生的:有效率的组织不断推动有效率的制度安排。但是,认识到经济的衰退(引入危机机制)对企业制度变迁的作用,更让理论符合了实际,也有助于认识近代企业制度研究中真实的微观变迁机制。

此外,危机在制度变迁中还往往意味着如下信息:

(1)无效率的制度破坏太大,一旦陷入无效率制度,就会产生自我加强机制,从而会难以摆脱。需要危机的形式来解决无效率制度安排,因此,负报酬是十分有效的推动制度变迁的工具。

(2)危机是向制度变迁主体发出的制度失衡的信号,需要解决的无效率问题以严厉挑战的形式出现,制度变迁控制者往往会进行反思,并搜索、学习、模仿外部经验。当外部存在可以解决此类问题的知识时,理性经济人的选择往往是学习模仿而不是自己探索,同时因为知识的公共产品性质,模仿成本往往会小于企业家自己付出时间精力等为代价去创造的成本。这意味着,当存在先进知识时(如西方的公司制度),大规模的学习浪潮会伴随危机而出现,而危机就成为学习和模仿的动力和契机。

(3)危机与企业家的冒险精神紧密相关,是伴随资本主义资本扩张中经常出现的现象(冒险之所以有可取,是因为微观制度变迁即使失败也带来了知识的增长,积累了制度变迁经验,为有效率制度供给和社会的整体效率提高奠定知识和信念基础),世界近代经济发展的历史其实是一部冒险和投机的历史,也是一部制度变迁从适应性效率向配置性效率(这个配置效率是指在既定知识水平上的最优效率)不断转变的历史。

## 二、荣家企业中的无效率制度:产生原因和问题解决

荣家企业中制度变迁主体表现出非常主动的进取心,其危机并不是被动的出现而是主动地追求创造性利润时出现的。这个特点是基于荣氏兄弟把前期利润全部投资于一系列的新制度变迁的事实而得出。观察荣氏在1906—1908年的报酬情况(前表数据),可以确定危机的开始与结束:1906—1908年,企业总体处于亏损状态,并且大范围的报酬递减甚至负报酬出现,直到1908年后广生钱庄破产清算,才为危机划上浓重的句号。

### (一)无效率制度是如何出现的

广生钱庄曾经是荣家企业中具有适应性效率的组织,否则如何能够取得连续6年的高利润(资本利润率超过300%),既然它肯定是有效率的制度,那么为什么钱庄最后又陷入无效率而只能倒闭呢?当然原因并不会是表面那么简单,鉴于茂新面粉厂和振新纱厂也连续亏损,我们还将对此次危机进行深入分析。表3—10是从附表6中摘出的集中于1906—1908年的制度事件列表。

**表3—10　　第一周期危机期间制度事件(1906—1908年)**

| 年份 | 制度变迁事件 | 资料来源 | 制度评价 |
|---|---|---|---|
| 1906 | 广生汇兑略减,新创汇源,格外招徕。我则因粉厂并兼纱厂,人力稍差,占利已薄。 | 乐48 | 危机原因 |
| 1907 | 振新总账在申,明年报告亏损五万余元。是岁,茂新面粉一厂附设美国购来打米机六部,始代人打米以增加收入。兼营至改新面粉机麦间而折去,售与宝新,后颇发展。 | 荣20、乐52 | 应对危机 |

续表

| 年份 | 制度变迁事件 | 资料来源 | 制度评价 |
| --- | --- | --- | --- |
| 1908 | 1908年,"美粉竞销,麦收不佳,麦贵粉贱。兑做粉暗亏,有利粉沉失,抛出粉照交,栈底损失,结亏由钱庄调度。裕大祥受总经理及各人支亏,营业大亏"。同年,"四月到申,橡皮股票不佳,粉贱,并沉失定货一船,兑粉有利变无利,抛出追讨,王禹卿经手,致涉讼赔钱"。 | 乐52 | 危机原因 |
| 1908 | 王禹卿时任裕大祥天津经理,兼茂新驻津营业主任(王1906年进裕大祥)二月间为抛粉事,掀起轩然大波。缘上冬抛售美粉十余万包于津门各号家,订期开冻交货;不料承装之轮在海道触礁失事,无货应交,遂致涉讼。经纷争四越月,后以赔贴差价结案。 | 上海市粮食油脂公司调查资料 | 危机原因 |
| 1908 | 宗敬自设之广生钱庄,早已搁浅,茂新亦将动摇。宗敬所亏甚巨,对外信用全失,债主纷集。不得已,茂新业务暂由王禹卿处理。核欠庄款不足二十万两,乃向各庄开诚接洽,由禹卿立据负责,始得勉渡难关。 | 同上 | 危机处理 |
| 1908 | 兑亏本约五万,广生资本牵动,余只得极力设法,此为入市以来最困难棘手之一次。往来(行庄)均欠,需用无着,岌岌不保。仅聚生(钱庄)仍往来。庶康(钱庄)收账,裕大祥倒四十万。重要人均避不出。幸余将广生、茂新、振新均早安排,未曾牵入漩涡,然往来户已皆留手矣。 | 《乐农1908纪事》 | 危机处理 |
| 1908 | 荣家经营的茂新,这时六万两资本恢几乎蚀光。我聚生钱庄放款八万两。这时道台要来贴封条,我再借给荣氏四万两,先后共欠十二万两。 | 荣21 | 危机处理 |
| 1908 | 光绪三十四年1908年,裕大祥受总经理(张麟魁)及各人支亏,营业大亏。在当时投机风潮中,裕大祥投机失败,财务大受影响。该公司的股东张麟魁、荣瑞馨、荣宗敬等亦牵涉在内。裕大祥因而倒闭,亏银六七十万两。 | 荣21—22 | 危机处理 |
| 1908 | 年终(1909年年初),庶康杨松年专至无锡,讨取往来,追索照还,否则作倒;余允照还。至年,(旧历年底),付伊八千两,皆取自己田单及苏州已购之单契作押,渠尚不允。经理穆君则颇明达,劝手下人谓:"彼已诚心将已产出抵,其余决不妨,稍缓老板说话,我来对付可也"。心感之极,后来心存报答。李裕成亦极心照,至今感之。可见万事当稍留余地也。 | 乐53 | 危机处理 |

续表

| 年份 | 制度变迁事件 | 资料来源 | 制度评价 |
|---|---|---|---|
| 1908 | 企业经营遇第一次大困难,“振新小余,茂新亏少许,连三年共亏损二万余矣”。 | 乐 54 | 危机原因 |
| 1908 | “再三计划,茂新、振新照常,广生汇兑已微,放账无力,不能顾全,只可至年收歇……兄弟共商,还是向赚的路走,专心两厂,从此发愤用力。”说明当时放弃旧制度模式钱庄,主要是利润上的考虑,还是向赚的路走也。 | 乐 53 | 危机处理 |
| 1908 | “余由此得经历,一味顾大局,各事均得分寸,一一布置。”这是典型的经历和实践中学习知识的表现。 | 乐 54 | 危机反思 |
| 1908 | (广生钱庄倒闭后)后来,心中常存恢复之想,但因人力财力只能专顾实业,无暇及此,终未如愿。此为吾兄生平之遗憾,因所创企业均已逐步发展,而不保父业也。 | 荣 314 | 危机反思 |
| 1908 | 小麦价格渐渐高,加上洋粉倾销,让面粉经营者十分不利,加上采购小麦时有倾轧现象,在1908 年成立办麦公会,以控制原材料。 | 荣 23 | 危机应对 |

①上海市粮食油脂公司调查资料,荣家企业史料上册,第 24 页。

根据表 3—10,不难分析出这次危机是综合性因素造成的:(1)外部市场环境不好,外粉倾销,麦收不佳,麦贵粉贱。(2)实业的经营管理出现问题,茂新面粉厂和振新纱厂都由于初办,经验不足,两厂负报酬同时出现。(3)意外因素:荣宗敬投机事业遭遇意外而沉货船,面粉投机陡然从有利变无利。(4)由于经营信念不成熟,荣宗敬积极发动的一系列追求创造性利润的制度变迁大部分不成功(7 次中有 4 次失败),特别是 1908 年投资投机性质的商号裕大祥因巨额亏损倒闭,使股东连带亏损六七十万两,让荣宗敬进一步受到打击。一系列的失败,造成众多投资中只有茂新、振新和茧行得以保存。(5)危机具有自我加强机制,当荣宗敬失败,牵动了广生钱庄的资本和信誉,钱庄和客户也紧缩信用,荣德生指出,此时对荣家企业,“然往来户已皆留手”,无效率制度的自我加强不仅如此,荣家在面临信用紧缩时,又陷入一系列的诉讼和讨债之中。作为高风险的金融企业,钱庄是建立于高度的信用基础之上的,信用一旦动摇,犹如现代的银行挤兑,即使经营良好的钱庄也会措手不及。对于钱庄,荣氏兄弟无力回天,只能放弃这个无效率的制度,以图东山再起。

荣宗敬投机失败带来的巨额亏损,钱庄又系其亲手主持。因此,毫无疑问,荣宗敬应该为此次危机负主要责任。但是,为什么不是选择茂新面粉厂倒闭而是选择广生钱庄倒闭?固然广生钱庄的制度垄断者荣宗敬要负很大的责任,注意到荣德生曾对荣宗敬大举参与投机,忧心忡忡,却无法劝止,投机失败自然牵动了整个荣家企业的业务,但是荣氏兄弟放弃钱庄并不只是荣宗敬投机失败的牵动,而是因为广生钱庄对荣氏兄弟而言,已经成为无效率的制度安排。一般而言,制度的报酬递增无法永远持续,报酬递减是经济学的常态。但是报酬递增的停止具体是什么原因呢?市场饱和、制度达到最优知识技术水平上的均衡点都会让报酬递增受到限制,让制度趋向利润为0的均衡。但是,无效率信念在企业中得到发展(无心经营、骄傲自满和投机)才是导致这次钱庄负报酬出现的原因,制度折旧意味着无效率制度出现。荣氏钱庄相关史料中发现荣氏的广生钱庄中存在两种折旧:

其一是有形折旧:钱庄制度加快折旧的标志与报酬递减密切相关,钱庄的报酬递减主要从钱庄破产前两年,也即钱庄获得连续6年高盈利后的1906年开始,相关制度事件如下:(1)1906年,“广生汇兑略减,新创汇源,格外招徕……广生利微,大不如前”,这是明显的制度开始失衡的信号。(2)1907年,“是年,自搭入(裕大祥)股份,庄中少流动,营业减色,汇兑清淡,他处比我活络也。裕大祥各人均营投机,名为获利,实则号中暗亏,肩任者均忧之……广生无甚利,本少汇清,放出无力也。兄大做面粉,明赚未结”。荣德生已经开始担心钱庄的经营了。(3)1908年,钱庄经营继续恶化,荣宗敬潜心大做面粉期货和橡皮股票,显然无心关注钱庄的经营。(4)钱庄经营慢慢出现问题,征兆不断。荣家企业制度另一创始人荣德生在《乐农纪事》中表明了越来越深的忧虑:一是荣氏兄弟大量投资的商号裕大祥中,人人投机,而对商业缺乏研究,不专心做实业;二是精力转移,自家钱庄放出无力;三是荣宗敬大做面粉,却明赚未结。传统思想中,兄长为敬,荣德生心忧却又不能轻易劝诫,最重要的是自己的精力已经全部放于实业,专心面粉和纺织两厂,无力兼顾,导致无效率情形不断加重,最终爆发危机已是必然。[1]

作为成功主持广生钱庄并以钱庄为支撑大规模发动制度变迁的功臣,荣宗

〔1〕 荣德生:《乐农自订行年纪事》,载《荣德生文集》,上海古籍出版社2002年版,第48—49、50、52页;上海社科院编:《荣家企业史料(上册)》,上海人民出版社1962年版,第7页。“(1906)广生汇兑略减,新创汇源,格外招徕。我则因粉厂并兼纱厂,人力稍差,占利已薄。”引荣德生:《乐农自订行年纪事》,载《荣德生文集》,上海古籍出版社2002年版,第48页。

敬投资信念上偏离钱庄,重金融轻实业,为追求高额利润,不断冒险发动新的制度变迁,在积极参与投机事业之际,造成无心经营、冷落钱庄事业的后果。有效率的制度是需要不断加强投入来发展的,但在1899年到1905年,钱庄实现报酬递增的大好局面下,在公开的资料中,竟没有查到荣氏兄弟对钱庄进行人才、技术和业务的大笔投资的记录,当主要经营者精力不在钱庄业务时,维持钱庄经营的共同信念必然受到损害,钱庄慢慢向无效率制度方面演进理所当然。在1906年开始利薄,走下坡路,于1908年陷入亏损。

其二是无形折旧:在有形折旧发生的同时,广生钱庄有没有发生无形折旧呢?杜恂诚(2004)基于对钱庄充分的研究后指出,在当时的中国传统环境下,无限责任的钱庄在信用制度建设和风险防范上有着惊人的适应性效率,并不比现代银行制度逊色,特别是其在金融业具有三个领域的领先优势:(1)钱庄信用通行于全国;(2)申汇在埠际贸易的作用如今天美元在国际贸易中的贸易清算、支付工具的作用;(3)洋厘和银拆是上海金融市场的基准利率。这个诊断可谓精辟,然而,基于不确定性的存在,世界上并不存在完美的制度设计。因此,就长期的发展潜力及面对大工业生产方面的金融制度创新需求而言,钱庄却也存在制度创造上的无形折旧(尽管可以通过不断适应金融市场的发展潮流而进行自我变迁)。首先,钱庄组织简单合伙制,资本规模受限,而信用放款的业务规模限制和技术缺乏创新是缺陷,此时,银行等新金融制度已经出现,从1897年到1911年,中国新办新式银行共有30家[1],因此市场冲击和竞争在今后和未来都难以避免。其次,广生钱庄的制度安排的局限性,如家族企业、使用学徒制度,业务局限于汇兑市场;而且就广生钱庄本身,由于是进入成熟市场,荣氏钱庄的人脉和信誉与那些历史悠久的老字号钱庄远不能相比,因此,无形折旧客观存在。

综上,在有形、无形折旧的冲击下,广生钱庄1906年开始出现报酬递减,1908年开始陷入负报酬为标志的无效率。

**(二)如何走出无效率制度锁定**

荣氏兄弟是通过持续制度变迁来解决危机的。荣家企业迅速对危机做出反应,进行了巨大的努力:(1)危机中,坚持扩展新业务,寻找新的利润来源,如1907年,购美国打米机6部,开始代人打米,这是一种横向制度变迁;(2)依靠其

---

[1] 杜恂诚:《民族资本主义与旧中国政府(1840—1937)》,上海社会科学院出版社1992年版,第72页。

他金融业的支持来支撑弥补亏损,如依靠聚生庄放款12万两以维持茂新,渡过难关;(3)依靠以前的盈余积累,继续维持对面粉实业这个前景看好行业的经营(1905年,茂新曾经实现6万多两巨额利润);(4)1908年,在危机时,参与办麦公会,成立初级行动集团,试图压低小麦市场价格,以增加利益;(5)以退为进,毅然放弃钱庄业务和相关投机事业,一心经营前景远大的实业。

最主要的应付手段是毅然于1908年放弃无效率制度钱庄,结束了长达8年的新旧双轨制度(新旧制度过渡)时期。在利润预期的比较下,于危机中果断放弃钱庄,是一次大的制度变迁,让荣家企业实现了旧制度向新制度的转变。广生钱庄的旧式企业制度的生命周期虽然只有12年,却一度在不确定性的市场环境中取得大量利润,支撑荣家企业多角度、多方向、多行业的制度变迁尝试(追求新的创造性利润为目标),积累了大量的知识和技能,并在实践中通过试错形成了更加有效的共同信念结构(以实业为主的经营理念代替了以金融投机事业为主的经营理念)。

一般无效率制度安排会产生制度锁定,荣氏兄弟是如何走出钱庄的无效率制度的锁定的呢?就信念偏好而言,其实无论是荣德生还是荣宗敬,对父亲投资创办的企业,有十分深厚的感情,甚至在几十年后一度想过要在某个时候进行复兴[1];荣氏兄弟之所以能够走出强烈偏好的影响,除了危机的警告外:(1)必须考虑到荣氏兄弟的企业家的生命周期正值壮年,进取心和学习精神很强烈,比较容易进行信念体系的转型。(2)更加重要的是投机和经营失败,带来了知识和信念的更新。荣德生兄弟"再三计划,茂新、振新照常,广生汇兑已微,放账无力,不能顾全,只可至年收歇……兄弟共商,还是向赚的路走,专心两厂,从此发愤用力"。钱庄已经成为无效率的制度安排,而茂新、振新又具有未来的良好收益预期,基于知识结构对制度预期收益的比较判断,让荣家企业做出了以实业主导荣家企业未来发展的理性选择,这个才是最关键的。(3)其他因素:小企业处置成本低,钱庄比面粉厂和纱厂容易走出"专业化投资"的陷阱,用制度变迁的术语就是旧制度处理费用低;企业内部没有既得利益集团的干扰;等等。这样,荣家企业在危机中迅速摆脱了无效率制度锁定。

值得强调的是,危机导致的知识和信念上的变迁非常重要。荣家企业的一大隐患是早期荣宗敬专注投机而荣德生一心于实业,实际上形成了荣氏兄弟经

〔1〕"广生收歇,后来,常存恢复之想,但因人力、财力只能专顾实业,无暇于此,终未如愿。"《先兄宗敬纪事述略》,载《荣德生文集》,上海古籍出版社2002年版,第313页。

营信念上的第一次大分流,并导致了荣家企业实际上已出现两大制度变迁路径:(1)危机前,荣宗敬主持钱庄业务,在企业家精神的激励下,为追求创造性利润,大举发动与金融投机相关的制度变迁,如投资裕大祥和进行橡皮股票交易,进行面粉期货交易;而荣德生则形成自己的实业型的知识和信念结构,全力主持投资无锡的面粉厂和振新纱厂,一心于产业。(2)危机中,荣宗敬由于金融业相关的投机失败,亏损严重、信誉全失,牵动父辈遗留的钱庄,致使其倒闭,不得不更新信念,转换制度变迁方向,放弃了金融投机事业。(3)危机后,荣家企业的制度决策者在企业发展上终于第一次取得了全面共识,让荣家企业两个制度垄断者的信念从分裂得到统一,荣氏兄弟从此集中全力于实业,真正做到了和衷共济、互相补充,此举为荣家企业第二周期的迅速发展并取得面粉大王和纺织大王的美称,奠定了共同的信念基础。

# 第四章　荣家企业第二个制度变迁周期(1909—1924年)

与基于钱庄制度的第一个企业制度变迁周期非常不同,荣家企业的第二个企业制度变迁周期是基于新制度机器大工业生产的,因此异常强烈地要求知识、技术和意识形态方面的大量投资。第一个企业制度周期的后期,荣家企业结束了新旧制度并存的局面,收缩多元化投资,并从钱庄和金融投机事业全面转向实业,但是,并非所有的旧知识和信念都被放弃,其中最引人注目的是新旧制度间的“转移支付”的模式得到了延续并进一步发展,这次主导一系列的新制度安排和变迁的组织由钱庄转换成茂、福面粉厂。从1909年到1924年,荣氏兄弟及其企业组织先后投资15个企业,形成面粉和纺织两大行业,“茂、福、申新”三大系统的格局,第二周期是荣氏发展最快的阶段!如表4—1所示。

**表4—1　　茂、福、申新系统报酬情况表(1909—1924年)**

| 年份 | 各厂总计(元) | 申新(千元) | 茂新(千元) | 福新(千元) | 申茂福新总公司(千元) | 申茂福新系统和总公司汇总(千元) | 各厂和总公司利润汇总(元) |
| --- | --- | --- | --- | --- | --- | --- | --- |
| 1909 | 有利 | | 有利 | | | 有利 | 有利 |
| 1910 | 有利 | | 有利 | | | 有利 | 有利 |
| 1911 | 利薄 | | 利薄 | | | 利薄 | 利薄 |
| 1912 | 237 777.78 | | | | | 0.00 | 237 777.78 |
| 1913 | 204 295.56 | | | | | 0.00 | 204 295.56 |
| 1914 | 401 456.67 | | | | | 0.00 | 401 456.67 |

续表

| 年份 | 各厂总计(元) | 申新(千元) | 茂新(千元) | 福新(千元) | 申茂福新总公司(千元) | 申茂福新系统和总公司汇总(千元) | 各厂和总公司利润汇总(元) |
|---|---|---|---|---|---|---|---|
| 1915 | 425 783.33 | | | | | 0.00 | 425 783.33 |
| 1916 | 398 522.78 | 20.65 | | | | 20.65 | 398 522.78 |
| 1917 | 322 459.44 | 118.07 | | | | 118.07 | 322 459.44 |
| 1918 | 539 060.00 | 222.50 | | | | 222.50 | 539 060.00 |
| 1919 | 1 403 375.56 | 1 048.06 | | | 17.76 | 1 065.82 | 1 421 136.49 |
| 1920 | 3 247 175.50 | 1 378.58 | 756.65 | 1 432.60 | 147.98 | 3 715.81 | 3 395 156.74 |
| 1921 | 934 897.99 | 826.32 | 114.53 | 9.93 | 177.96 | 1 128.74 | 1 112 860.92 |
| 1922 | 256 108.87 | 633.72 | (37.52) | (462.08) | 83.74 | 217.86 | 339 845.54 |
| 1923 | (772 174.59) | (924.99) | (174.29) | 194.56 | 76.12 | (828.60) | (696 050.08) |
| 1924 | 389 496.51 | (383.70) | 169.43 | 688.13 | 253.80 | 727.66 | 643 294.30 |

资料来源:请参考本书附表 1。

备注:各厂财务资料不齐,特别是茂新系统财务保守而很少对外公布财务资料;另福新系统一厂 1922 年毁于火灾,用福新三、六厂合并为一厂;1919 年福新二厂原厂走电失火,改建水泥八层厂房并和四、八厂合计核算。

通过作图可以更加清晰地看出荣家企业的周期性变化(见图 4—1)。

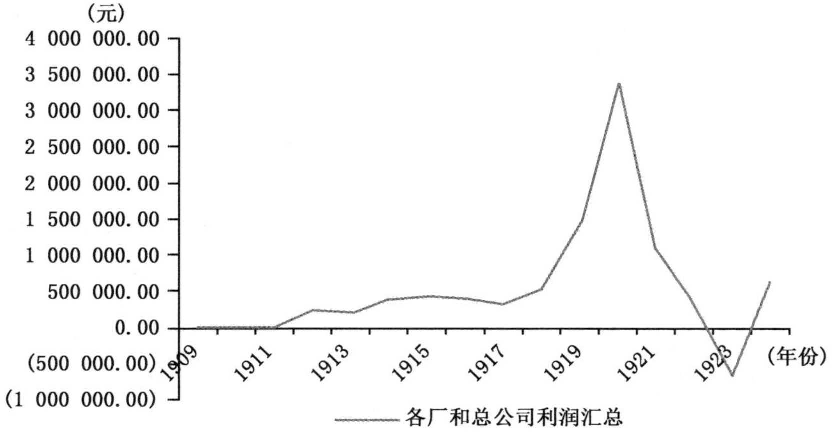


图 4—1　第二周期总报酬

这一阶段的总体报酬情况良好,是荣家企业发展最快的一个阶段,本阶段第一年,1909年已经走出亏损,开始迅速实现盈利;从1912年开始(辛亥革命后),报酬迅速出现上升,报酬递增的峰值出现于1920年(世界第一次大战于1919年结束),然后1921年、1922年出现报酬递减,并于1923年迅速陷入负报酬。根据报酬可以区分出企业制度发展的报酬递增、报酬递减和负报酬三个阶段,那么这一阶段的制度变迁的特征是什么呢?

## 第一节　第二周期的制度环境

第二周期的宏观环境明显好于第一周期。

对比第一周期的制度环境,第二周期的制度变迁、环境变迁更加激烈,国内不断发生战争和革命,国外发生世界大战,显然,这里对荣家企业制度变迁影响最大的是1911年辛亥革命成功和1914年第一次世界大战爆发这两大因素,它们分别为荣氏的快速发展提供了内部和外部条件,可以说其他制度环境大都是这两大因素的衍生,如新政府实行重商新政,推进公司条例,正是基于辛亥革命的成功为先决的制度条件;第一次世界大战引致了国外市场对中国产品的需求,而国内市场中,交战国的外资的撤退,也导致民族企业的市场空间大增,经济的大发展是内外因素共同起作用的结果。其他如租厂经营方式的流行、抵货运动(荣家企业在1919年的"五四"爱国抵货运动、1921年的"五卅"抵货运动和1923年抵货运动中受益颇多),但是金融风波(2次)、交易所和大量投机的不断出现,却非常严重地干扰了市场。让人吃惊的是,荣氏兄弟参与改变、投资制度环境达到44次之多,范围广泛涉及政治、经济、文化旅游、教育、意识形态和地方建设等(见表4—2)。

**表4—2　　第二周期制度环境列表**

| 年份 | 制度环境事件分类 | 件数 | 特征 | 备注 |
|---|---|---|---|---|
| 1909—1924 | 制度环境 | 13 | 描述了社会宏观环境(7)、地方和微观环境(4)、传统信念(1)、立法(1) | 围绕政治、战争和市场急变 |
| | 随机冲击 | 9 | 抵货运动有3次、金融危机2次、企业内部火灾1次、国内战争和革命2次、国外战争1次 | 内外随机冲击很多 |
| | 参与改变制度环境 | 15 | 荣氏兄弟大量参与制度环境变迁 | |
| | 投资制度环境 | 29 | 荣氏兄弟大量投资于制度环境变迁 | |

资料来源:附表2。

观察到,与第一周期相比,第二周期的荣家企业更加积极参加纱联会、面粉同业公会等初级行动集团,荣宗敬甚至成为实业界领军人物,活跃于社会;荣德生也时常参与无锡、江苏省和国家级的实业会议,这些社会活动为企业制度变迁打开了另一条路径,即我们所要寻找的微观而扩展至宏观的制度变迁路径,关于企业家这些积极参与制度环境和改变并投资制度环境的行动,我们会在总结部分进行深入分析。

## 第二节　适应性效率的挑战:荣家企业迅猛的技术和知识变迁

首先分析荣家企业第二个生命周期的知识和技术变迁(见表 4—3)。

**表 4—3　　第二周期的技术变迁统计**

| 年份 | 制度事件分类 | 件数 | 特征 | 备注 |
| --- | --- | --- | --- | --- |
| 1909—1924 | 引进设备 | 31 | 引进外国先进机器设备为主的技术变迁方式 | |
| | 自己改进 | 4 | 自己改进设备尚少 | |
| | 技术人才培养 | 2 | 人才培养(1)、教育投资(1) | 直接投资工商中学 |
| | 其他 | 7 | 制度安排促进技术(2)、改进小麦稻米(1)、棉种改良(1)、激励技术改进制度安排(1)、其他(2) | |

资料来源:附表 4。

技术变迁是荣家企业取得知识完全性并降低生产和交易费用的重要方式。在这一周期,荣家企业对技术变迁的重视更加明显,因为荣氏不断进口先进的外国机器设备,甚至在困境中也坚持这个信念,并形成与技术变迁相关的众多理念:技术促进产品质量的改善、技术投资形成生产规模,从而减少生产成本和交易费用、没有技术上的支持(如总公司通过电话、电报等技术沟通各地市场信息,指挥各厂生产),许多制度不可能建立,如总公司制度、适应大量生产的纵向一体化制度。技术与知识紧密联系,技术变迁肯定带来知识存量的增加,然而最重要的是制度变迁是如何与技术变迁联系在一起的呢? 特别是技术变迁和知识变迁迅猛增加的时候。由于技术变迁专业性强,相关史料收集不够充分,即使设备引进的数据也难于保证全部得到一一列举,考虑用表 4—4 数据替代进行考察。

**表 4—4　　　　荣家企业各种生产数据汇总(1903—1924 年)**

| 年份 | 布机(台) | 棉布产量(匹) | 纱锭(锭) | 棉纱产量(件) | 粉磨 | 年生产能力(面粉,千袋) |
|---|---|---|---|---|---|---|
| 1903 | | | | | 4 | 90 |
| 1904 | | | | | 4 | 90 |
| 1905 | | | | | 10 | 240 |
| 1906 | | | | | 10 | 240 |
| 1907 | | | | | 10 | 240 |
| 1908 | | | | | 10 | 240 |
| 1909 | | | | | 10 | 240 |
| 1910 | | | | | 18 | 900 |
| 1911 | | | | | 18 | 900 |
| 1912 | | | | | 18 | 900 |
| 1913 | | | | | 43 | 2 520 |
| 1914 | | | | | 64 | 4 170 |
| 1915 | | | | | 64 | 4 170 |
| 1916 | | | 12 960 | | 89 | 6 030 |
| 1917 | 350 | | 12 960 | | 107 | 7 530 |
| 1918 | 600 | | 12 960 | | 115 | 7 650 |
| 1919 | 700 | | 55 872 | | 170 | 12 600 |
| 1920 | 1 111 | | 74 280 | | 270 | 19 950 |
| 1921 | 1 111 | | 74 280 | | 294 | 22 350 |
| 1922 | 1 615 | 359 530 | 134 907 | 80 356 | 318 | 24 900 |
| 1923 | 1 615 | 701 871 | 140 008 | 75 343 | 318 | 24 900 |
| 1924 | 1 615 | | 140 008 | 82 081 | 318 | 24 900 |

资料来源:附表 4.1。

显然,如图 4—2、图 4—3 所示,面粉、纱锭、布机数量增长所代表技术变迁几乎是垂直式的上升的趋势,呈现非常惊人的增长速度,面粉 15 年间增长 3 180%,纱锭 9 年间增长 1 080%,布机 8 年间增长 461%,让人目瞪口呆。

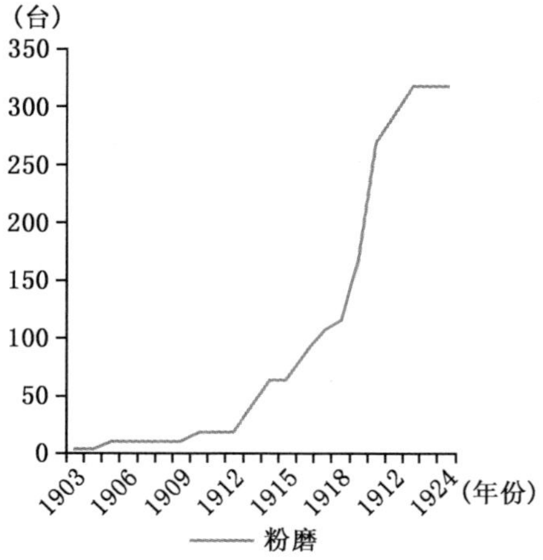


图 4—2　粉磨数量变迁

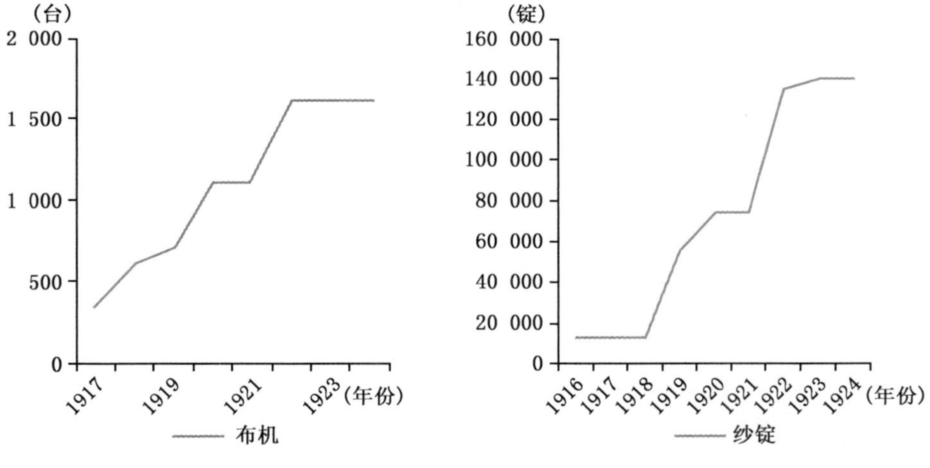


图 4—3　第二周期布机和纱锭数量变迁

荣家企业在第二周期的快速发展,技术变迁的作用是非常重要的,当然,另一部分则是归于制度变迁[1]。

情况正如第一周期,技术变迁和制度变迁依旧是互相促进的:技术变迁带

〔1〕 从 1895 年到 1936 年,技术进步对近代棉纺织业产值增长速度的贡献率为 8.6%,作用显著。引张东刚、李东生:《近代中国民族棉纺织工业技术进步研究》,《经济评论》,2007 年第 6 期。

来了制度变迁,制度变迁又激励了技术变迁。在第二周期,这个特征比第一周期更加明显。知识分工和技术专业化需要制度的保障,而制度变迁又影响着技术进步的方向和结构,技术和制度纠缠在一起,共同决定着企业的发展。

从1909年到1924年,这一阶段最重要的技术变迁方式依旧是从国外购进机器设备,有资料记载的统计达31次,我们还注意到,技术变迁具有自我加强的性质,如荣氏的购进设备的技术变迁又接着带来改进建筑、工场、改进配套设备的技术等相关变迁(4次);而每次引进设备都需要请外国工程师进行装机调试,如荣德生接触过的德国工程师朴克和美国工程师白朗。外国机师对本国机师进行指导,直到能够开机,并负责后续的机器维修,本国的机师因为多半成为后来的工头,技术变迁也因此就与工头制度产生了紧密联系。

到了第二周期,技术变迁继续向深层发展,除了向原料"棉、麦改良种植"方面扩展外,为了适应先进技术的需要,开始重视教育(见表4-5)。首先是间接投资教育,先后举办公益小学4所(1911年升到高小),竞化女子小学4所,子弟小学1所,竞化分校1所;1919年开始直接投资工商中学1所并分工科和商科,为企业培养了大量技术管理人才。另外,由于企业的知识大多是从"干中学"中产生的,没有办法直接衡量,我们只能从技术变迁的迅猛发展和企业家经营理念的生成方面来反推知识的积累速度。另外,某些指标也可以外显出荣家企业的知识积累程度:从1903年创办第一个工厂茂新面粉厂至1922年的20年期间,各厂职员和技术管理人员从无发展到500人以上,甚至荣家企业几度派人出国考察(1919年荣月泉赴欧美考察,1922年荣鄂生东渡日本考察),直接学习外国技术和制度(参考技术和知识变迁附表)。

技术变迁的同时也带来了一系列的制度变迁,为了引进技术而需要进行增资,产权制度因此变迁;为了引进技术而实施"分期付款"并成为惯例;又因为新技术引进的需要而加强了工人职业培训,企业内部开始实行练习生制度;新技术还带来对不适应技术的工头制度进行变迁;在第二周期,"纵向一体化"随着技术变迁而不断加深。而且,技术变迁会增进产品质量,增加生产数量,形成规模经营,从而对管理制度产生变迁的要求。如果当技术变迁领先于制度变迁,制度变迁没有跟上生产规模,则会影响对产品质量的控制,产生如荣德生所言的"混于布轻袋次"的产品质量失控现象,因此从技术累积支撑规模经营的角度,总公司制度的建立,又可以归于规模生产而带来的制度变迁。

表 4—5　　第二周期知识投资统计(1909—1924 年)

| 年份 | 制度事件分类 | 件数 | 特征 | 备注 |
|---|---|---|---|---|
| 1909—1924 | 建立学校 | 8 | 小学 7 所(含职工子弟小学 1 和竞化分校 1)、中学 1 所 | 1909 年前建立小学 2 所、私塾 1 个和公益学堂 1 个 |
| | 建图书馆、出版《理财刍议》 | 2 | 图书馆(1)、资助学术(1) | |
| | 调查学习、研究市场、品牌意识形态 | 8 | 市场调查受到重视 | 品牌受到总统嘉奖 |
| | 出国考察 | 2 | 直接实地考察、加强向外国学习 | |

资料来源:附表 3。

另一方面,制度变迁对技术变迁的影响也在第二周期得到体现。首先,1918 年,荣家企业开始注意培养人才、奖励技术改进,同时将改进办法通知各厂;其次,1921 年总公司成立,下设立五金、电气等技术性质比较强的部门;最后,还有建立练习生制度和进行工头制度改革,这些制度变迁反过来又大大促进技术的变迁。

第二周期技术变迁还有一些其他特点:(1)荣家企业制度变迁中的技术,是模仿性质的技术变迁,自主的技术和专利很少,在技术链上很少改进,就是有所改进也是处于低端的维修、简单改进;(2)由于扩厂迅速,各种机械设备布置失宜的事时常发生:机器设备型号繁多,设备新旧程度过于悬殊,管理上因无章法,设备的利用率较低的情况不断产生;(3)电力在纺织厂的使用,隐含有革命性意义。19 世纪末到 20 世纪初,西方各国已经完成电气化革命,中国主要设备的动力还是蒸汽机和柴油机,更有许多企业使用人力。1920 年上海 114 家机器厂中,45 家用电力,28 家用内燃机,41 家使用人力……最发达的纺织面粉业,技术水平也很低。(华厂)在动力设备方面,长期使用蒸汽锅炉,效率低,其他厂如外资和部分华厂已经采用电力,这才被迫跟进改进技术。[1] 荣德生 1912 年就开始在振新纱厂使用电力,这方面为当时全国首创(甚至日本也刚刚开始使用直电)。而且经济上效率佳:“用电机省煤……三万锭只有 23 吨,连同茂新共 27

〔1〕 徐鼎新:《近代企业的科技力量与科技效应》,上海社会科学院出版社 1995 年版,第 35 页。

吨。”电力使用在技术和制度上具有革命性的深远意义。[1]

## 第三节　适应性效率的挑战:形成企业管理理念体系

企业家及其企业组织对知识完全性的改善是适应性效率取得的一个关键。早期荣氏兄弟就具有强烈的学习精神,并在第一个制度变迁周期已经得到充分阐述,在本阶段,荣氏兄弟继续努力改善知识不完全的状态,结果可喜,对比第一个制度变迁周期寥寥无几、幼稚如婴孩的经营理念,第二个制度变迁周期经营理念则成熟完备犹如人之成年。具体来说,荣氏兄弟在共同信念上形成独特的风格,并各自成为一个完整的信念体系。

### 一、经营理念体系的完善

失败的制度变迁会成为知识流传下来,第一周期包括钱庄倒闭在内的制度变迁的一系列挫折,还有茂新和振新在开始经营时的举步维艰,都经过学习转化成为知识积累。并在此基础上,荣氏兄弟反思以前的经营策略,并通过“干中学”来取得更多经验与知识积累。这一阶段,在企业家精神的激励下,荣氏兄弟继续努力学习,刻苦钻研业务,培养管理技能,最终形成相对完善的经营理念,这些成体系的经营理念将深刻地影响正式制度变迁。

在第一轮荣家企业的制度变迁周期中,知识不完全的特征非常明显,体现为建厂初期就伴随负报酬(3 个企业皆如此),成为制度变迁的压力,以此推动内部的制度变迁;第二周期则有很大改善,荣家企业新建或租办 16 个厂[2],只有 4 个厂在早期出现亏损:申二建成后一直经营不良;福七建立第二、第三年连续亏损;申四建立第一年亏损;申五(原德大生纱厂)第一年利润不良(危机期间购买此厂);其他 12 个厂基本上是建成(租赁)一个就盈利一个。这强有力地证明荣氏兄弟在实业方面已掌握充分的经营知识,并形成了有效的经营理念。

---

〔1〕 日本同期经验,电力带来革命性变化:一是电力便宜,效率惊人;二是作业由集团变成单机运转,手织机原一人一天一匹,电力使用后为 9 匹。手织机一人一台,电力可以一个人操作 4—12 台,较先进的达 40—60 台。日本 1909 年 30—99 人规模的工厂动力化率为 70%,100 人以上的为 88%。技术革命是落后国家的机会,大大拉近技术水平差距。引(日)南亮进:《日本经济发展》,景文学等译,对外贸易教育出版社 1989 年版,第 115 页。

〔2〕 数据补充:另上海租中兴面粉等两厂,扩充做苞米粉,火灾重建、无锡亦租惠元等两厂(期满退回)。

下面再对荣家企业第二个企业制度变迁周期的经营理念相关 64 个制度事件进行考察。根据表 4—6 统计的归纳，并对这一阶段的荣氏兄弟(以荣德生为主)的经营理念进行了分类，除了学习精神外，涉及无限责任公司理念、总公司集中管理、开支、技术、质量、品牌、人事、商业信誉、工人及职员管理、原材料采购、产品销售、规模经营、天时地利人和的传统文化应用等各方面，涵盖了企业经营范围的经营理念，比较第一个制度变迁周期寥寥无几的经营理念，的确不可同日而语。

在 1896—1908 年钱庄为中心的旧制度主导期间，考虑到荣氏兄弟初涉实业，经营理念上缺乏体系是正常的。显然，学习并积累，然后打下知识基础，是第一个周期的中心任务。而在第二周期，伴随企业的快速成长，荣家企业在各方面的经营理念已经构成一个有机的体系，其中，以无限责任公司的信念的生成为经营理念上日益成熟的显著标志。

**表 4—6　　　　第二周期经营理念(1909—1924 年)**

| 年份 | 制度事件分类 | 件数 | 特征 | 备注 |
|---|---|---|---|---|
| 1909—1924 | 学习新知识 | 6 | 钻研厂务、自学经济学、出国考察等 | 荣月泉、荣鄂生出国考察 |
| | 企业具体的战略和经营理念 | 40 | 原料、质量、品牌、人才、投资战略、有限公司不可为、天时地利人和用人理念 | |
| | 企业家权威 | 7 | 诚信、亲力亲为、外部尊重、洞察力 | |
| | 其他 | 12 | 内部理念冲突、投机信念、宗教信仰、对西方文明的尊崇 | |

资料来源：附表 5。

第二周期，荣家企业的经营理念产生质变。出于适应性效率和知识完全性的目标，把荣氏上述经营理念分为三类：(1)具有适应性效率的信念；(2)不具有适应性效率的信念；(3)介于两者间的经营理念。这些理念往往早期具有明显适应性效率，而到了后期，却成为无效率的刚性的偏好，会慢慢导致企业进入无效率的制度锁定。鉴于第二周期荣家企业的迅速发展，可以证明大部分经营理念都是有适应性效率的(如“放大经济”的投资理念、重视人才、严控产品质量、重视技术、积极扩张形成规模经营，节省成本、重视销售、采购和管理的联合，大力发展“纵向一体化”、恪守信誉、灵活运用传统文化谋求“天时地利人和”、宽容对待职员和工人等)；而小部分则是无效率的信念，这方面如轻视现代财务核算、投机交易所、多品牌经营、总公司开支奢侈等;而其他如无限责任公司、总公司集中管理、宗教信仰影响决策、高层人事上多用老友亲戚、分期付款、操纵原料和产品市场,却是只能归于第三类,它们需要视其具体情况进行适应性效率的分析。

第二周期的荣家企业经营理念渐渐完善并形成体系,并显露出两个特征:一是传统文化对经营管理有更深的介入,也结合得更加好;二是实践中知识的确是分立的,所以荣氏兄弟基于不同的知识结构和个人信念体系而再度出现信念上的分流,并为第三周期的制度大分流埋下了伏笔。

## 二、传统或现代:荣德生的经营理念分析

第一周期,当时的传统非正式制度只是简单契入西方式公司制度,取得某种表面平衡,却并无互相融合之势;而在第二周期,中西文化开始成为有机一体的迹象,值得注意的是荣氏兄弟皆对中西文化提出自己的独特看法,特别是在荣德生身上,中西文化呈现中方主导的融合之势。

定居在中国金融、贸易、经济中心上海的荣宗敬,接触到的西方信息更加广泛,生活习惯奢侈,本人则性格外向、大胆进取、敢于冒险,比荣德生更加尊崇西方[1];然在企业管理上却稍有不同,荣宗敬明确“旧学为体,新学为用”,以“会计账簿新旧并存”为例子,认为中西方文化(新旧)并存最适宜;明显是中国中庸文化的表现,值得注意的是,导致后来大额亏损的荣宗敬的投机理念死灰复燃,其实是基于欧美商人的一个建议。[2]

居住于无锡,亲近自然和农村的荣德生,从少年时代就看《美国十大富翁》,对国外的实业涉猎也广,有空到上海出差就要关注实业方面的杂志,1912年其38岁时,还自学经济学,不可谓不努力学习西方知识。但本质上却担忧西方文

---

〔1〕 1919年五四运动期间,上海全市罢业,从荣宗敬设宴招待欧美侨商的讲话稿中流露对西方文明的尊重:“并且历受诸贵国文明感化虽罢课、罢市、罢工十余天,而仍安静如常,绝无一毫暴动,当可邀世界诸大国共谅。”上海社科院编:《荣家企业史料(上册)》,上海人民出版社1962年版,第63—64页。

〔2〕 1919年五四运动,全市罢市宴请欧美侨商,一外商建议“现在欧美商人各国交易所风起云涌,已经成为批发贸易的主要场所,日本效法欧美成绩显著……”日本在上海成立所谓“取引所”——可以控制原材料与成品价格,又兼营棉花贸易,可以操纵棉花市场,致中国厂家于死命。操作手法“远近期套做,厂存现纱与交易所套做。其中花纱套做最稳扎稳打,又获利丰厚,经常采用。”桑逢康:《最大家庭企业的创始人——荣宗敬、荣德生传》,河北人民出版社1995年版,第102页。

化中的奢侈浪费、缺乏伦理道德造成的冲击[1],本人相当尊崇传统文化思想,不但继承父辈荣熙泰的“易经、八卦和风水之术”,还勤奋实践“修齐治平”之道,最重要的特点是,与荣宗敬的似乎简单的中西并存的信念不同,他已试图把传统文化整合进企业管理之中,如强调传统道德伦理对企业的作用;依赖家庭宗族关系的扩展来管理企业上层;对普通职员、工人则是提倡仁政和德治;并用“天时地利人和”来判定企业经营前程。总之,这阶段荣德生开始融合中西文化,形成了“超越中西方文化简单并存”的新信念体系。

客观来分析,当时的企业家,无论是开风气之先的张謇还是后来居上的荣氏兄弟,受到传统的非正式制度的影响太大,是注定无法绕开已潜移默化在生活中的传统为主的信念体系的,这些传统的信念和西方的知识、制度产生了激烈的冲突,如官本位信念和大胆冒险的企业家精神,荣氏兄弟本质上传统,却在技术和生产制度反其道而行之,全力从外国引进最新技术设备,甚至派人到欧美、日本直接考察,非常尊崇西方。荣氏兄弟处于迅速变革的时代,许多传统信念在分崩离析,让失去精神世界的个体容易陷入迷茫,正是处于“二律背反”的时代(杜恂诚,1992),信念上的冲突导致个体是异常痛苦的状态。就企业制度而言,面对正式制度(西方)和非正式制度(传统)的矛盾,企业家们只能在洞察力的帮助下,于旧信念体系中寻找出与新知识相契合的精神进行组合,甚至把传统中国的和西方的知识和信念杂糅在一起,创造出一种新的信念。此种二元的冲突和融合,代表着中国近代以来制度变迁路径的一个最显著特征。

### 三、制度垄断者荣氏兄弟的信念再度分流:偏好的稳定性

基于分立的知识,第一周期荣氏兄弟就曾经出现过“信念分流导致的制度分流”,这种分流趋势因为危机而得以改变。在第一周期的危机冲击下,荣宗敬信念偏好发生逆转,放弃投机和金融事业,从而让荣氏兄弟统一了共同信念,即致力于实业,此举意义深远,并为第二周期的发展奠定良好的合作基础。个人经历的确是独特而不同的,这个似乎是一种规律,所以在第二周期后期,我们观察到制度创始人荣氏兄弟再度出现信念上的分流。

1909年后,荣氏兄弟内部协调一致,共同致力于实业,让荣家企业得到飞速

---

[1] 著名实业家荣德生对上海十里洋场的“道德沦亡”感慨系之,他说他自己“平居省俭如在乡村”,而“看得洋场习气,奢靡成风,教育无方,殊非久传之道。历观富贵之家,无传二三代者,十年三反复,于今尤甚”。杜恂诚(2005)认为荣德生已把伦理道德上升到决定企业成败和家道延续的高度。

发展。但是,企业家的共同信念并非一成不变,随着新知识的不断更新,荣宗敬越来越偏重西方知识,渐渐回归金融投机,而荣德生固守传统信念,扎实而稳健地经营实体经济。共同信念一致的情况在1917年之后出现明显变化,此年开始,荣氏兄弟信念和决策上的分歧开始出现并随即不断扩大,体现于如下四个制度事件中:

(1)1917年荣氏兄弟在申新二厂并购决策上的分歧是为最先浮现的信号。上海福新面粉厂在荣德生主持的茂新面粉厂支持下,扩展迅猛,4年内连续建立福一到四共四个厂;特别重要的是申新一厂于1915年在上海成立,并迅速实现盈利。在上述情况的鼓舞之下,荣德生1917年开始谋求在无锡建立纺织厂,“余有意建厂,此时已欧战,爱刹理司经理已故。申新一厂无法添锭,只物色到二部旧货。生意转佳,月月大赚,不肯抛售故也。于是先行以大新名义购地”[1]。在荣德生如火如荼购地筹建时,恰上海“恒昌源亦有出售意,荣宗敬以地好,不听荣德生‘旧机不合’的劝告,以四十万银元买下,而且因为屋破机旧,后来吃苦不少”[2]。荣氏兄弟此前虽有信念不同,大局上则一直互相支持,具体决策也能互相参考,求同存异。但此次制度变迁决策,荣宗敬不顾荣德生已经买地的事实,一意孤行把资金用于收购恒昌源,导致了无锡申三筹建推迟2年。

(2)荣氏兄弟在信念上的分歧继续扩大,第二次大分歧是荣氏兄弟对待交易所的不同态度所致。荣宗敬先1919年在外国商人建议下,生成投机交易所的信念,荣宗敬先是参与顾馨一、宁钰亭等在1920年成立上海华商面粉交易所,后又与穆藕初、聂云台等在1921年7月成立上海华商纱布交易所,名义上是与日本交易所对抗,实质是参与投机,所以穆藕初先是积极参与,旋即退出。1921年6月,荣宗敬与王禹卿等合资设立纱布交易所第十二、十三号经纪人,投入6 000两,股本共3万两,亲自参与交易所投机来控制产品和原料市场取利;荣德生则在信念上痛恨交易所操纵市场,因其干扰企业正常经营,当时“市场形势变化莫测,投机之风盛行。存在交易所炒高花价,造成花贵纱贱,卖空买空,盛行一时”[3]。根据经营理念附表的资料,1921年“信交风潮”前夕,荣德生力劝诸人不要成立交易所,认为成立后,与我权利不纳,面粉交易所亦同。烟酒交易所主任钱某、黄沙石子砖瓦交易所主任周某、无锡某人欲办交易所,与荣德生

〔1〕荣德生:《乐农自订行年纪事》,上海古籍出版社2001年版,第79页。
〔2〕同上引。
〔3〕引关册1916年,宁波,第911—912页。

商量时都为之劝止。事后荣德生回忆指出:"当日似乎煞风景,至失败时,均谓幸而未做也。"果如荣德生所料,1921年冬,"信交危机"爆发[1],诸多投资者损失惨重,后来共105种,收歇只剩5种。注意到荣宗敬随即在1922年辞去上海面粉交易所理事长。

(3)第三个关于信念分流的制度事件,则系经营风格上的冲突,1921年,荣宗敬提议汉口建立申四纺织厂,稳重的荣德生认为荣家企业已经扩展过快,况且自己申三刚刚开工,此时人财两缺,又力劝荣宗敬,后者不听,与前二次不同,此次荣氏兄弟的分歧开始公开化,荣德生破天荒地没有入股申四,打破了兄弟一同进退的惯例。

(4)第四个关于信念分歧的制度事件是1921年荣家企业集团在上海成立"茂福申"总公司,荣德生对荣宗敬不顾实际、一味奢侈的作风感到不解:"(总公司)规模阔大,当时办实业有如许,即南通张謇亦不能过"。而且埋怨:"用人既多,耗费日加,进此屋后,从此多事,口舌时现,反不若三洋泾桥静。"

1917年的第一个制度事件只是经营上判断不同,荣德生本想有机会大展身手,在前东家振新纱厂前扬眉吐气,但是面对荣宗敬以"地好"购买申二厂的理由,只好"不违兄意,入股四成,是为申新二厂请丁梓仁为经理,不久,丁君知难而退,历换经理之多,此厂为最"。可见,荣德生事后牢骚满腹,荣宗敬购买日本人的纱厂恒昌源(原来为中日合资到日本独资,再换为中资,直到荣氏购买)是民族企业、民族主义者津津乐道的行为,于经济上却不合算。如果申二经营顺利还好,偏偏申二一直欲振不能,决策失误,又耽搁了荣德生无锡建立纺织厂的大好计划,荣德生自然觉得可惜。第二个制度事件,则标志着制度垄断者荣氏兄弟第二次信念上的大分流正式开始,如果说前一个分歧还只是经营策略上的分歧,影响的确不大,但是这次对交易所的态度,则标志经营信念上的分歧已经达到战略高度,并会导致一系列的大相径庭的信念和制度变迁(第三个周期时体现得非常明显,许多大问题回溯起来,却是往日的一个小小的信念分歧所发展而来),肯定无法求同存异。特别应该注意到,这次信念分流,因为无限责任公司的性质和总公司的建立,从正式制度上保证了大权在握的荣宗敬,可以主导着上海申新纺织厂为主的企业集团精力由实业转至投机,出现经营重心转

[1] 1921年夏秋,交易所、信托公司风起云涌,仅上海一地就设立了136家交易所、12家信托公司。这些交易所、信托公司开设后多违规经营,投机信交企业的股票,形成巨大泡沫。当年冬泡沫破灭,酿成近代中国经济史上一次严重的金融危机,信交风潮导致大量企业破产和失业,造成剧烈的社会动荡。

移,仿佛 1908 年广生钱庄倒闭事件重演,先是荣宗敬投机交易所惨败,然后陷入连锁反应,企业陷入经营困难,甚至信誉全失,震动全局,进而牵出 1923 年大危机。第三个制度事件的分歧也比第一个要大,因为它涉及经营风格的冲突,第一个制度事件中,一致扩展企业是大前提,具体只是操作上方向不同而已,而此次荣宗敬在人财两缺的情况下,依旧冒险拟建申四,荣德生则以不入股的方式来反对这种冒险,因此此举是冒险和稳重两种经营风格的激烈冲突;但对于第四个制度事件,荣德生本人认为成立总公司制度并无不妥,却奢侈过分,虽张謇也不敢比,而且暗示此后口舌时现(兄弟之间的信任关系受到挑战)。果然,到 1923 年时,荣氏兄弟间分工开始明确,荣德生自述:"申各厂归兄专管,余不如从前常来去矣。款项出入,锡、济归余,当归兄"。荣氏兄弟间的合作自此降低了一个层次,而且各自主持一套信念体系来经营企业。理所当然,即使作为茂新面粉厂和纺织厂发展的最大功臣(荣德生在经营上具有非常扎实的知识基础,并在第一个周期荣宗敬陷入危机时,支撑起整个荣家企业的发展重任),荣德生见到自己与兄长信念不合,参谋不听,也就刻意退出上海业务。实际上,根据史料调查,我们推断荣德生对荣宗敬产生了某种误解,虽然没有直接查询到有关总公司奢侈建设的原因,但是相关人士的回忆,却从侧面告诉了我们事情的真相并非是荣宗敬在单纯追求奢侈享受,某厂长回忆:"(荣宗敬)冒险在购买三新纱厂时说,凡事不前则退。而买西摩路的住宅,也是欠钱买的,但是不是为了享受。因为当时一般银钱业都有讲究场面,有没有自己的住宅,关系到信用问题。还有如订购洋花,请到自己家里吃饭,他们看到有这样好的住宅,就会产生好印象"[1]。

这些信念冲突背后,隐含的是个体偏好的稳定性,应该指出,荣宗敬本身主持金融业出身,对投机冒险有偏好;而主持实业出身的荣德生,持稳重保守的经营作风,一直对投机冒险持警惕态度。这两种偏好从没有完全消失过,并若隐若现地贯穿了企业家的一生,从而深刻地影响着荣家企业在经营、投资上的理念。偏好改变是除了相对价格改变之外的制度变迁的两大因素之一,并在本书得到清楚的证明。偏好改变的原因依旧研究不深,我们对偏好的改变的来源所知甚少。但是有一点很清楚,相对价格的变化对口味的改变起了一

---

〔1〕《荣家企业史料座谈会记录·曹启东回忆》,乐农史料选编:《荣德生与企业经营管理》,上海古籍出版社 2004 年版,第 200 页。

定的作用。[1]

# 第四节　第二周期的正式制度

## 一、第二周期的荣家企业正式制度安排及其特征

知识、技术以及信念体系,决定了正式制度变迁的路径,在前面分析的基础之上,我们将对荣家企业第二周期的正式制度变迁进行继续分析,而适应性效率依旧为制度评价标准。

表 4—7 统计了 1909—1924 年的 15 年间,与荣家企业相关的 130 个关于正式制度变迁的事件。我们在上节中已经就经营信念体系进行了分析,经营信念是直接影响企业正式制度变迁的因素,需要注意它们之间互相促进的关系。

**表 4—7　　第二周期的荣家企业正式制度**

| 年份 | 制度事件分类 | 件数 | 特征 | 备注 |
|---|---|---|---|---|
| 1909—1924 | 产权变迁 | 43 | 企业扩展的时候产权变迁非常频繁 | 主要是建立新厂时的产权变迁 |
| | 各类单项企业制度变迁 | 21 | 人事、财务、总公司、销售制度、无限责任公司、工头制度改革等 | 系统的企业制度建立 |
| | (逆)纵、横向制度变迁 | 49 | 逆纵、横向制度变迁也时有发生 | 最主要的制度变迁特征 |
| | 多元化投资 | 7 | 投机交易所相关(4)、曾尝试进入化工业不成 | 对比上一周期多元化投资非常节制 |
| | 其他 | 10 | 制度折旧(8)、新式租厂经营、纱联会活动 | 工头制度折旧明显 |

资料来源:附表 6。

### (一)第二周期正式制度的总体分析

第二周期,有史料可查的产权变迁计有 43 次 ,其中具有意义重大的就达到 8 次,其他大部分则是股东增资和盈余升股,实际上奠定了荣家企业迅速发展的坚实基础正是产权上的成功变迁。

---

[1] 诺斯著,杭行译:《制度、制度变迁与经济绩效》,上海人民出版社 2008 年版,第 116 页。本书观察到企业制度的危机和负报酬是改变荣宗敬的偏好的重要来源,这个改变通过制度价格和知识更新而实现。

第一个重要的产权变迁是1909年,振新纱厂沪、锡股东起冲突,争夺企业控制权,并以无锡方取得专管而结束,产权变迁导致了人事大变迁,荣氏兄弟得在无锡股东支持并控制了振新的经营大权,荣宗敬任董事长,荣德生任经理。第二个是1909年经营困难时,茂新股票受到股东低价抛卖,荣宗敬从市面低价买下14股,分半于王禹卿,后者持股自此起。此举既是产权上对荣氏兄弟垄断荣家企业的自我否定,具有产权开放的重大意义,又是企业困难时利用股权分散的制度安排来留住人才的有效手段,用企业的前途来留住得力员工,在未来利益分享上具有长远意义,这些意义在现在还暂时不能完全看出,但到企业发展后期,则代表社会潮流,成为企业制度变迁的大方向。因此,荣宗敬在产权上的此种创造绝不能小看。第三次产权上的重大变迁是1913年,荣氏兄弟刚刚渡过1911年的难关,荣家企业的得力干将浦氏兄弟却想离职自创米厂,王禹卿也想退出自谋创业,举办面粉业,企业面临一次大规模人才流失的危险,并易于让刚刚稳定的企业发展局面受到动摇。荣氏兄弟听到手下创业而财力不够的消息,决定放下架子,资助手下职工,以平等的身份相商合作建厂,共图发展。王禹卿回忆指出:"事闻于荣氏昆仲,来谋合作。禹卿系茂新沪埠粉主任,浦为驻锡办麦主任,俱多年宾主,情不可却,彼此合作。"这样的产权策略,不但留住了人才,避免了企业的分裂,还迅速取得新的发展路径,在茂新系统外,创造出一个迅速发展的福新面粉系统的良好局面,可谓一大成功之杰作,在产权上也同样具有深刻的影响。第四次是1915年振新股权和茂新股权的互换,通过此产权变迁,荣氏兄弟退出振新换取对茂新面粉厂的绝对控制权,是为茂新的发展奠定产权制度上的保障。

在产权上,1915年还发生一件大事,就是申新一厂的无限责任公司章程公布,明确规定不设董事会,任命荣宗敬为总经理,在制度安排上正式确立了荣氏兄弟对荣家企业特别是纺织系统的制度垄断权。紧接着在1918年,对福新一厂的章程也进行修改,采用申一厂的无限责任形式,同样不设董事会,直接任命荣宗敬为企业总经理,全权负责企业经营管理,此举统一了荣家企业管理层的内部思想,形成共同信念,在企业制度变迁上意义深远。与此有很大关联的一个制度安排也随即出现,1915年荣宗敬被任命为企业总经理时,同年荣氏兄弟产权上同股同权的传统开始受到变迁;通过对史料的详细考察(见表4—8),发现1915年申一厂筹建、1921年申三厂筹建时,荣宗敬在前者的股权中占优,荣德生在后者的股权中占优。荣氏兄弟不再同股同权的制度安排,没有大肆渲染,甚至也无书面上的正式文件来明确,犹如不言而喻的潜规则,意义也同样深远。因为这样的产权安排让两位企业创始人在信念分离的情况下,仍旧能够和谐相处,各自默契地掌握一个企业系统,在关键时又能互相扶持。上文在分析经营理念时,曾经指出荣氏兄弟第二周期的信念分流时点大约是出现于 1917 年,1920 年才在管理上正式确认荣氏兄弟分管无锡、上海业务,那么早在 1915 年申一厂就出现不同股权的制度安排,似乎时间上稍有不契合,联系荣德生一向遵从“兄友弟恭”的传统信念,可以推测,这种情况应该是没有预先商量的结果,或者说,申一厂的荣氏兄弟之间的不同股权安排是荣德生个人刻意而为之。申一厂的 3 000 股的 30 万元总股本,原本设计时,荣氏兄弟各 800 股,实际上荣宗敬 800 股 80 000 元,荣德生 790 股,79 000 元,荣德生只比荣宗敬少认了 10 股股权,金额上少 1 000 元,却可以体现出荣宗敬在荣家企业上海系统的控制地位,并以“股权占优”形式表现出来。1921 年,心领神会的荣宗敬在申三厂产权安排上,再现类似申一厂的奇妙产权安排:申三厂总股本 150 万,其中荣德生 54.5 万元,荣宗敬 54 万元,荣德生恰好比荣宗敬多出 5 000 元。事情到此也就水落石出,旁观者大都明白荣氏兄弟在产权上的默契了。应该说这样的产权安排既让荣家企业避免了常见的家族企业因兄弟、父子争权,钩心斗角而经营一落千丈的恶例,解决了统一领导的问题,又体现了良好的“兄友弟恭”的传统美德,尤其值得注意(详见表 4—8)。

其他重要的产权变迁:1913 年福一、1915 年申一、1917 年福新的股东会议,在红利分配上,剩余利益从全部股东独占开始转向让经理和高层管理人员参与分享,在利益分享方面扩散到管理层,同样对企业长期发展具有相当大的激励作用;然后是 1918、1922 年荣家企业因为经营周转而向银行贷款,苛刻的条件导致银行开始影响荣家企业产权的完整性。最后大量存在于荣家企业集团中的官利制度(1912 年始有大量相关资料,包括茂、福新,申新各企业、交易所),也是一种相当具有中国特点的产权制度变迁,是一种企业家应对中国缺乏发达信用制度和开放的资本市场的、具有适应性效率的风险保障制度(杜恂诚,2004),这方面已有众多学者深入研究,所以本书只略带一笔。

此阶段另有重要人事变迁 6 次(系不完全统计,许多人事变动并无在史料上反映),但是不能低估人事变迁频繁程度,不但产权大变迁必定会伴随人事变迁,而且新奇制度产生也肯定对应着产权、人事变迁。不过除非特别重要的人事变迁,本文一般不会特别提及。

表 4—8　　荣氏兄弟正式产权调查表

| 年份 | 厂名 | 荣氏兄弟股权分配 | 产权占优 |
|---|---|---|---|
| 1896 | 广生 | 父辈为兄弟入股1 500两。 | 同股同权 |
| 1902 | 保兴 | 荣氏兄弟各入3 000元,总股本30 000元。 | 同股同权 |
| 1903 | 茂一 | 原4万股本,荣氏兄弟各入1万。 | 同股同权 |
| 1904 | 振新 | 钱庄拨出盈余,荣氏兄弟各入3万两。 | 同股同权 |
| 1915 | 申一 | 申新纺织厂总股本三十万,荣氏兄弟占六成,名义各三成。实际荣宗敬80 000元,荣德生没有缴全只79 000元。 | 名义同股同权① |
| 1917 | 申二 | 40万元买下,兄弟各四成,1919正式转移产权。 | 同股同权 |
| 1918 | 福五 | 股东30家股金30万,荣宗敬84 650元;荣德生81 556元,共占55.4%。 | 荣宗敬占优 |
| 1918 | 福八 | 荣氏兄弟各9万,总股本30万。 | 同股同权 |
| 1919 | 茂一 | 民国八年增资为60万元,呈北京政府注册。其中荣宗敬275 000元;荣德生为274 000元。 | 荣宗敬占优 |
| 1919 | 福七 | 福七集股30万,荣氏兄弟各三成共18万。 | 同股同权 |
| 1921 | 申三 | 总股本150万,荣德生545 000元,荣宗敬540 000元。 | 荣德生占优 |
| 1926 | 福一 | 福一由30万用盈余加到50万元。荣德生和荣宗敬各116 600元。 | 同股同权 |
| 1926 | 福五 | 1926年100万股本,其中荣宗敬282 200元;荣德生272 000元。 | 荣宗敬占优 |
| 1929 | 申七 | 集股50万两。荣氏兄弟各三成,叶琢堂四成。 | 同股同权 |
| 1935 | 申一 | 荣宗敬140万元;荣德生126万元;荣鸿元28 000元。 | 荣宗敬占优 |
| 1933 | 申三 | 总股本500万元,荣德生1 842 000元,荣宗敬1 755 000元;荣尔仁10 000元。 | 荣德生占优 |
| 1933 | 申四 | 荣宗敬582 000元,占63.2%;荣德生284 000元,占30.9%。 | 荣宗敬占优 |

资料来源:参考本书附表6.2和附表6.3。

备注:①荣德生在乐农回忆也只笼统地说兄弟占六成,大多人也认为是荣氏兄弟各占三成,实际查阅荣管第343—350页申一厂史料,申一厂筹建时,3 000股30万股本,荣氏兄弟本是各认800股,仅是过半股权,但是荣德生却刻意少认10股,为790股,最后成为荣宗敬800股80 000元,荣德生790股79 000元,从而第一次在荣家企业出现了荣氏兄弟不同股权的情况。②1909年,股东因为经营困难而抛售茂新一厂股票,荣宗敬购得十四股(面值1 400),分半与王禹卿,导致荣宗敬股权占优。③早期是荣氏兄弟同股同权,实际决策时,荣德生处处以兄长荣宗敬为主导,产权上体现"兄友弟恭"的家庭等级秩序。后期出现产权制度分流,申一及上海的纺织厂以荣宗敬为主导,正式产权上体现为荣宗敬占优;无锡申三及茂新由荣德生主导,则实际产权上荣德生占优。④申二五八九没有对外招股,申一荣德生回忆录指是兄弟各三成共六成股份,实际荣德生未缴足;申四早期荣德生没有入股;福新系统福二三四六没有对外招股。茂二三无对外招股,茂四不详。

随着企业在技术和生产上的快速发展,生产销售知识、信念都在迅速积累。第二周期特别注意到销售佣金制度的继续变迁,随着企业发展,销售佣金制度更加完善化,积极配合了荣家企业纵向一体化发展趋势,良好地支撑了第二周期的销售大规模增长;第二周期,荣氏能够取得适应性效率,产品质量控制"制度化"功不可没,也是值得一提的制度变迁,表明了某种标准化生产及控制的现代经营意识,已在荣家企业经营体系中初步萌芽,并迅速推广到"茂福申"三大系统,成为荣家企业整体制度安排中取得适应性效率的异常重要的一环;正如钱德勒揭示的规律,为适应大量生产,荣家企业纵向一体化继续发展,有史料详细记载的纵横向一体化达到 49 次(其中逆纵横向制度扩展达到 4 次,最重要的是退出交易所业务和因火灾而烧了振新栈房和福一、二厂);另外 1917 年申新设立布厂(后除申二、五外各厂均附设布厂),是向纺织产业链上端的移动,具有产业升级的重大意义;茂新第三面粉厂在 1919 年曾经向苞米粉业务方面进行拓展,因原料和销路问题而在 1923 年停工,标志着此次制度变迁失败。

鉴于此次周期中,荣家企业在企业多元化投资上显得小心谨慎;对比第一周期的大肆扩展,第二周期长达 15 年间,又拥有大量丰厚利润,却只有 7 次多元化投资,其中值得一提的是荣德生曾经在 1923 年试图设立化学工厂,因为化工业后来成为大量获利的新兴产业。[1] 可惜因为筹资不成而停止,加上荣家企业此时已经陷入困境,保守稳重的荣德生最终以"不能够放大经济"而放弃了这个有可能打开荣家企业经营新局面的制度变迁,殊为可惜。

第二周期的企业制度变迁,基于其报酬递增的背景,体现为大量购买制度并为突出特征,在 1909—1924 年间,荣家企业集团共租纱、粉厂 7 个(荣宗敬于 1911 年,租办沙头纱厂一年;1916 年租惠元面粉厂,1918 年买下作为茂二;1916 年租无锡泰隆面粉厂,两年后原主收回;1917 年租宝新面粉厂,两年到期被他厂买去;1913 年租下中兴面粉厂,1915 年盘下改为福四;1917 租华兴面粉厂,为福六、1918 年租元丰面粉厂),进行制度购买计有福新一、二、三、四、五、六、七、八厂,申新纱厂一、二、三、四、五厂;茂新面粉厂二、三、四厂,加上投资左海公司、交易所等合计

---

〔1〕 日本在 1888—1938 年中,主要是工矿业带动经济发展,M(工矿业、建筑业、交通、通信、公共事业)产业占实际 GDP 增长的 61.5%,其中工矿业 38.4%,贡献率 62.4%。在 1887—1900 年,各行业中,纺织 34.9%,食品 40.3%;1900—1920 年,纺织 28.9%,食品 21.6%;1920—1938 年,纺织 21.6%,食品 6.8%;1956—1980 年,纺织为 4.2%,食品 8.0%,长期来看经济发展规律,食品和纺织越来越式微,企业要继续发展,转型是一个好选择,所以日本在后来机械、金属和化学产业慢慢崛起,并在经济中占了大头。因此根据各行业的贡献度,如果荣氏及时转行,就可以不断抓住经济发展的机遇,荣德生做化工及其后来从事机械也是正确的选择。引(日)南亮进著,景文学等译:《日本的经济发展》,对外贸易教育出版社 1989 年版,第 119 页。

18个。另外,根据资料统计,本阶段荣家企业不断进取,适应环境和大胆创造新奇制度5个:分别是1911年的工资票设计、1912年荣德生在振新纱厂和茂新面粉厂之间试验金融融通,还有建立1918年练习生制度、厂务分工制度和技术奖励制度。而且创造和引进新制度3个:分别是1919年职业培训制度建立、1921年总公司制度建立及对财务制度进行变迁。其中财务制度又计有两次新变迁:第一次是1912年,引入外部银行对财务的监督,是最早的财务监督控制上的变迁;第二次财务制度变迁,则是1921年总公司建立时,银行监督的压力加上荣宗敬融资借款的需要,开始全面推行新式会计制度,但是没有放弃旧会计制度。荣家企业财务制度变迁的特点是新旧并存,充分体现了传统文化中庸的影响。

值得注意的,荣家企业由于管理知识逐渐完善,竟然还有能力输出管理智慧:1924年荣德生对常州纱厂尝试进行新式租厂经营(当时经营环境困难,此厂拍卖失败无人接手),即以输出管理知识的方式接管工厂,并接连续租两次,到1931年才停租,荣德生因此受该厂股东衷心感谢。[1]

正如第一周期表明的那样,制度是有生命周期的,从1922年开始,荣家企业再次面临危机的挑战。制度变迁是从无效率到有效率的一种适应性过程,随着经济的发展,制度的均衡、知识的完全,带来的却是利润枯竭,这产生了制度变迁的需求;同时人的不确定性行为,也会带来新挑战。总之,荣家企业先经历繁荣,接着又是危机的考验:荣家企业制度渐渐出现了有形、无形折旧,并且由于自我加强机制的存在,荣家企业有陷入无效率制度锁定的危险。第二周期(特别是后期),无效率制度现象不断出现,例如先是1912年振新失火,烧栈损失10万元;后是1919年福二内部失火,皆说明管理不完善;工资制度也随着经济发展而从"论工工资为主"到"论件工资为主";1922年开始,企业更是面临内外困难,1923年福二、八不全开,福四、茂三停工;最重要的危机信号是负报酬全面出现,于是,压力下荣家企业由申三带头进行制度大改良,引进西方先进的科学管理制度作为应付危机的手段。

## 二、第二个企业制度变迁周期的报酬递增特征

与负报酬压力下的间断均衡制度变迁相对应的是正报酬时期的企业制度

---

〔1〕 荣德生:《乐农自订行年纪事》,上海古籍出版社2001年版,第109页。荣德生回忆常州纱厂:"(到1931年)已尽义务6年矣。"同时,常州纱厂股东还送匾示谢:"徐、于、钱三君到舍致谢,并承赠送余一联,唐君书也。"

变迁,在荣家企业之中,它鲜明地体现为一种报酬递增并自我加强的变迁特征,也可称为渐进式的制度变迁。

1909—1921年,第二周期有据可查的荣家企业各厂的数据经过计算,利润总额约837.091万银元,其中412.301万银元是福茂系统创造,而424.790万银元是申新纺织系统各厂创造(见表4—9)。这些利润成为第二周期制度变迁的主要资金来源(其他三大制度购买资金来源分别是:机器分期付款、对外招股和银行钱庄借款)。茂新4厂、福新8厂、申新4厂共计16个工厂中,全部以企业盈余支撑建立的合计占7厂、有部分资金对外招股的占9厂,而两者并用混合融资的共计6厂(参考本书附表6.2、6.3)。

**表4—9　荣家企业总报酬(1912—1922年)**　(千元)

| 年份 | 1912 | 1913 | 1914 | 1915 | 1916 | 1917 | 1918 | 1919 | 1920 | 1921 | 1922 | 总计 |
|---|---|---|---|---|---|---|---|---|---|---|---|---|
| 利润 | 238 | 204 | 401 | 426 | 399 | 322 | 539 | 1403 | 3247 | 935 | 256 | 8 371 |

资料来源:附表1。

对比第一周期广生钱庄盈余为中心(连续6年利润约3万两白银,即使加上茂新一年盈余6万两,也只是第二周期的1/70左右)进行的制度购买,显然在规模上不可同日而语。所以第二周期,荣家企业进行的前所未有的大规模的制度购买是其最显著的特征。报酬递增在制度经济学上常常归于路径依赖,制度一旦产生,又会因为四大因素:人的学习效应、制度产生的固定成本、不断加强的协作以及人对制度产生的适应性预期进行自我加强,从而产生路径依赖(诺斯,1991)。但是上述四大因素,并未能清楚揭示出企业制度中存在的自我加强具体形式,本书将基于荣家企业的实证情况,从机制上说明企业制度的报酬递增实现过程。

根据表4—10:第二周期的转移支付已经产生质变:

**表4—10　荣家企业制度购买事件(1912—1923年)**

| 年份 | 制度事件 | 资料来源 | 制度评价 |
|---|---|---|---|
| 1912 | 茂新面粉厂在1912—1913年,面临市场大好机会,形成滚动发展战略,与手下职工合作控股建立福新一厂,后利用茂新原有资源,如品牌和原材料采购渠道,使其迅速发展。1913年又租用中兴厂。 | 荣35页 | 茂新支持福一 |

续表

| 年份 | 制度事件 | 资料来源 | 制度评价 |
|---|---|---|---|
| 1912 | 福新一厂建立后,借原来茂新的品牌打开市场,并用了原来的原料采购管道,迅速打开局面,开厂几个月就盈利 4 万元。 | 荣 33 | 茂新支持福一 |
| 1913 | 福新一厂在上海建立,资本 4 万元。实际上加上造厂房和借贷买机器约 4.6 万两,折银元 6.2 万,合计 10 万元左右。 | 荣 33、36 | 福一制度购买费用 |
| 1913 | 以福一盈利,兴建福二。"但查一厂的账册,除拨付二厂股本四万两之外,并在 1913 及 1914 年往来项目下拨二厂四万四千四百二十二两,因而二厂资本可说极大部分是来自一厂的盈利。" | 荣 36、37 | 福一支持福二大量资本 |
| 1913 | 福新一厂开办之初就约定,各股东分红的红利,三年内不得提取,用于扩充企业,各股东的股利也存在厂中生息,以厚资力。 | 荣 113 | 福一关于红利使用规定 |
| 1913 | 建福一厂时,从老厂调配人手和资金还有在销售品牌上可以共享,荣氏兄弟感觉到了规模经营的好处"福新一厂装齐,余派孙阿关等帮助,并代开往来,出粉粉色,安排相同。俾新厂与老厂无异,办麦亦同。当心人力,整齐作事,不外行,颇觉灵巧,即时有利。"福二厂相同方式扩张。"余派人帮助修整,出数及粉色试灵,与茂新相同,每日可出二千包,集股三万元,立时可成。" | 乐 68,荣 33 | 茂新从品牌、人手、办麦方面支持福一、二 |
| 1913 | (振新)同人齐心协力……图样出来,招工建筑……月月备还机款,建筑由茂新借用。外面不知,茂新月月有余也。 | 乐 66 | 茂新支持振新 |
| 1914 | 福三筹备,资金原定十五万元,实际股东分文未出,所有购置基地、建造厂房、定购机器等费用,全部由一厂付出。 | 荣 37 | 福一转移支付福三 |
| 1919 | "于是,福白司竞争,必欲以最好机造于二厂,再三计划,允之,即为八厂。造一年余,实未添本。"福七、八建设的大多资金都是由福一二三的盈余中提出的。所以说实未添本。 | 乐 84,荣 80 | 内部转移支付 |
| 1919 | 福七决建,荣家兄弟各 9 万元,王家兄弟各 6 万元。实际仅兴建厂房就开支 160 余万元。全用福新一、三两厂盈余中拨付,从 1919 到 1923 年共拨付 152 万两,合银元 200 多万,为福七账面资金七倍多。 | 荣 80 | 内部转移支付 |
| 1919 | 福八同时与福七筹办,并定购三十吋机磨十部,三十六吋机磨十四部。1921 年正式开车,每日夜出粉约八千包;同年续定三十吋机磨十部及三十六吋十四部,于 1922 年开车,日夜出粉约一万六千包。资本定为六十万元,实际上大部分开办费由福新二厂提拨。商标与二厂同。 | 荣 80 | 内部转移支付 |

续表

| 年份 | 制度事件 | 资料来源 | 制度评价 |
| --- | --- | --- | --- |
| 1920 | 1920年兄又在工商中学旁购地,拟创农场。余由钱印霞经手,买进薀藻浜地卅余亩,预备制造粉厂,独自置备。后添买至六十八亩,尚欲再购,世乱无从下手,尚未建筑。后申三创办,遂致力纺织,无暇及此矣。申总会计职员也回忆说,原先计划在薀藻浜造福新九厂,面粉产量五万包,因粉业发展困难而中止。 | 乐 89，荣168 | 制度购买的中止 |
| 1921 | 申四建厂情况:1921年房屋竣工,从事装机。1922年2月投产。实收资本285 000元,1922年欠总公司739 506两,欠福五5 332 396两。总共用去1 062 233两白银。附:申四主要股东名单。 | 荣 86 | 总公司垫款 |
| 1921 | 建立总公司,1919年,由各厂分担费用,1921年建成用35万元。荣德生《乐农1919年1921年纪事》有怨言,称"是年,总公司购地建筑完成,地二亩八分,连建筑区用35万左右,由各厂担任,无锡派得最多。规模阔大,当时办实业有如许,即南通张謇亦不能过。用人既多,耗费日加,进此屋后,从此多事,口舌时现,反不若三洋泾桥静"。金融调度,被人注意。欧战时得,已扩充于事业中也。 | 乐 91 | 资金来源:总公司制度购买 |
| 1923 | 福新系统在成长过程中运用滚雪球方式扩展。1917年福一增资……只王尧臣拿出现金1万元,其余是盈余基础上账面调整……其余各厂的开办,由于新参加的人数很少,投资额更为数极微,基本上通过滚雪球的方法实现.....福一厂在1913—1923年中,陆续拨付二、三、七厂的投资金额共达280余万两,约390余万元。 | 荣 113，上海市粮食油脂公司调查资料 | 制度购买方式:内部转移支付 |

首先,荣家企业在第二周期早期,就已经把第一周期后期形成的"钱庄和面粉厂、茧行"之间资金转移调剂的方法直接应用于茂新面粉厂和振新纱厂之间,而且有所发展。例如两厂除了资金互相调剂外,人才、设备等各方面也进行共享(又以共用电力设备和建筑为实例)。其次,等到1914年退出振新纱厂后,鉴于敏锐的洞察力,认识到互相调剂其对制度效率提高是有帮助的,企业家继续尝试把相关经验应用于新企业,这次转而变成纱厂和面粉厂之间的大量资源、资金的调剂,并形成一个连续发展和良性反馈的资金循环链条:茂新面粉厂先利用盈利支持福新面粉一厂的建成和发展,然后福一面粉厂进入快速发展渠道后,又迅速反馈出剩余资金,用于扶持福二面粉厂的建设;等到福一、福二进入顺利发展渠道,它们又同时为福三到福八厂等6个面粉厂的建设提供了大量购买资金;1912年到1919年,荣家企业建成8个面粉厂、4个纱厂,改建一个福二

厂,还先后租了 7 个粉、纱工厂,这种扩展速度难怪连日本人也要赞叹,并编入书中为经典教材。除此之外,申新系统内部及面粉厂和纺织厂之间都大量存在类似的资源互相调剂的现象。

总之,第二周期荣家企业的迅速发展,除了部分招股和钱庄银行融资外,几乎全部利用原工厂的盈余来支撑新建的工厂,新厂还同时取得旧厂在“资金、品牌、人才和技术、采购、销售系统”等各方面的支持。

第二周期荣家企业进行大规模制度扩展特征,不只是体现于租厂和新建工厂等 18 个,实际上,此阶段快速进行的纵向一体化的制度变迁也应该包含其中。据统计,1909—1922 年,累计发生(逆)纵、横向制度变迁达到惊人的 49 个。其中,荣家企业面粉系统合计建立麦庄 6 个,纺织系统建立收花处 5 个;另建经销面粉批发处 7 个,经销纱粉批发处 1 个;福、茂新粉厂除了自己出资设立批发处外,还与各地商号订立经销合同,建立代理商制度,例如 1917 年茂新粉厂与嘉兴、湖州增华公司订立经销合同、1920 年茂、福新粉厂与张成泰等合组浙江嘉善县枫泾镇批发处等。

这些行庄的效率如何呢? 这是不免要关注的问题,为深入研究,笔者抽查上档 Q193—1—569、Q193—1—569、Q193—1—573、Q193—1—570 等申新决算表的财务数据,意外发现总公司账上列有 1922—1925 年的各庄盈余数额,分别是 8 715.631 银元、114 996.494 银元、114 996.494 银元、10 626.517 银元,而 1925 年以后账上再没有相关各庄的盈余数据。推断各分庄的制度在 1925 年后出现了变迁,1920 年茂、福新粉厂与张成泰等合组浙江嘉善县枫泾镇批发处的合同表明荣家企业与人合资的行庄是根据股本进行分红的,1925 年前行庄有 11 个(占总数一半左右)是独立核算的,1922—1925 年的行庄盈余虽不多,却证明“行庄制度”安排在早期是有适应性效率的,尽管第三周期后期后出现问题,荣家企业不得不进行逆纵向制度扩展,收缩和裁减行庄。

补充一点,除了工厂和采购、销售部门外,我们观察到 1921 年总公司的制度的购买也是由各厂在资金、人才等方面支持而进行。

第一周期我们曾经对荣家企业的早期制度购买,即以钱庄为中心的特殊转移支付有初步分析,与第二周期的制度购买相比,新特征如下:(1)转移支付于新制度矩阵之间进行,不存在新旧并存的格局。(2)转移支付的内容不断扩大,从单纯资金扩展到包括“人才、技术、品牌、产品质量控制标准和采购、销售渠道”等全方位的资源及信息共享。(3)对比第一周期,自我加强的趋势异常明显,而且资金流和资源流呈现出以产权为链条的连接,迅速进行快速循环的良性周转形式:茂新报酬递增支撑了福新系统的制度购买,而福新系统的报酬递增,带来了更强的制度购买能力,并延续到纺织系统。从1912年一直持续到1920年,长达8年的报酬递增阶段才结束,此后步入报酬递减阶段,1923年走入负报酬,此时,标志着一个完整的制度变迁周期的结束,也意味着荣家企业进入了第三轮制度变迁周期。(4)值得注意的是,荣家企业的报酬递增结束的时点1920年,恰为第一次世界大战结束次年,而当年面粉市场亦迅速达到饱和。〔1〕显然,容易推断出企业制度的转移支付和报酬递增,一定是受制于市场规模和技术水平的约束。另一则史料也很好地说明了这种转移支付的受限方式。在1920年荣德生一度试图扩建一个30亩的超大面粉厂,甚至已经购地,却终因面粉市场到达饱和而只好作罢。〔2〕这说明了制度报酬递增并非是无限制,科斯(1937)指出企业和市场的边界是由企业内部和市场内部各自的交易成本限定的,实际上,科斯一定程度上忽略了市场的需求变动的影响。企业制度的规模及边界,最终是受制于扩充给企业带来的边际收益和边际成本的比较,有限的市场需求是硬性的约束条件,否则有效率的企业不断扩展,将直至最后替代并覆盖整个市场。对于荣家企业内部的资金调拨,转移支付的特征,其实史学界已有大量精辟的研究(许维雍、黄汉民,1985;朱荫贵,2008;张忠民,2002),但未能揭示其内在的经济学机制,留下遗憾,本书基于企业制度变迁公式的分析,尝试揭示转移支付的机制和原理:

---

〔1〕第一次世界大战期间,民族工业迅速发展报酬递增明显,棉纺织业利润率最高出现于1919年,当年申新一厂高达130%以上,福新一厂在1914—1920年间,资本盈利率也达100%以上,其中1915年和1917年达188%以上。第一次世界大战后报酬递减出现时间各行业间不同,棉纺织业1922年利润开始下降,但是规模仍旧在扩大;而面粉业1922年后就不再新开工厂,直到1924年后方有转机。引徐新吾、黄汉民主编:《上海近代工业史》,上海社会科学院出版社1997年版,第125—127页。

〔2〕荣德生:《乐农自订行年纪事》,上海古籍出版社2001年版,第89页:“余由钱印霞经手,买进蕰藻浜地三十余亩,计三万八千元,预备造粉厂,独自置备……后(再购地)世乱无从下手,尚未建筑,后自申三创办,遂致力于纺织,无暇及此矣”。另根据上海社科院编:《荣家企业史料(上册)》,上海人民出版社1962年版,第168页,申总会计部门职员荣得其访问记录:“荣氏面粉厂扩张直到1920年,当年已经买地却没有建成,福新原计划在蕰藻浜造福新九厂,规模很大,面粉产量为五万包;后因面粉业发展困难而中止。一百多亩一直空着,没有建厂”。

$$\sum_{l=1}^{k} PVv_1^l = -(\sum_{l=1}^{k} R_0^l - \sum_{l=1}^{k} Cr_0^l) - \sum_{i=1}^{P} D_i - Co^{v_1^l}$$
$$+ (\sum_{l=1}^{k} R_1^{v_1^l} - \sum_{l=1}^{k} Cr_1^{v_1^l})/(1+r) + (\sum_{l=1}^{k} R_2^{v_1^l} - \sum_{l=1}^{k} Cr_2^{v_1^l})/(1+r)^2$$
$$+ \cdots + (\sum_{l=1}^{k} R_n^{v_1^l} - \sum_{l=1}^{k} Cr_n^{v_1^l})/(1+r)^n$$
$$\vdots$$
$$\sum_{l=1}^{k} PVv_m^l = -(\sum_{l=1}^{k} R_0^l - \sum_{l=1}^{k} Cr_0^l) - \sum_{i=1}^{P} D_i - Co^{v_m^l}$$
$$+ (\sum_{l=1}^{k} R_1^{v_m^l} - \sum_{l=1}^{k} Cr_1^{v_m^l})/(1+r) + (\sum_{l=1}^{k} R_2^{v_m^l} - \sum_{l=1}^{k} Cr_2^{v_m^l})/(1+r)^2$$
$$+ \cdots + (\sum_{l=1}^{k} R_n^{v_m^l} - \sum_{l=1}^{k} Cr_n^{v_m^l})/(1+r)^n$$

第二周期的企业制度变迁公式中制度购买价格$=-(\sum_{l=1}^{k} R_0^l - \sum_{l=1}^{k} Cr_0^l) - \sum_{i=1}^{P} D_i - Co^{v_1^l}$;因为新制度依旧有效,制度购买价格$=Co^{v_1^l}$,这时原制度不但是有效率的,$(\sum_{l=1}^{k} R_0^l - \sum_{l=1}^{k} Cr_0^l) \geqslant 0$,还为新制度提供了购买资金,即把制度的利润用于购买新制度,即本书所称制度间转移支付方式(总公司制度的制度购买相对特殊,因为它是企业制度矩阵内部进行的转移支付)。这样关于制度自我加强的分析就得到解释:当一项能够获取利润的新制度得到实施时,企业就有了更多的利润积累,能够更快走出资金贫困造成的制度锁定(无资本和资金购买制度,本书称之为贫困陷阱),迅速进行另一项新的有效率制度的购买。这样,有效率制度不断购买,利润不断增加,报酬不断递增,制度变迁就不断实行,整个系统都处于这种良性的报酬递增过程。$(\sum_{l=1}^{k} R_0^l - \sum_{l=1}^{k} Cr_0^l) \geqslant Co^{v1} \geqslant 0$,有利润支付新制度1组织费用,再次进行新制度购买,然后,$(\sum_{l=1}^{k} R_1^l - \sum_{l=1}^{k} Cr_1^l) \geqslant Co^{v2} \geqslant 0$,继续产生利润支付新制度2的组织费用,再度进行制度购买,$(\sum_{l=1}^{k} R_2^l - \sum_{l=1}^{k} Cr_2^l) \geqslant Co^{v3} \geqslant 0$,如此类推,直到$(\sum_{l=1}^{k} R_n^l - \sum_{l=1}^{k} Cr_n^l) \leqslant Co^{vn-1} \geqslant 0$,

$(\sum_{l=1}^{k}R_n^l-\sum_{l=1}^{k}Cr_n^l)\leqslant 0$,因为新制度效率不佳,报酬递增受到影响,制度报酬递增的过程才被迫打断。显然,科斯的企业交易费用对企业的扩展限制并非全无体现,荣家企业中,1917 年的申二就是这样一种高交易费用的制度购买,其制度变迁的结果是非常无效率的,最终拖累了整个荣家企业制度报酬递增的规模。

## 第五节 无效率的制度及其变迁

在第一周期,我们已经揭示,企业制度变迁中存在一种全新的危机刺激下的制度变迁机制,并与负报酬紧密关联,此即所谓“间断均衡”的制度变迁。在第二周期,我们继续解剖此种机制。

第二周期的危机颇有反复,它的第一次危机发生:却不是在企业制度周期的后期,而是在周期的早期 1912 年。根据荣德生回忆:“(1922 年)棉纱部分皆无利,面粉虽然微利,无济于事……此为余入实业界第三次风险,即光绪卅四年,民国元年及本年也”。荣家企业在第二周期的 1912 年和 1922 年,相隔十年时间,竟然各发生一次危机,非常值得深究。

### 一、1912 年的危机:1922 年周转性危机的预演

第二周期的第一次危机发生时间是 1912 年,此时距离钱庄倒闭已经相隔 4 年,此时荣德生正兢兢业业于两厂,一是茂新面粉厂,二是振新纱厂。

表 4—11 是 1915 年荣氏退出振新以前的两厂报酬情况,因企业早期旧式记账不公开,财务数据相当难寻,故只好用文字定性。

1909 年荣家企业进入制度变迁的第二周期,此前两厂一度亏损,但是 1909 到 1910 年,两厂账面上都是有盈利的,可以断定已经初步走出第一周期的亏损。似乎 1911 年以后的报酬,显示不出有危机痕迹,1912—1915 年(荣氏兄弟退出振新公司为止),企业则呈报酬上升的良性发展趋势,大体推导荣家企业已经进入了报酬递增阶段(与前述各厂的总报酬开始递增的数据相当吻合),特别是茂新 1912 年已经获利 12.8 万元,以后连续大额盈余。振新也甚至在荣氏兄弟退出前一年,即 1914 年达到 20 万两的利润最高点。

表 4—11　　振新茂新利润比较　　单位:元

| 年份 | 振新 | 备注 | 茂新面粉厂 | 备注 |
|---|---|---|---|---|
| 1909 | 有利 | 一度停工,是年振、茂新均有利。 | 有利 | 本年,股东已有不相信此厂能转机者,将股低价抛出。 |
| 1910 | 有利 | 地产被移,几乎查封。是年振新有余,还去往来,仍不宽裕。 | 有利 | 新机器投入生产,质量大增,销路转好。 |
| 1911 | 停工,无利无亏损 | 辛亥革命影响停工,10 月份复工。 | 辛亥革命利润薄余 | 改进产品,兵船牌面粉畅销,确立名品牌意识。 |
| 1912 | 60 000 | 利润本 10 万元左右,失火损失 4 万,两厂皆稳。 | 128 000 | 颇获利。 |
| 1913 | 利 | 转亏为盈。 | 130 000 | 茂新照常,营业颇佳,牌子最好。到年皆盈,茂新更好,与上年相仿。即假设利润亦 130 000 两。 |
| 1914 | 200 000 | 日余 600 元。 | 120 000 | 由"仍"字而推出利润。 |
| 1915 | | 荣氏兄弟退出振新。 | 120 000 | 是年茂新仍余十二万,福一、二、三皆余。申新余二万余元。 |

资源来源:附表 1。

既然 1911 年前后报酬上没有大问题,那么焦点就在 1911 年当年。1911 年制度环境是面临辛亥革命冲击,生意大坏,金融大紧,现银难得。[1] 加上两厂停工,工人逃散。几个月后大局才稳,工厂于是开始复工。我们注意到一个细节,当时企业因现银难于取出,振新纱厂不得不用工资票代替现金发工资,并用实业进行担保,让工人职员于指定店铺凭此购物(工资票后为政府所禁),那么这是否意味着资金已经周转困难了呢?1911 年荣德生自称"茂新薄余,料理过年",但对振新语之不详,但既停工,肯定不会有巨额亏损。因此,负报酬导致危机的可能性已经可以排除。

表面的数据并不能让我们简单下结论,认为此次危机是荣德生虚言所构。我们先考察一番企业的经营环境。当时,(1)外粉在中国大量倾销,而本地面粉厂又大增,市场狭小而竞争激烈,利润迅速摊薄。"(1911 年)锡地已设九丰、泰隆、惠元,均见茂新六万元做如许生意,皆仿做。故不数年,粉厂共有五家矣

---

〔1〕"至秋,武昌起义,各地响应。人心不安,生意大坏,金融大紧,洋厘大涨,至八钱八分,从未见过。各省独立,无锡亦响应,厂遂停工,人亦逃散。"引荣德生:《乐农自订行年纪事》,上海古籍出版社 2001 年,第 58 页。

……麦贵粉贱,并无利益。厂多,出数巨,资本少者,竞销尤甚。”(2)的确遇到了制度无效率的情况,1911年前振新发展早期经营不顺,问题多多,原经理不懂业务,加上无心经营,一度在1907年亏损5万两,1908年微利,1909年一度停工,导致股东失去信心,不得不进行人事大变动,紧急提拔有经验的荣德生为经理主持业务。(3)1911年之前,茂新同样存在经营困难的情况,甚至在1909年,股票遭到股东低价抛售的尴尬事件,颇能说明大部分的投资者都不相信茂新能够办好。

本书认为市场环境变迁,加上企业家判断失误,导致了经营终于出现周转问题:从荣德生的一些举动可以断定,当时两厂周转的确出现大问题。之前只是在积累小问题,并在1911年辛亥革命的冲击下暴露出来。当金融大紧,市面收缩银根时,区区5 000元,1912年振新董事会居然不愿意垫款(对比30万股本),导致工厂无法开工。荣德生只好让账房李君,去见上海聚生钱庄的账房浩然:“振新去年(辛亥革命)因厘大,将货出清,名庄往来归清,未开户,无钱取栈单,董事不肯垫款,恐要开不出,来申寻生意。”浩然说:“我处关系极大,切不可与老大听见,要吓坏……”最终,荣德生通过智慧和私人关系,才取出振新栈单而勉强开工,暂解燃眉之急。

但是此段对话中暴露出的信息很多:“厘大将货出清”为其一;“各庄往来归清”为其二;“无钱取栈单”则为其三;“董事会有意见而不愿垫款”为其四。其他的史料也证明,此次问题虽小却闹得非常大,1912年荣德生称:“(无锡钱庄)约余去开往来,余答,去年如此,今年如此,何意要我去取摺? 一再来去,彼不送来,我不去取,双方摈住”。结果自然是“本年无钱庄往来”。此年,荣德生专门自学经济学,并在茂新和振新两厂之间尝试“三日划条付现”的方法。[1] 我们惊异地推测出,此时荣德生与无锡钱庄行业已经大大闹翻,而且是连续两年不和(云:去年如此,今年如此),因为无法通过无锡当地的金融机构取得企业周转资金,茂新、振新干脆拒绝在钱庄开往来户,并且自行买“禅臣德国式大铁箱”两只,在两厂尝试“自收自付,融通资金”。又回想起振新在1911年以实业担保用“工资票付工资”的行为,最终的断言是:经营周转出现问题,才是此次危机的根源所在,实际上除振新纱厂外,1912年,茂新也碰到资金周转的困难,原料不继,面临关厂之危,适时碰到一批川麦急于出手而得以赊购成功,才维持了生产,度

〔1〕 上述史料分引荣德生:《乐农自订行年纪事》,上海古籍出版社2001年版,第58、60—61、65页。

过危机。[1]

把经营周转问题再往深处追溯,又会得到截然不同的结论。为何董事会连区区5 000元都不肯垫款,坐视自己的企业陷入困境?事情原来是由振新大股东与经营者的利益冲突而起。简单而言,大股东与经营者的利益冲突表现不外如下几项:(1)股东们满足短期利益导向,无企业家精神,对企业没有长远打算;(2)大股东处处掣肘,让有能力的荣德生无力扩展企业,从而难以发动有效率的制度变迁;(3)有限责任公司的制度上存在大漏洞,无法制约大股东滥用权力。振新的大股东不但挪用企业资金、任人唯亲,还存在严重的舞弊行为,从而拖累企业,导致企业陷入险境:1910年,橡胶风潮中,大股东荣瑞馨投机失败,营私舞弊,竟然把振新地产私自通过姻亲借出,押于汇丰。茂新面粉厂又因为账房私自将书柬倒押,受到牵连,险些被汇丰银行向官方申请查封而倒闭。[2] 此时,"满城风雨,往来均到,有欠追讨。信成银行经理将晚来出货,余因晚不允,同坐至天明,一夜未睡。裕宁请总督转县查封,因是押款,据理力争,由商会代呈而止。于是,将进行办法到申兄弟共商,四出请人帮助转押,连三十八日而成。余每早至申,晚车而回,计卅余次。荣氏兄弟设法借16万两,其中向聚生和信诚共借12万两,厂内筹出4万两,赎出(茂新书柬)了事"[3]。

从经营者的角度,荣德生发现振新纱厂内部隐患已经积累到非常严重的地步,并对大股东经营舞弊的行为威胁企业,深有体会。

至此,我们可以清楚还原并推导出危机发展的全部链条:先追溯第一周期的危机翘尾因素,在1909年后茂新、振新继续陷入困难,虽有起色,但是(茂新)股东已经似乎失去信心;然后是1910年橡胶股票风波,大股东投机失败,转嫁危机于振新和茂新,导致上海道台在汇丰银行等压力下要派人来查封茂新。同时,似乎荣宗敬在1910年橡胶风潮中,因为跟荣瑞馨关系密切,也牵连在内,损

[1] 上海社科院编:《荣家企业史料(上册)》,上海人民出版社1962年版,第15页。

[2] 黄汉民认为查封的是振新纱厂,实际上查封的就是茂新。原因是:(1)查封风波时,荣德生提到茂新的书柬被账户私自拿去倒抵押,不知何用,这个是关键,因为关联到了茂新厂。(2)聚生钱庄经理李裕成回忆曾经帮助茂新融资四万帮助其度过危机。(3)如果查封振新,不应只由荣德生和荣宗敬出面四处奔波融资,而振新大股东无动于衷,袖手旁观。只有茂新是荣氏控股,才会让荣氏如此奔波,并且认为是创业是棘手的事情。(4)荣德生在1908年没有提到茂新查封的事情,说明1908年危机没有牵连到茂新,查封茂新是1910年。

[3] 荣德生:《乐农自订行年纪事》,上海古籍出版社2001年版,第57页。

失不小。[1] 如是,那么可以肯定,1908 年危机还没有完全过去之际,荣宗敬再次牵涉到投机失败,加上汇丰要查封茂新,股东和债权人不免风吹草动,满城风雨,并动摇了荣氏兄弟的信誉。危机存在自我加强机制,在 1910 年,首先是钱庄、银行纷纷上门追讨欠账,后花费巨大努力赎回地产;其次,危机下企业正常经营受到影响,尤其是厂内不得不凑出 4 万两,于是周转开始困难;接着又雪上加霜,碰到 1911 年辛亥革命局势动荡,工厂被迫停工几个月;在社会动荡,金融大紧时,荣德生却判断有误,振新纱厂大胆将货出清,与各庄往来归清,导致第二年无钱赎出栈单来开工;1912 年,大约荣德生因为对钱庄几次困难时落井下石意见颇大,又一怒之下,与无锡钱庄业闹翻,受到钱庄抵制,断绝往来;最后,大股东荣瑞馨在 1910 年开始,就想把振新揽入自己手中,处处与荣德生作对,后竟然指使查账员刻意刁难荣德生,致使官司诉讼,1911 年董事会连区区 5 000 元都不肯垫款的原因也终于一目了然。[2] 这样,在内忧外患的压力下,尽管荣德生全力以赴,两厂都还是因为资金难于周转而差点倒闭。

此次危机的解决:(1)求助上海聚生钱庄和信诚银行,借款度过查封危机;(2)重视内部经营管理,节省成本,应付市场上的激烈竞争;(3)竭力周转资金,先用制度创新如“工资票和两厂自行融通”等办法维持生产,再借助人情即社会关系网络,赎出栈单让振新开工,而茂新则赊销四川小麦以开工,这样才走出资金周转危机;(4)最重要的是以分期付款方式引进新机器设备和重新控制原材料质量,让振新、茂新在产品质量和技术上上一个台阶,最终“各厂皆滞,惟我独俏”,度过危机,迎来报酬递增的大发展阶段。

1912 年的危机是荣家企业前进中的危机,是暂时的困难,它不是本次制度变迁周期的结束而恰恰是新的开始,经历此次危机,学习精神强烈的荣氏兄弟不无收获,不妨引 1908 年后,荣德生度过危机时所言为证:“余由此得经历,一味顾大局,各事均得分寸,一一布置”[3]。

另外,此次危机的一个深刻的、必然的影响,就是从经营者的角度,荣氏兄弟生成“有限公司不可为”的坚定信念,并形成异常稳定的偏好,深深影响着荣

---

〔1〕 荣宗敬当时坐镇上海,而茂、振新两厂皆在无锡,荣宗敬不可能无事可做而留在上海,那么跟随关系密切的同乡荣瑞馨从事股票投资合乎逻辑,这也从侧面解释了为什么茂新厂书柬会离奇为账房私自取出,为荣瑞馨作担保而倒押于汇丰,致使茂新受到查封的危险,也正因只承担担保责任而非直接责任,才能最终在商会的周旋下,免于查封。

〔2〕 上海社科院编:《荣家企业史料(上册)》,上海人民出版社 1962 年版,第 53 页。

〔3〕 荣德生:《乐农自订行年纪事》,上海古籍出版社 2001 年版,第 54 页。

家企业此后的制度变迁路径。

## 二、1922年的危机:无效率投资信念

根据荣家企业报酬汇总情况,荣家企业经历了近10年(1912—1922年)的高速发展后,内部制度开始失衡,产生大量隐患,荣家企业的制度不得不进行调整。首先就表现为1922年爆发的周转性危机。荣德生回忆录指出:"(1922年)惟拖款累累,已为金融界看透,至九月底咸缩手,常欠市款三百万。斯时,常欠者福二、福七、申三、申四、汉口亦要帮助,共想办法。……因粉纱均有交易所,市面已被操纵,难于自主,即难获利。"又说:"我厂范围既如此之大,自己力量已经用入实业,决非空言可集。于是访人寻觅押款。十月起,决心要做,迟滞无着,各庄同为着急,与事实更远。余至此,有暇即至申设法,二王先生亦同,因有关系,非设法不可。"[1]另外,根据荣德生生平事业年表记载:1922年,各厂均开,唯欠款二百万。至沪设法借款,渡过风险。荣德生所谓平生第三次风险似乎很快就过去了。

此次危机的原因是什么呢?我们先看看相关制度事件,以追溯危机的来龙去脉。根据资料对1922—1924年当事人和当时环境的19个制度事件的分析,1922年荣家企业陷入危机的原因也算是综合性的。

(1)外部原因是外商在一战结束后,卷土重来,依赖技术、管理和资金方面的优势进行激烈竞争,民族企业节节败退。

(2)国内棉花歉收、供需失衡导致市场出现"花贵纱贱"。

(3)中国市场环境不佳:税负尤其不公平,外商以三联单免受重重税收,而华商则重叠纳税;又因为国内运输不便,成本增加;加上军阀混战,导致纱销市场萎缩。

(4)交易所操纵市场,日本在中国建立取引所,华商相应建立交易所,操纵原料和产品市场,特别是1921年爆发"信交金融危机",极大扰乱了市场秩序。

(5)荣家企业内部的原因:首先,扩展太快,欠款太多引致周转困难,国内金融界不愿贷款,只好向日本银行高息贷款,导致财务负担沉重;而危机中荣家企业开始着手内部改良,表明荣家企业内部出现无效率制度安排,其中以工头制度为代表;危机中企业人心浮动,亦是以前高速发展留下的隐患积累而成,说明

---

〔1〕 荣德生:《乐农自订行年纪事》,上海古籍出版社2001年版,第92页。

荣家企业制度折旧在加速(相关资料参见本文附表:正式制度、制度环境列表等)。

对于企业制度外部原因,可界定分三类:一类是如欧战结束后,外商卷土重来造成竞争环境恶化,最终还归于民族企业自身在技术、管理和资金上的不完善,其次是内部改良问题。一类是政治环境如中外厂商税负严重不公平、军阀混战导致市场萎缩,则说明中国整体制度环境相当不确定,宏观环境不良,完全是政府失灵缺位所致。其实,市场失灵和政府失灵常常是互相加强的,这类制度环境约束一般视为全部企业都要面对的,所以是既定的制度环境约束,因为它们很难单独为经济组织所改变,这种宏观制度变迁需要整个社会的力量参与。还有一类是介入微观和宏观之间的经济环境,以各个行业具体环境为典型,如"花贵纱贱"、交易所操纵扰乱市场、运输不便等。值得注意的是,如果经济组织联合起来组成初级行动集团,则可以渐进改变这些制度约束,我们恰恰看到荣宗敬对此着力甚多,以"联合同业停工停产,以维持纱价"为典型。

对于企业内部的原因,既是企业经营周转资金出现问题,又是内部出现一系列无效率制度安排所致。就周转问题,注意到荣家企业过分迅猛扩张,导致一直不断出现或大或小的资金紧张问题,在第二周期,最早是1911年振新纱厂银根紧张,生产困难,为了维持生产,纱厂便将棉花栈单300包作为当品,押入聚生钱庄,换取流动资金,后盈利赎回。1913年5月,则因为租办中兴面粉厂(中兴恒记公司),一度营运资金不足,由江苏银行往来,派员在厂监督财务;最早的正式抵押贷款则出现于1915年,福二厂向钱庄签订抵押借款合同,把莫干山路货栈押与志庆成钱庄;然后在1917年1月、4月和1918年2月,三次向台湾银行、中日实业有限公司(2次)贷款30万日元、40万日元和25万日元,以解决各厂的资金周转困难问题(参考附表10)。

因为荣家企业在1912年已经出现周转困难问题,1922年的流动性紧张正是历史重演。根据史料,荣家企业当时常欠市款300万,无法及时周转,甚至面临倒闭的危局,无奈之下,荣宗敬铤而走险,1922年以高于市场3倍多的利息(市场利息一般是三厘,此笔借款为一分一厘半),向日本东亚兴业会社借款350万日元(当时日元汇率比银元接近1∶1,合规元银220多万两),"借款成功签字,人人安心,喜形于色……此为余入实业界第三次风险,即光绪卅四年,民国元年及本年也”[1]。

就荣家企业周转出现问题,除外部环境不良,经营上利润微薄之外,主要归于无效率的投资信念所致。(1)最早追溯到1917年并购“恒昌源”为申新二厂,此厂按荣德生的观点是屋破机旧,虽地好无益,可惜荣宗敬不听,结果经营困难,申二以后还接连在购机、抛纱等方面出现经营失误。[2]即使在第一次世界大战黄金发展时期,申二厂也只得微利,尔后竟连续产生大规模的亏损(申二当初以40万元资本并购,1920—1925年,已经累计亏损91万元),完全锁定于无效率的制度陷阱。申二厂无效率的原因归于一种非理性的投资理念,一是不顾屋破机旧,一意孤行进行投资;二是出于虚荣心,收购日厂固然增加了荣氏的社会名誉,如薛明剑所称:“欧战以还,未闻外商纱厂之售与国人,有之,惟两先生之收买日商恒昌源纱厂为申新二厂,收买英商东方纱厂为申新七厂,是实足为华商纺织界第一荣事”[3]。却没有得到经济上的收益。

**表4—12　　　　申新二厂部分亏损情况列表(1920—1925年)**

| 年份 | 1920 | 1921 | 1922 | 1923 | 1924 | 1925 | 合计 |
|---|---|---|---|---|---|---|---|
| 申二厂盈利情况(银元) | 142 647.6 | 98 257.53 | —213 000 | —445 000 | —172 000 | —327 083 | —916 178 |

资料来源:附表1。

备注:①申新纺织系统一直为二厂经营而苦恼,利息方面沉重负担也不得不由总公司一力承担,表格累计亏损90多万是低估的数据,根据当事人回忆,亏损在1924年已达200万。这方面参考根据荣德生回忆:“(1924年)申二换经理,亏本已至二百万,不允接事,将二百万划入总公司,以轻利息。允之。”引《荣德生文集》:申新第三纺织厂概略,第270页。②如果按照荣得其的说法,总共投入六七百万两银子。荣鄂生则认为投下数目巨大的资本,而弄得焦头烂额,吃了不少苦头。引荣管,第201页。

---

[1] 荣德生:《乐农自订行年纪事》,上海古籍出版社2001年版,第92页;上海社科院编:《荣家企业史料(上册)》,上海人民出版社1962年版,第91页,指荣德生回忆在时间上有误,一是指1922年年底,一是指1922年年初,这与当事人传统农历记事习惯相关,而正式文件用公历日期。

[2] 申二经营一直不理想,先请丁梓仁为经理,不久,丁君知难而退,历换经理之多,此厂为最。另此厂到1919年才正式转移产权,“1919年,申二抛纱四千件与边文锦……未有余利。申二添美机,与老机分装,厂房未打样,不甚合,至今苦之。新机老机共为三万四千锭,不听余言,硬干无利,然成本已大矣。1919年,申二微,等于停顿,拆机未复,添机已巨,欠款已不少。1920年,申二无利,身重难周转,办法不合故也。换朱长清为经理,亦未转佳”。根据荣德生:《乐农自订行年纪事》,上海古籍出版社2001年版,第79—88页。

[3] 薛明剑文集,《实业家荣丈昆仲创业史》,中国出版社2005年版,第805页。

(2)1921年,在福五"皆吃款转运"时[1],因福五用袋问题,荣宗敬又不听荣德生劝告,在汉口再设申四纺织厂,招股"不敷甚巨"[2]只好由总公司垫款,如此举债办厂,进一步加剧了荣家企业整体的周转困难。

(3)高速扩展企业之际,1919—1921年,再大兴土木建成非生产性的总公司。应该指出,无限责任公司的制度安排下,企业规模日益加大,已经让荣氏兄弟越来越难于承担复杂的管理事务[3],尽管此前荣氏兄弟间已经进行管理上的正式分工,但是还需要进一步的制度上的支撑,成立总公司势在必行。首先,成立总公司是一种适应性效率的制度变迁,有利于加强管理,规范经营,统一业务;其次,总公司的成立为荣氏20世纪20年代大改革提供了制度保障,西方的直线参谋制以科学管理为基础,荣家企业规模扩大必然要求从经验管理转向科学管理,总公司制度是其中一环;再次,成立包括内外账房和会计购销等10个业务管理部门的总公司制度,是一种管理上的更加具体的专业分工,既可以让企业高层决策者从日常经营的烦琐事务中摆脱出来,有时间对企业的长期战略发展进行思考,也有利于培养中层管理人员,即未来的职业经理人员。

但是,考虑到1920年茂四开车,1920年福七开车,1921年福八开车,申三也于1921年刚刚正式开车,且1921年已经议建申四于汉口。就在资金如此困难之时,荣宗敬又花费巨资(35万两可建一个工厂)建总公司并非最优策略,如荣德生指出:总公司"规模阔大,当时办实业如许,即南通(张謇)亦不能过""用人既多,耗费日多"。因此,关键不是建不建的问题,而是为什么要建成一个华而不实、奢侈异常的总公司。

(4)仿佛1912年橡胶投机风潮冲击的历史重演,荣宗敬再遭1921年"信交风潮"冲击,投资交易所失败,对企业经营周转又产生随机冲击,荣德生对此评价:"金融方面,因受交易所股票失败影响,欧战时所得,大都非扩充事业,即为

[1] 荣德生:《乐农自订行年纪事》,上海古籍出版社2001年版,第90页。

[2] 荣德生:《乐农自订行年纪事》,上海古籍出版社2001年版,第90页。另外根据上海社科院编:《荣家企业史料(上册)》,上海人民出版社1962年版,第86页,"申四实收资本28万多元,而建筑厂房和购进机器设备总共106万多两,账面资料显示,1922年申四欠总公司73万多两,欠福五53万多两"。

[3] 从1903年创办第一个工厂——茂新面粉厂,至1922年的20年时间,荣氏兄弟以资本为中心,一共创办茂、福新面粉厂12个,申新纱厂4个。1922年在册工人12875人,各厂职员和技术管理人员在500人以上。潘必胜(1998)指出:为了适应管理需要,在1918年左右,荣宗敬把上海的茂新批发处改为办事处,1920年又建成茂新、福新、申新总公司,上海在形式上和实质上都摆脱了作为无锡附庸的地位,开始执行指挥全局的职能。而不具有法人地位的总公司就如庞大的参谋机构,帮助荣氏企业在管理上实现了直线参谋体制。

投机损失。一场春梦,至此而醒。”显然,荣宗敬投机损失不小,故有此评价。但是查询荣家企业历年投机汇总表(详见附表9),却发现投机损失并不大,1921年总公司账目显示,投机相关交易包括外汇、国内棉麦和纱布面粉盈利8万多两,又从账外调增投机盈余92 533.91两,账面不但没有亏损反而实现盈利177 996.11两;即使在1922年,投机方面也不过亏损−5 960.03两。因而投机虽是一个重要的影响危机因素,但却应该不是荣家企业陷入这次周转困难的主要原因。

荣宗敬投资交易所的信念,源于1919年五四运动期间宴请欧美商人,外商所提之建议。此前,日商1918年、1919年在上海分别设立花纱、粉麸交易所操纵中国市场,粉麦、花纱价涨落无定,华商深受其害,不少纱厂破产。这样,一方面是出于和日本商人对抗的考虑,如图4—4纱联会公决所示。

1919年8月28日纱联会议案

日人取引所将于9月1日兼做棉花贸易,并在浦东奸商栈房,为屯花之用。其目的所在,无非欲操纵棉花市面,而制厂家死命。闻棉业联合会已议不往该所交易。兹拟治标治本两法,请公决。

治标:(甲)各厂不往取引所购花,必坚持到底。

(乙)凡在取引所买卖花衣之花行花号及掮客等,各厂与之断绝来往并登报宣布此旨。

治本:联合棉业设立花纱联合交易所,或由本埠各厂向棉产区域公设花行。

**图4—4 纱联会议案**

资料来源:华商纱厂联合会议案,议事录,引荣70页。

另一方面则是因为寻求创造性利润来源的本能,荣宗敬才决定投资上海面粉交易所(1920年)、纱布交易所(1921年),还单独和王禹卿等合资设立纱布交易所第十二、十三号经纪人,经营纱布和证券买卖。此时,交易所风起云涌,成为投资热潮,不料一年内,交易所泡沫即破灭,酿成全国性金融风暴。此次危机对荣家企业的冲击,一是直接投资交易所失败的损失;二是由于信交风潮,造成金融界紧缩,企业融资困难。这样,综合的力量冲击下,引爆了荣家企业1922年的周转危机。

此次周转危机,过度扩展为根本原因(尤其是在人财两缺时坚持扩张),无效率投资信念为辅,信交风潮冲击是导火索。而且通过一年期高息借款,1922年的周转危机得以缓解,只是治标不治本。因为如果只是周转方面出现问题,那么如何理解已经度过周转危机的荣家申新系统为什么在1923年、1924年连续出现负报酬?即使考虑市场萧条,外部竞争最终还是通过内部的能力来消化,企业报酬显示的是企业对环境的适应性能力而不是外部竞争的程度。危机深层的原因却是内部出现无效率的制度安排,与1912年的周转危机完全不同,此次的周转问题不过只是更加深层企业制度危机浮现的前兆。

## 三、1922年危机的深入分析:无效率的制度安排

如前所述,1922年的周转性危机是第二周期危机的开始而不是结束。1922年,荣家企业"棉纱部分皆无利,面粉虽然微利,无济于事"[1],然后,危机的兆头越来越明显:1923年福新二、八厂因原料不足而不全开,另茂三停工,福四停工改良[2];所以即使1922年的危机解决似乎很快,然而危机并没有真正过去,一年之后,1923年荣家企业紧接着陷入全面的亏损,真正的危机才算到来。

根据资料显示,1923年各厂总报酬累计亏损772 174.59银元。1923年的各厂亏损具体情况:荣家企业在开工的14个工厂,有7个工厂陷入负利润,另外,茂三停工,而刚刚开工的申五无财务数据,但也称利润不良,茂新二厂仅仅实现8.42银元利润,徘徊于亏损边缘。只有福一三、五、七三厂实现利润(一三厂合并),加上总公司亦实现76 120银元利润。亏损的重灾区发生在扩张最快的纺织系统各厂(见表4—13)。

纺织厂中,整个申新系统各厂在1922年、1923年、1924年连续三年出现大面积的亏损:除申一情况稍好,只有在1923年出现亏损,1924年开始恢复盈利;申二、申四在1922—1924年连续三年亏损,直到1925年才出现微利;另外,由于开工不久,申三在1923年、1924年连续两年亏损,1925年才走出亏损。整个荣家企业是在1925年才真正在报酬上摆脱危机,重新实现全面盈利,此次危机足足持续2年多时间。大规模的负报酬的到来,意味着这一轮的企业制度周期已经到达其终点,新一轮的间断式均衡的企业制度变迁随即展开。

**表4—13**　**1922—1924年申新系统报酬情况**　单位:银元千元

| 厂名 | 1922年 | 1923年 | 1924年 |
| --- | --- | --- | --- |
| 申新一厂 | 419 | —233 | 130 |
| 申新二厂 | —213 | —445 | —172 |
| 申新三厂 | 501 | —59 | —234 |

〔1〕荣德生:《乐农自订行年纪事》,上海古籍出版社2001年版,第92页。
〔2〕荣德生:《乐农自订行年纪事》,上海古籍出版社2001年版,第93页。

续表

| 厂名 | 1922年 | 1923年 | 1924年 |
|---|---|---|---|
| 申新四厂 | −73 | −188 | −108 |
| 合计 | 634 | −925 | −384 |

资料来源:申新各厂决算表资料及上海社科院编《荣家企业史料(上册)》(1962),第154页数据合编。

由于第一周期的钱庄制度变迁缺乏详细的史料支撑,加上不够典型,所以对间断式均衡的制度变迁分析有所不足,在第二周期,则大可弥补此缺憾。作为民族企业中最具有进取心的典型企业,也是民族企业家中勇于进行制度变迁的佼佼者,我们以荣家企业中的工头制度改革为典型,解剖分析此次制度变迁特征。

## 第六节 间断均衡的企业制度变迁案例:工头制度改革

工头制[1]最早由在华外资企业传入中国,因适用性而为清末民初的企业沿袭。到20世纪20年代才为"西学东渐"的科学管理制度逐渐替代。国外学者对工头制的研究倾向于从制度本身经济效率入手,探讨其企业和社会影响(白吉尔,1994;Becker & S. Hulze,2000;WalterLi. ht,1990;钱德勒,1987)。国内学者则强调传统及家族文化等非正式制度的嵌入(顾臻伟,2006;张守广,1996;赵波、吴永明,2006;王处辉,1999)。部分学者重视工头制度的适应性效率特征(张忠民,2003;王小嘉,2006)。本文使用制度变迁框架研究企业制度,制度分析的特征是效率细分为"交易费用与转型成本"两部分,并需要对企业制度无效率和锁定展开分析。荣家企业中的申新第三纺织厂(简称申三)工头制度改革率先发动,并提供后续制度变迁,是本节分析的中心。

### 一、外部变量:制度环境

荣家企业制度变迁环境分为总体和具体两个层次。政府对经济的干预传统的削弱和人格化交换体系主导着经济,分别从宏观、微观两个维度刻画

[1] 工头制是英国早期资本主义实行的一种劳动管理制度,由工头招雇并统率工人为资本家劳动。中国企业内的工头制度形成存在争议,有学者认为是由外国传入,有学者则强调是传统管理的某种发展。

了总体企业的制度环境特征;企业制度具体环境又包括:(1)第一次世界大战结束后外商卷土重来中国市场,纺织、面粉等市场竞争过度而饱和;(2)荣家企业从1919年开始,制度矩阵无效率生成并自我加强,偏离原本制度设计的意图的有形折旧大量产生;(3)西方从20世纪初兴起科学管理革命,正如新产品会代替旧产品,工头制度面临新制度出现后旧制度受到代替的无形折旧冲击。

## 二、制度的间断均衡:技术变迁及适应性效率

根据诱致性及强制性制度变迁理论(拉坦,1978;林毅夫,1989),企业家主动获取利润而发动的制度变迁是诱致性的且具有渐进特征;而在危机(负报酬)下被迫发动的企业制度变迁,往往是适应性效率的丧失引致的"间断均衡变迁"特征(Fligstein,1990)。工头制度下的间断均衡特征是负报酬下(危机)的企业家及其组织产生一种由"感知危机"所导致产生的行为突变,包括工人大量罢工、企业家的知识和信念及行为在危机下强制性和突然性变迁,还伴随着制度主体之间利益博弈而产生激烈甚至暴力性质的冲突,本研究关注违反并破坏原有企业秩序的行为(突变)是如何获得解决的。

### (一)工头制度:从适应性效率到无效率

20世纪初西方各国已废弃这种制度,中国近代企业仍大量使用但有所改良(赵靖,1993)。西方过时的工头制度为什么在中国还能存在? 表因是知识不完全,即中西方知识水平的梯度不同,导致中国模仿西方,模仿的滞后性必然带来信念相对落后。

制度变迁约束于客观环境,两者要求互相均衡而非超前或滞后。中国经济社会条件落后于西方,工头制度尽管在西方市场表现为无效率,但在中国未必无效,因为制度的效率水平在竞争中随着制度约束条件改变而不断演变,根据荣家企业总报酬财务数据汇总:曾经观察到1912—1920年荣家企业制度处于报酬递增阶段,此时工头制度是有效率的,直到1921年效益迅速下滑,1923年全体陷入负报酬,其中申新纺织系统1923年始连续三年亏损。相应观察到荣家企业制度自从1920年开始,交易费用迅速上升,无效率呈现自我加强:此期间四个工厂因火灾重建;某厂发动机人为损坏大修;某厂女工反对新工头而罢

工;企业人心散乱,工人怠工,高层发现产品质量下降,职员以次充好。[1] 在总报酬和日常管理两方面,荣家企业制度整体上表现出非适应性的无效率。

(二)技术变迁:工头制度的非适应性

林毅夫(1989)认为制度变迁必须有来自四个制度不均衡的获利机会:制度选择集合的改变;技术的改变;制度服务需求的改变;其他制度安排的改变。此次以申三厂为典型的工头制度变迁中,第一要素是技术的改变要求制度进行适应性变迁,重视技术与制度变迁的互相促进,才能揭示近代荣家企业制度变迁的特征。1921年建立的申三厂是荣家企业中最新、也是当时最先进的工厂,巨资进口最先进纺织机器,包括粗纺1万多锭,精纺4万多锭,机器设备产额成品标准可生产18s到40又1/2s不等的高支纱[2],目标是适应第一次世界大战后中国纺织市场向精纺细纱转型的趋势。

然而,在实践中,申三厂的技术变迁效果却不如人意,原因是无效率制度阻碍企业实现其战略目标。以工头为代表的主要技术力量日益不适应先进的机器。制度中一般存在两类交易费用,一种会阻碍生产性活动增加生产成本;另一种是增进生产性活动减少生产成本。根据32个制度变迁的相关主体的访问、回忆录和19篇当时相关报纸杂志文章的统计分析[3],工头制度下,第一类阻碍生产性活动增加生产成本的交易费用不断上升:(1)生产方面,车间流程作业环环失控,连锁反应下,影响整个纺织生产系统;(2)工头们止步于"半手工半机器"的经验技术阶段,且严重失职,如废置自动控制(质量)装置并拒绝修理机器,甚至责骂、殴打要求修理机器的工人和领班;且机器保养不良,磨损严重;(3)工头们停开自动机器并人为降低车速以换取次品率降低;并为保持产量而大量增加工人,同时还压低人均工资;(4)工头们垄断技术导致监督失控,于是,在管理方面道德风险频发:任人唯亲,出现寻租、吃空额回扣并拉拢职员分肥的腐败利益集团。上面的几个方面都是因为工头们不适应先进的机器设备所造成的不良后果,笔者认为,在工头制度下就连粗纱的生产都已难以保障质量,遑

[1] 分别根据《荣德生生平事业年表》,载《荣德生文集》,上海古籍出版社2002年版,第579页;上海档案馆资料上海档案馆Q193—1—107申新纺织总公司、茂新、福新三十周年纪念册;上海社科院编:《荣家企业史料(上册)》,上海人民出版社1962年版,第139—140页;荣德生:《乐农自订行年纪事》,上海古籍出版社2001年版,第84、93、95、97页。

[2] 《漫谈申新三厂》,载《纺织建设月刊》第二卷第二期,1949年1月15日。

[3] 上海社科院编:《荣家企业史料(上册)》,上海人民出版社1962年版,第133—140页,第155—164页;2001年乐农史料选编:《荣德生与企业经营管理》,上海古籍出版社2004年版,第673—734页。

论细纱！不止是荣家企业这样的领先企业是如此，在当时普遍使用工头制度的民族纱厂，也面临同样的挑战，根据1924年统计数据，在华民族厂生产16支纱及20支纱的成本普遍比日本厂高12%—21%[1]，且原棉浪费严重，无法与日厂竞争。

(三)新制度供给和制度主体利益冲突

制度矩阵一般从单项制度安排开始变迁，逐渐传导到制度结构，然后是整体制度。工头制度是荣家企业制度矩阵中的重要组成部分，既受矩阵网络的影响，又具独立性，它是本次制度变迁的中心对象。下面用企业制度变迁公式来分析申三厂企业工头制度变迁。

在工业化早期，资本所有权起着压倒一切的支配作用，自由放任的趋势是生产控制落入最初企业家即财产所有者手中，而不是落入提供劳动服务的所有者手中(奈特，1922)。荣氏兄弟是制度垄断者，荣氏企业的制度变迁决策在早期主要取决于荣氏兄弟的判断而其判断又取决于知识和信念变迁情况。假设决策者存在1，2，3，…，$m$ 个新制度选择，使用0代表旧制度，$(\sum_{l=1}^{k}R_0^l-\sum_{l=1}^{k}Cr_0^l)$ 代表旧工头制度的效率情况。如前述分析，工头制度的效率是随着时间变化的，初期是有效率的，但是到1920年被迫变革时，已经锁定于无效率，所以对应企业组织就是面临负利润的压力，其收益 $(\sum_{l=1}^{k}R_0^l-\sum_{l=1}^{k}Cr_0^l)\leqslant 0$；假设 $\sum_{i=1}^{P}D_i$ 为旧工头制度的处置成本；$Co^{v_1^l}$ 为新制度 $m=1$ 的组织费用；决策者要从所有的 $m$ 个新制度集合中选择最优制度安排，即 $\mathrm{MAX}\sum_{l=1}^{k}PVv_m^l\geqslant 0, m=1,2,\cdots,m$，以替代旧工头制度。令 $\mathrm{MAX}\sum_{l=1}^{k}PVv_m^l=\sum_{l=1}^{k}PVv_1^l=$ 科学管理制度，即所有新制度中科学管理制度预期值为最大最优，它是制度变迁的方向。而新制度预期收益加总值(因为折现只是一种金融意义上的计算，性质上并不改变结果，所以现值都受到笔者的忽略)为：$\sum_{l=1}^{k}PVv_1^l=-(\sum_{l=1}^{k}R_0^l-\sum_{l=1}^{k}Cr_0^l)-\sum_{i=1}^{P}D_i-Co^{v_1^l}+(\sum_{l=1}^{k}R_1^{v_1^l}-\sum_{l=1}^{k}Cr_1^{v_1^l})+(\sum_{l=1}^{k}R_2^{v_1^l}-\sum_{l=1}^{k}Cr_2^{v_1^l})+\cdots+(\sum_{l=1}^{k}R_n^{v_t^l}-\sum_{l=1}^{k}Cr_n^{v_1^l})$

[1] 日本织维协议会编：《日本织维产业史》昭和33年，第二卷，第47页。转引赵冈、陈钟毅：《中国棉纺织史》，中国农业出版社1997年版，第182页。

科学管理的制度价格 $P=\sum_{i=1}^{P}D_i+Co^{v_1^l}+(\sum_{l=1}^{k}R_0^l-\sum_{l=1}^{k}Cr_0^l)$，当旧制度即工头制度呈负收益时,它与制度价格成反比,即旧制度在负报酬时反而容易进行制度变迁,因为制度价格下降(当旧制度处于无效率时进行的制度变迁,就是一种间断均衡变迁),反过来也意味着旧制度越有效率,制度变迁就越难;除此之外,工头旧制度处置成本越高、新制度的组织费用越高,都意味着制度购买价格 $P$ 也越高,同样更难进行变迁。工头旧制度的处置成本主要是既得利益集团的利益诉求。

## 三、具体制度分析

### (一)新制度的供给

新奇的制度是如何产生的,即关于科学管理制度预期是如何形成的,换言之它是如何进入决策者的知识、信念结构的,因为新信念、新知识一定要先于制度变迁形成。笔者研究发现:20 世纪初科学管理在西方兴起并传播到中国,由中国科学管理之父穆藕初的宣传与实践为先驱,在华日本企业的示范效应,是为荣家企业形成新制度预期的三大来源。由于知识的公共产品性质,中国可以低成本地学习、模仿西方企业制度,因此科学管理的知识传播到中国不存在大的阻碍,一般认为科学管理思想于 1910 年传入中国,1920 年后被广泛接受(刘文宾,2001);而穆藕初在中国最早鼓吹科学管理,除了在 1916 年把泰勒的《科学管理原理》译成中文外,还亲身创办纱厂予以亲自实施,对包括荣家企业在内的纺织同业影响是巨大的[1];另外,一个重要的原因是荣氏兄弟在楼月泉和汪孚礼、薛明剑等智囊的建议下,在 1924 年曾经亲自乔装考察在华纺织日厂。综合之,科学管理的知识即通过此三大来源进入了制度变迁决策者荣氏兄弟的视野,然后形成了新制度供给。

旧工头制度效率的下降导致企业家对旧制度有效的信念的改变,也促使制度决策者寻求新制度预期,荣德生在 1919 年开始认识到工头制度出了问题,在回忆录中说工头:“不切实工作,出品下降”。根据申新纺织三厂大事记,1919 年,荣德生在无锡建立公益工商中学,投资建筑设备十万,基金九六公债五十万,培养了大量的技术人员(1927 年战乱停办,共毕业工科 2 届、商科 5 届,有毕

---

[1] 钟祥财(1992)考证,穆藕初以《工厂适用的科学的管理法》为名,是为最早出版介绍科学管理的著作。

业生 200 多人,著名经济学家孙冶方、科学家钱伟长等皆毕业于此校)。1919 年秋,荣家即派荣月泉到欧洲各国考察纺织、面粉技术和管理经验;1922 年 10 月派遣申三副经理荣鄂生东渡日本考察、学习纺织厂管理经验。两人皆是以后协助荣氏兄弟推行科学管理的中坚力量,可见荣家企业制度决策层已经为新制度变迁进行了知识、人才的先期准备,并预期科学管理的制度变迁在收益上是可行、最优的选择。

### (二)制度变迁的时间窗口

那么,制度变迁会在什么时间开始呢?荣家企业经营陷入危机,正是危机的爆发为此次制度变迁打开了合适的时间窗口。

**表 4—14　　申三纺织建厂到 1921～1926 年的利润情况**　　单位:银元千元

| 年份 | 1921 | 1922 | 1923 | 1924 | 1925 | 1926 |
| --- | --- | --- | --- | --- | --- | --- |
| 利润情况 | 建厂 | 500.65 | －59.02 | －233.84 | 112.33 | 有利 |

资料来源:附表 1。

表 4—14 是申三历年的收益情况,申三厂在 1923 年、1924 年连续两年亏损,经营危机即负报酬的压力逼迫荣家进行制度变迁。从制度经济学的角度,负报酬降低了新制度价格 $P=\sum_{i=1}^{P}D_i+Co^{v_1^l}+(\sum_{l=1}^{k}R_0^l-\sum_{l=1}^{k}Cr_0^l)$,假定其他条件不变,那么企业负报酬越高,新制度购买价格 $P$ 越低。这解释了理性的企业家为什么在 1923 年、1924 年而不是其他时间启动改革。负报酬改变了荣氏兄弟关于工头旧制度是有效的信念,负利润压力驱使下,申三厂让总管薛明剑在 1923 年拟定改良计划,经过准备,1924 年 1 月,正式聘请曾在日本纱厂工作的楼秋泉到申三厂任领班,开始了正式制度变迁。根据上前表:1922—1924 年申新系统报酬情况,显示申新企业系统是在 1922—1924 年出现大面积亏损,工头制度为代表的改革从申三开始,然后渐渐扩展到申四等厂,而 1925 年新建的申新五、六厂则直接应用科学管理制度。那么新建的工厂在制度变迁上与旧厂有什么不同的地方吗?我们观察到申新五、六厂两个新厂并无旧制度处置成本,即 $\sum_{i=1}^{P}D_i=0$,新制度价格 $P$ 因此低于其他四厂,并异常顺利地实现制度变迁。另外观察到申新一、二厂无参与改革而保留现状,笔者分析其原因是制度决策者荣氏兄弟的知识、信念体系受到传统中庸思想影响,导致了不确定性下制度变迁预期产生一种异变:对企业集团而言,工头制度改革的前景还是存在不确定

性的风险的,会发生试错成本,如果让申三、四厂先行改革,于"干中学"中积累默会知识,就能够分摊试错风险,因此存在不确定性时候,使用类似"摸着石头过河"的策略是最优决策。

(三)制度变迁的主体及利益冲突

制度主体是多元的,工头制度变迁涉及众多主体,笔者为了简化,处理成四类主体:(1)假设荣家企业的制度垄断者是荣氏兄弟,不考虑现值,其对新制度1的预期收益现值即 $PVv_1^l$;(2)假设技术及管理层的新派职员为 $PVv_1^2$;(3)假设旧工头及其控制的利益集团为 $\mathrm{PVv}_1^3$;(4)假设普通工人为 $\mathrm{PVv}_1^4$。当四类制度变迁主体的预期收益加总大于0,即 $\sum_{l=1}^{k} PVv_1^l = PVv_1^l + PVv_1^2 + PVv_1^3 + PVv_1^4 \geqslant 0$,为新制度1变迁的前提。其中,除旧工头及其控制的利益集团净收益 $PVv_1^3$ 是负数≤0,并用"租金和新旧制度收益差额"衡量;其他三类主体对新制度的预期净收益都大于0:制度垄断者荣氏兄弟对企业的利润拥有完全产权,故对新制度的预期收益用"新旧制度下的企业利润差额"衡量;技术和管理层的新派职员的净收益用"工资和职位"升迁衡量;工人则用"新旧制度下付出的努力程度和工资的收入之比"衡量。既得利益集团形成并参与制度变迁,是非常重要的一个考量,它的形成决定了:(1)工头为什么锁定于工头制度,走不出来;(2)利益集团为什么动用暴力来反对改革;(3)新的制度购买方式出现,制度垄断者对既得利益集团使用内部"转移支付"(Transfer),最终取得新制度变迁的成功。

工头利益集团为什么没有如钱德勒(1977)描述的工程师那样,积极推动新制度变迁?在原制度变迁模型中,视企业为"虚拟人",意味着企业人的预期收益函数相同且均匀分布于企业组织内部。实际上,现实中企业是一个包含"相容性和排他性"两种利益的集体,前者指集体内部的主体在追求利益时是相互包容的,如企业家、管理层和工人都共同追求企业的发展以从中受益;后者指主体追求利益时互相排斥,如两个企业人竞争同一管理职位。由于观察到工头制度变迁中出现四种利益主体,且利益主体之间的复杂关系,导致缺乏选择性激励的制度安排(奥尔森,1965),尤其是工头利益集团对企业总体利益的不可避免的偏离,从而导致工头制度偏离原均衡水平并锁定于无效率。

工头制度管理混乱一半是制度无形折旧造成,即科学管理制度出现导致工头制度在效率上的无形贬值(折旧),市场竞争压力势必导致无效率的制度进行变迁。首先,荣家企业对先进机器设备的投资导致技术水平变迁,引起工头制度与技术变迁的不适应问题;其次,假定工头的知识在荣家企业的早期是近似完全的(这解释了荣家企业早期的适应性效率),当工头对新技术不适应时,则产生知识不完全;最后,知识不完全造成工头在先进的技术设备面前束手无策,表现在车间流程失控,进而生产、管理陷入混乱。既然是知识的问题,工头利益集团为什么没有如钱德勒(1977)描述的工程师那样,积极地推动制度变迁呢?关键是知识不完全需要的投资不是一般的投资,而是对知识和技术的大量投资,这不仅是资金的投入问题,还需要具有强烈的学习精神。而观察到工头比较缺乏进取心,不愿意进行对新知识的学习,因为缺乏选择性激励,并无投资新知识的意愿,因而不适应新技术的工头阻碍企业达到新技术水平下的制度均衡点。不过制度的不均衡对他人却意味着获利机会,因此存在一种解决办法,假定市场是自由的而不是工头垄断的,那么荣家企业就可以通过技术市场上的完全竞争,吸引到愿意投资新知识的技术人员对工头进行替代,并顺利进行科学管理制度的变迁,但是,事情并非那么简单,除了工头对市场的垄断之外,我们还观察到工头制度的有形折旧也在阻碍这种代替。

管理混乱的另一半根源是工头制度的有形折旧。工头制度之前具有适应性效率并达到既定技术水平下制度的最优或者近似最优。可在实践中,我们观察到工头制度因有形折旧而渐渐偏离原均衡,即某行为主体在个人利益引导下,开始破坏制度运行的均衡状态,典型如工头有“负责修理机器和保全机器”的责任,这是享受利益的同时要承担责任,是一种原制度对均衡的设计,但值夜班的工头白天忙于交际,晚上只顾休息,甚至对要求修理机器的工人责骂、殴打。按照定义,均衡状态下理性人并无偏离均衡的意愿。工头们为什么要偏离原制度设计的均衡呢? 问题在什么地方呢? 一则技术稀缺严重,造成工头通过掌握技术而掌握的权力过大,除企业家之外无法制约,当工头逐渐利用技术优势和管理职能,以帮会、师徒、血缘、地缘等关系控制“武场”时,垄断就发生了,工头在垄断技术的同时,对技术的自由竞争也就受到遏止;二则形成技术垄断的情况下,工头的权力日益增大,于是发展中监督失衡,负责监督记录的文场职员连进入电气车间都要经过工头的允许,这导致制度安排的内部控制失效,文场对武场的监督流于形式;三则工头兼有管理工人权力,在文场的监督失效下又形成抱团的利益集团,集团一旦形成,就会自我加强,不断腐蚀企业利益、扩大自身,甚至通过吃空额回扣进行寻租;最后,荣家企业对工头利益集团的监督失衡,导致不良影响传导到工人,工人们就对企业的纪律失去信心,使之无心生产,工头制度下生产惨落和惊人的浪费不可避免。显然,工头取得超越均衡状态所能获取的源自垄断的租金收益,而其他主体则因为信息不对称或者其他原因,(企业家)不能或者无力制约此种偏离(文场职员和普通工人)。

工头制度从适应性效率发展到无效率的逻辑如下:首先企业存在非均匀利益分布,企业集体总会存在不相容利益,如工头对企业利益的偏离,此种偏离由于垄断而无法受到组织的制约和监督,导致自我加强,进而导致与企业整体利益相冲突的既得利益集团的出现,此时制度供给(新制度)就不能在最优水平上实现并且为工头及其利益集团锁定于无效率水平。

制度锁定的结果是荣家企业不得不爆发强制性制度变迁,并且制度主体之间表现出激烈的冲突(潘必胜,1998),在受到既得利益集团阻碍的情况下,荣家企业的工头制度改革历时十余年才成功。制度变迁中的暴力冲突原因相当复杂,但是主要原因是利益。显而易见,工头及其利益集团对新制度的预期上会进行比较,这种比较加上原制度下得到的寻租收益,对比新制度的收益,就呈现为负收益[1],$PVv_1^3 \leqslant 0$;决策者和新职员的预期收益都是大于0,即$PVv_1^1$、$PVv_1^2 > 0$;工人的预期收益$PVv_1^4 > 0$;当$\sum_{l=1}^{k} PVv_1^l = PVv_1^1 + PVv_1^2 + PVv_1^3 + PVv_1^4 \geqslant 0$时,企业家发动制度变迁似乎没有大问题。但是我们观察到两个非正常因素干扰了制度变迁,造成情况复杂化。一是以$\sum_{i=1}^{P} D_i$为代表的旧制度即工头制度,其处置成本由于“租”的出现而异常增加,既得利益越大,制度购买价格就越高,变迁就越加困难,同时工头们及其利益集团对新制度预期收益值也就越小,在利益受到损害的时候,工头及其利益集团的反对就异常激烈;二则是$Co^{v_1^l}$为代表的新制度的组织费用额外增加。$PVv_1^4$是衡量普通工人对新制度的预期情况,用“付出的努力程度和工资的收入之比”衡量,我们必须分事先和事后两种情况讨论。因为腐败严重,工人利益也受到损害,所以早期工人们在预期上应该是支持科学管理取代工头制度,但是新制度需要学习,导致工人要付出额外努力,尤其当改革初期,新派职员过于严厉对待工人,工资上又无进行相应弥补,因此后来,部分工人产生了利益受损的感觉,并在工头的煽动下,开

〔1〕 除了失去垄断租金外,当事人访问录还表明工头和部分工人担心在改革中失业。

始反对改革。工人利益在新制度实施过程中产生的分化,使改革情况复杂化。工人的不配合,源于对新制度的预期收益下降,损失厌恶出现,于是执行新制度时不积极配合,加大了新制度的组织费用。[1]

当新、旧制度支持者们的预期不能调和,利益冲突又过于尖锐,暴力对抗的爆发最终导致双输局面,实践科学管理的损失大大改变了参与者的制度变迁预设预期,温和变迁形式就有机会出现。我们观察到,制度垄断者荣氏兄弟给旧技术人员加工资,并对原打算辞退的既得利益集团,使用温和的制度购买[2],额外弥补当事人损失。制度事件如下:1925 年风潮后,工头沈阿富受到调离,后荣家每月贴三十元而退休;其他年老的或实际不管事的工头也给予补贴而让其退职;利用设备更新时机,荣家企业另行雇用新人,但是原工头人马的工资照发。例如,重要部门电气车间,荣氏兄弟一直不去触动工头,直到购买新发电机才停运老机,原班人马保留照发工资,最终的结果是工头屠阿兴自动辞职。此外,荣德生给辞职的工头吴盘生 300 元,让其回家开书店[3],这些温和的措施大多数以给付金钱的形式进行,目的是为了推进新制度的执行,是一种标准的制度购买形式,荣家企业依靠制度的购买获得了制度变迁的最终成功。我们进一步分析制度购买的原理。

此制度购买原理类似基于"卡尔多标准"[4]的公共品模型(Lindahl—Wicksell Mechanism)。转移支付(Transfer)可使总报酬大于 0 而内部存在利益冲突主体的任何新制度得到实施,前提条件是需要一个权威制度垄断者或社会计划中心;然后通过征税等手段,对内部人进行转移支付;通过对最终制度受益者征税,让制度受损者得到转移支付的补偿。显然工头制度变迁中制度购买需要满足三个条件:一是新的制度预期上净收益大于 0,从而这项制度安排是可

---

[1] 早期新派仿照日厂制度,改良厂务,实施时出现主事人态度粗暴、派系斗争和苛刻、不尊重工人等问题(潘必胜,1998)。

[2] 1925 年 1 月,荣家兄弟已经宣布解除主要工头沈阿富等职务,同时把厂内稽查和投靠工头的领班辞退出厂。2001 年乐农史料选编:《荣德生与企业经营管理》,上海古籍出版社 2004 年版,第 694 页。

[3] 上海社科院编:《荣家企业史料(上册)》,上海人民出版社 1962 年版,第 133—140 页,第 155—164 页;2001 年乐农史料选编:《荣德生与企业经营管理》,上海古籍出版社 2004 年版,第 673—734 页;另参考许维雍、黄汉民(1985)。

[4] 一项变迁可能会使一部分人受益而另一部分人受到损失,这种情况下,假使采取某种政策使受益者在补偿受损者后,其状况依旧比改变前好,那么这种改变就是增大了社会福利,即新福利经济学中的卡尔多标准。

行的;二是制度垄断者拥有足够的权威,可以执行转移支付计划,荣氏兄弟是荣家企业的控股股东得以保证其权威;三是制度垄断者具备预先支付能力,无效率制度经常锁定于支付能力缺乏的贫困陷阱,因制度预期的报酬可能是滞后才实现。我们观察以荣家企业主通过转移企业收入给相关利益受损者,调整各主体对新制度的预期收益,使工头预期收益从 $PVv_1^3<0$ 变为 $PVv_1^3\geqslant 0$。另外还调整工人预期,如向工人保证,改革中不随意开除工人,取消过于严厉的做法,以减少新制度的执行阻力,增加了工人对新制度的预期收益。需要强调的是制度生命周期 $n$ 改变的巨大影响,假设工头对旧制度预期收益公式为多期的收益加总:$PVv_0=(R_1^{v0}-Cr_1^{v0})+(R_2^{v0}-Cr_2^{v0})+\cdots+(R_n^{v0}-Cr_n^{v0})$,假设在暴力冲突前,工头们预期旧制度生命周期为 $n$ 年,由于改革的暴力冲突和当地警方介入,加上企业主表现出强硬态度,工头对旧工头制度的生命周期预期不再乐观而且感到悲观,从年限 $n$ 降低到 $n-m$,$m>0$。生命周期预期减短,会大大降低工头对旧制度预期收益总值。于是,工人预期收益增加,工头预期收益减少,加上企业家及其组织对工头们进行了个人补偿,这些因素共同作用下,新制度最终得以实施。

(四)技术变迁影响制度变迁的途径

与企业家通过转移支付改变反对者的预期一样,技术变迁影响制度的途径也是通过改变相关主体的制度收益函数预期:一是通过技术对企业总收益增加的影响,如增加产品产量和提高产品质量,降低生产成本和交易费用,通过新制度促进转型技术的变迁,保证先进机器的效能发挥,增加了生产即间接增加了企业利润。二是通过工头对技术不适应而面临的利益损失预期:因为对先进技术的不适应,工头的工资和职位下降,既得利益中的"各种回扣、工人孝敬"等灰色收入的减少,都影响到了相关主体的制度收益函数预期。本来在现行制度安排中能够"额外寻租"是工头制度自我加强并进入制度锁定的最重要原因,因为即使改革带来了企业整体效率上升,所有的企业人的正常收益也应该增加,但是工头之所以依旧反对科学管理,就是因为正常的收益也可能无法弥补"额外寻租"的减少。三是新派职员通过对新技术的掌握而取得工资和职位上升的报酬增加。四是通过工人对新技术适应性学习成本,在改变了的努力成本和收益之间进行选择,一般而言,因为对技术的锁定造成的结构性失业是此种不适应的经典结果。

本文在分析工头制度的变迁时,尝试把技术变迁纳入制度变迁的框架,还通过技术与制度变迁的互相促进(削弱)来讨论制度变迁的类型:如果制度促进了技术变迁,就会降低生产成本,增加生产性活动,这就是制度促进技术变迁的模型;反之就意味着制度阻碍技术变迁的模式,其特征是制度增加生产成本,减少生产性活动。工头制度从适应性效率演化到无效率,是一个制度折旧的过程,也是“转型削弱技术”的制度变迁过程,典型如夜班工头对机器修理的要求竟然熟视无睹,甚至因为修理机器影响休息而对工人进行打击报复,严重挫伤了企业组织内部对生产的积极性,最终造成产量减少、质量下降。反之则是新制度科学管理转型对技术的促进:1924 年后,新的部门成立,一些依据科学研究而制定的规章制度进入车间,新制度的建立如标准化操作、机器保障等,虽然管理人手和层次增加要求企业组织支付更高的甚至是额外的交易费用,用于制度实施、监督和培训等,但是,这些交易费用的增加通过“降低生产成本,增强产品数量及质量”而取得了适应性效率,是转型促进技术的制度变迁。在“转型促进或者削弱”的制度变迁中,技术变迁的削弱或者加强起着关键作用,因为生产成本是由技术水平所约束的。

(五)新旧并存的知识特征

制度变迁的偏好和特征是由制度发动者的“知识结构和信念体系”决定的:工头制度变迁的发动者荣氏兄弟的知识结构是“中西方结合,新旧知识共存”,根据前面对荣氏兄弟知识结构的调查统计,以荣德生为例:荣德生于 1875 年出生,从小接受中国传统的家庭教育,1883 年入私塾学习 6 年,从先生学《百家姓》到《诗经》约 20 种经典书籍;1889 年钱庄学徒 3 年和 1893—1900 年 7 年厘局账房,其间继续学习《九成宫》《堪与地理大成》等包含官政、医学、地理风水的 11 种书籍。1887 年钱庄学徒时期初步接触西方知识,1893 年、1895 年、1900 年三过香港亲历西方式工业化,1900 年开始认真阅读新工业经济的书籍如《事业》《美十大富豪传》等;1893 年厘局账房期间利用“管理 204 种税”之便利,探问了实业经营的知识,深入了解了新式工业;1902 年投资实业后,面临默会知识不足,除“继续阅读欧美相关杂志、接触洋行、管理工厂‘干中学’外”, 1900—1904 年先后参观学习计 7 个工厂,并于 1912 年 38 岁时仍自学西方经济学知识。观察到荣德生早期以传统知识为主,投资实业后始大量学习西方知识,最终形成“中西并存”的知识结构。此种结构提供了“新旧制度共存”的基础,并在实践中表现为“中西并存、新旧并存”的制度变迁模式。

传统影响下的企业家,并不愿意完全采用新制度。在工头制度改革前已有类似案例。早期科学管理方法传播,使财务会计制度改革成为精明的企业家关注的重点。[1] 荣家经过慎重考虑于1920年开始引进新式簿记,但是对旧的记账法却并未一概废除,而是"新表旧里,互相传抄并存"。一个企业使用两种簿记,不可避免地增加账务处理的麻烦和交易成本,但这种方法确实适合中国企业的实际情况。[2] 荣家企业1920年后采用新式记账,不完全是企业家的意愿,其实另有银行的压力,银行为贷款安全着想提出要求:如因为提供了信用贷款或者抵押贷款,需要对企业的财务管理严格要求,要求提供成本会计为基础的财务报表。可见荣家改进会计制度,银行的压力才是主因。这解释了为什么荣家对科学管理早有所知,却迟迟不改革:如果没有负报酬压力,而旧制度存在正报酬时,进行制度变迁的难度颇大。

"新旧并用"成为荣家稳定的偏好,在会计制度上如此,在工头制度改革时也是如此:(1)荣宗敬原先答应辞退工头,但迅速变卦要求改革派和工头互相合作,各用所长。于是,工头制度变迁中,新旧两套班子各用英、美机进行生产竞赛,当确定新制度的确在生产率上远超旧制度,才下决心推行全面改革。(2)荣家纺织系统六厂分三种办法推进工头制度改革:第一、二厂按旧法实施,保持工头制度;第三、四厂实施改良,进行工头制度变迁;第五、六厂新设而直接建立工程师管理责任制度。[3] (3)1925年出现严重的工头和工人暴力反对改革的事件后,荣家制止了改革派的激进行动,保留旧工头,采取循序渐进方式继续改革,使"新旧并存"的格局维持到20世纪30年代才结束。

---

[1] 早在外国公司中,新式会计制度就广泛使用,如1871年前旗昌轮船公司就引进了成本核算以及折旧、公积金、资本损益等崭新的会计科目和会计处理办法。

[2] 上海社科院编:《荣家企业史料(上册)》,上海人民出版社1962年版,第156页。

[3] 乐农史料选编:《荣德生与企业经营管理》,上海古籍出版社2004年版,第392页。

# 第五章　荣家企业第三个制度变迁周期(1925—1937年)

第二个企业制度变迁周期是以工头制度的生命周期进入尾声为标志的，与第二周期类似，第三个周期观察到荣家企业的制度变迁是以无限责任公司的生命周期进入尾声为标志。

我们先考察此阶段的企业报酬情况，如表5—1所示。

**表5—1　　荣家企业报酬汇总表(1925—1938年)**

| 年份 | 各厂总计(元) | 申新(千元) | 茂新(千元) | 福新(千元) | 申新茂新福新总公司(千元) | 申茂福新和总公司利润汇总(千元) | 各厂和总公司利润汇总(元) |
| --- | --- | --- | --- | --- | --- | --- | --- |
| 1925 | 2 865 510.99 | −3.24 | 396.62 | 2 444.81 | 155.47 | 2 993.66 | 3 020 978.23 |
| 1926 | 2 611 346.67 | 1 455.97 | 0.00 | 186.10 | −164.92 | 1 477.14 | 2 446 422.88 |
| 1927 | −11 429.44 | 144.48 | 0.00 | −106.95 | −246.56 | −209.03 | −257 990.72 |
| 1928 | 4 591 693.33 | 1 824.54 | 417.98 | 2 547.48 | 132.19 | 4 922.19 | 4 723 884.67 |
| 1929 | 4 310 684.67 | 2 984.89 | 229.64 | 1 195.82 | 56.21 | 4 466.56 | 4 366 892.60 |
| 1930 | −1 257 518.04 | −864.88 | 0.00 | −426.25 | −5 164.91 | −6 456.03 | −6 422 424.53 |
| 1931 | 505 628.04 | 1 052.85 | 0.00 | −1 907.40 | −4 929.21 | −5 783.76 | −4 423 581.96 |
| 1932 | 3 477 227.30 | 2 468.99 | 利润合并福新 | 1 726.01 | −2 461.99 | 1 733.01 | 1 015 237.30 |
| 1933 | −698 441.16 | −1 338.44 | 0.00 | 905.17 | −1 419.95 | −1 853.22 | −2 118 391.16 |
| 1934 | −9 347.66 | −2 094.37 | 338.60 | 869.25 | −753.15 | −1 639.67 | −762 497.66 |
| 1935 | 140 450.00 | −1 271.51 | 262.25 | 1 150.08 | −765.12 | −624.30 | −624 670.00 |

续表

| 年份 | 各厂总计(元) | 申新(千元) | 茂新(千元) | 福新(千元) | 申新茂新福新总公司(千元) | 申茂福新和总公司利润汇总(千元) | 各厂和总公司利润汇总(元) |
|---|---|---|---|---|---|---|---|
| 1936 | 4 571 430.00 | 3 084.99 | 354.20 | 1 132.25 | —1 637.03 | 2 934.41 | 2 934 400.00 |
| 1937 | 11 724 543.82 | 11 724.54 | 0.00 | 0.00 | (1 459.17) | 10 265.37 | 10 086 170.42 |

资料来源:附表1。

观察到各厂和总公司总报酬金额起伏非常大,呈无规律波动,原因是内部出现不同的波动。另行选择和细分数据,分别观察申新各厂、茂新各厂、福新各厂和总公司报酬(见图5—1、图5—2)。

整个第三周期,一条中心线索是荣家企业都在持续开展科学管理,以此面对不确定性世界带来的适应性效率的挑战,然而最引人注目的制度变迁发生在越来越无效率的无限责任公司制度之上,它作为一种最高产权安排,它为荣氏兄弟所坚持,却日益受到制度垄断者之外的制度变迁主体的有力挑战,中小股东、荣氏第二代企业家、政府、银团、甚至名人及社会舆论都深刻介入对此制度的变迁。

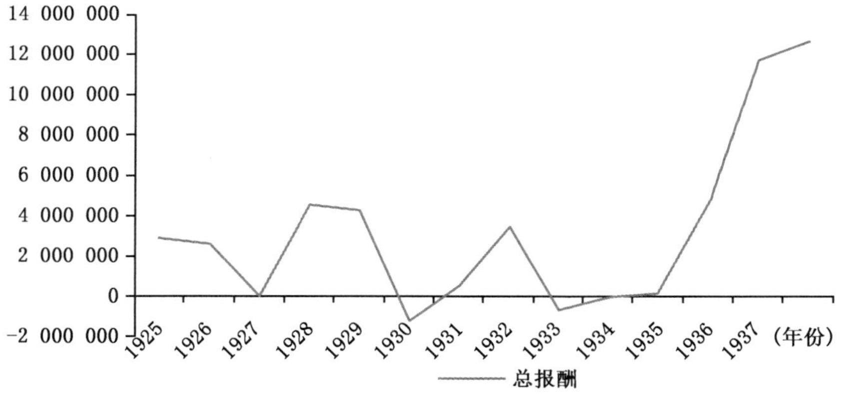


图5—1 荣家企业总报酬折线图(1925—1937年)

无疑,第三周期的制度变迁聚焦于企业创始人荣氏兄弟在科学管理及无限责任公司制度安排偏好之间的矛盾。

茂新系统利润比较平缓,这符合其主持人荣德生稳重保守的经营风格;而

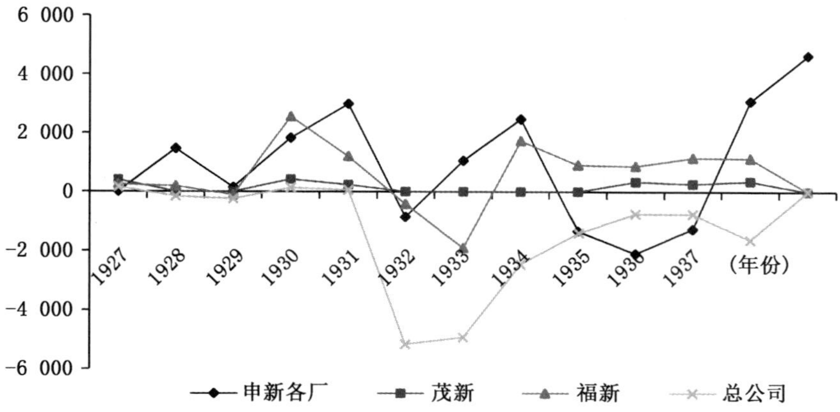


**图 5—2　申新各厂、茂新、福新和总公司报酬折线图(1925—1937 年)**

福新、申新各厂在 1927 年前后报酬急剧下跌,然后(除茂新系统外)福新、申新和总公司报酬都在 1930 前后再次巨幅下降。

茂新各厂由于数据缺乏,难以做出更加具体的判断,但是一直保持盈利;福新各厂于 1932 年好转,最早走出负报酬;申新各厂则迟至 1936 年才走出负报酬;与茂新各厂完全相反,总公司一直处于负报酬的危机中;诸多系统中以总公司报酬情况为最差,已知 11 年财务,数据中竟有 9 年呈负报酬,特别注意到 1930—1936 年一直处于大幅度的系统性亏损。观察到三个实业系统和一个总公司分别具有自己的周期,造成加总报酬数据的互相抵销或叠加,总利润无法体现出明显周期性。

因而第三个制度变迁周期的变迁相当复杂。既受到外部环境动荡的激烈的随机冲击;内部又因经营风格和信念不同而出现申新、茂新、福新三个系统的制度变迁分流:茂新系统面粉厂和申三厂在荣德生控制之下,早在第二周期 1920 年就随荣氏兄弟管理分工而产生制度分流,1932 年更是进一步成立“申三管理处”[1];1933 年左右,因为对荣宗敬纵子投机损害股东利益不满,王禹卿为代表的中小股东亦在制度上分立,从“茂福申新总公司”的控制下脱离另立“福新总公司”;同时,由于此周期的负报酬不断出现(申三厂除外),刺激荣家企业集团处于激烈的制度变迁旋涡中:银团强制介入经营、政府试图管制、申新内部

〔1〕 根据第二周期的分析,荣氏兄弟在 1920 年正式各自分管上海无锡。对应兄弟同产权的结构已经微妙变化为各在自己的系统占多数。如荣德生产权上占优无锡申三,荣宗敬占优上海申一。

则图保持自立选择,这些内外制度主体为控制企业制度变迁主导路径而展开激烈博弈,对比前两个周期荣氏兄弟垄断制度变迁的局面,第三周期因制度垄断者荣氏兄弟的企业家权威受到挑战而呈现多元化制度变迁,尤其引人注目的是拥有新知识和新信念的荣二代接班人,代表着荣家企业内部诞生的新力量,从各方面影响着荣家企业制度变迁。

## 第一节　制度环境

第三周期的制度环境受到“随机冲击”的影响非常大,导致出现几个与报酬趋势截然相反的异常年份:先是总公司和各厂在 1926 年、1927 年忽然亏损;然后是 1930 年荣家企业陷入全面亏损,紧接着各厂在 1931 年、1932 年出现盈余。先对荣家企业 1925—1937 年相关的 102 个制度环境事件进行整理。

**表 5—2　　第三周期制度环境列表**

| 年份 | 制度事件分类 | 件数 | 特征 | 备注 |
| --- | --- | --- | --- | --- |
| 1925—1937 | 制度环境 | 23 | 主要描述社会宏观环境,市场环境(公司法)、税收环境、管制思潮 | |
| | 随机冲击 | 13 | 战争(2)、军阀掠夺(1)、火灾(1)、工人起义(1)、抵货运动(3)、拍卖(1)、禁运(1)、通缉(1)、日本侵略(2)、走私(1) | 大量随机冲击发生 |
| | 改变制度环境 | 42 | 参加初级行动集团、个人大量参与社会活动、开始担任大量社会职务、已经达到参与宪法、宪政层面的制度变迁高度 | |
| | 投资制度环境 | 21 | 传统意识形态和教育、地方基础建设、社会事业、改良棉麦等为主 | |

资料来源:附表 2。

1925 年到 1937 年,企业制度环境更加不确定,例如随机冲击异常频繁,达 13 次之多,对利润影响异常重大,成为不可忽视的因素。在大量源自外部的随机冲击下,荣家兄弟及其企业组织对环境变得高度敏感起来,企业家本能的行为是加大了投资环境的力度,以保障确定性的利润预期。本周期刚刚开始,首先碰到 1925 的“五卅抵货运动”,然后接连 1928 年“五三抵货运动”、1931 年“九一八抵货运动”,极其巧合的是这三次抵货运动都把荣家企业分别从 1924 年(所谓纱厂最萧条的顶峰,严中平语)、1927 年、1930 年的三次全面亏损中拯救出来,抵货运动的冲击因此成为荣家企业的总利润呈现无周期性规律波动的最重要原因;然后是1925年的江浙内战、1927年的北伐战争造成工人逃散,企业停产,荣家企业额外还受到军阀掠夺,造成损失:1929年济南茂四厂被军阀强行取走面粉5万包,损失达12万元,正常经营中断而不得不停工。[1] 而其他"北伐战争时期普遍的工人起义、申七受到汇丰拍卖、政府禁止面粉北运和日本人操纵华北大规模走私的冲击",影响相对较轻,但第三周期的最后一次随机冲击,即1937年的日本全面侵略中国,不但把荣家企业的报酬上升周期强行中断,还让企业因受到战火破坏而陷入全面倒退和停滞。我们发现,面对超越微观主体承受能力的随机冲击,企业何等脆弱。观察到荣家企业的第三周期在随机冲击中开始,又在随机冲击中结束。

企业制度环境变迁的其他有重要影响的事件:

1. 1927年荣宗敬受到蒋介石通缉并被查封财产

根据表5—3统计,发现荣氏兄弟参与社会活动并担任社会职务的行为明显分两个阶段,1908—1927年是第一阶段,荣德生(8个)为主导积极参与社会活动,全面参与投资社会教育、建设等事业,而荣宗敬(3个)只热衷经济事务,很少涉足政治、社会领域;到第二个阶段,荣氏兄弟的行为出现反转,荣宗敬(11个)忽然变得积极起来,大量担任各类社会与政府部门相关的职位,而荣德生(0)反而埋头于企业内部制度改革,虽依旧积极参加社会建设,却很少担任新的社会职务。如果以1927年为明显的分界线,观察到荣宗敬正是在此年受到蒋介石的通缉,财产受到查封,荣家企业集团受到极大影响而全面亏损。显然,过大的外部刺激会导致企业家们的信念的突变,具有洞察力的企业家荣宗敬深感经济活动离不开政治的保障,故在1927年后,行为上产生巨大改变。

2. 立法层面的宏观制度对微观企业的渗透

中国第一部公司法,最早追溯到1904年大清商部奏准颁行的《钦定大清商律·公司律》。张忠民(2002:63—86),详细划分出"19世纪后半叶无公司法阶段、1904年的《公司律》、1914年《公司条例》、1929年南京政府《公司法》和1946年新《公司法》"5个阶段。宏观制度变迁的影响,自上而下的传导到微观,如公司法对大股东权利的限制、对企业亏损和风险的防范、规定委派会计师的审计监督、工人福利分享等规定。但张忠民(2002:76)提出民间意志是上层建筑公司法的支撑和来源,如以1929年公司法为例子,正是工商界普遍的"商法、公司

[1] 杜恂诚:《民族资本主义与旧中国政府(1840—1937)》,上海社会科学院出版社1991年版,第104—105页:通过对军阀影响生产环境进行的详细分析,得到了近代发展经济的阻碍"首在兵祸"的论断。

律一日不定,则商人一日无所适从"的不确定性感觉,形成某种自下而上的知识信念上的变迁要求,导致了宏观上提出修改1914年公司法的变迁要求。

诺斯的核心制度命题"有效率的制度激励有效率的组织产生"在此变为相反的命题,实际情况表明"有效率的组织是产生有效率制度安排的需求根源";这在逻辑上也易于理解,没有微观主体如个人投资者和企业的制度需求,不可能凭空产生一个宏观性的法律制度,否则以谁为法律的约束对象?谁又来负责法律的实施呢?第三周期的"1929年公司法"是1927年南京政府成立后,因经济界和学术界大声呼吁而修订的。张忠民(2002)随即指出:晚清以来公司法历次修订及其对于公司企业的蓬勃发展密切相关,因为制度环境的改善,创造了大量的获利机会,从而让追逐获利机会的公司得到迅速发展,正与诺斯制度命题的正题:"有效率的制度变迁激励有效率的组织产生"的制度分析逻辑吻合,但"有效率组织等微观制度主体提出宏观制度变迁要求"是逻辑在先的。

**表5—3　　荣氏兄弟参与社会活动、担任职务一览表(1908—1937年)**

| 年份 | 主体 | 担任政府部门和社会职务 | 备注 |
|---|---|---|---|
| 1908 | 荣德生 | 无锡开原扇董、兼任劝学事 | 5年后卸任 |
| 1912 | 荣德生 | 全国工商会议议员 | |
| 1918 | 荣德生 | 江苏省第二届议员 | 得五等嘉禾章办实业奖励 |
| 1920 | 荣德生 | 被推为全国实业会议代表 | |
| 1920 | 荣德生 | 在京参加禁烟运动,任监烧委员 | |
| 1921 | 荣德生 | 荣德生竞选并当选国会议员 | |
| 1921 | 荣德生 | 苏社常区理事 | 张謇倡议 |
| 1922 | 荣宗敬 | 荣宗敬辞去上海面粉交易所理事长 | |
| 1923 | 荣德生 | 江苏省教育实业联合会会员 | |
| 1924 | 荣宗敬 | 被推为上海闸北市董事 | |
| 1926 | 荣宗敬 | 荣宗敬捐款无锡旅沪同乡会建造七浦路会所,并当选理事长 | |
| 1927 | 荣宗敬 | 辞财政部聘任二五债券委员 | |
| 1928 | 荣宗敬 | 1928年开始担任国民党政府工商部参议 | |
| 1928 | 荣宗敬 | 华商纱联会主席 | |
| 1929 | 荣宗敬 | 中央银行理事、受聘任南通纺织学院董事 | |
| 1929 | 荣宗敬 | 辞上海市公债劝募委员会委员 | |
| 1930 | 荣宗敬 | 工商部聘任为首都国货陈列馆棉织品展览会筹备委员 | |
| 1931 | 荣宗敬 | 全国经济委员会委员 | |
| 1932 | 荣宗敬 | 招商局监事 | |
| 1933 | 荣宗敬 | 棉业改进委员会和农村复兴委员会委员等职务 | |
| 1933 | 荣宗敬 | 中国经济信托公司任董事 | |

资料来源:附表2。

第三周期制度环境变迁总结:荣氏兄弟参与和投资制度环境的行为是有规律的,首先是围绕与企业利润相关的事务,进行大量活动,如“改良棉麦、禁止棉花出口、关税改革、裁厘改税、法币改革、呼吁金融支持、取消政府面粉禁运,抵货运动”等。其次,荣氏兄弟大量参与初级行动集团,如“苏社、无锡商会、华商纱厂联会活动、上海总商会活动、上海机制面粉公会活动、国难自救会、上海市民地方维持会、无锡旅沪同乡会、上海麸皮公会”的活动,以初级行动组织的形式,参与到推动社会制度变迁的活动中。最后,从对企业相关的直接事务如“关税、特税改革、减免税收、金融支持、政府面粉禁运”慢慢扩展到非直接相关的社会活动,如“宪政改革、宪法中教育议案、教育部学科建设议案”等。荣氏兄弟参与、投资制度环境改变还有一个特色,就是对意识形态投资比较积极(教育投资另外专门统计),初步统计 1925—1937 年总计 11 次,其中 9 次是投资于传统的意识形态,如“宗教、宗族同乡、纪念母亲、传统伦理道德”,而投资于现代意识形态的则比较罕见。

## 第二节　适应性效率的挑战:知识、技术变迁

第三周期的技术变迁和知识变迁分别进行了统计,和第二周期一样,我们需要考察第三周期设备增长数量和生产产量情况以替代技术变迁考察。

表 5—4　第三周期技术变迁列表

| 年份 | 制度事件分类 | 件数 | 特征 | 备注 |
|---|---|---|---|---|
| 1925—1937 | 引进设备 | 7 | 引进外国先进机器设备开始减少 | |
| | 技术引进和改进 | 17 | 自己开始大量改进技术和设备 | 改进成为主要的技术变迁 |
| | 技术人才培养 | 7 | 人才培养和技术培训 | 聘请日本技师和英国工程师促进技术进步 |
| | 其他 | 11 | 制度安排促进技术(4)(工程师负责制、公益铁工厂、工头改革、技术竞赛)、技术与人事及摆脱外国技术依赖(2)、军工(1)、改进小麦稻米、棉种改良(3)、矿业技术积累(1) | 建立专业化机器仿制部门、积极改良棉麦 |

资料来源:附表 4。

根据表 5—4 数据和图 5—3,发现荣家企业的技术变迁依旧迅速,呈现两个特点:一是对比纺织类设备,面粉类设备于 1927 年开始出现长期停滞;二是纱厂设备的增长大部分通过兼并(四个工厂)而非购买而得。因此第三周期的技

术变迁和第二周期的技术变迁大为不同。

根据统计,第三周期的总体技术特征是:荣家企业一直坚持的引进设备为主的技术变迁路径开始放慢(对比第二周期统计的31次,降低到7次),而改进技术和自造机器设备带来的技术变迁的方式明显加快(由第二周期的4次上升到17次),这种变迁趋势与荣家企业产业升级加快互相适应。

此周期荣家企业在技术上发生了三大变迁:首先是1923年,西班牙纺织专家成功实验一项细纱机大牵伸技术,通过改进大牵伸而提高生产效率和减少人工,这项技术在申二首先引进,然后申三全面改进,并进而推行各厂,是为荣家企业第三周期的重要技术变迁(制度事件4次),引领国内兴起大牵伸改进为代表的技术变革热潮。[1]

**表5—5　　第三周期机器设备数量及产品产量**

| 年份 | 纺织 | | | | 面粉 | |
|---|---|---|---|---|---|---|
| | 布机(台) | 棉布产量(匹) | 纱锭(锭) | 棉纱产量(件) | 粉磨(台) | 年生产能力(千袋) |
| 1925 | 1 615 | 976 441 | 184 620 | 97 264 | 319 | 25 860 |
| 1926 | 1 888 | 1 021 730 | 189 804 | 116 667 | 343 | 27 660 |
| 1927 | 1 888 | 1 068 393 | 189 804 | 86 741 | 346 | 28 860 |
| 1928 | 2 262 | 1 462 784 | 197 896 | 143 550 | 346 | 28 860 |
| 1929 | 2 708 | 1 704 068 | 280 532 | 165 127 | 346 | 28 860 |
| 1930 | 2 836 | 1 742 310 | 327 352 | 182 925 | 347 | 28 950 |
| 1931 | 4 757 | 2 432 207 | 460 000 | 221 213 | 347 | 28 950 |
| 1932 | 5 357 | 2 798 486 | 521 552 | 306 248 | 347 | 28 950 |
| 1933 | 4 852 | 2 376 940 | 551 860 | 294 805 | 347 | 28 950 |
| 1934 | 4 861 | 2 346 448 | 555 144 | 304 567 | 347 | 28 950 |
| 1935 | 5 066 | 2 432 050 | 563 840 | 285 928 | 347 | 28 950 |
| 1936 | 5 304 | 2 884 272 | 570 000 | 319 653 | 347 | 28 950 |

资料来源:附表4.1。

〔1〕 1934年实业部对荣家企业的调查报告称“国内大量使用大牵伸,实以该公司为嚆矢”。乐农史料选编:《荣德生与企业经营管理》,上海古籍出版社2004年版,第432页。

第二个重要技术变迁是工头制度废除后,荣家企业在各厂全面推行工程师负责制,这对技术变迁起重大的促进作用,意义较为深远。

最重大的技术变迁当属公益铁厂的技术升级的成功,从而为荣家企业带来划时代的技术进步。企业创始人荣氏兄弟异常重视技术改进,早在茂新面粉厂时期就为提高质量冒险融资引进英国新式钢磨,一举打开市场。此外荣德生一直梦想有一天能把企业做到国外去,才算是真事业。[1] 认为"外洋挟其技巧,输入吾国,夺吾固有之人工。吾国不得不学习外国,却是邯郸学步,终于落于人后,甚至认为大量依赖进口机器,除了银元漏卮,还有很大风险,一旦事变突出,或因抵制,或因战争,外货断绝,全国纺织业不将陷于停顿乎!"[2]

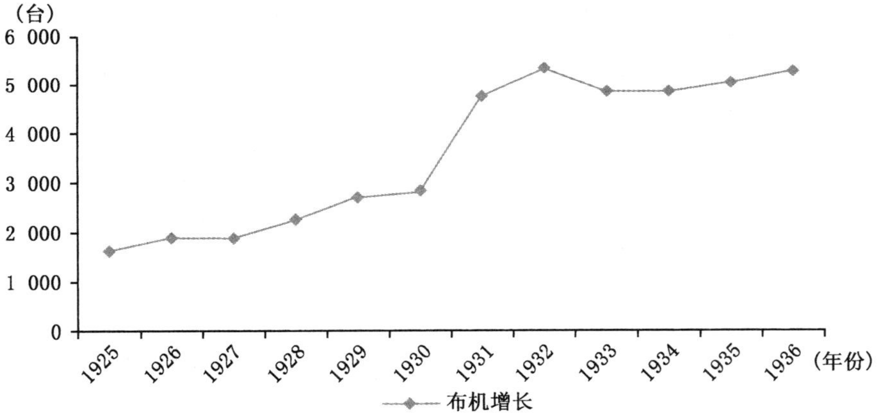


**图 5—3　第三周期布机增长**

公益铁工厂经过荣氏兄弟的大力扶持,终于取得巨大成功。1937 年达到"日造新式布机八台"的水准,所造机器的质量较日本丰田式、英国狄更式更佳而价格便宜五成之上,其他如面粉机、纺纱锭亦可做出。可惜荣家企业正准备大展拳脚大举制造之时,而抗战事起,工厂机械均被拆毁。[3]

近代中国技术引进的主流一直是机器设备引进,申新、大生纺织厂为典型

〔1〕 荣德生认为有一天能够出国开厂,才是真正的事业。引乐农史料选编:《荣德生与企业经营管理》,上海古籍出版社 2004 年版,第 863—865 页。

〔2〕 荣德生:《欲纺织业之发展全在认真》,全文分四章发表在 1931 年《人钟月刊》,第二到第五期。上海档案馆 Q193—1—214,上海申新第三棉纺织厂出版的《人钟月刊》。

〔3〕 上海社科院编:《荣家企业史料(上册)》,上海人民出版社 1962 年版,第 525 页。

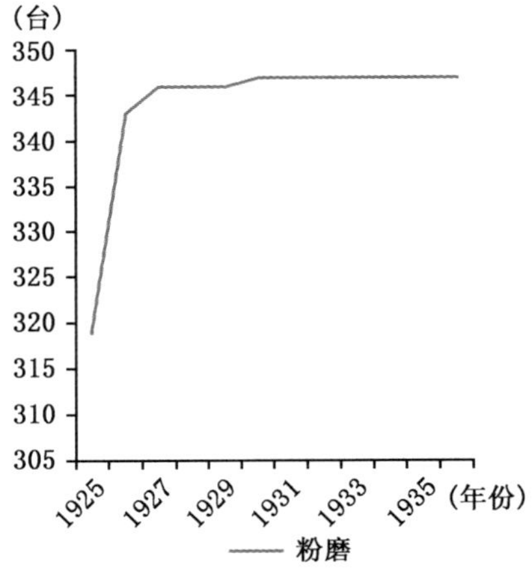


图 5—4 第三周期粉磨增长折线图

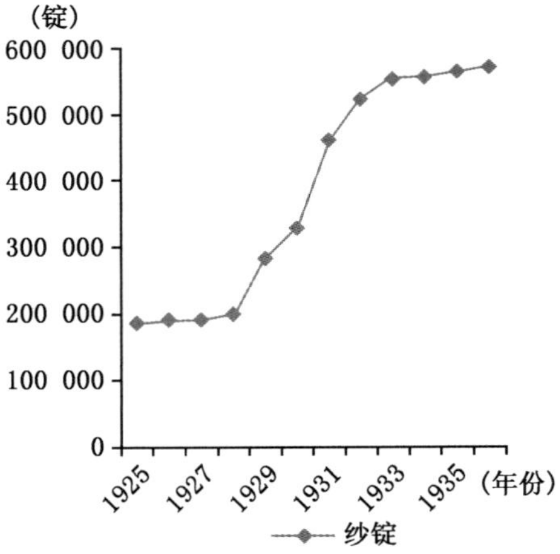


图 5—5 第三周期纱锭增长折线图

引进派,通过大量进口国外最新机器,执中国技术变迁之牛耳。[1] 随着技术的发展,我国人才开始仿造机器零件,到 1923 年中国铁工厂最早仿制自动织布机成功,1935 年大隆机器厂仿制出整套棉纺机,皆标志着中国棉纺织机器技术的巨大进步。而申三公益铁工厂奋起直追,不甘落后,续大隆机器厂后,在 1937 年造出媲美日本丰田的机器,已经在国内处于领先水平。

技术变迁和知识变迁是互相联系的,荣家企业在第三周期的知识变迁亦有深刻变化。

表 5—6 知识投资统计表(1925—1937 年)

| 年份 | 制度事件分类 | 件数 | 特征 | 备注 |
|---|---|---|---|---|
| 1925—1937 | 投资知识 | 32 | 大规模直接培训职工、工人 | 养成所、补习班为主 |
| | 意识形态 | 14 | 传统意识形态投资为主 | |
| | 出国考察 | 4 | 直接实地考察、加强向外国学习、派遣职员留学 | |
| | 调查学习和其他 | 14 | 调查(2)、其他相关教育(12) | |

资料来源:附表 3。

第三周期的知识投资总体特征是荣家企业开始对工人、职员进行大量直接

〔1〕 从阶段上来说,机器设备进口早期是以引进英国机器为主,第一次世界大战期间转为美国设备引进,日本丰田因为物美价廉,在 20 世纪二三十年代迅速占领国内机器进口市场。

知识投资,用技能培训提高工人和职员的知识水平;在知识投资的行为中,以荣德生主持的申三厂为主要发起者,从职员养成所、机工养成所、女工养成所、职工托儿所、申新小学到高级小学,并举办劳工补习班、工人晨校、夜校和传习科及工人识字班,包括了文化教育、技术培训、生活技能培训。根据不完全统计,整个申新系统累计对职员、女工和机工培训约 2 876 人次(其中,申三厂有 676 人次);仅仅申三厂职工子女接受教育就有 885 人;另外截至 1936 年,申三"劳工自治区"以晨校、夜校和传习科形式教育 1 600 多人识字,另外,申三厂对工人技能培训达到 2 775 人次。[1]

第三周期在知识方面的大规模的直接投资,主要是由工厂的技术变迁引起的,技术变迁增加了新知识的稀缺性,即提高了知识投资的相对价格(科学管理制度的推行同样需要制度方面的知识投资),从而带来企业投资知识行为的改变,即从"间接投资知识到直接投资知识"的变迁。荣家企业新技术和新制度的实施需要在企业中建立新的知识基础,以应对适应性效率的挑战。一般情况下,职工会根据企业内部或市场上知识投资的相对价格水平,通过对自身的人力资源投资自动调整知识水平,以掌握新知识,提高个人的收益,从而达到企业新技术、新制度所要求的、基于知识完全性条件的最优均衡。因此,企业的合同中,一般不会对职工的知识投资进行契约性规定,而知识投资也不一定由企业直接承担;因为在一个自由的劳动力市场,企业可快速寻求到更加合适的人进行签约。但在荣家企业案例中,除了劳动力市场的相对不完善外,信息不对称也是原因之一(招聘不熟悉的新人,要支付信息获取的成本),更加重要的是因为存在默会知识,旧工人和职员都已在荣家企业中工作多年,可谓合作良久,对荣家企业制度和技术具有默会知识,不断更换新人会丧失制度执行和技术操作的默会知识。对上述的综合的考虑导致理性的企业家荣氏兄弟不顾知识投资的外部性,在第三周期直接对工人和职员进行了大量的知识投资,并用新制度安排,例如强制要求养成女工、工人和职员签订服务三年的契约,把知识投资的外部性减少到可接受的程度,这就是荣家企业在第一、二周期以间接知识投资

---

[1] 乐农史料选编:《荣德生与企业经营管理》,上海古籍出版社 2004 年版,第 658、735、751、780、788—802 页;上海社科院编:《荣家企业史料(上册)》,上海人民出版社 1962 年版,第 222、572—579 页。数据系 1923—1937 年间的统计结果。

为主发展到第三周期进行直接知识投资的经济学分析。[1]

第三周期的知识投资另一特征是,企业家荣氏兄弟非常重视对“荣二代”的知识投资,从而给企业带来了制度决策层的知识和信念更新换代(见表5—7)。

**表5—7　　荣二代知识投资及参与企业经营**

| 年份 | 制度事件分类 | 件数 | 特征 | 备注 |
|---|---|---|---|---|
| 1916—1937 | 荣家第二代学习情况 | 11 | 子女皆受到国学为基础的教育,儿子辈多出国留学或国内大学中学习专业知识,其中出国专门考察(2) | 以荣鸿元、荣传仁为代表 |
| | 荣家第二代参与企业管理 | 7 | 1920年开始参与企业管理,从基层到管理层,渐渐掌握大权 | |
| | 荣家第二代教育方针 | 7 | 强调成为人才的重要性、勤俭和不挥霍 | |
| | 其他如荣家第二代的经营理念 | 22 | 其中荣伟仁为代表的荣家第二代企业家产生大量全新的经营理念(15) | |

资料来源:附表3.1,荣氏二代知识投资及参与企业管理。

根据表5—7对荣二代进行知识投资的44个制度事件统计:从1920年开始,荣家第二代企业家开始大量进入企业管理层,“荣二代”在知识和信念上的更新对荣家企业制度变迁产生重大影响。潘必胜(1998)指出荣德生的长婿李国伟为第一个进入荣家企业管理层的“荣二代”企业家,时为1918年。荣氏兄弟有10个儿子,13个女儿(13个女婿),女儿基本不参加企业,但女婿大多参加企业,并在20年代后期和30年代大量进入企业,荣家子侄大批的进入企业,让荣家家族企业制度结构逐步完善,也成为一支生气勃勃的用新知识武装起来的生力军,研究“荣二代”对认识荣家企业制度变迁有特别重要的意义。

总体而言,荣氏兄弟特别重视人才培养,大力对家族中子侄辈进行培养,荣宗敬3子4女,荣德生7子9女,都接受了新式教育。围绕专业技术和企业管理,荣氏兄弟的儿子们留学国外或在国内受到专业教育,或考察、或实地见习。对亲戚或职员中的优秀青年,也分别资送欧美、日本去专修纺织学科,或入有名

[1] 荣氏早期的知识投资信念:很早就认识到教育不足,要办小学。但是却没有对工人进行知识信念投资,故惟有望于社会之办理教育者,扩充教育,使工人尽有识字之机会,并能授以工厂常识,以增高其技术。

纺织厂实习[1];另1936年,申三厂派郑翔德赴日本明治纺绩会社见习日本纱厂的保全、保养工作法,历时七个月。荣家第二代中以李国伟、荣伟仁、荣尔仁为典型代表,特别是后两人在30年代的危机中崭露头角,并大量阐述其欧美、日本参观所得的科学管理理念,给荣家企业制度变迁带来新鲜血液。

第三周期的知识变迁最后一个特点是荣家企业的知识投资逐渐向高端化发展,并形成了一个完整的教育投资的链条。

首先,第三周期,荣家企业教育投资链条由初小而高小,由初中而高中,最后发展到高等教育,形成完整的体系。高等教育投资和赞助成为荣家企业教育活动的重点,第三周期荣家企业先是在1928年捐出南京成贤街部分基地,资助中央大学扩建校舍;同年在工商中学停办后,把校舍除部分用于高级小学及申新职员养成所外,余皆借与中央大学民乐教育院;然后在1936年,荣德生又积极为复旦大学选校捐资购地,后因战事而中止;紧接着1940年申九厂主办中国纺织染工业专科学校;最后,1944年荣家企业在无锡创办江南大学,成为荣家企业办学最高峰。

其次是随着企业的发展,荣家企业与高校的合作受到产业升级的激励而日益增加需要,史料中最早记录是1920年,荣家企业积极参与"南京东南大学农学院与上海面粉厂协会"的合作项目,在南京建立了一所小麦实验场;1925年,荣宗敬倡议金陵大学附设农场,以试验"改良植棉,提高国棉品质";1929年,荣宗敬任南通纺织学院董事;1931年,荣宗敬在中国工商管理协会演讲中提出"通过国内工科大学创办纺织专科,训练专门人才的建议";1934年,荣宗敬与交大校长筹商添办纺织短期训练班。与教育界展开高层次的合作,是荣氏兄弟及其企业组织投资知识的需要不断升级,而带来的必然结果。

## 第三节 适应性效率的挑战:企业经营理念变迁

### 一、第三周期总体信念特征

第三周期荣家企业的经营理念虽呈复杂分流但有迹可觅,具体可由三大信

[1] 上档:Q193—1—570申新1925年决算表,查总公司账上有华荫相留美学费6 606.32规元,李佑人留美学费5 095.002规元,王子纯、余洪波赴美调查研究费6 379.019规元。

念体系主导,即荣宗敬等的基于金融知识的投机理念形成及其变迁、荣宗敬等的负债扩展理念的形成及其变迁;荣德生等的基于实业知识的积累、注重内部改良的思想及科学管理。

制度变迁以信念变迁为先,特别是要形成新的共同信念,才能以此为基础进行制度变迁,观察到荣家企业在第一、二周期最终都会形成某种共同信念(危机促进了分立的信念统一),第三周期同样如此,新的共同信念是科学管理,注意到它在第三周期早期就已经存在,但是在危机下才使之彻底成为第三周期的共同信念。表 5—8 是对第三周期的 186 个制度事件的统计数据。显然第三周期的经营管理理念基本的线索是围绕科学管理展开的(26 次),但焦点是荣宗敬及其所代表的总公司正因为在投机中亏损惨重、并负债经营(35 次),陷入严重危机而受到内外冲击,并被要求进行彻底的科学管理革命、取消家族企业管理制度安排。除荣氏兄弟和“荣二代”的科学管理信念外,其他制度主体如银团之所以参与荣家企业制度变迁,亦是围绕科学管理与家族经营的矛盾而进行(41 次)。[1]

**表 5—8　　第三周期经营理念统计**

| 年份 | 制度事件分类 | 件数 | 特征 | 备注 |
| --- | --- | --- | --- | --- |
| 1925—1937 | 荣氏兄弟经营理念 | 77 | 荣氏兄弟公务之余发奋学习、荣德生忙于事业不觉日短的学习精神(2)、企业的产业战略、自造自立、规模经营、购机等(75) | 荣德生越来越回归传统管理 |
| | 金融、负债经营和投机的经营理念 | 35 | 投机、反对投机、举债经营与取得金融融资支持、守信用等理念 | |
| | 科学管理 | 26 | “荣二代”(10)、荣氏兄弟(9)、社会、银团、会计师事务所等(7) | “荣二代”是科学管理的主力军 |
| | 管理层、社会、政府、银团和职工的经营管理信念及其他 | 48 | 管理层、社会、政府、银团和职工的经营管理信念(41) | 大量制度主体参与表达其经营信念 |

资料来源:附表 5。

其他经营信念是荣氏兄弟主导的关于企业具体制度所涉及的“人才任用与培养、规模经营、产业链延伸、购机扩充、就地办花和内地设厂”等各种战略的经营思想(75 次),这些经营思想中,大部分是前二个周期的延伸和发展,其

[1] 荣氏兄弟认为茂福申企业都是自己创办的子孙万世基业。

中"一有盈余即购机"上升为荣家各厂决策者普遍的共同信念,规模经营也是如此,此类信念的总体特征之一是荣德生的经营管理信念,不断向传统管理方面靠拢:(1)在1927年工人运动兴起时,荣德生强调"善用宽宏优容之道,以安工人之心"。(2)1930年,荣德生用"克己、改良"办法,成功使工潮渐渐平息;同年,荣德生"尝思陶公商学,贱进如草芥,贵出如粪土。我以勤俭为主,附以平心,守古语,所以经管之事业,利多害少。随意指挥,骄奢用私心,患得患失,所以事业之易于变动",已经从经济学原理高度回归于传统的陶朱商学智慧。(3)1932年,荣德生扩展信念,提出"齐家有齐家的方法,治国有治国的方法,办理工厂也有一种办理的方法",实质是把传统的"家国天下"的治理框架改进成"厂国天下"。(4)1934年在荣家企业最危急时,荣德生提倡"正心诚意之道":"思想正大,立论未错,垂危之局,卒保平稳,乐之办事业者,必以诚心为心,富贵岂难事哉!"(5)1937年前夕,荣德生总结自己人才培养经验称:"养成所毕业生,后日大多出任各厂高级人员,声誉四播,始信'种瓜得瓜,种豆得豆',此言非虚。凡事只要实做,将来必有所成就"。顺便指出,1943年荣德生还特意书写"心正思无邪,意诚言必中"以明志。对此,杜恂诚(1993)精辟地指出:荣德生晚年在管理上已信奉(王)阳明心学之道矣。

## 二、分而不裂:荣氏兄弟在投机和负债经营上的理念冲突

信念作为先于制度的存在,是对制度变迁的一种呼吁;第三周期早期,基于分立的知识,制度垄断者荣氏兄弟在信念分流上越走越远。

第一、二周期,荣宗敬热衷于投机,先后经历"面粉期货失败、橡胶风潮、信交风潮"冲击,仍旧不断死灰复燃,在企业家群体中,其稳固的投机偏好非常罕见,并导致荣氏兄弟在投机信念上的冲突在第三周期再度激烈起来。(1)1925年,向来致力实业反对投机的荣德生以不无痛恨的语气指出:"市场上有人在交易所抛花收纱,花价最高五十两零,纱则一百六十余两。余处由产地收花,勉敷成本"[1]。同年,荣宗敬却正在利用"五卅惨案和反日运动",大肆投机日汇,并获达300万日元巨利;接着1925—1926年,荣宗敬亲自主持纱布交易所"棉纱套做,有盈利"。[2](2)1932年,荣德生再次表达对投机者操纵市面的不满:"交

〔1〕 荣德生:《乐农自订行年纪事》,上海古籍出版社2001年版,第100页。

〔2〕 上海社科院编:《荣家企业史料(上册)》,上海人民出版社1962年版,第184—195页。

易所抛空,纱压低,有外国人操纵,市呈不安。心常担忧……盈余难望”[1]。同年,在荣宗敬的指示下,申新又在交易所套做空头获巨额利润 100 多万两[2];更严重的是,1930—1933 年,荣宗敬和众多高层管理人员大举参与国内、国际期货的投机交易,疯狂投机。[3] 致命的结果是投机导致整个申新系统无心经营,产品质量大幅下降,荣德生在不同场合,不止一次严厉批评总公司在原料收购和产品质量控制方面存在严重缺陷:“其余牌次,货积耗息,好者少。有机多,心不齐,收花走样。洋行解花已有恶习,总公司为经济套轻起见,不如号家,汉口打包夹破子,陕西打包夹杂,印度花等级降次,不照原样。出品色暗太紧,客人不乐用。永安及其他纱厂,则办好花,出品不同。相形之下,自然货积”。(3)1933 年“人钟品牌”被华商交易所停用,荣家企业产品的声誉受到重大打击。荣德生脱离总公司另起炉灶:“申三另立‘好做’商标,用花、拼花、用料,事事亲为配准,拉力、颜色均高,各布厂乐用,价提高,不与交易所出入。”荣德生自称另立品牌的申三厂“年年有利,十余年已有三倍”[4]。联系到第一、二周期也发生类似信念冲突,观察到除非荣宗敬改变信念,否则荣氏兄弟对投机的态度泾渭分明,实在是难以调和。

在第三周期,荣氏兄弟之间另一个严重的信念分歧体现在“负债扩展企业”的理念上。面对第三周期企业制度环境的不确定性增加,荣氏兄弟在企业管理上渐渐体现出鲜明的不同风格,荣宗敬富冒险精神,是倾向于激进扩张的领导者;而荣德生则比较求稳,是倾向务实经营的企业家。两者的经营风格冲突早在第二周期就已经出现,但是在第三周期却更加明显,原因是第二周期的发展顺境在某种程度上掩盖了这种冲突;第三周期,荣宗敬在企业经营困难、资金周转不灵的情况下,反而强势带领企业于逆境中扩展,加剧了信念冲突。进入第三周期后,整个企业经营环境出现大转折,一战时的民族企业大发展的黄金时期已结束,企业顺境经营的风光不再,外商的重新进入

---

〔1〕 荣德生:《乐农自订行年纪事》,上海古籍出版社 2001 年版,第 110 页。

〔2〕 申新公司租船把大量存货运往广州,并向上海银行押汇期限 2 月,并将申七、九厂四万件由交易所陆续套出,全年做空头得利三百万两之谱。减去各厂在原料上随用随购在市价涨落上吃亏约二百万两,盈亏相抵得利一百万两左右。上海银行:《申新一二三五八厂调查报告》,上海社科院编:《荣家企业史料(上册)》,上海人民出版社 1962 年版,第 361 页。

〔3〕 1930—1933 年间,总公司买卖外棉、外麦及外汇亏蚀巨金,加上荣宗敬父子投机亏损在企业的宕账,总数高达 1 200 万元。许维雍、黄汉民:《荣家企业发展史》,人民出版社 1985 年版,第 95 页。

〔4〕 荣德生:《乐农自订行年纪事》,上海古籍出版社 2001 年版,第 113 页。

导致激烈的市场竞争,荣家企业经营压力大增,加上时际工潮叠起,制度环境非常不确定,然而荣家企业的扩展势头并没有停止,1925年,在福五老厂旁建新厂,增加机磨16座,然后同年连续并购德大纱厂为申五厂、租常州纱厂为申六厂;1926年,并购华兴面粉厂为福三新厂;1927年茂二厂失火重建,1928年增设同仁储蓄部。

注意到1926年荣家企业并购华兴面粉厂时,已经显示出力不从心,荣家企业是通过与中国银行订立购买华兴粉厂合同获取抵押借款40万银两,10年分期付款,才得以并购成功。所以,就在当年,荣德生不无针对性地强调指出,困难之际,企业"惟有谨慎小心,立定脚头而已"〔1〕。根据《荣家企业史料座谈会记录》的相关记录,荣毅仁回忆了父辈在当时的理念冲突之严重:(荣宗敬)强调多一片厂,就多一个发展机会;父亲(荣德生)则认为在内部经济困难的时候,应该先把目前的厂办好,然后再发展。这种信念冲突在1929年表现得尤其激烈,当时荣宗敬欲购东方纱厂,荣德生认为此厂老旧,工人难立脚,开支必大,出品不出色,销路难去,荣宗敬却执意买下纱厂,并把厂押入汇丰来换取外国银行的贷款。〔2〕当事人均回忆此次并购导致的分歧很是厉害。荣德生力劝不果,难免生气,所以并购时荣宗敬要荣德生的大儿子荣伟仁陪同去看东方纱厂,荣德生竟不允许,导致荣伟仁夹在中间左右为难,只好偷偷去看了事。〔3〕1929年,荣宗敬还因为不甘落后于永安公司,在申一旁建申八厂,于是荣德生再度劝告荣宗敬,认为企业此时"才财两缺,如果一定要与永安竞争,只可二万锭,多锭不如少锭"。举例说查"内地一、二万锭者,皆管理易而生利厚,我局锭多利少,人才与资本关系耳",荣宗敬再次拒绝听取荣德生的意见,不肯示弱于人,仍购买四万锭。〔4〕此后,荣宗敬变本加厉,不顾企业资金短缺,又连续并购二厂:先在1931年以340万两巨额资金收买上海厚生纱厂补充为新申六,因向该厂原债权银团抵押贷款,本身未出任何现金;然后当年再借5万元,收买负债累累的三新纱厂为申九。荣家企业的逆势扩展至此到达顶点,随后因为危机而停止了扩展。

对于荣宗敬投机和热衷负债扩展上的一意孤行,时人觉得颇难理解。特别

---

〔1〕荣德生:《乐农自订行年纪事》,上海古籍出版社2001年版,第100页。

〔2〕后果被荣德生不幸言中,先是申七经理叶达明遇劫身亡,经此波折,后用人困难,屡屡亏损,以致合伙人叶琢堂灰心,将股脱去。

〔3〕乐农史料选编:《荣德生与企业经营管理》,上海古籍出版社2004年版,第199页。

〔4〕荣德生:《乐农自订行年纪事》,上海古籍出版社2001年版,第104页。

是观察到荣家企业新一轮扩展完成后的次年即1932年,申新各厂资金调度就陷入非常困难的地步,流动负债大于流动资产,出现200多万元的资金缺口,这意味着企业的资金周转处于极端危险的境地,随时可能断裂。那么这种冒险扩展,荣宗敬的决策依据是什么呢?

根据对管理层访问的史料整理〔1〕:荣宗敬之所以勇于冒险,是其长期坚持的负债扩展信念体系所致,1931年并购三新纱厂时,荣宗敬认为办企业应该逆势而上,否则不进则退。买下三新后,荣宗敬还常常辩解说:"厂子不管好坏,只要肯卖,我就要买。我是把一只锭子当作一支枪。我虽然没有钱,人家肯欠,我就要借"。甚至在受到荣德生和其他股东反对时,荣宗敬反而自鸣得意,认为其他人懂得这个道理还早呢。从钱庄起家的荣宗敬,其信念和决策的知识基础是基于对资金融通的熟悉和了解而奠定的,他首先认为"实业机遇大,多设一厂就多一盈利机会,也即多一个还债机会";其次,意识到贷款金额大时,金融业反而不敢过分逼债,荣宗敬常说的口头禅是:"债多勿愁,虱多勿痒,债愈多愈凉";最后,是因为荣宗敬存在"五十岁时有五十万锭,六十岁时有六十万锭,七十岁时七十万锭,而八十岁要达到八十万锭"的企业宏伟战略目标。在荣宗敬借债扩展的过程,甚至银行和钱庄也起了推波助澜的作用,因为在经济困难时期,有些厂办不下去而押给钱庄,但是钱庄急于去包袱,需要寻找新户头,所以就找到申新;例如申新1931年接受厚生纱厂,仍维持原来押款,钱庄也很满意,认为银行和企业达到了双赢:钱庄避免破产而申新"不用另添人,只要多一本账,工程师和职员从其他厂分过去,而他们的薪金又不必马上提高"。

但是对比投机上不可调和的信念分歧,荣氏兄弟在举债扩展上的信念冲突并没有想象的那么尖锐。因为荣德生此人也并非一味保守,如在1927年大局已平,企业预期好转,荣德生立即与荣宗敬商量,认为"不可有现钱,还是向添机上走";甚至主动提出要成立银行以促进实业,兄弟迅速达成共识:"即决组织,并请人",次年成立同仁储蓄部。〔2〕所以,荣氏兄弟信念分歧虽大,却又因为具有更深层的共同信念即企业家精神为合作基础,导致的结果其实是分而不裂。正如荣家企业的管理高层薛明剑的回忆所指出的那样,荣氏兄

〔1〕《荣家企业史料座谈会记录》,乐农史料选编:《荣德生与企业经营管理》,上海古籍出版社2004年版,第199—201页;上海社科院编:《荣家企业史料(上册)》,上海人民出版社1962年版,第553页。

〔2〕上海社科院编:《荣家企业史料(上册)》,上海人民出版社1962年版,第102页。

弟都具有强烈的进取心，只是一个强调步子走得快一点，另一个则强调走稳一点而已。

### 三、科学管理信念成为共同信念

第三周期荣家企业的经营理念虽呈复杂多元化并由三大信念体系主导。但是在荣家企业的第三周期中观察到，制度变迁主体众多，从荣氏兄弟到"荣二代"、从高层管理人员薛明剑、汪孚礼到普通职工，从王禹卿为代表的中小股东到银团，此外，政府实业部和权贵宋子文，另外黄培炎和史量才等社会知名人士，纷纷表达对荣家企业制度变迁的建议和信念，让人感到眼花缭乱，但是观察到所有的主体却都是围绕科学管理的共同信念而展开争论的，这是为企业经营信念上的一大景观。

就荣家企业内部而言，在科学管理信念上逐渐形成了惊人的一致性同意。首先，荣宗敬早在1923年就大力支持工头制度变迁，推行科学管理；1925年后，在荣宗敬主持下申新各厂普遍建立工程师责任制；1930年，荣宗敬当选为中国工商管理协会理事会成员，其在次年4月的讨论会上指出："纺织、面粉两业，关系我国社会经济至巨……推其原因，则税项负担过重，交通梗阻，运费过昂，原料质量不佳，工厂管理不合科学方法，实最为重要。挽救之策，端在改良棉产，减轻捐税及运费，并励行科学管理数端"〔1〕。1934年，在企业陷入危机时，荣宗敬即同意成立改进委员会，态度明确地支持推行科学管理。其次，荣德生在荣家企业内部率先开展科学管理标准化作业，使申三厂标准化水平领先国内。总之，荣德生一直非常扎实地推进科学管理，还积极支持"劳工区自治"，成功后轰动一时。再次，作为新生代企业家，李国伟在申四、福五推行科学管理也相当成功，特别是制订《申四厂规》739条，包括经营、生产、生活各方面，涉及对象不限于车间工人，也包括全厂管理人员，是荣家企业中第一部自订的科学管理法规(潘必胜，1998)；其他"荣二代"企业家也纷纷宣扬自己的科学管理理念，典型如荣伟仁考察日本后，于1931年提出专业化、家庭化(视厂为家)、合作化、工作标准化四个标准；荣尔仁在1931年亦提议学习日本工厂的合理化与标准化，并同年提议在荣家企业建立生产部，推行科学管理。其他各厂管理层也纷纷跟进，努力推进科学管理，如建立"申新总公司的职员训练班、申二的培训养成工、申

〔1〕 上海社科院编：《荣家企业史料(上册)》，上海人民出版社1962年版，第260页。

九的工人养成所"等。

尽管我们表面上看到第三周期的荣家企业制度变迁似乎围绕科学管理而进行,但是一定要注意到认知和行动是有差异的,如果误以为第三周期荣家企业所有的制度变迁和决策都是建立于科学管理的共同信念之上,就会对荣家企业在这个周期的诸多危机的产生感到困惑:为什么荣家企业在这个周期遭遇的危机是前所未有的巨大?这是因为再次忽略了路径依赖的影响,即过去的信念依旧在起作用,企业家及其企业不会轻易放弃还拥有适应性效率的旧制度以及相应的旧信念体系,尤其是隐藏于荣家兄弟内心的无限责任公司信念,作为最核心的信念而异常稳定。而所谓的科学管理的共同信念在早期其实是和旧信念并存的,所以产生所谓三大信念体系并存竞争和荣氏兄弟的信念大分流,而这不正是"新旧制度并存"在信念体系上的一种反映吗?科学管理其实只是在第三周期的后期,即20世纪30年代,重重危机压力下,才真正地在整个荣家企业中得到全面实施。"间断均衡和感知危机"的制度变迁模式再次得到证明,如同第一周期的钱庄倒闭带来共同信念,第二周期工头制度产生负报酬带来信念变迁一样,第三周期的共同信念的形成,同样产生于危机对旧信念体系的挑战和改变。企业制度变迁本质上是一个信念不断修正和信息不断反馈的试错过程,制度变迁的主要动力有时不是追求更高的效益而是被动应对企业报酬递减和负报酬带来的挑战,利润下降会让企业陷入各种危机,让企业家意识到自己预期的错误,从而判断出企业家的赖于决策的知识和信息体系是不完全的,认知或者感知危机因此而产生。投机损失、经营不善、冒险失败,都会引起曾经坚定的信念的改变,作为荣家企业的制度垄断者,荣宗敬的"内在稳定的偏好"的变迁,"坚定信念体系"的改变是导致第三周期形成新的共同信念的关键(后面关于投机的研究中,我们会分析这点),并将引导出企业制度新的变迁。

## 第四节　第三周期的正式制度变迁

复杂的企业信念导致第三周期的正式制度变迁呈现多元化,而275个制度事件标志着最复杂、多元化的制度变迁周期的诞生。

## 一、正式制度的总体特征

表5—9　　第三周期正式制度统计

| 年份 | 制度事件分类 | 件数 | 特征 | 备注 |
|---|---|---|---|---|
| 1925—1937 | 产权变迁 | 24 | 产权变迁没有第二周期的多 | |
| | (逆)纵、横向制度扩展 | 49 | 其中逆纵、横向制度变迁(12) | 逆向制度变迁发生频率大大增加 |
| | 多元化投资 | 8 | 金融、地产、长途汽车、矿业 | 多元化投资亦非常节制 |
| | 科学管理和制度折旧 | 97 | 科学管理(55)、制度折旧(42) | 无限责任公司折旧明显 |
| | 各类单项企业制度变迁 | 74 | 产业链、人事、财务、总公司、采购销售制度、无限责任公司、企业战略、荣二代参与企业、意识形态投资等 | |
| | 其他 | 22 | 银团、工人、社会、政府等第三方介入制度变迁 | |

资料来源:附表6。

根据表5—9统计:

### (一)第三周期的产权变迁数量明显减少,特别重大的产权变迁很少发生

但有如下重要特征:

1. 为适应“荣二代”的参与企业的需要,产权相应发生调整

(1)1933年,申三无限责任章程的股东名单中,股本500万元,荣尔仁有10 000元;李国伟有20 000元,名列其中。(2)1933年,申一厂增资时,荣宗敬的大儿子荣鸿元也以28 000元股份名列股东名单,1935年申一厂无限公司章程中则正式以书面确立,总股本420万,其中荣鸿元28 000元股份。(3)利用申四火灾重建的机会,逼迫24个中小股东退出,新吸引6个小股东,每股4 000元,加上未退股12户,1934年总计20户股东,股本增加到92万元,其中荣宗敬582 000元,占63.2%;荣德生284 000元,占30.9%。通过筹新股,废旧股,李国伟亦正式拥有申四股份(荣家企业对中小股东的排挤,在后来遭遇了一系列的抨击和法律诉讼,如1944年中小股东控告荣氏兄弟侵权,认为申二、五、六、七、九各厂的资本都是从申新无限公司来的,要求享受相关权益。大股东最后不得不做出让步)。

2. 法人持股,成为产权变迁的重要特点

1935年数据表明,荣家企业以“茂新、申新、福新”三个企业名义持有16个企业的股份,以规避开对大股东权利的限制,并介入银行企业经营,由荣宗敬担任中、上两银行董事、上海电力公司华籍董事、恒大纱厂总经理。

3.“利益分享”的信念渐成气候,并导致产权等相应的正式制度发生变迁

早期,基本上每厂的公司章程都强调只有经理人员能够参与利益分享,如荣家企业中最早的产权资料“福新一厂创办时1913年股单规定”:“企业盈余按十三股分派。股东得十股,机器折旧一股;余两股又分十成:总经理三成、经理二成、协理一成半,各友得三成半”。到1931年,荣宗敬代表福新一厂向上海社会局注册,修改福新公司章程仍呈社会局,利益分享产生变动,特征是企业盈余分配的名单中增加了办事员。其他如申一、三各厂章程皆照此办。

在第三周期,荣家企业开始针对职员和工人大量推行“选择性激励”的制度安排。早在1927年,申新公司召开第一届纺织会议时,就考虑到各厂质量低落,特意制订奖惩措施,鼓励职工提高品质。具体到各厂:(1)1931年申一厂开始推行“赏金、赏工”制度;(2)1931年申三厂亦决议增加工人福利,建立“劳工自治区”;(3)1934年申四订立一套奖励制度,对“少请假少停工者、节省原料、多生产”进行激励,并利用“提成奖激励高级职员”,此外还订有临时奖励措施;(4)1937年申三厂推行技术竞赛奖励制度等。(5)利益分享的制度安排最后渐渐上升到产权的层面,虽然第三周期受到1937年抗日战争的影响而中断,但是不妨碍我们对1937年以后的荣家企业制度变迁进行补充性的分析:首先,1941年汉口申新四厂与福新五厂内迁以后,新生代企业家李国伟为奖励内迁有功人员,改订分红办法,吸收高级职员入股。其次,1945年“茂新福新申新”面粉纺织股份有限公司章程,盈余分配方案中列入计提职工福利公益金5%。最后,1952年上海申新纺织印染股份有限公司章程,把职工福利基金和职工奖励金提高到20%,并规定后二项由劳资双方协商决定。剩余利益分享由股东扩展到管理层,再由管理层扩展到全体职工的趋势日益明显。

上述制度变迁体现了工人和职员参与企业剩余利益分享的要求(归于多元化主体参与制度变迁的一种),特别是工人作为全新的制度变迁的主体,在参与企业利益分享的博弈中表现积极(其实在第二周期的工头制度改革中,组织起来的工人已开始展示其参与利益分享的博弈能力),是导致荣家企业扩大了利益分享的覆盖面的重要原因:(1)1933年申一厂9 000余工人宣布怠工,提出保

留赏工、分派历年盈余等要求;(2)1936年申新六、七厂工人通过罢工取得工资增加一成、申四厂则通过罢工取得增加工资和年终双薪、申一八厂则要求恢复原先工资,并取得5%的增幅。(3)工人的通过频繁的罢工、怠工方式参与制度变迁,甚至致使1936年厂方宣布了奖励金制度:“凡服务已满二年以上而平日成绩优秀者,不问论货论工,工资之外另给奖励金三分;凡论货凭率一律增加百分之三至百分之五;凡论工工友服务不满二年,而在一年以上成绩优异者,酌加工资一分至二分。双薪则参照日本厂方做法适当增加奖金”。[1]

4. 其他产权制度安排

1931年申九厂建立初没有立下股东协议,迟至1941年才订合伙议据,并分出14.6%股份给资方代理人。1931年申六厂建立初,亦没有立下股东协议,1946年才订合伙议据,并分出10%股份给资方代理人,这都是管理人员持股的产权制度变迁。又产生了把剩余收益用于保障职工队伍的稳定的制度安排,1937年申新第九厂规章汇编规定“职员积储金规则”,自从1937年1月起,职员薪水一律加5%,作为积储金存入银行,照银行利率结息,退职时还于职工,中途解雇不退,除特许发还外一般充作附设医院之经费。

(二)产权以外的企业制度变迁总体情况

1. 大量(逆)纵、横向制度扩展

第三周期的纵、横向制度变迁(49次)并不逊色于第二周期,原因却并不是第三周期具有和第二周期同样的扩展速度和方式,不同的特征是基于负债的扩展和逆纵、横制度扩展的大量发生(12次)。多元化投资(8次),也继续表现出极大的节制,显然第一周期多元化投资失败的经验影响到今,这个周期其实并无较重大的多元化投资,除了服务于资金需求而投资金融业外,参股上海储蓄银行和中国银行,荣宗敬成为董事,开设同仁储蓄部,再无亮点。

2. 大量科学管理制度变迁与制度折旧并存

第三周期的正式制度变迁中,贯穿第三周期的科学管理(55次)、制度折旧(42次),此周期的折旧之多,史无前例,而科学管理制度变迁之多,亦属非常,说明荣家企业处于制度变迁的巨大压力之中。荣家企业的各项企业制度继续深

[1] 补充:利益分享的制度在荣家企业第三周期以后继续得到发展,以1945年茂新福新申新面粉纺织股份有限公司章程规定最为典型:首先盈余分配不公再提官利,而是先提定公积金、次所得税、再是股息(年息一分),股东会表决分配盈余分配,公积金10%、股东红利60%、酬劳金(董监职工)20%、职工福利公益金5%,另还有应用科学研究之奖金及补助5%。

入变迁,如"品牌变迁、产品质量控制、独立自造机器、向外国大规模采购原料和就地办花;企业战略上转向内地;产业链的升级不断实现;规模经营进一步扩大导致相关制度变迁、职工培训、建立实验室和人事上的各种企业职员担保制度"都体现着适应性效率要求、"荣二代"大量参与企业制度管理、紧缩开支的临时性制度安排等则说明制度变迁是在危机的背景下发生的。

3. 多元化的制度主体参与制度变迁

第三周期的荣家企业的制度变迁的一个显著特征就是制度主体的多元化,包括工人、管理层、银团、中小股东、社会名人、政府都名列其中。这样导致了制度垄断者的模型的不适用,并验证了本文提出的多主体制度变迁模型的适用性。企业制度变迁多元主体的出现,意味着制度垄断者主导制度变迁的模式,在第三周期受到强烈冲击,企业能否进行新制度的创造不再取决于制度垄断者的制度预期收益函数的考量,而取决于参与制度决策的主体们在全体加总后的总收益情况。用($\sum_{l=1}^{k} R_1^{v_1^l} - \sum_{l=1}^{k} Cr_1^{v_1^l}$)表示所有主体对新制度 1 的预期收益和成本,则$\sum_{l=1}^{k} PVv_1^l$表示所有主体最后的预期收益加总现值,只有加总现值大于 0,新制度才可能创造出来。这产生了两个后果:(1)企业组织内部的企业家还具有相当的企业家权威时,制度变迁主体会在此权威中心的主持下进行制度变迁的博弈,最后通过建立著名的福利经济学的"卡尔多标准"和转移支付(Transfer)模式,来进行利益协调,从而实现新制度的变迁(可参考第二周期工头制度变迁中相关详细分析)。(2)当企业内部缺乏一个能够协调所有制度主体利益的权威中心时,企业制度变迁就会产生多元化分流,即各企业利益集团在企业内部自行其是,分别根据自己的制度预期收益函数进行制度变迁,在企业内部建立分立的企业制度体系。观察到 1938 年荣宗敬客死香港后,原荣家企业的权威中心受到冲击,于是荣家企业内部很快出现"李国伟主持的五公司总管理处、荣鸿元主持的大房系统、荣德生主持的二房系统"三足鼎立的制度分流局面(潘必胜,1998);更严重的是一部分企业人甚至从企业中分裂出去,以图按照符合自己制度预期收益函数的方式,选择最优方案推行新制度变迁,以获取制度利润。1933 年,荣家企业福新系统中的中小股东在王禹卿的带领下另立总公司是为其典型,而这种模式亦为现实企业普遍存在的组织分裂现象提供了满意的解释机制。

总体上,我们可以把第三周期的正式制度变迁以 1934 年申新搁浅,申新内部组成"申新改进委员会"为界,划分为两个阶段,即科学管理成为共同信念前的制度变迁阶段和科学管理成为共同信念后的制度变迁阶段。前一个阶段以荣宗敬主导的申新总公司发动的一系列制度变迁为主要特征,荣德生在申三主导的科学管理制度变迁为次要特征;后一个阶段则以荣德生通过申新改进委员会,把申三的科学管理经验在荣家企业全面推广为主要特征。

## 二、申新总公司主导的制度变迁

潘必胜(1998)指出:早期荣家企业摒弃有限责任公司形式而实行无限责任公司形式是一种进步,因为它实现了企业上层管理的直线体制。但到20世纪30年代以后,无限公司组织越来越不适应管理需要了,荣家开始了无限责任向有限责任公司的过渡,因为经过工头制改革,原制度向科学管理的直线参谋体制过渡,要求吸引大批专业人才进入企业的参谋系统,而无限责任公司组织和家族人事系统对非股东的专家人才引进有很大的排斥。潘必胜所言并非全无道理,但如果只是因为不能吸引大量人才进入荣家企业而导致产生最终危机,根据上稍有片面。实际上荣家相对并不缺乏人才培养,除很早就自行训练人才,利用公益工商中学的学生予以纺织技术训练为基础外,申新系统全面自办职员养成所、机工养成所、女工养成所等,本身也引入不少高层技术专家和家族外部的人才:1925年,荣家企业请汪孚礼主持申三厂改革;1927年,朱仙舫任申五厂厂长,以纺织专家为厂长主持厂事,申新系统由此开始(专家治厂)。(朱)后受到重用,先后二厂、七厂任职。1928年荣德生指:“吾局各厂加意,工程师厂厂有,均添机,改良务条陈……申各厂由兄请工程师调度”[1];加上1932年,薛明剑亦任申三厂管理处主任;而且,荣家第二代企业家人才辈出,纺织专家汪孚礼称:1927年后,随着荣氏二代接班人伟仁、溥仁和尔仁加上外面招致不少纺织专家加盟,以前有事业缺乏人才,而今人才已不成问题,反嫌事业太少。[2]查资料还发现1936年申二厂委托申总聘请中国建设工程股份有限公司工程师、申五厂聘请大陆法律事务所过守一律师、申二、五厂聘请黄启罗工程师、某联合会计师事务所会计师的合同,实际上荣家企业各厂一直不断聘请法律、会计、工程师等各方面人才。

我们需要更加全面的视角,申三厂引领的科学管理虽然独树一帜,但从一

---

〔1〕荣德生:《乐农自订行年纪事》,上海古籍出版社2001年版,第103页。

〔2〕汪孚礼:《申新纺织公司过去的回顾和今后应采取的方针》,引《荣德生与企业经营管理》,第395—396页。

个工厂扩展到能够影响全部荣家企业有个缓慢过程,从一个工厂的角度来看待问题,也不够全面。全面的视角应追溯到"茂福申新"总公司的建立和扩展,总公司作为荣宗敬企业家权威的化身,是 1934 年危机前荣家企业的制度变迁驱动中心。因此其变迁具有系统性影响力,并导致荣家企业制度的相应系统性的变迁,即整体从适应性效率到无效率。这个效率变迁过程的全面影响从两个方面得到体现,其一是借款扩张;其二是金融投机。这两个因素是荣家企业陷入 30 年代危机并使总公司的荣宗敬集权领导瓦解的关键所在。

### (一)正式制度扩展:总公司的性质与超借

1. 三个周期的扩展方式比较

第三周期荣家企业没有停止发展,继续保持了快速扩展(相对其他纺织企业的停滞,尤其明显),这种扩展带有新的特征。现把三个周期的制度纵、横向扩展方式进行总结比较,观察到第三周期多用借款方式扩展,而早期第一、第二周期的企业扩展,多用自己股本和盈余,很少甚至没有借款扩张现象,如表 5—10 所示。

**表 5—10　　三个周期荣家企业制度扩展方式比较(1896—1937 年)**

| 制度变迁周期 | 企业扩展情况 | 主要融资方式 | 备注 |
|---|---|---|---|
| 第一周期 | 钱庄和保兴粉厂、振新纱厂及其他多元化投资 | 钱庄资金及盈余 | |
| 第二周期 | 茂新 4 厂、福新 8 厂、申新 4 厂、多元化投资 | 企业盈余支持计 7 厂、对外招股 9 厂、两者并用的融资计 6 厂 | 注①、② |
| 第三周期 | 申新 4 厂、新福三并购、申四、茂二火毁重建、多元化投资 | 除茂二、申五厂外,其他 4 厂大部分依靠借款融资 | 注③ |

资料来源:附表 6.1。

备注:①制度变迁第二周期后期,注意到荣宗敬因为过度扩展而陷入周转危机,1917 年 1 月和 4 月分别向台湾银行、中日实业有限公司借款 3 月期 30 万日元和 6 月期 40 万日元用于弥补营运资本不足;1918 年 2 月以福二厂抵押借 25 万日元用于扩充经营及福新一二四厂抵押分别向日本银行借 350 万日元(日元∶银元=1∶1 左右)用于摆脱周转危机。②盈余补充资本,以福新系统最明显:从福新一厂账册就可以发现 1913—1923 年,一厂陆续拨付福新二三七厂的投资金额就达到 280 余万两,合计 390 余万元。申新系统也异常明显:从 1915 年到 1937 年,如申一厂累计股本 420 万元,其中盈余添股达 350 万元。③制度变迁第三周期,1926 年福新新三厂并购时,除筹资 30 万元股本外,另与中国银行订立购买华兴粉厂合同并抵押借款四十万银两,10 年分期付款;申四厂火灾重建除 1933 年追加集股到 92 万元外,再向汉口中国银行借款 210 万元;申五厂由总公司垫款并购德大纱厂;银团借款 340 万两并购厚生补充为申六厂;以 170 万两分期付款买下东方纱厂为申七厂,资金来源除集股 50 万两,另把厂押入汇丰银行借款 200 万银元;于才财两缺时新建申八厂;并购三新纱厂为申九厂,作价 40 万两分期付款,荣宗敬找孙直斋借款支付定金 5 万两买下(余款欠),迁建九厂又花费 520 万银元,由英麦加利银行借款;茂二厂火毁重建系自筹。④另机器分期付款也是一种扩展的融资方式。⑤荣家企业系无限责任公司,对外招股颇受限制,此为其组织上难于对外进行大规模股本融资的致命缺陷,所以荣家企业除早期合伙人外,仅有为数有限的中小股东。

应该说,第一周期的制度扩展中心钱庄,本身就是一种类银行的组织,其拥有的金融资金大大方便了荣家企业的制度扩展,但是,第一周期的制度扩展只是"简单的银行融资形式和利润支撑为主,机器分期付款为辅";第二周期的制度扩展则"明显依靠内部大量融资,利润积累为主导,银行钱庄融资、股本融资和机器设备分期付款融资为辅";第三周期的制度扩展则是"银行钱庄融资为主,股本融资和利润积累、分期付款为辅"。

从转移支付的角度,对比前二个周期,第三周期的转移支付形式因为上述特征而产生相应变化:一方面,资金、人才和管理为内容的转移支付形式得到继续应用,在福新新三厂、茂二、申新(申六到申九)的新建、并购、重建和迁建中使用愈加纯熟;另一方面,在企业经营规模进一步扩展的情况下,转移支付在性质上再度产生重要变化,表现在纺织厂系统对外部资金使用的依赖渐渐代替了内部资金调拨为主导的形式,除"银行、钱庄融资为主,股本融资和利润积累、分期付款为辅"的形式外,公司债券、国家债券等新式企业融资设想和方式也相应产生(30 年代大危机中,荣氏兄弟屡次试图发行公司债券),这意味着企业制度变迁中支付企业制度变迁的组织费用的资金来源的变化,会引导现代金融市场的产生。我们在第二个周期已经揭示了内部资金支撑转移支付的机制,显然,当外部资金介入企业制度的转移支付时,利息支出等相应融资成本就纳入了制度变迁的考量中,这正是戴维斯与诺斯(1971)在原制度变迁模型中加入制度内含报酬率(贴现率)$r$ 这个变量的诱因;总之,财务管理和融资管理成为衡量荣家企业总公司是否具有适应性效率水平的新标准。

2. 总公司的融资中心等性质确立

但是,银行钱庄融资是从什么时候成为荣家企业的主要融资方式的呢? 这与第二周期后期即 1920 年总公司的建立紧密相关。

查询早期财务资料,1920 年总公司正式成立前(办事处),并无一手承担各厂的资金融通,所以无大笔银行钱庄往来的资金。[1] 总公司成立以前,各厂独立行事,缺乏统一的资金调度。办事处也以临时性银行钱庄借款为主,1920 年总公司建立后就出现 230 万元的资金欠款[2],查此时福新系统各厂账目和申新各厂账目,与银行有往来的只有申七厂透支银行钱庄款 28 052.89 元,其他申一到四厂,福一到八厂,茂一到四厂,皆无此项。此时替各厂寻找资金来源渐成总公司的主要职能之一。这意味着总公司性质发生变迁:资金融通中心就此确立(内部融通)。与企业扩张方式的变迁相关的、更加明显的变化在 1921 年出现,荣宗敬开始大举借款扩张。查 1921 年总公司记账,开始出现大量"借入款"(1920 年前也与钱庄有往来,但是数额不巨大),计有华大银行、上海银行、工商银行等 4 笔,交易所 1 笔、个人 4 笔,商记 9 笔、各钱庄 58 笔(按日记账记录的笔数),共计:788.35 万元;另外透支银行钱庄 58 户,其中包括日利银行、中国银行、上海银行、劝业银行等银行共计 14 家,银号 1 家,其他钱庄 43 户,金额达到 229.81 万元。但抵押贷款很少,大多数是信用借款,对比到后期申新的贷款基本上都是抵押贷款,抵押品通常为机器设备、厂房、道契等。

相应在 1921 年总公司账上也首次发现大量支付"银行钱庄透支"产生的利息达 144 272.27 元和"借入款"利息 170 211.67 元[3],对比 1916－1918 年仅仅有零星几笔利息支出,如支付中日银行利息 4 500 两,不可同日而语 。

另查 1921 年总公司账目上大量出现"汇总损益和纱布买卖损益",上半年有相关"粉麦买卖"的具体数据累计卖出面粉 208 000 包,买进面粉 16 500 包和买进麸皮 3 000 包,总计 922 963.93 银元。另发现支付广告费 4 928.81 元,这些交易说明总公司不但成为企业内部的金融中心,还是交易中心及品牌宣传中心。[4]

---

〔1〕 申新(总公司前身),在 1916 丙辰年并无大量钱庄欠款,账上资金来源 50 万两中,股本 30 万现金,其他仅收存永益钱庄 1 万两,台湾银行 151 540 两;在 1917 丁巳年,只收中日实业公司 154 600 两;另除收永益 2 万元等;1918 年,67 万资金来源中,只收永益 4 万等。查 1916－1918 年并无银行钱庄大量资金往来,主要资金来往系内部调剂,如 1916 年总公司账上资产类,应收中兴和二厂 17 万多元,负债类欠茂新、申新一厂等 15 万多元,因此总公司此阶段职能主要为内部资金调剂。上海档案馆 Q193－1－587 上海市申新总公司 1916－1918 年年结。

〔2〕 1920 年账目统计各厂资本 4 438 888.89 元,各厂活期存款 1 739 190.44 元,资金来源还包括,总公司拨福二 999 424.97 元、福五 73 755.85 元、福七 626 948.21 元、申新一厂 169 550.08 元、申新二厂 1 825 976.67 元。欠福六 274 937.61 元,欠福一 810 363.31 元,欠元丰恒厂 224 469.92 元,欠泰隆厂 76 632.53 元,各厂往来扣除总公司往来,余额 2 307 250.41 元,是各厂对总公司的净欠款项,说明此时总公司对各厂有融资的责任,且压力较大。上海档案馆 Q193－1－566 申新纺织总公司 1920 年决算表。

〔3〕 同时收各厂利息:茂新、福一二五七厂、申新一二厂共 327 448.60 元。上海档案馆 Q193－1－566。

〔4〕 上海档案馆 Q193－1－567 申新总公司 1921 年决算表。

经抽查申一厂、三厂、福七厂、福一厂的利息支出，发现如下特征：申三厂新建，利息负担比申一厂重，而新建福七厂利息支出也比福一厂大；其次申新纺织系统新建且对资本需求大，所以利息普通高于福新面粉系统(详细资料参考表5—15)。这些数据从侧面证明了第三周期的负债扩展方式。

有人认为申新超常规的发展速度与荣氏兄弟特别善于利用资本市场进行融资有关，申新公司不单是经营的结果，更多的是资本运作的结果。虽当时中国金融市场并不成熟，荣氏兄弟还是利用与钱庄、银行之间的各种社会网络关系，满足了申新扩张的资金需要。但是，考虑到股票和资本市场的成熟才可能为企业的大规模资本运营创造前提，荣氏企业的扩展是资本运营的直接结果吗？结论却是否定的，中国缺乏成熟的资本市场，所以金融机构债务、盈余积累和机器分期付款，实质上支撑了荣家企业的扩展。特别是由于早期经营面粉事业成功带来了巨大的信用价值，为其大规模信用融资创造了条件，经查询早期的荣氏融资，基本是信用贷款为主，仅1924年(不算借入款)就达到635.31万元，另外的银行钱庄透支款达到422.05万元，合计达到千万元规模(参见附表7)。

作为荣家企业的创始人，有人指出当荣宗敬已经在面粉业取得很好业绩时，他有三种选择：第一种最简单，就是守成；第二种是仅仅在熟悉的面粉业继续扩张；第三种则是寻找新的行业，开发新的利润增长点。多数传统商人可能倾向于前两种选择，与荣宗敬同时代活跃在中国工商业界的很多创业者，都有着海外留学或者西式教育的背景，见识过西方资本主义的生产方式，寻求扩张不难理解，但是对传统教育下成长的荣氏兄弟的扩张冲动表示困惑。实际上我认为，在企业制度本质是制度主体寻求报酬递增的工具，只要制度扩展在"边际收益上大于边际成本"，理性决策者就会一直选择扩张，直到利润收敛到"边际收益等于边际成本"。理性人按照效率规则行事，是企业制度出现报酬递增到递减的周期性变化的原因。所以企业家位置上的制度垄断者荣宗敬，在制度扩展的收益大于成本时，肯定会本能地选择扩张，即使荣德生也非单纯保守，强烈企业家精神让他只是为了扩展而保守。

另外，从制度矩阵的均衡角度，总公司的借款扩展的战略并非单线性发展，配合此种融资战略，并为弥补无限责任公司在融资上的缺陷，正式制度安排上有着一系列的决策：首先是众所周知的"重积累轻分红"的政策；其次是大量战略投资于银行钱庄，早在1919年荣宗敬和穆藕初、聂云台等就联合组织中华劝工银行。[1] 1921 年查总公司账上有收上海银行上半年股款股息收入 8 676 规元,这是荣家企业最早的投资银行的在案记录[2];1922 年定期放款明细(大洋)有:上海商业银行股款 400 000 元、中国银行股款 300 000 元;大丰银行股款 40 000 元。[3] 说明荣家企业在逐渐增加对银行钱庄的战略投资。其他资料显示以申新总公司名义投资于中国银行、上海商业储蓄银行和中国国货银行三家(统计截至 1935 年);荣宗敬个人投资于 7 家钱庄,2 个银行,1 个保险公司(1931—1932 年)[4]; 荣德生、王禹卿曾经反对荣宗敬对上海各个行庄都要搭上一个股份,荣宗敬则说"自己搭上一万股子,可以用上十万、二十万资金"。这是荣宗敬在发展过程中深切感到向金融界融资的需要,为解决扩张的资金的困扰和金融界制约的问题,于是向金融界渗透,通过股权投资,荣宗敬并于 1931 年任中国银行董事;1932 年任上海商业储蓄银行董事[5];再次是一直高息吸引职工存款,即所谓旧式职工存折[6],同时自设金融机构,即 1928 年成立的同仁储蓄部;最后一个因素则是基于无限公司责任重信誉高,又承担无限责任,易于取得信用融资,同时为吸收活期存款树立了良好信誉。

3. 总公司的"超借"现象

关于申新总公司的资金融通中心职能,注意到从一开始就不是只为各厂融资,因为总公司本身在 1921 年就有"花纱麦粉买卖"和投资业务,也需要资金的支撑,特别是后来大规模投机所需资金来源也要解决。这导致对总公司的资金融通中心的功能必须深入研究。赵冈、陈钟毅(1997)提出近代华商纱厂存在一种超限使用资金典型现象,即明明资金只够使用装置一万枚纱锭,负责人却偏要装两万枚纱锭。[7] 这种说法其实并不准确,在财务上的表现应该界定为"超借"。我们发现总公司存在大量的超借现象,如表 5—11 所示(超借一般指总公司通过银行钱庄的筹资额超过各厂资金用度,各厂各庄存款已调减;括号数据

[1] 杜恂诚(1998)指出:荣宗敬参与创办的银行还有正利、江苏华大、正华、中和等。

[2] 上海档案馆 Q193—1—567 申新总公司 1921 年决算表,因 1920 年总公司账上无定期放款,也无股息收入记录,推断是此笔记录为最早的投资银行的记录。

[3] 上海档案馆 Q193—1—568 申新 1922 年决算表。

[4] 上海社科院编:《荣家企业史料(上册)》,上海人民出版社 1962 年,第 552—553 页。

[5] 《时事月报》《全国银行年鉴》,引上海社科院编:《荣家企业史料(上册)》,上海人民出版社 1962 年,第 273 页。

[6] 根据上海档案馆 Q193—1—566 申新纺织总公司 1920 年决算表,总公司和各厂合计吸收职工活期存款 173 万多元(茂一二四厂在外)。

[7] 引赵冈、陈钟毅:《中国棉纺织史》,中国农业出版社 1997 年,第 169 页。

说明各厂资金使用超过总公司筹资额;广义超借含总公司全部筹资来源,包括银行钱庄、活期存款、储蓄部存款)。

**表 5—11　　荣家企业总公司超借资金一览表(1920—1937 年)　　单位:千元**

| 年份 | 1920 | 1921 | 1922 | 1923 | 1924 | 1925 | 1927 | 1928 | 1929 |
| --- | --- | --- | --- | --- | --- | --- | --- | --- | --- |
| 广义超借(全部融资) | 1 767.2 | 2 278.6 | 498.8 | 1 206.5 | 701.5 | 1 208.8 | 3 072.5 | 4 713.0 | 4 955.3 |
| 超借(单银行钱庄借款和付各厂资金差) | 28.05 | 2 237.8 | 279.8 | (544.3) | (1 366.5) | 286.0 | 880.0 | 904.5 | (2 447.3) |

| 年份 | 1930 | 1931 | 1932 | 1933 | 1934 | 1935 | 1936 | 1937 |
| --- | --- | --- | --- | --- | --- | --- | --- | --- |
| 广义超借(全部融资) | 11 372.3 | 15 867.5 | 17 419.7 | 2 674.0 | 5 229.1 | 7 722.6 | 8 974.9 | 5 108.3 |
| 超借(单银行钱庄借款和支付各厂资金之差) | (957.4) | 7525.9 | 3 767.2 | (2 340.4) | (82.19) | 1 055.0 | (586.93) | 3 756.7 |

资料来源:附表 7。

注:①1920 年总公司还没有完整的账目。②1921 年遇到周转危机,所以超借额度大。③1925 年前,总公司财务负担不严重,甚至有利息收入;1926 年资料欠缺,对应 1927 年总公司超借金额忽增,当年总公司开始出现沉重的利息支出,说明一是总公司在资金使用上出现问题;二是融资的角度,除了满足各厂的实体经济需要外(1923 年、1924 年、1930 年、1931 年、1933 年、1934 年、1936 年实体经济相应出现亏损或者周转困难,致使总公司为各厂额外融资,即总公司抽调自己的资金融通支援各厂实体经济);大量超借说明总公司自己的资金需求大量增加,这解释了总公司投机等相关业务的资金来源。④对应总公司的投机业务大规模上升,相应的超借金额也从 1927 年急剧上升,直到 1932 年达到高峰(投机导致的超借需求急剧上升异常明显),而 1933 年又急剧下降(1 700 多万元下降到 200 多万元),正好对应 1933 年总公司停止投机活动,说明投机导致的超借资金需求急剧下降。⑤1933 年到 1936 年超借再度持续需求上升,因总公司消化亏损而出现资金需求,此超借需求是由总公司的流动性缺乏需要引致。

超借汇总表对总公司资金大规模“超借”进行了充分说明,一是总公司自己的业务发展需要,如“粉麦买卖、棉纱买卖和投机期货”;二是支援各厂的发展,这包含了赵冈等所谓的“超限使用资金”的情况:超限使用资金要么表现为财务周转危机,要么表现为资产负债率上升和利息支出大量增加;关于前者本文特意收集了大量一手财务资料,计算了总公司和各厂的资产负债率并进行分析(在1921—1922年荣家企业的周转危机中,对于超限使用资金的确表现得特别明显,关于1921—1922年的周转危机已有分析)。

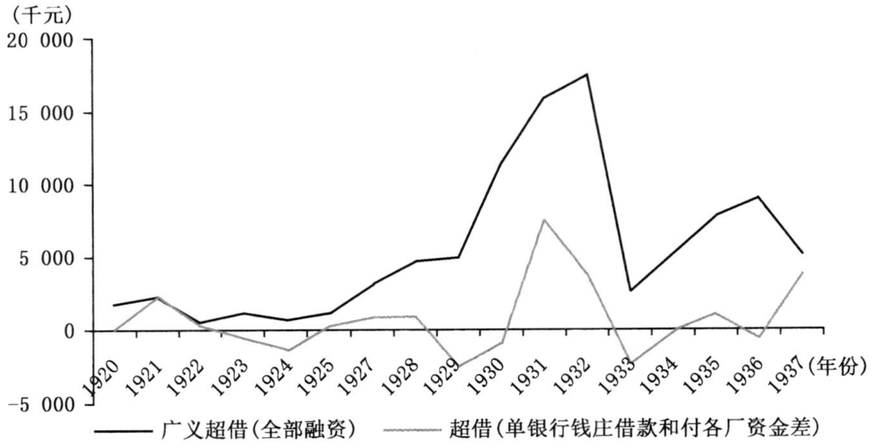


**图5—6 总公司超借**

“超借”和利息支出是互相印证的,结论是:(1)各厂中茂新和福新财务上都比较稳重,基本上不存在严重的债务问题,福一八厂早期和福七厂利息支出不断下降可证明此点。(2)债务问题主要发生在总公司和申新各厂。(3)申新各厂和总公司在1913—1919年基本上没有大笔利息支出,说明此时企业发展不依赖银行钱庄融资。直到1920年、1921年出现第一次利息大幅上升,从4万元利息支出上升到40多万元,因为出现严重的资金周转危机而借日本银行高息贷款才渡过难关。(4)1922—1924年申新各厂利息支出继续上升,除了因为出现亏损和企业经营困难外,还说明正是此时,总公司和申新各厂改变原先稳健的发展方式,开始大力推进银行融资促进发展战略。(5)申新各厂在1932年、1933年利息支出达到500多万元的高峰,并持续5年有400万元以上的利息支出,说明企业长期处于债务负担沉重的情况。(6)作为各厂的资金融通中心,总公司早期是正利息收入,但当参与投机业务(总公司设有自己的业务支出项目)的资金量大大增加时,总公司的利息开支渐渐增加,从1927年的7万多元,上升到1933年的顶点200多万元,利息支出明显伴随着总公司超借金额的增加而增加,见表5—12。

表5—12　　荣家企业的利息支出表(1913—1937年)

| 年份 | 申新各厂(千元) | 茂新(千元) | 福新(千元) | 总公司(千元) | 全体总支出(不完全合计)(千元) | 申三(千元) | 申一(1933年后千元) | 福一八(千两) | 福七(千两) |
|---|---|---|---|---|---|---|---|---|---|
| 1913 | — | — | — | | | — | — | 1.16 | — |
| 1914 | — | — | — | | | — | — | 3.02 | — |
| 1915 | — | — | — | — | | — | — | 4.97 | — |
| 1916 | 1.88 | — | — | — | 1.88 | — | 1.35 | 19.30 | — |
| 1917 | 33.93 | — | — | — | 33.93 | — | 24.43 | 18.81 | — |
| 1918 | 84.08 | — | — | — | 84.08 | — | 60.54 | — | — |
| 1919 | 39.99 | — | — | — | 39.99 | — | 28.79 | — | — |
| 1920 | 439.07 | 111.06 | 575.72 | — | 1 125.84 | — | 58.72 | — | 103.24 |
| 1921 | 668.22 | 108.79 | 713.37 | —52.42 | 1 438.25 | — | 53.48 | — | 144.82 |
| 1922 | 1 585.46 | 978.31 | 合于茂新 | —130.73 | 2 376.10 | 370.69 | 40.19 | — | 153.41 |
| 1923 | 1 940.49 | 182.54 | 911.80 | —100.97 | 2 933.87 | 590.02 | 125.29 | — | 158.72 |
| 1924 | 2 135.47 | 161.43 | 1 144.38 | —150.40 | 3 291.92 | 689.65 | — | 5.11 | 221.47 |
| 1925 | 2 159.64 | 156.09 | 1 043.48 | —153.19 | 3 146.45 | 626.49 | 67.95 | — | 151.69 |
| 1926 | — | — | — | — | — | — | 141.81 | — | 72.77 |
| 1927 | 1 571.49 | 合于申新 | 合于申新 | 108.70 | — | 388.52 | 95.80 | — | 61.66 |
| 1928 | 2 051.95 | 191.29 | 1 174.89 | 67.15 | 3 485.28 | 352.70 | 157.80 | — | 14.43 |
| 1929 | 1 499.78 | 87.18 | 987.58 | 401.74 | 4 558.84 | 583.95 | 120.20 | — | 63.84 |
| 1930 | 3 393.57 | 合于申新 | 合于申新 | 508.87 | 3 902.44 | — | 305.17 | — | 35.47 |
| 1931 | — | — | — | 1 192.22 | — | — | 497.87 | — | 113.82 |
| 1932 | 5 055.46 | — | 494.05 | 1 416.24 | 5 090.81 | 622.90 | 504.39 | — | 82.94 |
| 1933 | 5 341.95 | — | 另立总公司 | 2 020.13 | 5 341.94 | — | 804.67 | — | 72.95 |
| 1934 | 2 982.68 | — | 另立总公司 | 389.56 | — | — | 826.06 | — | 69.28 |
| 1935 | 4 735.88 | — | 另立总公司 | 788.96 | 5 524.84 | — | 670.51 | — | 45.44 |
| 1936 | 4 787.02 | — | 另立总公司 | 1 664.66 | 4 787.02 | 301.86 | 694.46 | — | 65.56 |
| 1937 | — | — | 另立总公司 | 1 468.50 | — | — | — | — | — |

资料来源:申一八、申三厂、福一三、福七厂数据来源于荣622—637页;荣537、367页(各厂的利息是股利排除在外),缺乏1926年的财务数据,1933年后,福新另立总公司,故数据无列入。而茂新系统的账务历来少公开,故也缺乏数据。其他数据来源:上档申新总公司1920—1937年财务决算表:Q193—1—696、Q193—1—585、Q193—1—586、Q193—1—578、

Q193—1—588、Q193—1—584、Q193—1—570、Q193—1—572、Q193—1—573、Q193—1—574、Q193—1—575、Q193—1—576、Q193—1—567、Q193—1—568、Q193—1—569。

备注:①总公司辛酉年起用规元,用0.72折算成银元,1933年开始为银元和法币。②1916—1920年申新各厂总支出即申一厂利息支出数据。1934年申新各厂只包括一八、四、五、六、九厂数据汇总;③总公司在早期(1916—1920)很少利息支出,因无承担各厂资金融通的职能;而1921年始统一融通各厂资金,1921—1925年出现利息收入(负号表示利息收入),因为内部收取各厂利息和支付银行钱庄利息存在差额,如1925年把全部总利息支出减去茂新、福新、申新利息支出后的差额,作为总公司的利息收入项。又如1928年总公司收各厂利息1 737 618.9银元,却只支付银行钱庄利息1 694 032.639元,推测以前其他年度惯例皆如此;另外存款也有利息收入。④1927年账务处理开始不同,各厂利息再难在总公司账目上寻到资料,只有收支项目中有内部收各厂利息和支付银行钱庄利息加上本身的存款利息支出三项。⑤资金融通上,总公司并未完全统一各厂借款额度,形成绝对权威的资金融通中心,因查各厂还存在利息支出,抽查1928年账务发现实际上各厂利息支出远超出支付总公司的利息数,原因是各厂另有借款导致其他利息支出。抽查上档:Q193—1—575申新总公司各厂1929年决算表中申新各厂资产负债表,1929年各厂除与总公司往来189.03万银元外,另外有借入款416.66万元和透支银行钱庄款140.04万银元,此外申新各厂吸收活期存款164.68万银元,合计700多万资金融通未在总公司账务上有所反映,这造成总公司账上利息支出总额会小于各厂和总公司利息支出总额。⑥1929年申新各厂开始出现应付未付利息87万多元,未列入当年各厂利息支出,导致总利息开支和各厂相加结果不符;另外,1933～1936年总公司的利息支出也不完全,同样存在未付利息费用,出现应付未付利息说明公司已经债务违约。

关于资产负债率,本书的结论也颇不同,许多学者认为过度扩展造成荣家企业资产负债率过高是理所当然的,实际上1933年前,荣家企业的各厂的资产负债率一直保持在相对合理的水平,以1931年申新系统停止扩展点为界进行分析(资产负债率数据,参考附表8)。

第一,福茂各厂资产负债率一直保持在低水平,特别是茂新系统在财务上的稳健是公认的(面粉系统的停止扩张点是1920年,此年度资产负债率仅为0.38,说明面粉系统的扩张并没有带来债务危机)。从时间系列来看,1921年为0.57,到1924年上升到0.70为最高点,然后1925年又下降为0.52,资产负债率水平回到低位说明经营困难而不是扩展导致福茂各厂的负债率上升(荣家企业搁浅的前两年即1932年,福茂仍旧保持在0.51的低水平)。

第二,就申新各厂,资产负债率水平也不如想象的那么高,1920年为0.44,是非常合理的负债水平;随后一直缓慢上升;到1925年达到0.74;1929年保持

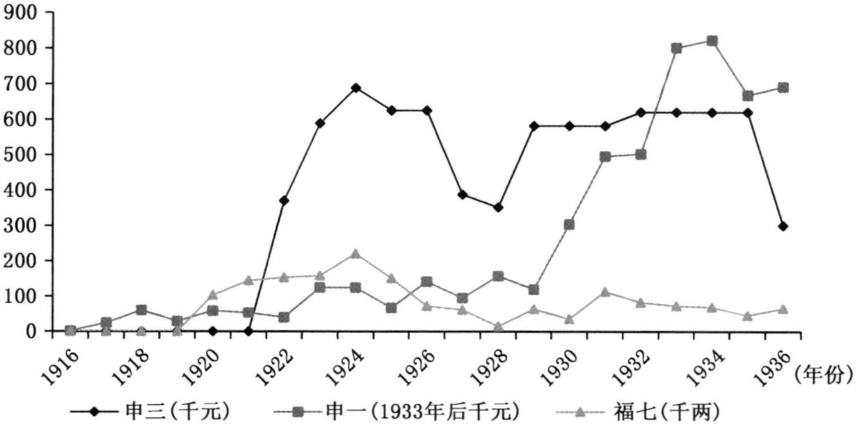


图 5—7　申一、申三、福七三厂利息支出比较

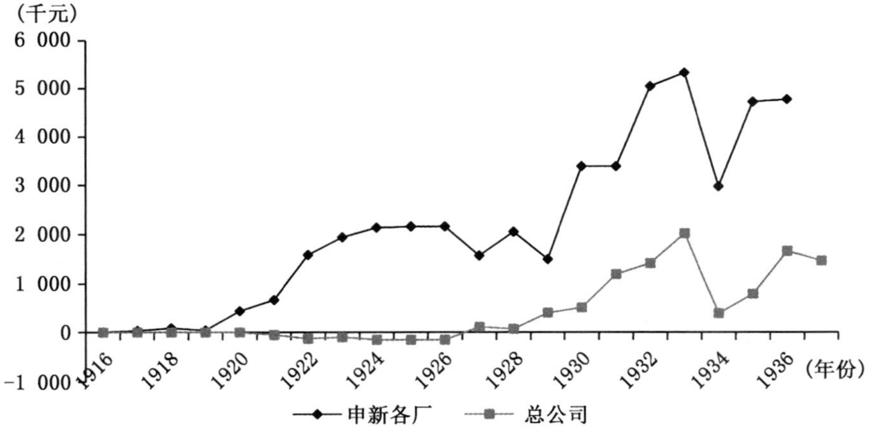


图 5—8　申新各厂及总公司利息支出

了 0.74 的水平;到申新搁浅的前 2 年也是申新系统停止扩展的次年,1932 年申新各厂资产负债率只为 0.68。

第三,荣家企业各厂是在 1933 年后,资产负债率迅速上升的,1934 年申新各厂平均高达 0.92,1935 年再升到 0.99,在 1936 年开始略下降为 0.93(福新各厂 1933 年已另立总公司,茂新一向稳健又不公开数据)。那么 1933 年发生了什么事致使荣家企业各厂的资产负债率一下上升 20 个百分点呢? 根据统计,1920—1937 年 18 年间,总公司对银行钱庄的"超借"金额累计达到 1 239.61 万元;广义"超借"金额则达到 9 477.14 万元。如此大规模超借的发生,说明总公司正在调动大量资源,发动了前所未有的制度扩展,这又体现在什么地方呢?两个问题联系在一起,这个答案昭然若揭,即投机的需要和投机的失败主要导致荣家陷入债务危机。

### (二)总公司的适应性效率变迁:投机业务扩展及投机惨败

如何把荣家企业的成败从理论上进行分析,特别是成也冒险,失也冒险的文化。这个问题一直困扰着研究者。对于投机不能全是负面评价,奈特指出:专业化对付不确定性的一个最重要手段是大规模投机。[1] 实际上投机导致了许多制度的创造,面对不确定性的世界,特别是中国近代如此动荡的环境,哪一个事业不需要冒险精神呢?如果没有冒险精神,一个企业家就不成为企业家,但过分冒险却又会付出惨重代价。仿佛历史轮回,2009 年荣氏第三代企业家荣智健,因香港中信实业与外国投行签巨额"对赌协议"损失巨大,饮恨辞职。一条线索总是在荣氏企业身上绕之不尽,那就是荣宗敬身上的冒险的精神。它代表企业家精神内在的冲动,资本主义的发展一直伴随着冒险投机和进取相混合的因子。从海洋贸易到工业革命,从股票证券市场的发育到英国南海、荷兰郁金香泡沫,从美国的西进运动再到中国乡镇企业和深、沪市疯狂,都存在冒险进取和投机的混合。把 1929 年世界大萧条到导致日本近 20 年衰退的房地产、股市泡沫和今天严重影响我们生活的"次贷危机"联系起来,构成一幅资本主义发展由微观而扩展到宏观的冒险图景。只看到冒险精神的失败和投机的负面影响,那未免悲观;马克思在批评资本主义阴暗面的同时也关注其罕见的生产力增长,而缺乏冒险进取精神的社会如四大文明古国和非洲文明等,都无一例外地陷入长期衰退,这让人深思。

#### 1. 荣家企业投机的四个阶段

本书从微观角度对投机冒险精神进行解剖,把它放在显微镜下以寻找其中规律。荣家企业以荣宗敬为代表的投机冒险行为,从第一周期到第三周期,始终在发展。在知识基础和经营理念的分析中,我们揭示了荣家企业存在的两条发展线索,即基于实业的实体经济知识基础和基于金融业的虚拟经济知识基础(表 5—13 是从大量一手财务资料中整理出投机数据表汇总)。

荣家企业投机的历史很长,可把荣家企业的投机划分为四阶段:(1)钱庄阶

---

[1] 富兰克林·H. 奈特:《风险、不确定性和利润》,中国人民大学出版社 2005 年版,第 186 页。

段;(2)国内操纵市场阶段;(3)国内交易所阶段;(4)国际交易所阶段。

第一阶段:钱庄阶段,投机业务由荣宗敬主持,除"搭股投机商号裕大祥"外,自己亦做股票和期货,第一周期正因荣宗敬投机"橡胶股票"失败,接着投机面粉期货失利,导致钱庄倒闭,这就是投机的钱庄阶段的大体情况。因缺乏史料,无具体数据汇总。

第二阶段:国内操纵市场阶段,最早应该追溯到 1908 年参与同业组织"办麦公会",初步产生"操纵麦价,争夺原料市场定价权"的思想;1913 年左右,随着经营的发展,荣家企业开始利用规模优势,来控制原料,排挤同行,其手段有二:一是在原料市场,新麦登场时候,大量抢购用于存储,支持长期内的生产;二是在产品市场,凭其社会信用而大量"抛售远期栈单",作为资金调度手段,扩大生产和加强竞争;随着分庄和办麦机构的网络体系建立,再配合庞大的生产规模,可以通过规模来迫使麦庄、麦号跟随茂福的价格走,这意味着在国内采购小麦方面,茂福各厂渐渐控制了市场,各地麦庄、麦号要视茂福的开价来定行市,小厂是不敢开价的。

而且,每年在小麦登场时,茂福各厂就故意多抛售面粉压低粉价,从而压低麦价,以便廉价购进原料。这些操纵市场的决策由荣宗敬亲自控制。[1]

第三阶段:1920—1921 年,荣宗敬参与发起面粉和纱布交易所后,荣家企业步入国内交易所阶段。而且,第二周期的投机是伴随总公司成立而发展起来的,关于第二周期交易所的投机,前面已经有过详细阐述,故不重复。但有个特点要强调,就是在此阶段,总公司作为荣宗敬的个人参谋机构深深卷入投机业务。

**表 5—13　　荣家企业历年投机情况汇总表(1921—1937 年)**

| 投机项目 / 年份 | 外汇 | 国内棉麦 | 国外棉麦、纱布 | 国内纱布、面粉 | 其他(利息等) | 账面盈亏数据 |
|---|---|---|---|---|---|---|
| 1921 | 0.00 | 11 247.57 | 0.00 | 120 017.76 | —12 567.84 | 118 697.50 |
| 1922 | —22 657.49 | 6 101.07 | 0.00 | 8 278.60 | 0.00 | —8 277.82 |
| 1923 | 0.00 | 0.00 | 0.00 | —40 054.03 | 0.00 | —40 054.03 |
| 1924 | 5 415.24 | 4 487.21 | 14 747.31 | 72 749.46 | —7 890.06 | 89 509.16 |
| 1925 | 5 840.29 | 0.00 | 0.00 | —24 821.39 | 0.00 | —18 981.10 |
| 1926 | 0.00 | 0.00 | 0.00 | 0.00 | 0.00 | 0.00 |

[1] 以上资料来源于上海社科院编:《荣家企业史料(上册)》,上海人民出版社 1962 年版,第 22—23、50、82—83 页。

续表

| 投机项目<br>年份 | 外汇 | 国内棉麦 | 国外棉麦、纱布 | 国内纱布、面粉 | 其他(利息等) | 账面盈亏数据 |
|---|---|---|---|---|---|---|
| 1927 | 21 627.81 | —384 559.02 | 197 660.19 | 0.00 | —42 240.83 | —207 511.85 |
| 1928 | 5 655.17 | 119 060.76 | 108 124.27 | 43 450.76 | 0.00 | 276 290.95 |
| 1929 | —27 048.21 | 196 352.54 | —39 689.90 | 131 315.45 | 127 274.90 | 279 507.45 |
| 1930 | —217 210.02 | 147 956.06 | —3 354 843.36 | 90 043.76 | 0.00 | —3 334 053.56 |
| 1931 | —141 235.74 | 107 693.37 | —2 914 712.21 | 202 715.35 | 0.00 | —2 745 539.23 |
| 1932 | 7 904.80 | 11 539.84 | —789 876.56 | 1 289.66 | —50 923.22 | —820 065.48 |
| 1933 | 0.00 | 0.00 | 0.00 | 0.00 | 0.00 | 0.00 |

| 投机项目<br>年份 | 账面盈亏数据 | 调增:未结算盈余 | 调减:未结算亏损 | 合计 |
|---|---|---|---|---|
| 1921 | 118 697.50 | 128 519.32 | 0.00 | 247 216.82 |
| 1922 | —8 277.82 | 0.00 | 0.00 | —8 277.82 |
| 1923 | —40 054.03 | 102 560.18 | —67 162.63 | —4 656.48 |
| 1924 | 89 509.16 | 572 698.02 | —595 213.98 | 66 993.20 |
| 1925 | —18 981.10 | 382 628.62 | —340 780.34 | 22 867.17 |
| 1926 | 0.00 | 0.00 | 0.00 | 0.00 |
| 1927 | —207 511.85 | 153 760.01 | —1 686 843.04 | —1 740 594.88 |
| 1928 | 276 290.95 | 128 111.69 | 0.00 | 404 402.64 |
| 1929 | 279 507.45 | 125 670.17 | —795 906.80 | —390 729.18 |
| 1930 | —3 334 053.56 | 0.00 | —810 604.00 | —4 144 657.55 |
| 1931 | —2 745 539.23 | 0.00 | —1 690 483.26 | —4 436 022.49 |
| 1932 | —820 065.48 | 0.00 | —1 690 483.26 | —2 510 548.74 |
| 1933 | 0.00 | 0.00 | —5 766 790.27 | —5 766 790.27 |
| 1934 | | 0.00 | —1 025 423.32 | —1 025 423.32 |
| 1935 | | 0.00 | —2 059 007.76 | —2 059 007.76 |
| 1936 | | 0.00 | —2 087 007.76 | —2 087 007.76 |
| 1937 | | 0.00 | —2 089 653.76 | —2 089 653.76 |

资料来源:Q193—1—588 申新纺织总公司 1933 年度年结、Q193—1—584 申新纺织总公司 1932 年度决算账表、Q193—1—576 民国 20 年申茂福资产负债、Q193—1—498 申新纺织总公司资产负债明细录(1930)、Q193—1—575 申新总公司各厂 1929 年决算表、Q193—1—574 申新 1928 年决算表、Q193—1—571 申新 1927 年决算表、Q193—1—570 申新 1925 年决算表、Q193—1—573 申新 1924 年决算表、Q193—1—569 申新 1923 年决算表(有 1921—1923 年历年数据)、Q193—1—567 申新总公司 1921 年决算表。

备注:关于数据处理:①本表只统计总公司投机,其他如另外支付小额佣金、美国商情报告费和相关投机利息,因金额不大或者零星和技术原因没有一一统计。且各厂也存在规模不大的投机交易,亦没有统计,例如查Q193—1—574申新1928年决算表,1928年有9个工厂涉及投机交易:申二厂有花纱买卖损益7 034.20元、申五厂花纱买卖损失5 121.70元、福一厂查有粉麦买卖损益12 138.85元,兑换损益7 594.85元和杂损益5 049.91元、福七粉麦买卖损益55 814.82元,兑换损益12 136.45元、茂二粉麦买卖损益7 711.22元、福三厂粉麦买卖损益7 161.64元,兑换损益5 387.87元、福五厂粉麦买卖损益3 104.28元、福六厂粉麦买卖损益4 718.32元,兑换损益5 533.75元、福七厂粉麦买卖损益55 814.82元,兑换损益12 136.45元。②1921年未结算调整是上半年的数据;1925年有投机日元汇率收益350万以上,但当年账上未有记录;1926年数据欠缺。③本表把总公司历年挂账未处理的投机数据整合汇总,以准确衡量投机的损益情况。④参考荣207页:1927年总公司投机花纱套做亏120多万元,在外棉买卖,外汇套利方面盈15万多元,小盈大亏,总亏105万多元,这些亏损是由1926年转入的亏损。另1927年挂账中转入投机盈余194 214.30元。⑤1929年始出现投机亏损呆账,挂到1937年,余额是没有消化的亏损。⑥1933年后总公司已很少投机交易,但各厂有零星投机。⑦1933年数据中,含账外转入投机亏损5 188 778.52元、挂账5 766 790.27元。

交易所阶段最早的投机记录是由总公司操作的,发生于1921年而且规模不小。根据1921年总公司上半年的明细账,大量相关“粉麦买卖”数据摘抄如下:

(1)卖出七月份二号粉119 000包,证金付出23 800规元;

(2)卖出七月份二号粉89 000包,追证金付出8 900规元;

(3)买进二号粉7 000和2 000包,价钱二两一钱;

(4)买进二号粉6 000包、1 500包,价钱二两;

(5)买进麸皮3 000包,价钱一两八钱五分。

交易金额合计922 963.93银元。

国内交易所的证金为交易金额的10%,杠杆率10倍。[1]在国内交易所阶段,荣家企业的投机范围已经超越粉麦的品种限制,开始大举进入棉纱市场。为操纵并影响市场价格,申新总公司经常在交易所大量抛出棉花来压低花价,上海棉价压低则带动其他各地的市价跟随下跌。这时,申新便指令各地分庄大量收花;同时,申新在交易所中吸进棉纱,到期逼空头交现货,使对方不得不向市场补进,又把市场中的纱价哄抬起来,申新就乘机利用各批发处销售棉纱,这种“贱买贵卖”使荣氏兄弟及其企业获利不少。[2]

第四个阶段是国际交易所阶段,虽荣家企业早已在1922年进入外汇市场,

---

[1] 根据上海档案馆Q193—1—567申新总公司1921年决算表。

[2] 许维雍、黄汉民:《荣家企业发展史》,人民出版社1985年版,第37页。

1924年进入国外的棉麦期货市场，但是大规模参与加拿大、芝加哥期货交易所的时间则在1929年年末和1930年年初，到1932年总公司账上已经没有国际交易所方面的记录，这说明荣家企业高层是集中参与国际交易所的期货交易，并且在惨败后，迅速收手。根据表5－13统计，1929－1932年，总公司在国际交易所阶段累计投机亏损达到1 646.94万银元。

2. 荣家企业投机的基本特征

鉴于投机亏损巨大，我们以第四阶段为重点，大量收集第一手投机数据方面的资料，对国内、国外交易所投机数据进行整理。

(1)根据三井代茂新买进芝加哥交易所定期小麦明细汇总表：第一份原始资料汇总，时间：1929年12月到1930年11月，买进296万蒲尔，卖出165万蒲尔，累计发生金额1 677 045美元，支付1%的佣金累计26 300美元；累计追加本证金766 787.5美元；退还证金32万美元，共了结损失329 439.98银元；第二份原始资料汇总，时间：1930年6月到11月，汇总买卖加总买进80万蒲尔，累计发生金额1 090 881.2美元，此单据没有了结损失。两份资料涉及荣宗敬、荣鸿三、荣伟仁三人。

(2)根据荣氏投机加拿大、芝加哥小麦期货统计表——旧式记账部分汇总表，时间：1930年5月到1931年7月份，结存小麦32.5万蒲尔，累计亏损253 021.29美元。

(3)根据上档Q193－1－2，申新纺织总公司关于委托日商三井、三菱洋行向国外市场进行粉麦投机活动的函件账单统计汇总，时间：1929年6月到1931年1月，累计买卖加总卖出余额128.9万蒲尔小麦，买卖金额余额－1 642 500.95美元，已结的累计亏损747 252.30美元。投机涉及荣宗敬、荣鸿三、荣伟仁三人。

(4)根据芝加哥交易所定期小麦期货——其他相关零散统计汇总表，第一份原始资料，时间：1929年8月17日到1930年11月18日，累计买进126万蒲尔，累计金额1 499 988美元；第二份原始资料，时间：1930年6月到11月，买进80万蒲尔，金额620 824.9美元。投机涉及荣宗敬、荣鸿三、荣伟仁三人。

(5)对荣氏投机纱布棉纱期货统计表——旧式记账部分(亦抽查了部分国内投机资料)，时间：己巳年4月1日起，在己巳年户名“宗记”的账簿，中介信诚昌，大约记录200笔买卖进出交易；1929年户名“三记”的账簿，中介信诚昌，计206笔买卖进出交易记录。1931年，项目是棉花期货，户名鸿记，定现期卖出22

单;其他户名的交易统计:申新 2 单、申记 3 单、浦记 4 单,立记 17 单。另有 1930—1931 年追加保证金的原始单据,计鸿记 18 笔、立记 8 笔、申新宝号 7 笔(即荣宗敬)、申记 7 笔、溥记 3 笔、三记 9 笔、丰记 1 笔、诸葆 7 笔[1];另有 1936 年、1937 年宗记两笔进出棉纱布交易便笺记录。经抽查 1929 年荣宗敬以宗记为名,在信诚昌开户操作的 12 笔交易,累计买卖 1 300 件棉纱,支付佣金 165 两,累计盈利 1 995 两。

荣家企业投机的基本特征总结如下:

(1)投机行为扩散到整个企业的管理高层

查阅相关投机一手史料,发现国内投机记录中,1929 年除“宗记、三记”两人外,其他户名:“计申新、申记、浦记、立记”。另有 1930—1931 年追加保证金的单据中发现“计鸿记、立记、申新宝号(荣宗敬)、申记、溥记、三记、丰记、诸葆”,累计涉及企业管理层人员计 7 人,公司名义投机 2 户。[2] 1930 年,收到美商美安洋行追加保证金的清单的投机期货的高层管理 4 人,公司 1 户(户名有“荣鸿三、荣鸿元、荣德生、荣伟仁、申新公司”)。[3] 根据资料,“王禹卿、丁梓仁”各以私人名义亏去七八十万元。浦志达也蚀去五十万元,又涉及企业高层 3 人。[4] 前后统计竟然涉及 14 个企业高层,荣家企业高层如此广泛地参与投机,这样 30 年代《实业部调查报告》和《上海银行调查报告》对荣家企业管理层无心经营,为投机而牺牲正常业务的严厉指责,就不足为奇了。

(2)涉及企业数目众多

抽查 1928 年,荣家有 9 个工厂涉及投机交易:其中申二厂“花纱买卖损益”7 034.200 元。申五厂“花纱买卖损失”5 121.700 元。福一厂“粉麦买卖损益”12 138.855 元,“兑换损益”7 594.859 元和“杂损益”5 049.912 元。福七厂“粉麦买卖损益”55 814.820 元,“兑换损益”12 136.454 元。茂二厂“粉麦买卖损益”7 711.220 元。福三厂“粉麦买卖损益”7 161.642 元,“兑换损益”5 387.879 元。福五厂“粉麦买卖损益”3 104.280 元。福六厂“粉麦买卖损益”4 718.324 元,“兑换损益”5 533.750 元。福七厂“粉麦买卖损益”55 814.820 元,“兑换损益”

---

〔1〕 系诸广成,根据诸保忠访问录。上海社科院编:《荣家企业史料(上册)》,上海人民出版社 1962 年版,第 210 页。

〔2〕 上海档案馆 Q193—1—3 申新纺织总公司有关荣宗敬、荣鸿元等进行纱布、棉麦投机的账单凭折。

〔3〕 上海社科院编:《荣家企业史料(上册)》,上海人民出版社 1962 年版,第 236 页。

〔4〕 根据上海社科院编:《荣家企业史料(上册)》,上海人民出版社 1962 年版,第 235—237 页。

12 136.454 元。[1] 另根据上海申新第二棉纺织厂会计报告 1931 年(规元),第 4 页,亦出现“花纱买卖损益”9 648.19 规元。记录表明涉及的工厂数目众多。

(3)荣家企业的国内外投机时间长、项目多

假如从 1921 年开始,直到 1937 年仍旧有零星投机交易,时间长达 16 年,涉及“国内粉麦、纱布、美国与加拿大期棉、期麦、外汇买卖和美国标纱、美国标棉、印棉、中国标纱、标棉”等 11 类。涉及的 5 个交易所有“杂粮交易所、棉业交易所、面粉交易所,国外加拿大交易所、芝加哥交易所”;并涉及大量投机中间商如“祥利洋行、祥茂、三井、三菱、铃木、茂生、福兴洋行、义隆洋行及美安、新丰”,共计 10 家。

国外投机开始时间早,根据账目是 1921 年已经发现利用“证金形式”大量参与国外投机,1922 年总公司已出现第一笔美元汇兑损失 ,1924 年在“暂时款”中已有“祥茂、三井”为中间商的投机损益挂账。

在 1933 年投机损失惨重导致企业陷入危机后,总公司陆续还有投机方面的记录,如根据上档 Q193—1—577“1934 年申新决算表”,第 8 页,有“期货(标准花纱)损失”497 928.44 元;Q193—1—585“申新纺织总公司 1935 年度决算”账表,第 34 页,1935 年出现“期货损益”18 470 元。

(4)投机国外导致损失巨大

仅仅根据部分的统计,三笔国际投机的损失就分别为 329 439.98 银元、253 021.29 美元和 747 252.30 美元。另有 1926 年外汇损失 75 万元。根据总公司历年投机汇总表 5—16,1921—1937 年账面投机累计损失 641 万银元,加上挂账则达到 1 249.40 万元。实际上荣宗敬在国内投机一直没有太大的损失,而所谓的总公司亏损 1 200 多万银元(另外有“现货解厂,归于厂方决算者”不在内),仅仅指 1930—1933 年的投机国际期货交易所两年半集中发生的亏损。[2]

(5)投机失败再次导致荣宗敬的信念变迁

如同第一周期的投机失败导致荣宗敬的信念变迁一样,1930—1933 年的投机惨败,使荣宗敬再次发生信念变迁,转而积极反对交易所投机。1935 年 1 月 12 日,荣宗敬为申新代表,联合同业 28 厂,以华商纱厂名义联合致电国民党政府上海市政府,要求取缔交易所投机。1935 年 1 月、8 月、9 月,荣宗敬三次致电

---

〔1〕 上海档案馆 Q193—1—574 申新 1928 年决算表。

〔2〕 上海社科院编:《荣家企业史料(上册)》,上海人民出版社 1962 年版,第 397—398 页。

彭学沛,批评日本操纵交易所损害纱业,要求取缔投机。1935年8月4日,荣宗敬写信给吴稚晖指出:"以后惟有埋头苦干,死里求生,一身做事一身当,不敢再作种种幻想。但是金融枯竭,无可讳言。目前只需三百万,便可舒展自如"〔1〕。这表明荣宗敬意识到如果没有二年半内集中投机损失1 200多万银元(巨额利息支出尚且不计),荣家企业远不至于因为300万银元的资金缺口而陷入严重的周转性危机,这为荣宗敬信念再次产生转变提供了刺激。

3. 关于几个未解之谜

第一个问题:1926年财务数据缺少之谜?

从留存的财务数据上来看,申新公司自1926年、1927年开始经营情况好转,账面由亏损转向盈利,1928年申新下属工厂盈利达到1 824 541.549银元。经查上档Q193—1—571申新1927年决算表、申新纺织总公司资产负债明细(1925年、1927年),第15—16页,发现暂记欠款中疑是未结算投机损失1 214 526.992元,其中福记673 319.632规元,许叔记541 207.36规元,两笔损失均查清,在1925年并无此损失,因而排除1925年挂账而转入的可能,根据账簿,又不可能是1927年本年度发生,推断只能是1926年发生。

根据上档Q193—1—432,申新系统企业史料第六编第二期,荣宗敬、荣德生年表合编,发现有"1926年总公司部分同事经营外汇投机失败,亏损巨大"的记录。两处资料结合,又联想到1925年荣宗敬对日元汇率投机取得350万日元收益时,申总会计主任许叔娱正是负责外汇投机的荣宗敬的主要参谋。〔2〕根据以上情况,大体判断"许叔记挂账损失"正是1926年投机外汇所产生的损失。1926年总公司同时发生"投机外汇和福记挂账" 两笔原因不明的巨额亏损,而且是荣家企业第一次产生如此巨额的投机损失(此前的投机业务皆"大盈小亏",最高仅亏损4万多元),很可能导致大股东无法对中小股东交代,而当时没有外部审计等的制度安排(迟至1932年荣家企业才引入外部注册会计师对账务报表进行审计,当年的申新总公司的资产负债表上第一次出现了李澂等3位会计师签字的查账证明),股东和经营者的信息不对称是普遍存在于近代中国公司中的,因此,我们对1926年财务数据异常的缺失有了合理的推测:系隐藏大股东投机损失而人为故意。

第二个问题:荣家企业何时由国内交易所大规模转向国外交易所?

---

〔1〕 上海社科院编:《荣家企业史料(上册)》,上海人民出版社1962年版,第453页。

〔2〕 上海社科院编:《荣家企业史料(上册)》,上海人民出版社1962年版,第184页。

荣家企业何时由国内交易所大规模转向国外交易所,一般认为是在1930年(许维雍、黄汉民,1985),而本人推断更加具体的时间应该在1929年下半年左右。根据上文关于荣家在国际交易所投机的原始资料数据,几份原始档案都表明,关于荣家企业参与国际交易所期货交易的记录分别从1929年6月、8月、12月开始就有大规模发生(参考上档Q193—1—2,申新纺织总公司关于委托日商三井、三菱洋行向国外市场进行粉麦投机活动的函件账单统计汇总、三井代茂新买进芝加哥交易所定期小麦明细汇总表和芝加哥交易所定期小麦明——其他相关零散统计汇总表)。荣家企业的相关财务史料也证明了在1929年介入国际交易所大规模交易的结论。根据上档Q193—1—575(申新总公司各厂1929年决算表),1929年查"粉麦买卖、花纱买卖、证金"等合计100多万元(以上皆规元)。1929年开始大规模交易,然后在1930年就开始疯狂交易了。

Q193—1—572,申新纺织总公司1930年年度决算表则显示:当年"粉麦买卖"中证金金额余额巨大(规元)合计743 522.021规元,包括三井492 389.072元、祥茂31 749.090元、三菱219 383.850元。

而"花纱买卖"科目:(1)栈中存花399 089.260规元,美棉印棉存栈249 720.3元。(2)证金胡梅记:规元5 000元;信诚40 000元、美安105 239.940元;江商轧存22 348.310元,证金总计127 891.630元。(3)标纱227 770元;总共1 037 057.290元。

对比1929年,"粉麦买卖"中第一次出现"三井、祥茂、三菱"等大规模证金余额,合计743 522.021规元,证金的杠杆倍数是惊人的,这意味着相关的投机交易金额会10倍或者十几倍于此。而荣氏投机国外中起巨大作用的三大投机中间商也在1930年浮现账面。

但这是不是荣氏第一次涉及国外交易所投机呢?根据史料显示,1922年荣氏总公司已经出现一笔16 313.39元的外汇亏损,1923年更中出现"祥利、祥茂、三井"的国外投机中间商的名字。显然,荣家企业涉及国外投机的时间是很早,1922年已经存在。但大规模投机国外却是在1929年和1930年才开始的,首先,"粉麦证金"余额从1929年的12 000元到1930年的743 522.021元,急剧上升60多倍;其次,"花纱专卖"中也首次出现"胡梅记、信诚(有统计)、美安证金",余额127 891.630元,显然规模不小(杠杆放大后的交易金额起码达十倍以上)。

第三个问题:为什么荣宗敬会头脑发热投机国际交易所呢?

率领荣家企业管理层,大胆在美国、加拿大国际期货交易所进行大规模投机,是荣宗敬冒险精神的明显体现,也令其到达企业家生命的巅峰。

不管如何,荣宗敬的职业生涯与经历在其投机行为中发挥了不可忽略的影响:从钱庄起家到长期负责荣家企业的资金融通业务,再到通过总公司主持国内交易所投机业务,最后到经营国际棉麦、粉纱的进出口业务,带来了推动国际交易所投机的技术、知识和信息的积累,并为其行为选择提供了支持:(1)首先是国内投机的成功,查询总公司账上收入,投机业务盈多亏少,即使在1930—1933年国际交易所大规模亏损期间,荣氏在国内投机也以盈利为主。就知识和信念而言,荣宗敬可谓国内金融期货业的先行者和领军人物,1908年投机面粉期货失败,是为先行者;1919年,为了对抗日本"取引所"操纵市场,根据华商联合会决议,荣宗敬和顾馨汉组建中国机制面粉上海交易所,标准交割物是荣家的兵船牌面粉;1921年还参与成立纱布交易所;荣宗敬率先发起建立交易所,也是国内交易所交易的先驱。在业绩上,1925—1926年,荣宗敬亲自主持纱布交易所棉纱套做,已经小有利润;而有案可查的大额盈利则有三笔:第一笔是1925年投机日元汇率,除还清日元借款350万银元外,还有25万左右规元的纯利;第二笔是1928年,荣宗敬和永安纱厂郭顺、统益纱厂吴麟书、大丰纱号徐庆云等组织复兴公司,大规模做国内市场的多头投机,通过把仓库中棉纱购进,低价卖给外地客商,以拉高现纱的价格,把空方逼到走投无路之下,通过黑社会介入恐吓多头的方式,才取得和解,能够让空头如此恐慌,虽利润无账可查,也是轰动一时;第三笔是根据《上海储蓄银行调查报告》,1932年申新在交易所套做全年空头得利三百万两之谱。扣除各厂在原料上随用随购在市价涨落上的亏损约二百万两后,盈亏相抵得利一百万两左右。(2)国外小规模投机亦屡有斩获;根据相关账目统计,截至1928年,荣宗敬投机国外(1926年存在巨额投资外汇损失,但无资料可查,只账上挂有50多万规元损失,而众所周知的1925年的荣宗敬投机日元汇率的百万巨额收益,在账上也不见反映),账上基本上全是盈利的。(3)1929年美国经济大萧条,荣宗敬误判世界经济形势,认为可成功入市进行抄底,结果被套;这从当时决策层开会内容可略窥一二,根据上档史料Q466—1—11,福新茂新总公司粉麦务会议记录,民国19年6月20日补行第十三届常务会议,相关正式决议如下:"所做加拿大期麦,目前如做结束,吃亏太巨,应挺到期时再行了结,价格如再低落,不妨转至明年5月期"。到会签名者有荣宗敬、王禹卿、张春霖、吴昆生、王尧臣、浦文汀、浦志伟、丁梓仁。会上荣宗敬声称:“今年小麦只有加拿大及美洲丰收,欧洲年景正常,俟金价低落小麦价必昂”。

总之,除了金融知识和技术上的积累,我们注意到荣宗敬存在稳定的投机偏好,加上投机气氛浓郁的近代中国市场环境的推动,以及对1929年后国际经济形势的错误判断。荣家企业这次大规模国际投机似乎并不显得忽然与难于理解。

4. 荣家企业投机的总结:知识不完全

在总公司参谋制度的支持下,荣宗敬在国内的投机市场的确是呼风唤雨,如鱼得水,在国内企业家面前,具有明显的金融知识的优势。但当他进军世界经济中心美国,视1929年大萧条为走向世界市场的机遇,并在1930－1932年,疯狂对赌小麦棉花期货价格的上升时,世界经济非常复杂,不确定性程度远非国内市场可比,荣宗敬等最终还是因为知识不完全而全军覆没。

从野心上来说,荣宗敬走在一心想把事业做到国外的荣德生前面,但从知识的完全性上来说,却在专业领域上落后于荣德生,这并非荣宗敬的不努力,恰恰相反,荣宗敬是当时为数不多的金融投机领域的高手,从其成功阻击日元及复兴公司一役都可清楚地看到他已经树立在金融方面的企业家权威:系金融投机市场尤其是国内市场的佼佼者。荣宗敬之所以失败,除了他缺乏对世界经济形势的准确判断外,还因为他没有真正意识到世界金融市场潜伏的巨大风险以及国际金融市场上的对手拥有的百年知识、技术积累的优势。而且荣宗敬对投机一旦失败,高杠杆率的投资将迅速放大损失的危害也认识不足。国际金融投机是一个极高风险的领域,远非荣宗敬的知识结构所能够对付。时至今天,也没有企业家敢在变幻莫测的国际金融市场上声称自己拥有完全知识,这是一个人类难于征服的领域:期货以及今天高端的金融衍生品。在评价荣宗敬的惨败时,应该记住即使是今天看来简单的期货业务,在当时资本主义世界也是尖端、先进的行业领域。

荣家企业的投机是渐进式发展的,它从第一周期延伸到第三周期,具备连续而稳定的偏好;荣宗敬作为大规模生产厂商,对原料和产品市场的动荡本能有对冲风险的意图,但是,最终在投机路径上却越来越偏离实业基础,甚至把“实业为主,投机为辅”的经营战略逐渐转变为“投机为主,实业为辅”。“荣二代”新生企业家的迅速成长使荣宗敬能够从总公司的日常管理中抽出身来,全心投入金融市场;1920年总公司的成立则为荣宗敬主持金融业务,带动产业转型奠定了制度基础。但是和荣德生在实业上的兢兢业业地进行产业升级，并积累知识和技术，耐心等待企业发展和转型时机相比，荣宗敬及其总公司主持的虚拟金融业转型，是不成功的转型，荣宗敬缺乏专业的团队帮助进行风险研究和控制，就大胆地一头冲进世界金融市场，终不免失败，这也似乎可以为今天的中国企业家在产业升级和参与国际金融市场交易方面提供某种启示。

荣家企业依靠总公司组织投机，亦算是一种对付国际竞争挑战的反应：当日本率先在中国设立交易所，并试图操纵中国棉纱面粉市场时，在没有央行、专业监管机构等来组成系统性的、金融风险防火墙的情况下(汇率和期货金融市场上，近代中国的国家组织是无所作为的)，国人勇于做出应对，表现为企业家及其企业组织通过同业行会的平台，自发组织起来，以投机对付投机。

最后，荣宗敬投机失败并非无意义。投机也是经济领域一种自动均衡的方式。代表了某种流动性的要求以及对风险的征服。是人类面对不确定性世界挑战的应战方式。即使失败，留下的知识可以帮助制度变迁主持人在失败的经验上继续前进。制度是人类社会发明的巧妙工具，用来简化处理知识和得到知识遗传，正如诺斯、哈耶克等建立的制度分析框架，视制度、文化和传统为前人知识的遗传工具。荣宗敬出身钱庄，对金融流通和价格操纵，具有天然的亲切和偏好，除了早期的知识基础，职业经历和粉麦、纱布市场的价格起伏，养成了企业家对经济、气候等环境变迁的敏感性，加上总公司在投机和金融市场上长期操纵原料、产品市场和交易所业务，推动企业家及其企业组织形成自己独特的金融知识积累，这种知识积累类似专用的人力资本投资。此外，荣宗敬的投机的失败对社会的确是一种有意义的知识积累。诺斯(1995)指出，竞争逼使组织不断对技能和知识进行投资以维持其存续；个人和他们所在的组织“获得的技能和知识的类型”将会塑造人们关于机会和选择不断演化的感知，这将逐渐改变制度。因此荣宗敬的金融业务中获取的知识及失败的知识积累并遗传下来，对荣家企业后来的制度变迁产生了巨大的推动。知识的投资和试错成本都是巨大的，熊彼特曾经指出“即使日常生活的常识，亦是过去社会花费巨大的成本取得的知识的结果”，如果没有人愿意为不确定性付出投资，新知识就不会为人类取得，荣宗敬的投机失败经验对社会知识遗传具有重要意义。

## 三、第三周期后一阶段的制度变迁特征：科学管理

### (一)共同信念前提下的科学管理

与经营管理理念的研究相符合，第三周期的制度随着信念大分流而出现大

分流,众多主体的参与让荣家企业呈现复杂化、多元化,而以荣德生为代表的制度变迁路径是实业上的科学管理,这个制度变迁路径在早期并不是主流,实质上总公司的金融投机和负债理念是主导信念,当1934年荣宗敬在危机下再次转变信念,科学管理成为荣家企业的共同信念(观察到科学管理共同信念带来的荣家企业制度变迁次数最多,为55次),因而塑造了荣家企业在第三周期正式制度变迁后期的主流方向,而且第三周期的企业制度变迁和第二周期后期的工头制度变迁具有连续性和继承性,科学管理亦视为对工头制度变迁的深化,所以我们不妨继续以申三厂及其绩效为中心考察荣家企业科学管理的制度安排。

1. "双报酬递增周期"与"一支独秀"的申三厂

下面根据申三厂的报酬统计数据进行考察:

**表5—14　　申三纺织厂1921—1937年的利润情况**　　单位:银元千元

| 年份 | 1922 | 1923 | 1924 | 1925 | 1926 | 1927 | 1928 | 1929 |
|---|---|---|---|---|---|---|---|---|
| 利润情况 | 500.65 | —59.02 | —233.84 | 112.33 | 有利 | 142.3 | 784.12 | 901.23 |
| 年份 | 1930 | 1931 | 1932 | 1933 | 1934 | 1935 | 1936 | 1937 |
| 利润情况 | 有利 | 有利 | 699.00 | 有利 | 50 | 72.47 | 1003.85 | 2071.94 |

资料来源:请参考附表1。

根据表5—14,我们观察到申三厂这段报酬递增有两个特征:第一个是双周期,申三厂在第二周期的1923年、1924年改革前呈负报酬,工头制度改革为代表的科学管理制度变迁因此发生,中间因为出现暴力阻碍改革,绩效短期内受到影响,然后迅速触底反弹,并且连续出现两次制度报酬递增的周期,一次是从第三周期的1925年开始了报酬递增,到1929年停止;然后由于1929年世界经济危机,使物价激落,经济紧缩,国内则连续发生三件大事:1930年中原大战、1931年长江洪灾,加上1931年"九一八事变",东北沦陷,民族棉纺业丧失了广大市场。[1] 天灾人祸,内忧外患,社会经济陷入恐慌。而1931年亦成为意义重大的制度转折点,荣家企业在此年继1920年面粉厂全面停止扩展,纺织厂也全面停止扩展。1931年,申三厂同样受到影响而市销不佳,一度取消夜班,但企

〔1〕 华商纱厂联合会报告指出:"东北输入本部工业货品,棉货第一。棉织物占26%,棉纱占15%。另东北棉织物进口之由本部输往者,占49%,棉纱占89%。影响上海甚大。"引上海社科院编:《荣家企业史料(上册)》,上海人民出版社1962年版,第350页。

业表现出强适应性,经短暂调整,于 1934 年再度报酬递增,并在 1937 年达到高峰。[1]

第二个特征是在荣家众多企业中“一支独秀”。(1)1933 年,荣德生指出:“申一至申九,唯有申三有利”[2]。实际上并非仅仅如此,在各个纺织厂中,在整个第三周期都保持正报酬的唯一企业就是申三厂,而其他纺织企业则纷纷出现负报酬,负报酬年份(数据来源于附表 1):申一八厂计有 2 年,申二 6 年,申四 5 年,申五 5 年,申六 3 年,申七 7 年,新成立的申九也有 3 年。(2)1934 年整个申新系统搁浅时,申三却开始出现报酬递增周期,而且申新系统搁浅时,实系荣德生暗中主持大局,并从申三厂抽调大量资金,全力支持荣家企业开展科学管理制度改进。[3] 申三厂可谓“一支独秀”,独撑危局。

2. 国内领先的科学管理水平

申三厂在克服困难,达到两次报酬递增的周期变迁过程,最引人注目的特点是进行了众多的科学管理制度变迁(1925—1937 年总共 55 次,申三有 33 次,占大部分)。从早期生硬学习模仿日本(或德生纱厂)的标准工作法到自己制订标准工作法,连上海商业储蓄银行调查后都大加赞赏,根据《上海储蓄银行调查报告》:“申三管理规约要而不繁,语多明显,故各部咸能切实遵行。该厂工作之能精益求精,殆非偶然也。计列有拼花部、清棉部、梳棉部、拼条部、细纺部、络纱车管、摇杪部、成包部八部管理规约,一个粗纱部整理工作时间表”。上海商业储蓄银行在调查后认为“申三纱厂各部工作法,异常纯熟而整齐,堪称无锡之冠”。[4] 同时开创性地建立劳工自治区,通过加强工人福利,建立有效的各类教育培训制度,还用劳工自治优势而努力激励工人识字和学习生活技能。不仅如此,申三厂在荣德生的领导下积极推行科学管理,甚至在成本核算、财务预算和日清月结方面,也颇有建树。1936 年荣德生函致荣宗敬指出:“申三开支不断节约,产量不断提高,核之国内各厂,尚无不及之处。历承国省委员及各方参观

---

〔1〕 1932 年,外部困难重重,荣德生重视内部制度改革:“厂中研究工人待遇,自治设备日臻完备。进厂先教识字,落工习副业,非实业不能派事,女工非由养成班学过不能工作,班班皆教导,宿舍亦有室长,办理渐有声誉。”荣德生:《乐农自订行年纪事》,上海古籍出版社 2001 年版,第 112 页。

〔2〕 同上,第 113 页。

〔3〕 1936 年,股东溥文汀等致函荣德生,要求其负责将上海申新拖欠申三款从速追还,此时申三借给上海各厂已经达 400 万元。引《申新第三纺织厂大事记》。

〔4〕 上海银行:《申新第三纺织厂调查报告》,乐农史料选编:《荣德生与企业经营管理》,上海古籍出版社 2004 年版,第 455—460 页。

者交相推许,而实业部陆君更许为国外亦所仅见……最近常州大成纱厂委托聘请管理人员,民生派人来厂实习,似在国内纺织界有相当地位,即与日厂相较,除利息外,工资、物料等项无一不可与之争胜,而此后自信且尚有优越日厂之把握。”[1]1937年,荣德生在申三厂率先推进“成本会计制度”:“申三照常开齐,实行成本核算,天天结账。余发明先行‘日结’,继则每星期行‘周结’,四周为‘月结’,如此一览即知,是月盈亏若干,不等月结结出,心中自能有数可见”。总之,申三厂率先建立一系列先进的科学管理制度,就连带着挑毛病目的而来的实业部在调查后的报告中,也不得不承认申三厂具有良好的工作法,与申六厂之极度紧缩、九厂之管理认真,皆为国内各厂之铮铮有声者。

3. 成功的技术变迁与产业升级策略

此外,申三厂重视技术,大力推进产业升级,不惜重金聘请外国工程师,并于1932年成立总管理处,加强统一领导;企业利益分享则不断扩大受益面,惠及普通工人。[2] 而在具体企业制度安排中,“另立品牌,不与交易所往来”;纵向制度扩展包括就地办花、建立同仁储蓄部分部,设立各种培训机构,其中荣德生尤其着力于公益铁工厂为代表的产业链升级。

荣德生早期因为技术上受到国外限制而一直耿耿于怀,因此对技术自造着力甚大。于是,先在1927年工商中学停办时,大力保留其附属的机器修理厂(公益中学实习制造车间),是为公益铁厂前身,独立经营后年年有余,于是到1929年正式成立公益铁厂。

其次,到1933年,“荣二代”的荣一心留美归来,荣德生即命兼管公益铁工场,“仿美式改良,添人加机,以能自造纱机、织机、面粉机为目标”。此厂招聘英国工程师路易斯,重用特色人才,“先从打样,注重小学从工为出路,调施之铨为主任。职业教育毕业生,招人稍易,一班打样由此而来。原有房屋,不适用者翻造之,翻砂间特别扩大,专揽翻砂生意,微有薄利,兴致甚好,局内面粉厂、纱厂、铁工不假他处,快而妥当,天天有人来接生意……小小出品甚多,抽水机、轧面机、打包机、小引擎、车水机、丝厂用品、布厂用品、摇纱机等,凡东西来路出品,

---

〔1〕 上海社科院编:《荣家企业史料(上册)》,上海人民出版社1962年版,第513页。

〔2〕 1931年继续推进全面改革,八月举办技术竞赛,奖励优胜者,九月,《人钟月刊》开始出版,并请美国留学归来的王云程和美国康奈尔大学毕业的顾毓瑔博士来厂演讲科学管理,大力加强了科学管理的意识形态宣传,并成立申新子弟学校,免费招收工人子弟入学以消除工人后顾之忧;同时为抵制日货,还自制棉条筒等纺织器材,并设立化验室;特别加强自治区和传统信念的宣传的意识形态投资,技术变迁、制度变迁都加速进行。

均能仿之自造。”[1]

再次,公益铁工厂为申新纺织各厂渡过困难而提供重要的技术保障,1936年,荣德生喜称:“时我各厂营业日佳……铁工厂尤好,订购络绎,人人欢迎,工作分日夜两班,并已添建公事房、工厂、打样间、翻砂间、工人宿舍、教室、饭店、平车间等屋,准备开始翻制细纱,粗纱、钢丝、清花等机,预计每月出纱锭五千枚。先由申三试用,如果良好,则扩大进行,首先自己换去老机,改为一式大牵伸新机,布机均‘公益式’。从此物料可省,只要备一式者可矣。筒管木锭,亦均自造。次则推行各厂,拆旧换新,如此可少买许多外国货”。荣德生感慨:“余自办实业,至此已经四十余年,终能做到自造自用,虽年逾花甲,而对事业之心未衰”。[2]

最后,公益铁工厂再上台阶,先在1936年仿造出纺织机器,然后在1937年,每日可出机器新式布机八台,质量较日本丰田式、英国狄更式更佳,价格则便宜五成之上,其他如面粉机、纺纱锭亦可做出,机器制造技术水平达到国内领先。早期申新作为典型的技术引进派,依赖外国制造,只有耗费大量外汇来进口国外最新机器,以保持国内技术变迁的领先地位,而制造机器设备的技术成功变迁带来的不仅是深刻促进产业升级的战略意义,还将使中国摆脱国外技术垄断,实现棉纺织机器技术的独立发展,于国家和民族产业的技术自主意义甚大。

4. 申三厂在荣家企业的扩展效应及其报酬递增的中断

综合努力下,申三厂的科学管理和各方面企业制度不断改进,效率大增(如下表),并不断把自己的知识与经验向整个荣家企业传导,帮助荣家企业在第三周期后期形成科学管理共识。科学管理形成共同信念并主导荣家企业制度变迁后,申三厂的实践经验又继续为荣家企业全面推行科学管理,做出了良好的示范效应。1937年,荣德生指出:“申新各厂在未改进前,只为自己打算,不知树立方针,建立制度,改进以后,有了竞争心,逐渐革新整顿,颇多仿照申三办法,大、二儿本在三厂出去,自多采用。余虽非工程师,然理想所及,实行后颇有效验。远地各省新创纺织厂,常有派人前来观摩学习,或在我厂调去职工指导者甚多”[3]。申三厂输出制度和人才,荣德生的儿子荣伟仁、荣尔仁等纷纷受到

[1] 荣德生:《乐农自订行年纪事》,上海古籍出版社2001年版,第114页。
[2] 荣德生:《乐农自订行年纪事》,上海古籍出版社2001年版,第131页。
[3] 荣德生:《乐农自订行年纪事》,上海古籍出版社2001年版,第130页。

重用,并"仿照申三法"推进制度变迁,最终带领和帮助申新系统度过了最困难的时期。

**表5—15　　申三改革管理后机纱效能增加(1923—1936年)**

| 年份 | 每万锭每日产量(件) | 每锭每日产量(磅) | 指　数 1923=1.00 | 备注 |
| --- | --- | --- | --- | --- |
| 1923 | 17.90 | 0.75 | 1.00 | |
| 1924 | 16.39 | 0.69 | 0.92 | |
| 1925 | 20.50 | 0.86 | 1.15 | |
| 1926 | 20.48 | 0.86 | 1.14 | |
| 1927 | 17.29 | 0.72 | 0.97 | ① |
| 1928 | 22.02 | 0.92 | 1.23 | |
| 1929 | 20.32 | 0.85 | 1.14 | |
| 1930 | 19.23 | 0.81 | 1.07 | ② |
| 1931 | 22.15 | 0.93 | 1.24 | |
| 1932 | 24.58 | 1.03 | 1.37 | |
| 1933 | 23.80 | 1.00 | 1.33 | ③ |
| 1934 | 25.18 | 1.06 | 1.41 | |
| 1935 | 26.27 | 1.10 | 1.47 | |
| 1936 | 27.72 | 1.16 | 1.55 | |

资料来源:根据上海社科院编:《荣家企业史料(上册)》,上海人民出版社1962年版,第164页;乐农史料选编:《荣德生与企业经营管理》,上海古籍出版社2004年版,第831页数据合编。①1927年3月北伐战争罢工、9月缺棉停工;②1930年市场不景气,取消夜班;③1933年5月停机减产。

注意到,申三的改革渐渐推行到整个申新纺织系统,1934年,申三、六厂的效率甚至可以与日本媲美(成本中不包含原料),可以说长期内相当成功。

**表5—16　　20支纱平均工缴成本与在华日厂比较(1934年4月)**

| 厂别 | 成本 | 其中:利息 | 剔除利息后成本 | 与在华日厂比较(%) |
| --- | --- | --- | --- | --- |
| 申新一、八厂 | 41.76 | 13.91 | 27.85 | 27.86 |
| 申新二厂 | 45.2 | 20.07 | 25.13 | 15.38 |
| 申新三厂 | 42.36 | 20.22 | 22.14 | 1.65 |

续表

| 厂别 | 成本 | 其中:利息 | 剔除利息后成本 | 与在华日厂比较(%) |
|---|---|---|---|---|
| 申新五厂 | 43.01 | 14.43 | 28.58 | 31.22 |
| 申新六厂 | 33.34 | 12.39 | 20.95 | −3.81 |
| 申新七厂 | 46.42 | 20.75 | 25.67 | 17.86 |
| 申新九厂 | 37.91 | 11.99 | 25.92 | 19.01 |
| 日本纱厂 | 25.2 | 3.42 | 21.78 | — |

资料来源:上海社科院编:《荣家企业史料(上册)》,上海人民出版社1962年版,第400页。

从生产产量、单位成本对申三厂的绩效进行检验。根据表5−15,第三周期从一开始的1925年,效能指数1.15,为1923年的114.5%,后持续上升,1936年达到1.55的高峰。另有资料显示,1929年申三厂可日产20支纱175件。[1]到抗战前每件用花减至340司马斤,细纱前罗拉的转速从110多转提高到220转,提高100%;能纺20支纱,人工缩减50%以上,每件纱的成本为24元(棉花和利息不计算在内)。[2]大大降低生产成本,增强了市场竞争力,使申三不仅度过了萧条期而且规模扩大。

总之,1937年,作为荣家企业的第三周期后期的制度变迁推动中心(以得到荣宗敬和大小股东的支持为前提),申三厂已声誉远播,没有其他因素可轻易破坏其报酬递增的势头,但是一场战争强行中断了这个良性循环周期。这一年,荣家企业出现许多具有深远意义的制度现象,整个荣家企业渡过危机,如申新纺织产品开始远销南洋;成本控制已经追上世界前列的日本在华纱厂;荣德生宣布申三从此不再进口机器设备而改行用自己制造的纺织机械……1937年日本全面入侵中国,悍然发动战争,微观企业无力应付此种超过个体能力的环境变化的挑战,企业组织的制度报酬递增只能被强行中断,是宏观制度环境不确定下微观的悲剧。

### (二)科学管理与制度均衡

对于申三厂企业制度的科学管理,我们先后从知识、技术变迁和经营理念上进行了阐述,但是具体到科学管理的制度安排上,不妨进一步进行理论总结。

[1] 乐农史料选编:《荣德生与企业经营管理》,上海古籍出版社2004年版,第641页。
[2] 上海社科院编:《荣家企业史料(上册)》,上海人民出版社1962年版,第164页。

科学管理概念源自美国的泰勒(1912),是管理阶段 、理论和制度的统称,概括为:利用科学取得合作,以最大限度的产出、每人都发挥最大的工作效率,来获得最大的成功。显然科学管理所要达到的是每个人的最大效率和成功,正是新制度经济学所定义的制度均衡状态。在这种制度均衡下,制度管辖范围内的每个人“边际成本=边际收益”,各获得最大收益,既然达到最大收益,就不难达到制度的主体的“一致性同意”的最高原则,此时企业的生产力同时达到最优。因此,在最优技术水平上实现的制度均衡等同科学管理的追求的目标。泰勒(1912)强调科学管理的实质是基于企业中劳资双方进行广泛的合作的心理革命,即等于制度变迁模型强调的内隐的信念变迁,它和外显的制度变迁是同构过程(North ,2005)。这种同构要求所有的制度主体,包括工人、职员和管理层以及企业家,学习并掌握关于新制度的知识,并形成关于新制度的共同信念。当企业遵循“间断均衡”模式并在危机冲击下发动制度变迁以寻求新的秩序,形成新制度均衡,进入新的周期,关键是知识和信念的关联变迁,特别是后者还依赖于意识形态投资。

首当其冲,制度变迁涉及的是知识基础转换,因为个体改善经济绩效的能力依赖于其信念和“心智模型”,而后者又受到社会累积的知识存量影响,把后者置于我们的学习之中则成为路径依赖。就知识基础,根据考察,荣家企业的工人大量来源于农村,拥有的是自然经济的知识基础,路径依赖下导致工人难以适应现代大工业生产〔1〕。由于企业家的洞察力,荣家企业很早就认识到工人知识不足阻碍着制度均衡实现。鉴于知识投资的外部性而寄希望于社会办理教育,以使工人享有识字之机会,并能授以工厂常识,以增高其技术。所以,从 1905 年到 1923 年,荣氏兄弟共投资私塾一所、小学八所、高级小学二所、中学一所、图书馆一座,却几乎没有对工人进行直接的知识投资。等到工头制度变迁发动以后,新制度均衡要求着主体包括工人对新制度有共同预期,当参与人的信念和行动规则一致时,制度的纳什均衡才能出现,并为参与人所共同遵守。企业制度决策者认识到行动未能产生预期结果时,一种普遍的认知危机就

〔1〕 根据上海社科院编:《荣家企业史料(上册)》,上海人民出版社 1962 年版,第 118—120 页,无锡市茂俗人面粉厂和无锡市申新纺织厂提供资料及对 17 名荣家企业工人的抽样调查表,调查显示大部分工人出身农民家庭。

出现了:当 20 世纪 20 年代普遍的劳资纠纷和罢工成为社会的严重问题时[1],认知危机会导致人们不断寻求新的主观模型,直到新均衡实现(青木昌彦,2001)。新制度当事人对不确定世界的认知是通过两种知识完成的:一种是交流的知识,一种是默认的知识(North,1990),前者可以通过正式规则的实施而取得,而后者只能通过"干中学"机制来取得。从工人到管理层,荣家企业普遍的存在知识不完全,这意味着企业想要获得相应的制度均衡利益,除了设计出正式规则来降低交流知识的获取成本、以"干中学"机制获取默认知识外,还必须激励工人与管理层的学习,投资知识。

我们观察到,工头制度变迁发动以后,荣氏兄弟及其企业组织洞察到直接投资工人、职员的知识需求,需求的满足才能保障制度均衡的获取。故此,荣家开始转变教育投资方式以匹配科学管理革命,采取了三方面措施来建立新制度均衡获取所需要的知识基础:(1)设计正式制度引导非正式制度变迁。实际操作中,申三厂为代表的荣家企业不拘泥于理论框架,采取合众家所长的态度,从 1923 年开始试验,到 1925 年大规模进行制度改革,推行类似"泰勒制"的"生产定员制、劳动定额制、论货工资制、论工赏罚制和标准工作法",重点整顿、改善车间一级的生产管理。采用日本纱厂办法,管理严酷,增加劳动强度。并在 1925 年荣家"收购穆藕初创办的德大纱厂为申新五厂"时,全盘照抄德大纱厂的"工人约则"等制度条文[2],后来自己还制订大量的标准工作法。(2)改变工人与管理者的知识基础,除了"干中学"外,从 1923 到 1937 年进行大规模、直接的知识投资,先后设立"公益职业中学、职员培训所、女工养成所、机工养成所、工人业余学校、申新子弟小学、托儿所"等教育机构。(3)投资《人钟月刊》等刊物计 3 种,发行了 17 期,聘请知名人士来厂演讲 2 次,以宣传科学管理;另建立"医疗、劳动、残废、养老"等保障制度,增强工人和企业的利益关联。到 1937 年,申三厂通过工头制度改革,随后建立"劳工自治"和通过大量知识、意识形态投资,初步建立了科学管理制度的知识、信念基础,特别是大量福利设施增强了

[1] 田彤:《民国时期的劳资关系史研究的回顾与思考》,《历史研究》,2011 年第 1 期。根据国民党政府上海社会局编《近十五年来上海之罢工》《国际劳工通讯》的不完全统计:荣家企业在 1920—1936 年共发生罢工纠纷 37 起,严重影响企业的经营。

[2] 上海社科院编:《荣家企业史料(上册)》,上海人民出版社 1962 年版,第 176—178 页。

工人对企业的归属感,初步实现了泰勒的心理革命。[1]

科学管理是一种制度均衡,而知识和意识形态投资贯穿整个科学管理制度变迁,因此对荣家企业的成功极其关键。

## 四、中小股东、银团、政府参与制度变迁

除了制度垄断者荣氏兄弟外,第三周期出现大量新的参与制度变迁的主体,包括中小股东、荣氏第二代、职工、债权人和政府、社会公众舆论和其他利益相关者都纷纷参与到荣家企业的制度变迁之中。荣氏第二代和职工已经通过自己的信念表达和各自的博弈谈判在前述制度变迁中得到分析,现对中小股东、银团、政府的参与制度变迁进行分析。

### (一)中小股东的制度变迁路径

随着总公司问题的爆发,整个荣家企业处于风雨飘摇中,福新系统在王禹卿的带领下,1933年另立总公司,导致荣家企业制度出现内部分裂。福新各厂的股东一致同意自立总公司,以求避险。根据修改后的福新总公司无限责任章程,规定总经理王禹卿取代荣宗敬负责对外独权处理,另设“业务、麦务、财务”三部辅助管理。

福新系统的分立之想法并非一朝一夕而成,首先,制度变迁路径在1913年福一厂建立之初就已确立。实际上福新系统的制度安排与申新系统大有不同,因福新系统是荣氏兄弟主动寻求与得力手下的合作,而不惜违背绝对控股的原则进行的创设,福一厂的产权安排即荣氏兄弟合入股本,与原手下王禹卿等合资办厂,股权上不占绝对控制,荣氏只占50%,到1932年福新一厂中荣氏兄弟股份甚至下降为46.6%,丧失半数控制权;而福三系统的股权更是少至26.7%。所以福新系统分立总公司的制度变迁之根源,于创设开始的产权制度设计上就已经形成。在考察福新系统的会议记录后笔者进一步确认,福新系统的制度决策并非荣宗敬垄断,而大都是集体决议,根据上档:Q193－1－97茂福、申新会议录,1928年就“洋麦定购、利润分配、福五厂人事变动”等进行议决时,荣宗敬和王氏兄弟、浦氏兄弟协商决策过程显得比较民主。因此,1933年福新从福茂申新总公司控制下脱离,是有历史路径可寻的。

---

[1] 1923年改革前,荣氏企业中工人人心不稳,改革期间,仅仅申三在1923—1927年,就发生罢工纠纷4次。自从1927年建立劳工自治区后到1937年止,只1928年发生工人殴打新职员及1933年反对困难时期减工资的两次小规模纠纷,工人安心工作,可视为已形成对新制度合作的稳定预期。

其次,这次制度分流亦是在福新内部出现危机下发生,在1931年,福新各厂面粉产量创开业之最高纪录,达2 137.7万袋,但是当年除福五略有盈余外,余下各厂皆亏,盈亏相抵甚至还总体上亏损190万余元,为历史上罕见。当1935年荣宗敬因在福新系统受到排挤而写信给王氏兄弟抱怨:“近来数年,渐渐变为宗以门外汉,然组织在前。并无更改,权限无宗之分,毫勿议商何也?……”王尧臣毫不客气地答复:“粉厂方面,三年前(1931年)在洋麦上几乎全军覆没,夙夜筹划,三年来恢复原状……”这才揭露出福新系统分立的直接原因:福新曾经面临几乎全军覆没的危局。[1] 在1930年、1931年,福新面粉公司在荣宗敬建议下购进大量期货美麦,超过生产所需,最后亏损巨大,而荣宗敬在1930年粉麦会议上力劝股东们坚持到明年交割,以待价格回升,结果判断错误,小麦价格持续低迷,最终造成了巨额亏损。

再次,危机下,福新系统的股东们信念上的分歧扩大,并互相公开指责。危机导致信念更新,制度决策者之间原来的共同信念因为出现分歧而受到损害,甚至越来越严重。王氏等中小股东认为大股东荣宗敬纵子投机,损害股东利益;荣宗敬则认为“茂福申”都是自己创办的子孙万世基业,他人无可指责。股东间信念分歧扩大,于是为福新系统另立总公司奠定了信念前提。

最后,福新的大股东之一的荣德生出乎意料,对福新系统分立投了赞成票,保证制度分流得到大多数股东支持而能够实施:“惟面粉厂福一三七未押出,而活动,有自营能力,且有私产,信誉未损。兄将面粉厂经理归王禹卿专管,俾易调度”[2]。此后,福新还在事实上废除了以不到四分之一股东人数通过的以“福新盈余支持申新”的议案,避免调动福新盈余来支撑申新的亏损,这议案连荣德生也没有表态要支持申新。值得寻味的是恰恰在福新系统分立前一年,即1932年,申三厂已经率先成立管理处,并由薛明剑任总管,这其实是比福新自立更早的对总公司制度的独立行为。历史是重复的,与当年一样,稳健的荣德生总会事先做好各种安排,避免受到即将到来的危机拖累。[3]

**(二)银团和主银行制度变迁之路径**

荣家企业还有一股制度变迁的潮流,受到一定的忽视,在荣家企业的资产

---

[1] 当时,王禹卿、丁梓仁和浦志达以企业名义投机芝加哥小麦期货,合计亏蚀200多万元。上海社科院编:《荣家企业史料(上册)》,上海人民出版社1962年版,第236页。

[2] 上海社科院编:《荣家企业史料(上册)》,上海人民出版社1962年版,第377页。

[3] 1908年危机时,荣德生就自云:“幸将广生、茂新、振新均早安排,未曾牵入漩涡”。

负债表的危机中,观察到银行,以银团的形式对企业的制度变迁施加巨大影响。在危机紧迫之下,企业家不断放弃经营垄断权利以换取银行资金的支持。为此,本文追溯了荣家企业从早期到后期借款的变迁,并认为中国存在类似日本主银行制度(青木昌彦,1998)的制度变迁趋势,这种制度变迁路径在荣氏兄弟及其企业的制度变迁多元信念冲击中若隐若现,并在危机的最高潮达到最深入。

现代市场经济中,存在一种独特制度安排,即银行代替市场日益承担起企业的清算和重组,中国的银行由于其专业化资产和信息、资金和人才的优势,而可以和20世纪80年代的日本主银行、德国全能银行一样,发展出银企结合的特殊制度变迁路径来。可惜,这股制度变迁潮流受到1937年的战争的强行中断,为此种制度变迁路径的产生与发展及最终结果,留下一个富有挑战性的制度分析之谜。

主银行的特征一般依赖于"贷款辛迪加",通过银行和企业资金链的建立,银行对企业进而产生了监控的机制;最终甚至设立固定资产投资的长期信贷银行,并主动介入对企业陷入困境时的营救的"重建、重组、清算"。银企间慢慢就产生了一种隐性的保险合同,企业融资主要方式也因此选择了银行融资而非市场证券化。当然,主银行制度关键是银行对企业经营在监控能力的培养,以及触及金融业的法律层面的制度安排。

杜恂诚(1998)指出:金融与产业产生相互交融,在历史条件下,金融对竞争性企业的大量贷款和投资,促进竞争性企业兼并和资产重组;而且这种交融是在市场条件下自发形成的,是近代中国民族企业生存和发展的基本特征之一。[1] 这种特征的影响之一就是银团大量介入企业经营,并在20世纪二三十年代一度流行。保证资金的安全为至上原则的银行甚至公开干涉企业,如要求纱业减工维持纱价。[2] 又如著名的大生纱厂,1925年被银团接管,轰动一时。严中平指出:"(这段时期)银团控制企业存在三种模式:第一种是工厂股东保留所有权,但是银行拥有经营权。只要工厂履行贷款合同,就把经营权还给他们。第二种,银行宽限以往贷款利息的偿还,并且提供新的短期贷款作为纱厂的周转资金,以使纱厂能够定期偿还利息。第三种,银行雇员监督纱厂的管理和预

---

〔1〕 其他学者也多有论述,如龚关:《清末至民国前期银企关系探究》,《南开经济研究》2007年第6期,以恒源纱厂与银行的关系为中心,认为近代出现了银行控制企业的趋势。

〔2〕 (日)城山智子:《大萧条时期的中国市场》,江苏人民出版社2010年版,第135页。

算,使其能够支付其他费用之前先偿还银行的贷款。三种模式分别以大生、薄益、荣氏兄弟企业为代表。”[1]

近代中国的银行有“特别强的干涉企业经营”的意愿。经特意查询上海商业储蓄银行“对国货工业放款的相关文件史料”发现:

(1)在放贷原则,除强调信用放款只占5%左右,还提出数额较大的放款与同行合作,以免放款风险集中,在关于长期放款一项,提到有若干工厂,即由本行或银团派遣专家,代为经营。

(2)上海商业储蓄银行鲜明地提出辅导国货工业,以改善其经营管理。本行辅助国货工业之目的,既在研究国货工业,如何在本行接济之下,可获健全之经营,故对于国货工业,不特在安全条件之下与金融上之辅助,抑且在可能范围内,促进其经营上之改良。并提出四原则:一是固定资产一般不参与,以免银行自己陷入呆滞。二则对愿意接受本行忠告之国货工业,辄代为延请专家主持厂务(以银行接触社会较多,招揽人才为易。本年试行数次颇著成效),不特对于本行放出之资金有更确实之保障,抑工业本身,亦沾受其益也。三则会计制度之改良,对于资金较大关系之厂,委派会计人员,整理其会计制度,所以促进其经营之效率者颇多。四则业务进行之合作,凡与本行发生资金关系较多的工厂,一方面本行派有会计员或管栈员,常驻其地,依照一定之规则,补助其业务;一方面并延请专家,审核各厂之业务报告,以睹其进展状况,遇有应加改进之处,则向厂方建议,促其考虑。此外对于原料之采购及出品之推销,除与以金融上之周转外,并在可能范围内,辄代为搜求或宣传,借以改善其营业,所与助力亦颇可观。以上四端,在往昔虽曾推行一二,在本年度则颇积极施行。[2]

另查棉业研究委员会工作分类,亦有研究合同期内对各纱厂研究适当改良方案,促使各厂当局实施的条款。涉及组织人事、会计、建筑、公务、机务、设备、动力和保险、采办销售及扩充增置方面。[3]

显然,组成银团以控制对企业放款的风险,满足了主银行制度关于贷款辛迪加的要求;而通过银行和企业资金链建立,银行对企业进而产生了监控的机制也是水到渠成:观察到上海商业储蓄银行非常积极地介入企业经营,甚至主

---

[1] 引严中平:《中国棉纺织史稿》,科学出版社1955年版,第233页。

[2] 中国人民银行上海市分行金融研究所编:《上海商业储蓄银行史料》,上海人民出版社1990年版,第505页。

[3] 中国人民银行上海市分行金融研究所编:《上海商业储蓄银行史料》,上海人民出版社1990年版,第519页。

动帮助贷款对象改善营销、财务和经营,还热心地利用银行的人才优势而辅助企业,体现出为了防范风险而具有强烈参与企业制度的意愿,以至于不难想象,在银企的利益共同体越来越紧密的时候,最终有可能打破银行不介入企业固定资产投资,从而不提供长期信贷的禁忌。

至于银行主动介入对相关贷款企业陷入困境时的"重建、重组、清算",观察到上海商业储蓄银行非常主动地介入荣家企业的重组和重建。本书收集了1904－1937 年间银行与荣家企业的相关来往的 64 个制度事件(附表 10),另一方面,则从荣家企业原始档案"资产负债表数据"着手,追溯银企关系发展变迁情况。荣家企业最早的银行介入经营记录发生在 1913 年,江苏银行借款给荣氏兄弟及其企业进行经营时,派员在厂监督财务。银行和企业的资金关系一旦长期建立,就会互相影响。如荣家企业通过投资银行与钱庄,取得董事会席位以影响银行与钱庄的决策,而银行也会因为保障贷款安全而要求企业提供现代会计报表,并进行新式会计成本核算。而企业经营顺利时,银行竞相争夺对优良企业的贷款,当 1930 年社会游资充斥时,银行就曾经争做申新工厂的贷款。

事情呈双向性,一旦与银行贷款关系密切的企业出现问题,为了维护自身利益,银行就必然一步步介入企业经营。上海商业储蓄银行由于与荣家企业建立了长期而密切的贷款关系,就不得不深深介入荣家企业在危机中的制度变迁。[1] 随着荣家企业危机的发展,银行逐步加深对企业的控制。在荣家企业案例中,危机初期,笔者查 1931 年早期的押款合同,银团介入较轻,只规定"银行把受押品委托抵押人经营管理,但是随时可以书面通知撤销,并把管理权交付受押人或者其指定之人"[2]。

由于纱价猛跌,加上 1932 年在美麦粉交易上的失败,荣家企业危机加深,查 1933 年 11 月 12 日申五厂与中国银行、上海商业储蓄银行、永丰钱庄订立的租赁契约:甲方申五厂将公共租界的 8 座栈房和 1 座露天堆栈租予银行乙方,栈房人员移交由乙方委任,而甲方支付工资;乙方派两人全权负责监督管理栈房,合约为期一年,但是规定此租约合同随着营运借款合同而变更时间和条件(根据 Q193－1－26,上海申新纺织第五厂栈房被银团以租赁形式接管的租赁

〔1〕 申新因连年扩张,过于迅速,所需资金多向银行通融。当时贷款申新者甚多,如交通、中国、上海、浙兴、中一信托公司,尤以上海银行投资最巨,对申新放贷竟占到其存款的百分之八十。乐农史料选编:《荣德生与企业经营管理》,上海古籍出版社 2004 年版,第 194 页。

〔2〕 上海档案馆 Q193－1－541,荣宗敬以申新六厂产权向公利、聚兴、集益等银团订立押借款及营运合同。

合同)。到 1933 年年底,钱庄逼债厉害,荣宗敬不得不对钱庄声称:“将在企业内部切实改进,增加生产,紧缩开支,以等待市面转机,请求钱庄帮助维持信用”。显然,荣家企业经营上亦不断对银行钱庄做出改革保证,以取得后者的融资信用。这也是银行影响企业制度变迁的一种方式。

观察到 1934 年申新搁浅前银行只派员监督资金支付,没有实质性参加企业经营管理的行为;但是在 1934 年搁浅后,在危机压力下,银团开始全面介入荣家企业经营,并提出企业制度大变迁的要求。1934 年,荣宗敬通过史量才向金城等北五行借款,史量才代表银行提出重大制度变迁要求:“放款以中国、上海商业储蓄银行为主,北五行为辅,条件是企业彻底改组(废除总经理,改设董事会,以荣宗敬为董事长,中国、上海、北五行及钱庄各推一常务董事,共同处理日常重要事务,其余董事一律为申新股东及各债权行庄推选,组成董事会;厂务要物色一总工程师统一领导,要做到统一品质、降低成本),并要荣宗敬两个儿子出国”。史量才指出:“如果企业不公私分明,破除情面,困难就难以彻底解决。”可惜荣宗敬家族观念很深,没有革除旧一套的决心,导致银团方案最终没有成功实施。

虽无进行根本性产权制度变迁,但以上海商业储蓄银行和中国银行为主组成的银团,开始通过直接参与部分工厂经营,甚至直接控制生产业务,而损益归企业负担的方式影响企业制度变迁,甚至规定申新应该在最短时间内请求当局拨款救济。下列几个制度事件表现了银团一步步控制申新的财务、经营甚至企业全部管理权的过程:(1)1934 年申二厂、五厂曾一度停工,由各银行会同组“一二五八厂银团”管理;同年,从汇丰处赎回拍卖的申七厂,组织银团管理;六厂亦如此、九厂由交通银行管理,银团控制的企业范围日益增加。(2)1934 年王禹卿接手荣家企业,清账时发现库存缺少八万元,银账房汪君即解职,银账房事移交新银团;银团把企业旧印章封存,拨二百五十万元维持现状,同时要求申新各厂在各钱庄所做押款一律改为营运性质,并由总公司负责保证一律不得停工。另根据荣家企业“改进委员会一年来工作报告”:1934 年企业引进银团驻公司办事处,控制购花委员会,并参与相关制度变迁决策。同年 12 月,荣家企业发生“退票风潮”,银团就开始商讨各厂与总公司独立,另立联合办事处的建议;因为银团认为只能得到进花实权而销售方面依然无实权,所以除不断实质性扩大参与企业经营范围外,还开始要求全面控制企业管理权,以根本解决问题取得经营转机。(3)1935 年在银团的压力下,荣宗敬于 1 月份致电各厂,要求全面紧缩开支,要求各厂从 1935 年起,制订开支预算;各厂的机器移动、改换和加装,如增加费用一律停止;各厂特别紧缩,同事去留,格外减少;车间应用五金物料,各厂查有无耽搁,制表分送各厂通用,以免耽搁,并注重少存。(4)随着银团的步步介入,控制企业的努力受到荣宗敬及荣氏家族的顽强抵制:1935年银团要作为主体经营管理工厂的生产,荣宗敬不肯退让,认为银团不应该过问生产,只监督财务可矣。银团受到阻碍后认为:"因为关系荣宗敬体面;加上荣家家族观念太深,他的子侄辈分掌各厂实权,难以交出",最后双方妥协;同年,银团决定让申二、五两厂停工。(5)1936年,为争取申二、五厂复工,荣家企业做出巨大让步,与中国、上海商业储蓄银行签订委托经营合同,将经营权和管理权委托于中、上行主导组织的委员会。同年,申新一二五八厂银团把申新二厂A号栈房租给新裕纺织有限公司,还有福新面粉公司及相关建筑工程合同等,都表明银团深深地介入到具体的栈房租赁和建筑工程事项。

银团全面接管企业的具体情况:查Q193—1—30,上海申新纺织第五厂与中国、上海两银行订立的委托经营契约,规定签约之日起将所有经营权和管理权委托于银行绝对控制的委员会中,"举凡用人行政及其他对内对外一切事务业务均由委员会权主持之"。企业只是象征性派员参与委员会,以配合银行控管企业,银行垫付营运资金,月息七厘半(7.5‰),甚至规定了亏损由厂负责,概不与银行相涉及的单方优惠条件,协议显然表明银团已经全面控制申五等厂的经营管理大权。

注意到银团对荣家企业的经营管理的接管具有临时性,1942年申新一八厂还清银团欠款,即结束8年的银团控制,申新二五厂委员会亦在银团控制6年后结束,登报公告并移交手续。所以,一旦企业走出危机,银团就逐渐退出企业经营,并无产生隐性保险合同和进一步的银企间长期的制度安排,因中国当时还没有形成主银行制度的全部成熟条件。

### (三)政府管制企业和社会舆论参与制度变迁路径

1934年,实业部公开其对申新的调查报告,指责申新存在"管理不良、经营无系统、成本无预算决算"等众多问题,要求对申新实行政府管制下的"专家治厂",正式揭示了政府参与荣家企业制度变迁的意图,第一次的意图却受到社会和荣家企业的强烈反弹而迅速失败。[1]

---

〔1〕 对于实业部想借"整理"之名将申新收归国有,无锡纺织厂联合会致电南京政府行政院表示反对,对实业部的估价也表示异议,认为低估了申新资产。无锡申新三厂、天津市纱厂业同业公会、河北省各纱厂都公开表示反对。

第二次政府又意图参与荣家企业制度变迁,是 1935 年“汇丰申七拍卖事件”,申七事件中,荣宗敬函托张公权、陈光甫转请国民党政府援助,用中央银行垫款赎出申七厂。这次,中央银行代表政府趁机表达了国有化荣家企业的意图,上海商业储蓄银行内部也有建议赎回申七后委托经营或者国营。关键时刻,因为职工和社会舆论的反对,加上荣氏兄弟直接和汇丰沟通和解,避免了政府插手,从而致使政府第二次参与荣家企业制度变迁的意图失败。

第三次则是 1935 年 4 月,荣家企业欲争取申二五厂复工,向中国银行请求帮助,此时中国银行的董事长已经是宋子文,宋子文根据国民党棉统会致财政部报告,意图由政府指令债权者及公司方面设法委托第三者经营,并要求荣宗敬放手申新,荣宗敬不敢直接反对,只好由荣德生出面婉转拒绝,最后险之又险,因中国银行和上海商业储蓄银行存在矛盾而没有让管制实施成功。

政府参与荣家企业制度变迁的背景是整个荣家企业呈现多元化制度变迁路径,在制度变迁主导路径的争夺与博弈中,工人、管理层(汪孚礼、薛明剑等)、“荣二代”等都对荣家企业制度提出了自己的变迁要求,甚至社会舆论也纷纷介入荣家企业制度变迁,成为第三周期的一大特色。潘必胜(1998)指出:1934 年申新搁浅,因为申新企业规模大,影响范围广,引起整个社会和政府的关注,并导致激烈争论。争论的问题围绕“专家治厂和国有化”。当然这次社会舆论关于荣家企业制度变迁的大争论不只限制在“国营、民营和专家治厂”,本文在收集相关史料的基础上进行如下补充:在吴稚晖致陈子宽、汪精卫致吴稚晖、蒋介石致吴稚晖、吴稚晖致薛明剑、陈公博致吴稚晖等社会名流的往来信函中,对荣家提出了包括“改组有限公司、债权人为持票人、缓和法院诉讼”等意见。其他较典型的如:(1)1934 年,上海《新闻报》主笔陈达哉致薛明剑:就申新债务年息五百万沉重负担、不健全组织等内部改良提出建议。(2)1934 年,荣宗敬通过史量才向金城等北五行借款,史量才提出“企业彻底改组,废除总经理,改设董事会”的建议。(3)1934 年上海商业储蓄银行棉业会议上,纺织专家童侣青先生谓“即以申新而论,余与荣宗锦先生在十年前已经谈及,余劝其(一)集中力量,培植经营与技术之中心势力;(二)比拟外国企业家之精神,脚踏实地去做,而终未见实行,总之,纱厂事业在我国既占如此之重要地位,必须栽培一中心势力,如日本和田武藤二氏,一为关东之重心,一为关西之重心,每当棉业问题困难发生时,辄由彼等解决。夫日本亦曾经过数度整理时期,乃能有今日之盛况,目前中国纱厂亦当效法者也”。[1] (4)1934 年国民党实业部商业司张翼后致薛明剑函:“建议申新接受实业部批评,以资借鉴。希望通过科学管理,出品标准化和节流还债,挽回信用。并认为不要迷信政府、勿再投机,还认为内部股东团结很重要”。(5)1935 年,黄炎培的文章《申新问题的精讨》,认为“申七汇丰拍卖只是债务问题,解决荣家企业的根本是经营上立住脚,对纺织业机械陈旧、管理缺乏研究、捐税之繁重、息率之高提出批评。并指责工厂用人不秉公,内外弊端百出,进货有给头等价而给三等货,职员从中谋利者,若给同价值相等的原料反而不要,腐化至此,安得不一败涂地”。

上面的舆论和社会名流的意见,从家族制到管理不良、从经营到技术培植、从董事会建立到人事及采购方面的腐败都有分布,可谓五花八门。

## 第五节 无效率的制度及其变迁

前面对多元化制度主体参与企业制度变迁进行了研究,现实中观察到,中小股东、银团、社会舆论、政府等参与荣家企业制度的变迁是暂时的、过渡性的,那么新的、常态的制度均衡将会是什么呢?通过对无效率制度的分析,我们发现,在总公司制度及科学管理制度变迁的后面,还隐藏着更加深层的核心信念和制度路径,这就是荣氏兄弟一直坚持的“无限责任公司制度”,它作为荣家企业的核心的产权制度,其是否具有适应性效率,才真正决定着荣家企业长期内生的制度变迁路径。

**表 5—17　　总公司利润分析表**

| 年份 | 利润情况(银元) | 年份 | 利润情况(银元) |
|---|---|---|---|
| 1919 | 17 760.93 | 1929 | 56 207.93 |
| 1920 | 147 981.24 | 1930 | —5 164 906.49 |
| 1921 | 177 962.93 | 1931 | —4 929 210.00 |
| 1922 | 83 736.67 | 1932 | —2 461 990.00 |
| 1923 | 76 124.51 | 1933 | —1 419 950.00 |
| 1924 | 253 797.79 | 1934 | —753 150.00 |

〔1〕 中国人民银行上海市分行金融研究所编:《上海商业储蓄银行史料》,上海人民出版社 1990 年版,第 518 页,陈光甫在上海银行棉业研究会议上讲话。

续表

| 年份 | 利润情况(银元) | 年份 | 利润情况(银元) |
|---|---|---|---|
| 1925 | 155 467.24 | 1935 | −765 120.00 |
| 1926 | −164 923.79 | 1936 | −1 637 030.00 |
| 1927 | −246 561.28 | 1937 | −1 459 000.17 |
| 1928 | 132 191.33 | 1938 | 72 000.00 |

资料来源:附表 1。

第三周期大量存在的制度折旧(42 次)证实存在无效率的制度安排。正如本章开头所言,总体报酬的分析让人颇有困惑,原因是荣家企业的制度存在复杂的分流。当结合前述对申新总公司的大规模超借扩张和巨额投机失败的适应性效率进行分析后,可以发现总公司制度,真正是作为第三周期的无效率制度的总根源,其对利润影响的金额和程度上,更是超越了申三厂主导的科学管理制度变迁,前者一直影响着整个荣家企业,后者只是在危机下才产生控制全局的影响。因此如把总公司盈利单独列出进行分析:就可清楚地发现和把握荣家企业从适应性效率到无效率的变迁情况。总公司代表了制度垄断者荣宗敬的个人威望,又是无限责任公司制度的代表,通过总公司制度,我们进一步认识到无限责任公司,作为一种核心的产权制度安排,在第三周期显现出越来越明显的非适应性的无效率,如表 5—17 所示。

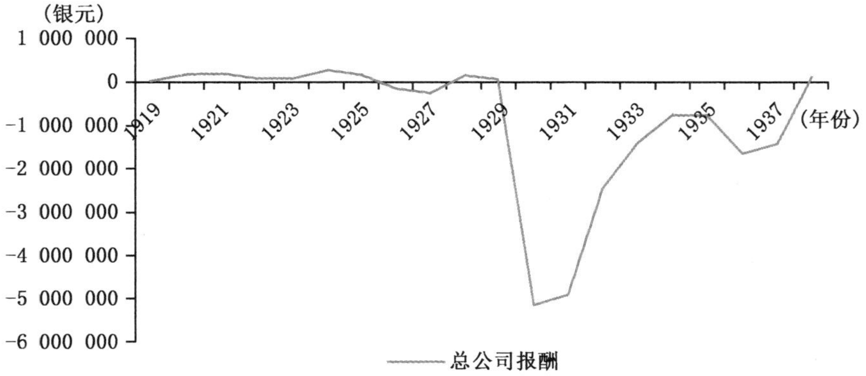


图 5—9　总公司报酬(1919—1938 年)

从图 5—9 中可以发现,总公司在早期具有正报酬,1926—1927 年和 1930—1936 年分别出现两段负报酬时期,特别是后一个时期,具有罕见的连续 8 年的负报酬,这意味着总公司陷入了长期无效率的境地,而总公司实际上是荣宗敬执行无限责任公司的参谋机构和形象代表。我们不妨先对无限责任公司的制度安排进行追溯。

## 一、无限责任公司的适应性效率到无效率

无限责任公司在近代大公司中比较少见的,这种高度集权的制度安排,往往只适应中小企业创业初期的需要,当公司发展到一定规模时,就会产生制度变迁。

无限公司因为责任重,信誉也高,承担无限责任,并且要参与企业的经营,因此在选择合伙人时就需要特别谨慎,并且由于产权的封闭性,难以对外大规模招股。特别是当股东的二代大量进入企业经营时,就会对企业经营管理产生极大的危害。而无限责任公司制度的建立,在荣家企业研究中一直是焦点,其争论也最大。很多人之所以迷惑,为什么荣氏兄弟会长期坚持一种有历史倒退嫌疑的制度,就是因为预设了价值判断,认为有限责任公司在任何时候都先进于无限责任公司,现代肯定高于传统,然而“判断一种制度的优劣应是市场选择的结果而不是人为设定的理想模式”[1]。这是本书一再强调的适应性效率的实质,即荣氏兄弟选择所谓“落后”的无限责任公司不是真正的落后而是有适应性效率的制度安排,是在既定制度环境不确定性与技术水平的约束下,荣氏兄弟作为制度垄断者,基于其拥有的知识、信念结构,在可行的制度选择集中进行理性选择的结果。简言之,荣氏兄弟的选择集合中,无限责任公司制度是最优的!

此种选择一般认为是荣氏兄弟基于参股经营振新纱厂的负面经验而来,对于无限责任公司的优点,张忠民(2002)强调了其在扩大生产、集权经营方面具有交易费用低的特征;杜恂诚(2004)则强调了无限责任制度安排在应付市场风险上的确定性保障,尤其是近代的不确定性程度极高的市场条件下,具有优势地位。1915年荣氏兄弟置换振新纱厂股份和茂新股份,这次产权变权标志着荣家完全退出振新纱厂,但是荣家从振新纱厂的实践中,取得了丰富的管理知识和经历,特别是荣德生一手主持振新纱厂的建设,并把振新从危机中带出来。对此,原振新股东张叔和对荣德生评价甚高,其实,当时目光短浅的振新董事会已经难以留住荣氏兄弟。本书对荣氏兄弟生成“有限责任公司不可为”的信念

---

〔1〕 戴一峰:《传统与现代:近代中国企业制度变迁的再思考》,载刘兰兮主编:《中国现代化过程中的企业发展》,福建人民出版社2006年版。此文对学术界流行的“把近代企业发展简单归于传统向现代,低级向高级的转变”进行了批评,认为历史具有多元发展途径。

的来龙去脉进行追踪,收集了“有限责任公司不可为”的信念生成制度事件列表的 19 个制度事件(参见附表 5.1:有限责任不可为制度事件列表)。

观察到荣德生身上体现了经营者与大买办、商业资本家构成的董事会在理念上的冲突。潘必胜指出:“这是企业长期发展与短期发展的冲突,也是董事会目标和经理人目标不一致引发的冲突。”[1]荣氏兄弟努力经营振新,在困难时得不到董事会资金与政策的支持,几度欲想添机、扩展企业都得不到支持,难免失望。有限责任公司在实践中还暴露出一系列问题:大股东无制度限制其胡作非为;董事会“用才无方任人唯亲”;股东之间冲突内耗严重。本身作为经理的荣德生“兢兢业业,专心经营企业,反受到大股东打击”,成为非常关键的制度事件。然而,荣氏兄弟本身作为企业家,对经营茂新面粉厂直接的经验积累对生成“有限责任不可为”的信念的作用,却易于忽略。

不妨用“有限责任公司”的振新纱厂的缓慢发展来对比“无限责任公司”的茂福面粉厂[2]的迅速发展:截至 1915 年,茂福系统发展到 5 个厂(茂一、福一、福二、福三在建,租中兴面粉厂);茂新已经三次添机(1909 年、1912 年、1914 年),产品质量不断提高,经营异常顺利;而振新纱厂开局就不顺,1914 年才刚刚走出困境,其间经历许多波折,如“锡沪股东冲突、大股东滥用权力、工厂险些受到查封、用人无方、董事会几度阻碍企业扩展,并无理查账刁难经理人”。多数人根据这些知识和信念,都会得到相同的理性判断:同样的环境下,(振新)有限公司处处受到董事会掣肘,坐失发展良机;(茂新等)无限责任公司却决策果断,执行有力,发展迅速。“有限责任、无限责任”孰优孰劣一目了然。总之,强调的是荣氏兄弟并非是从理论而是从经历、实践中得到“有限公司不可为”的信念,此乃制度主体感知到“法治环境、监督机制、人文理念”等条件尚未完备而做出的理性选择,此信念贯穿荣氏兄弟今后所办的大部分企业。

从荣家企业发展情况判断,无限责任制度安排在当时环境下效率极高,能

---

〔1〕 荣氏兄弟具有企业家精神,一心扩展企业,为企业长期发展而努力,而其他大股东则要求短期内迅速实现利润,以分红利。在振新厂的发展过程中,由于种种分歧导致的董事会对经理人的斗争,使荣德生终于被赶下台,实际上被排挤出振新,这反映了当时社会上新式工业家和旧投资者的力量对比悬殊。所幸的是,当时社会正处于新式工业蓬勃壮大的有利时机,所以荣氏兄弟退出振新不但未归于寂灭,反而得到了一展身手的机会(潘必胜,1998)。

〔2〕 1903 年荣氏兄弟创办的茂新面粉厂和福新面粉公司都是无限公司企业。《中国企业史(近代卷)》,企业管理出版社 2004 年版,第 582 页。1905 年,茂新粉厂向清政府注册为无限公司组织,成为全国第二家注册的民族资本粉厂(潘必胜,1998)。

够维持企业高速增长十几年,适应性效率是肯定有的。但我们不是寻求一种永远有效率的制度安排,这个在知识完全性的条件下倒是可能找到,但在适应性条件下,不确定性的存在导致了知识的不完全性,需要制度随时对技术变迁和环境变迁等进行新适应。况且在完全知识的世界中,人是机械的,只按照理性本能行事、无须学习、无须创造;而现实中的人因为需要适应环境,要有敏锐的洞察力,以判断环境和寻求知识完全性的达到。这意味着管理者必须从完全理性的机械人模式中走出来,具有适应技术、环境变迁从而不断发动制度变迁的能力,即适应性的能力,此即类似于威廉姆森和柯兹纳的洞察力、诺斯的创造能力和熊彼特的创造性破坏能力:建立无限责任公司制度安排是荣氏兄弟发挥创造力的结果,它适应了当时的环境、知识和技术变迁,一度具有强适应性效率。

值得注意的是,这种无限责任公司信念仅仅是归于荣氏兄弟独特的经历所致,还是具有普遍性的制度现象呢?这是值得延伸的研究课题。[1] 无限责任公司是企业制度矩阵中的核心制度安排,它从产权的高度,要求有相应的一系列制度安排来实现制度均衡(例如需要特殊的制度安排以弥补无限责任公司在融资和集权决策上的短板;而且荣氏兄弟在信念上的分流,从限制"权力和决策独断带来的过分冒险方面",有良好效果);注意到,无限责任公司还往往由于早期的成功,而成为企业家的一生固执的偏好,最终陷入无效率制度的锁定。

## 二、无效率的制度安排:无限责任公司及其代表总公司

第一、二周期,已经论述了无限责任公司信念生成并代替荣家企业早期有限责任公司制度的情况,第三周期的制度分析却表明,荣家企业具有从无限责任回到有限责任公司的反复。这是一种历史趋势,也是有趣的历史循环,并主要是基于总公司的无效率而引发的深层危机所致。

### (一)总公司投机失败和大量超借带来债务危机

在研究总公司的借款扩张时,本书提出一个未解之谜,就是各厂的资产负债率是比较合理的,那么为什么荣家企业会在1934年因为债务危机而搁浅呢?请看表5—18的总公司资产负债率。

---

[1] 中国科学管理革命鼻祖穆耦初认为,无限公司以少数人之资力而创设之,范围未免狭小,交易因之而细微。优点是股东责任重,对经营情况较为关心,关系密切的股东会经常去监督和指导,公司经理随时请命于股东,责任较轻,公司矛盾较少。穆耦初认为有限公司比较先进,并组织有限公司,但是实践中董事会处处掣肘,最后公司信誉全失,穆耦初只好辞去经理职务。股东与董事股东的矛盾往往不可调和,有一段时间"凡一切有限公司,闻风生畏,招股实不易",发人深思。

总公司作为一个独立核算的单位,先天存在资本不足的缺陷,建立伊始就有 0.97 的高资产负债率,这符合总公司的参谋机构性质,然而我们发现,对应总公司的长期负报酬,总公司的资产负债率一度非常高,在 1932 年达到 1.37 的高峰。这意味着在效率上总公司早已应该破产,但这种沉重债务负担却在 1934 年转移到各厂,最终拖累申新各厂。查 1934 年总公司账务出现异常,资产负债率忽然从 1.32 下降为 1.03,与此同时,各厂往来从 1 600 多万元猛增加到 4 000 多万元,而当年并无银行肯大笔借款给申新。笔者抽查申九厂账务,发现 1934 年在资产类增加"总公司往来——另户":270.01 万元;同时在负债类项目对冲一笔"上年损益——总公司":270.01 万元,这笔会计处理没有对应的实际业务,不符合会计规则,实为总公司把债务负担转移到各厂分摊承担,致使下属各厂资产负债率增加而总公司资产负债率下降:申九厂资产负债率由 1932 年的 0.72 急剧增加到 1933 年的 0.95,再到 1934 年的 1.39。申五厂在 1934 年异常增加"上年损益(总公司)"和"总公司往来",金额 209.27 万银元。申一厂在 1934 年同样异常增加近 200 万元的资产和权益;申四厂同样异常增加历年损益 90 多万元等。[1]

**表 5—18　　申新总公司的资产负债率(1920—1937 年)**

| 项目＼年份 | 1920 | 1921 | 1922 | 1923 | 1924 | 1925 | 1926 | 1927 | 1928 |
|---|---|---|---|---|---|---|---|---|---|
| 资产负债率 | — | 0.97 | 0.97 | 0.96 | 0.95 | 0.95 | 缺乏数据 | 0.97 | 0.96 |
| 项目＼年份 | 1929 | 1930 | 1931 | 1932 | 1933 | 1934 | 1935 | 1936 | 1937 |
| 资产负债率 | 0.97 | 1.12 | 1.29 | 1.37 | 1.32 | 1.03 | 1.04 | 1.13 | 1.10 |

资料来源:参考附表 8。

1920—1937 年的 18 年间,总公司对银行钱庄的"超借"累计 1 239.61 万元;广义"超借"达到 9 477.14 万元,总公司严重的债务危机是"超借"大量资金用于投机业务并失败的结果;也是作为各厂的资金融通中心,过度借债陷入沉重财务负担的结果。根据荣家企业利息支出汇总表,1916—1937 年 22 年间不完全统计(缺乏 1926 年、1931 年的数据,福茂各厂缺乏 1933—1936 年的数据),申新各厂利息支出总计 4 050.8 万元;福新各厂利息支出 704.53 万元、茂新各

---

〔1〕 上海市档案馆 Q193—1—606,上海市申新第九棉纺织厂 1936—1938 年年结,第 79、83 页;上海档案馆 Q193—1—594,上海市申新第四棉纺织厂 1931—1937 年年结;上海档案馆 Q193—1—654,上海申新第五棉纺织厂决算报告;上海档案馆 Q193—1—591,上海申新第一棉纺织厂 1933—1936 年年结。

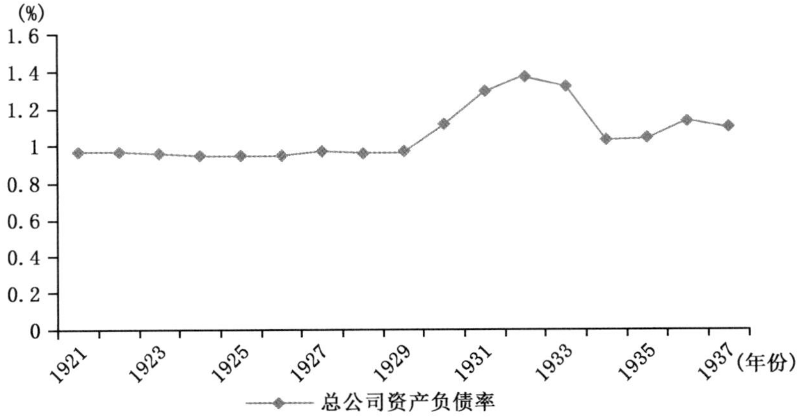


**图 5—10　1921—1937 年总公司资产负债率**

厂利息支出 197.66 万元;总公司利息支出 943.90 万元(甚至超过福茂的合计金额),全部加总利息支出达到 4 716.35 万元之巨,利息支出达到如此惊人的地步,说明了融资方面的问题,最终动摇总公司信誉并连累申新搁浅,从荣宗敬及其总公司主持的金融多元化投资或实业到金融业的战略转型角度,可谓惨败。

(二)总公司无心经营,企业制度大量折旧

制度和组织都是人们选择的结果,荣宗敬为什么把投机作为最优的选择而不是实业呢? 应该指出 1930 年大规模投机国际期货市场失败以前,总公司是具有适应性效率的,此后才连续陷入大规模的亏损,完全处于无效率状况。总公司是荣宗敬的企业家权威和大股东的身份的代表,总公司的无效率表明荣宗敬作为制度垄断者的失败。荣宗敬在投机上的冒险失败,的确是面对巨大的不确定性时的无奈:1929 年大萧条带来的冲击,远超一个远离世界经济金融中心而又野心勃勃想要投机抄底的企业家的承受范围。但是,荣宗敬的最大失败不只是投机,还在于他重复了在第一周期钱庄时期的错误,致力投机而忽视实体经济,导致后者出现大量无效率现象,即制度折旧。

根据对 42 个制度折旧现象的分析,我们观察到总公司为代表的无限责任制度出现大量有形折旧:首先是早期出现的工人和职员人心不稳,反对改革和无心工作,如 1925 年茂二、三厂由于工人加油疏忽至遭焚毁;同年,福新一厂失火被毁,都殊为典型。又例如工业退化,产品以次充好等,还有通过账务反映出来的交易费用增加,也是一种有形折旧,这些都是额外的支出:如 1925 年总公司支付祥利讼费 2 008 规元、纱号呆账 457.32 规元、陈子博等十九户历年宕账 5 556.22 规元。[1] 1929 年,荣德生指出(申一)严裕昆任经理,两厂兼顾,工人无训练,出品不佳;1930 年,申二清花间失慎。

前面的还不算是最严重的问题,制度的无效率是自我加强的,在管理层大规模参与投机的情况下,其他部门在管理上也就一再放松,从而造成弊端丛生。

1934 年,王禹卿接手总公司时清账发现库存缺少八万元,银账房汪君被解职。这并非偶然,财务部门管理被发现存在大量混乱:“银钱之出纳,票据之保管,无一定手续。发出票据,不经负责人签字,而收入票据则经职员私行兑取,存入私折,事过月余,方经发觉者;因职员疏忽将票据投入废纸篓中者亦有之;此等现象虽属于不常有之事,但理财缺乏统制,殆难讳言。该公司支用浩繁,然从无一预算制度”。申新如此大规模企业财务会计制度极不健全。“年终决算时,新旧重复而结果仍不完善。至于各厂各自为政,会计科目亦不统一。对于出品无确实之成本计算,故全由估计,而估计时又乏标准,咸意为之。如遇到淡月,则将存货价格提高;如遇到旺月,则将存货价值减低。固定资产之折旧,向未计入成本中,是以各厂之盈亏殊不准确。”[2]

同时,荣家企业行庄采购和销售管理部门也严重失控,出现大量制度折旧,相关制度事件:(1)1932 年申新租船把申七厂存货 3 万多件运往广州销售,误判市场,到 1934 年仍未售尽;另把申七、九厂 20 支次纱销四川传统市场,因为川帮改向他厂采办,导致只能廉价脱售,亏损甚大。(2)1934 年 12 月上海商业储蓄银行接管申新销售管理后发现存在大量弊端:“如仅凭原有营业员兜售后报告登记账,数月来,有已定出而复来调换或取消者,有厚此薄彼引起纠纷者,有以市价上落双方均不照成单履行者,有两年前之定货至今未能出者,有运至四川广东等等省搁置一二年仍运回受到极大损失者。信用既堕,损失随之,固无所谓营业方针也”。(3)1935 年,申新总公司向海关报退税,由广庄退回申二、六厂纱,因为存栈日久,霉烂虫伤,经重新包装后方可销售。(4)1935 年 9 月 26 日,上海商业储蓄银行致申新华栋臣,指出存浔赣棉纱,有近百件贬价出售于军装行业,亏损近 15 000 元,原因是存货日久,包铁箍大多生锈,即将霉烂。(5)1935 年,总公司账上各行庄和批发处出现大量呆账,其中宁批发处 175 229.87

[1] 上海市档案馆 Q193—1—570,申新决算表 1925 年。

[2] 上海市档案馆 Q275—1—576:《姚菘龄、沈维经呈张公权、陈光甫报告》,1934 年 10 月 19 日。

元;新丰花号19 800元;皖庄65 164.77元;第一批销处999.10元[1];这些销售制度的有形折旧造成了极大的效率损失。此外采购部门也出现大量不顾产品质量而进坏花的现象,1934年银团发现小老板(荣鸿元)购进劣质棉花,不管工厂是否需要,栈房照样收进;此外荣鸿元为还债将改进委员会的收花解款擅自移交洋行,引出著名的退票风潮。总之,荣家企业采购部门的问题,连黄炎培都忍不住出来指责:“内外弊端百出,进货有给头等价而给三等货,职员从中谋利者,若给同价值相等的原料反而不要,腐化至此,安得不一败涂地”[2]。

荣家企业人事管理也出现问题。除放纵个别荣二代以权谋私外,1926年许叔娱投机外汇产生巨额亏空,竟不做任何处理;1935年,丁梓仁亏空巨款去职。同年,荣德生对总公司的申二厂人事及管理提出尖锐批评:“凡事皆有运,上好纺机到了二厂,就是最坏。试问六十二支股,上海哪家能够纺?申二老锭九千二百锭,新锭四万余枚,如何会坏?惜余不能兼顾,若经余手,必不如此”。

显而易见,无限责任公司制度有形折旧非常明显,在工人管理、采购、销售、财务、人事管理等一系列部门都暴露出制度混乱、舞弊寻租的问题,但此类问题皆属于制度日常管理中的问题,是对原制度均衡的偏离,有形折旧可通过意识形态投资和加强管理来弥补。但观察到总公司因为忙于投机而无心加强内部管理,甚至为了投机用劣质印度棉,导致产品质量下降,大大影响了产品销售,就连标志性的“人钟品牌”也做烂,导致1934年被交易所取消其标准交易品资格。其间荣德生一再抱怨棉纱质量:“各厂纱色平常,客有烦言,纱有存积。”又说:“色暗太紧,客人不乐用。”而根据独立的银行调查报告,总公司把大量时间和精力用于交易所投机,经营活动受到严重影响,总公司甚至不为销售而销售,而是为投机而销售。不但错失市场时机,也无视客户要求,进口原料也是如此……整个申新系统已成为一个投机集团。特别是在1930—1933年,荣宗敬忙于国际投机,疏于实业的管理,对明显管理不良的信息竟无动于衷,任凭内部的交易费用不断上升。荣德生只好另立品牌,并把申三厂产品与交易所脱离。

无限责任公司制度的“无形折旧”在第三周期也大量出现,这主要由于对新知识的不适应而造成的:第一周期是基于“小规模经营”的钱庄的金融知识;第二周期则是基于“大规模经营”的实体经济而产生的实业和金融知识;第三周

[1] 上海档案馆Q193—1—585,申新纺织总公司1935年年度决算账表。

[2] 黄炎培公开指责申新总公司的文章。乐农史料选编:《荣德生与企业经营管理》,上海古籍出版社2004年版,第474页。

期,由于出现"大量借款和投机",对金融业务提出全新风险控制和金融期货等方面的知识要求,同时科学管理亦要求企业更新实业管理的知识,这些新的知识具有比第一二周期更加专业化的特征。制度是知识的结果,而知识是投资的结果,无限责任公司制度渐渐不能适应这些知识的更新要求。

一般认为,无限责任公司制度是落后于有限责任公司制度的企业组织形式,但在近代中国的具体历史条件下,无限责任的公司制度有其充分的历史合理性。当资本是稀缺资源,无限责任公司制度有利于企业使用盈利进行生产性积累;而在缺少中央银行、存款保险公司等防范风险的公共机构时,无限责任的钱业组织是降低金融风险的有效的制度安排,在配套制度方面,行业协会和司法机关是保证无限责任股东履行其责任的制度力量。[1] 而且无限责任公司在创业初期具有优势,除了荣家企业,刘鸿生创办企业的初期也以无限责任公司居多,此外,吴蕴初创办的天厨味精厂在 1935 年 8 月前是无限责任公司、南洋兄弟烟草公司在 1919 年 11 月改组之前是无限责任企业、香港永安公司在初期也曾采取无限责任公司形式。但作为一个时刻面临不确定性环境的制度设计,制度是不可能完美设计的,适应性效率要求企业制度随着知识的完全性而变迁。诺斯(2005:16)界定了不确定性的五个种类:(1)给定知识存量,可以通过增加信息而减少的不确定性;(2)现有制度框架下,可以通过提高知识存量而减少的不确定性;(3)只有通过改变制度才能减少的不确定性;(4)全新条件下,重构信念才能减少的不确定性;(5)为非理性信念提供基础的不确定性。显然在第三周期,(1)和(2)是无限责任公司制度有形折旧的根源,而荣家企业的无限责任公司制度面临不确定性冲击而出现的无形折旧,主要是(3)和(4)类型。

(1)无限责任公司的产权封闭性。首先造成无产权者缺乏对企业未来收益的激励,因此不愿意主动投资知识以面对未来挑战,因而企业的知识更新会随之相对封闭;其次是额外造成对外筹资困难(张忠民,2002:315),这是荣宗敬借款扩张的一个根源。这是只有通过改变产权制度,即开放产权才能减少的不确定性。

(2)股东和企业家的权威合一,形成高度集权管理,容易让独断的决策者(全能的制度垄断者是理想假设,现实中难于出现)因为知识不完全而产生决策错误,而一旦决策出问题,在缺乏内部控制制度安排的情况下,就会让局势无法挽回;总公司作为无限责任集权者荣宗敬的职能代表,其"无形折旧"鲜明体现

[1] 杜恂诚:近代中国无限责任企业的历史地位,《社会科学》,2006 年第 1 期。

于决策上缺乏科学性:①管理层大规模参与投机(参见前述关于投机的分析),没有任何限制和控制,最终管理层热衷于交易所业务而扰乱了企业的正常经营,如实业部调查报告所指:“荣家企业负债高,生产成本也越来越高。被批无组织、无管理、经营无系统”。②1929 年,荣宗敬不顾荣德生反对,收买英国纱厂,建立申七,连年出现亏损(经营 10 年,中有 7 年亏损);1929 年建申八及 1931 年负债收购厚生厂、申九厂,也都一意孤行,决策不科学加重了债务危机,最终使企业搁浅。③中国、上海两银行的稽核员披露申新在期货交易市场上的买进卖出,因为缺乏监督机制而铸成大祸。他们指出:申新“棉纱布三者时向交易所抛出,时又向交易所买进,致本身之产销事业反置之脑后。盖公司当局之见地,以为正式营业所入有限,投机则获利独厚也。因此之故,往往将已成之纱布囤而不售,以待善价而沽,卒致市价日跌而大蒙损失。有时纱布尚未制出而早已抛售,每因花价高涨,事先又未套进,亦常蒙亏折”。④1926 年,总公司部分同事经营外汇投机失败,亏损巨大;1927 年,总公司投机出现严重亏损,都没有让决策者得到警惕,直到 1930—1933 年,总公司管理层全面而大规模参与国际交易所投机,损失达到千万元,为时已晚。荣德生指出荣家企业因此多年盈余积累为之一空:“世界危机冲击,1931 年美花美麦贱,……亏本甚巨,全市吃亏不少,殷实者渐渐空虚。”[1]显然,无限责任公司的决策机制需要改变,并非是原制度框架下可通过提高知识存量而减少的不确定性。

(3)无限责任公司制度安排的无形折旧还体现于对“规模经营和技术变迁”的不适应。①技术变迁中,实业部《调查报告书》指申新盲目扩张和进口机器无统一规划,存在许多弊端:“整理旧厂付出巨大成本,不如新建厂划算;技术无统制,机械复杂如多国部队”。②大规模经营实业,使企业集团管理混乱,加上股东组成不同,相互间资产关系复杂,产权不顺,难统一管理;中、上两行派驻申新的稽核员调查指出:“各厂组织极不划一,不独人数不同,即名称与权限亦无一定标准,各厂各样,于管理、考成,效率上障碍甚多”。③总公司缺乏专业化知识,对实业的生产、管理上渐渐失去适应性效率。实业部调查报告指出:“查该厂配棉之主权,大体操于总公司,各厂经理只能略为上下……往往以不适之棉,责令纺成意欲之纱。甚至某一纱支,数日即易原棉之配合,该各厂违则来源不济,从则工作困难……以致同一纱牌,今昨异其质量。”后申新实行标准生产工

〔1〕 荣德生:《乐农自订行年纪事》,上海古籍出版社 2001 年版,第 108 页。

作法,只是执行力度不够,产品质量在规模扩大时,产生负面影响,数量与质量管理跟不上,人钟牌最终失去行业标准的地位,商誉损失巨大。这些经营风险亦是需要改变现有管理制度框架,才可减少不确定性。

(4)无限责任制度安排下,由于个人高度集权,家族控制就成为其路径依赖,集权的企业体系比较容易结成家族利益为核心的集团,并排斥非家族人员。集权者依赖于家族控制,会渐渐丧失适应性效率:①根据统计,荣氏兄弟任人唯亲,大举用家族成员和姻亲,高层达到83.5%,地方上无锡人占荣家企业的管理层的64.5%(张忠民,2002:440),这些人形成家族至上的利益集团,当外部介入进行改革时,就会产生强烈的反弹,“专家治厂和银团介入”都受到利益集团的强烈抵制,难避免步张謇南通之败的后尘。[1] ②家族企业管理导致管理不科学,腐败成风,典型如荣宗敬大儿子荣鸿元,私进劣质棉花而高价结算;后私移公司急款用于还个人欠款,使荣家企业的制度改良努力受到严重挫折。③荣氏兄弟认为“茂福申”是自己创办的子孙万世基业,导致以王禹卿为代表的中小股东不满,认为纵子投机,损害股东利益,于1933年在福新系统另立总公司。④1934年银团在接管申新后,荣宗敬处于监察地位,其控制的家族势力不断阻碍银团主持的实质性制度改革,致使上海商业储蓄银行认为:“荣宗敬子侄辈分掌各厂实权,难以交出;本人体面攸关;荣家族观念太深。”最后致使银团放弃对申二、五厂的支持,使之停工一年之久。储小平(2000)认为:家族企业是效率中性的,效率高低取决于家族伦理和制度安排所代表的管理效率,即有效监督及节约交易费的能力。[2] 家族经营是否有效率,的确取决于企业的知识和管理水平能否跟上时代,实际上就是在现代的有限责任公司,还常有家族经营影子。所以把家族经营定义为需要在全新条件下,重构信念才能减少的不确定性。

总之,制度无形折旧源于原企业制度面临新知识专业化要求,以及经营规模的要求时,无力应对或者不愿意变迁,从而进入的无效率锁定。正如史量才提及申新危机时所说:“企业如果不是公私分明,破除情面,困难就难以彻底解决,荣宗敬把企业看作自家王国,他所津津乐道的无限公司组织形式,其实就是家族统治。”荣氏兄弟把企业视为自己的而非全部企业人的,这是产权垄断的后果,是和“利益分享、产权开放”的历史潮流相逆的。企业为企业人所共同创造和拥有,企

---

〔1〕 原大生驻沪事务所主任吴寄尘评价张謇的得失:南通之窘,多由人事上失败,其故由创业者用人有地方思想。

〔2〕 储小平:家族企业研究:一个有意义的话题,《中国社会科学》,2000年第5期,第54页。

业家的制度垄断只在特定条件下有效(契约完全和企业家的知识完全),只有开放产权激励,才能形成上下合力的"一致性同意",形成获取未来收益进行不断努力的激励,才能让企业人积极投资新知识、创造新知识,齐心协力使企业不断进步;否则,狭窄的产权垄断,严重依赖于少数人的努力,总会让企业陷入无效率锁定。适应性效率,某种意义上就是指对未来收益获取的适应。

即使在第三周期,荣氏兄弟也没有丧失企业家精神,面对无效率制度的挑战,荣家企业决策者发动了大规模制度变迁,从1934年改进委员会的建立到随后的申新各厂大规模推行科学管理制度,尤其荣德生主持的申三厂制度变迁,产生了扩展性影响,另掺杂银团和政府管制与社会舆论的介入,加上荣宗敬本人在投机信念上的转变(参见前述),从而使荣家企业制度决策者再度在信念分流后形成新的共同信念,于1936年慢慢走出债务危机,这似乎标志着第三周期的企业制度变迁到此进入尾声。但是考虑到1937年的制度周期是因为战争而强行中断的,为了得到一个圆满的制度分析结果,本人认为有必要对1937年后的荣家企业制度进行后续研究。

从企业家的知识、信念和决策的局限性来讲,荣氏兄弟作为第一代企业家,其生命周期已经走到后期,甚至可能渐趋保守。而荣家企业经营到达一定规模后,难于避免要面对新的知识、信念和技术的强有力挑战,老一辈坚守无限责任公司制度,必然会失去适应性效率吗?

诺斯(2005)提出了一个实证的反映世界的信念体系,而分立的知识导致无数的个体信念存在,在组织中的这些信念体系存在"一致与分歧",因此需要在竞争中形成一种主导信念,并由企业家和股东等具有决策者地位的人来负责产生主导信念,并接受检验。主导信念随着时间的推移决定着经济和政治绩效的精致的制度结构的产生。当主导的共同信念受到削弱时,这个组织要么解体,要么更新共同信念,同时对应的、相应的制度发生变迁,坚守原来的制度,只能走向灭亡,即企业家以及其组织代表的生命周期进入晚期,这是组织的新陈代谢的规律,也是制度的变迁规律。总之:当企业家的企业家权威因投资失败受到挑战甚至丧失权威时,企业家又表现出个人偏好和意识形态刚性而垄断企业控制权时,两者的叠加就会在企业内部产生极其负面的效果,表现为忽然间交易费用增加,命令和执行受到强烈怀疑,内部管理陡然失序,并争夺由于企业家权威受到损害而露出的权力真空。正如荣宗敬1934年受到王禹卿挑战、并于压力下被迫辞职,还有1938年客死香港后荣家企业的不断的分裂。企业家权威越高,当其失去时,付出的代价也就越高。这样,我们可以断定第三周期的制度变迁的结局:当老辈企业家不能够放弃其“无限责任偏好”或者企业家权威受到挑战时,企业就在某种程度上失去了适应性效率,并将渐渐走向衰退和死亡。而不甘于企业死亡的其他利益相关者如“荣二代”和中小股东甚至银团等制度主体,就理性地选择从老组织中分裂出新组织,或者发动多元化制度变迁(这恰恰好为 1937 年以后荣家企业所出现的制度现象所证实)。老组织分裂、代谢,新组织重生,正是企业的一种进化路径。

下文,我们通过对第三周期总公司制度的生命周期的分析,来具体说明这种变迁趋势。

## 三、第三周期的企业制度生命周期

1921 年组建“茂新福新申新总公司”,这个总公司非法人单位,只是各个股权独立的无限公司企业或合伙企业的总管理机构,总经理是荣宗敬,总公司是荣宗敬的企业家权威和大股东威望的代表。但是,随着总公司在一系列问题上的失误,接连的投机失败和债务危机的冲击,荣宗敬的企业家权威渐渐失去,并逐步交出企业经营决策大权。1932 年,申三厂成立管理处;1933 年,福新系统从总公司独立出来;1934 年荣宗敬在内外压力下二度辞职;紧接着,申新改进委员会成立,荣伟仁、荣尔仁等新生代企业家全面主持申新系统各厂的制度改良,而另一个老辈企业家荣德生则退到幕后进行暗中指导;到 1938 年荣宗敬客死香港,整个荣家企业陡然失去了权威中心,然后迅速出现分崩离析的局面。先是抗战期间企业各自为政;然后到 40 年代,不仅直线制已被直线参谋制取代,统一的家族企业也一分为三,形成大房的总公司系统、二房的总管理处系统、李国伟的申四福五系统,荣家企业的总公司制度完全名存实亡(潘必胜,1998),这才代表着一个企业制度周期的彻底结束,荣家企业制度的第三周期是以代表荣宗敬威望的总公司制度的兴亡为制度变迁为中心线索的,但是这个制度周期因为企业家荣宗敬的死亡和战争的爆发而提前结束了。

荣家企业的第三周期是复杂的、多元化的,又是不完整的,因为 1937 年的战争打乱了企业制度变迁的步伐,在关系到民族命运和国家存亡的全面战争的冲击下,这个企业制度变迁周期提前结束了。我们如果要继续追问,荣家企业是如何走出无效率制度锁定的,前述的荣德生主持的科学管理革命似乎已经给出了一个答案,但这远不是全部的制度变迁的结局。制度变迁从单项的制度开始,如第三周期早期的工头制度改革,它会引起连锁反应,制度矩阵是互相均衡才能取得适应性效率的,当制度由单项开始,慢慢随着知识和信念的变迁,接着就产生制度的结构性变迁,最后则是整体的制度的系统性变迁。第三周期的科学管理和总公司制度的变迁是结构性制度变迁,唯有无限责任公司制度安排才是这样的系统性变迁的对象。尽管无限责任公司制度安排,又因为荣德生主持的申三厂的成功和荣氏新生代企业家的良好的表现而得以在生命周期上延续。但是,基于新知识和新信念的生成,荣家企业内部要求对无限责任制度进行改革的呼声一浪高过一浪:(1)1940年,新生代企业家李国伟在新成立的宏文造纸厂实行有限公司组织,吸收所有职员成为股东,在产权上取得重大突破;1941年汉口申新四厂与福新五厂内迁,李国伟通过奖励内迁有功人员,改订分红办法,又尝试吸收高级职员入股。(2)到1944年,地处沿海战区的申新一、八厂,在一些小股东的推动及荣鸿元的主持下,1944年改组为有限公司。(3)1945年,就连一直反对有限公司的荣德生在创办的"天元实业公司",也采用了有限公司组织。总之,从新生代企业家李国伟的不懈努力到"荣二代"荣鸿元、荣伟仁、荣尔仁,都企图结束老辈企业家坚守的无限责任偏好,以建立更有时代精神的有限责任公司制度。这种制度变迁终究不因人的意志所转移,尽管达成制度变迁目标的过程受到了荣德生个人的坚定反对:(1)先是在1941年重申"无限重股权……入股必得全体允许……一切不容任意更改",荣德生和李国伟争执激烈,经调解保持了荣氏家族成员60%以上的股权控制地位。(2)1943年,荣德生再次反对荣鸿元主持的申一、八厂采用有限公司。第一代创业者则显示出无比的坚定,甚至可以说是顽固。荣德生坚持无限责任公司的教条,在即使面对中小股东和其他股东要求时,仍然表态:"余力主不改有限公司,而大侄征求其他股东要求,将申一改为有限公司组织,征余同意,余志仍不改"。(3)当所有股东都同意设立有限责任公司时,荣德生仍固执认为:"众从皆只顾目前,未能考虑日后利害也。他坚持不取津贴,后王君等则照取,不取者余一人而已"。(4)在1945年创立天元实业公司时,似乎有限公司组织已经成大势所趋,但在荣德生主持下的天元有限实业公司,还是没有完全改革到位,并通过独特的制度安排,如资本全部是荣德生和其儿子的,荣德生兼任总经理,而由其六个儿子分任副经理,让有限公司实际成为无限公司的一个变种。这有力地说明了当无效率的信念异常稳固时,会导致旧制度安排只能随着老辈企业家的企业家权威消失或者企业家生命周期的结束,才能完成最后的变迁。

# 第六章　荣家企业制度变迁总结

## 第一节　制度环境、分立知识

研究制度变迁首先要界定环境，诺斯(1971)率先对制度环境与制度进行了区分，制度环境被定义为“一系列用来确立生产、交换与分配的基本的政治、社会与法律规则”。诺斯(2008:11)进一步指出：社会环境是规定人类相互作用框架、标准、习俗以及做事方式的人为构建。制度环境是对制度的一种既定约束，而约束的改变使得通过制度创新获利成为可能，中国近代环境的大变迁，目标是使“个人收益接近于社会收益”，就激励了新式企业组织在中国的出现。现代企业在中国近代的出现是一种适应历史潮流的结果，也是适应环境变迁的结果，更加是学习的结果。但是对荣家企业的研究还告诉我们，有效率的组织建立以后，它首先要形成有效率的企业制度，然而并非就对环境的改变再也无动于衷。其实经济企业家及其组织还会通过不断改变规则和环境来获取利润机会，可以是改变企业内部的正式制度，也可以是改变企业制度的外部环境，企业对制度环境的投资应该视为对不确定性的一种征服。

### 一、荣家企业对制度环境的投资不断增加

当人类社会的大量合作被置于不确定性的影响下时，这些不确定性必然要受到制度环境的限制，否则没有办法进行正常的合作。早期在荣氏兄弟创办企业的过程，我们发现制度的第三方实施的确存在，但却是依靠宗族力量进行裁

决(参见前述),然后观察到企业家及其组织在处理一些企业经营中的纠纷时,慢慢发展到由行业协会来进行内部裁决,典型如荣宗敬在第二、三周期开始强调劳资双方需要第三方公平判断和调停的作用。[1] 而企业家早期对国家为代表的第三方实施表达了某种程度的不信任,因为腐败和不公在传统社会的广泛存在,因此寻求政府为代表的组织进行第三方实施的成本非常高,民众和企业大都不愿意依靠国家,通过司法途径来解决问题。但是随着国家和社会的发展,环境的不断变迁,特别是现代法制的建立让司法成本逐渐降低,还有西方影响下的法治信念和法律知识带来的改变,因此企业家及其组织又演变到大量甚至异常积极地参与到国家力量执行的第三方实施当中(荣家企业第三周期和1937年后史料中记录了大量司法诉讼)。

第一周期,荣氏兄弟及其组织荣家企业投资制度环境的行为很少:包括荣德生在1904年开始参加商会,并任无锡县开原扇董,兼任劝学事。1904年开始有投资于教育,包括改良荣氏家塾、1906年开始设公益小学、1906年投资义庄和修族谱。这些企业家对制度环境的投资,都是举办实业后才产生的,第一周期累计参与改变制度环境4次,投资制度环境3次;到了第二周期,荣氏兄弟开始大量投资于教育和基础建设,累计参与改变制度环境、投资制度环境总共达到44次,大都着眼于局部和地方上的建设。而"参与或投资"制度环境,从广度和深度上比较,应该说第三周期才最明显。这一周期荣氏兄弟及其企业组织改变和投资制度环境达到63次,除了社会领域,还积极参与政治领域的活动;范围上还从地方性事务扩展到全国性事务。荣氏兄弟大量参加初级行动集团,个人大量参与社会活动,开始担任大量的社会职务,已经达到参与宪法、宪政层面的制度变迁之高度,此种行为即诺斯制度变迁的框架下所谓"有效率的组织取得新的谈判力量"的结果,社会的合作是以公开或者隐蔽的契约为基础的,新组织一旦通过举办实业而取得新的谈判力量,改变了博弈双方的交易和合作的相对价格,自然会导致对社会契约重建的努力。在荣氏兄弟及其荣家企业组织的参与和投资制度环境事件中,这类有史可查的例子,根据统计相关的制度事件达到37个(参考表5-2):典型如1927年荣家企业参与上海工商界提议"要政府实现关税自主";在1928年裁厘,1930年正式"裁厘改税",及国民政府于1929年、1930年先后修改海关税则、1933年再度修改海关税则等事件中,都有

[1] 上海社科院编:《荣家企业史料(上册)》,上海人民出版社1962年版,第189页。

荣氏兄弟及其荣家企业组织的活动身影。无疑,“有效率的组织促进了有效率的制度安排”,而“有效率的制度安排又促进有效率的组织”的发展,这样才形成一个“制度和组织的共生关系”。在中国 20 世纪 30 年代的纺织市场,包括荣家企业在内的微观的、有效率组织的努力下,改变了不公平的关税制度,使棉布进口在六七年跌落 90%,加上“土布改良”带来的市场升级,为棉纺织市场带来仅次于黄金时代的白银时代,也为荣家企业纺织系统的扩张提供了机遇。

我们知道,在不改变现有制度约束的基础上,企业家一般把建立最有效的治理结构作为企业对内部进行制度变迁的努力方向,不会轻易把宝贵的资源用于对企业外部环境的投资。近代中国的企业家及其组织对比西方同期企业家及其组织,发现前者似乎更加不务正业,而后者更加专注于自己的企业事业。中国近代如此活跃的企业家及其组织对企业外部的投资行为,是不是说明近代中国的企业,在微观制度变迁与环境的嵌入方面具有非常密切的关系呢?或者说企业家的利润来源大部分与制度环境变迁相关呢?虽然“一战”的影响和抵货运动无疑为企业家及其组织提供了巨额的市场空间和利润,但是 1929 年的大萧条和“二战”也同样打击了企业生产的热情。而高度不确定性的国内制度环境及其对企业经营冲击,让中国近代企业家无法忽略其对企业盈利预期的影响,必然成为企业家需要考虑的重要因素,从而会理性地投入宝贵的企业资源,去防止不确定性的风险,求得保障和发展,获取一个有利于企业长期发展的、稳定的环境预期。从成本收益比较的角度,一般情况下,由于集体行动中的“搭便车和政治市场外部性”的存在,企业家及其企业组织把资源投入公共领域的收益是非常小的,除非其因为不确定性而带来的冲击非常大,大到足够让企业家产生值得投资的信念(除了寻求制度环境的确定性保障外,从制度环境变迁中获取利润,也是投资制度环境的目标)。同时,就诺斯(1991,2004)的“相对价格变化带来社会制度变迁”理论而言,这种企业家及其组织大量参与和投资制度环境的行为,是因为新式企业家追求并得到了“旧制度为主导的社会结构所不能提供”的额外利润,从而拥有了新的谈判力量,力量对比的改变将带来社会契约重构,这种重构不仅仅局限于企业内部的合作,如果企业家将额外利润投资于“对制度约束条件的改变”,在制度变迁上就意味着对外合作的扩展。也就是说,为了更好地追求创造性利润来源,理性的企业家甚至会采取行动主动打破制度环境制约,以寻求更好的获利机会。这样,我们为荣家企业在第一、二、三周期,不断增加对制度环境投资的行为,构建了一个良好的理论分析框架。

## 二、基于分立的知识,荣家企业的制度垄断者轮流坐庄

本文的企业制度变迁模型中,“知识先于信念”,诺斯把组织及其企业家的活动作为制度体系变更的直接原因,因为企业家有目的的活动导致知识和信念的变迁,在经济活动、知识存量和制度体系的变更中引起互动。诺斯(2008:2)指出:人类的演化是由参与者的感知所支配的;选择—决策——是根据这些感知做出的,这些感知能在追求政治、经济和社会组织的目标过程中降低组织的不确定性。经济变迁很大程度上是一个参与者对自身行动结果的感知所塑造的深思熟虑的过程。知识和信念密切联系在一起,知识更新会改变信念。所以企业中的制度变迁严重依赖其知识基础,尤其是企业家的知识。

在企业中,竞争逼使组织不断地对技能和知识进行投资以维持其存续;个人和他们所在的组织获得的技能和知识的类型将会塑造人们关于机会和选择不断演化的感知,这将会逐渐改变制度。[1] 注意到企业内部的制度主体具有分立的知识及专业分工,这正是多元化制度变迁的根源。在本案例中制度垄断者荣氏兄弟不断演化的知识水平,在企业的知识体系中起着主导作用,决策者的知识分立非常有个人特点,并深刻影响了制度变迁。

一般认为荣家企业尤其是申新公司基本上是由荣宗敬主事,企业经营过程中重大问题的决策,都是由他本人最终决定。实际上并非如此简单,荣氏兄弟实际上是轮流坐庄的。第一周期的上海钱庄时期是荣宗敬主持大局,第二周期的无锡面粉厂时期是荣德生支撑大局,到上海面粉纺织厂扩展时期则是平行分工但荣宗敬主事,到了第三周期30年代危机时期,则又是荣德生在暗中主持大局。这种轮流坐庄,非常有趣,而荣宗敬和荣德生的信念分流和轮流坐庄并非偶然,有不同的知识基础为其内在逻辑。

在第一周期,荣宗敬的知识基础是金融业:本人在早期主持钱庄,并以钱庄支持实业;荣德生的知识基础是实业为主:早期主持实业,部分参与钱庄。到第二周期,荣宗敬冒险,勇于借款;长于进取,其主持上海福新,申新系统迅速扩展,并负责全部金融融资业务,特别是建立直线参谋的总公司制度后,从日常管理中腾出手来专门负责操纵原料、产品市场。早在1913年,荣宗敬就开始利用

[1] 诺斯(North, 1990)分析了经济组织的最大化行为形塑制度变迁方向的3个具体途径:(1)派生出投资于各种知识的需求;(2)有组织的经济活动、知识存量与制度框架之间的持续互动;(3)作为组织的最大化行为的副产品,非正式约束也会有渐进性的改变。

荣家企业的规模生产的优势，通过囤积原料，抛远期栈单获取资金调剂来取利；后荣宗敬积极参与发起交易所，于 1921 年组建中国机制面粉上海交易所，标准交割物是荣家的绿兵船牌面粉；同年 7 月参与成立纱布交易所，这两家交易所都在 1921 年“信交金融风暴”中幸存从而实力大增。[1] 作为这两个交易所的主要发起人，荣宗敬因此在业界颇有地位，例如 1924 年，纱价大跌，纱联会出面干预市场，各厂分摊“统一向交易所购进棉纱二万包”干预纱价暴落的配额时，就公推荣宗敬主持一切。[2] 荣宗敬本人在长期业务中积累了大量的金融知识，因此善于投机，用纱厂棉纱和交易所套作而获利丰厚，是名副其实的近代中国的金融期货市场之领军人物。而荣德生长于事业守成，早期全心全意主持无锡的振新纱厂及茂新面粉系统，多年的办厂生涯中，亦积累了丰富的实业知识和经验，1915 年振新拆股，张叔和问荣德生是否创办纱厂时，他自信地回答：“学业初成，如何不做”。张叔和连连称是，云做生意要跟荣德生才稳可赚钱。第二周期注意到荣德生在茂新申新的品牌、产品质量控制和内部管理方面极有知识优势，并以稳重的风格推进实业。

在第三周期，荣宗敬的金融知识进一步发展，由于荣二代大量参与企业的经营，让荣宗敬更加专心致志于金融业的发展，汪孚礼回忆：“伟仁、浦仁、辅仁加入企业……年少老成，且都具有最高学识。从此经理(荣宗敬)得以专心于营业或金融上妥加调遣，绝无顾此失彼的事情发生”[3]。第三周期，荣宗敬在国内期货市场上可谓呼风唤雨，根据申总资料，1925－1926 年，“荣宗敬亲自主持纱布交易所套做，持筹握算，常操胜算”。他的方法是“近远期套做，厂存现纱与交易所套做”。荣宗敬常常手拿算盘，口中念念有词，花价若干，多少斤制成一件纱，合原料成本若干，再加工缴若干，利息若干，再以花纱比较，如获利即招呼许多棉花字号，订购大批棉花，同时在交易所抛出相应数目的棉纱。如果中途遇到纱价回落，则又重复补进，涨时再抛出，或径向棉纱号售出现货，这两年在交易所获利总有数十万。[4] 此外荣宗敬开始不断涉猎国际投机，根据对荣家企业投机数据的整理，1921－1928 年 8 年间，在外汇和国外棉麦投机方面，几无大规模亏损，1927 和 1928 年更是屡有斩获，两年获得总共 33.31 万银元利润，

---

[1] 朱彤芳：《旧中国交易所介绍》，中国商业出版社 1989 年版，第 45 页。

[2] 上海社科院编：《荣家企业史料(上册)》，上海人民出版社 1962 年版，第 150 页。

[3] 汪孚礼：《申新纺织公司过去的回忆和今后应采取的方针》。乐农史料选编：《荣德生与企业经营管理》，上海古籍出版社 2004 年版，第 400 页。

[4] 上海社科院编：《荣家企业史料(上册)》，上海人民出版社 1962 年版，第 185 页。

在金融业先于荣德生一步杀进国际市场(荣德生的毕生意愿是有一天把工厂开到国外)。而荣德生在实业知识上也继续发展,雄心勃勃地从事内部制度改良和产业升级,在标准工作法和劳工自治及公益铁工厂上皆成绩不凡,20世纪30年代的申三效率已足以和日本企业媲美,所以在1930—1933年,荣宗敬误判世界经济走势,在国际期货市场上一败涂地时,能够再度出面支撑大局,力挽狂澜于荣家企业不倒。

根据上述分析,可以断定,荣氏兄弟轮流坐庄主持荣家企业,是基于不同的知识分工而导致的理性选择。简言之荣宗敬和荣德生,前者以金融业为知识基础,所以荣家产业和企业需要大量融资以支撑快速扩张时,就易于坐庄;后者以实业经营为知识基础,当实业为主导产业或企业陷入危机,需要实业支撑时,就易于坐庄。

哈耶克(1937,1945)认为,知识是社会中最稀缺的资源,只有通过市场才能得到相对最有效的分配,才能使创造知识的人得到最为合理的报酬,否则,势必会造成知识闲置和人才浪费,从而侵蚀到创造知识的积极性。荣氏兄弟的轮流坐庄是制度垄断者的基于分立的知识造成对企业主导权的竞争特征。企业早期,制度垄断者或企业家可以通过个人的努力和"干中学"积累到足够的知识,并且可以依靠市场签订契约来雇佣企业人,组织起企业生产和交易,从而取得适应性效率;到企业发展的后期,特别是大规模生产要求大量的协调,对知识的专业化分工提出了更高的要求,从而改变了知识变迁的性质,我们观察到荣家企业开始大规模投资企业内部人的知识,知识投资呈现出从间接到直接、从低级到高等 、从社会教育到企业教育培训的变迁。当企业发现为保持企业人的默会知识、激励非企业家的其他企业人创造知识是重要的,通过"产权开放和利益分享"来激励企业人积极学习就势在必行,学习和终身学习组织亦渐渐浮现出其初级的路径。

## 第二节 企业的意识形态理论:均衡的企业家精神和企业家权威

企业家及其组织作为制度变迁的主体,是虚拟的、有限理性的经济人为行为特征,在诺斯的制度变迁的框架中并以意识形态为有限理性"经济人"的补充的。意识形态是依靠一套信念、价值观念等引导人们做出决策的,是节约交易费用和克服“搭便车”和“道德风险”的社会工具。在非正式制度中，意识形态处于核心地位，通过意识形态变迁而导致产生“诱致性制度变迁”，而诱致性制度变迁的主体是企业和个人，其中最重要的则是依靠企业家权威。当研究者以“企业组织替换国家组织”进行制度变迁研究时，“知识—信念—正式制度”构成一个金字塔结构，知识是最基本的塔基，其次是大量基于个人和企业的知识经验而形成的信念体系，最后才是处于金字塔顶端的正式制度。

制度变迁的先声一定是知识、信念的更新，而且承担这些变化的是企业中的个人。这意味着微观的企业制度变迁必然是更加的含有多元化、个性化之义，更加没有一般的规律，因为企业家信念取决于个人的偏好和经验，而个人的经验和偏好是复杂和多样化的，这个决定了企业家个人发起的微观制度变迁的“多样性和个性化”，所以企业的意识形态理论与国家的意识形态有所不同。

企业中的信念、文化和价值观等意识形态是一种有价值的投资，除了简化企业的合作，还降低交易费用，更加重要的功能，就是让企业人在共同的框架中容易达成共识，林毅夫因此对意识形态评价甚高。诺斯指出：“在讨论信念和价值观在塑造变迁过程中的作用时，马克斯·韦伯的开创性成果是不容忽视的。他的《新教伦理和资本主义精神》一书强调了信念的宗教起源。速水佑次郎也强调了道德伦理在日本商业中的重要性。‘日本的道德规范是儒教、佛教和神道教的混合体，和亚当·斯密所倡导的道德规范具有本质上的一致性，斯密认为，这些道德规范——节俭、勤奋、正直和忠诚——是国民财富的基础。在德川幕府统治的后期，这种意识形态是商业和工业发展的重要支持力量，因为这种意识形态限制了道德风险，降低了市场交易的成本’。”[1]的确，各国企业发展的经验具有某种一致性，类似的意识形态投资是美国式科层管理制度生成的关键(Hayami and Aoki，1998：15)[2]。根据本书研究，中国近代的企业制度变迁也相当依赖于意识形态的投资，此即荣家企业案例中的企业家精神和企业家权威。

## 一、基于企业家精神中冒险和稳健的均衡结合

马克斯·韦伯的新教伦理和资本主义精神、速水佑次郎关于日本道德伦理

---

〔1〕 诺斯：《理解经济变迁过程》，中国人民大学出版社 2008 年版，第 58 页。

〔2〕 投资意识形态对形成职业预期和共同信念意义重大。钱德勒在揭示美国职业经理人革命时，职业阶层的形成要借助诸如杂志、行业协会和职业培训等方面的意识形态投资，这些投资不只减少交易费用，它形成共同信念，共同信念是为合作而减少内部摩擦和交易费用。

的经济作用,再度在中国近代企业家身上得到体现。在荣家企业案例中,荣氏兄弟的企业家精神是先于企业制度生成的,而且极具个人特色,但本文发现企业家精神中还隐藏着更加深刻的均衡特征。

企业的信念体系中存在某种均衡并决定了企业的成功。1946年,荣德生给先兄荣宗敬一个甚高评价:“先兄气魄宽广,大度磅礴,遇事勇往直前,自奉俭约,除生活必需外,全部资财放在扩充事业上,不足则借款为之。余时加力阻,兄辄不顾,力图扩大。因此一遇逆风,即难收拾。但事业之大,实由兄主持,才有此成就也”[1]。我们发现,荣家企业不断走出一轮轮周期性危机,顽强地把企业的生命周期延续下去,荣宗敬冒险进取的企业家精神是一个关键因素,但可贵的是荣家不仅仅实践了微观的企业家的冒险进取精神,还拥有一套稳重的信念体系,这就是另一个创始人荣德生留下的稳健的经营风格,这两种不同的精神惊人地在同一个企业上得到结合,不免让人惊讶和深思:仅有荣宗敬的冒险进取,没有荣德生的稳健和关键时刻的冷静,荣家可能有历史上的辉煌吗?没有荣德生的几次力挽狂澜,荣家或者早已经倾覆,所以,一条明的线索就是荣宗敬的冒险进取;一条暗的线索就是荣德生的稳健冷静,这才是历史的真相也是荣家发展的深层原因,就像一个平衡木上的均衡,荣家无论偏离哪一种精神太远,都不能实现其历史上的辉煌。这对我们今天的企业制度和企业文化有什么启示呢?我们是不是在批判资本主义的冒险精神的时候,忽略了什么重要的内容呢?无疑,荣宗敬为代表的冒险亦是对现行制度的否定和摆脱,如烈马要脱缰而去,而要让一个企业不会因为冒险而整个管理层陷入狂热,就要有一种冷静和稳健精神,这就是曾经对企业家进行限制,而引起企业家本能反抗的董事会监管制度的目标。荣氏兄弟在创业中表现出冒险与进取,表现出摆脱制度限制的倾向,典型如早期的对合伙人掣肘的反感,然后是要扩大投资时对大股东的掣肘的反感,这些反感表现出的是对制度约束的挑战,荣德生的稳健对荣宗敬的过度冒险形成了互补。但是凡事皆有度,监督制度安排当然也不能够过度,否则就会陷入保守和封闭。有趣的是这两种冲突的精神在荣家兄弟身上体现为不断的周期性冲突和融合,因此,荣家企业的成功不是单项制度或者某种单独精神的成功,而是某种混合形成的一种均衡,是企业家精神的成功。不妨用诺斯的“制度袋子或制度悖论”来说明这种信念冲突和整合,诺斯的制度悖论

---

[1] 荣德生:《先兄宗敬纪事述略》,《荣德生文集》,上海古籍出版社2002年版,第313页。

指出："不论是政治或者经济的交易费用，还是行为人的主观感知，都使得选择不可能总是最优，或总能提高生产能力和改善经济福利。获利机会有时来自设立关税壁垒、剥削奴隶，有时来自市场垄断。有时或者时常，政策的实际效果与其初衷背道而驰。因此无论过去还是现在，制度总是一个混合的袋子（mixed bag），在其中既有促使生产能力提高的因素，也有降低生产能力的因素"[1]。的确如此，作为人类世代累积知识的结果，企业家一天的日常活动中有 90%以上的行为无须思考，这就是制度提供的确定性的作用，遵从制度的约束带来稳定和避免风险，但是我们知道，企业家精神是不断追求创造性的利润，这就是说有 10%的行为需要尝试进行冒险，如果个人 100%的行为是确定性的，往往意味着企业家创造力的丧失和机械化。这样，我们观察到制度变迁总是能为上述这两种轨迹相反的运动提供机会，制度是双刃剑，企业家需要制度的确定性来化解不确定性，又需要突破制度的确定性来取得利润，这就是稳健保守和冒险进取的企业家精神的积极意义所在，前者是为均衡，后者是为利润。

## 二、共同信念是荣家企业制度变迁的关键

在企业信念体系中，企业"共同信念"成为研究的中心，我们发现荣家企业在第一、二、三周期都形成了共同信念，并为新制度变迁的基础，从而使企业顺利进入下一周期的发展。在荣家企业的实业企业建立之前，荣德生率先形成了实业理念，并通过在原振新股东中形成"共同信念"的形式，即通过实业的利润前景让未来的股东们产生了对举办实业的共同的理性预期，而让新型实业企业制度得到实现。而在企业实践的"干中学"中，基于分立的知识，第一周期荣氏兄弟就曾经出现过信念分流导致的制度分流，这种分流趋势因为第一周期的危机得以改变，在危机冲击下，荣宗敬信念偏好发生逆转，放弃投机和金融事业，从而让荣氏兄弟统一了信念——致力于实业。同样，第二周期即使荣氏兄弟已经进行管理分工，但是在 1923 年、1924 年的危机下，具备企业家洞察力的荣氏兄弟亦形成了对企业进行工头制度变迁的共同信念，这不但迎合了科学管理的时代潮流，也为企业的第三周期奠定了制度变迁的共同信念基础。而第三周期中，不但荣氏兄弟在危机中统一了对科学管理的共识，连荣二代、中小股东、银团和管理层和职工等多元化制度主体都一致性同意科学管理为荣家企业的变

[1] 诺斯著，杭行译：《制度、制度变迁与经济绩效》，上海人民出版社 2008 年版，第 11 页。

迁方向。

在共同信念的机制中，其作用不仅是获得企业的共同目标，还通过对共同信念的意识形态投资，使企业在组织交易上有交易费用的比较优势而取代市场，使企业得以存在。在产权垄断和制度垄断的条件下，企业家权威对共同信念的形成起了重要的作用。

### 三、企业家权威是企业内部最重要的意识形态

第一周期荣家企业主要的应付危机手段是于1908年毅然放弃无效率制度广生钱庄，结束长达8年的新旧双轨制度，全力发展实业经济。第二周期则是放弃工头制度，并对工头制度进行改革。那么为什么最后第三周期荣氏兄弟及其荣家企业组织却不能放弃无限责任公司制度呢？诺斯的研究经历了从"组织的制度"到"规则的制度"再到作为"文化的制度"的变迁。作为"文化的制度"，制度是人们信念交流的产物，在企业中最重要的是形成主导企业的"共同信念"，在荣家企业中，这种主导制度的共同信念是由制度垄断者荣氏兄弟所决定的，企业家发现投资企业的意识形态可以形成企业家权威，从而降低交易费用，并依靠企业家权威来组织生产和推动转型。企业家内部权威的产生与荣家企业从报酬递增到报酬递减，再到个人企业家权威因为自身的利益超越企业利益而导致企业陷入锁定。产权是个关键。在企业之内，市场交易被取消，伴随交易的复杂的市场结构被企业家及其组织所替代，企业家代替市场来指挥生产。企业家凭什么来指挥生产呢？那是因为他建立了制度，提供了制度的组织费用，他是制度的供给和设计者，这一切构成企业家权威的初始来源。

荣家企业制度变迁中我们发现了一个悖论，特别是在第三周期，老辈企业家积极推行科学管理，而科学管理却又要求老辈企业家的知识和信念进行更新，甚至对荣家企业长期坚守的产权方面的旧信念体系进行有力挑战(针对无限责任公司的弊端)，结果制度变迁碰到了非常顽强的制度垄断者即老辈企业家偏好稳定性的影响。对于企业内部新知识和信念变迁的持续要求，制度垄断者渐渐因为知识不完全和旧信念的稳定而产生制度供给不足。这表现在荣宗敬和荣德生两位创业者一致反对"无限责任公司向有限责任公司"的制度变迁，维护着荣家企业的核心产权制度安排，甚至其生命周期与企业家的生命周期紧密联系在一起。接班的"荣二代"及中小股东、银团和政府等制度主体都试图动摇老辈企业家对此制度的支持。但在创业者的企业家权威面前，制度变迁最终

一次一次被推迟，制度收益也因而产生不确定的预期（老辈企业家的反对加大了制度变迁成本），这是企业组织对老辈创业者的企业家权威的尊重和让步。面对这种旧信念稳定的情况不只发生在年长的企业家身上，企业高层中的改革派薛明剑，在 20 世纪 30 年代创办申三劳工自治区时就抱怨："各厂股东往往只顾目前的权利，不顾将来的利害，况且好静不好动，得过且过，不愿意惹是生非，是年高者常有的态度，年长持重的工场管理者也会同此态度"[1]。旧信念的阻碍，会让制度收敛于非最优均衡水平，通过老辈企业家对旧信念的坚持，显示出了制度变迁中的路径依赖的强大力量。[2] 旧的意识形态生成并成为需要对付的适应性效率的挑战，这种源于第一代企业家及其组织的制度供给不足，即所谓"隔代变迁"的规律。

就企业家权威而言，它之所以起正面或者负面作用，是非理性的、对个人盲目崇拜的感情因素在起作用。"神话、迷信和宗教"都是类似企业家权威的意识形态现象。在早期人类经济社会中曾经具有重大影响。这些权威曾经因为对秩序的维护作用而得到存在合理性，它减少维持秩序的成本，降低合作的交易成本，也带来了额外的社会成本，即阻止制度变革，惩罚偏离常规者，以及在意识形态竞争中成为冲突的源泉。我们为顺从企业家权威而支付的成本会很高，特别是在人们面临新挑战，需要革新旧制度、创设新制度时，由于没有人知道正确的应战途径，此时的盲目顺从就会导致产生企业的停滞和倒退（诺斯，2008：40）。因此，允许在一定范围内进行制度选择的多样化，成为应对此种弊端较好的方法，不同的信念和经济制度，能够创造出多样性和竞争性，从而保持了效率。荣家企业快速发展中，荣宗敬的高度集权就因为同是创业者的荣德生提供了"相异或者互补的制度选择"而得到适应性效率，没有荣德生的支持和互补，荣家企业如何能走到规模如此阔大的地步？

过去的知识和经验即企业家的成功经历，是形成企业家权威的一种来源。钱德勒（1997）认为：有些公司里，企业创始者及其最亲密的合伙人（和家族）一直掌握大部分股权，创业者由于在家族企业中倾注了大量心血，是企业中的权威，有绝对的权力，在企业中具有至高无上的地位，而且，创业者很难放弃企业的控制权。因此创业者的生命周期会影响企业的生命周期。这对我们理解荣

---

〔1〕 薛明剑：《协助荣德生办理申新三厂的回忆》，乐农史料选编：《荣德生与企业经营管理》，上海古籍出版社 2004 年版，第 863－865 页。

〔2〕 诺斯（2005）把旧制度和旧信念理解为制度变迁路径依赖的表现形式。

氏兄弟对“无限责任公司的顽固偏好并难于撼动直到企业家生命终结的现象”帮助甚大。在新制度经济学的框架中,可以把企业家权威视为一种意识形态投资,即企业组织中的企业家对自己进行的意识形态投资,从而树立了企业家权威。意识形态的投资有时脱离真实性和理性,因为它的目标是减少交易费用,而不是生产成本,有趣的是即使是错误的意识形态的投资也可以减少交易费用,这就是制度能够锁定,无效率的制度也能够长期持续下去的又一个原因。由于意识形态投资的效果,企业家命令可以得到迅速执行,交易费用少到了极点。但是企业家不是万能的制度垄断者,当企业家的知识结构开始不完全,就会在生产上阻碍对最新生产技术与知识的获取、在决策上造成盲目投资,产生对资源的浪费和任人唯亲的腐败,交易费用节省的同时也加大了其他方面的成本,无效率因此产生。

最后,企业控制权由于依赖企业家权威而产生垄断时,企业家容易陷入意识形态刚性和个人利益维护的陷阱。垄断控制权让企业权力过分集中于个人而变得僵化,此时企业会容易陷入制度锁定,即使当新制度在企业整体收益大于成本时,企业家(及其决策集团)也不愿意进行企业制度变迁,仅仅因为这样对企业家个人利益是不利的,这在荣氏兄弟及其企业的危机中表现得很明显:由于荣氏兄弟的个人的偏好,加上长期企业家权威的影响,结果是荣家企业不愿意在债权人和政府及外部舆论的压力下放弃旧制度“即家长专制和家族统治的无限责任制度安排”。意识形态刚性的情况下,银团强制介入就成为一种外部推动企业治理结构合理化的制度变迁方式。这为我们提供了一个很好的制度变迁的研究方向,即说明荣家企业制度变迁也存在两种制度变迁模式,强制性制度变迁和诱致性制度变迁。追究荣氏兄弟会违反诺斯的制度变迁的最重要的“企业收益成本比较原则”,也不愿意进行相关新制度安排,唯一解释是个人的“收益和成本比较”提供了不同的制度变迁愿景,企业家对意识形态投资的结果:企业家权威,改变了个人利益函数,从而影响到企业制度变迁,因为当改变原有的意识形态时,会严重伤害制度独裁者的权威,同时造成交易费用陡然增加,注意到上海商业储蓄银行正是以荣宗敬的体面攸关为重要的、放弃强制制度变迁的理由。

企业利益和个人利益都有不同的数值进入制度变迁的函数,让制度变迁复杂化。考虑到个人的偏好和收益函数,老一代企业家往往就会非理性(或者也是理性,因为在个人收益函数中,不变迁时的净收益大于0)拒绝某种制度变迁。

如果企业统治者的利益最大化和企业利润最大化是一致的，就不会存在利益冲突，企业统治者就会在他的权威限度内安排最有效的制度安排的激励。如果统治者发现建立新制度导致的企业收益较大而自己收益比原来旧制度要小，甚至就会拒绝进行新的制度安排。所以，新的制度安排往往只有在老的统治者受到代替后，才可能建立。荣宗敬也是因为企业家权威和个人的意识形态投资，造成了 1932 年危机中，对企业制度变迁的各种抗拒。荣德生在生前也一直顽强反对建立有限责任公司，而这样造成了一些关键制度变迁迟迟不能进行。企业家权威加强了组织内部的企业人的共同信念，视企业家为家长，可以取得安全感，企业家扮演家长的角色是由“信念和传统知识决定”的最优选择，它需要在实践中不断进行适应性检验，并在信念和知识更新中慢慢被消除，这都需要长时间的变迁过程。另外，实证中发现，间断均衡是普遍存在的机制，每次危机的产生，都是现实对企业家权威的一种打击，并会产生连锁反应，这在荣宗敬身上尤其明显。偏好稳定的企业家由于权威受到打击，所以无法再利用个人的权威以有效运用资源阻止新制度变迁，企业家个人的“收益—成本”比较，也不得不让步于企业制度变迁的“收益—成本”比较，从而实现了个人和企业的利益达成一致性，强行把偏离均衡的个人和企业的利益不一致，拉回均衡的轨道。

总之，在微观企业制度变迁中的研究发现，企业制度变迁受到企业家个人偏好的巨大影响，近代中国早期的企业制度变迁，带有第一代企业家个人经验和偏好的深深的烙印。如荣家企业的第三周期表明的那样，如果企业家固守偏好，就会让无限责任公司进入一个死亡的周期，就是说组织和企业制度会趋于同步而同时走向死亡。这是一种惩罚也是一种新陈代谢的机制，除非组织能够摆脱第一代企业家的偏好影响。

## 第三节　企业的生命周期和无效率制度

企业家、组织和企业制度都是有生命周期的，本文基于环境、知识、技术、信念和正式制度之间复杂的关联，对荣家企业制度变迁的周期性特征进行了研究。荣家企业制度变迁划分为两个阶段三个周期，两个阶段即“企业家精神形成与实业理念形成阶段”和“举办企业的实践阶段或干中学阶段”，而三个周期是指基于荣家企业总报酬情况对荣家企业制度变迁进行从“制度均衡或负报酬出发，到企业报酬递增，再到企业报酬递减再到制度均衡或负报酬”的周期划分。本书发现荣家企业的每个制度变迁周期都是围绕一个单项或者整体制度的生命周期进行的,如第一周期的"广生钱庄"、第二周期的"工头制度"、第三周期的"总公司制度"。本书基于效率为标准划分企业制度生命周期体现了"正报酬时期大量转移支付进行的大量制度扩展"和负报酬时期的"间断均衡"特征。

不确定性条件下,企业制度变迁中的 $n$ 是有限的,制度不可能永远有效,先进亦难以永远保持,这意味着:(1)不确定性的条件下,没有完美的制度,只要存在知识更新,制度就会时时刻刻产生无形折旧;即使知识存量不变,不确定也会导致产生类似"道德风险、缺乏激励等信息不对称影响下"的制度有形折旧;(2)制度存在自我加强机制,表现为报酬递增和递减,所以一定呈周期性运动;(3)制度主体有生命周期,人会衰老死亡,新陈代谢,这除了会让许多保证成功的知识(特别是默会知识),在隔代遗传时受到损失甚至失传外,还会基于主体的生命周期,带来某种不可避免的周期性变化,如人在早年善于学习,而中年日趋稳重,到了老年却日益顽固并保守,如果企业家依旧是制度垄断者或者是主要决策者,就会不能及时更新自己的知识和信念,并基于旧知识和信念体系而本能阻碍新的制度的变迁;(4)主体是面对不确定性的世界进行冒险,所以制度变迁会成功,也会失败,甚至概率上已经注定要为试错付出失败的代价;(5)企业家培养后代和接班人,受到生命周期规律影响;(6)竞争的存在,让落后者倍受压力,先进知识因此不断受到模仿和学习。每隔一段时间,人类就要重新开始赛跑,因为知识具有外部性,它会迅速传播并最终达到均衡水平,从而大家一起回归零利润的公平起点;最后一个因素是企业组织也具有自己的生命周期,一个组织也会死亡和解散,旧企业制度变迁了,企业组织可能还存在,而可能企业制度还在而组织却正常解散了。总之,一个企业的知识存量变迁、共同信念体系的变迁,通过特定的方式影响制度周期。

值得注意的是,企业家的生命周期、企业制度的生命周期(知识和新知识更新、信念和新信念的产生决定这个周期)和企业组织的生命周期(取决于企业人的共同信念,共同信念的削弱或者没有共同信念,企业组织就解体了)之间存在叠加抵消效应。当知识更新,企业家能够迅速学习并"干中学"中掌握知识,就可以让旧制度死亡而企业组织和企业家存在下去;当企业的股东和管理层失去企业的共同目标,市场中的组织会自然解体,企业制度也随着消亡,但企业家可以通过建立新企业重新开始企业组织的生命周期;而当企业家生命周期到了终点,即死亡,只要不影响企业组织和企业制度导致企业破产解体,企业家的生命周期也不影响企业制度和企业组织；如果企业家丧失了洞察力和创造力，在知识不完全的条件下坚守无效率的信念和无效率制度，企业组织或者分裂或者迅速随着企业家的无效率信念偏好而破产。值得注意的是可能企业家及其创造的企业制度和企业组织都失败了，失败的知识却流传下来，从而为其他企业家创造组织和制度提供了知识基础，就是说知识的公共产品性质让单个企业家行为可以通过知识传播而影响其他企业家、企业组织和企业制度，甚至一个时代，这是企业制度由微观到宏观的一种影响路径。

企业制度因为不可能被完美设计，总面临"无形、有形折旧"的困扰，企业制度的生命周期意味着现时企业制度总会在未来某一天成为过去。企业管理大师德鲁克把现时的利润直接看作是未来的成本，他坚信，一切在今天的赢利企业都会像"大白象"一样老化，除非它们表现出足够的企业家精神，不断用更大的资本投入(利润)通过革新来创造性地消灭原有的自我(Drucker，2004)。这亦是源于熊彼特创造性破坏的一种解释，新的创造不断出现，旧的创造不断受到破坏，没有什么是永恒的，除了企业家精神。荣德生对此深有体悟，1932 年荣宗敬 60 岁生日时一针见血地指出："一生营业，非恃有充实之资本，乃恃有充实之精神。精神为立业之本"[1]。

〔1〕《荣德生文集》，上海古籍出版社 2002 年，第 295 页。

# 参考文献


[1](美)斯蒂芬·P.罗宾斯.组织行为学[M].孙健敏,李原译.北京:中国人民大学出版社,2005.

[2](日)城山智子.大萧条时期的中国市场[M].南京:江苏人民出版社,2010.

[3](日)南亮进.日本的经济发展[M].景文学等译.北京:对外贸易教育出版社,1989.

[4](英)亚当·斯密.国富论[M].郭大力,王亚南译.上海:上海三联书店,2009.

[5]上海大学、江南大学《乐农史料》整理研究小组.荣德生与企业经营管理[M].上海:上海古籍出版社,2004.

[6]Davis and North. *Institutional Change and American Economic Growth* [M]. Cambridge University Press,1971.

[7]Milton Friedman. *Essays in Positive Economics*[M]. University of Chicago Press,1953.

[8]Fligstein, Neil. *The Transformation of Corporate Control* [M]. Harvard University Press,1990.

[9]Hayek, F. A. The Use of Knowledge in Society[J]. *American Economic Review*,1945.

[10]Hayek, Friedrich A. *The Consititution of Liberty*[M]. University of Chicago Press,1960.

[11]Hayek, Friedrich A. *The Sensory Orderr: An Inquiry Into the Founda-*

*tions of Theoretical Psychology*[M]. Routledge & Kegan Paul, 1952.
[12]Douglass C. North. *Understanding the Process of Economic Change*[M]. Princeton University Press,2005.
[13]Douglass C. North. *Institutions, Institution Change and Economic Performance*[M]. Cambridge University Press,1990.
[14]V. W. 拉坦. 诱致性制度变迁理论[A]//科斯等. 财产权利与制度变迁[M]. 上海:上海人民出版社,1994.
[15]Wallis, John J. ,Douglass C. North. Institutional Change and Technical Change in American Economic Growth: A Transactions Costs Approach [J]. *Institutional and Theoretical Economics*,1994.
[16]Y. 巴泽尔. 产权的经济分析[M]. 费方域,段毅才译. 上海:上海人民出版社,1997.
[17]阿夫纳・格雷夫. 大裂变[M]. 郑江淮译. 北京:中信出版社,2008.
[18]白吉尔. 中国资产阶级的黄金时代(1911—1937)[M]. 张富强等译. 上海:上海人民出版社,1994.
[19]鲍尔斯. 微观经济学:行为、制度和演化[M]. 周业安译. 北京:中国人民大学出版社,2006.
[20]布坎南. 自由、市场与国家[M]. 上海:上海三联书店,1989.
[21]约翰・N. 德勒巴克. 新制度经济学前沿[M]. 张宇燕等译. 北京:经济科学出版社,2003.
[22]董保民著. 王勇编. 信息经济学讲义[M]. 北京:中国人民大学出版社,2005.
[23]杜恂诚. 关于中国近代经济史研究方法的创新[J]. 中国经济史研究,1996(1).
[24]杜恂诚. 金融制度变迁史的中外比较[M]. 上海:上海社会科学院出版社,2004.
[25]杜恂诚. 近代中国无限责任企业的历史地位[J]. 社会科学,2006(1).
[26]杜恂诚. 民族资本主义与旧中国政府(1840—1937)[M]. 上海:上海社会科学院出版社,1992.
[27]杜恂诚. 钱业习惯法[M]. 上海:上海财经大学出版社,2006.
[28]杜恂诚. 中国传统伦理与近代资本主义——兼评韦伯《中国的宗教》[M].

上海:上海社会科学院出版社,1993.
[29]段文斌.产权、制度变迁与经济发展[M].天津:南开大学出版社,2003.
[30][J].纺织时报,1925(206).
[31]富兰克林·H.奈特.风险、不确定性和利润[M].北京:中国人民大学出版社,2005.
[32]高超群.科学管理改革与劳资关系——以申新三厂和民生公司为中心[J].中国经济史,2008(3).
[33]高家龙.大公司与关系网:中国境内的西方、日本和华商大企业(1880—1937)[M].程麟荪译.上海:上海社会科学院出版社,2002.
[34]葛红.荣德生与申新三厂的经营管理[J].历史教学问题,1999(1).
[35]管毅平.曼丘评说当今宏观经济学综述[J].世界经济文汇,1996(5).
[36]广生钱庄.荣德生与企业经营管理[M].上海:上海古籍出版社,2004.
[37]国民党政府上海社会局.近十五年来上海之罢工停业[M].中华书局,1933.
[38]哈耶克.个人主义与经济秩序[M].北京:北京经济学院出版社,1989.
[39]黄汉民.荣氏家族企业的公司制度变革[A]//刘兰兮.中国现代化过程中的企业发展[M].福州:福建人民出版社,2006.
[40]黄少安.产权理论与制度经济学[M].湘潭:湘潭大学出版社,2008.
[41]黄少安.制度经济学[M].北京:高等教育出版社,2008.
[42]黄逸峰.旧中国荣家资本的发展[J].上海经济研究,1985(1).
[43]杰弗里·M.霍奇逊.经济学是如何遗忘历史的[M].高伟等译.北京;中国人民大学出版社,2008.
[44]科斯,诺斯等.财产权利与制度变迁[M].上海:上海人民出版社,1994.
[45]科斯,诺斯等.制度、契约与组织[M].北京:经济科学出版社,2003.
[46]库恩.科学革命的结构[M].北京:北京大学出版社,2003.
[47]劳伦斯·博兰德.经济学方法论的基础——一种普波尔主义视角[M].马春文等译.长春:长春出版社,2008.
[48]雷国雄,陈恩.制度变迁:一个拟生物深化模型[J].经济学季刊,2009(4).
[49]李伯重.理论、方法、发展趋势:中国经济史研究新探[M].北京:清华大学出版社,2002.
[50]林毅夫.关于制度变迁的经济学理论——诱致性变迁与强制性变迁[A]//

科斯等. 财产权利与制度变迁[M]. 上海:上海人民出版社,1994.
[51]刘爱新. 制度变迁理论与中国近代经济史研究[J]. 创新,2010(2).
[52]刘和旺. 诺斯的制度与经济绩效理论研究[M]. 北京:中国经济出版社,2010.
[53]刘兰兮. 中国现代化过程中的企业发展[M]. 福州:福建人民出版社,2006.
[54]刘文宾. 近代中国企业管理思想与制度的演变(1860—1949)[M]. 中国台北:台北国史馆,2001.
[55]刘易斯. 经济增长理论[M]. 北京:商务印书馆,1999.
[56]吕庆广. 荣氏企业文化的建构与特色[J]. 江南大学学报,2000(5).
[57]罗宾斯. 经济科学的性质与意义论文集[M]. 朱泱译. 北京:商务印书馆,1935.
[58]马克斯·韦伯. 新教伦理与资本主义精神[M]. 北京:社会科学出版社,2010.
[59]曼瑟尔·奥尔森. 集体行动的逻辑[M]. 上海:上海人民出版社,1995.
[60]漫谈申新三厂[J]. 纺织建设月刊,1949(2).
[61]奈特. 风险、不确定性和利润[M]. 北京:中国人民大学出版社,2005.
[62]诺斯,托马斯. 西方世界的兴起[M]. 厉以平,蔡磊译. 北京:华夏出版社,1999.
[63]诺斯. 经济史中的结构与变迁[M]. 陈郁,罗华平等译. 上海:上海三联书店,1999.
[64]诺斯. 理解经济变迁过程[M]. 北京:中国人民大学出版社,2008.
[65]诺斯. 制度、制度变迁与经济绩效[M]. 杭行译. 上海:上海人民出版社,2008.
[66]潘必胜. 荣家企业组织研究[J]. 中国经济史研究,1998(2).
[67]秦敦世. 荣隐君传[M]. 上海:上海古籍出版社,2002.
[68]秦海. 制度、演化与路径依赖:制度分析综合的理论尝试[M]. 北京:中国财政经济出版社,2004.
[69]青木昌彦. 比较制度分析[M]. 北京:中国发展出版社,2005.
[70]青木昌彦. 沿着均衡点演进的制度变迁[A]//科斯,诺斯等. 制度、契约与组织[M]. 北京:经济科学出版社,2003.
[71]曲从规. 荣家企业的创办及其经营管理[J]. 中国社会经济史研究,1991

(2).
[72]日本织维协议会. 日本织维产业史(昭和33,第二卷)[A]//赵冈,陈钟毅. 中国棉纺织史[M]. 北京:中国农业出版社,1997.
[73]荣德生. 乐农自订行年纪事[M]. 上海:上海古籍出版社,2001.
[74]荣德生. 荣德生文集[M]. 上海:上海古籍出版社,2002.
[75]荣敬本,荣勉韧. 梁溪荣氏家族史[M]. 北京:中央编译出版社,1995.
[76]上海档案馆资料,Q193—1—107 申新纺织总公司、茂新、福新三十周纪念册.
[77]上海社会科学院经济研究所. 荣家企业史料(下册)[M]. 上海:上海人民出版社,1980.
[78]上海社会科学院经济研究所. 荣家企业史料(上册)[M]. 上海:上海人民出版社,1962.
[79]上海市政府社会局. 上海市工人生活程度、上海市工人生活费指数(民国十五至二十年).
[80]尚方民. 近代实业家荣氏兄弟经营之道析[J]. 民国档案,1992(2).
[81]沈祖炜,杜恂诚. 国难中的中国企业家[M]. 上海:上海社会科学院出版社,1996.
[82]施正康. 近代中国对公司制度的认知及实践结果[A]//张忠民,陆兴龙. 企业发展中的制度变迁[M]. 上海:上海社会科学院出版社,2003.
[83]汤为本,杨艳红. 西方宏观经济学微观基础研究综述[J]. 中南财经政法大学学报,2003(5).
[84]唐文治. 荣熙泰先生家传[A]//荣德生. 荣德生文集[M]. 上海:上海古籍出版社,2002.
[85]田彤. 民国时期的劳资关系史研究的回顾与思考[J]. 历史研究,2011(1).
[86]汪敬虞. 中国资本主义的发展与不发展[M]. 北京:中国财政经济出版社,2002.
[87]汪敬虞. 中国近代经济史(1895—1927)[M]. 北京:人民出版社,2000.
[88]汪戎. 清代末期的工业产权制度变迁[D]. 国家图书馆硕博论文库,2001.
[89]汪戎. 晚清工业产权制度的变迁[M]. 昆明:云南人民出版社,2004.
[90]王处辉. 中国近代企业劳动组织中之包工制度新论[J]. 南开经济研究,1999(5).

[91]王小嘉. 近代中国包工制度新探[A]//刘兰兮. 中国现代化过程中的企业发展[M]. 福州:福建人民出版社,2006.
[92]王玉茹. 经济史与经济学理论[J]. 学术月刊,2007(1).
[93]王玉茹. 中日近代股份公司制度变迁的制度环境比较[A]//张忠民,陆兴龙. 企业发展中的制度变迁[M]. 上海:上海社会科学院出版社,2003.
[94]威廉姆森. 资本主义经济制度[M]. 北京:商务印书馆,2002.
[95]韦森. 再评诺斯的制度变迁理论[J]. 经济学季刊,2009(1).
[96]斯梅尔瑟等. 经济社会学手册[M]. 罗教讲等译. 北京:华夏出版社,2009.
[97]卫春回. 张謇评传[M]. 南京:南京大学出版社,2001.
[98]吴承明. 经济史:历史观与方法论[J]. 中国经济史研究,2001(3).
[99]吴承明. 经济学理论与经济史研究[J]. 经济研究,1995(4).
[100]小艾尔弗雷德·D. 钱德勒. 规模与范围[M]. 张逸人等译. 北京:华夏出版社,2006.
[101]小艾尔弗雷德·D. 钱德勒. 看得见的手[M]. 重武译. 北京:商务印书馆,1997.
[102]熊彼特. 经济发展理论[M]. 北京:北京出版社,2008.
[103]徐鼎新. 近代企业的科技力量与科技效应[M]. 上海:上海社会科学院出版社,1995.
[104]徐新吾,黄汉民主编. 上海近代工业史[M]. 上海:上海社会科学院出版社,1997.
[105]裴式楷等. 上海近代社会经济发展概况(1882－1931)——海关十年报告译编[M]. 徐雪筠等译. 上海:上海社会科学院出版社,1985.
[106]许维雍,黄汉民. 荣家企业发展史[M]. 北京:人民出版社,1986.
[107]薛明剑. 薛明剑文集[M]. 北京:当代中国出版社,2005.
[108]严中平. 中国棉纺织史稿[M]. 北京:科学出版社,1955.
[109]杨德才. 中国经济史新论[M]. 北京:中国经济科学出版社,2004.
[110]姚洋,汪丁丁,韦森. 制度经济学三人谈[M]. 北京:北京大学出版社,2004.
[111]约翰·L. 坎贝尔. 制度变迁与全球化[M]. 姚伟译. 上海:上海人民出版社,2010.
[112]张国辉. 洋务运动与中国近代企业[M]. 北京:中国社会科学院出版社,

1999.
[113]张守广. 荣家企业形式和经营特点探析[J]. 苏州大学学报,1996(3).
[114]张忠民. 20 世纪 30 年代上海企业的科学管理[J]. 上海经济研究,2003(6).
[115]张忠民. 艰难的变迁:近代中国公司制度研究[M]. 上海:上海社会科学院出版社,2002.
[116]张忠民. 近代上海工人阶层的工资与生活——以 20 世纪 30 年代调查为中心的分析[J]. 中国经济史,2011(2).
[117]张忠民,陆兴龙,李一翔. 近代中国社会环境与企业发展[M]. 上海:上海社会科学院出版社,2008.
[118]张忠民,陆兴龙. 企业发展中的制度变迁[M]. 上海:上海社会科学院出版社,2003.
[119]张仲礼,潘君祥. 上海经济近代化的轨迹和发展内因[J]. 上海社会科学院学术季刊,1992(3).
[120]赵冈,陈钟毅. 中国棉纺织史[M]. 北京:中国农业出版社,1997.
[121]中国近代纺织史编委会. 中国近代纺织史[M]. 北京:中国纺织出版社,1996.
[122]中国银行民国十九年度营业报告,1931—05.
[123]中华书局. 国际劳工通讯,1933.
[124]钟天纬. 刖足集外篇. 扩充商务十条.
[125]周业安. 关于当前中国新制度经济学研究的反思[J]. 经济研究,2001(7).
[126]周业安. 中国的经济转轨与中国的新制度经济学[J]. 经济研究资料,2000(10).
[127]朱荫贵. 论近代中国企业商号吸取社会储蓄[J]. 复旦学报,2007(5).
[128]朱荫贵. 论中国近代企业集团内部的资金调拨流动[J]. 社会科学,2008(6).
[129]朱荫贵. 中国近代股份制企业研究[M]. 上海:上海财经大学出版社,2008.
[130]邹进文. 论中国近代民营股份企业的家族特色[J]. 中国经济史研究,2004(1).

# 附　录

## 一、附表及附表格简称说明

(1)荣,指上海社科院编:《荣家企业史料(上册)》,上海人民出版社 1962 年;

(2)《荣德生文集》,上海古籍出版社 2002 年;

(3)年表,指上海档案馆资料:Q193－1－428 申新系统企业史料(第六编第二期)荣德生、荣宗敬年表合编;

(4)汪孚礼回忆,指汪孚礼:《申新纺织公司过去的回忆和今后应采取的方针》,引荣管第 401 页;

(5)乐,指荣德生:《乐农自订行年纪事》,载《荣德生文集》,上海古籍出版社 2002 年;

(6)乐续,指荣德生:《乐农自订行年纪事续编》,载《荣德生文集》,上海古籍出版社 2002 年;

(7)荣管,指乐农史料选编:《荣德生与企业经营管理》,上海古籍出版社 2004 年;

(8)上档,指上海档案馆资料;Q,指上海档案馆卷宗号标志;

(9)《薛明剑文集》,代中国出版社 2005 年。第 805 页,1932 年作;

(10)荣德生生平事业年表,载《荣德生文集》第 586 页;

(11)《申新第三纺织厂大事记》,载《荣德生与企业经营管理》;

(12)《协助荣德生办理申新三厂的回忆》,载荣管第 837 页;

(13)徐新吾、黄汉民主编,《上海近代工业史》,上海社会科学院出版社1997年;

(14)《实业家荣丈昆仲创业史》,引薛明剑文集,当代中国出版社2005年《实业家荣丈昆仲创业史》,第805页;

(15)《协助荣德生办理申新三厂的回忆》,指薛明剑:《协助荣德生办理申新三厂的回忆》,荣管863—865页;

(16)潘必胜(1998),指潘必胜:《荣家企业研究》,载《中国经济史研究》,1998年第2期;

(17)Q193—1—427,申新系统企业史料第二编第一期《茂新面粉厂》;

(18)Q466—1—17,福新一厂修改福新公司章程;

(19)Q466—1—11,福新茂新总公司粉麦务会议记录;

(20)荣德生生平事业年表,《荣德生文集》,第567页。

# 附 表

## 一、附表

### 附表 1:荣家企业各厂收入明细

**荣家企业总公司及各厂收入明细**

| 年份 | 广生 | 振新纱厂 | (保兴)1903年改为茂新一、三厂 | 茂新二厂 | 茂新三厂(1919到期) | 茂新四厂 | 福新一、三厂 | 福新二、四、八厂 | 福新新三厂(1926开始) | 福新五厂 | 福新六厂 | 福新七厂 | 申新一、八厂 | 申新二厂 | 申新三厂 | 申新四厂 | 申新五厂 | 申新六厂 | 申新七厂 | 申新九厂 | 总计(元) | 申新(千元) | 茂新(千元) | 福新(千元) | 申新茂新福新总公司(千元) | 申新茂新福新各厂和总公司利润汇总 | 各厂和总公司利润汇总 | 备注 |
|---|---|---|---|---|---|---|---|---|---|---|---|---|---|---|---|---|---|---|---|---|---|---|---|---|---|---|---|---|
| 1896 | 不良 | | | | | | | | | | | | | | | | | | | | 0.00 | | | | | 0.00 | 0.00 | |
| 1897 | 不良 | | | | | | | | | | | | | | | | | | | | 0.00 | | | | | 0.00 | 0.00 | |
| 1898 | 占利无多 | | | | | | | | | | | | | | | | | | | | 0.00 | | | | | 0.00 | 0.00 | |
| 1899 | 盈余 | | | | | | | | | | | | | | | | | | | | 0.00 | | | | | 0.00 | 0.00 | |
| 1900 | 6 805.56 | | | | | | | | | | | | | | | | | | | | 6 805.56 | | | | | 0.00 | 6 805.56 | |
| 1901 | 6 944.44 | | | | | | | | | | | | | | | | | | | | 6 944.44 | | | | | 0.00 | 6 944.44 | 各厂加总中,1924 年和 1931 年数据需要调整。1 925 年出现特殊情况,各厂皆有利润而总公司出现－3.24 千元的亏损。 |
| 1902 | 6 944.44 | | 无 | | | | | | | | | | | | | | | | | | 6 944.44 | | | | | 0.00 | 6 944.44 | |
| 1903 | 6 944.44 | | 收股改茂新 | | | | | | | | | | | | | | | | | | 6 944.44 | | | | | 0.00 | 6 944.44 | |
| 1904 | 6 944.44 | | 0.00 | | | | | | | | | | | | | | | | | | 6 944.44 | | | | | 0.00 | 6 944.44 | |
| 1905 | 6 944.44 | 筹办 | 91 666.67 | | | | | | | | | | | | | | | | | | 98 611.11 | | | | | 0.00 | 98 611.11 | |
| 1906 | 利薄 | 开工 | (9 722.22) | | | | | | | | | | | | | | | | | | (9 722.22) | | | | | 0.00 | (9 722.22) | |
| 1907 | 无利 | (50 000.00) | (9 722.22) | | | | | | | | | | | | | | | | | | (59 722.22) | | | | | 0.00 | (59 722.22) | |
| 1908 | 亏损 | 微利 | (9 722.22) | | | | | | | | | | | | | | | | | | (9 722.22) | | | | | 0.00 | (9 722.22) | |
| 1909 | | 有利 | 有利 | | | | | | | | | | | | | | | | | | 有利 | | | | | 0.00 | 有利 | |
| 1910 | | 有利 | 有利 | | | | | | | | | | | | | | | | | | 有利 | | | | | 0.00 | 有利 | |
| 1911 | | 辛亥革命一度停工无利 | 辛亥革命利润薄余 | | | | | | | | | | | | | | | | | | 利薄 | | | | | 0.00 | 利薄 | |
| 1912 | | 60 000.00 | 177 777.78 | | | | | | | | | | | | | | | | | | 237 777.78 | | | | | 0.00 | 237 777.78 | 1909－1911:没有利润数据(20 130 310 修订)。 |
| 1913 | | 利 | 180 555.56 | | | | 23 740.00 | 筹建 | | | | | | | | | | | | | 204 295.56 | | | | | 0.00 | 204 295.56 | |
| 1914 | | 200 000.00 | 166 666.67 | | | | 34 790.00 | | | | | | | | | | | | | | 401 456.67 | | | | | 0.00 | 401 456.67 | |
| 1915 | | 204 166.67 | 166 666.67 | | 0.00 | | 54 950.00 | 有利 | | | | | | | | | | | | | 425 783.33 | | | | | 0.00 | 425 783.33 | |
| 1916 | | 退出 | 168 000.00 | 168 000.00 | 1917 年租惠元为三厂租入 | | 41 870.00 | 有利 | | | | | 20 652.78 | | | | | | | | 398 522.78 | 20.65 | | | | 20.65 | 398 522.78 | |
| 1917 | | | 利 | 0.00 | 有余 | 有余 | 204 390.00 | 有余 | | | | | 118 069.44 | 微余 | | | | | | | 322 459.44 | 118.07 | | | | 118.07 | 322 459.44 | |
| 1918 | | | 利益稳 | 利 | 有余 | 有余 | 316 560.00 | 亏损因火灾 | | | | | 222 500.00 | 利薄 | | | | | | | 539 060.00 | 222.50 | | | | 222.50 | 539 060.00 | |
| 1919 | | | 佳 | 佳 | 原主收回 | 到期大兴买去 | 355 320.00 | 福新各厂均盈 | | | | | 1 048 055.56 | 申二微 | | | | | | | 1 403 375.56 | 1 048.06 | | | 17.76 | 1 065.82 | 1 421 136.49 | |
| 1920 | | | 425 665.46 | 260 307.61 | 70 708.31 | 乐 P89 页 1 921 年济南茂四开 | 370 500.00 | 248 834.28 | | 257 058.37 | 163 748.83 | 31 830 | 1 275 875.00 | 142 647.64 | | | | | | | 3 247 175.50 | 1 378.58 | 756.65 | 1 432.60 | 147.98 | 3 715.81 | 3 395 156.74 | |

续表

| 年份 | 广生 | 振新纱厂 | (保兴)1903年改为茂新一、三厂 | 茂新二厂 | 茂新三厂(1919到期) | 茂新四厂 | 福新一、三厂 | 福新二、四、八厂 | 福新新三厂(1926开始) | 福新五厂 | 福新六厂 | 福新七厂 | 申新一、八厂 | 申新二厂 | 申新三厂 | 申新四厂 | 申新五厂 | 申新六厂 | 申新七厂 | 申新九厂 | 总计(元) | 申新(千元) | 茂新(千元) | 福新(千元) | 申新茂新福新总公司(千元) | 申新茂新福新各厂和总公司利润汇总 | 各厂和总公司利润汇总 | 备注 |
|---|---|---|---|---|---|---|---|---|---|---|---|---|---|---|---|---|---|---|---|---|---|---|---|---|---|---|---|---|
| 1921 | | | 68 763.45 | 28 626.57 | 3 022.66 | 14 118.67 | 123 900.00 | (268 477.69) | | 196 846.33 | −60 286.75 | −1 970 | 732 097.22 | 98 257.53 | 建厂 | | | | | | 934 897.99 | 826.32 | 114.53 | 9.93 | 177.96 | 1 128.74 | 1 112 860.92 | |
| 1922 | | | 21 788.54 | (27 084.02) | 微利 | 11 354.238 | (10 410.00) | (448 051.76) | | 229 121.87 | 并于一厂 | −153 930 | 418 670.00 | (213 000.00) | 500 650 | −73 000 | | | | | 256 108.87 | 633.72 | (37.52) | (462.08) | 83.74 | 217.86 | 339 845.54 | |
| 1923 | | | (97 209.84) | 8.42 | 停工 | −77 089.78 | 89 150.00 | (39 820.57) | | 21 967.42 | 并于一厂 | 76 480 | (53 980.00) | (445 000.00) | −59 020 | −187 660.233 | 利润不良 | | | | (772 174.59) | (924.99) | (174.29) | 194.56 | 76.12 | (828.60) | (696 050.08) | |
| 1924 | | | 96 539.45 | 100 911.84 | 茂三未复 | −28 021.35 | 59 270.00 | 15 046.57 | | 383 480.00 | −13 850 | 159 960 | 130 000.00 | (172 000.00) | −233 840 | −108 000 | 0 | | | | 389 496.51 | (383.70) | 169.43 | 688.13 | 253.80 | 727.66 | 643 294.30 | |
| 1925 | | | 200 570.99 | 130 484.47 | 微利 | 65 563.34 | 27 460.00 | 807 996.93 | 274 577.74 | 579 690.00 | 356 750 | 484 420 | 192 472.22 | (327 083.00) | 112 330 | 37 651.29 | −77 372.99 | | | | 2 865 510.99 | (3.24) | 396.62 | 2 444.81 | 155.47 | 2 993.66 | 3 020 978.23 | |
| 1926 | | | 有利 | 利 | 烧毁 | 0 | 290 280.00 | 有利 | 15 100 | 395 830.00 | −26 170 | 480 340 | 128 263.89 | 1 327 702.78 | 有利 | 利 | 利 | 利 | | | 2 611 346.67 | 1 455.97 | 0.00 | 186.10 | (164.92) | 1 477.14 | 2 446 422.88 | |
| 1927 | | | 有利 | 利 | 0.00 | 利 | (6 970.00) | (264 420.00) | 0 | 0.00 | −34 660 | 150 140 | 200 152.78 | (197 972.22) | 142 300 | 0 | 0 | 0 | | | (11 429.44) | 144.48 | 0.00 | (106.95) | (246.56) | (209.03) | (257 990.72) | |
| 1928 | | | 271 640.00 | 261 680.00 | 0.00 | −115 340 | 264 270.00 | 763 790.00 | 251 390 | 435 500.00 | 124 310 | 509 920 | 345 833.33 | 14 550.00 | 784 120 | 189 770 | 265 610 | 247 740 | −23 090 | | 4 591 693.33 | 1 824.54 | 417.98 | 2 547.48 | 132.19 | 4 922.19 | 4 723 884.67 | |
| 1929 | | | 90 100.00 | 145 430.00 | 0.00 | −5 890 | 152 090.00 | 383 650.00 | 133 858 | 167 870.00 | 2 320 | 256 350 | 705 166.67 | 320 150.00 | 901 230 | 401 250 | 446 700 | 372 550 | −162 140 | | 4 310 684.67 | 2 984.89 | 229.64 | 1 195.82 | 56.21 | 4 466.56 | 4 366 892.60 | |
| 1930 | | | 有利 | 有利 | 0.00 | 有利 | (91 720.00) | (114 580.00) | −150 950 | 94 030.00 | −43 000 | −86 420 | (369 041.67) | 乐 P108 申新有得有失 | 乐 P108 申新有得有失 | −725 884.18 | 263 895.833 3 | 乐 P108 申新有得有失 | −33 848 027 78 | | (1 257 518.04) | (864.88) | 0.00 | (426.25) | (5 164.91) | (6 456.03) | (6 422 424.53) | |
| 1931 | | | 有利 | 有利 | 0.00 | 有利 | (112 180.00) | (1 257 330.00) | 1 179 620 | 65 420.00 | −120 030 | −302 720 | 919 694.44 | 91 762.43 | 乐 P109 申新有利无利参半 | −129 708 | 259 138.888 9 | 乐 P109 申新有利无利参半 | −88 039.722 22 | 买入建九厂 | 505 628.04 | 1 052.85 | 0.00 | (1 907.40) | (4 929.21) | (5 783.76) | (4 423 581.96) | |
| 1932 | | | 有利 | 有余 | 0.00 | −25 151 | 119 045.29 | 267 190.00 | 306 541.75 | 108 900.00 | 0 | 228 170 | 346 111.11 | 144 683.46 | 699 000 | 255 652.73 | 70 466.805 56 | 632 505.347 2 | 88 619.694 44 | 235 492.111 1 | 3 477 227.30 | 2 468.99 | 利润合并于福新系统 | 1 726.01 | (2 461.99) | 1 733.01 | 1 015 237.30 | 申新六厂，原是租厂于常州，1930年到期，还厂，又买下厚生代替，所以也算是新加入的厂。 |
| 1933 | | | 有利 | 有余 | 0.00 | 0 | 158 750.00 | 495 570.00 | 103 720 | (213 520.00) | 合并于三厂 | 360 650 | 230.00 | (66 460.00) | 有利 | −551 170 | −162 400 | −137 070 | −265 171.16 | −421 570 | (698 441.16) | (1 338.44) | 0.00 | 905.17 | (1 419.95) | (1 853.22) | (2 118 391.16) | |
| 1934 | | | 169 380.00 | 169 220.00 | 0.00 | 0 | 83 640.00 | 260 840.00 | 84 900 | 222 000.00 | 合并于三厂 | 217 870 | (88 190.00) | (104 100.00) | 50 000 | −17 328.66 | −209 983 | −454 767 | −192 730 | −200 099 | (9 347.66) | (2 094.37) | 338.60 | 869.25 | (753.15) | (1 639.67) | (762 497.66) | |
| 1935 | | | 131 110.00 | 131 140.00 | 0.00 | 0 | 83 140.00 | 394 790.00 | 190 090 | 238 100.00 | 合并于三厂 | 243 960 | 91 330.00 | (465 420.00) | 72 470 | −1 220 | −448 780 | −164 390 | −225 350 | −130 520 | 140 450.00 | (1 271.51) | 262.25 | 1 150.08 | (765.12) | (624.30) | (624 670.00) | |
| 1936 | | | 157 900.00 | 196 300.00 | 0.00 | 0 | 66 580.00 | 372 860.00 | 129 020 | 263 510.00 | 合并于三厂 | 300 280 | 1 113 620.00 | (154 510.00) | 1 003 850 | 498 030 | −184 400 | 371 270 | 20 600 | 416 520 | 4 571 430.00 | 3 084.99 | 354.20 | 1 132.25 | (1 637.03) | 2 934.41 | 2 934 400.00 | |
| 1937 | | | 0.00 | 0.00 | 0.00 | 0 | 0.00 | (323 720.00) | 0 | 144 520.00 | 0 | 0 | 2 386 663.96 | 543 300.00 | 2 071 936.29 | 1 855 556.73 | 322 717.24 | 1 391 422.25 | 901 819.35 | 2 251 128 | 11 545 343.82 | 11 724.54 | 0.00 | 0.00 | (1 459.17) | 10 265.37 | 10 086 170.42 | |

资料来源:①根据上海社会科学院编《荣家企业史料(上册)》相关30张表格财务数据、上海档案馆Q193—1从1912到1937年申新纺织总公司、各厂决算表、上海申新、福新、茂新各棉纺织厂年结、会计报告及福新系统红账25套新、旧账薄一手资料合编,包括1922—1937年申新决算表(Q193—1—696、Q193—1—585、Q193—1—586、Q193—1—578,Q193—1—588、Q193—1—584、Q193—1—570、Q193—1—572、Q193—1—573、Q193—1—574、Q193—1—575、Q193—1—576、Q193—1—567、Q193—1—568、Q193—1—569)及各厂Q193—1—593,上海申新第二、三棉纺织厂经济收支及第八届账略报告、Q193—1—652上海申新第五棉纺织厂决算报告(1931)、Q193—1—598上海市申新第七棉纺织厂1930—1931年年结、Q193—1—595上海市申新第六棉纺织厂1929—1932年年结、Q193—1—599上海市申新第七棉纺织厂1932—1933年年结、Q193—1—596上海市申新第六棉纺织厂1933—1936年年结、Q193—1—654,上海申新第五棉纺织厂决算报告、Q193—1—606上海市申新第九棉纺织厂1936—1938年年结、Q193—1—594上海市申新第四棉纺织厂1931—1937年年结、Q193—1—551,1937年申新纺织总公司全年欠款利息计算表(有各厂1937、1938年盈余数据)。②表内包括21个工厂(其中2个工厂合并财务报表),三个企业系统,一个总公司。③欠缺数据根据相关当事人回忆进行定性描述。④单位换算:规元两按0.72折算银元,1937年前法币按1:1折算银元。

# 附表 2:荣家企业制度环境及投资制度环境

**荣家企业制度环境及投资制度环境**

| 年份 | 制度事件 | 评价 | 资料来源 |
| --- | --- | --- | --- |
| 1830 | 19 世纪 30 年代,美国第一条铁路开始运行,1840 年开始在陆路上开始运用蒸汽机。 | 世界技术革命进行中 | |
| 1840 | 19 世纪以前,美国(传统企业经营为主,职业经理人为代表的管理革命没有发生)没有发生经营方式革命。大的转变要等到新技术和新市场的到来(它使大量生产和大量分配成为可能)。 | 世界上的管理革命即将发生 | |
| 1881 | 日本建立现代纺织企业:大阪纺绩会社,1883 年开车,最初一万零五百锭。 | 几乎与日本同步发生纺织业 | |
| 1840 | 中国生丝出口,由于质量问题。土法缫丝的产品存在条纹不均、色泽不净、损耗过多的技术问题,为了提高中国生丝质量,以适宜于欧美机器织绸的需要,19 世纪四五十年代,美国商人就曾经把他们使用的缫丝机介绍到上海,遭到中国商人拒绝。 | 国人对技术的封闭态度 | |
| 1840 | 鸦片战争。 | 中国的封闭状态被强行打破 | |
| 1842 | 魏源《海国图志》出版"公司者,数十商量凑资营运,出则通力合作,归则计本均分,其局大而联。" | 最早提到西方的股份公司 | 《海国图志》(卷 2)《筹海篇》 |
| 1861 | 19 世纪 60—90 年代,洋务运动。1861 年曾国藩建安庆机械所,1862 年李鸿章建枪炮局,1865 年的江南制造总局,标志着第一家使用新式机器生产的近代工业企业诞生,以前都是手工制造。 | 清政府中的洋务派学习西方军事等技术,发动制度变迁 | |
| 1862 | 1862 年设立的上海轮船公司是外商在中国创办的第一家近代公司。外国在华经商办厂也是报酬导向,但是经营上也会出现问题。如早期开办怡和纺丝局开 10 年后停办,法商意商的小缫丝仅仅数个月就关门。就是旗昌丝厂也在 10 年左右陷入困境,在国际丝价下跌、清政府干扰和抽厘的局面下关门。慢慢外资企业范围扩展到出口加工工业、轻工业和公用事业。 | 公司制度由外资引入中国 | 同上 |
| 1867 | 早在 1867 年对西方公司制有所了解的容闳就曾建议清政府设立公司,保护中国商人。拟第一个股份公司章程《联设新轮船公司章程》。另同时代的郑观应、何启、胡礼垣等对西方的公司制推崇备至。以唐廷枢、徐润等买办商人熟悉西方商务管理,希望利用自己的资金和专门知识创办公司。 | 中国民间开始呼吁推行公司制度 | |
| 1873 | 李鸿章招朱其昂,今设立轮船招商局。 | 轮船招商局是中国晚清时创建的第一家官督商办的近代企业 | |
| 1883 | 发生金融风潮,1883 年上海 70 家大钱庄倒闭,剩下 10 家,"一般商号亏空闭歇者十居四五"。 | 高度不确定的中国市场经济 | 《金融制度变迁中外比较》杜恂诚,第 147 页 |
| 1887 | 随着 1883 年的金融风潮,中国兴办公司的热潮迅速退潮,时人指出:"公司二字为人所厌"。 | 物极必反,公司受到国人厌恶 | 孙毓棠:《中国近代工业史料》第一辑,科学出版社 1957 年 |
| 1890 | 19 世纪 60 年代,上海已经成为国内外公认的汇兑中心,外资银行活跃。到 20 世纪初,上海华商钱庄及新式银行的发展迅速,对新式工业进行了大力支持。甲午后,上海不但是贸易中心还成为中国的制造业中心。 | 上海成为新经济的金融中心、贸易中心和制造业中心 | 《上海近代工业史》,第 77、108 页 |
| 1891 | 70 年代洋务派开始办民用工业,涉及航运、电信、铁路、采矿、冶练工业、纺织工业。1891 年,筹办十年之久的上海织布局开工,获利甚厚。1893 年股息达 25%,并得十年专利垄断。 | 洋务派转向民用工业 | 《上海近代工业史》,29—41 页 |
| 1892 | 旧时传统:重文轻商,回家一定要四处拜访亲族和族人,社会关系以亲戚和同乡为主,这也是旧信念所致 | 传统信念依旧深深影响中国的日常生活。 | 乐 14 |

续表

| 年份 | 制度事件 | 评价 | 资料来源 |
|---|---|---|---|
| 1894 | 80年代以前,外资建厂50余家,民族资本才7家。1880—1894年,开始出现逆转,外资建厂约30家,民族资本建厂45家,其中上海棉纺织3家,全国才总共4家,中国形成了一股以上海为中心扩展到全国的实业风气。 | 中国逐渐模仿外国企业,初步出现上海为中心的实业风气 | 《上海近代工业史》,第47页 |
| 1894 | 荣宗敬所在的钱庄遇中日战争,吃天津小麦之亏,失利颇巨,不支而歇,即回家。荣宗敬所从事钱庄"号闭无事,俟号事了,方去申"。 | 荣宗敬不顺利职业生涯 | 荣313 |
| 1894 | 上海民族工业不是建立于雄厚资金之上,它从产生时期起,就面临着实力强大的外资企业的竞争,其技术、管理都领先民族企业。而中国民族企业在外国势力压迫下,注意改进技术,灵活经营,这是它一开始就形成的特点。 | 在西方强大的竞争压力下求生存的灵活的民族企业家 | 《上海近代工业史》,第60、63页 |
| 1894 | 中日甲午战争后,中国开放设厂权,面临着日益深重的民族危机,张謇大力倡导实业救国,特别强调要创办近代大农业、大工业、大商业,他的主张反映了当时爱国人士发展民族经济、自强救国的进步要求。 | 中国开放设厂权 | |
| 1895 | 荣氏兄弟通过乡村的族长大会来追讨因担保而产生的族人的欠款,而非通过法庭。 | 制度实施环境:是非人格化交换的第三方实施 | 乐35 |
| 1895 | 甲午后,许多工厂开始采用先进技术,因而制造过程的垂直一体化开始盛行。 | 技术变迁垂直一体化 | |
| 1895 | 民族危亡关头,张謇对祖国因经济文化落后而不断挨打深感痛心。他不仅有强烈的爱国热情,而且理性地认识到"策中国者,首曰救贫,救贫之方,首在塞漏"。中国实践上的失败,引起了有识之士的信念改变和探索……这就是信念引导制度的天然逻辑。但是19世纪末股份制仍处于起步阶段,社会"风气未开",张謇经历"千磨百折,首尾五载,忍侮负饥",多方集资,才好不容易办起了大生纱厂。可以说,没有股份制就没有大生纱厂。 | 精英们在微观领域发起新制度变迁 | |
| 1896 | 荣氏兄弟创业的开始,其钱庄的股本筹集,三个股东是父辈的朋友,荣氏兄弟难于脱离氏族宗族关系网(费孝通的差序格局)而生存。 | 社会关系网络 | 乐22—23 |
| 1896 | 1896年大清邮政总局开办,1884年电报总局由津迁沪,全国联系方便,有电线、海底电缆通往欧洲、东南亚。 | 社会宏观环境 | 《上海近代工业史》,第81页 |
| 1898 | 清政府颁布《振兴工艺给奖章程》,1899年在上海设立商务总局。 | 社会宏观环境 | |
| 1898 | "时阅报,闻行新政后,康梁逃海外。当日心窍忧之,恐生大乱。忠心者缘误会而致杀身,可叹!""回至店中,仍看书至深晚而睡。" | 社会宏观环境 | 乐24 |
| 1898 | 接到广东姑母信,说王青山任韶关总后,要人去帮账,问荣德生愿意去否?推荐了邻居族叔培林去。另接到姑丈来信帮忙代办起服,原来忘记报丁忧,难补官缺。 | 社会关系网络:人际关系投资 | 乐25 |
| 1899 | 荣德生回忆录说到其父亲会相术,荣德生自己也怪异,梦老虎得风水之地,梦良方可治病。1899年见到方丈说禅"儒释道农工商均妙,但要一心不二,十二年悟道精深", 后来改风水"将西横山父墓改艮坤向,九曲水出明堂,可望富贵,尤多丁,后颇应验。"1900年,荣德生请人相命,说不是官不是商,当时无实业之名。当年在苏州茶馆又有人为荣德生相命,说是大富之命,让荣德生心喜。 | 传统信念:宗教信仰 | 乐30,乐33 |
| 1900 | 19世纪末期20世纪初,美国为首的发达国家兴起第二次工业革命,以电力使用为标志。 | 社会宏观环境 | |
| 1900 | 1900年八国联军攻陷北京,李鸿章从两广调走,荣德生原为李鸿章的下属,相约保举做官,失之交臂。 | 社会关系网络 | 荣9 |
| 1900 | 北方战事起,皇帝太后逃离京城。无锡地价物价大跌,路上无人,市上关门闭业者十之六七。 | 随机冲击 | 乐32 |

续表

| 年份 | 制度事件 | 评价 | 资料来源 |
|---|---|---|---|
| 1900 | 1900年八国联军侵华，义和团运动兴起，北方开战。 | 随机冲击 | 荣9 |
| 1900 | 义和团运动和八国联军入侵，使中国农业生产遭受了严重破坏，北方发生粮荒，于是上海无锡等地的粮食源源北运，尤认面粉业为最多，粉厂都获厚利。广生钱庄汇兑业务也因此而非常发达，并取得大量盈余，成为荣氏兄弟办面粉厂的资本来源。 | 随机冲击 | 荣9 |
| 1901 | 和约成，赔款四万万两……并扩充租界。余后曾条陈政府，集万金，请郭秉文李石曾至英法各国，请还赔款，竟告成功。 | 制度环境 | 乐35 |
| 1901 | 开办之初的打点送礼支出，“二月起至十二月，历十个月，用去来往舟金、抄批等，共八百元，可算省矣，凌姓用去八千元，卖去当股了案。” 厂屋及公事房、厫间、街场、驳岸，一切完工，共费不满二万元。机器一切共费二万三千元。股款三万九千元，用透支四千元。活动归经理调度。 | 制度环境 | 荣12 |
| 1902 | 时经理住厂中见营业并无大利益，和卿已故，心中无大希望，左右亦无实业思想。 | 制度环境 | 乐41 |
| 1902 | 1902—1912年，中国大规模建设铁路，有11条铁路通车，打开了内地市场，并促进了企业环境的好转，从而为中国实业的黄金发展时期做好了准备之一。此时，外部政治经济环境皆好，民间很乐观，现中兴之象。1914年，“政府预算二千万，事事上正轨，人民安乐，到处行走，无意外风险。人民企业心不少，各省安然”。 | 制度环境变迁：大规模铁路建设 | 乐71 |
| 1902 | 办保兴面粉厂时，在官本位环境下，办实业要取得官方支持。江苏省商务局长吴硕卿与朱世丈为粤省老同寅，竭力帮助，详呈督抚，奏明办理，得到专利十年。得到官方的大力支持，但办厂时受到无锡当地的图董和封建士绅等封建势力的极大阻碍，厂投产后还受到谣言等各种无形抵制，让面粉销路不开，经营艰难。 | 制度环境 | 乐40 |
| 1904 | 1904年日俄战争起，俄国人在东北的粉厂都垮台，东北的面粉由此销路大开，荣氏由此走出亏损局面，开始有微利。喘息过来，马上改进生产，购买先进的钢磨，并开始走向扩张之路。 | 随机冲击：日俄战争 | 荣15 |
| 1904 | 族叔祖履吉由山东回锡，叙谈之下，颇蒙奖许。并以长孙茂忠为托，决就实业。余允为提掖，后入茂二，至今成立。 | 制度环境：人际关系，报恩 | 乐45 |
| 1904 | 吾国人民有识者，忧时兴学，变法图强，请定宪法，清廷虽允成立谘议局，究属大慢。国民主在变新，而奋不顾身者不少，人民纷纷亦主兴实业，政府设立农工商部，各县设立商会，无锡也成立商会。 | 制度环境 | 乐44 |
| 1904 | 荣德生1904年满30岁，加上粉厂和钱庄不错，开始思考对社会地方稍尽责任，改良教育“故时至家中塾中考察，拟改良教育。于是，华先生发起捐款，开办小学，共捐年费六百元，余兄弟二百元，收款归余管理……至明年，成立荣氏家塾，建筑新校舍于祠堂之左……由荣瑞馨任筹款，共为二千元，渠任多数。光绪卅二年，正式迁入。”后改名为公益小学。这学校到卅四年，经费全由荣德生独出。并设女学。 | 投资制度环境 | 乐43 |
| 1904 | 邑中渐呈新气象，周新镇已发起创办丝厂，纱厂也有杨氏业勤，丝纱面三者均已具根底。教育尤其先进，士人已无科举，皆入新学。至日本英美国留学者亦不少。回来考试，奖给举人进士。当时为父兄者，尚重功名。均望子弟转新科举为显扬，而所以学法政为多，转入西洋，有学矿政地学者，尚无研究丝纱等实业者。而且实业面临外国商品竞争，企业当年因为日俄战事而一年赢大利，然后迅速就陷入亏损……民族企业生存相当艰难。 | 制度环境 | 荣20 |
| 1904 | 无锡县商会成立，茂新厂为会员。 | 参加改变制度环境 | |
| 1905 | 沪宁铁路先由苏通锡试车，即去苏，破天荒招客午饭。来去二时。至四月，沪锡全通。 | 制度环境变迁 | 乐46 |
| 1906 | 1906年在无锡设立公益第一小学，随后每隔两年创办一所小学，至1915年已有7所小学，厂内职工都接受了基础教育。 | 投资制度环境 | 乐44，《荣家企业发展史》，第39页 |

续表

| 年份 | 制度事件 | 评价 | 资料来源 |
|---|---|---|---|
| 1906 | 1906年,“斯时,新学已成气象,甚好。提议新义庄,亦办成。”荣德生主张教育为主,不以仅吃公账米半升为然,鳏寡则养之。与众议不合,未能加入,个人力行,以期贯彻此旨,得到族人叔吉人支持。同年,族中议修谱,余亦任事……后来,荣德生渐渐影响扩大,自己出全部费用,请人修谱,加加文字,扩充各省支。 | 投资制度环境:教育和意识形态。 | 乐49 |
| 1906 | “而无锡西门一带,气象太好。火车旅客,上下不断。厂中已自备小火轮,来去车站极快,余下乡时亦乘焉。”“学校学生日多,然私塾尚多,不去干涉,自作主张,然有识者均主变计。至后尽入新校,十年屡查,几乎普及,升中学大学者不少。” | 制度环境 | 乐49 |
| 1908 | 1908年“是年三月,伊峻斋知无锡县事,照会余任开原扇董,兼任劝学事。公益学校任费诸君,均有事而止。此后,归余独任,出力以吉人先生为多。竞化女校初办,施显臣为校长,仅学生三十人,后添至四校。”1913年,“本乡改乡董制,余扇董至此脱肩”荣德生做了5年,直到旧的政治制度变迁发生才没有做。 | 参与改变制度环境 | 乐农54,乐69 |
| 1908 | 清政府两个皇太后先后死去,时局大坏。黄松年见大局危兀,即取款而逸,账房无人。后见到王禹卿应付危机时有才,遂任账房,兼销粉,颇能协力。 | 宏观制度环境 | 乐53 |
| 1908 | 春间曾至宁,祈请饬商会将棉花放行,准之。 | 参与改变制度环境 | 乐54 |
| 1908 | 企业制度向行业扩展……与同业组织办麦公会,试图垄断原材料。附《沪锡两地七家粉厂公议办麦规条》,1908年5月,沪锡两地七家粉厂公议办麦规条。(华兴、中兴、立大、裕丰、裕顺、茂新、阜丰七家粉厂也)。 | 参与改变制度环境 | 荣23 |
| 1908 | 因为小麦价格渐渐提高,加上洋粉倾销,让面粉经营者十分不利,加上采购小麦时有倾轧现象,就在1908年成立办麦公会,以控制原材料。走向垄断第一步。 | 参与改变制度环境 | 荣23 |
| 1909 | “时人心颇好,治安亦佳。是年振新、茂新均有利,申亦平稳过年。” | 制度环境:无锡环境好转 | 乐56 |
| 1910 | 1910年代的橡胶风波:外人用橡胶股票来投机,然后卷款而逃,1910年,引许多钱庄倒闭。沪上投机极盛,某某发财,某某失利,至六月色色贱,大都为外人席卷而去,市面空虚。三庄倒三百万,道库出而维持,秦明办理,市稍平。 | 随机冲击:橡胶风波 | 乐57 |
| 1911 | 辛亥革命成功,办实业、图民生,兴中华民国人的共同信念,提倡实业的团体纷纷出现,如民生国计会、中华民国工业建设会、中华实业联合会等,人员从旧官僚到地主、富绅,资本家到知识分子,甚至工人。提倡实业的杂志、刊物大量出现,著名的如1912年商务印书馆的《中国实业杂志》,1913年的《中华实业丛报》,1914年中华书局的《中华实业界》。 | 宏观制度环境:国内政治形势好转 | 《上海近代工业史》,第109页 |
| 1911 | 辛亥革命,金融大紧,现银难得。 | 随机冲击:辛亥革命 | 《荣德生文集》,第575页 |
| 1911 | 到上海参加立宪公会举行的会议,欢迎孙中山来沪。“十月后,革命成功,大局渐定,人心稍安。是时,同盟会会长孙中山总理与胡汉民、黎君等到上海,立宪公会会员于张家花园安恺第开欢迎会,摄影余亦在内,现存者劳敬修。 | 参与改变制度环境 | 《荣德生文集》,第575页;乐59 |
| 1911 | 1911年,“各地大水为灾,湖北更巨,至秋,武昌起义,各地响应,金融大紧,洋厘大涨,至八钱八分,从未见过,各省独立,无锡亦响应,厂遂停工,人亦逃散。”“……振新已经停工月余,工人有来问讯,定期复工。怜工资现银难取得,洋厘大,无人肯放出也。因想出在当地立案,自出工资票,以实业担保。” | 随机冲击:政治和天灾 | 乐58 |
| 1911 | 1911年,“公益、竞化照开,学生已多。男校升至高小,开办已经七年。初办尚预备,至本年正式招收一二年级生。彼时,经费甚省,所费无多。余每至家中必以学务计划进行,希望造就人才”。 | 投资制度环境 | 乐59 |

续表

| 年份 | 制度事件 | 评价 | 资料来源 |
|---|---|---|---|
| 1912 | 十月《无锡之将来》发表，请椿年先生修正文字后，印行千册一时销完。 | 参与改变制度环境 | 荣德生生平事业年表 |
| 1912 | 在东山购地植梅，为梅园起点。 | 投资制度环境 | 荣德生生平事业年表 |
| 1912 | “是年，余兴致甚旺...竞化女校也添二校于河埒口蒋宅，化新即其后也……小学决添于徐巷，资助他校，不止一处。拟开马路，明年实行。拟办图书馆，次年买书，至五年开幕(1916)藏书九万余卷。”修路时，乡人不明大利，反对者多。因是禀县呈省批准开工，然乡人尚多怨者。不数年后，全路完工，加铺石面，至今无人不称便利矣。 | 投资制度环境 | 乐 65—66 |
| 1912 | “农商部成立，政府由袁总统当选，议行新政，召集工商会议，令行各商会推选会员，余被推选。八月进京”荣德生 1912 年参加全国工商大会，提出三项建议，包括“共提出议案八十余起，余提三案：一为扩充纺织为第一案，通过。一为设母机厂，以六项为工程：轮船、火车、农、矿、军械制造、各项母机，资本一千万，由国家发起后招商；送学生一百二十人出洋，按照工程支配，六十人速成回来布置，六十人专门回来当技师；自铸铁，以利国之铁，中兴之煤，其利不可算，通过。部长、议长均重视此两案，即送部京各报登全案。总理赵秉钧派秘书至会，谈此事之必行。三案为咨送学生出洋学习小工艺，以资借镜，而兴实业，通过。”华、蔡二君均通过各一案，共计通过廿七案，锡人有五案，亦不负此行，不辱推选矣。 | 参与改变制度环境 | 乐 63 |
| 1912 | 1912 年全国工厂资本总额不到 5 500 万元，而钱庄、典当资本就为 1.65 亿元。 | 制度环境：实业投资不足 | 汪敬虞《近代工业史数据》 |
| 1912 | 1912 年振新失火，烧栈损失 10 万元。(4 万元可以开一个新厂了)保险了四万，拍卖火烧栈底得到 2 万元，净损失 4 万元。“设先一日失慎，此字不签矣。” | 随机冲击：企业遭遇火灾 | 乐 65 |
| 1913 | 宋案起，国民党二次革命，银根尤紧，调度不易，幸好，尚不停顿。新闻制造局大炮之声，火光不绝，南败北胜，袁大权日增。 | 制度环境变迁：二次革命 | 乐 68 |
| 1913 | 图书馆，开始购书……以后无法下手，邓君傅若由湖北纺望屺处回来，略明目录之学，为余云：先看《书目问答》，即明经、史、子、集、依目购办，自有头绪。余即从此旨办书…… | 投资制度环境 | 荣德生生平事业年表 |
| 1913 | 为建梅园凤山粮田一百五十亩，种梅三千株及其他花木。 | 投资制度环境 | 荣德生生平事业年表 |
| 1913 | 捐资建开原路竣工。 | 投资制度环境 | 荣德生生平事业年表 |
| 1913 | 1913 年，“从本年起，学校添办，公益由一至四，竞化亦由一至四，梅园尽力扩充，先后购地，计山粮一百五十亩，数年种梅三千株……” | 投资制度环境 | 乐 67 |
| 1914 | 1912～1914 年，民族棉纺织业出现停滞，一是生产扩大，市场有限；二是外资进逼，据统计，华商机纱在华南市场只占机纱销售额的 1%，东北市场只占 65%不足，华北市场只占 19.9%，即使华纱销售最好的地方在长江中上游地区，也只占约 28%。华商的对策是转向织布、染织和开拓针织业、衫袜业等复制加工业。 | 制度环境变迁：市场停滞 | 《上海近代工业史》，115—116 页 |
| 1914 | 农商部颁布《公司条例》。 | 宏观制度环境：立法激励公司制度发展 | |
| 1914 | 北京政府公布《证券交易所条例》，上海证券业大发展，各交易所纷纷出现。朱荫贵总结近代证券市场的特点，认为近代出现几国交易所并存，6 次投机高潮和证券市场为政府财政服务的特点。 | 制度环境变迁：交易所和投机兴起 | |
| 1914 | 梅园内建香雪海屋三间，开鉴“砚泉”。 | 投资制度环境 | 荣德生生平事业年表 |

续表

| 年份 | 制度事件 | 评价 | 资料来源 |
|---|---|---|---|
| 1914 | 《无锡之将来》印行千册,广受好评。 | 投资制度环境 | 荣德生生平事业年表 |
| 1914 | 图书馆已购书五万卷,购地二亩八分,除留作女校基地,划出建馆。 | 投资制度环境 | 荣德生生平事业年表 |
| 1914 | 1914年,"……梅园开辟,粗有规模……建议由荣巷西街起,筑路至梅园,先成土方,乡人乐于从事……图书馆已购书至五万余卷,购地二亩八分,留建筑女校基地外,划出建馆。次年动工,造新式房屋四十方、二进,能藏书二十万卷。祠西亦建三课堂及先生住屋,东西共开五课堂,并作十周年纪念,辟大操场,吉人先生计划为多,本乡学务为中心也"。 | 投资制度环境 | 乐70 |
| 1915 | 时巴尔干战端起,半年息战。云南起义,反对君主,各省独立,牵动市面,我全局照做。是年夏,筹安会起。十月十六,洪宪登极八十三天。 | 制度环境变迁:袁世凯称帝失败 | 乐75 |
| 1915 | 上海总商会发起建立商品陈列所,1916年在北京举办国货展览会,同时举办国货质量比赛,一些同乡会也发起国货展览会。上海企业家积极参加国际博览会。 | 制度环境变迁 | |
| 1915 | 1915年,荣德生发表《无锡之拆城以改良地方说》。 | 参与改变制度环境 | 荣德生生平事业年表 |
| 1915 | 上海成立"中华国货维持会""劝用国货会",创办《国货月报》宣传用国货。上海成为抵货运动、国货运动的中心。 | 制度环境改变 | 潘君祥主编,《中国近代国货运动》,532—545页 |
| 1915 | 图书馆新建新式楼房二进四十方,能藏书二十万卷。梅园楠木厅上梁,建成天心台等景点。 | 投资制度环境 | 荣德生生平事业年表 |
| 1915 | "时欧战已起,对外停顿,汇票稍长,外贵内贱,无战时经验,余认为可放手做纱、粉,必需品也"。 | 随机冲击:一战 | 乐76 |
| 1916 | 袁退位冯任总统。市面安定……时欧战已起,对外停顿,汇票稍长,外贵内贱。无战时经验,余认为"可放手做纱、粉,必需品也"。 | 制度环境变迁 | 乐75 |
| 1916 | 1916年,在扩张的同时,"学校添公益第二,在梅园;第三在大渲,第四设上虞巷荣文卿家。又设竞化分校在徐巷,租买茂表家,竞化四校在吴大城。时图书馆屋已建好,择日开馆,取名'大公'……"公益小学、竞化女子小学增加到四所;图书馆新楼成,取名大公已经藏书九万余卷;手书梅园、洗心泉,楠木厅取名诵豳堂,并物色奇石、名贵花木,移至园中。 | 投资制度环境 | 乐76<br>荣德生生平事业年表 |
| 1916 | 著有《理财刍议》,刊印二百册,倡议崇俭立国,整理国家财政,实行金本位,多立工厂,参与世界经济竞争。"余著有《理财刍议》印三百本,分送各省,以北京来取尤多,以说明币制为主,余留心社会经济,而主多立工厂,推至省用国用,而至世界经济之竞争,尤以自立生存,对外相等为比较。于是,国人皆以'大实业家'目之。然余谦隐如前,毫不自夸,勤俭不改,事事亲手为之,稍熟者有推崇之意……" | 投资制度环境 | 荣德生生平事业年表、乐76 |
| 1916 | 1912～1914年,民族棉纺织业出现停滞,一是生产扩大,市场有限;二是外资进逼,据统计,华商机纱在华南市场只占机纱销售额的1%,东北市场只占5%不足,华北市场只占19.9%,即使华纱销售最好的地方在长江中上游地区,也只占约28%。华商的对策是转向织布、染织和开拓针织业、衫袜业等复制加工业。 | 制度环境变迁:棉纺织业短期停滞 | |
| 1917 | 是年兴致高,梅园、学校皆进步,马路修筑加石片,桥加阔加固,为新市场气象。 | 投资制度环境 | 乐80 |
| 1917 | 一战时外纱进口减少,民族棉纺业迅速发展,史料总结四原因是:美棉飞涨;印棉进口大减;本棉存货缺乏;内地存纱甚罕。附有1916—1918年申新一厂产量和产值的增长表、盈利率和销售数据。 | 制度环境变迁:市场好转 | 荣56,荣57 |

续表

| 年份 | 制度事件 | 评价 | 资料来源 |
|---|---|---|---|
| 1917 | 荣德生在无锡建厂受到荣瑞馨等当地乡绅尽力阻挠。 | 制度环境:传统势力根深蒂固 | 荣85,无锡市申新纺织厂提供资料 |
| 1918 | 当选江苏省第二届议员,九月参加省议会。荣德生"当选省议员,得五等嘉禾章办实业奖励。"初以无意分心参与实业而推辞,然后又再劝而参与竞选,当选后,提出"出资送学生出洋学小工艺的提案"通过。后屡向实业厅催办,会议上参与预算审查和决算审查。 | 参与制度环境 | 荣德生生平事业年表 |
| 1918 | 既至省会,方知省中提出议案,均是琐屑无补,只一预算,稍以范围省中用度耳。与余意动即属全国者不同。至对外,则时正欧战,无从说起也。 | 参与制度环境 | 乐81 |
| 1919 | 九月后,省会开会,议及下关建电灯厂,已否决。余挽回,复议可行,使黑暗之老厂,由单厂长用权力发为光明,人人赞美。省长见实业议员之功,金君尤甚。后凡建设,每必预闻。实业厅长张君亦常叙,然限于经费预算,一事无成,于是,专门本业。心思之多,作事之巨,以本年为最。 | 参与制度环境 | 乐85 |
| 1919 | 1919年设立公益工商中学,荣德生称余自幼读书无多,深感缺乏学识的痛苦,渐司教育之可贵。在1928年停办时指出,环顾今日潮流,学校风气日新,乡间学校已经不合时宜。学校林立,已经似不需要余见识浅陋之人越俎代谋,闭门造车,更加恐自误误人,所以停办。 | 投资制度环境 | 《荣德生文集》,第265页 |
| 1919 | 一切备齐,月泉兄即赴法参加人民外交。政府派施、颜、顾三公使为主,梁、汪、胡诸先生为人民领袖。各国以美为领袖,威尔逊有侠义之言。结果和约成,德赔……早知道此约太过,日后不妥,后开华府会议,补救无效。月泉兄由政府派为劳工代表列席,因丁忧急由美国回国。 | 投资制度环境 | 乐83 |
| 1919 | 梅园建乐农别墅,康有为来游,手书香海二字,并志一匾之伪。 | 投资制度环境 | 荣德生生平事业年表 |
| 1919 | 与兄捐资万元,赠给上海交通大学建造图书馆,并买成书捐入,立先父铜像于馆中。 | 投资制度环境 | 荣德生生平事业年表 |
| 1919 | 1919年五四运动、商人罢市和抵货运动。罢市期间,荣宗敬活跃,设宴招待欧美侨商。荣宗敬受到指责售粉给日商,日本进口棉纱减少,大大促进了企业的利润。附:华商纱厂联合会1919年董事会会议记录和抵货运动中民族纱厂的面粉扩展盈利情况。 | 随机冲击:抵货运动 | 荣62,63,65 |
| 1919 | 公益中学建筑已完成。聘胡雨人为校长,请教员,招生一百名,实收八十名,开工商两班。中有商店、银行、为商科练习;有工厂,为工科实习。建筑、设备共十万元,基金九六公债五十万元,六厘计息,每年三万元,以保开支。"一年统计,纳税于国家者不少,资助于社会及学校亦多。至此,而信外国培植人才、专心实业之效如此。" | 投资制度环境 | 乐85 |
| 1919 | 1919年纱联会议案"日人取引所将于9月1日兼做棉花贸易,并在浦东奸商栈房,为屯花之用。其目的所在,无非欲操纵棉花市面,而制厂家死命。闻手棉业联合会已议不往该所交易。兹拟治标治本两法,请公决。略(治标是抵制日本取引所,并对去之花号花行和掮客断绝来往并登报;治本是自己建立花纱联合交易所,或由本埠各厂向棉产区公设花行。) | 制度环境变迁:上海交易所操纵市场 | 荣70 |
| 1920 | "南洋大学募捐图书馆,余兄弟捐资万元,纪念先君,立铜像于馆中,余并买书捐入。" | 投资制度环境:意识形态投资 | 乐87 |
| 1920 | 民国九年,申总经理费,全归兄收入。无锡面粉盈余利息,总经理收入照规定分派,麦灰作酬劳,分与吾兄弟者,另立学记,助入公益中学,每年共有万余元。余为德学记自出,至十九年(1930)而止。以有蜚语,余收下转申,不取帮助。后兄弟仍有意办学,另立养成所,沈泮元为主任,每年贴费七八千元。毕业后派各厂录用,颇得力,争相邀请。 | 投资制度环境 | 乐88 |

续表

| 年份 | 制度事件 | 评价 | 资料来源 |
|---|---|---|---|
| 1920 | 参加省议会,被推为全国实业会议代表,赴京参会。 | 参与改变制度环境 | 荣德生生平事业年表 |
| 1920 | 在京参加禁烟运动,任监烧委员。 | 参与改变制度环境 | 荣德生生平事业年表 |
| 1920 | 大公图书馆藏书逾十万卷,辑印《藏书目录》十二卷。 | 投资制度环境 | 荣德生生平事业年表 |
| 1920 | 无锡面粉盈余利息,总经理收入,照规定分派,麦灰作酬劳。分与吾兄弟者,另立学记,助入公益中学,每年共有万余。""后兄有意办学,另行立养成所,沈泮元为主任,每年贴费七八千元。毕业后派各厂录用,颇得力,争相邀请。" | 投资制度环境 | 乐 88 |
| 1920 | 1920 年学校添办各级完全,梅园布置益备,四时游人不绝,马路四通,全乡生色。图书馆备印目录,藏书已逾十万卷。 | 投资制度环境 | 乐 89 |
| 1920 | 1920 年与同业组织农事试验场,改良棉麦种植。民国九年,华商纱厂联合会由美购脱字棉及郎字棉等十吨,运赴豫、陕分散。华商联合会组织购美棉,1929 年江苏省政府参与项目(于十八年江苏财政厅拨五万元)荣宗敬捐款一万五千元,由美购爱字棉一百吨,运往豫、陕代赈。"在锡购地,拟创办农场,试植原棉,后中止。""1920 年南京东南大学农学院应上海面粉厂协会之请,在南京建立一所小麦实验场。" | 投资制度环境 | 年表 |
| 1920 | 又和实业界同人一起在南京设立农事试验场,委托东南大学农学院进行小麦和稻米的改良试验工作。 | 投资制度环境 | 荣 72 |
| 1920 | 迨粉厂加增,求过于供,爰陆续派遣厂员赴各地劝导种麦,更岁集巨资,补助农事实验场。良以麦产若不增加,势必取给外洋,金钱输出,影响农村。然潮流所趋,殊非一手一足之烈所能挽救。欧战之际,吾国面粉为一时输出品大宗,而粉厂次弟设立,于斯为盛,小麦产量有限,遂不得不采用国外原料,其数量且与年俱。 | 投资制度环境 | 荣宗敬,《农村衰落之过程及复兴之管见》;荣 72 页 |
| 1920 | 荣宗敬《农村衰落过程及复兴之管见》提出要在中国劝种小麦。 | 参与改变制度环境 | 荣 72 |
| 1921 | 参加张謇创立的"苏社",三月在梅园主办会议,并当选常区理事。 | 参与改变制度环境 | 荣德生生平事业年表 |
| 1921 | 1921 年的"五卅"运动中兴起抵货运动。 | 随机冲击:抵货运动 | 荣德生生平事业年表 |
| 1921 | 1921 年,信交危机,金融紧缩。 | 随机冲击:信交危机 | 荣德生生平事业年表 |
| 1921 | "荣德生当选国会议员,全省平均第一,以四十票为本位,余得五十一票。" | 参与改变制度环境 | 乐 89 |
| 1921 | "曾至南通,见各种社会事业。张四先生年六十八,并开苏社。次年在扬州,余亦去。苏州亦去。后在无锡,由余主办,于梅园开会,全省人物共集一堂,选余为常区理事……韩省长又创教实联合会,余任实业界会员两年。曾条陈禁令红头自来火,因有毒而有服之自杀也。至今火柴已无红头者,实业厅长张君主办之功。" | 参与改变制度环境 | 乐 90 |
| 1921 | 订购洋机时因为汇率问题"镑亏",通过纱厂联合会联合向洋行施压,并聘请律师。附:在华商纱厂联合会决议;附荣氏企业 1919 年向日本三井洋行购买机器被迫加价的合同。 | 参与改变制度环境:最早出现镑亏记录 | 荣 89 |
| 1922 | 1922 年,在企业困难时,荣氏企业试图联合同业,决议停工,以维持纱价。还有停夜工的决议。P149 还要求国棉禁止出口以及国家豁免花纱税厘。P151、P167,在面粉上,荣宗敬要求北洋政府对外粉征税,以和外粉公平竞争。附:1922 年纱联会致各厂通告、华商纱厂联合会致北洋政府国务总理、农商总长文。 | 参与改变制度环境:荣宗敬联合同业决议停工 | 荣 149、151,荣 167 |

续表

| 年份 | 制度事件 | 评价 | 资料来源 |
|---|---|---|---|
| 1922 | 吉人先生调至总公司庶务主任，大公图书馆馆长由严禁肖兰接任。公益学校校长胡雨人辞，聘蒋仲怀接任。梅园扩展到浒山……在园内建“宗敬别墅”，贺兄五十寿辰。竞化两等自建，亦放大，有五教室。祠中亦放大，共为五教室。四年级在祠内，五年级在中学，因地位而改也。 | 参与改变制度环境 | 荣德生生平事业年表 |
| 1922 | 1922 年，“正月，各厂照开，名震全国，得奖频频，嘉禾章两年已得三等”。 | 参与改变制度环境 | 乐 91 |
| 1922 | 华商纱厂联合会决议通过中国棉工业史上第一个集体限制生产的决议，要求三个月内停工四分之一。赵冈、陈钟毅也指出：1922 年华商联合会决议呼吁会员厂不要竞相削减纱价。并在年底建议会员厂在三个月内减少工作时间的四分之一，三个月后，通知会员进一步减少一半工作时间。 | 参与改变制度环境：华商纱厂联合会限产 | 严中平：《中国棉纺织业史稿》，第 173 页 |
| 1923 | 纺织界四处呼吁减工和请愿政府禁止输出棉花，刚刚内阁通过……不谓众议员反对于内，公使团反对于外，以国务会议已决议之案，海关立即执行之事，而功败垂成。 | 参与改变制度环境 | 荣 151 |
| 1923 | 省长聘为江苏省教育实业联合会会员，并赴宁出席会议。 | 参与改变制度环境 | 荣德生生平事业年表 |
| 1923 | 图书馆藏书增加(学校，中学已毕业有二班，分送各厂练习。亦有升学后，再入外国游学者，蒋辑等；入银行者，如朱、王、龚诸生。总之，中等实学，归中等实业，学不虚用。至今，校与生均明此理不差。后之办学，除法政、海陆空军外，均应称事务班，分中高大学毕业，随所学而入事业，学用相当，不患无事，不忧无才，合吾国人多之社会事业也)，荣德生办学也是学习外国“尤以国文、译文为主，附以算、农、工、商、化、声、光、电，总称事务，至后转入大学，始分科，备(备)入外国，认清所学，不走错路”。 | 投资制度环境 | 荣德生生平事业年表 |
| 1923 | 1923 年，原材料紧缺，花贵纱贱。也同时出现抵制日本货物的风潮。“1923 年抵制风潮极烈时，日纱进口几已绝迹，在华日厂亦堆积如山。” | 随机冲击：抵货运动 | 荣 145 |
| 1923 | 外商在一战后重新卷土重来，争夺中国的市场，让民族企业出现大困境。加上税负不公平和外商的超国民待遇，又有技术管理资金优势，中国民族企业没有理由不困难……日商破坏中国民族企业，以压低价格和垄断棉花来打击民族企业……让华商大多陷入停工。而抵制风潮中，日商以存货积堆，而低价倾销，也拉低了中国的纱价……一战结束后，外粉涌入，出口粉日少，麦产不加多而采购者众，销路不广而输入者日多，国内战乱不已，利率加重，铁路推广无期，运费增高。凡此数者有一足制粉业之发展，今兼而有之，其何能淑。此后粉业又入盛极而衰时期。 | 制度环境：一战后市场环境变化 | 荣 145、146、165 |
| 1923 | 社会事业急急进行，时有名流高人，来园借住，如汪、岑、马皆是……此时，余已是奖，二等嘉禾章，又二等大绥嘉禾章。 | 参与制度环境 | 乐 94 |
| 1924 | “华商自欧战后，日渐衰弱，至前年(1924)而尤甚，纱厂拍卖者八家，为中国棉业空前未有之现象。”严中平：《中国棉纺织史稿》，第 187 页。就棉纺织工业发展趋势指出“1924 年乃达于萧条的顶点”。 | 制度环境变迁：市场萧条 | 《银行周报》第 10 卷第 7 号，1926 年 7 月 26 日 |
| 1924 | 1924 年 7 月 8 日荣宗敬、李旭堂提议开会，临时谈话会决议，由纱联会出面干预市场，各厂分摊。 | 改变制度环境：纱联会活动 | 荣 150 |
| 1924 | 荣宗敬被推为上海闸北市董事。 | 改变制度环境：企业家参与社会活动 | 年表 |
| 1924 | 1924 年 7 月 8 日，由纱联会出面向交易所购进棉纱二万包，公推荣宗敬主持一切。 | 改变制度环境：控制市场价格 | 荣 150 |
| 1925 | 五卅事件，福新申新各厂工人响应罢工、停工三个月左右，上海罢市和抵货运动中棉纱价格上涨。 | 随机冲击：抵货、改变制度环境；参与罢工罢市 | 年表 |

续表

| 年份 | 制度事件 | 评价 | 资料来源 |
|---|---|---|---|
| 1925 | 呈政府"救济纱厂之管见"认为不公平待遇是华商最大的衰落原因。呈"政府救济贫民刍议"、倡导金陵大学附设农场,试验改良植棉。 | 改变、投资制度环境:信念、意识形态和改良植棉 | 年表 |
| 1925 | 1925 年 4 月 29 日上海各厂特会:讨论规定纱价办法议决如下:以人钟为标准……在此限价内,各厂不得出售。 | 改变制度环境:纱联会活动 | 荣 150 |
| 1925 | 1924—1925 年苏浙军阀内战,1925 年,"战事风潮停,郑谦为省长,颇好,所以民能安居也。""孙总理在北京逝世,冯吴内战未了。" | 随机冲击:江浙内战 | 乐 98—100、年表 |
| 1925 | 1925 年的五卅运动,荣氏面粉厂茂、福系统分别于 1924 年、1923 年已经出现了利润。1924 年是纱厂最艰难的时光,除了申一厂 1924 年有利润外,其他申新系统都是亏损,多是在 1925 年才出现利润……说明大局好转还是五卅运动以后。《银行周报》指出,1925 年以来,世界金融逐渐恢复,贸易起色,棉收告丰,价格趋降。而五卅一案,激起抵货运动,国纱况较俏,虽为时不久,然关系甚巨……似有否极泰来之势。《纺织时报》也指出:华厂出口,值此抵货风潮猛烈之际,实为国货推销最佳机会……异乎供不应求,纷纷抬价,实为推销之大阻力。根据统计,抵货运动前,1924 年进口外粉 6 601.04 千关担,同比增长 15.04%。1925 年抵货运动马上下降为 2 812.87 千关担,下降了 57.38%,1926 年恢复为 4 297.12 千关担,增长 52.76%。 | 随机冲击:抵货运动让茂新转亏为盈。申新的销售也好转 | 荣 173、178 |
| 1925 | 1925 年荣宗敬表示抵制外货,提倡国货。并积极参加各种社会活动,如随着五卅运动的扩大,荣宗敬向纱厂联会提议结束罢市的办法;同年代表纱联会要求北洋政府设法使电气工人复工、与租界工部局谈判恢复供电。为了恢复生产,四处活动,直到总商会通电各省"疏销英日货",中止了抵货运动。 | 随机冲击:积极参与抵货和调停以保障生产 | 荣 186—187,189 |
| 1925 | 荣宗敬同业建议向北洋政府提议案:"外粉免税输入,通行无阻;国粉出口,税则繁苛",进行关税改革。 | 改变制度环境:参与关税改革 | 荣 166 |
| 1925 | 荣德生请求宪法增加教育和生计两章。 | 改变制度环境:参与宪法制度设计 | 《荣德生文集》,第 471 页;《提议宪法上增加教育、生计两章》 |
| 1926 | 民国政府的赋税已经日渐增多,仅申新纺织一家被征的特税就达 1 500 多万元。 | 制度环境变迁:特税征收 | |
| 1926 | 自拟大纲,请吴县江霄纬编写《人道须知》,后由丹阳荆梦蝶续成,共八卷,倡导勤俭、笃实、诚信、孝悌等中华民族的传统美德,先后印数万册,赠送各中小学及社会各界。 | 投资制度环境:意识形态 | 荣德生生平事业年表 |
| 1926 | 捐资重修始建于宋代的无锡南禅寺妙光塔。 | 投资制度环境:意识形态 | 荣德生生平事业年表 |
| 1926 | 1926 年,"因战事已起,北方力弱,汉口福五来信,月泉已为工人压制,种种不合理,殊觉难处。上海、无锡均受影响,惟有谨慎小心,立定脚头而已。厂事谨守,社会事业陷于停顿,各地不肯多往来,防生意外,家中有特请看守人"。 | 制度环境变迁:工潮兴起 | 乐 100 |
| 1926 | 荣宗敬捐款无锡旅沪同乡会建造七浦路会所,并当选理事长。呈江苏省省长"请维持在萌芽时代之实业";一再提请财政部对洋粉进口一律征税。着"兵工刍议"。 | 投资改变制度环境:意识形态 | 年表 |
| 1926 | 茂新二厂、三厂毁于火灾。1930 年,申二清花间失慎。 | 随机冲击:火灾 | 荣管 280:无锡茂新面粉厂大事记 |
| 1927 | 1927 年,太湖实业计划 | 参与改变制度环境 | 荣德生生平事业年表 |
| 1927 | 上海工人三次起义配合北伐军占领上海。 | 随机冲击:工人起义 | 年表 |

续表

| 年份 | 制度事件 | 评价 | 资料来源 |
|---|---|---|---|
| 1927 | 捐出南京成贤街五亩地及部分款项，资助建造无锡同乡会会所。“南京政局已固，北伐日见胜利。余时去京见同乡，正议创立锡金同乡会。” | 投资制度环境：意识形态 | 荣德生生平事业年表 |
| 1927 | 荣宗敬因为“二五库卷事件”受到蒋介石通缉。 | 随机冲击：政府通缉 | |
| 1927 | 南京定都，北伐军一路由申锡而过京，分路北上。商市清淡，交通有阻，工商中学无形停止，小学照开。 | 制度环境变迁：内战影响 | 乐 101 |
| 1927 | 摊派五十万元二五库卷，荣宗敬抵制而受到蒋介石查封和通缉，只好通过吴稚晖沟通而最终被逼全部认购。 | 制度环境变迁：政治干预经济和企业经营 | 荣 195 |
| 1927 | 辞财政部聘任二五债券委员。呈政府节略，条陈纺织面粉两业由于捐税而重重束缚，陷于危机的情况。 | 改变制度环境：社会活动 | 年表 |
| 1927 | 1927—1928 年，受国民党裁厘加税的影响。荣氏积极呼吁，要求对面粉减税而对外粉加关税。力图影响宏观性财政制度改革。通过总商会，致电国民党、致函叶琢堂陈光甫缪斌等。 | 改变制度环境 | 荣 199—201 |
| 1927 | 政治动荡，政局不稳，花贵纱贱，荣宗敬再度致函政府要员，要求禁止棉花出口，以支持国产棉纱。 | 改变制度环境：禁止棉花出口 | 荣 202 |
| 1928 | 捐出南京成贤街部分基地，资助中央大学扩建校舍。 | 投资制度环境：教育投资 | 荣德生生平事业年表 |
| 1928 | 1928 年，各厂均开，各学校照常。北伐成功，各业转机。 | 制度环境变迁：政局趋稳 | 乐 102 |
| 1928 | 1928 年，济南惨案后，出现抵货运动，荣氏又出现利润。附 1928 上海面粉公会名义致全国反日委员会会函。 | 随机冲击：五三抵货运动 | 荣 208 |
| 1928 | 荣宗敬介入政治，1928 年开始担任国民党政府工商部参议。 | 改变制度环境：社会活动 | 荣 202 |
| 1928 | 1928 年，南京政府开征特税，实行一物一税，特税不但没有减轻，反而大大加重了民营企业的负担，便利了外国在华厂家。 | 制度环境变迁：税负加重 | 荣 223—225 |
| 1928 | 倡实业救国。进口大量小麦；对济南惨案发表意见；参与抵制日货运动；商请政府采购棉籽，运往旱灾地区，散发播种，寓于改良。荣德生与人集资建立垦殖公司。 | 改变、投资制度环境：意识形态投资 | 年表 |
| 1929 | 发起成立“千桥会”，成立“百桥公司”。为地方造桥，远及常州、丹阳、宜兴。造蠡桥、鸿桥等十余处。 | 投资制度环境：社会建设 | 荣德生生平事业年表 |
| 1929 | 1929 年，茂四厂被军阀强行取面粉五万包，损失 12 万元，造成停工。这样无保障的、恶劣的生产环境，对民族企业生产造成了重大的不良影响。附：1929 荣宗敬致函崔景珊。 | 随机冲击：军阀掠夺 | 荣 233 |
| 1929 | 世界经济危机爆发，贸易衰退、失业和物价跌落。 | 制度环境变迁：世界萧条 | 荣 234 |
| 1929 | 1929 年，“学校如前，造桥十余处。兄有扩地造园之意，曾在后湾买地。余以小箕山为佳，托朱毓麒买荡地二百五十余亩，由朱梅春建筑之。”荣德生帮忙兄筑园，用十一万元。 | 投资制度环境：社会事业 | 乐 106 |
| 1929 | 上海机器面粉公会致电苏鲁区麦粉特税局，一物两征，民间企业对税收重复征收苦不堪言。 | 改变制度环境：公会活动 | 荣 231 |
| 1929 | 荣德生《培植棉纺人才尤为当务之亟》：培养人才应该由棉纺织业入手，次及丝纺丝厂，再是毛纺毛厂。对培养人才提出设立学校(得出具体名称方法经费预算校长人选)、附属工场(地基、房屋、机械、效用)两大意见。 | 改变制度环境：教育人才 | 《荣德生与企业经营》，第 39 页 |
| 1929 | 荣德生向教育部提出纺织专科学科设计及预算的计划。 | 改变制度环境：参与社会活动 | 《荣德生文集》，第 266 页 |

续表

| 年份 | 制度事件 | 评价 | 资料来源 |
|---|---|---|---|
| 1929 | 荣宗敬为中央银行理事,聘任南通纺织学院董事。呈政府"请维持工商业说贴"呼吁五中全会废除麦粉特税,与无锡市政当局规划风景区建设。辞上海市公债劝募委员会委员。 | 改变制度环境:社会活动 | 年表 |
| 1930 | 1930呈政府"彻底制止日货"节略;参加工商部工商会议及铁道部全国商联动会议,被工商部聘任为首都国货陈列馆棉织品展览会筹备委员。 | 改变制度环境:社会活动 | 年表 |
| 1930 | 在梅园内建念劬塔,纪念母亲八十冥寿。 | 投资制度环境:意识形态 | 荣德生生平事业年表 |
| 1930 | 1930年,特税改统税。企业税收负担增加,反对无效。政府有议加纱、布、面粉统税,杨树臧条陈,各同业请减,不允。粉税由四分加至一角。纱税由一元五角包税加至八元以上。吾各厂全年增加税额五百万元以上。"知被收税,实业困难,必将慎重将事。"1930年议加税时,政府先和日商商议,却没有和华商商议,结果分级税对日本纱厂有利。 | 制度环境变迁:税改 | 荣239,乐106 |
| 1930 | 1930年面粉解禁运动中,荣宗敬异常活跃,先在1929年国民党禁止面粉北销和出口时,致电国民党"苏浙区面粉特税局长和国民党上海市政府",要求改变禁令,以合民情。1930年9月致电宋子文、1930年10月致电海关监督刘纪文等。直到1930年10月才解禁。 | 随机冲击:政府禁止面粉北运 | 荣227—229 |
| 1930 | 荣宗敬对税收减免的呼吁,对麸皮出口减税的呼吁,不断写信给相关财政部、政府要员等,并加以舆论压力,体现了新产业力量对政府政策的影响和抗争。1930年9月11日,因为纱布销往安徽安庆重征税的事,致电安徽财政厅及特派员转令安庆等税局,转特税局局长贾果伯。1930年9月24日,申新总公司致电纱厂联合会函:要求纱厂联合会出面请求财政部制止已经纳税货物过各关卡时,重复再征捐费的行为。另外福新就重复征税事宜致电苏鲁区、苏浙区麦粉特税局、天津粮食公会等。1930年11月,向全国工商会议提出推广植棉、缓行棉花特税、采用国货等等议案。 | 改变制度环境:呼吁减税和反对重复征税、采用国货 | 荣228、238、260—261 |
| 1930 | 市场形势变化莫测,投机之风盛行。存在交易所炒高花价,造成花贵纱贱,卖空买空,盛行一时。 | 制度环境变迁:交易所投机 | 关册,1916,宁波911—912 |
| 1930 | 1928年提出裁厘,1930年正式裁厘改税。1927年,上海工商界提出要政府实现关税自主,1929、1930年先后修改海关税则。1933年再度修改海关税则,使棉布进口在六七年跌落90%。 | 制度环境变迁:税改及关税 | 严中平《中国棉纺织史稿》,233—234页。 |
| 1930 | 因为受到战乱和交通影响而让麦等运费高昂……1929年开始购外国小麦,开始转向外国小麦的采购。担心对国内农业的影响,一再呼吁提高小麦的产量,提高质量,并从美国购来大量良种小麦让各地试种。荣宗敬还在1920年自费捐助15 000元购买美国优质棉100吨,让河南和陕西试种。 | 投资制度环境:改良农业 | 荣230 |
| 1930 | 上海机器面粉公会致电苏鲁区麦粉特税局,一物两征,民间企业对税收重复征收苦不堪言。 | 改变制度环境:反对重复征税 | 荣231 |
| 1931 | 查申四厂有政府借款152 575.75元。 | 制度环境:政府借款 | Q193—1—594 |
| 1931 | 被任命为全国经济委员会委员,建议政府借用外锭六十万枚,纺制纱布、建议改进国粉品质和包装,使国外人士乐用、呈政府"振兴实业发展经济以惠民生计划书"。 | 改变制度环境:社会活动 | 年表 |
| 1931 | 1931年日本入侵中国东北,"九一八事变",中国首先在东北贸易和资源上受到损失,荣氏企业也失去东北市场,但是,1932年,由于海外棉价低落,各省内战乱起,日纱廉价倾销,华北长江等各埠纱厂反运到上海来出售,市场又告惨落……由于战乱,失去四川市场,尽管市场起落,申新还是在1932年得到盈利200多万两,让人吃惊。 | 随机冲击:"九一八事变",东北四川面粉纺织市场丧失 | 荣357—359、361 |

续表

| 年份 | 制度事件 | 评价 | 资料来源 |
| --- | --- | --- | --- |
| 1931 | 1931—1932年荣氏与许多社会人士一起呼吁宏观相关制度安排,如外交上争取支持、要求停止内战,要求言论自由、地方自治、筹备宪政、建立民主政府。 | 改变制度环境:社会活动扩展到宪政活动、宪法层面 | 荣352—357 |
| 1931 | 中国兴起抵制日本货物的运动,荣氏积存五万二千件纱线而售去三万五千件。获利巨大,荣氏借此走出危机…… | 随机冲击:抵货运动 | 荣357~359、361 |
| 1931 | 1931年,"九一八事件",荣宗敬活跃,积极参与抗日与抵制日货运动。 | 改变制度环境:社会活动 | 荣356 |
| 1931 | 1931年,在纱粉两业遇到困难时,荣宗敬在中国工商管理协会中分析困难所在,税负、交通、运费和原材料、工厂管理不科学皆为原因。挽救之策是改良棉产、减轻捐税以及运费、励行科学管理数端。提出针对日本免税进入大连安东等,要政府进行救济。还认为我国纺织专家太少,切望国内工科大学创办纺织专科,训练专门人才。 | 改变制度环境:社会活动 | 荣260 |
| 1931 | 荣宗敬致电国民党行政院处长,请求代达冯玉祥阎锡山,要求仿照日本政府对企业的优惠金融政策而减低民族企业的利率。 | 改变制度环境:社会活动 | 荣263 |
| 1931 | 在建立申九厂时,因为接收工人问题,受到国民党上海特别市政府社会局局长的公函责问。 | 制度环境变迁:工人就业问题引起政府的关注 | 荣250 |
| 1931 | 参与发起"国难自救会"。 | 改变制度环境:参与社会活动 | 《荣德生文集》,第472页 |
| 1932 | 1932年9月,荣尔仁致《纺织周刊》编者函:"敝公司年来无时无刻不在计划推进事业中,计划书图样积案盈尺,均能立刻施之实行,然当今社会不安定,犹其次者,金融不流通实为致命伤……" | 改变制度环境:社会活动 | 荣383 |
| 1932 | 1932年,荣德生对上海投机者操纵市面非常不满,"交易所抛空,纱压低,有外国人操纵,市呈不安。余日日通讯,说此中上落,心常担忧。外力日巨,收税日加,盈余难望"。 | 制度环境变迁:投机操纵市面 | 乐110 |
| 1932 | 荣宗敬过六十大寿,送下礼物,由闻君估值,兄出资捐入各善团机关。 | 改变制度环境:社会活动 | 乐111 |
| 1932 | 对服务社会的总结"荣丈昆仲之服务社会事也,两昆仲以一己经营所余,办有公益中学一所,先后手去达二十五万余金;又设竞化女学四所,公益小学四所,申新小学二所,工人子弟学校一所,申新职员、机工、女工养成所各一处。前后办学二十四年,在校受教育者合计有数万人。并设大公图书馆,藏书十一万卷,以更学子之浏览,更辟东、浒两山及小箕山而为梅园、锦园,终年开放,任人游览,以示与众人同乐之意。复有农场、工厂等,以供研究农工事业。""光复以还,更就本乡筑开原路,并与陆君等筑通惠路,先后已成者,共有八十余里。近年更聘工程专家,设千桥建筑公司,修筑各地桥梁数十余处。是盖总理民生主义之道路政策,而为荣丈昆仲对于社会上所尽义务之二。" | 投资制度环境:教育和社会事业 | "实业家荣丈昆仲创业史" |
| 1932 | 每有所得,必托人转陈当道,先后不下数十次。最著者,如民国元年及十三年之全国实业会议,先生曾提出"棉铁救国""民生救国"等案。民国九年,复出资助李石曾、郭秉文诸要人,周游各国,要求退还庚子赔款;并派荣君月泉赴美购办纱机之便,请求该国当局,向世界和平会议提议缩减各国军备等要案凡三。各国对华经济共管之说起,亦曾力陈利弊于国际,以尽国民之外交之责。并对万国拒毒会议提议禁止造磷质红头火柴,及希望世界协助中国禁烟等要案。复于民国元年间,着有《无锡之将来》及《理财刍议》……鉴于世风日下,青年堕落日众,又复手订《人道须知》纲目,出资延请聘吴县江霄纬、丹阳荆梦蝶两先生,分别编辑成书,先后凡数版,印刷数万册,分送各学校,以备学生课余补充之用。最近,复印唐蔚芝先生《五德箴》及《礼记撮要》《朱子节要》《圣学宗传》《叙文汇编》等分赠各界。" | 投资制度环境:教育和社会事业 | "实业家荣丈昆仲创业史" |

续表

| 年份 | 制度事件 | 评价 | 资料来源 |
|---|---|---|---|
| 1933 | 1933年,组织苏北沿海信托集团农场,手订养殖计划,预定筹集流动资金1亿元。发起组织中国经济信托公司,荣宗敬任董事。 | 投资制度环境:社会事业 | 年表 |
| 1932 | 荣宗敬参加组织上海市民地方维持会,与黄炎培等发起募集救国债,被推为华商纱厂联合会主席委员。聘任为国营招商局董事;建议政府利用退还庚款代购纱锭。倡议改进植棉,派员至琼州岛试植海岛棉,成绩良佳。建议改进浙江棉产,并向银行贷款辅助棉农。组织棉业合作社,手订方案,请浙江省相关部门采取旅行。 | 改变制度环境:社会活动 | 年表 |
| 1933 | 建议财政当局,在青黄不接时,向美棉麦贷款,运华接济。发起组织中国国产棉布市场及国产棉布产销互助协会,聘任为棉业改进委员会委员,农村复兴委员会委员,发起沪锡公路,并开办沪锡长途汽车公司,担任筹备委员。提"实业救国刍议",草"一年来之麦粉业"建议政府改良国麦品种。 | 改变制度环境:社会事业 | 年表 |
| 1933 | 应宜兴储南强之邀,资助修建庚桑、善卷两洞,筑公路相通。 | 投资制度环境:社会事业 | 荣德生生平事业年表 |
| 1933 | 荣德生"是年,因兄寿,各方来请造桥,皆以钢骨水泥建造之……监工设计,设计义务,五年如一日。""竞化女学略并,公益小学四处,高小、初中及读书处各一,幼稚可直至考大学,此旨未改,学生则少矣。" | 投资制度环境:社会教育事业 | 乐114 |
| 1933 | 行业危机下工资下降,上海纺织公会曾经决定议将工资以八五折计算,英商怡和纱厂减少工资10%,申新又减少四分之一。 | 改变制度环境:行业建议减工资 | 荣558 |
| 1933 | 荣德生就买卖美棉麦发表意见。 | 改变制度环境:参与社会活动 | 《荣德生文集》,第300页 |
| 1934 | 荣德生被光甫约去见行政院长……余骇怪。至宁,同见院长工,问我近日办理情况,一一答之,颇蒙采纳。袖呈请发公债节略,院长同意……后云:无着之款若干,爱莫能助。然感某某之热心,爱护不浅。 | 改变制度环境:社会活动 | 乐118 |
| 1934 | 寿六十,以亲友馈赠拆款六万元,捐建宝界桥,八月建成,横跨五里湖,时称江南第一大桥。 | 改变制度环境:社会活动 | 荣德生生平事业年表 |
| 1934 | 赠地捐资,建造开原寺。茂青、量如和尚等推余发起购地,赠予开原寺,捐资建筑之。 | 改变制度环境:意识形态投资 | 荣德生生平事业年表 |
| 1934 | 1934年,"诸友中集款,为余造一纪念桥,因余在各地造桥而起,再三辞,已有送下款者。余谓'如果诸君要造,主人如吃酒先吃一杯,我先造一桥为陪。八月十一日,按龙门,桥通,行人云集"。 | 改变制度环境:社会活动 | 乐116 |
| 1934 | 前吉人先生发起修宗谱未竟,是年推福龄先生主修,余亦协修,经费不足,余任之,聘刘玉成主其事。大公图书馆严辞,由子俊先生任之。竞化妇校长施愿臣作古,由殷彦恂任。 | 改变制度环境:意识形态投资 | 乐119 |
| 1934 | 1934年荣宗敬先后给蒋介石、孔祥熙、汪精卫、薛明剑、彭学沛致函,就反对实业部插手荣家企业,并就荣家企业困难请求帮助。 | 改变制度环境:社会活动 | 荣428、455 |
| 1934 | 对于实业部想借"整理"之名将申新收归国有,无锡纺织厂联合会致电南京政府行政院表示反对,对实业部的估价也表示异议,认为低估了申新资产。无锡申新三厂、天津市纱厂业同业公会、河北省各纱厂都公开表示,人民毕生惨淡经营的实业,如果政府乘人之危收归国有,于法于理都令人心寒,以后还有什么人再敢投资实业。 | 改变制度环境:社会活动 | 荣435 |
| 1934 | 建议鲁省推广植棉办法。申请政府调整借款利率,赴粤和北方考察。1935年条陈政府振兴农业复兴工业方案;建议教育部女校添设纺织科。与陆伯兴、朱志尧捐款新?? 堂孤儿院。1936年,发表"琼崖植棉之意见"与交大校长筹商添办纺织短期训练班。聘任为航空债券推销委员会委员。 | 改变、投资制度环境:社会活动 | 年表 |
| 1934 | 荣德生发表"呈请发行公司债由政府保息节略"一文。 | 改变制度环境:参与社会活动 | 《荣德生文集》,第305页 |

续表

| 年份 | 制度事件 | 评价 | 资料来源 |
|---|---|---|---|
| 1935 | 申新一厂第二十届决算报告书,前言"本年份国内一般工商业波涛汹涌时生巨变。农村经济愈加衰落……上半年因为银根紧迫,行销呆滞加以囤户聚积原棉壅塞市场……" | 制度环境:当时企业普遍关注制度环境,甚至会计报告前言也不忘提及,是为近代一大特色 | Q193-1-701,上海申新第一棉纺织厂年份报告书 |
| 1935 | 1935年年初,英商汇丰银行企图拍卖申新七厂,该厂全体职工和申新各厂职员联合会900多人分别发表宣言和声明,怒斥汇丰违法拍卖,并表示誓与工厂共存亡的决心。 | 随机冲击:申新七厂拍卖事件 | 荣479-481 |
| 1935 | 荣氏认为应该由中央银行出面,发行现金,送达农村,这样可以救济农村,让农村的棉花流出,达到商农两利的目标。 | 改变制度环境:要求降息和增加发行货币 | 荣501 |
| 1936 | 1936年,"族谱稿成,余主管印行,至明年春散谱"。 | 投资制度环境:传统意识形态 | 乐续125 |
| 1936 | 1936年,大规模走私影响中国,对纺织业影响巨大。 | 随机冲击:日本人操纵华北走私 | 荣503 |
| 1936 | 华商纱厂联合会指出,1936年前,纱厂无法长期维持而停业者二十三厂,公告召卖者九厂,纺织业已为人视为敝履。 | 制度环境:纺织市场萧条 | 荣504 |
| 1936 | 杨筱荔先生着《中国财政史辑要》,属稿凡五年,成书四十卷,余为代印五百部,由股彦恂校对,并寄国内外各大图书馆……豁然洞读书处诸生选读古文,余与吉人先生等屡议,在图书馆存书中,择有关学术有用之书,汇辑各书原序,提纲挈领,便于读者,使一览即知某书之精华所在,及某种学术流派,朗然在目。特请朱梦华先生任选辑,诸生协助抄校,凡阅丙载,成《叙文汇编》七十二卷,内容包括经史子集,以至各种……以前无此大汇编也。余为印行一百部,木刻活字,亦由殷君校雠,分寄国内各图书馆流传;并拟选辑续编,已得千余篇,嗣因战事猝起,未果。 | 投资制度环境:意识形态 | 乐续125 |
| 1936 | 公益中学建校舍,聘叶志青先生为校长。吴、钮诸君议将复旦大学选 锡"荣德生即捐资购地,作复旦选校之用。因战事而止。 | 投资制度环境:教育 | 乐续125 |
| 1936 | 余初尝发愿建筑太湖风景区,拟在湖边山水之间,建无量殿、水属池……并将其他园林联络一气,籍以吸引游客,为地方增加财富。余并拟在民国二十八年从业五十周年时,开一盛大纪念会,将余兄弟所营工厂企业、兴办学校及自治慈善事业……一一陈列,请人参观指教。于是购地,准备设计建造……一面增加企业生产,一面努力社会事业。预定计划:食品工厂 由麦粉而扩展到各种主要食品;纺织工厂从纱、布而扩展到印染、丝绸、麻葛、呢绒以及有关衣着;机器从翻砂、铁工而扩展到重工业,能自造各种母机;办学则自小学而大学、专科;筑路则接通环湖,使吾邑不仅成为工业中心,并为各地市政建设之模范。湖滨风景优美,更可供国内外人士业余游憩之所。不意此愿耿耿,为"八一三"战事猝起,至今未偿。 | 改变制度环境:社会事业 | 乐续126 |
| 1937 | 大公图书馆藏书逾十八万卷。其他中外杂志、报章、外文图书,尚不计在内。 | 投资制度环境:教育知识 | 荣德生生平事业年表 |
| 1937 | 战争一起,损失惨重,事业皆毁灭,荣德生深惆怅。报载沪、锡一带,被毁纱锭有六十万锭,如此破坏,非文明国家所应有也。 | 随机冲击:日本侵华战争 | 乐续135 |

注一:本表把制度环境相关内容划分为:①随机冲击,指忽然性的、并对企业利润有影响的事件,如战争、政治局势急变、抵货运动、火灾、禁运等不确定忽然的冲击;②投资制度环境,包括投资外部意识形态、知识,特征是运用资源;③改变制度环境,包括参与社会事务和社会活动、担任社会职务;④制度环境变迁,对荣家企业有影响的各方面的制度环境变化。这四类是基本的分类。

附表3:荣氏企业对知识及意识形态的投资(截至1937年)

## 荣氏企业对知识及意识形态的投资(截至1937年)

| 年份 | 制度主体 | 知识投资内容 | 备注 | 资料来源 |
|---|---|---|---|---|
| 1900 | 荣德生 | 1899年荣德生知道面粉是外人所需,免税物,加上本已经有办实业之心报国,特别是义和团运动时,乱世中由钱庄汇兑业务中知道,大半是增裕、阜丰两粉厂办麦所用。前既见广东洋粉充斥,今又见苏省机粉畅销,知道粉业关系民生所需,倘在无锡产麦区建一厂,必能发达。 | 洞察力 | 荣10 |
| 1900 | | 通过米行经理推荐,去上海美商增裕参观;去阜丰,不允参观;去天津和芜湖,均不知道详细情况,大约造本三四万,托瑞生洋行尤葛民,同乡介绍,问明制粉事。 | 学习精神 | 乐33 |
| 1900 | | 常常到书店,选事业可观之书,荣德生阅读《事业》《美十大富豪传》、其他事业相关书。 | 更新知识 | 乐30 |
| 1902 | | 1902年9月,到芜湖益新面粉厂参观。 | 荣德生多处参观学习其他面粉厂和纱厂的经营 | 乐42,41 |
| 1903 | | 出粉稍改良,麦机添一只,由韩福记造。水洗不用,因麦潮,出粉软,顾客不乐购。 | 干中学 | 乐43 |
| 1903 | | 茂新自改后,每日去路稍爽。添一粉筛,自做仿造也。想去华兴参观学习,彼老板不允许人看。烟台庄收去,苏锡申足以销完,只望增出数。惟石磨时时要停,不能够多出,粉比人小二角,所以难于获利。 | 干中学 | 乐43 |
| 1903 | | 1903年,"并至杭参观官办粉厂……与保兴则是石磨,日出三百包,地位不佳,后未能开成。""后顺流西湖,天天阴雨,住通益公纱厂客房,定货出货者住满。总办高懿诚,府班,为人勤俭,陪观全厂,余将扼要一一抄入日记,为后来做纱厂基础。" | 干中学 | 乐41 |
| 1904 | 荣宗敬 | 荣宗敬经常研究工厂管理办法。9月,赴南京镇江调查研究粉麦产销情况。 | 学习调查研究和研究 | 年表 |
| 1904 | | 1904年,荣德生感觉茂新在大好形势下却没有什么利润,"市价因石而小,华兴、阜丰、增裕,则大为得利。"几经设法,才去买通黑炭工头去华兴参观,上下各处机器均看明,并将要点摘下来,决心改添用钢磨。"无奈添本不易,自己无此数十万之巨款,外招更难,即招到,亦无同心可奋斗者。" | 干中学 | 乐45 |
| 1904 | | 改良教育,参与办荣氏私塾。共捐六百,余兄弟共二百元。 | 和族人共同认捐600元年经费 | 乐44 |
| 1904 | | 原私塾后公议改为公益小学校,至光绪卅四年,经查全由余独任。 | 把原来的荣氏私塾改变为学堂 | 乐44 |
| 1905 | | 荣宗敬向洋行订购茂新粉机,学习粉纱机械知识,常常就不懂的地方请教别人。 | 通过洋行学习机械知识 | 年表 |
| 1905 | | 荣德生欲至姜堰麦庄……调查研究麦情二三天。 | 调查研究麦情 | 乐45 |
| 1905 | | 早起晚归,只睡六个小时。粉厂之外双添纱厂,倍感忙碌矣,而理想不停。 | 干中学 | 乐47 |
| 1907 | | 振新二月正式开机,日夜出纱廿二三件,市价每件一百十二三元,合八十七两,无甚利也。振新开业到中秋,已经欠裕大祥卅余万两。叶振斋为银钱董事,与石君商量。经理在申,副经理读书,不知生意,一味扳价,请为主张。让荣德生出面去兼理纱厂。 | 干中学 | 乐51 |
| 1907 | | 荣德生于是迅速查明存货,招纱号,一月售完,二月出清,并不亏折……买籽花五千包……得到总经理赞赏。每日到厂,看各部分利弊得失,一一明了。用花若干,出数如何可以增加,开支如何可以扯轻,牌子会好。数月做过,颇见功效,于是各散股东略为安心。 | 干中学 | 乐51 |

续表

| 年份 | 制度主体 | 知识投资内容 | 备注 | 资料来源 |
|---|---|---|---|---|
| 1908 | | 公益小学。 | 由公益学堂更名 | 年表 |
| 1908 | | 竞化女子小学。 | 投资教育 | 年表 |
| 1908 | | 荣宗敬赴京津视察粉销状况。 | 调查研究 | 年表 |
| 1908 | 荣德生 | “余由此得经历,一味顾大局,各事均得分寸,一一布置。” | 经历和实践中学习知识 | 乐农 54 |
| 1909 | 荣德生 | “余每至申,物色杂志样本,余暇时加以涉览。夏间,向美商恒丰洋行讨样本。据称,新代理白乃里司最新式之粉机,要样本可送,须缓一二月可来。至…穷思极想,建筑无力,因需要现金难借也。一面问明定机方法,一面计划厂屋地位,拆改一切办法,石磨拆除,打米机出售,改作麦间,粉机昭样本计地方尺,一一算好。彼时无工程师、建筑师,只靠自己一切预备,本属筹谋。” | 干中学 | 乐 55 |
| 1909 | 荣德生 | 荣德生在无锡潜心研究厂务管理及劳动安全。尤其注意厂内和营业方面的人事安排,佐理人员大都才具干练,经验丰富。如吴昆生、浦文汀、查促康、杨少裳、王禹卿、荣浩泰、浦志达。并参照欧美杂志样本,改进工场设计。 | 潜心研究厂务 | 年表 |
| 1909 | 荣德生 | “余每至申,物色杂志样本,余暇时加以涉览。夏间,向美商恒丰洋行讨样本。据称,新代理白乃里司最新式之粉机,要样本可送,须缓一二月可来。至秋寄到,由兄去取,并谈价若干,兜买一副,格外便宜。为推销起见,可放款。”“此言余得知,久慕美机,无力购置,股东力量,决无如许,只有欠入赚下还钱,方有发达之日。穷思极想,建筑无力,因需要现金难借也。一面问明定机方法,一面计划厂屋地位,拆改一切办法,石磨拆除,打米机出售,改作麦间,粉机昭样本计地方尺,一一算好。彼时无工程师、建筑师,只靠自己一切预备,本属筹谋。” | 干中学 | 乐 55 |
| 1910 | | 茂新面粉厂参加南京南洋劝业会,获优等奖。 | 品牌意识形态投资 | 荣管 275 |
| 1911 | | 公益、竞化照开,学生已多。男校升至高小,开办已经七年。初办尚预备,至本年正式招收一二年级生。彼时,经费甚省,所费无多。余每至家中必以学务计划进行,希望造就人才。 | 教育和实业的结合,制度扩展 | 乐 59 |
| 1911 | | 荣德生赴蚌埠等地考察麦粉产销情况。 | 调查研究 | 年表 |
| 1914 | | 北洋政府大总统书写“裕食推仁”匾额,奖给无锡茂新面粉公司。 | 品牌意识形态投资 | 荣管 276 |
| 1914 | | 荣德生赴天津、济南、郑州等地考察。 | 投资社会知识 | 年表 |
| 1912 | | 竞化第二。 | 投资社会知识 | 乐 66 |
| 1916 | | 公益第二,梅园。 | 投资社会知识 | 乐 76 |
| 1916 | | 公益第三,大渲。 | 投资社会知识 | 乐 76 |
| 1916 | | 公益第四,上虞。 | 投资社会知识 | 乐 76 |
| 1916 | | 竞化四校,吴大。 | 投资社会知识 | 年表 |
| 1916 | | 竞化分校,徐巷。 | 投资社会知识 | 乐 85 |
| 1916 | | 《理财刍议》,印 300 本。 | 投资社会知识 | 年表 |
| 1916 | | 1929 年,大公图书馆所藏新旧图书、杂志,不下 16 万卷。 | 投资社会知识 | 年表 |
| 1916 | | 荣宗敬赴广州考察棉纱销售情况。 | 调查研究 | 年表 |
| 1917 | | 上海申一厂设职工子弟小学,后附设初中、高中班。 | 投资职工知识 | 年表 |

续表

| 年份 | 制度主体 | 知识投资内容 | 备注 | 资料来源 |
|---|---|---|---|---|
| 1919 | | 荣德生在无锡建立公益工商中学,投资建筑设备十万,基金九六公债五十万。1927年战乱停办,共毕业工科2届、商科5届,有毕业生200多人。著名的经济学家孙冶方、科学家钱伟长等皆此校毕业。 | 投资社会、职工知识 | 申新纺织三厂大事记 |
| 1919 | | 荣月泉赴英美考察。 | 调查研究 | 申新纺织三厂大事记 |
| 1920 | 荣氏兄弟 | 麦灰酬劳分与吾兄弟者,另立学记,助入公益中学。每年共有万余元。 | 助学投资 | 荣74 |
| 1921 | | 1920年初,上海机制面粉交易所和华商纱布交易所成立之初定为交易所标准交易商品——茂新绿兵船和申新人钟牌。 | 品牌意识形态投资 | 年表 |
| 1922 | | 荣鄂生东渡日本考察纺织厂管理经验。 | 1922年10月,派遣申三厂的副经理荣鄂生东渡日本考察,学习其纺织厂管理经验 | 申新纺织三厂大事记 |
| 1924 | | 8月,荣宗敬赴西安调查研究原棉产销运输包装情况。 | 调查研究 | 年表 |
| 1925 | | 是年,平稳过年,各厂均有盈余。二儿尔仁请江太史衡专课国文,荆梦蝶先生教《小学》,时人厂学习纺织。 | "荣二代"知识投资 | 乐100 |
| 1925 | | 总公司查华荫相留美学费6 606.32规元、李佑人留美学费5 095.002规元、王子纯、余洪波赴美调查研究费6 379.019规元。 | 知识投资和调查研究信息支出 | Q193—1—570申新决算表1925年 |
| 1925 | | 荣德生请求在宪法上增加教育和生计两章。(《提议宪法上增加教育、生计两章》,原载《新无锡报》1925年10月3日) | 教育信念表达 | 《荣德生文集》,第471页 |
| 1926 | 荣德生 | 自拟大纲,请吴县江霄纬编写《人道须知》,后由丹阳荆梦蝶续成,共八卷,倡导勤俭、笃实、诚信、孝悌等中华民族的传统美德,先后印数万册,赠送各中小学及社会各界。 | 1926年,荣德生请人编写《人道须知》8卷,并于1927年、1930年1月、1930年9月先后刊印了3万多册,免费送给社会各界 | 申新纺织三厂大事记 |
| 1926 | | 荣宗敬、荣鸿元、荣尔仁赴日考察纺织业工人管理情况。 | 调查研究 | 年表 |
| 1926 | | 捐资重修始建于宋代的无锡南禅寺妙光塔。 | 意识形态投资 | 申新纺织三厂大事记 |
| 1927 | | 抽查询账上总公司支出中有书籍报章费(档案19页)、印刷费、华墨纸张费等知识相关费用支出。 | 知识支出 | Q193—1—696申新纺织总公司资产负债明细 |
| 1927 | | 梅园豁然洞读书处。 | 截至1937年,毕业100多人 | 申新纺织三厂大事记 |
| 1927 | | "南京政局已固,北伐日见胜利。余时去京见同乡,正议创立'锡金同乡会',捐出成贤街转角沿街地五亩,更捐资建筑,立碑记其事。蔡子平、俞仲还均主之,最初发起实王启周,然未及见也。" | 意识形态投资 | 乐101、申新纺织三厂大事记 |
| 1928 | 申新纺织公司 | 1928年起,申新纺织公司在上海和无锡开办职员养成所和职员训练班,至1940年,先后培训250人。接着在上海创办中国纺织染工程补习学校,这所业务夜校除了招收荣家本系统在职技术人员外,还兼收纺织业其他各厂职员,学制二年半,前后共7届毕业生,约400人。 | 投资职工教育 | 荣572、579 |
| 1928 | | 工商中学停办,校舍除部分用于高级小学及申新职员养成所外,余借与中央大学民乐教育院。 | 投资大学教育 | 《荣德生文集》,第265页 |

续表

| 年份 | 制度主体 | 知识投资内容 | 备注 | 资料来源 |
|---|---|---|---|---|
| 1928 | | 捐出南京成贤街部分基地,资助中央大学扩建校舍。 | 投资大学教育 | 年表 |
| 1928 | | “文牍处亦上条陈,起草《三十周年纪念册》。余因尚未实在,不主即办,对锡事所以不详细耳。” | 意识形态投资 | 乐 102 |
| 1928 | | 1928 年,自述,“余素主实际,不尚空谈,尽力做去,以事实对付竞争。三厂对职员,主教以实习,对工人,主恩威并用,兼顾其自治及子女教养,有出路,待遇适合,平心和气,不加压力,又留心卫生,居住适宜,与学校无异。一经进厂,有不顾他去之概。终日办事与观察,不能兼顾他处矣,心中常存无纺织真知识为虑”。 | 意识形态投资 | 乐 103 |
| 1928 | | 1928 年,“公益中学请沈泮元为补习教师,教纺织专科,并到厂实习,由汪孚礼带同指导。后各学生多感其功,以师事之”。 | 知识投资 | 乐 103 |
| 1928 | | 荣宗敬赴汉考察转经香港广东,调查研究纱粉销情况,为申新帮南洋帮纱销奠定基础。 | 调查研究 | 年表 |
| 1928 | | 荣氏兄弟特别重视人才培养,除时时聘请专家以主持现有厂务外,还对子侄辈进行培养,或留学、或考察、或实地见习。另外对亲戚或厂方职员中的优秀青年,也分别资送欧美、日本专修纺织学科,或入有名纺织厂实习。 | 人才培养 | 汪孚礼回忆 |
| 1928 | | 1928—1932 年,无锡申三办职员养成所,毕业四班,共 81 人。 | 投资职工知识 | |
| 1929 | | 荣德生在工商中学旧址无锡设立公益初级中学,招收初中学生,后增设高中。 | 在工商中学基础上创立私立的中学。截至 1937 年,招生 440 多人,其中毕业 131 人 | 年表 |
| 1929 | | 福新面粉公司也决议设立职员养成所,上海、汉口也在 1934 年后办养成所。 | 投资职工知识 | 荣 222 |
| 1929 | | 申四、福五厂办工人业余学校。 | 投资职工知识 | 荣 334 |
| 1929 | | 申三厂设立机工养成所。 | 报名 200 余人,另 1936 年统计招考一级 18 人、1937 年为 34 人 | 申新第三纺织厂大事记 |
| 1929 | | 申三厂设立机工、女工养成所,对新工人进行系统的职前培训。在改革过程中,新职员认为原有的工人文化水平太低,简直“不可与谋改良”,因此申三首先于 1929 年开办“机工养成所”,培养具有纺织机械常识的机工。 | 投资职工知识 | 荣 572、579 |
| 1929 | | 荣德生梅园建“经畬堂”,由读书处迁入。 | 投资教育 | 荣德生生平事业年表 |
| 1929 | | “时长住乡,八时出,六时返,有暇至园视察花草树木之种植,与工人商量造桥、造路、各种社会事业。或至学校及公益工厂,讲造作或配机械。每日但觉日短,不知空闲。” | 干中学 | 乐 106 |
| 1929 | | 茂新面粉参加西湖博览会展出,获奖。 | 品牌意识形态投资 | 荣管 280 |
| 1929 | | “《茂福申总公司卅周年纪念册》出版,余无主张,然亦有用处,采虚声者多也。” | 意识形态投资 | 乐 104 |
| 1930 | | 荣德生所说 1930 年,“下半年平常,物价日贱,竞争日显。人才不敷,用养成所练习班,年年分送各厂,亦不敷。三厂留用最多,厂固多益。各生至各处任要职,实始于此。由练习而成资本家,比比皆是。种瓜得瓜,种豆得豆,洵非虚语。实力办事,实心干事,应得成功,空言无补。” | 近代中国在开办新式工厂时,缺少懂新式企业管理和技术的人才,留学、雇佣洋人、自己培养人才成为风气 | 乐 108 |

续表

| 年份 | 制度主体 | 知识投资内容 | 备注 | 资料来源 |
|---|---|---|---|---|
| 1931 | | 申二厂培训养成工,根据申二养成工规约,可以推断申二肯定存在养成工。 | 投资职工知识 | 荣管第1120 |
| 1931 | | 申新总公司的荣伟仁、李国伟、荣鸿元、荣尔仁赴日考察纺织事业。 | 调查研究 | 荣管1217 |
| | | 郑锡之由申一厂派往日本实习。 | | 荣管540 |
| 1931 | | 申三厂设申新小学。 | 免费招收本厂职工子弟入学,截至1934年,共计545人。1936年,在校260人 | 荣管751 |
| 1931 | | 申三厂设立化验室。 | 自制棉条筒等纺织器材 | 《年表》 |
| 1931 | | 申三厂聘请美国留学归来的王云程演讲美国纺织情况。 | 投资职工知识 | 申新第三纺织厂大事记 |
| 1931 | | 申三厂聘请美国康奈尔大学的博士顾毓瑔演讲科学管理方法。 | 投资职工知识 | 申新第三纺织厂大事记 |
| 1931 | | 荣德生早期办教育,私人名义支付,公益小学和竞化女校皆如此,直到1931年办申新小学,其经费查全由厂中支付,名义亦用申新。 | 知识投资性质改变 | 荣管863～865 |
| 1931 | | 申三出版人钟月刊,以后每月一期,共出版六期。其他厂也存在类似的意识形态投资如申九半月刊(Q193－1－215,上海申新第九棉纺织厂半月刊)。 | 意识形态投资 | 申新第三纺织厂大事记 |
| 1931 | | 《欲纺织业发展全在认真》提出办好纺织业在于人才培养和原料依赖外花,"凡我厂商既感此两大困难,不克一手办到。故惟有望于社会之办理者,扩充教育,使工人尽有识字之机会,并能授以工厂常识,以增高其技术。办理农业者,扩充细棉之种植,用于挽回利权"。 | | 《荣德生文集》,第288页 |
| 1932 | | 复印唐蔚芝先生《五德箴》及《礼记撮要》《朱子节要》《圣学宗传》《叙文汇编》等分赠各界。" | 意识形态投资 | 薛明剑文集 |
| 1932 | | 申三厂设工人养成所。 | 投资职工知识 | 荣573 |
| 1932 | | 申三厂设女工养成所。 | 1937年统计有130人 | 荣管785 |
| 1932 | | 薛明剑1932年撰写《实业家荣丈昆仲创业史》,叙述荣氏兄弟创业经历。 | 意识形态投资 | 薛明剑文集 |
| 1932 | | 两昆仲以一己经营所余,办有公益中学一所,先后手去达二十五万余金;又设竞化女学四所,公益小学四所,申新小学二所,工人子弟学校一所,申新职员、机工、女工养成所各一处。前后办学二十四年,在校受教育者合计有数万人。并设大公图书馆,藏书十一万卷。 | 教育投资总结 | 薛明剑文集 |
| 1932 | | 好学和关心国家,传播信念。荣丈昆仲之服务社会,已如前述,而其个人好学之心甚殷。每日虽百事纷纷,仍必日阅报纸数种,故能洞明世界大势。 | 好学精神总结 | 薛明剑文集 |
| 1932 | | 每有所得,必托人转陈当道,先后不下数十次。最著者,如民国元年及十三年之全国实业会议,先生曾提出'棉铁救国''民生救国'等案。民国九年,复出资助李石曾、郭秉文诸要人,周游各国,要求退还庚子赔款;并派荣君月泉赴美购办纱机之便,请求该国当局,向世界和平会议提议缩减各国军备等要案凡三。各国对华经济共管之说起,亦曾力陈利弊于国际,以尽国民之外交之责。并对万国拒毒会议提议禁止造磷质红头火柴,及希望世界协助中国禁烟等要案。复于民国元年间,着有《无锡之将来》及《理财刍议》…… | 阐述自己的信念,资助教育 | 薛明剑文集 |

续表

| 年份 | 制度主体 | 知识投资内容 | 备注 | 资料来源 |
|---|---|---|---|---|
| 1933 | | 申九厂设工人养成所。 | 经过训练的包身工有1200多人 | 荣575 |
| 1933 | | 1928年开始大量投资工人职员直接教育，包括技能教育（帮助工人在无工可做的情况下谋取生路而举办的副业技能培训，以传习所的形式）、文化教育（晨校、夜校，帮助工人扫盲或提高文化知识）和技术教育（女工养成所、机工养成所、职员养成所或短训班形式提高工人的职员素质）。 | 三种教育形式结合，提高工人知识水平 | 年表 |
| 1934 | | 申四厂设工人养成所。 | 培训1000多人 | 荣571 |
| 1934 | | 申三厂办申新高级小学。 | 原有五年级一班50多人，向外界再扩充一班。内部子女不收学费，外界学费减半 | 荣管735 |
| 1934 | | 申三厂设劳工补习班。 | 分高中、初三级，1932年设立晨校，统计日夜两班四组，154人 | 荣管658 |
| 1934 | | 荣德生重修苏州乾元寺大殿。 | 传统意识形态投资 | 年表 |
| 1934 | | 1934年，荣德生"茂青、量如和尚等推余发起购地，赠予开原寺，捐资建筑之"。 | 传统意识形态投资 | 荣德生生平事业年表，第567页，《荣德生文集》 |
| 1934 | | 荣宗敬赴香港、广东，考察西南实业情况。 | 调查研究 | 年表 |
| 1934 | | 荣德生"前吉人先生发起修宗谱未竞，是年推福龄先生主修，余亦协修，经费不足，余任之，聘刘玉成主其事。大公图书馆严辞，由子俊先生任之。竞化妇校长施愿臣作古，由殷彦恂任之"。 | 传统意识形态投资 | 乐119 |
| 1934 | | 据上海银行《申新一二三五八厂调查研究报告》，申三、申四厂大规模训练养成工，并严订章程，加强管理"总工程师汪孚礼来申三，督率工务人员，改革一切工务，对于工人技能之指导，尤不遗力，数年之间，成效卓著。推行标准工作法，于前年1932年七月起，设立养成班，初仅就细纱一部着手，划定瑞士机二十二部为养成工之工作区，招收工人，限定自十五岁至二十岁，具备初小或高小程度，品性纯善，身体强健，能耐劳苦，身材高以达五十四吋为合格。学艺三月，期内膳宿，均由厂中供给。第一月一元津贴，第二月一元五角，第三月二元。学艺中……如三月期满艺成，则正式派以相当工作，可与普通工人同样以货计资"。 | 投资职工知识的调查报告 | 荣569 |
| 1935 | | 申新总公司职员训练班。 | 先后在上海、无锡、重庆、宝鸡举办。对在职职员进行培训 | 年表 |
| 1935 | | 荣德生二次倡修族谱告成功。 | 传统意识形态投资 | 年表 |
| 1935 | | 申四厂职工写的文章"认为十个月，十批养成工成，这种大规模训练养成工，在国内是首创"申四厂关于养成工的规定，学习内容是工作法、纺学、公民、国语、常识、音乐、体育等科。每月学科和实习考试一次，不及格者留级；养成后起码服务一年才能退工，否则赔偿期内各项费用。 | 投资职工知识 | 荣571 |

续表

| 年份 | 制度主体 | 知识投资内容 | 备注 | 资料来源 |
|---|---|---|---|---|
| 1935 | | 先父常督阅《曾文正公家书》,并以立身、齐家、睦族、爱乡为训。行有余力,方涉世务……立身处世,当以三十岁为负责之始期矣。会族中先觉,群起提倡新学。 | | 《荣德生文集》第309页,《略述办学之经过》 |
| 1935 | | 予兄弟从事实业,无暇文学。早晚之间,时与族叔吉人及诸长辈筹办族中教务,以切实用为主,经费则力任之。由初小而高小,而初中,至高中等……以此为爱乡之一端。 | | 《荣德生文集》,第309页 |
| 1936 | | 抗战前,又派考工郑翔德赴日本明治纺绩会社见习日本纱厂的保全、保养工作法,历时七个月。 | 投资职工知识 | 申新纺织三厂大事记 |
| 1936 | | 申三厂办工人识字班。 | 荣德生称,办识字班已有一千六七百人,小导师有157人 | 申新纺织三厂大事记 |
| 1936 | | 申三厂办托儿所。 | 班上48人,毕业32人 | 申新纺织三厂大事记 |
| 1936 | | 荣宗敬与交大校长商办纺织短期培训班。 | 投资职工知识 | 年表 |
| 1936 | | 1936—1940年,在上海办有申新职员训练所。抗战期间,在上海办中国纺织染工程补习学校,申九开办三年制中国纺织染工业专科学校。1947年,荣德生在无锡建议成立江南大学。 | | 年表 |
| 1936 | | "族谱稿成,余主管印行,至明年春散谱。" | 传统意识形态投资 | 乐续125 |
| 1936 | | "杨筱荔先生着《中国财政史辑要》,属稿凡五年,成书四十卷,余为代印五百部,由殷彦恂校对,并寄国内外各大图书馆……黏然洞读书处诸生选读古文,余与吉人先生等屡议,在图书馆存书中,择有关学术有用之书,汇辑各书原序,提纲挈领,便于读者,使一览即知某书之精华所在,及某种学术流派,朗然在目。特请朱梦华先生任选辑,诸生协助抄校,凡阅丙载,成《叙文汇编》七十二卷,内容包括经史子集,以至各种……以前无此大汇编也。余为印行一百部,木刻活字,亦由殷君校雠,分寄国内各图书馆流传;并拟选辑续编,已得千余篇,嗣因战事猝起,未果。" | 投资学术 | 乐续125 |
| 1936 | | 1936年,"公益中学建校舍,聘叶志青先生为校长。吴、钮诸君议将复旦大学选锡"荣德生即捐资购地,作复旦选校之用。因战事而止。 | 投资教育 | 乐续125 |
| 1936 | | 曾经今年在国内各棉产地第一、二两次各地调查研究报告截至7月15日曾摘其扼要经已业编总表印发……第三次调查研究,尚无巨大变化,惟北方如陕豫各地嫌雨水太少,似有干旱之虞。除洛阳一带已经生旱象,……估计天气对产量的影响,而南方通大等则雨水太多,湿度大重,上海浦东等棉区如何……另附有各地具体调查研究表。加上调查研究时间,说明地方和棉苗的高度 和长度长势发育情况等。是否已经开黄花以及如何程度、近来气候对棉苗的影响有无生虫害等不良现象、预测收成与往年比较等数据和报告。 | | |
| | 调查研究 | Q193—1—10,申新纺织总公司关于调查研究各地新棉状况及发育情况报告表。 | | |
| 1937 | | 申三办工人晨校、夜校和传习科,晨校、夜校和传习科,1932—1936年,共培训各种技术2 775人次。 | 职工知识投资 | 荣管793—794 |
| 1937 | | 申二职员训练班。 | 根据职员训练班第二届招生章程,肯定存在养成工 | 荣管1 130 |
| 1937 | | 申三劳工自治读书室。 | 很少人阅读和借书 | 荣管658 |

**续:申三劳工自治区教育和意识形态投资情况统计**

| 年份 | 知识投资内容 | 备注 | 资料来源 |
|---|---|---|---|
| 1925 | 申三临时刊布,为工头改革和申三劳工自治区做宣传。 | | 申新纺织三厂大事记 |
| 1925 | 响应五卅运动,在锡报登爱国布广告。 | | 申新纺织三厂大事记 |
| 1926 | 正式开始决定改革工人管理,为申三劳工自治区做准备。 | | 申新纺织三厂大事记 |
| 1931 | 举办技术竞赛会,激励技术创新和知识投资。 | | 申新纺织三厂大事记 |
| 1931 | 人钟月刊,9 月 1 日创刊,此后每月一期,共出版六期。 | | 申新纺织三厂大事记 |
| 1931 | 劳工自治区成立职工消费社。 | | 申新纺织三厂大事记 |
| 1932 | 劳工自治区成立职工医院。 | 治疗人数计 3 291 人次 | 荣管 767 |
| 1933 | 职员邓春坐创制布机筒管齿轮,以节电受到实业部嘉奖。 | | 申新纺织三厂大事记 |
| 1933 | 正式成立劳工自治区。 | | 申新纺织三厂大事记 |
| 1935 | 新闻报报道劳工自治区,外界纷纷来参观。 | 政府要人名流等 | 申新纺织三厂大事记 |
| 1936 | 劳工自治区初成,有学校、医院、剧场、大礼堂、运动场、健身房、尊贤堂、功德祠、公墓、图书馆、茶馆、裁判所、托儿所等。 | 参加劳工自治总人数 3 052 人(1936 年 7 月统计) | 荣管 780 |
| 1936 | 子弟教育:托儿所两所毕业 32 人,现有 48 人;初级小学四级,学生 182 人;高级小学二级,学生 52 人。补习教育四年共办晨校、夜校识字班 16 级,学生 582 人;技能班(养兔、鸡,音乐,缝纫,戏剧,烹饪)共计 878 人。 | | 荣管 780 |
| 1936 | 女工养成所 82 人,机工养成所 18 人;各级小导师 157 人。医院职工治疗 2 030 次,外症 484 次、内症 1 546 次,另注射预防针 1 831 次。 | | 荣管 780 |
| 1936 | 劳工自治区筹备各种劳动、死亡、养老、残废、疾病保险。 | 稳定预期,加强对工厂的归属感和对未来的安全预期,意义重大 | 荣管 764—766 |
| 1936 | 申三近讯,劳工自治区的意识形态投资。 | 11 期,刊物两种,代笔四处 | 荣管 796 |
| 1936 | 自治区参观人数 314 个,组团 71 次。 | | 荣管 780 |
| 1937 | 经费来源:工厂每月的 100 元事业费。其他自筹如捐款、罚款和房租等。 | | 荣管 764—766 |

备注:①钱穆所述:“凡属无锡人,在上海设厂,经营获利,必在其本乡设立一私立学校,以助地方教育之发展。”②在工头制度的改革过程中,新职员认为原有的工人文化水平太低,简直“不可与谋改良”,因此申三首先于 1929 年开办“机工养成所”,培养具有纺织机械常识的机工。1932 年又设立了“女工养成所”,招收 15—20 岁的女青年为养成工,加以培训,逐步取代原有工人。每个养成工都要通过相当于高小程度的识、算术考试,并要经过持续性测验、记忆力测验、注意力测验、插拔筒管测验、个别谈话和体格检查。录取后进行 3 个月的技术培训和文化教育。培训期间,每天学习操作 8 小时,上课 3 小时,膳宿均由厂中供给。学习期满成绩合格者分配相当工作,每天除工作 12 小时外,仍要授课 1 小时。因为养成工工资特别低,操作熟练,因此,大大提高了劳动生产率。

## 附表 3.1:荣氏二代知识投资及参与企业管理

**荣氏二代知识投资及参与企业管理**

| 年份 | 知识投资及教育信念 | 资料来源 | 备注 |
| --- | --- | --- | --- |
| 1916 | 荣德生评李国伟:世家子,唐山土木科毕业生,知为大器,不论家况也。 | 乐 77 | 重视女婿的才能 |
| 1918 | 李国伟任福五厂厂长,“是年福五完工,国伟入厂”。 | 乐 82 | 李国伟成为荣家企业第二代企业家领军人物 |
| 1919 | 是年,鸿元、鸿增高小毕业,转入交大中学预班,至十六年大学毕业,由华卫中送去,年幼出外,似有难色。 | 乐 86 | 荣氏第二代企业家学习情况 |
| 1923 | 聘请江霄继太史在家教子侄。 | 年表 | 荣氏第二代企业家学习情况 |
| 1925 | 二儿尔仁请江太史衡专课国文,荆梦蝶先生教《小学》,时入厂学习纺织。 | 乐 100 | 荣氏第二代企业家学习情况 |
| 1926 | 荣宗敬、荣鸿元、荣尔仁赴日考察纺织业工人管理情况。 | 申新纺织三厂大事记 | 荣氏第二代企业家出国考察学习 |
| 1926 | 荣德生对子女要求严格,一旦发现挥霍现象,就严厉呵责,并经常对子女讲述自己的经历,以灌输思想。 | 《荣德生文集》,第 6 页 | 荣氏第二代教育原则 |
| 1926 | 暑假之便,命少东伟仁、浦仁、尔仁昆仲及王启周君,从鄙人学习纺织……,两月之后,复领往上海各名厂参观数天,作详细比较,为时虽短,极感满足,旋伟仁、浦仁仍往交通大学肄业,而尔仁、启周二君,重回无锡,又偕往车间实地工作半年。 | 汪孚礼回忆 | 荣氏第二代企业家学习情况 |
| 1927 | 豁然洞读书处,聘请钱孙卿、朱梦华等教国文算术英语,子侄皆在此读书。 | 乐农 101 | 荣氏第二代企业家学习情况 |
| 1927 | 在梅园设立豁然洞读书处,儿伊仁、毅仁等二十余人就读,初、高中均为二年。 | 年表 | 荣氏第二代企业家学习情况 |
| 1927 | 二儿已在厂实习,认真则工人侧目,同事不敢有为。 | 乐 101 | 荣氏第二代企业家工作情况 |
| 1927 | 1927 年,申三助理荣尔仁看到来厂安装布机的施之栓技术熟练,工作勤快,便邀请他留厂担任机修间(后更名为整理部)主任,后又调任公益铁工厂厂长。为增强企业技术力量,又陆续聘请了胡学训、钱昌夫、蒋绍仪、李文模等组成了布厂新的领导班子。 | 技术变迁 | 荣氏第二代企业家经营理念:重用人才 |
| 1927 | 据汪孚礼称:1927 年后,荣氏二代伟仁、溥仁和尔仁加上纺织专家加盟,让荣宗敬可以专心金融和营业!三厂则尔仁加入,并称人才从此不缺乏!!反而事业少了。 | 汪孚礼回忆 | 荣氏第二代企业家进入企业情况 |
| 1927 | 伟仁、浦仁二君,自十六毕业后即在上海方面帮助总经理做事,面呈尤重厂务。同时,总公司又加入二少东辅仁先生,年少老成,且都有具有最高学识。从此经理得以专心于营业或金融上妥加调遣,绝无顾此失彼的事情发生。仁君也从那年开始,正式服务申三厂。 | 汪孚礼回忆 | 荣氏第二代企业家参与经营情况 |
| 1928 | 荣德生在 1928 年《追述公益中学始末》指出:自己髫年学商,读书无多,深感常识缺乏之痛苦,渐悟教育事业之可贵。并强调国学为基础,学习西方科学知识。 | 《荣德生文集》,第 280—281 页 | 荣氏第二代企业家学习指导原则 |
| 1928 | 三儿在豁然洞读书一年,国文进步尚好,有高中三年程度。五婿熊源兴与侄婿王云程,均拟留学美国学纺织,行有期,1931 年学成归来。命三儿同去,后 1932 年学成回来。均在申三任事,得力颇多。从此,出品占优胜,人人乐用。 | 乐 103 | 荣氏第二代企业家学习情况 |

续表

| 年份 | 知识投资及教育信念 | 资料来源 | 备注 |
|---|---|---|---|
| 1928 | 储蓄部成立,……总部由鸿三帮理。鸿元、鸿增(伟仁)补毕业于交通大学,实习纺织。乃时从事整顿,汪孚礼等皆奋发,学生随之实习不少,气象甚佳。 | 乐 102 页 | 荣氏第二代企业家进入企业情况 |
| 1928 | 荣氏兄弟特别重视人才培养,除时时聘请专家以主持现有厂务外,还对子侄辈进行培养,或留学、或考察、或实地见习。另外对亲戚或厂方职员中优秀青年,也分别资送欧美、日本专修纺织学科,或入有名纺织厂实习。 | 汪孚礼回忆 | 荣氏兄弟对子侄厂方职员加大培养学习情况 |
| 1928 | 民国 17 年起正式办纺织职员养成所,招收国内工科毕业生,半授课半实习,毕业后分派各厂服务。又设立机工养成所、艺徒学校、补习学校之类,有时直接由厂方招练习生,施以特殊训练。但是汪孚礼指各类人才或守旧、或尚新、有专攻、有改行、有学自外国,有自己养成,有聘请有外来介绍,有亲戚同乡或本家关系,稍有成见,流弊无穷。建议以劳绩为前提,作为升迁标准,就可各尽其才。 | 汪孚礼回忆 | 荣家企业使用亲戚同乡:不拘一格使用人才,但是有弊端 |
| 1931 | 申四经理李国伟深感申四生产管理方法陈旧,去日本考察学习新的管理知识回国后,对企业进行了一系列改革,命令龚培卿在全厂范围内改用西式会计制度。龚感到人手不够,乃推荐厉无咎前去协助。厉协助龚建立了必要的统计报表、核算生产成本等制度,使企业资产、成本、盈亏有了比较可靠的数据。 | 《厉无咎,荣氏在汉最后一位经理》,《纵横》,2006 年第 10 期。 | 荣氏第二代企业家经营理念:西式会计制度 |
| 1931 | 1931 年,荣氏企业出现大的制度变迁,"王云程学业回来,入厂练习,后为申一执事。大儿、二儿受兄命,先后到申助理各厂,亦从'自治'入手。厂以五、六先仿,鄂先生常州已先试行,次及申一,大、二两儿先后主办。云程入内,照新方针同做。申二朱仙舫、汪孚礼皆主改良,惟在添机器,改方法为主,未从人工入手。余在三厂所经营,所请人非专家,以有诚心,管人不严,以德服人,顾其对家,对子女,使其对工作不生心存意外,即算'自治'有效,自信可以教范围内各厂仿行"。 | 乐 108 | 荣氏第二代企业家进入企业情况 |
| 1931 | 荣伟仁、李国伟、荣鸿元、荣尔仁赴日考察纺织事业。 | 荣管 1 217 | 荣氏第二代企业家出国考察学习 |
| 1931 | 申五厂厂长荣伟仁考察日本纺织厂记略:"考察 12 工厂,对日本厂保全管理倍加赞赏,认为气魄之大,非申新公司能够比较,然后是非常专业的数据考察,认为日厂不只技术精良,管理合法,还重要的是工人爱护工厂之心国人难望其背。因此提出要胜出于竞争,要从训练工人入手,才能上下一致,同心协力。" | 荣管 1 217—1 224 | 荣氏第二代企业家经营理念:除技术和管理外,工人的训练和意识形态投资也很重要 |
| 1931 | 申五厂厂长荣伟仁考察日本纺织厂续记"认为日本接近中国比欧美易于模仿,研究日本在不景气时的紧缩政策,对比日本社会的重视和帮助而国内反而压迫、加税罢工和收回信用接踵而来。" | 荣管 1 225—1 227 | 荣氏第二代企业家经营理念:模仿日本的信念 |
| 1931 | 申五厂厂长荣伟仁考察日本纺织厂,对日厂专业化、家庭化(视厂为家)、合作化、工作标准化进行考察,详加学习,并认为公司合并和搬迁内地成为日本厂趋势。 | 荣管 1225~1227 | 荣氏第二代企业家经营理念:专业化、家庭化(视厂为家)、合作化、工作标准化 |
| 1931 | 荣尔仁考察日本作《日本纱厂之合理化与标准化》:反对守旧,提倡革新。提倡日本式合理化(工人经训练和学识丰富)、标准化,并关注到对比中国工人低素质,日本工人素质高、与工厂同甘共苦,享受企业的福利,对工厂有归属感。 | 荣管 1 228—1 232 | 荣氏第二代企业家的企业合理化思想 |

续表

| 年份 | 知识投资及教育信念 | 资料来源 | 备注 |
| --- | --- | --- | --- |
| 1931 | 荣尔仁考察日本作《日本纱厂之合理化与标准化》:欲谋厂务发展,职员之关系密切。故于技术方面尽量常研究……,尤其要注重身体之健康,方能任大事业。效率方面在日一人,相当于在华三四人。对日本非产棉之国而能够大魄力发展纺织业,精神坚毅,雄视欧美感到钦佩。 | 荣管1 228—1 232 | 荣氏第二代企业家经营理念:强调技术研究和职员工人身体健康的重要性、对日本坚毅地发展纺织业表示钦佩 |
| 1931 | 荣尔仁考察日本作《发挥效率为纺织业成功之惟一要素》:"中国发展落后日本是因为缺乏管理,使机械没有发挥效率;工人缺乏训练和标准化,导致人工缺乏效率。" | 荣管1 233—1 234 | 荣氏第二代企业家经营理念:机械与人工效率并重是企业发展的思想 |
| 1931 | 荣尔仁考察日本作《发挥效率为纺织业成功之惟一要素》:"科学愈发达,实业愈跟进,利用机械则是人力。今欲追踪欧美,步武日本,舍人进其力,机尽其用外,其道何由?提倡努力追求进步,用人力求无穷事业,需要标准化保障,专心致志不误方向。尽人之力而能够尽机之用,而后物无弃材,地无弃货。夫如是足以增加生产,内以应高度之生活,外以应商战之潮流。事业成功,即效率充分发挥之结果也。" | 荣管1 233—1 234 | 荣氏第二代企业家经营理念:重视科学和标准化生产,重视人力与机械配合,发挥效率。 |
| 1931 | 荣尔仁"本公司成立生产部之商榷":《语》云,求在精而不在多。有健全之组织,缜密之系统,而后运用科学管理之方法,以收统一合作之功效。 | 荣管1 235—1 244 | 荣氏第二代企业家经营理念:传统与现代的经营思想结合 |
| 1931 | 荣尔仁"本公司成立生产部之商榷":设立生产部以谋工务标准化,把生产和人事、营业、财务并列为四大重要部门。生产部具有综合的功能,把保全机械、研究产品、制造和调度生产、训练职工和改革生产方法包括工资规定、制订标准、成本比较和原料选择、职务分析、货品管理、生产管理都由其负责。 | 荣管1 245—1 257 | 荣氏第二代企业家经营理念:建议建立生产部,事业部制度 |
| 1932 | 荣毅仁自云上大学时,每逢暑假,都要到茂新二厂体验生活,学习经营管理知识、培养事业心。他本人经常打电话到厂,查询人是否在厂,有时还到厂查看。 | 《荣德生文集》,第6页 | 荣氏第二代企业家的教育 |
| 1932 | 1932年9月,荣尔仁致《纺织周刊》编者函:"敝公司年来无时无刻不在计划推进事业中,计划书图样积案盈尺,均能立刻施之实行,然当今社会不安定,犹其次者,金融不流通实为致命伤……" | 荣383 | 荣氏第二代企业家的经营理念 |
| 1932 | 三儿一心毕业回来,得工程师学位,命在三厂任副经理,与熊源同,颇有兴致。四儿毅仁考入圣约翰大学文科,外孙蒋新一亦考入。 | 乐110 | 荣氏第二代企业家进入企业情况 |
| 1932 | "更有足为吾人深念不忘者,荣丈昆仲当创业时,非午夜不寐,早晨六时起身,视为终年常例。事繁时,往往仅购粗点充饥,决不稍自宽假,数十年如一日,其律己之严如此。惟御下甚宽,即有过失,每多原谅。其度量之宏大,更非常人所能及。然见子侄辈稍有不合,每严责不贷。是故一门子女,谨严一如父风,绝无时下习气。由是知家庭教育之不可忽也。" | 《实业家荣丈昆仲创业史》 | 勤奋律己、谨严家风 |
| 1933 | 荣家企业投资教育,除小学外,另有高小、初中、读书处各一,幼稚可至考大学。 | 乐114 | 荣氏第二代企业家的教育比较完备 |
| 1933 | 1933年,"一心兼管公益铁工场,仿美式改良,添人加机,以能自造纱机、织机、面粉机为目标。特色人才,先从打样,注重小学从工为出路,调施之铨为主任。职业教育毕业生,招人稍易,一班打样由此而来。原有房屋,不适用者翻造之,翻砂间特别扩大,专揽翻砂生意,微有薄利,兴致甚好,局内面粉厂、纱厂、铁工不假他处,快而妥当,天天有人来接生意,一换前人面目。小小出品甚多,抽水机、轧面机、打包机、小引擎、车水机、丝厂用品、布厂用品、摇纱机等,凡东西来路出品,均能仿之自造"。 | 乐114 | 荣一心负责公益铁工厂 |

续表

| 年份 | 知识投资及教育信念 | 资料来源 | 备注 |
| --- | --- | --- | --- |
| 1934 | 如果说申新五厂的制度化科学管理还主要限于车间一级的话,《申四厂规》则是全面的了。1932 年,李国伟主持的汉口申新四厂发生火灾,毁于一旦。1934 年,申四重建,李国伟废除工头制,大量招收养成工加以培训,然后对工人实行全面的科学管理,制定了《申四厂规》739 条,包括经营、生产、生活各方面,涉及对象不限于车间工人,也包括全厂管理人员,是荣家企业中第一部自定义的科学管理法规。 | 中国经济史研究 1998 年第 2 期,潘必胜(1998) | 荣家第二代经营理念:科学管理 |
| 1934 | 荣尔仁 19 岁入厂,下到车间和工人一起日夜翻班,并随工程师学习,做 3 年才升为三厂助理。起于基层,了解工务,尤其重视技术管理。在 1934 年申新搁浅后积极参与改进,接申二五厂,使大有起色,受到同行赞许。 | | 荣家第二代企业家才能 |
| 1934 | 荣家企业较有作为的第二代资本家荣尔仁,是 20 世纪 30 年代中国鼓吹"劳资合作"最力并主持"劳工自治区"的核心人物之一。1943 年,他曾著文阐述自己的"劳资合作"观点和建立"劳工自治区"的主张,认为"欲劳其形者,必安其心;欲乐其业者,必一其志;欲用其力者,必健其身;欲攻其志者,必修其德"。 | | 荣家第二代经营理念:多次赴日参观,对日本工人视厂为家深有感触 |
| 1935 | 是年,茂一、二均有余,陆辅臣调福新二、四、八厂经理,因丁梓仁亏空巨款去职,禹卿兄主张商调陆先生到沪也。茂新有四儿助理,通谊副理,并由余兼管,所以无妨。福新各厂均余。申新除二厂外,均有余,改进后已得法,走上正轨,心中欣然。 | 乐 124 | 荣氏第二代企业家经营得当 |
| 1947 | 《公益工商通讯》半月刊创刊。 | 《荣德生与企业经营管理》,第 606 页 | 意识形态投资 |
| 1937 | 五儿研仁、外孙丁宜生均在梅园读书处毕业,与外孙李志方同时去美国留学。侄婿薛寿鹳全家同去。五儿学纺织、印染、宜生学化学、志方学理化。 | 乐 136 | 荣氏第二代企业家学习专业知识 |

备注:①1897 年,荣德生长女出生;1906 年,长子荣伟仁(鸿增)生;1908 年,荣尔仁出生。②荣德生在晚年对儿子分工:二子尔仁、三子伊仁、五子研仁专攻纺织业;四子毅仁、六子纪仁、七子鸿仁专攻面粉业。

## 附表 4:荣家企业技术变迁列表(1889—1937 年)

**荣家企业技术变迁列表(1889—1937 年)**

| 年份 | 制度事件 | 资料来源 | 备注 |
| --- | --- | --- | --- |
| 1889 | 1895 年后,许多工厂开始采用先进技术,因而制造过程的垂直一体化开始盛行。 | | 技术环境 |
| 1895 | 19 世纪初,上海仿制内燃机成功,1904 年开始在上海使用马达,动力设备的科技新成果运用,新能源电力的普遍适用,降低投资额并促进了工厂投资。 | | 技术环境 |
| 1895 | 1895—1898 年,兴起(仅仅四年的)民族棉纺织投资热潮。然后 1898 年出现低谷,直到 1907 年才恢复。中外纺织厂都出现危机,原因是生产提高太快,市场有限,只能给手工织布者。 | 《上海近代工业史》,第 99—101 页 | 技术环境 |
| 1896 | 荣德生钱庄学徒,从先生学算盘除法、乘法、飞归法、开方、积算、推钱…… | 乐 10 | 钱庄技术 |

续表

| 年份 | 制度事件 | 资料来源 | 备注 |
|---|---|---|---|
| 1901 | 开办之初的打点送礼支出,“二月起至十二月,历十个月,用去来往舟金、抄批等,共八百元,可算省矣,凌姓用去八千元,卖去当股了案”。厂屋及公事房、厫间、街场、驳岸,一切完工,共费不满二万元。机器一切共费二万三千元。股款三万九千元,用透支四千元。活动归经理调度。 | 荣12 | 技术变迁:建立现代工厂 |
| 1901 | 保兴面粉厂除四道是荣德生托人从法国买回的石磨外,麦筛三道,粉筛二道,这就是全部的机器设备。每昼夜只能生产面粉300包。工厂有工人30多人。初用机匠杜姓,丝厂做过项目,粉厂外行,所以滞也。后在树立烟囱时,由苏铁工厂包做,派孙阿虎装引擎,炉子。十二月试车,外国工程师装引擎,忘记中间一节,正开动,即将气缸打一洞,大怪杜机匠未能早说。要换机匠,由孙阿虎接。 | 乐38 | 技术变迁:大工业生产机器设备安装和使用 |
| 1903 | 茂新自改后,每日去路稍爽。添一粉筛,自做仿造也。想去华兴参观学习,彼老板不允许人看。烟台庄收去,苏锡申足以销完,只望增出数。惟石磨时时要停,不能够多出,粉比人小二角,所以难于获利。 | 乐43 | 技术变迁:仿造粉筛 |
| 1903 | 出粉稍改良,麦机添一只,由韩福记造。水洗不用,因麦潮,出粉软,顾客不乐购。 | 乐43 | 技术变迁:添设麦机 |
| 1904 | 茂新分期付款订购英制钢磨六部。五月到厂,8月投产,日产面粉增加到800包。 | 荣16 | 技术变迁:引进英国钢磨 |
| 1905 | “心中仍要添机。斯时,粉价利厚而稳,石磨粉小难跟,决计添钢磨,计划一切就绪,只无资本。”“由机器部主任讲明三个月交货,十八寸辊英机六部,购定签字,计银四千两。再去买柚木二根,准备翻砂造机,购车钻床回厂,各造车间,分部定规,建筑匠亦定。粉机麦机皆仿造,如限完工。外国机亦到,即装车,出粉并无不妥,每日八百包,装申销行甚好。”当年经营好转,云余66 000两。 | 荣16、乐46 | 技术变迁:添设钢磨设备 |
| 1906 | 振新纱厂定机张石君,建屋由荣瑞馨,包与俞姓,共九万余元。余任购地……振新造厂时,引擎招屠阿大装,纱机由杨春荣,沈阿虎,刘阿荣装置……外国工程师,请张君笠江通译。 | 荣18 | 技术变迁:建立机器大生产纱厂 |
| 1906 | 振新与瑞生洋行订购英国著名的白生牌老厂纺华棉细纱机28座,计10 192锭,共计实价英金22 050镑。机器到后,由瑞生洋行派洋匠一名赴锡,督同华匠将纺纱机器于三个月内包装齐全。 | 荣19 | 技术变迁:引进外国先进设备 |
| 1907 | 是岁,茂新面粉一厂附设美国购来打米机六部,始代人打米以增加收入。兼营至改新面粉机麦间而折去,售与宝新,后颇发展。 | 荣20,乐52 | 技术变迁:引进打米机设备 |
| 1907 | 秋,茂新再添美国最新式磨粉机。 | 年表 | 技术变迁:引进美国新式钢磨 |
| 1909 | 荣德生在锡参照欧美杂志样本,改进工场设计。 | 年表 | 技术变迁:改进工场 |
| 1909 | 1909年添机器四百筒,茂新面粉一厂困难中改用白乃里斯新式粉机。“余每至申,物色杂志样本,余暇时加以涉览。夏间,向美商恒丰洋行讨样本。据称,新代理白乃里司最新式之粉机,要样本可送,须缓一二月可来。至秋寄到,由兄去取,并谈价若干,兜买一副,格外便宜。为推销起见,可放款。” | 年表 | 技术变迁:机器设备引进、融资制度变迁 |
| 1909 | 穷思极想,建筑无力,因需要现金难借也。一面问明定机方法,一面计划厂屋地位,拆改一切办法,石磨拆除,打米机出售,改作麦间,粉机照样本计地方尺,一一算好。彼时无工程师、建筑师,只靠自己一切预备,本属筹谋。 | 乐55 | 技术变迁:改建 |
| 1909 | “机器定好,先付二成,八成分二年,约十万。房屋由魏清记包造,交屋后付款,计一万零二百两。老引擎折去,装四百马力引擎,价四千两;炉子三千两。其余折下之引擎,售与南洋劝业会,作电灯厂。” | 乐56 | 茂新此前低迷不振的经营局面顿时改观 |

续表

| 年份 | 制度事件 | 资料来源 | 备注 |
| --- | --- | --- | --- |
| 1910 | 二月,茂新拆去石磨,装置美国白乃里斯新式钢磨粉机,日产面粉增加到三千包。 | 荣管 275 | 困难中进行重要的技术变迁,打下成功基础 |
| 1910 | 二月,新机落成,外人福白司偕王星斋亲到,拍照记之。新粉品质良好,推销甚爽。惟牌子初改兵船,人尚压低,仍不及华兴、阜丰为高,心终不服。质地、粉色、经线、分斤准足,外貌、装潢、颜色悉照外粉及同业发行式样,一一如式,如此在市并行。 | 乐 56 | 技术变迁影响产品质量 |
| 1912 | 民国元年,改良进行,至三万锭,(振新)用电力为全国之始。尔时,日本直用电力之厂,亦甚少也。 | 荣 283 | 技术变迁:电力设备① |
| 1912 | 茂新加股到 20 万两,用于添置机器四百筒,连前二次添机共一千二百筒。附:1912 年茂新新增资股单。 | 荣 29 | 技术变迁:机器设备引进、带来产权变迁 |
| 1913 | 茂新方面,专心计划用电设备,引擎改电气,炉子仍用老烟窗,事事从省算下手。 | 乐 66 | 技术变迁:电力设备① |
| 1913 | 1913 年,在振新添机时大股东兰舫先生问"外传添机有否?答:新建钢骨水泥,新式打样,动力用电机,自发动,独只马达。问:共费几何?答约五十万。云:甚便宜,未闻招股,何来资本?答:欠来,股东仍为老股东。彼云:我久有此心缘,未能办者,今尔已先办,我明日同开福来看。"祝明带一英籍纺织专家,怡和纱厂工程师来厂,一一看过,颇赞赏,谓"日本、中国以为此为初创,只英国有每部车单独马达运转也。"用电机省煤……三万锭只有 23 吨,连同茂新共 27 吨…… | 乐 68 | 技术变迁:机器设备引进、降低成本、电动机首次使用,意义重大 |
| 1913 | 福新一厂在上海建立,资本 4 万元。实际上加上造厂房和借贷买机器约 4.6 万两,折银元 6.2 万,合计 10 万元左右。引进美机二百筒宽,装齐出货一千二百包。 | 荣 33、36 | 技术变迁:机器设备引进 |
| 1913 | 荣德生曾经在振新很欣赏一个德国机师朴克。1913 年,"夏间,德商霭益奇派来工程师,……工程师朴克,德人也,其夫人为法人,和蔼文雅,夫妇谦和……半年如一日,颇佩其人格"。"樸克装机完毕辞去,试灵,郑重道别,绝无工人气。" | 乐 67、69 | 技术变迁:外国工程师装机 |
| 1913 | "接手人屠阿兴,(德国机师朴克)切实指点,卒至能开机,半年如一日,颇佩其人格。八月后,纱机亦到,房屋大体完工,开始装机,以杨春荣、沈阿虎、刘阿荣为工头,引擎屠阿大,电机屠阿兴。阿大为领袖,老成可靠,事事放心。" | 乐 67 | 技术变迁:学习效应、工头制度 |
| 1913 | 茂新添机,日出粉增加到五千包。 | 年表 | 技术变迁:添机 |
| 1913 | 1913 年,"(振新)同人齐心协力……图样出来,招工建筑……月月备还机款,建筑由茂新借用。外面不知,茂新月月有余也。茂新方面,则专心计划用电设备,引擎改电气,炉子仍用老烟窗,事事从省算下手"。 | 乐 66 | 技术变迁:用心改进和计划 |
| 1913 | 大股东带来一个英国工程师来厂,"日本中国以为此为初创,只英国有每部车单独马达运转也。"外国知识的传播和见闻,对荣德生有影响。 | 乐 68 | 单独马达运转机器,除英国外,技术在中日为独创 |
| 1914 | 福三改进技术,产量大增。原先机器有规定产量,在市场供不应求的激励下,中国面粉师和领班开始进行技术改进,把清麦设备加宽,添置五号立直打麦机一部,加添风箱,从原二千四百包提高到三千四五百包,大大提高产量。后来,再添圆筛辅助,由自己工人仿造圆筛,机能效果良好,麸心勿混。面粉首日再提高一到二百包,又再添荞子机一部,去荞子,去雀麦,效果甚好,净麦清爽,粉色净白,至此,福一每天产量提高到四千二三百包,如果做洋麦,可以产粉五千二三百包。 | 荣 37—38 | 技术变迁:机器设备改造 |

续表

| 年份 | 制度事件 | 资料来源 | 备注 |
|---|---|---|---|
| 1914 | 茂新照开,春添第二副机,已用大马达,合轻成本,其他一切旧式机器拆去,每日出粉五千包,修理机应有尽有。 | 乐 69 | 技术变迁:机器设备引进 |
| 1914 | 1913 年冬,福二在租办的中兴面粉厂东面购地十七亩左右,建造六层厂房,购置三十吋机磨二十一部,1914 正式开机,每日夜出粉五千包,资金定为十万元。 | 荣 36 | 技术变迁:机器设备引进 |
| 1914 | 振新新机装齐,全开三万锭,日出纱七十余件。 | 乐 69 | 技术变迁带来产量增加 |
| 1914 | 四月,建申新一厂(买下上海织呢轧油厂建立此厂)装置英机一万二千锭。十月开工,日出纱三十件。 | | 技术变迁:申一添机 |
| 1916 | 租惠元为茂二,整理开厂,日产二千包。 | 荣 44 | 技术变迁:茂二开车 |
| 1916 | 福新面粉三厂在筹备中引进了大量西方先进的产品六百筒面粉机,计有 9×36 寸钢磨六部, 9×30 寸钢磨九部,平筛五部,练粉机、麸皮机、圆筛、收灰机、打麦机、刷麦机俱全,三百七十匹马达三座……1914 年筹备,1916 年开车。 | 荣 37 | 技术变迁:机器设备引进 |
| 1917 | 上年留意植棉,在南京购地千亩,选择优种进行试播,成绩良好,后委托金陵大学主其事;赴广州考察棉纱销售情况。实行各厂练习生制度,一再申令各厂严格保持工厂整洁。 | 年表 | 技术变迁:原料种植改进、技术引起制度变迁 |
| 1917 | 1917 年创设布厂,购布机三百五十架,1918 年又购布机七百六十架,合前有布机一千一百架,所出布匹,除销售各埠外,余悉自制粉袋,供给本公司面粉厂应用。 | 荣 59 | 技术变迁:购进布机 |
| 1918 | 对厂务管理采取分工制度,并注意培养人才、奖励技术改进,同时将改进办法通知各厂进行。 | 年表 | 制度鼓励技术变迁 |
| 1918 | 申一扩充地皮,加添布机,以作袋布。欲添纱机,无处买。后穆藕初添得美机,亦定二万五千,滞滞方到。申二定到英机一万,先将老机折散,坐守新机到达,大失机会。有英机一万五千,欲购,苦无装处,且无动力,被天津人买去。 | 乐 82 | 技术变迁受制于人 |
| 1919 | “于是,福白司竞争,必欲以最好机造于二厂,再三计划,允之,即为八厂。造一年余,实未添本。”福七、八建设的大多资金都是由福一二三的盈余中提出的。所以说实未添本。参考荣 80 页调查资料。附:福八向美商恒丰洋行订机合同。 | 乐 84,荣 80 | 技术变迁:机器设备引进 |
| 1919 | 深知欧美机制工作,日新月异,欲资师道,非从实地考察不可。荣君月泉,曾游学海外,熟悉彼邦情形,因特派赴欧美从事考察……(时值巴黎和会)上海总商会以历年受税则不平等之束缚,国计民生,交受其困,乃委荣君顺道赴法请愿……留美两阅月,五月渡海赴英,旋赴巴黎……后始复赴英考察英国纺织中心孟哲斯德凡三阅月。 | 荣 69 | 技术变迁:直接考察外国 |
| 1919 | 荣德生在创建申三之时,就委托曾游历海外熟悉、异邦情况的族人荣月泉专程赴欧美,在美、英、法等国进行了长达半年的考察。之后,荣月泉在英国定购了赫华特细纱机 3 万锭,又通过恒昌洋行向美国定购了 1 600 千瓦发电机组两套,以及他人转让的美国萨克洛威细纱机 2 万锭,还购买了轧花机 80 台,英国迪更生和赫斯特来型号布机 500 台,其规模之大、设备之新,为当时内地华商纱厂之冠,使同业为之侧目。春、秋,至宁开会。决建申三,加快买地。至秋,欧战停,在法凡尔赛议和签字。斯时,请月泉兄至英,函托英友开福,配备一切,定到好华特尔纱机三万锭……电请德国霭益奇厂樸克,渠回答:无货,不能装出,条约未妥,势难照前办理。转向美国购发电机……均由怡和洋行担任。 | 乐 83 | 技术变迁:机器设备引进 |
| 1919 | 申一再添美锭二万五千,布机四百台,织粉袋布自用,为数甚大也。新老机并入一处,新建合式厂屋,规模已大,管理稍难。新老机共为三万八千锭。 | 乐 84 | 技术变迁:机器设备引进 |

续表

| 年份 | 制度事件 | 资料来源 | 备注 |
|---|---|---|---|
| 1919 | 申一布机四百台，织粉袋布自用，为数甚大也。规模已大，管理稍难。职员已生二心，余已知，不便说穿。轧数已明，混于布轻袋次，只能糊涂。然事业之大，亦由此而成，新老机共为三万八千锭。 | 乐 84 | 技术变迁：制度变迁没有跟上技术变迁、生产质量降低 |
| 1919 | 福七厂中机器购自美国，全部原动力为六千伏而次高压，一千二百匹马力之大马达，亦系美制，构造极精良，每日夜共计用麦七千担，出粉一万四千包，商标为绿兵船等 6 个。 | 荣 80 | 技术变迁：机器设备引进 |
| 1919 | 福八同时与福七筹办，并定购三十吋机磨十部，三十六吋机磨十四部。1921 年正式开车，每日夜出粉约八千包；同年续定三十吋机磨十部及三十六吋十四部，于 1922 年开车，日夜出粉约一万六千包。资本定为六十万元，实际上大部分开办费由福新二厂提拨。商标与二厂同。 | 荣 80 | 技术变迁：机器设备引进 |
| 1919 | (申三)九年正月，建筑电机……。十月冬纱厂屋告竣。而纱机原约上年春季交货，一再延缓，不能如约，直至十年五月中旬，方陆续运锡。是年十一月试开电机，十二月接通本厂方棚间……十一年正月初四正式开工，时粗细纱女工只到七百余人，所开者仅美纱锭之半数。五月后，开始建筑织布间，九月告竣，随时布置布机，至十月亦正式开车焉。“至造完，共有纱锭五万锭，布机五百台，电机三千二百启罗瓦特，轧花机八十台，规模为内地无二，内业侧目。” | 《申新第三纺织厂概略》 | 技术变迁：申三引进先进机器 |
| 1920 | 1920 年与同业组织农事试验场，改良棉麦种植。民国九年，华商纱厂联合会由美购脱字棉及郎字棉等十吨，运赴豫、陕分散。华商联合会组织购美棉，在 1929 年江苏省政府参与(十八年江苏财政厅拨五万元)荣宗敬捐款一万五千元，由美购爱字棉一百吨，运往豫、陕代赈。“在锡购地，拟创办农场，试植原棉，后中止。” | 年表 | 技术变迁：改良棉麦 |
| 1920 | “1920 年南京东南大学农学院应上海面粉厂协会之请，在南京建立一所小麦实验场。”又和实业界同人一起在南京设立农事试验场，委托东南大学农学院进行小麦和稻米的改良试验工作。 | 荣 72 | 技术变迁：建立实验场 |
| 1920 | 荣德生建立申三时请一个美国技师白郎，待遇丰厚，月薪 600 元，供给一套漂亮的住宅和一艘专门游览的汽艇。慎昌派来工程师，名白郎，一看之下，即云不合，须重改造。余力争坚固，可以排机。渠不允，费时许多，并向美国添购备件，至年终而完工。 | 乐 87，荣 90 | 技术变迁：外国工程师装机 |
| 1920 | 大量订机合同：1919 年申新向慎昌洋行三次订机、1919 年向美兴洋行二次订机、1919 年向怡和洋行订机。1920 年向日商三井、1921 年申新向慎昌洋行订机。 | 荣 87—89 | 技术变迁：大量购进机器设备 |
| 1921 | 成立的茂福申新总公司，分庶务、文牍、会计、粉麦、花纱、五金、电气、运输各部。概由荣宗敬总其成。各厂经理于制造方面，各负责任，而于采办以及推销，皆联络进行，呵成一气。 | 荣 96 | 制度促进技术变迁：五金、电气部门成立 |
| 1921 | 从 1903 年创办第一个工厂—茂新面粉厂，至 1922 年的 20 年时间，各厂职员和技术管理人员从无发展到在 500 人以上。 | 《荣家企业发展史》，第 31 页 | 技术变迁：技术人员 |
| 1921 | 大量订机合同：1919 年申新向慎昌洋行三次订机、1919 年向美兴洋行二次订机、1919 年向怡和洋行订机。1920 向日商三井订机、1921 向申新向慎昌订机。 | 荣 87—89 | 技术变迁方式：洋行订机 |

续表

| 年份 | 制度事件 | 资料来源 | 备注 |
|---|---|---|---|
| 1922 | 从1902年创办面粉厂后,荣氏兄弟即感到厂内工人文盲多,文化水平低下,不利于推广先进的生产技术,直接影响企业生产水平。从1906年开始,创办公益第一小学;1908年添办竞化第一女子小学;1913年办公益第二、三、四小学3所;1915年办无锡第二、三、四小学3所;1917年,上海申新一厂办子弟小学(1927年添高中班);1919年无锡办公益工商中学。 | 黄汉民:《荣家企业发展史》,第39—40页。 | 技术变迁:教育投资 |
| 1923 | 荣宗敬说:"商战必须争取时间,造厂力求其快,设备力求其新,开工办求其足!扩展力求其多,因之无月不添机,无时不在运转。" | 李国伟:《荣家经营纺织和制粉企业六十年》。载《工商史料》第1辑,文史资料出版社,1980年第6页 | 技术变迁:思想 |
| 1925 | 福五在老厂旁扩建添加机磨16座。 | 年表 | 一般技术变迁 |
| 1925 | 1925年每只纱锭平均产纱0.86镑,比改革前增加了14.5%,总产量增加了22%,当年盈利11.2万元。到抗战前,申三每日能产18支纱130件,每件用花减至340司马斤,细纱前罗拉的转速提高到220转,能纺20支纱,加油、生线工也减至几个人,大大降低了生产成本,增强了市场竞争力,使申三不仅度过了萧条期,而且规模还有所扩大。 | 荣164 | 工头制度变革促进技术变迁 |
| 1925 | 棉纺业中日本、英国工厂市场和产量等情况。附:1919和1925年,日本在华纱锭比重、布机在中国棉纺业中比重。 | 荣143—144 | 技术变迁情况:技术远远落后日本 |
| 1927 | 福五添1 000千瓦发电机一座。 | 年表 | 一般技术变迁:设备引进 |
| 1927 | 1927年,申三助理荣尔仁看到来厂安装布机的施之栓技术熟练,工作勤快,便邀请他留厂担任机修间(后更名为整理部)主任,后又调任公益铁工厂厂长。为增强企业技术力量,又陆续聘请了胡学训、钱昌夫、蒋绍仪、李文模等组成了布厂新的领导班子。 | 乐114 | 荣尔仁推动技术变迁 |
| 1927 | 1927年,公益铁厂独立经营,称年年有盈余,原来是公益中学实习制造之工厂。1927年工商中学招手不够而停办(1919年开办)。 | 荣222 | 建立技术修理部门:即公益铁工厂前身 |
| 1928 | 商请政府采购棉籽,运往旱灾地区,散发播种,寓于改良。 | 年表 | 技术变迁:改良棉种 |
| 1928 | 1928年,"出品颇竞争,尤其对外。永安已添新机,号召顾客。吾局各厂加意,工程师厂厂有,均添机,改良务条陈。经济有余利,有储蓄,不忧无着。凡属申新,个个非革新,即添机。三厂亦动心设计,求其进步。三、六专管,茂一二同。申各厂由兄请工程师调度。" | 乐102 | 工程师负责制度的普及 |
| 1928 | 1928年起,申新纺织公司在上海和无锡开办职员养成所和职员训练班,至1940年,先后培训250人。接着在上海创办中国纺织染工程补习学校,这所业务夜校除了招收荣家本系统在职技术人员外,还兼收纺织业其他各厂职员,学制二年半,前后共7届毕业生,约400人。 | 《中国企业史。近代卷》企业管理出版社,2004年,第591页 | 技术管理培训 |
| 1929 | 设立机工、女工养成所,对新工人进行系统的职前培训。在改革过程中,新职员认为原有的工人文化水平太低,简直"不可与谋改良",因此申三首先于1929年开办"机工养成所",培养具有纺织机械常识的机工。 | 荣572、579 | 技术管理培训 |
| 1929 | 荣德生十分重视生产技术的革新。1923年,西班牙纺织专家实验成功一项细纱机大牵伸技术,这项新技术继申二之后于1929年被引入申三,是国内最早使用这项新技术的企业之一,大大提高了出纱率和棉纱质量。1934年实业部报告指出"国内大量使用大牵伸,实以该公司为嚆矢。" | 荣管432 | 细纱机大牵伸技术,申二之后于1929年被引入申三 |

续表

| 年份 | 制度事件 | 资料来源 | 制度概念 | 备注(包括其他文献的互相参考和印证) |
|---|---|---|---|---|
| 1929 | 1929年,“永安建新机,兄亦欲添新式泼辣脱锭。风声一播,洋行即来兜卖,价格极克已,觅地无合意者,即在申一旁建屋,名八厂。余见才财两缺,必欲竞争,只可二万锭,多锭不如少锭。查内地一、二万锭者,皆管理易而生利厚,我局锭多利少,人才与资本关系耳。兄不肯示弱于人,仍购买四万锭……(申一)严裕昆任经理,两厂兼顾。工人无训练,出品不佳。” | 乐104 | 技术变迁:设备更新,八厂添新式锭机4万锭 | 1930年,申新八厂新建引进的是当时英国最先进的泼拉脱大牵伸精纺机,此厂号称新厂房、新机器、新人才、新产品,完全可以和日纱匹敌(赵波,2011《家族企业现代管理思想演进研究——以荣家企业为中心》) |
| 1929 | 申一既添八厂,申二亦主添新机,道白生大牵伸纺机,先从老机增加,再添六十支烧毛等机。申三添新电机,加瑞士式纺锭。 | 乐104 | 技术变迁:设备更新 | |
| 1929 | 机械修造厂——在工商中学实习工厂成立公益铁工厂,拟定自己制造纺织机、面粉机。试制纺织面粉机械零件。 | 年表 | 技术变迁:正式成立公益铁工厂 | |
| 1930 | 因为受到战乱和交通影响而让麦等的运费高昂……1929开始购外国小麦,开始转向外国小麦的采购。担心对国内农业的影响,一再呼吁提高小麦的产量,提高质量,并从美国购来大量良种小麦让各地试种。荣宗敬还在1920年自费捐助15 000元购买美国优质棉100吨,让河南和陕西试种。 | 荣230 | 技术变迁:改良小麦 | |
| 1930 | 申三添机到6万锭,布机900台,产量、质量明显提高。 | 年表 | 技术变迁:设备更新 | |
| 1930 | 1930年,“下半年平常,物价日贱,竞争日显。人才不敷,用养成所练习班,年年分送各厂,亦不敷。三厂留用最多,厂固多益。各生至各处任要职,实始于此。由练习而成资本家,比比皆是。种瓜得瓜,种豆得豆,洵非虚语。实力办事,实心干事,应得成功,空言无补。” | 乐108 | 技术人才不敷使用 | |
| 1931 | 申三为抵制日货,自制棉条筒等纺织器材。并设立化验室,由陆崇圻负责试验皮辊漆的药品,同时向美国订购制造梭子的机器一台,准备自造。 | 申新第三纺织厂大事记 | 技术变迁:设立化验室 | |
| 1931 | 外洋挟其技巧,输入吾国,夺吾固有之人工。……吾国不得不学习外国,却是邯郸学步,终于落于人后……甚至认为大量依赖进口机器,除了银元漏卮,还有很大风险,一旦事变突出,或因抵制,或因战争,外货断绝,全国纺织业不将陷于停顿乎! | Q193-1-214,人钟月刊,上海申新第三棉纺织厂 | 技术变迁摆脱外国依赖的思想 | |

续表

| 年份 | 制度事件 | 资料来源 | 制度概念 | 备注(包括其他文献的互相参考和印证) |
|---|---|---|---|---|
| 1931 | 申新容纳日厂退职工人,并辞退原聘请日本技师。说明曾经聘请日本技师促进技术进步。 | 荣354 | 聘请日本技师促进技术进步 | |
| 1931 | 申三厂举办技术竞赛会,优胜者给予奖品。 | 申新第三纺织厂大事记 | 制度促进技术变迁:技术竞赛 | |
| 1931 | 1931年,继续推进技术变迁,制造各种纺织零件。 | 荣354 | 技术变迁:仿造机器零件 | |
| 1932 | 申七大牵伸细纱机能用较粗筱条,纺制细纱,减少粗纺工程一道,因而节省人工、动力、物料等开缴……,本厂常感粗纱不敷痛苦,且谋减轻成本,乃取南厂细纱机两部,将其第二根上罗拉收存,……并更换齿轮,增大抽长定数,试纺三十二支纱,成绩甚佳。因即继续改造,已改成者一万六千锭,余在续改中,为应市面之需要,乃悉改纺四十二支。 | 朱仙舫《申新五七两厂工务改进概要》,荣247 | 技术改造:申七改装大牵伸 | |
| 1932 | 申二自民19年增购道白生大牵伸细纱机十二部,以二道粗纱纺三十二支,获优良成绩后,乃与普通细纱机详细比较其异点,积极钻研其原理,翼以极微改费,就原有细纱机改成大牵伸,减少粗纺工程,节省开支,……结果甚佳。乃将全北厂老道白生、勃拉特各细纱机,概改为大牵伸。如是工程简单,成本减轻。 | 荣246 | 技术改造:申二改装大牵伸 | |
| 1933 | 荣宗敬发起组织中国国产棉布市场及国产棉布产销互助协会,被聘为棉业改进委员会委员、农村复兴委员会委员,起草“一年来之麦粉业”建议政府改良国麦品种。 | 年表 | 技术变迁:改良棉麦 | |
| 1933 | 纱厂技术上一直落后于日本。日本皆纺三十二支纱以上,华商只有十支粗纱,间有三十二支,六十和八十支绝无仅有。其他情况也类似,经营管理也不如日本纱厂先进。有个日本和华商纱支数生产对比。1933年,可以发现日本在高支数上有绝对优势。所以,可以断定中国是以低价和低技术的廉价商品来取胜,容易走上价格竞争的互相残杀的路,而日本以技术和质量取胜,走高端路线。利润也高,又可以利用技术优势避开价格竞争。 | 荣241 | 技术劣于日本厂 | |
| 1933 | 1933年,“一心兼管公益铁工场,仿美式改良,添人加机,以能自造纱机、织机、面粉机为目标。特色人才,先从打样,注重小学从工为出路,调施之铨为主任。职业教育毕业生,招人稍易,一班打样由此而来。原有房屋,不适用者翻造之,翻砂间特别扩大,专揽翻砂生意,微有薄利,兴致甚好,局内面粉厂、纱厂、铁工不假他处,快而妥当,天天有人来接生意,一换前人面目。小小出品甚多,抽水机、轧面机、打包机、小引擎、车水机、丝厂用品、布厂用品、摇纱机等,凡东西来路出品,均能仿之自造。” | 乐114 | 公益自造纺织面粉机器初步成功,翻制小型机器和各种零件 | |

续表

| 年份 | 制度事件 | 资料来源 | 备注 |
| --- | --- | --- | --- |
| 1933 | 公益铁工厂聘请英国工程师路易士，并让施之铨做厂长，工人几百人。 | 荣 524 | 聘请英国工程师 |
| 1933 | 公益铁工厂试制纺纱机、面粉机成功，并制造抽水机、打包机、小引擎以及各种机器零件。 | 年表 | 技术变迁：自造纱机粉机 |
| 1934 | 申一八厂，是年以后，全厂厂房机械，均全部革新，重新排列，以期整齐统一。旋又购大牵伸美机五七二八枚。 | 荣 246 | 技术变迁：革新和重新统一机器布置 |
| 1934 | 申新电力设备情况：各厂原动设备分为电器设备与传动设备。无锡三厂和汉口四厂有发电厂，而沪上各厂因为购电便宜而由上海电力公司供给。无锡三厂新旧发电机各一，前机于 1933 年设立，比旧电机透平可经济一倍。汉口四厂新置之透平效能亦高。其传动设备，大都采用单独马达。 | 荣管 444。实业部报告 | 技术变迁：工厂电力和传动情况 |
| 1934 | 实业部报告指申新系统购进旧工厂，对许多旧机器不惜巨资，概换新式机件。如二七四五八厂。保证品质优良的设备如天冷要给热、天热要通风、空气干燥须给湿，凡此等设备，公司各厂几大半装置。 | 荣管 432 | 巨资大量更换旧机件，并装置大量保证产品优良的设备 |
| 1934 | 技术变迁中，国民党实业部《调查报告书》指出申新盲目扩张和进口机器无统一规划，存在许多弊端。如为整理旧厂付出巨大成本，不如新建立厂划算；技术无统制，机械复杂多样。 | 荣 547 | 技术变迁：无统一标准 |
| 1934 | 现在与本行有厂基押款关系之申新一八二五四厂，其中，八厂机器全系新式，二厂机器，已全部改良，一五厂机器，新旧参半，亦正在改良刷新中。 | 上海商业储蓄银行史料，第 523 页 | 技术改良情况 |
| 1935 | “凡事皆有运，上好纺机到了二厂，就是最坏。试问六十二支股，上海那家能够纺？申二老锭九千二百锭，新锭四万余枚，如何会坏？惜余不能兼顾，若经余手，必不如此。” | 乐续 123 | 技术决定于人事人才 |
| 1935 | 1935 年，茂四用山东产玉麦制成头号粉，色白质韧，前所未有。1936 年，人钟、好做各支棉纱远销南洋。 | 年表 | 技术变迁：研究新产品 |
| 1936 | 申新一八厂 1936 年度会计年报，本年度，本厂添置新式单程清棉机及英国布机 289 台，于年内全部装完。各部产量渐增，成本减轻。 | 荣 523 | 技术变迁：设备更新 |
| 1936 | “春初，因上年各处顺利手，焕然有新气象。茂新一二四照开，福新除四厂外，均开；申新一二三五六七八九亦开，仅申四在后来装齐，迟开。各厂均有盈余，洋行暗中前来兜售添锭，陆续稍有购进。” | 乐续 125 | 技术变迁：设备更新 |
| 1936 | “此时我各厂营业日佳，出品有利，每件可余七八十元，为历年所无。原料、物料，积存充足，纱、布销路甚好，纱改大盘头，大筒子，布则坯布，均系实销。铁工厂尤好，订购络绎，人人欢迎，工作分日夜两班，并已添建公事房、工厂、打样间、翻砂间、工人宿舍、教室、饭店、平车间等屋，准备开始翻制细纱，粗纱、钢丝、清花等机，预计每月出纱锭五千枚。先由申三试用，如果良好，则扩大进行，首先自已换去老机，改为一式大牵伸新机，布机均‘公益式’。从此物料可省，只要备一式者可矣。筒管木锭，亦均自造。次则推行各厂，拆旧换新，如此可少买许多外国货。余自办实业，至此已经四十余年，终能做到自造自用，虽年逾花甲，而对事业之心未衰。” | 乐续 131 | 技术变迁：改造机器、大举采用自造机器 |

续表

| 年份 | 制度事件 | 资料来源 | 备注 |
| --- | --- | --- | --- |
| 1936 | 申新在 1931—1936 年,发展速度下降,但是产纱支数提高,布匹产量增加,新产品扩展。 | 荣 529—533 | 技术变迁新趋势:不断提高纺织生产支数 |
| 1937 | 1937 年,申三提议添机,决定自造,不再向外订购。 | 年表 | 技术变迁:决议自造机器 |
| 1937 | 1937 年,每日可出机器新式布机八台,较日本丰田式、英国狄更式更佳。价格便宜五成之上。其他如面粉机、纺纱锭亦可做出,正在准备大举制造,而抗战事起,工厂机械均被拆毁。 | 荣 525 | 技术变迁:自造机器优于日英相关机型 |
| 1937 | 荣德生甚至要进入矿业,要觅矿开采,自己小炉冶铸做起,计划每日百吨为止。工厂通小铁轨,直至大河,上下驳卸,小件由用汽车装运。种种设施,分头办理,正在勘探铁矿,着手进行。 | 乐续 132 | 为进入矿业作技术准备 |
| 1937 | 公益铁工厂奉政府命生产手榴弹、地雷等军需品。 | 年表 | 转生产军工 |
| 1937 | 申三拆旧机装自制公益式机械,纺部改装大牵伸。 | 年表 | 技术改造:改装大牵伸 |

备注:乐、乐续、荣、荣管、年表等简称请参见说明;①现代社会一般将技术进步分为 3 个分支,即新产品和新工艺的发明、把发明转化成为商业应用的创新以及把革新普及到经济社会的扩散。因此,技术进步包括技术发明、技术创新和技术扩散 3 部分。但对于近代中国的民族棉纺织工业来说,在发展初期,海外先进技术的引进成为推动该行业技术进步的主要因素,而技术发明、技术创新和技术扩散等技术进步方式则在近代中国民族棉纺织工业发展的中、后期起到了促进技术进步的重要作用。②本文一般技术变迁分为:设备更新、科学研究、培训学习。③近代中国技术引进的实体是机器设备引进,早期是英国机器为主,一战期间转为美国设备。日本丰田因为物美价廉,在 20 世纪二三十年代迅速占领国内市场,中国也开始从机器零件开始仿造机器,1923 年中国铁工厂最早仿制成功自动织布机,1935 年大隆机器厂仿制出整套棉纺机,标志着中国棉纺织机器技术的巨大进步。申新、大生为代表的纺织厂大量率先进口最新国外机器,引中国技术变迁之牛耳。④荣家企业中的技术与知识对应,范围大得多,涉及对新知识的学习、对洋人的学习模仿、和外国工程师的接触,还有自己工人的改进,技术的纵向和横向扩展、人才的使用和投资都是关系到技术的改进的。⑤张东刚指出,1895—1936 年,技术进步对近代棉纺织业产值增长速度的贡献率为 8.6%,作用显著。张东刚、李东生:《近代中国民族棉纺织工业技术进步研究》,《经济评论》2007 年第 6 期。⑥赵冈(1997,中国棉纺织史,P167)指出:华厂在技术学习方面的学习速度并不比日厂慢多少,但却在西方式现代化账务计划和企业管理方面的学习上很慢。

附表 4.1:荣家企业各种生产设备数据汇总

**荣家企业各种生产设备数据汇总**

| 年份 | 申新各厂的机器台数及产量 | | | | | | 茂、福各厂的市场份额 | | | 备注 |
|---|---|---|---|---|---|---|---|---|---|---|
| | 纺织 | | | | 面粉 | | 纱锭数 | 布机台数 | 面粉 | |
| | 布机台 | 棉布产量 | 纱锭 | 棉纱产量 | 粉磨 | 年生产能力 | | | | |
| 1903 | | | | | 4 | 90 | | | | 面粉厂的技术变迁与利润增加是同步变化的。纺织厂的技术变迁和报酬不一定同步,原因是借款扩张,带来变化。 |
| 1904 | | | | | 4 | 90 | | | | |
| 1905 | | | | | 10 | 240 | | | | |
| 1906 | | | | | 10 | 240 | | | | |
| 1907 | | | | | 10 | 240 | | | | |
| 1908 | | | | | 10 | 240 | | | | |
| 1909 | | | | | 10 | 240 | | | | |
| 1910 | | | | | 18 | 900 | | | | |
| 1911 | | | | | 18 | 900 | | | | |
| 1912 | | | | | 18 | 900 | | | | |
| 1913 | | | | | 43 | 2 520 | | | | |
| 1914 | | | | | 64 | 4 170 | | | | |
| 1915 | | | | | 64 | 4 170 | | | | |
| 1916 | | | 12 960 | | 89 | 6 030 | | | | |
| 1917 | 350 | | 12 960 | | 107 | 7 530 | | | | |
| 1918 | 600 | | 12 960 | | 115 | 7 650 | | | | |
| 1919 | 700 | | 55 872 | | 170 | 12 600 | | | | |
| 1920 | 1 111 | | 74 280 | | 270 | 19 950 | | | | |
| 1921 | 1 111 | | 74 280 | | 294 | 22 350 | | | 31.40% | |
| 1922 | 1 615 | 359 530 | 134 907 | 80 356 | 318 | 24 900 | | | | |
| 1923 | 1 615 | 701 871 | 140 008 | 75 343 | 318 | 24 900 | | | | |
| 1924 | 1 615 | | 140 008 | 82 081 | 318 | 24 900 | | | | |
| 1925 | 1 615 | 976 441 | 184 620 | 97 264 | 319 | 25 860 | | | | |

续表

| 年份 | 申新各厂的机器台数及产量 | | | | | | 茂、福各厂的市场份额 | | | 备注 |
|---|---|---|---|---|---|---|---|---|---|---|
| | 纺织 | | | | 面粉 | | 纱锭数 | 布机台数 | 面粉 | |
| | 布机台 | 棉布产量 | 纱锭 | 棉纱产量 | 粉磨 | 年生产能力 | | | | |
| 1926 | 1 888 | 1 021 730 | 189 804 | 116 667 | 343 | 27 660 | | | | |
| 1927 | 1 888 | 1 068 393 | 189 804 | 86 741 | 346 | 28 860 | | | | |
| 1928 | 2 262 | 1 462 784 | 197 896 | 143 550 | 346 | 28 860 | | | | |
| 1929 | 2 708 | 1 704 068 | 280 532 | 165 127 | 346 | 28 860 | | | | |
| 1930 | 2 836 | 1 742 310 | 327 352 | 182 925 | 347 | 28 950 | | | | |
| 1931 | 4 757 | 2 432 207 | 460 000 | 221 213 | 347 | 28 950 | | | | |
| 1932 | 5 357 | 2 798 486 | 521 552 | 306 248 | 347 | 28 950 | 20% | 28% | | |
| 1933 | 4 852 | 2 376 940 | 551 860 | 294 805 | 347 | 28 950 | | | | |
| 1934 | 4 861 | 2 346 448 | 555 144 | 304 567 | 347 | 28 950 | | | | |
| 1935 | 5 066 | 2 432 050 | 563 840 | 285 928 | 347 | 28 950 | | | | |
| 1936 | 5 304 | 2 884 272 | 570 000 | 319 653 | 347 | 28 950 | | | | |
| 1937 | | | | | | | | | | |

数据来源:《荣家企业史料(上册)》,第 613—615 页,附表一、表二、表三合编。

## 附表 5:荣家企业经营理念

### 荣家企业经营理念变迁

| 年份 | 制度事件 | 资料来源 | 制度评价 |
|---|---|---|---|
| 1900 | 1899 年荣德生知道面粉是外人所需,免税物,加上本已经有办实业之心报国,特别是义和团运动时,乱世中由钱庄汇兑业务中知道,大半是增裕、阜丰两粉厂办麦所用。前既见广东洋粉充斥,今又见苏省机粉畅销,知道粉业关系民生所需,倘在无锡产麦区建一厂,必能发达。 | 荣 10 | 洞察力 |
| 1900 | 通过米行经理推荐,去上海美商增裕参观,去阜丰,不允参观,去天津和芜湖,均不知道详细情况,大约造本三四万,托瑞生洋行尤葛民,同乡介绍,问明制粉事。 | 乐 33 | 学习精神 |
| 1902 | “继思钱庄营业,专恃放款以博微利,不如举办实业,以利民生,兼可副乃父之期望。”指参与集资保兴面粉厂事。 | 实业家荣丈昆仲创业史 | 实业思想 |
| 1902 | 时经理住厂中见营业并无大利益,和卿已故,心中无大希望,左右亦无实业思想。 | 乐 41 | 反面例子 |
| 1902 | 1902 年 9 月,到芜湖益新面粉厂参观。 | 乐 41、42 | 荣德生多处参观学习其他面粉和纱厂的经营 |

续表

| 年份 | 制度事件 | 资料来源 | 制度评价 |
|---|---|---|---|
| 1902 | 《荣家企业史料座谈会记录》，荣得其：荣宗敬为什么不办别厂而要面粉厂纱厂，回答是民以食为天；周转快，原料今天进厂，明天出来产品。并指出曾经贩卖米到天津，结果蚀去二千元。因为米不同于面粉，没有加工过，不容易赚钱。 | 荣管 197 | 关于企业资本周转和经营民生的理念 |
| 1902 | 《荣家企业史料座谈会记录》，荣毅仁：最终是两江总督刘坤一出来帮忙，还是由于企业主要是朱仲甫的。 | 荣管 198 | 制度环境：官府支持 |
| 1903 | 出粉稍改良，麦机添一只，由韩福记造。水洗不用，因麦潮，出粉软，顾客不乐购。 | 乐 43 | 实践中不断学习 |
| 1903 | 茂新自改后，每日去路稍爽。添一粉筛，自做仿造也。想去华兴参观学习，彼老板不允许人看。烟台庄收去，苏锡申足以销完，只望增出数。惟石磨时时要停，不能够多出，粉比人小二角，所以难于获利。 | 乐 43 | 实践中不断学习 |
| 1903 | 1903 年，“并至杭参观官办粉厂……与保兴则是石磨，日出三百包，地位不佳，后未能开成。”“后顺流西湖，天天阴雨，住通益公纱厂客房，定货出货者住满。总办高懿诚，府班，为人勤俭，陪观全厂，余将扼要一一抄入日记，为后来做纱厂基础。” | 乐 41 | 实践中不断学习 |
| 1904 | 订茂新厂规及职工办事章程，经常研究工厂管理办法。9 月赴南京镇江调查粉麦产销情况。 | 年表 | 学习调查和研究 |
| 1904 | 1904 年，荣德生感觉茂新在大好形势下却没有什么利润，“市价因石而小，华兴、阜丰、增裕，则大为得利。”几经设法，才去买通黑炭工头去华兴参观，上下各处机器均看明，并将要点摘下来，决心改添用钢磨。“无奈添本不易，自己无此数十万之巨款，外招更难，即招到，亦无同心可奋斗者。” | 乐 45 | 实践中学习、产生融资理念 |
| 1905 | 向洋行办理们订购茂新粉机，学习粉纱机械知识，常常就不懂的地方请教别人。 | 年表 | 实践中不断学习 |
| 1905 | 欲至姜堰麦庄……调查麦情二三天。 | 乐 45 | 实践调查 |
| 1905 | 早起晚归，只睡六个小时。粉厂之外，又添纱厂，倍感忙碌矣。而理想不停。 | 乐 47 | 勤奋努力 |
| 1907 | 振新二月正式开机，日夜出纱廿二三件，市价每件一百十二三元，合八十七两，无甚利也。振新开业到中秋，已经欠裕大祥卅余万两。叶振斋为银钱董事，与石君商量。经理在申，副经理读书，不知生意，一味扳价，请为主张。让荣德生出面去兼理纱厂。荣德生开始力辞，最后答应帮助云伯(经理)，销清存货，至年不再欠款，明年决不再办，由股东解决。 | 乐 51 | 反面事例 |
| 1907 | 荣德生于是迅速查明存货，招纱号，一月售完，二月出清，并不亏折……买籽花五千包……得到总经理赞赏。每日到厂，看各部分利弊得失，一一明了。用花若干，出数如何可以增加，开支如何可以扯轻，牌子会好。数月做过，颇见功效，于是各散股东略为安心。 | 乐 51 | 努力实践 |
| 1908 | 荣宗敬赴京津视察粉销状况。 | 年表 | 调查、收集市场信息 |
| 1908 | “余由此得经历，一味顾大局，各事均得分寸，一一布置。” | 乐农 54 | 干中学 |
| 1908 | 广生收歇，后来，常存恢复之想，但因人力、财力只能专顾实业，无暇于此，终未如愿。 | 《荣德生文集》，第 313 页；《先兄宗敬纪事述略》 | 恢复钱庄的思想 |
| 1909 | 荣德生在锡潜心研究厂务管理及劳动安全。尤其注意厂内和营业方面人事安排，佐理人员大都才具干练，经验丰富。如吴昆生、浦文汀、查促康、杨少裳、王禹卿、荣浩泰、浦志达。并参照欧美杂志样本，改进工场设计。 | 年表 | 潜心研究厂务、企业人才渐渐干练 |
| 1909 | “余每至申，物色杂志样本，余暇时加以涉览。” | 乐 55 | 学习新知识 |

续表

| 年份 | 制度事件 | 资料来源 | 制度评价 |
|---|---|---|---|
| 1909 | 后会场亦分批发、出货入赛,纱厂亦预备参加赛会,制阔大布,后得奖。学校方面,则竞化之织工;余出新木器,先在本邑预赛。 | 荣22 | 参加比赛树立名誉、增加知识 |
| 1909 | 荣德生在危机时定机扩展,研究很久,不敢即做,认为金融上非有帮忙不可,就去问卦,得"拨茅连茹"并且得到指示,大胆定机造厂,后认为灵验,"后果验,乃日后接连造厂之机也。" | 乐56 | 宗教信仰影响决策 |
| 1909 | "机器定好,先付二成,八成分二年,约十万。房屋由魏清记包造,交屋后付款,计一万零二百两。老引擎折去,装四百马力引擎,价四千两;炉子三千两。其余折下之引擎,售与南洋劝业会,作电灯厂。"机器买回投产后,茂新又将旧式机器拆去,采用大马达生产。茂新此前低迷不振的经营局面顿时改观,"新粉质量良好,推销甚爽"。此后,茂新面粉厂在市场上站稳了脚跟。 | 乐56 | 分期付款、技术变迁促进产品质量等经营理念 |
| 1909 | 1912年春节过后,振新因原棉短缺面临停工危机,荣氏兄弟在董事会上提出要各董事垫款赎回栈单,但未获结果。"欲请各董事垫款五千元,购花栈单,无一应者,一时不能开工,棉花已无。"荣德生不得不通过聚生钱庄账房先生以个人交情私下取出栈单,谈妥约日"归款送还,不失信用"。荣德生取到栈单,立即出货投产,于是售纱贴现取款,企业资金得到了周转。 | 乐60 | 有限责任公司不可为 |
| 1909 | 荣德生在锡潜心研究厂务管理,及劳动安全。尤其注意厂内和营业方面人事安排,佐理人员大都才具干练,经验丰富。如吴昆生、浦文汀、查促康、杨少裳、王禹卿、荣浩泰、浦志达。并参照欧美杂志样本,改进工场设计。 | 年表 | 研究学习 |
| 1909 | "余每至申,物色杂志样本,余暇时加以涉览。夏间,向美商恒丰洋行讨样本。据称,新代理白乃里司最新式之粉机,要样本可送,须缓一二月可来。至秋寄到,由兄去取,并谈价若干,兜买一副,格外便宜。为推销起见,可放款。""此言余得知,久慕美机,无力购置,股东力量,决无如许,只有欠入赚下还钱,方有发达之日。穷思极想,建筑无力,因需要现金难借也。一面问明定机方法,一面计划厂屋地位,拆改一切办法,石磨拆除,打米机出售,改作麦间,粉机照样本计地方尺,一一算好。彼时无工程师、建筑师,只靠自己一切预备,本属筹谋。" | 乐55 | 研究学习 |
| 1910 | 二月,新机落成,外人福白司偕王星斋亲到,拍照记之。新粉品质良好,推销甚爽。惟牌子初改兵船,人尚压低,仍不及华兴、阜丰为高,心终不服。质地、粉色、经线、分斤准足,外貌、装潢、颜色悉照外粉及同业发行式样,一一如式,如此在市并行。 | 乐56 | 品牌经营理念 |
| 1910 | 振新纱已与苏"天官"、日纱"蓝鱼"等并价,每日出数卅二件,用花三百四十二三斤,开支每件不出廿元,如此省法,实为人所不及。每件纱可赚数元,不出十元耳。时外纱竞销,欲多不能也。 | 乐57 | 大力节省成本的理念 |
| 1910 | 南京劝业会请去参观,连去参观三次。地场大,各省有馆,一次看不了,全国物产有朝气。余得奖牌三等二块,一时荣幸。 | 乐57 | 参观学习 |
| 1910 | (茂新面粉厂查封风波)从事说项者,朱企臣与友汪君为多,至可感也。两委员接申撤回信辞行,我即雇船办菜送行,承奖语有加,谓:"从未见有遇如此重要事,而从容照办,一切条理井然,至办妥而已,将来前途无限。"余亦感其公正宽容,许我设法办好。 | 乐58 | 办事从容、应对有度 |
| 1911 | "余心中有时觉闷,与浦先生至惠山吃茶,一日过北塘,正夕阳西下,日光返照墙上,见水渍三四尺高,余云:麦已变坏,受潮复又受热,失晒热伤,与粉色、经线均有关。即至接官亭堆栈,取样试验,果然。从此得决,栈中热坏麦不收,江北亦同。阜丰执坏姜麦甚多。王石泉辞职歇,后到我处。" | 乐59,荣30 | 敏锐洞察力、面粉质量控制 |
| 1911 | 两厂照常开。春多阴雨,小麦年境本差,收场又雨,质地平常。出新囤户甚多,阜丰兴致尤佳。锡地……不数年粉厂共有五家矣。业麦者皆存货,于是滥收上栈。余则不存,见姜堰酵共存百万担,浦先生亦主不存。人取我弃,以观后来。且麦贵粉贱,并无利益。厂多,出数巨,资本少者,竞销尤甚。 | 乐58 | 收购原料的经营理念 |

续表

| 年份 | 制度事件 | 资料来源 | 制度评价 |
| --- | --- | --- | --- |
| 1911 | 总董荣瑞馨以权谋私,投机,竟以振兴地产押入英商汇丰银行,以垫补他投机股市的巨额亏损,以致企业险被查封厂产。“瑞馨又亏巨数……批发已在三洋泾桥沿浜二楼,雪梅为账房,被其将茂新书柬倒押,在保人字上蓋之而去,不知何用。至七月发觉,追讨无着。”瑞馨无钱赎回,汇丰交上海道台转请商会派王、匡两人来厂说明原因,如无办法,要查封工厂。满城风雨,往来均到,有欠追讨。信成银行经理将晚来出货,余因晚不允,同坐至天明,一夜未睡。裕宁请总督转县查封,因是押款,据理力争,由商会代呈而止。于是将进行办法到申兄弟共商,四出请人帮助转押,连三十八日而成。余每早至申,晚车而回,计卅余次。托人借款,后由李裕成及信成周舜卿共借八万两,用庄活期四万两,厂内凑出四万两,赎回了事。 | 乐 57 | 有限责任公司不可为 |
| 1912 | 茂新原材料缺乏,资金无法周转。几濒搁浅。幸得购川麦一批,始得立住脚地,营业由此好转。第二次危机,荣德生始学经济学法则,洞悉原理。 | 年表 | 渡过周转困难、自学经济学 |
| 1912 | “民国元年(1912 年)茂新牌子甚佳,人人称赞、各厂皆滞,惟我独俏,价已超过‘老车’,目的已达。他厂无利,麦贵粉贱,我则无存货……外面只知我新美机之佳……不知我办麦当心,剔去熟坏麦也。” | 《乐农 1912—1913 年纪事》 | 产品质量方面的经营理念 |
| 1912 | 是年,新麦平常,仍由江北办来。纱也平淡,无甚利益。因开支节省,月月有余。两厂皆稳,名誉甚佳,历过难关,立于不败。 | 乐 62 | 节省开支等经营理念 |
| 1912 | “车已开,即售纱,贴现取款,送太仓,开秤收花装厂,源源而来,已应用。每售纱,皆贴现送太。”荣德生“惟茂新进麦划款,无往来不便,即想出三日划条付现,二厂通融。”自己买禅臣德国式大铁箱两只,以装银洋。因为不在钱庄开户,要自往自来,一年可省利息不少。“余已学社会及国家经济数年,调度异于寻常,自己种种亦稳而有备,各事安排好。” | 乐 61 | 大胆应用经济调度 |
| 1912 | “三姓六兄弟”即指荣氏、浦氏和王氏。其中浦文汀办麦有办法,王禹卿则于销售有门道,三姓联合起来,形成优势,根据他们的成功经验,荣氏企业的收购、批发、销售,形成一种以上海为龙头,联结口岸和广阔腹地灵活通畅的网络。 | 荣 32—33 | 办麦、销售和管理强强联合的经营理念 |
| 1912 | 1912 年振新营业一好,荣氏兄弟又扩张生产,产生添机扩充之想,“余因曾经为茂新冒险添机,解除困难,今天天有利,大局转安,振新必须加添机器,减轻开支,方能解除困苦。” | 荣 29、31 | 规模经营初步思想 |
| 1913 | 茂新照常,营业颇佳,牌子最好,已比老牌升至二分,处处乐用。上年得决,在进高麦。本年仍本此意,在申买川麦。兵船牌经此两年,从此立住脚地。后来发展,皆用此牌,占利不少。 | 乐 66 | 品牌经营理念 |
| 1913 | 1913 年,“夏间,德商霭益奇派来工程师,……工程师朴克,德人也,其夫人为法人,和蔼文雅,夫妇谦和……半年如一日,颇佩其人格。”“樸克装机完毕辞去,试灵,郑重道别,绝无工人气。” | 乐 67、69 | 外国工程师职业道德和人格影响 |
| 1913 | 荣氏企业控制原料,每当新麦登场,茂新就抢先购大量新麦,而其他规模较小的厂,只能随购随做,到了市场上买不到原料时就停工。惟茂新有存储大量小麦,可以长期生产。荣氏凭社会上的信誉,大量抛售远期栈单,作为调度资金的手段,有利于扩大再生产。还在欧战初期,在粉袋中放铜元的办法,作为彩头,粉袋也比其他厂大且布质较好,以吸引顾客购买。 | 荣 50 | 操纵原料市场、促销理念 |
| 1914 | “是年,茂新余十二万两。振新余廿万元,付官息,未分余,还机款。茂新亦同。福一二三均有余。名誉日起,作事较易,思想宽大,义务亦增,是政府奖给匾额一方。”“人民企业心不少,各省皆然。余已自有主张,逐步进行,兄意亦同。选用同事,取勤俭练达,初无恶习气、虽各厂均余,尚觉安然,无争执之象。惟振新董事会,已知难合作。” | 乐 71 | 人事、经营等方面理念 |

续表

| 年份 | 制度事件 | 资料来源 | 制度评价 |
|---|---|---|---|
| 1914 | 1914年,“振新机器装齐,全开三万锭,常出七十万余件,开支扯轻,连官利不满二十元,经理与职员薪水共四百廿元,只用三十三人,每日可余600元。”因为经营顺利,在振新时得到大股东兰舫和英人开福的称赞。十一日,兰舫先生与英人开福来参观,已全厂用电力,别开生面,有一种新式整齐气概,不若公益纱厂,怡和纱厂之老式样,开福赞美不已,但云:我国人也得如此!于是到处揄扬。开福友谊有加,后申新三厂设立,托彼办机装运,得力不少。 | 乐69 | 经营管理得到外国人称赞 |
| 1914 | 1914年,荣德生“申锡气象已大,董事会目光不远,还款将半,欠款轻松。瑞馨已有异心,余不知,……余说明,欲造振新厂四所,二厂在申,三厂在宁,四厂在郑。董事会闻之大骇,谓:‘若此,即赚钱,股东永无希望拿得现钱。’余谓:‘要拿大钱,所以要大生产,照三万锭,能赚几何?彼时,内地无过三万者,所以看得大。余料爱刹理司远东经理口气,照我所做,深得交易信用,一次还清,欠二次、三次,决能办到,所以如此先定计划也。” | 乐71 | 与振新股东产生经营理念冲突 |
| 1914 | “余每晚必看书至十时后,各人苦之,总管吴炳奎尤不安,彼时时偷闲,出外应酬,我不离账户,彼必陪我闲谈。” | 乐71 | 学习精神强烈 |
| 1914 | 振新开三万锭子,利益已稳。计划欲添二万,遂购厂对岸地八亩为栈房,取其谨慎也。秋间,至郑州……招绘图房常州人看定下站西首空地四十亩,拟日后作厂基及栈房之用……回来商董事会,未能通过而止。 | 乐70 | 有限责任公司不可为 |
| 1914 | 《福新二、四、八厂仓厂经过》:总经理荣宗敬富于商业经验,预先与粉号、粉客、粉经手人联络,以故感情深。出粉之后,全市竞购,以至销到南北省份,广受欢迎。 | 荣管309 | 营造人际网络帮助销售 |
| 1915 | 申新一厂成立。1915年,荣德生辞职,兄弟俩一起从振新退股,并决定以无限公司组织形式另创荣家,自己发展企业的新局面。根据1914年民国北京政府农商部颁布的《公司条例》规定的公司类型,企业的正式名称为“申新纺织无限公司”。 | 荣52—53 | 无限责任公司理念 |
| 1915 | 1915年,查账风波,“二月,董事已经露无现金分红不满之意,联络各董事,命查账,余候查不能出游,四十天始毕”董事会降职荣德生为副经理,自云“目前机款未还清,负责尚重,虽命余为小工亦不辞,责任使然也。乃时知已难合,决辞去另立。近我者均以为然,惟以存客气为主。” | 乐72 | 职业道德:责任心 |
| 1915 | “时欧战已起,对外停顿,汇票稍长,外贵内贱,无战时经验,余认为可放手做纱、粉,必需品也。” | 乐76 | 战略经营理念 |
| 1915 | 荣德生退出振新时,一股东张叔和,力挽为协理,荣德生自己要做,不做。“彼云:我有道理,君尚拟再创纱厂否?答:学业初成,如何不做?”“吃花酒,我要跟瑞馨,做生意要跟你,稳可赚钱,君创新局,我必入股,不可却。” | 乐73 | 振新股东信任 |
| 1915 | 振新股东意见不合,决定与兄另谋发展,并愤有限公司股东之掣肘,以后一切企业,均采取无限(公司)组织。 | 荣54 | 无限责任公司理念 |
| 1915 | 爱刹理司对荣德生说“荣先生,我到中国,未遇如先生者。勿必开帐,发一电报至英国厂中,装现货来,四个月交清,连清单收款。余亦信之,即定此规,并云:我对他处,不肯如此。湖南四万锭,至今尚未开箱,实为不快。与君交易,已为二次,厂中乐闻也”。 | 乐74 | 商业信誉 |
| 1916 | 考察到汉,看礄口建筑填基,见墙脚太浅,电申,与工头交涉加固。至七年完成。 | 乐76 | 亲事亲为、考察汉口建厂 |
| 1916 | 想在外地开厂,以出游为名,考察湖北河南山东……道口,小清河处很是合意。已经准备立案购机,“正在进行,被该省绅士王君禀部立案,并专利,使我不能造厂。后至京,与部员商量,具云可向平政院起诉。余意不可,明知可胜,人地不宜,营业必败。”《乐农1916年纪事》可以见到荣德生重视经营上的天时地利人和,认为如果受到当地的阻碍经营必败。然后改为在济南,是为茂四来由。 | 乐76 | 传统“天时地利人和”文化融入经营理念 |

续表

| 年份 | 制度事件 | 资料来源 | 制度评价 |
|---|---|---|---|
| 1916 | 申新至年余十一万元，福一二三四均余，同业均不甚佳，牌子、进麦、开支不同也。茂一、二尤好，到年余十六万八千元。 | 乐 76 | 牌子、进麦、开支的经营理念 |
| 1916 | 多品牌经营，福新三厂 1916 年正式开车，雇佣职员二十人，工人八十人。商标为宝星、蝠寿。 | 荣 37 | 品牌方面的理念 |
| 1917 | 荣德生力主粉价畅销时以成本计值，不求厚利。 | 荣 98 | 不求厚利的思想 |
| 1917 | （又租宝兴面粉厂二年，请荣月泉为经理。）“月泉曾任交通部电政督办，电政司司长……清廉无钱。余先知其有弃仕之意，遂聘为经理。余并将已股之余利让与，亏则由余独负，故乃欣然出就，并由余及陆君辅臣相助改良，由一千五百包增加至二千以上，月月有余。”“原厂张观衔转租，遂谓余曰：此财只派你发，小麦多做点，分润分润。二年后到期，十三万八千大丰陆维镛买去，最后以四万余元售与冯屺怀拆赴蚌埠。”“时正欧战，粉销不患不畅，但粉价维持平稳，以原料核计，不求厚利也。” | 乐 79 | 用人、定价方面理念 |
| 1917 | “余有意（在锡）建厂，此时已欧战，爱刹理司经理已故。申新一厂无法添锭，只物色到二部旧货。生意转佳，月月大赚，不肯抛售故也。于是先行以大新名义购地”，（不料上海）恒昌源亦有出售意，荣宗敬云：地好，不听荣德生之旧机不合的劝告，四十万买下。屋破机旧，后吃苦不少。荣德生“不违兄意，入股四成，是为申新二厂请丁梓仁为经理，不久，丁君知难而退，历换经理之多，此厂为最。” | 乐 79 | 经营理念冲突 |
| 1917 | “又租华兴面粉厂，为福新六厂，以查仲康为经理。此时，昔年相从老友，都为经理。少棠在汉办麦，亦兼福五经理矣。” | 乐 79 | 用人理念 |
| 1917 | 福一增加股东王尧臣 1 万元股份，但是董事会专门决议，红利官利可以一样享受同等待遇，却惟议事权则仍照原数股份取之。因原议足有地不添外股之条分，所以能让红利不能动摇根本。 | 增加股份不增加表决议事权的制度安排 | 无限责任的理念 |
| 1918 | 福新五厂于 1918 年完工，1916 年集资筹建。余去见小麦多石沙，命雇工拣出，以顾牌子，取其优胜。后来得力于此，比他牌多一角，年年有利。并为申厂兼代办麦。茂二议添美机一副，两共四千袋，接长厂屋，加添栈房。 | 乐 82 | 产品质量控制理念 |
| 1919 | 深知欧美机制工作，日新月异，欲资师道，非从实地考察不可。荣君月泉，曾游学海外，熟悉彼邦情形，因特派赴欧美从事考察……（时值巴黎和会）上海总商会以历年受税则不平等之束缚，国计民生，交受其困，乃委荣君顺道赴法请愿……留美两阅月，五月渡海赴英，旋赴巴黎……后始复赴英考察英国纺织中心孟哲斯德凡三阅月。 | 荣 69 | 派人实地考察外国，更直接学习西方 |
| 1919 | “各厂之陆续添设，既无大资本，更未尝依赖人，完全余与兄同心合力，靠思想勤劳耐苦，一味专心事业，为社会造福，非为自己享福。一切待遇，与同事工人共甘苦，所以无不敬服。即有误错，如小出入，每多原谅，处处以放开心胸，放大眼界，俾底于成。”“一年统计，纳税于国家者不少，资助于社会及学校亦多。至此，而信外国培植人才、专心实业之效如此。” | 乐 85 | 经营理念总结 |
| 1919 | 上海全市罢业期间，设宴招待欧美侨商，荣宗敬讲话稿中流露对西方文明的尊重“并且历受诸贵国文明感化虽罢课、罢市、罢工十余天，而仍安静如常，绝无一毫暴动，当可邀世界诸大国共谅。” | 荣 63－64 | 西方文明影响信念 |
| 1919 | 茂、福新粉之广，尝至伦敦，各处出粉之多，无出其上，至是有称以“大王”者。自维愧悚，不足担当此盛名，仍思力谋扩充，造福人群。此点美国杂志上曾有记载。 | 乐 86 | 恭谦面对称誉 |
| 1919 | 荣宗敬投机思想渊源：1919 年五四，全市罢市宴请欧美侨商，一外商建议“现在欧美商人各国交易所风起云涌，已经成为批发贸易的主要场所，日本效法欧美成绩显著……”日本在上海成立所谓“取引所”——可以控制原材料与成品价格，又兼营棉花贸易，可以操纵棉花市场，致中国厂家于死命。操作手法“远近期套做，厂存现纱与交易所套做。其中花纱套做最稳扎稳打，又获利丰厚，经常采用。” | 《最大家庭企业的创始人——荣宗敬荣德生》，第 102 页 | 投机理念再度生成 |

续表

| 年份 | 制度事件 | 资料来源 | 制度评价 |
|---|---|---|---|
| 1919 | 新老机并入一处,新建合式厂屋,规模已大,管理稍难。职员已生二心,余已知,不便说穿。轧数已明,混于布轻袋次,只能糊涂。然事业之大,亦由此而成,新老机共为三万八千锭。 | 乐84 | 对职员宽容的理念 |
| 1920 | ……迨粉厂加增,求过于供,爰陆续派遣厂员赴各地劝导种麦,更岁集巨资,补助农事实验场。良以麦产若不增加,势必取给外洋,金钱输出,影响农村。然潮流所趋,殊非一手一足之烈所能挽救。欧战之际,吾国面粉为一时输出品大宗,而粉厂次弟设立,于斯为盛,小麦产量有限,遂不得不采用国外原料,其数量且与年俱。 | 荣宗敬:《农村衰落之过程及复兴之管见》,荣72 | 劝种小麦 |
| 1920 | 重视人才,荣德生自己重用许多人才不说,建立申三时请美国技师白郎,待遇丰厚,月薪600元,供给一套漂亮的住宅和一艘专门游览的汽艇。 | 乐87,荣90 | 重视人才理念 |
| 1921 | 信交风潮中,此前,荣德生有远见,力劝不要成立交易所,认为成立后,与我权利不纳,面粉交易所亦同。后来共一百零五种,收歇只剩五种。烟酒交易所主任钱某、黄沙石子砖瓦交易所主任周某还有无锡有人要办交易所,都为荣德生劝止。当日似乎煞风景,至失败时,均谓幸而未做也。 | 乐90 | 反对投机的理念 |
| 1921 | (总公司)规模阔大,当时办实业有如许,即南通张謇亦不能过。用人既多,耗费日加,进此屋后,从此多事,口舌时现,反不若三洋泾桥静。 | 乐91 | 经营理念冲突 |
| 1921 | 总公司会计主任许淑娱曾对会计部门人员说:"我们在此虽为糊口,惟真正目的则在于推行成本会计,但总经理对会计部门的设立,则视作银行利息的附加,还比钱庄利息合算。" | 荣291 | 不重视财务核算 |
| 1921 | 荣宗敬还认为"从来旧学为体,新学为用,最合时宜。我不采用银行的纯新式,我们是旧账新表,中外咸宜。" | 荣291 | 旧学为体,新学为用的理念 |
| 1922 | 在生产过程中精选原料,精纺精织,申三生产的纱、布成为当时申新系统首屈一指的甲级产品,畅销于京(宁)沪线、浙赣线一带。荣德生在(乐农自订行年纪事)中多次写道:"申三出纱甚好,惜反对人已不及见矣。""布甚佳,到处乐用。" | 乐农 | 品牌质量意识 |
| 1922 | (荣氏企业)在定价权上占了优势,压低小麦进价,提高粉价。每次由上海总公司根据市场行情和交易所行情,当麦粉交换有利时,就电报通知各麦庄收购,所以各麦庄的行动与上海粉麦市场和交易所投机买卖有密切关系 。甚至在每年小麦登场时,大量抛面粉,压低粉价、麦价,以便廉价购进原料。 | 荣83 | 原材料市场控制 |
| 1923 | 无限公司下产生的集权,使得把盈利投入到企业一体化中去这一决策能够成为企业高级管理层内部一致的战略思想。申总会计部门职员荣得其形象地说:"申新除发股息外,一般不发红利给股东,盈余不断滚下去,用来扩大再生产;如象烧肉,老汁水永远不倒出来。别的厂就不同,红利都分掉,所以碰到困难,就站不住脚了。" | 《申总会计部门职员荣得其访问记录》,荣111 | 独特的投资理念 |
| 1923 | 申各厂归兄专管,余不如从前常来去矣。款项出入,锡、济归余,当归兄。至年,平稳而过,通扯有薄利。 | 乐94 | 经营信念不同而分流 |
| 1923 | 荣宗敬说:"商战必须争取时间,造厂力求其快,设备力求其新,开工办求其足!扩展力求其多,因之无月不添机,无时不在运转" | 《荣家经营纺织和制粉企业六十年》 | 荣宗敬关于商战的经营理念 |
| 1923 | 教实联合会时往开会,欲设化学工厂,筹不出资本而罢。工程师赵君,常州人,颇有学问经验,后到天津,用其所学之一部分,即见大效。余个人本有意,因曾云"不能放大经济,以误他事耳" | 乐94 | 投资理念 |
| 1923 | 《荣家企业史料座谈会记录》,荣毅仁:(荣宗敬)伯伯重业务,主张做交易所,重洋,喜欢请外国人,重视科学知识。(荣德生)父亲反对交易所,重视生产成本,重土,比较保守些。但是两人发展事业是一致的,只是办法不同。荣鄂生、薛明剑都有赞同:两位先生要求进取是一致的。 | 荣管199 | 企业进取心、荣氏兄弟对传统、现代各有偏重 |

续表

| 年份 | 制度事件 | 资料来源 | 制度评价 |
| --- | --- | --- | --- |
| 1924 | 对工人管理,荣德生慢慢加入中国传统的仁政和德治思想。广东国民党开第一次代表大会,各地工厂潜伏共产性,人心不安,防不胜防。谈到申三因为工人运动而生人心不安,荣德生用"防不胜防,善用宽宏优容之道,勉强相安"。又因市面不佳,时时留心花纱布之成本,开支减省,勉强维持,申各厂则停歇过半矣。"申三复开尚好,惟人心不如前。" | 乐 95 | 传统的仁政和德治思想渗入经营理念 |
| 1924 | 新旧并用,在会计制度上如此,在工头制度改革时也是如此,荣宗敬原先答应辞退工头沈阿富及其从属几个工头,但是到无锡下火车时却起了变化。他对楼震旦说"你们最好能够互相合作,理论和经验结合起来,各用所长,就更好了。我们总公司的账务,就这样的用两班人的。因为原来的跶甲旧式账簿不能够适用新的企业要求,采取新式簿记,但是并不抛弃旧账簿,以新的为表,旧的为里,互相抄转,新旧并存的。"于是,工头制度改革就起了两套班子,进行竞争。 | 荣 156 | 新旧并用 |
| 1925 | 申三工头制度改革,采用日本纱厂办法,管理严酷,劳动强度增加,部分工人停歇。对于厂务,大见改良,仿照日本纺织厂制度,对于工人厉行科学管理法,办理颇为严紧,工人小有不合,轻则罚工,重则斥退。 | 荣 157 | 科学管理:标准工作 |
| 1925 | 十四年春,复聘汪君孚礼为工程师。十五年派二儿尔仁及总管薛君明剑等先后赴日,实地考察,以资借鉴。吾国纺织幼稚,改善维艰,加以工友泥于成见,墨守旧章,一旦力求速效,每易发生争执,引起意外。本厂经历改革,备历艰辛,今幸措施渐有端绪,工务稍见进步。 | 《荣德生文集》:申新第三纺织厂概略 | 学习日本、反对墨守成规 |
| 1925 | 1925 年,"市场上有人在交易所抛花收纱,花价最高五十两零,纱则一百六十余两。余处由产地收花,勉敷成本。" | 乐 100 | 荣德生:反对投机,产地收花 |
| 1925 | 1925 年,荣氏利用五卅惨案和反日运动,投机日汇。1925—1926 年,荣宗敬亲自主持纱布交易所棉纱套做。 | 荣 184—195 | 荣宗敬:投机经营思想 |
| 1926 | "因战事已起,北方力弱,汉口福五来信,月泉已为工人压制,种种不合理,殊觉难处。上海、无锡均受影响,惟有谨慎小心,立定脚头而已。厂事谨守,社会事业陷于停顿,各地不肯多往来,防生意外,家中有特请看守人。" | 乐 100 | 各方面谨慎经营思想 |
| 1927 | 1927 年,申三助理荣尔仁看到来厂安装布机的施之栓技术熟练,工作勤快,便邀请他留厂担任机修间(后更名为整理部)主任,后又调任公益铁工厂厂长。为增强企业技术力量,又陆续聘请了胡学训、钱昌夫、蒋绍仪、李文模等组成了布厂新的领导班子。与此同时,纱厂也调整了技术力量,除了任命汪孚礼为总工程师外,又任命日本留学归来的王瑞荃为技师,雷锡璋为保全部主任。此外,还引进了其他一些专业技术人员和部分公益工商中学毕业生。 | 葛红:《荣德生与申新三厂的经营管理》、乐 114 | 荣二代重视人才、任用人才 |
| 1927 | 二儿已在厂实习,认真则工人侧目,同事不敢有为。 | 乐 101 | 培养荣家二代接班 |
| 1927 | 1927 年"是年,大局已平,茂一二四均有利,福新各厂不全开,麦与销路有阻。申一二三四五六虽市面为难,通扯不亏。兄与余共商,不可有现钱,还是向添机上走。余主张成立银行,部中催实业储蓄,即决组织,并请人。 | 乐 102 | 积极添机、重视金融的思想 |
| 1927 | 1927 年,工业退化,余明知短时只能忍耐,然计划复兴,以此时决定为多。出品退化,牌子跌落,作工者不为怪。" | 乐 101 | 忍耐、积极面对困难 |
| 1927 | 1927 年谈到申三因为工人运动而生人心不安,荣德生用"防不胜防,善用宽宏优容之道,勉强相安"。"申三复开尚好,惟人心不如前。" | 乐 95 | 宽宏对待工人 |
| 1927 | 汪孚礼向荣宗敬推荐朱仙航先和萧松立主持职员养成所,后任申新五厂厂长。后兼二厂、七厂厂长。 | 荣管 394,汪孚礼:《申新纺织公司过去的回忆和今后应采取的方针》 | 科学管理:荣宗敬专家治厂的信念 |

续表

| 年份 | 制度事件 | 资料来源 | 制度评价 |
|---|---|---|---|
| 1927 | 伟仁、浦仁二君,自十六毕业后即在上海方面帮助总经理做事,面呈尤重厂务。同时,总公司又加入二少东辅仁先生,年少老成,且都有具有最高学识。从此经理得以专心于营业或金融上妥加调遣,绝无顾此失彼的事情发生。又尔仁君也从那年开始,正式申三厂服务。 | 荣管 395,汪孚礼:《申新纺织公司过去的回忆和今后应采取的方针》 | 培养荣二代参与经营的思想 |
| 1928 | 储蓄部成立,在锡申三成立分部,收款归余签字了,总部由鸿三帮理,鸿元、鸿增补毕业平均奖交通大学,实习纺织,乃时从事整顿,汪孚礼等皆奋发,学生随之实习者不少,气象甚佳。 | 乐 102 | 参与金融、多元经营思想 |
| 1928 | 茂四张文焕辞,厂停工。茂一,二开,有余,付茂四四十万元,结平欠款。粉厂总结无利者,只此一个,鞭长莫及,去人外行,调度不合所致。福一二三六八均有余,汉福五亦好,申一二三四五六大都有利。多少之间,全在人事。 | 乐 102 | 企业兴衰在于人事 |
| 1928 | 1928—1932 年,纺织开办职员养成所,培训技术和管理人员。(福新系统也曾经决议开设职员养成所,延请粉业专家,教授技能,俾宏造就。 | 荣 222 | 科学管理:培训职工 |
| 1928 | 1928 年,"出品颇竞争,尤其对外。永安已添新机,号召顾客。吾局各厂加意,工程师厂厂有,均添机,改良务条陈。经济有余利,有储蓄,不忧无着。凡属申新,个个非革新,即添机。三厂亦动心设计,求其进步。三六专管,茂一二同。申各厂由兄请工程师调度。" | 乐 102 | 添机革新对付竞争 |
| 1928 | 余素主实际,不尚空谈,尽力做去,以事实对付竞争。三厂对职员,主教以实习,对工人,主恩威并用,兼顾其自治及子女教养,有出路,待遇适合,平心和气,不加压力,又留心卫生,居住适宜,与学校无异。一经进厂,有不顾他去之概。终日办事与观察,不能兼顾他处矣,心中常存无纺织真知识为虑。 | 乐 103 | 实用不空谈、重视纺织知识的培训 |
| 1928 | 我国劳资间,在昔颇能和衷共济,相安无事,已如上述。近年因生活之艰难,业务之纷纭,于是乎有工潮发生。年来更风起云涌,时有所闻。远因……英国全国总罢工……一由新思潮之发生,如……马克思主义之流传。(大约说到风俗奢侈生活费用增高,职员内部权利派别争夺、工人入不敷出,要求上下经理工人皆同甘苦,公平报酬,安心任事才可能。) | 薛明剑文集,当代中国出版社 2005 年《劳资问题之我所》 | 科学管理:企业高层的劳资和衷共济的经营思想 |
| 1928 | 凡属于申新,个个非革新,即添机。说明已经形成风气。 | 乐 102 | 添机成为企业系统共同信念 |
| 1928 | 文牍处亦上条陈,起草《三十周年纪念》。余因尚未实在,不主即办,对锡事所以不详耳。 | 乐 102 | 反对空谈 |
| 1928 | 民国十七年起正式办纺织职员养成所,招收国内工科毕业生,半授课半实习,毕业后分派各厂服务。又设立机工养成所、艺徒学校、补习学校之类,有时直接由厂方招练习生,施以特殊训练。但是汪孚礼指各类人才或守旧、或尚新、有专攻、有改行、有学自外国,有自己养成,有聘请有外来介绍,有亲戚同乡或本家关系,稍有成见,流弊无穷。建议以劳绩为前提,作为升迁标准,就可各尽其才。 | 荣管 401,汪孚礼:《申新纺织公司过去的回忆和今后应采取的方针》 | 不拘一格使用人才,但是有弊端 |
| 1928 | 荣氏兄弟特别重视人才培养,除时时聘请专家以主持现有厂务外,还对子侄辈进行培养,或留学、或考察、或实地见习。另外对亲戚或厂方职员中优秀青年,也分别资送欧美、日本专修纺织学科,或入有名纺织厂实习。 | 同上 | 对子侄、厂方职员大加培养 |
| 1929 | 机械修造厂——在工商中学实习工厂成立公益铁工厂,拟定自己制造纺织机、面粉机。 | 年表 | 产业链升级纵向经营思想 |
| 1929 | 1929 年,"永安建新机,兄亦欲添新式泼辣脱锭。风声一播,洋行即来兜卖,价格极克已,觅地无合意者,即在申一旁建屋,名八厂。余见才财两缺,必欲竞争,只可二万锭,多锭不如少锭。查内地一、二万锭者,皆管理易而生利厚,我局锭多利少,人才与资本关系耳。兄不肯示弱于人,仍购买四万锭……(申一)严裕昆任经理,两厂兼顾。工人无训练,出品不佳。" | 乐 104 | 荣德生稳重经营、荣宗敬冒险进取 |

续表

| 年份 | 制度事件 | 资料来源 | 制度评价 |
|---|---|---|---|
| 1929 | “时长住乡，八时出，六时返，有暇至园视察花草树木之种植，与工人商量造桥、造路、各种社会事业。或至学校及公益工厂，讲造作或配机械。每日但觉日短，不知空闲。” | 乐 106 | 勤奋努力 |
| 1929 | 荣宗敬购东方纱厂，为荣德生劝，不听，买下押入汇丰。厂老，工人难立脚，开支必大，出品不出色，销路难去。后经理叶达明遇害，经此波折，用人困难，屡屡亏损，叶君灰心，将股脱去…… | 乐 105—106 | 押款汇丰，盲目扩充 |
| 1930 | 1930 年，“申三由盈余加至五百万元，纱锭六万，织机九百台，决心改良，出品生产，虽加重税，盈余不弱，开支较各厂为省。余从克己做起，以前一种恶风潮，均无矣。” | 乐 106 | 克己、改良 |
| 1930 | 1930 年，“下半年平常，物价日贱，竞争日显。人才不敷，用养成所练习班，年年分送各厂，亦不敷。三厂留用最多，厂固多益。各生至各处任要职，实始于此。由练习而成资本家，比比皆是。种瓜得瓜，种豆得豆，洵非虚语。实力办事，实心干事，应得成功，空言无补。” | 乐 108 | 培养人才 |
| 1930 | “余历次受经济困难而解除之，推而社会至省，省至国，国至国际，均密察盈虚消长，记之于心，对市面升沉，颇有会通。凡吾所管，即得此旨。尝思陶公商学，贱进如草芥，贵出如粪土。我以勤俭为主，附以平心，守古语，所以经管之事业，利多害少。随意指挥，骄奢用私心，患得患失，所以事业之易于变动。我局事业，大半手创，小半购自他人。” | 乐 106 | 回归陶公商学、主张节俭开支 |
| 1930 | 20 世纪 30 年代危机期间利用洋行急推销外棉机，取得分期付款之周转，渡过一年难关。 | 荣 381 | 冒险投机 |
| 1930 | 因为受到战乱和交通影响而让麦等运费高昂……1929 开始购外国小麦，开始转向外国小麦的采购。海路进口，而水脚低（运费）。只是有所担心对国内农业的影响。所以曾经一再呼吁提高小麦的产量，提高质量，并从美国购来大量良种小麦让各地试种。荣宗敬还在 1920 年自费捐助 15 000 元购买美国优质棉 100 吨，让河南和陕西试种。 | 荣 230 | 进口外麦、原料多元化渠道 |
| 1930 | 1930 年世界经济不景气时，荣宗敬和王禹卿等都做投机，亏蚀很多。他们当时向芝加哥的食粮交易所和棉花交易所购进或抛出。做小麦则通过上海的三井、三菱；做棉花，通过新丰洋行。 | 荣 235 | 证金形式，杠杆率极大，亏损和盈利都放大十几倍。 |
| 1930 | 社会各界的推动，30 年代初，全国工商会议通过《提倡科学管理法以期达到实业合理化案》的决议。1930 年中国工商管理协会成立。1931 年 1 月实业部咨请各省市政府，依照该办法召集各地工商界领袖人物，组织科学管理协会分会，以谋普及和推动科学管理。据该议案，关于科学管理法，由工商部通令各省市政府主管工商行政各机关，召集工商领袖组织中国工商管理协会分会，研究科学管理法实施方案：由工商部令行各业各厂，就可能范围规定工作标准，对于超过标准之工人，按期给以奖金：由全国工商会议发表宣言。一致赞助科学管理方法之研究及其实施。 | | 社会各界对企业科学管理的制度变迁的参与 |
| | 李伟国在排挤走杨少棠、荣月泉后，权力和地位日益巩固，以至于认为“厂就是我，我就是厂”。他在解放后的一次工作会议上曾对这种亲族观念做了内心真实剖析，“有人批评我们这个集团乡土和亲族观念相当浓厚，这是在事业开始的时候，用人一定要对于他们的才具品性，深知灼见，不肯随便延揽，而况那时局面隘小，也无从广揽社会人才，以致形成这种趋向”。 | 申四、福五厂历史资料，第 95 页，上海社科院企业史资料中心 | 引自赵波：《家族企业现代管理思想演进研究——以荣氏企业为中心》（2006） |
| 1931 | 申四经理李国伟深感申四生产管理方法陈旧，去日本考察学习新的管理知识回国后，对企业进行了一系列改革，命令龚培卿在全厂范围内改用西式会计制度。龚感到人手不够，乃推荐厉无咎前去协助。厉协助龚建立了必要的统计报表、核算生产成本等制度，使企业资产、成本、盈亏有了比较可靠的数据。 | 《厉无咎，荣氏在汉最后一位经理》，《纵横》，2006 年第 10 期 | 科学管理：李国伟学习日本管理 |

续表

| 年份 | 制度事件 | 资料来源 | 制度评价 |
|---|---|---|---|
| 1931 | 五婿熊源兴与侄婿王云程1931年学成归来，三儿荣一心1932年学成回来。“均在申三任事，得力颇多。从此，出品占优，人人乐用。” | 乐103 | 培养荣二代接班人 |
| 1931 | 申新九厂，1931年，当荣宗敬收买三新纱厂机器建立申九时，三新机器给穆藕初，觉得他没有这个实力，找严裕棠，也觉得他没有这个实力，最后找到荣宗敬，荣一口答应，但是说没有那么多钱，最后，决定机器厂子40万，先付佣金5万，荣找了荣鸿三的丈人孙直斋(汇丰钱庄和惠中旅馆的老板)，要他贷款，说只有5万。荣正好需要5万，就把厂买下来了。这是一种非正式的制度安排，造人际关系网来融资的体系。 | 荣248、乐109 | 借债扩充经营思想 |
| 1931 | 1931年，荣氏企业出现大的制度变迁，“王云程学业回来，入厂练习，后为申一执事。大儿、二儿受兄命，先后到申助理各厂，亦从‘自治’入手。厂以五、六先仿，鄂先生常州已先试行，次及申一，大、二两儿先后主办。云程入内，照新方针同做。申二朱仙舫、汪孚礼皆主改良，惟在添机器，改方法为主，未从人工入手。余在三厂所经营，所请人非专家，以有诚心，管人不严，以德服人，顾其对家，对子女，使其对工作不生心存意外，即算‘自治’有效，自信可以教范围内各厂仿行。” | 乐108 | 注重内部改良的经营思想 |
| 1931 | 1931年4月18日，荣宗敬在中国工商管理协会联华总会第六次讨论会上讲到中国纺织、面粉两业的经营困难时，指出：“纺织、面粉两业，关系我国社会经济至巨，年来与日、英、加拿大诸国竞争，日见剧烈，艰难备尝。推其原因，则税项负担过重，交通梗阻，运费过昂，原料质量不佳，工厂管理不合科学方法，实最为重要。挽救之策。端在改良棉产，减轻捐税及运费，并励行科学管理数端。”还提出“日本面粉在大连、安东等处可以免税输入，侵销东省，实足使我国处于极不利益之地位。甚盼政府当局，设法救济。又我国纺织专家过少，切望国内工科大学创办纺织专科，训练专门人才。” | 荣260；另外参考《纺织时报》，1931年4月27日。 | 科学管理、改良棉产等经营管理思想 |
| 1931 | 《欲纺织业发展全在认真》提出办好纺织业在于人才培养和原料依赖外花，“凡我厂商既感此两大困难，不克一手办到。故惟有望于社会之办理者，扩充教育，使工人尽有识字之机会，并能授以工厂常识，以增高其技术。办理农业者，扩充细棉之种植，用于挽回利权。” | 《荣德生文集》，第288页 | 人才和原料并重的经营思想 |
| 1931 | 申新收买三新和厚生纱厂后，“不需要添人，只要从各厂抽调，负担反可减轻”。 | 乐109 | 规模经营思想 |
| 1931 | 申五厂厂长荣伟仁考察日本纺织厂续记“认为日本接近中国比欧美易于模仿，研究日本在不景气时的紧缩政策，对比日本社会的重视和帮助而国内反而压迫、加税罢工和收回信用接踵而来。” | 荣管1225—1227 | 模仿日本的信念 |
| 1931 | 接收厚生厂，经年停工的厂，一星期内就开工，这就是规模经营的好处，可以从各厂调人调物和支持……节省许多费用和时间。厚生纱厂薛君等，因营业无利，租与杜君等。正待开机，见税重不欲做，让出。竭力帮助成局。孔君亦设法。余因常州六厂卸肩，人手有一班，立时可做，赞成租下，不一月，即开车。久停之厂，如此迅速开出，颇受关心人赞许，仍名申六，后议买下。 | 乐109，荣254—255 | 规模经营思想 |
| 1931 | 荣德生后来在谈到中国纺织业何以落后时指出，国内早创之工厂，由于“组织不良，教育未备，私心自用，耗费不资”，结果“十九过去”，幸存者寥寥。 | 荣德生：《忆吾所见所闻之纺织》，载《人钟月刊》创刊号，1931年9月 | 企业经营中重视组织、教育、防止私心自用 |
| 1931 | “较之东邻，与我创造同时，而收效之宏，相去奚啻霄壤。今其国内有七百万余万锭，在吾国境内者已达一百六十余万锭(中国只二百万余锭)。盈余积资之厚，机械改良之速，出口之精，销行之远，可畏又可羡也。夫何以优劣相差之若是其甚？缘彼十年来，专以人才处理之，政府保障之，资金集中，人才集中，对内对外，无一不全神贯注，视为重务。非吾之各自为政，工人无教育，职员乏技术，事事散漫，所以难收效也。今后吾业亟宜重教育，藉群策群力，仿邻国已效之法，或更进之，冀得薄效，庶免强宾夺主之患。” | 荣德生：《忆吾所见所闻之纺织》，载《人钟月刊》创刊号，1931年9月 | 科学管理：人才、资金积累和教育职工的经营理念 |

续表

| 年份 | 制度事件 | 资料来源 | 制度评价 |
|---|---|---|---|
| 1931 | 申五厂厂长荣伟仁考察日本纺织厂记略:“考察12工厂,对日本厂保全管理倍加赞赏,认为气魄之大,非申新公司能够比较,然后是非常专业的数据考察,认为日厂不只技术精良,管理合法,还重要的是工人爱护工厂之心国人难望其背。因此提出要胜出于竞争,要从训练工人入手,才能上下一致,同心协力。” | 荣管1217—1224 | 科学管理:除技术和管理外,工人的训练和意识形态投资也很重要 |
| 1931 | 申五厂厂长荣伟仁考察日本纺织厂续记,对日厂专业化、家庭化(视厂为家)、合作化、工作标准化进行考察,详加学习,并认为公司合并和搬迁内地成为日本厂趋势。 | 荣管1225—1227 | 科学管理:专业化、家庭化(视厂为家)、合作化、工作标准化 |
| 1931 | 荣尔仁考察日本《日本纱厂之合理化与标准化》:反对守旧,提倡革新。提倡日本式合理化(工人经训练和学识丰富)、标准化,并关注到对比中国工人低素质,日本工人素质高,与工厂同甘共苦,享受企业的福利,对工厂有归属感。 | 荣管1228—1232 | 科学管理:荣二代的企业合理化思想 |
| 1931 | 荣尔仁考察日本作《日本纱厂之合理化与标准化》:欲谋厂务发展,职员之关系密切。故于技术方面尽量常研究……,尤其要注重身体之健康,方能任大事业。效率方面在日一人,相当于在华三四人。对日本非产棉之国而能够大魄力发展纺织业,精神坚毅,雄视欧美感到钦佩。 | 荣管1228—1232 | 科学管理:强调技术研究和职员工人身体健康的重要性、对日本坚毅地发展纺织业表示钦佩 |
| 1931 | 荣尔仁考察日本作《发挥效率为纺织业成功之惟一要素》:“中国发展落后日本是因为缺乏管理,使机械没有发挥效率;工人缺乏训练和标准化,导致人工缺乏效率。” | 荣管1233—1234 | 科学管理:机械与人工效率并重是企业发展的思想 |
| 1931 | 荣尔仁考察日本作《发挥效率为纺织业成功之惟一要素》:“科学愈发达,实业愈跟进,利用机械则是人力。今欲追踪欧美,步伍日本,舍人进其力,机尽其用外,其道何由?提倡努力追求进步,用人力求无穷事业,需要标准化保障,专心致志不误方向。尽人之力而能够尽机之用,而后物无弃材,地无弃货。夫如是足以增加生产,内以应高度之生活,外以应商战之潮流。事业成功,即效率充分发挥之结果也。” | 荣管1233—1234 | 科学管理:重视科学和标准化生产,重视人力与机械配合,发挥效率 |
| 1931 | 荣尔仁“本公司成立生产部之商榷”:《语》云,求在精而不在多。有健全之组织,缜密之系统,而后运用科学管理之方法,以收统一合作之功效。 | 荣管1235—1244 | 传统与现代的经营思想结合 |
| 1931 | 荣尔仁“本公司成立生产部之商榷”:设立生产部以谋工务标准化,把生产和人事、营业、财务并列为四大重要部门。生产部具有综合的功能,把保全机械、研究产品、制造和调度生产,训练职工和改革生产方法包括工资规定、制订标准,成本比较和原料选择、职务分析、货品管理、生产管理都由其负责。 | 荣管1245—1257 | 科学管理:建议建立生产部,事业部制度 |
| 1931 | 《荣家企业史料座谈会记录》,荣毅仁:(荣宗敬)多一片厂,就多一个发展机会。(荣德生)父亲在内部经济困难的时候,应该先把目前的厂办好,然后再发展。两者虽然有争论,最后还是荣德生听荣宗敬的决定。而有重要事情时,荣宗敬也常常从上海回来听取荣德生的意见。 | 荣管199 | 荣氏兄弟对外无限扩张及对内改良的矛盾经营思想 |
| 1931 | 《荣家企业史料座谈会记录》,曹启东:(荣宗敬)冒险在购买三新纱厂时说,凡事不前则退。而买西摩路的住宅,也是欠钱买的,但是不是为了享受。因为当时一般银钱业都有讲究场面,有没有自己的住宅,关系到信用问题。还有如订购洋花,请到自己家里吃饭,他们看到有这样好的住宅,就会产生好印象。而(荣德生)稳健保守。 | 荣管200 | 不进则退及重视表面排场方便生意往来的思想 |
| 1931 | 《荣家企业史料座谈会记录》,陈品三:荣宗敬买下三新后,常常说:厂子不管好坏,只要肯卖,我就要买。我是把一只锭子当作一支枪。我虽然没有钱,人家肯欠,我就要借。 | 荣管201 | 大胆举债买厂的经营理念 |

续表

| 年份 | 制度事件 | 资料来源 | 制度评价 |
| --- | --- | --- | --- |
| 1931 | 《荣家企业史料座谈会记录》,薛明剑:荣德生反对购买三新,不是因为不要扩展,而是认为业务不宜集中于上海,要分散到全国,有一天能够出国,才是真正的事业。他就是在极其困难的时候也要求扩展,说:人家看到我们在不断开厂,欠给我们的钱,也就放心了。这是他的企业策略之一。 | 荣管 201 | 荣德生内地办厂的经营战略 |
| 1931 | 《荣家企业史料座谈会记录》,荣鄂生:两位先生在企业管理的特点是老板又是工作人员,事无大小,都要直接过问。用人行政方面,对厂经理完全相信,厂方用人,行政归经理负责,不来掣肘。申新的缺点是买进许多厂,不是由资金充足而是通过借钱。 | 荣管 202 | 企业家精神、用人不疑 |
| 1931 | 《荣家企业史料座谈会记录》,荣得其:荣宗敬说我们有钱就办厂,人家有钱就分掉,所以我们把厂一片片办起来。 | 荣管 203 | 全部积累用于办厂的经营理念 |
| 1931 | 《荣家企业史料座谈会记录》,荣得其:困难时期,有些厂办不下去,把厂押给钱庄,但是钱庄急于去包袱,需要寻找新的户头,而日本人压价压得凶,所以就找到申新。申新接受这个厂(厚生纱厂),仍维持原来的押款,钱庄也很满意。是双赢。钱庄避免了破产而申新不用另添人,只要多一本账,工程师和职员从其他厂分过去,而他们的薪金又不必马上提高。 | 荣管 204 | 规模经营、与钱庄双赢的经营思想 |
| 1932 | 储蓄部照常。茂新一、二、四各厂,福新及申新一、二、三、四、五、六、七、八各厂,均开。各厂除申三外,均用印度棉,纱色平常,客有烦言,纱有存积。放庄至广东、湖南、重庆,销路均清,价不如申。所欠机款,逐日到期。账户严少兰调度力竭,熟人亦多维持,如此习以为常者,有二年。 | 乐 110 | 产品质量、财务调度的经营思想 |
| 1932 | 1932年,外部困难重重,荣德生重视内部制度改革,"厂中研究工人待遇,自治设备日臻完备。进厂先教识字,落工习副业,非实业不能派事,女工非由养成班学过不能工作,班班皆教导,宿舍亦有室长,办理渐有声誉。" | 乐 112 | 科学管理:重视内部制度改革的思想 |
| 1932 | 1932年9月,荣尔仁致《纺织周刊》编者函:"敝公司年来无时无刻不在计划推进事业中,计划书图样积案盈尺,均能立刻施之实行,然当今社会不安定,犹其次者,金融不流通实为致命伤……" | 荣 383 | 金融流通影响企业的思想(荣二代的经营思想开始影响企业制度变迁) |
| 1932 | 申新纺织公司茂福新面粉公司1932年年度营业报告指出:"差幸于三五年前,默察世界大势,知纺织一业非有多量产额不足与外商相颉颃,故自民国十八年1929年后,虽在困苦艰难之中,犹先后添纱锭二十五万余枚,布机二千四百台。盖产额愈多,则进料、销货亦愈易,而管理、营业各费亦愈节省也。" | Q193－1－629,茂新、福新、申新公司1932年度营业报告 | 规模经营的思想和信念 |
| 1932 | 1932年,荣德生对上海投机者操纵市面非常不满,"交易所抛空,纱压低,有外国人操纵,市呈不安。余日日通讯,说此中上落,心常担忧。外力日巨,收税日加,盈余难望。" | 乐 110 | 反对交易所操纵市面 |
| 1932 | 公务之暇,发奋为学,日无间,继之以夜。其好学之心,实为同侪所不及。创业之困难"是时,机器事业尚未发达,经营两年,无利可图,合股者有戒心,不愿继续……经营两载,备尝艰困,损失甚鉅,几至借贷无门。闻者均劝停办,乃两昆仲抱大无畏精神,有百折不挠之志。" | 实业家荣丈昆仲创业史 | 学习精神与百折不挠的创业志向 |
| 1932 | "更有足为吾人深念不忘者,荣丈昆仲当创业时,非午夜不寐,早晨六时起身,视为终年常例。事繁时,往往仅购粗点充饥,决不稍自宽假,数十年如一日,其律己之严如此。惟御下甚宽,即有过失,每多原谅。其度量之宏大,更非常人所能及。然见子侄辈稍有不合,每严责不贷。是故一门子女,谨严一如父风,绝无时下习气。由是知家庭教育之不可忽也。" | 实业家荣丈昆仲创业史 | 勤奋律己、严谨家风 |
| 1932 | 外汇缩,还款加重,拆息大,日积月累,常欠押款及票头,已逾千万。余尽力于收入,留心工作如常,并日常无嗜好,不食烟酒,来客不备,同事亦不吸烟,习以为常。 | 乐 112 | 勤俭 |

续表

| 年份 | 制度事件 | 资料来源 | 制度评价 |
| --- | --- | --- | --- |
| 1932 | 荣德生在荣宗敬60岁生日时说:精神才是立业之本。 | 《荣德生文集》,第295页 | 精神为立业之本 |
| 1932 | 尽吾国多一制造之货,即他人损一牟利之权,此则吾兄锲而不舍之志。 | 《荣德生文集》,第476页《吾兄宗敬创业经历》 | 勇于竞争的经营思想 |
| 1932 | 汪孚礼就劳资问题、机器威迫工人等问题要求工人不只劳工神圣,还要匹夫有责。提倡机器自造。 | 汪孚礼回忆 | 科学管理:管理层论述劳资合作、机器自造的思想 |
| 1932 | 齐家有齐家的方法,治国有治国的方法,办理工厂也有一种办理的方法。 | 汪孚礼回忆 | 家国天下用于治厂的理念 |
| 1932 | 汪孚礼就品牌混乱、生产混乱问题提议要约集专家详细研究,规定章程,提出标准方案。另外要求统一制度和名称,以避免纺织系统九厂各自政,如同一职务或称总办、或厂长、或经理,名目繁多,力求规范职责。并以日本厂为例,从开厂始就请专家制定了从职员工人训练、工务工作各种事宜皆有精密规定。并建议学习他国组建大公司,以加强竞争力。 | 汪孚礼回忆 | 管理层批评品牌、生产、管理混乱并提议标准化生产和管理标准化、并提出规模经营思想 |
| 1932 | 以西方和日本金融界支持企业的事例,指责中国金融界以盘剥企业利息为能事,在厂家生意兴旺时争着放款,在厂家疲软时毫无情义可言,没有尽到通融或接济的义务,认为是中国实业不发达的一大原因。 | 汪孚礼回忆 | 独特的金融支持理念 |
| 1932 | 事业既日扩大,非有专门人才去主持,决难维持于不败。总经理昆仲有见于此,嘱托鄙人代为物色,待遇特别从丰。鄙人更承不弃,三四年来,主有关于纺织工务上的计划事宜,总经理虽远在沪滨,屡致函札相商,不耻下问。 | 汪孚礼回忆 | 尊重人才的思想 |
| 1932 | (荣氏兄弟)经验既丰,信用也好,一文钱做数文钱的事实,渐渐能够将局面做扩大起来。 | 汪孚礼回忆 | 一文钱做数文钱的经营思想 |
| 1932 | "认为全世界有纺锭一亿六千万,平均每十个人有一个锭子。中国人口四万万,应该有四千万锭,现在才有二百五十万锭,中国还有15倍的扩展空间。认为申新按照目前五分之一的比例,可扩展到八百万锭。" | 汪孚礼回忆 | 企业高层规模经营的理念 |
| 1933 | 1933年,由于产品质量急剧下降,导致纱布交易所不再使用"人钟"纱为标准纱。在这种情况下,申三另立"好做"商标,"用花、拼花、用料,事事亲为配准,拉力、颜色均高,各布厂乐用,价提高,不与交易所出人。所以,年年有利,十余年已有三倍"。 | 乐113 | 品牌重新塑造 |
| 1933 | 1933年,"一心兼管公益铁工场,仿美式改良,添人加机,以能自造纱机、织机、面粉机为目标。特色人才,先从打样,注重小学从工为出路,调施之铨为主任。职业教育毕业生,招人稍易,一班打样由此而来。原有房屋,不适用者翻造之,翻砂间特别扩大,专揽翻砂生意,微有薄利,兴致甚好,局内面粉厂、纱厂、铁工不假他处,快而妥当,天天有人来接生意,一换前人面目。小小出品甚多,抽水机、轧面机、打包机、小引擎、车水机、丝厂用品、布厂用品、摇纱机等,凡东西来路出品,均能仿之自造"。 | 乐114 | 自造机器、独立进取 |
| 1933 | 1933年,困难中做烂标志性人钟品牌:由于经营困难,为了控制市场而不断通过交易所抛进抛出,最终购进劣质棉花,又因为总公司乱配棉纱,生产纱布质量得不到保证,最终做烂了。人钟品牌被华商交易所停用。 | 荣365,荣管898 | 投机影响品牌 |
| 1933 | 荣德生也指出:茂新至年有利,抱稳做,年年如此。济南则无利,盈亏相扯无余。福新有利。申一至申九,唯有申三有利。 | 乐113 | 稳重的经营风格 |

续表

| 年份 | 制度事件 | 资料来源 | 制度评价 |
| --- | --- | --- | --- |
| 1933 | 其余牌次,货积耗息,好者少。有机多,心不齐,收花走样。洋行解花已有恶习,总公司为经济套轻起见,不如号家,汉口打包夹破子,陕西打包夹杂,印度花等级降次,不照原样。出品色暗太紧,客人不乐用。永安及其他纱厂,则办好花,出品不同。相形之下,自然货积。 | 乐113 | 投机导致经营无力 |
| 1933 | 1933年,"申三自治区,日见完备,副产研究,如养分兔之类;单身女工工房,可住至一千余,布机已至一千五百台,纱锭七万零……再有余力可添机。因申经济未裕,不添,陆续购地预备。因工作好,进花,出品有把握,越大越有利,资本已足五百万元,心已放大,主客云集,出品时时不敷。申一二五六九,均有改良者,以一五九略好,余则正在机上想法,未及用料、自治"。 | 乐114 | 荣德生扩展经营的思想 |
| 1933 | 1933年,申新各厂所负担利息。可以说申新在成本方面与日本相差不大,技术上也可行,主要是利息上的支出,拉大了与日本厂的差距。甚至六厂成本还低于日本厂呢。一方面说明日本得到国家银行支持而利息低,二是荣氏经营不算很差。据说,1933—1935年危机中申三在荣德生的苦心经营下管理大有进步,已经在各方面超越日本在华工厂,除了利息指标外。 | 荣399 | 负债经营理念 |
| 1933 | 经济陷入困境时,利用中国经济信托公司摆脱困境,1933年霍白克指责荣氏说:我为了你的利益而四处奔波,花费一年时间,耗去白银十万两……你现在已经背弃了自己口头的、书面的和电报的诺言……据说借用外国棉花实际上有操作,不过因为国内反对而作罢。 | 荣387—388 | 投机的经营理念 |
| 1933 | 企业集团管理混乱,股东组成不同,相互间资产关系十分复杂,统一管理难。"各厂组织极不划一,不独人数不同,即名称与权限亦无一定标准。各厂各样,实于管理之上,考成上,效率上障碍甚多。"而且出现总公司的统一管理后,脱离生产实际,不切实下情的情况。 | 姚菘龄、沈维经呈张公权、陈光甫报告,1934年10月19日,上海银行档案,上档Q275—1—57 | 经营管理混乱 |
| 1933 | 出现提前拉和推后拉的情况,人为延长工人工作时间。一天做工十二小时也。表格数据表明,1932—1936年,申九工人平均产值提高约20%。 | 荣567 | 对待工人的态度 |
| 1933 | 荣宗敬、王禹卿在企业经营上存在许多隔阂,多次大声争吵,王认为荣纵子投机,损害股东利益。荣则认为茂福申都是自己创办的子孙万世基业。 | 荣408 | 股东之间的经营理念冲击:子孙万代基业与损害股东利益 |
| 1933 | 1933年5月,荣宗敬向实业部写信要求代付英国纱锭机器款;1933年5月,向英国商会驻沪会长请求斡旋商借庚款应急;6月两次致电彭学沛,商议使用棉麦借款。1932依靠洋行赊购外棉,暂渡难关。企图通过美国商人大量赊购外国棉麦、中国经济信托投资公司与霍白克的活动。荣宗敬1933年6月向叶琢堂、实业部、财政部、棉业统制会等呼吁援助。荣德生1934年见汪精卫请求发行公债,救济申新。1934年7月,发行公债500万而托吴稚晖向蒋介石、(同日致信)汪精卫、陈公博求助。 | 荣386—415 | 外部影响制度变迁:实业部介入 |
| 1934 | 查该厂配棉之主权,大体操于总公司,各厂经理只能略为上下,但终不克超轶其范围……往往以不适之棉,责令纺成意欲之纱。甚至某一纱支,数日即易原棉之配合,该各厂迭则来源不济,从则工作困难……以致同一纱牌,今昨异其质量。 | 实业部:《申新纺织公司调查报告》1934年7月,载申新史料研究委员会编《申新系统企业史料》第2编第2期1956年11月 | 产品质量在规模扩大时,重数量,质量管理跟不上,让人钟牌等商标质量渐渐下降,渐渐失去行业标准的信誉 |
| 1934 | 如果说申新五厂的制度化科学管理还主要限于车间一级的话,《申四厂规》则是全面的了。1932年,李国伟主持的汉口申新四厂发生火灾,毁于一旦。1934年,申四重建,李国伟废除工头制,大量招收养成工加以培训,然后对工人实行全面的科学管理,制定了《申四厂规》739条,包括经营、生产、生活各方面,涉及对象不限于车间工人,也包括全厂管理人员,是荣家企业中第一部自定义的科学管理法规。 | 中国经济史研究1998年第2期,潘必胜(1998) | 科学管理:李国伟全面推行科学管理 |

续表

| 年份 | 制度事件 | 资料来源 | 制度评价 |
|---|---|---|---|
| 1934 | 8月6日荣宗敬给汪精卫的信中说:平心论之,组织不健全,管理不妥善,无可讳言;岂有无组织、无管理,而可创办二十一厂,奋斗三四十年者。 | 荣454 | 偏好稳定性 |
| 1934 | 中国、上海两银行的稽核员还披露了申新在期货交易市场上的买进卖出,更是因为缺乏监督机制而铸成大祸。他们指出:申新"棉纱布三者时向交易所抛出,时又向交易所买进,致本身之产销事业反置之脑后。盖公司当局之见地,以为正式营业所入有限,投机则获利独厚也。因此之故,往往将已成之纱布囤而不售,以待善价而沽,卒致市价日跌而大蒙损失。有时纱布尚未制出而早已抛售,每因花价高涨,事先又未套进,亦常蒙亏折。" | 姚菘龄、沈维经呈张公权、陈光甫的报告,1934年10月19日。上海银行档案,上海市档案馆Q275—1—576 | 经营上的投机思想 |
| 1934 | 1934年,"是年之多事,为生平所未遇。思想正大,立论未错,垂危之局,卒保平稳,教育义务亦未稍停。余至今尚津津乐记,乐之办事业者,必以诚心为心,富贵岂难事哉!" | 乐119 | 诚心办事的经营理念 |
| 1934 | 经营照常,各厂皆开"惟花价不小,纱只售一百六十元,不俏。布尤贱……又讲到重庆、广东等地情况,认为生意真是难做。加税三年……政府不觉其多,商已受苦难言。申三则靠实销,通州、太仓、汉口、陕西、山东各地,自己办花,常州织厂及本埠袜厂联络,出布多印坯,定货不断。" | 乐115 | 就地办花的经营理念 |
| 1934 | 荣德生在无锡批示大儿,从办花收花入手进行整顿(有信请荣德生主政)与通州订专办合同半年,送锡代收,每日轮至申,分交各厂。外面不知,但见厂中用花不断。厂中用此好花,出纱色白而条分均匀,销场顿起,已有微利。教工一一照改,颇有效验。大局为之稍定。 | 乐118 | 重视原料质量 |
| 1934 | 押款虽成,未全收用,欠款尚多未了,各方希望难应,仍要设法。余再度到宁,请发公债,仍无眉目。余从此不想此路,事从处处改进,渐渐起色。 | 乐119 | 内部改进、依靠自己 |
| 1934 | 史量才对友人提及申新危机时说:"企业如果不是公私分明,破除面情,困难就难以彻底解决。"荣把企业看作是自家王国,他所津津乐道的无限公司组织形式,其实就是家族统治。史量才的意见,荣宗敬当然不会接受,以后银团接管申新,荣宗敬本来只处于监察地位,但他认为体面攸关。是年12月18日,上海商业储蓄银行棉业研究会开会得出结论,荣家族观念太深,他的子侄辈分掌各厂实权,难以交出。 | 荣424 | 家族经营思想 |
| 1934 | 技术变迁中,国民党实业部《调查报告书》指出申新盲目扩张和进口机器无统一规划,存在许多弊端。如为整理旧厂付出巨大成本,不如新建立厂划算;技术无统制,机械复杂多样。 | 荣547 | 盲目扩充、技术无统一规划 |
| 1934 | 申新公司整理方案主要是:承世界经济衰疲之余,产业发达之国,欲不过剩产物均作大集团输出。而以厂价为竞销法门。以节缩消费,增加生产。为弥补廉价要图,吾国更因关税不能彻底自主。遂为其过剩货物销售尾闾。纺织工业益以在华外厂倾轧。于是感受无上艰困。而陷入……严重状态……随时代演进,为合理化革新……以至小劳力,成至大效能,从节费增产中,求成本低廉无他……根据此原则,制订整理方案其大要在于能成成本低廉产物,易销售于市场,而无大宗存货。妄耗息金。 | Q193—1—24,申新困难时期的方案和实业部所拟的救济办法行政通知司法机关函件 | 科学管理:节约成本的经营思想 |
| 1934 | 根据内部报告和银行调查,把大量的时间和精力用于交易所投机,让经营活动受到严重影响,不是为了销售而销售,是为了投机而销售,不但错失市场时机,也无视客户要求,进口原料也是如此,……整个申新系统已经成为一个投机的集团,荣氏能不败吗? | 荣425 | 投机扰乱经营 |
| 1934 | 16家往来钱庄的老司务或学生,一夜没有离开上海江西路申新总公司大门口,知道荣家有了办法,才各自散去。人们当时普遍认为申新资负倒挂,荣宗敬经手债务太多,无力清偿,信用不足,说话已不能算数,过去举债扩厂,全力发展,靠的是信用,信用一失,一切都完了。荣德生魄力虽不及乃兄,但脚踏实地,说话可以算数。 | 荣412 | 举债扩充 |

续表

| 年份 | 制度事件 | 资料来源 | 制度评价 |
| --- | --- | --- | --- |
| 1934 | 报告书认定申新已资不抵债,还严厉批评申新无组织、无管理,经营毫无系统,结论是:“该公司资力、人力,俱不足以经营此大规模之工业,以致累及方面甚多。长此以往,为害更烈。” | 实业部提出《申新纺织公司调查报告书》 | 实业部批评荣家企业无组织、无管理、经营无系统 |
| 1934 | 荣宗敬给薛明剑(时任工商部丝绸研究委员会委员、江苏省政府调查实业专员)写信说:创业易,守业难,三十余年如何过去,不可专家一评而前功尽弃。我做事专家尚未入学,可笑,可笑。 | 荣 455 | 强调企业经营要实干而非专家空谈 |
| 1934 | 创业不易,守业也难。8月1日申新内部组成“申新改进委员会”。8月4日,荣宗敬在写给吴稚晖的信里黯然说:“以后惟有埋头苦干,死里求生,一身做事一身当,不敢再作种种幻想。” | 荣 453 | 荣宗敬信念转变:决心放弃幻想,苦干 |
| 1934 | 负债其数至如此之巨者,则以最近二年半中投机亏损一千四百万元,公司伙友舞弊及倒账三百万元所致也。 | 荣管 453 | 投机导致危机 |
| 1934 | 实业部报告指申新公司九厂,分销单位遍及全国,出货日均数十万,本应该有完善组织,总公司却管理混乱,各厂权责不分,对于各员条规不明,办事规则不全。也没有成本会计。二五七九各三甚至没有向政府注册,一盘散沙格局。 | 荣管 447 | 总公司管理混乱 |
| 1934 | 实业部报告指申新九厂皆有职员宿舍、住宅、工人宿舍、工房,尤以四六厂为佳。对于工人福利问题,尚能爱护。 | 荣管 447 | 尚能爱护工人 |
| 1934 | 实业部报告指申新公司工作情形,有值得效法之处,如三厂良好工作法、六厂之极度紧缩、九厂之管理认真,皆为国内各厂铮铮有声者。 | 荣管 433 | 实业部报告指三、六、九厂经营良好 |
| 1934 | 实业部报批评申新九厂只自创四厂,大部无计划地购买,其中恒昌源与东方纱厂太陈旧,众所周知。并批评迁九厂时建筑厂房耗费大多,而机器却十几年前机器,本末倒置。最后认为各厂机器杂乱调度费力。 | 荣管 428 | 实业部报告影响申新制度变迁:机器陈旧杂乱 |
| 1934 | 投机影响正常经营:经营舞弊严重,投机习惯而随心行事,成本核算、市场预测、迎合买主心理,可谓绝无。不顾工务需要和产品品质来购买原料,常常买进不需要之原料,卖出市场上不需要之纱布,以图得到现款来抵减到期之本票。向交易所套现而降价处理产品。 | 荣管 426 | 实业部报告影响申新制度变迁:投机影响正常经营 |
| 1934 | 实业部报告提议政府接管申新:(1)过度借债造成资不抵债;(2)组织不良、经营无系统、成本无预算决算。(3)无一定生产、原料收购和事权标准;(4)原料质量差、出口不良,无严格质量检评。 | 荣管 423 | 实业部报告影响申新制度变迁:组织不良、经营无系统、成本无预算、决算 |
| 1934 | 申总提供资料:申总内部开会,大家都认为非王禹卿出来负责不能应付困难局面,行庄方面也希望王禹卿出来。 | 荣 409 | 内外部影响制度变迁:股东冲突、改变制度垄断者 |
| 1934 | 王禹卿致电上海银行陈光甫、中国银行贝淞荪:“敝公司经过情形及现时状况,早在两公洞鉴中。弟所陈述,承蒙采纳,足证两公维护实业之热忱。弟之出任维持,亦以敝公司范围较广,力予援助,何幸如之。” | 荣 410 | 外部影响制度变迁:王禹卿向上海银行中国银行求援助 |
| 1934 | 吴稚晖致陈子宽、汪精卫致吴稚晖、蒋介石致吴稚晖、吴稚晖致薛明剑、陈公博致吴稚晖等信函。提出改组有限公司、债权人为持票人、缓和法院诉讼等意见。 | 荣 417—420 | 外部影响制度变迁:社会各界人士参与影响荣家企业制度变迁 |
| 1934 | 荣宗敬通过史量才向金城等北五行借款求成,史量才提出以中国上海银行为主,北五行为辅。企业组织彻底改组,废除总经理,改设董事会,以荣宗敬为董事长,中国、上海、北五行及钱庄各推一常务董事,共同处理日常重要事务,其余董事一律为申新股东及各债权行庄推选,组成董事会;厂务要物色一总工程师统一领导,要做到统一品质、降低成本。并要荣宗敬两个儿子出国,史指出:如果企业不公私分明,破除情面,困难就难于彻底解决。史量才认为荣宗敬家族观念很深,没有革除旧一套的决心导致方案最终没有成功。 | 荣 424 | 科学管理:史量才和银团提出设立董事会的制度变迁的要求 |

续表

| 年份 | 制度事件 | 资料来源 | 制度评价 |
| --- | --- | --- | --- |
| 1934 | 荣宗敬与薛明剑、史量才、吴稚晖商讨对策。并由荣宗敬致电蒋介石、孙祥熙,指摘实业部方案。吴稚晖致电汪精卫、孙祥熙主张维持申新。 | 荣 429—433 | 社会各界反对政府整理申新 |
| 1934 | 各地同业、申三股东通电反对整理申新,天津市纱厂同业公会、河北省各纱厂致电棉业统制委员会反对实业部整理申新。 | 荣 435—436 | 社会各界反对政府整理申新 |
| 1934 | 搁浅前银行只派员监督资金支付,没有参加企业经营管理,搁浅后,银团直接参加部分工厂经营,直接控制生产业务,而损益归企业负担。并规定申新应该在最短时间内请求当局拨款救济。上海银行与申新一二五八厂的补充营运借款合同。 | 荣 442—443 | 银团对荣家企业制度变迁的影响 |
| 1934 | 银团发现公司经营管理上弊端:栈房收次花、并算高价钱;小老板(荣鸿元)购进棉花,没有人要,不管工厂是否需要都送到厂里,栈房照样收进;于是,银团首先控制购花,栈房主任也由银团指派。这一切引起荣宗敬不满。 | 荣 444 | 银团进驻发现弊端 |
| 1934 | 荣宗敬致电陈光甫,就原料不足五千担,担心使用不足而造成停工,要求不能够以支配一二万锭之眼光来支配二三十万锭纱厂。建议新花上市时大规模进花。 | 荣 444 | 银团与工厂的经营理念冲突 |
| 1934 | 上海《新闻报》主笔陈达哉致薛明剑:就申新债务年息五百万沉重负担、不健全组织等等内部改良提出建议。 | 荣 446 | 社会舆论影响荣家企业制度变迁 |
| 1934 | 8 月,荣宗敬继续托叶琢堂、吴稚晖向蒋介石求援,向汪精卫、孙祥熙要求统税记账、准发公债或担保借款以获取金融周转。最终感觉失望。 | 荣 453—455 | 向外界寻求各种援助 |
| 1934 | 荣鸿元 1930—1931 年投机美棉麦失败,个人欠债很多,1932 年曾经因欠友邦银行美人六千两而被控告于上海第一特区地方法院。为还债不惜将改进委员会的收花解款移交洋行,引起第二次退票风潮,造成银团趁机加紧控制,以后各厂开始自行办花,并由银团直接监督。 | 荣 463 | 荣鸿元挪用公款、舞弊影响信用 |
| 1934 | 12 月上海银行棉业研究会第十九次会议。认为 12 月发生退票风潮后,信用日衰,无法周转。提出目前申新困局,并非头痛医头可以解决,非要整个整理方案,开诚布公,得银团彻底解决。商讨各厂与总公司独立,另立联合办事处的建议;银团认为只能得到进花实权而销售方面无实权。要求全面控制管理权,才能解决问题,取得经营转机。银团认为:关系荣宗敬体面;荣家族观念太深,他的子侄辈分掌各厂实权,难以交出。 | 荣 464 | 荣家企业家族观念太深、子侄掌握大权,银团无法进一步控制企业 |
| 1934 | 事后,史量才对友人提及申新危机时说:"企业如果不是公私分明,破除面情,困难就难以彻底解决。"荣把企业看作是自家王国,他所津津乐道的无限公司组织形式,其实就是家族统治。史量才的意见,荣宗敬当然不会接受,以后银团接管申新,荣宗敬本来只处于监察地位,但他认为体面攸关。是年 12 月 18 日,上海商业储蓄银行棉业研究会开会得出结论,荣家族观念太深,他的子侄辈分掌各厂实权,难以交出。 | 荣 464 | 社会名流对荣家企业制度变迁的影响 |
| 1934 | 12 月上海银行棉业研究会第十九次会议,就销售方面提出如下弊端:仅凭原有营业员兜售后报告登记账,数月来,有已定出而复来调换或取消者,有厚此薄彼引起纠纷者,有以市价上落双方均不照成单履行者,有两年前之定货至今未能出者,有运至四川广东等等省搁置一二年仍运回受到极大损失者。信用既堕,损失随之,固无所谓营业方针也。 | 荣 464 | 销售方面弊端重重 |
| 1934 | 国民党实业部商业司张翼后致薛明剑函:建议申新接受实业部批评,以资借鉴。希望从此走上科学管理,出品标准化和节流还债,挽回信用。并认为不要迷信政府、勿再投机,并认为内部股东团结很重要。 | 荣 438 | 社会各界影响荣家企业制度变迁 |

续表

| 年份 | 制度事件 | 资料来源 | 制度评价 |
|---|---|---|---|
| 1934 | 申新企业规模大,影响范围广,引起整个社会和政府的关注,并导致激烈争论。争论的问题有二:一是组织上的国营与民营的问题;二是人事上的专家治厂与非专家治厂问题。陈公博、李升伯等主张以专家治厂,并企图将申新收归国营,即以国营的组织加专家的人才,来解决申新这一类企业中出现的问题。对此,吴稚晖、荣宗敬等强烈反对。他们认为申新的困难并不是由组织、人事和管理方面的缺陷导致的,而是由市场的恶化导致的,并对国营组织和专家人才表示了不信任。 | 中国经济史研究1998年第2期,潘必胜(1998) | 制度变迁:不同信念的博弈 |
| 1934 | 在申新搁浅后,银团介入加深,荣宗敬每天到总公司来,对申新一二五八厂的很多事情不能够做主,情绪很坏。甚至撕掉空白栈单。 | 荣444 | 荣宗敬与银团在理念上产生冲突 |
| 1934 | 童侣青先生谓即以申新而论,余与荣宗锦先生在十年前已经谈及,余劝其(一)集中力量,培植经营与技术之中心势力;(二)比拟外国企业家之精神,脚踏实地去做,而终未见实行,总之,纱厂事业在我国既占如此之重要地位,必须栽培一中心势力,如日本和田武藤二氏,一为关东之重心,一为关西之重心,每当棉业问题困难发生时,辄由彼等解决。夫日本亦曾经过数度整理时期,乃能有今日之盛况,目前中国纱厂亦当效法者也。 | 陈光甫在上银行档案:第一次棉业研究会会议记录(1934年8月14日) | 外界影响荣氏企业制度变迁 |
| 1935 | “荣德生王禹卿曾经反对荣宗敬对上海各个行庄都要搭上一个股份,荣宗敬说自己搭上一万股子,可以用上十万二十万资金。”这据称是荣氏在发展过程中深切感到要向金融界融资的需要,由于扩张快速,经常受到资金的困扰,而且受到金融界的制约,于是,开始向金融界渗透,向中国银行、上海商业储蓄银行等多处金融机构投资,荣宗敬还担任了中国银行和上海商业储蓄银行的董事。 | 荣552—553 | 金融融资战略:银行融资,举债扩张 |
| 1935 | “凡事皆有运,上好纺机到了二厂,就是最坏。试问六十二支股,上海那家能够纺?申二老锭九千二百锭,新锭四万余枚,如何会坏?惜余不能兼顾,若经余手,必不如此。” | 乐农续123 | 技术决定于人事 |
| 1935 | 投资战略荣家企业的其他投资:投资银行、电力公司、铁工厂、打包厂、交易所、贸易公司、水泥公司、地皮等行业,金额为353万多元。截至1935年年底。另有个人投资7家钱庄和2家银行、1家保险公司和其他5家公司。 | 荣552 | 投资银行钱庄,获取金融支持的经营思想 |
| 1935 | 申三上年因资助申事,自己迫得颇紧,以耳为目者似已在注目,虽有往来,限定数目,户头又少,斤斤较量。余弄得不明白,自思厂中有余,实力不弱,何故如何,惟有另想办法,预为防备。每日用度,先事预算,差幸人力已足,一心、熊源、明剑,遇事均能想法处理。 | 乐续121 | 科学管理:财务预算管理思想 |
| 1935 | 上海各厂除申二外,均好,天天生利,出口白净,出数加多,成本合轻,积货渐减,否极泰来。花款、机款、陆续还清,庄款虽欠,但已放心。 | 乐续123 | 重视产品质量、控制成本 |
| 1935 | 1935年,银团要作为主体经营管理工厂,荣宗敬不肯。认为不应该过问生产,只监督财务可矣。最后妥协,让申二、五两厂停工。 | 荣444 | 反对银团介入经营 |
| 1935 | 同仁储蓄部存款,极少部用于购置房地产如面粉交易所及职员住宅外,皆供本公司内部营运,一般本部存款和无锡申三方面存款为主,其他部分为数甚微。 | 荣管542。申新改进委员会一年工作来报告书 | 金融融资战略:自设金融部门用于营运 |
| 1935 | 黄炎培《申新问题的精讨》,认为申七汇丰拍卖只是债务问题,解决荣家企业的根本是经营上立住脚,对纺织业机械陈旧、管理缺乏研究、捐税之繁重、息率之高提出批评。并对有工厂用人不秉公,内外弊端百出,进货有给头等价而给三等货,职员从中谋利者,若给同价值相等的原料反而不要,腐化至此,安得不一败涂地。 | 荣管474 | 不点名批评申新职员腐败谋利 |
| 1935 | 政府方面外交次长唐有壬28日发表谈话,称申新去年资本无法周转,政府即邀银行界张公权、陈光甫与荣宗敬来京商谈政府协同筹款救济,并由全国经济委员会、棉业统制委员会派员加以整理,以其调换新式机械,采用科学管理。不意荣氏不同意而计划搁浅。 | 荣管474 | 政府管制实业的信念 |

续表

| 年份 | 制度事件 | 资料来源 | 制度评价 |
|---|---|---|---|
| 1935 | 申新六、七、九厂银团垫款经营。 | 荣 445 | 银团经营理念介入申新企业 |
| 1935 | 荣宗敬三次致电彭学沛,批评日本操纵交易所伤害纱业,要求取缔投机。 | 荣 450 | 投机理念转变 |
| 1935 | 华商纱厂联合致电国民党政府上海市政府,要求取缔交易所投机。 | 荣 451 | 投机理念转变 |
| 1935 | 银团拒绝继续对二五厂继续垫款经营。因为 1934 年报告已经指出,申新二、五厂每锭所出数不见转佳,难于继续经营,说明此两厂已经达到严重的折旧和无效率情况。 | 荣 466 | 经营问题:二、五厂制度折旧严重 |
| 1935 | 申七汇丰拍卖事件:银团、政府、社会各界如纱联会、国产厂商联合会等、职工一起介入,最终由申新直接交涉汇丰,取消拍卖,押款转期。 | 荣 468—475 | 社会各界对申新拍卖事件的反映正好说明了对申新制度变迁的干预 |
| 1935 | 丁丁《申新七厂被拍卖的检讨及我们今后应有的工作》大骂政府冷漠、银界旁观和富人该死。 | 荣 476 | 社会要求政府和银行界干预 |
| 1935 | 政府趁机重弹国营老调。 | 荣 476 | 政府坚持管制企业的理念 |
| 1935 | 上海银行内部建议:赎回后委托经营或者国营。 | 荣 476 | 银行提倡的制度变迁路径 |
| 1935 | 荣宗敬在福新系统受到排挤"抱怨近来数年,渐渐变为宗以门外汉,然组织在前。并无更改,权限无宗之分,毫勿议商何也? ……"王尧臣答复:"粉厂方面,三年前在洋麦上几乎全军覆没,夙夜筹划,三年来恢复原状……" | 荣 493 | 荣宗敬企业家权威和信用渐失 |
| 1935 | 王家和福新不愿意执行福新盈余帮助申新的议案,王禹卿也不愿意再为申新担保债务。 | 荣 494 | 荣家企业制度分流已经渐渐明显 |
| 1935 | 申新出现资产负债倒挂。 | 荣 495 | 经营理念问题:资产负债倒挂 |
| 1935 | 荣宗敬债税兼逼,四出告贷,穷于应付。 | 荣 496—497 | 外部影响企业制度变迁 |
| 1935 | 申二五厂职员向上海银行陈光甫致信,争取复工。 | 荣 507 | 职工参与企业制度变迁 |
| 1936 | 论及机器设备,荣氏一体化战略对机器设备的需求十分巨大,资源外取成本高且易受机会主义威胁,于是创建公益铁工厂,1919 年筹设,到 1927 年,公益中学停办,机器工厂还在,专门修理机械和制造零件,独立经营,年年有盈余,累积至 1936 年,"能代申新制造自动布机及纺纱机" | 荣 222 | 产业一体化经营思想 |
| 1936 | "各厂均有盈余,洋行暗中前来兜售添锭,陆续稍有购进。" | 乐续 125 | 有盈余即投资新式机器 |
| 1936 | 申新一八厂 1936 年年度会计年报告,本年度,本厂添置新式单程清棉机及英国布机二百八十九台,于年内全部装竣。各部产量渐增,成本减轻。 | Q193—1—591,上海申新第一棉纺织厂年结 | 添机增加竞争力的信念 |
| 1936 | "余专心于公益铁工铸造,进步甚快,添机用人,建筑工厂,无日不在此中计划。一心亦有兴致,在外国学过,回来仿造,究非盲目可比,出品渐多。申三自治区力得好,声誉四播。各处学校、工商界来参观者不少,政府要人亦来参观,颇加称道。所办识字班已有一千六七百人,医院、礼堂、子弟小学、幼儿园、托儿所、公共花园、合作社、合作饭店等等。动力除本厂外,仍兼供茂一二,自用新电机后,比老机省煤,开支减轻。虽有特税加重,亦不觉矣。可见万事必磨炼而成,不经困难奋斗,成功少也。" | 乐续 125 | 困难中奋斗才能成功的经营理念 |

续表

| 年份 | 制度事件 | 资料来源 | 制度评价 |
|---|---|---|---|
| 1936 | 1936年,到汉口参观申四"数年不去,大非昔比,道路整洁,市面繁荣,住中国旅行招待所,旋搭午夜下行车抵汉……先看福五,大有改良;再至申四,各处看过,排车方面有尚未完全妥善处,余亲为指示。厂房建筑整齐,转出方便,余所书匾额,悬挂正中。工人工作专心,与前大不相同,四周看完,并无一个工人如从前之探头探脑,擘擘拍拍做在人前,故献殷勤之态。再至宿舍、自治区参观,亦佳。全厂从上正轨,从事业务,无一游荡者。"函告于兄,知此厂日后可望占利,其优点在买花销纱均便,人人有朝气,两厂联络,工场内多熟手,肯练习研究,厂基大,日后发展,不必周折矣。 | 乐续127 | 科学管理:工人风气变迁 |
| 1936 | 提出成本会计核算、改善损益计算,正确估价在制品和计提固定资产折旧等10条完善会计制度的建议,具体上要求公司请专家组织改良会计委员会、实行成本会计、划一记账方法和设立主计处的四大具体操作方法。 | 荣管480,《改良申新纺织公司会计制度意见书》 | 科学管理:会计制度变迁 |
| 1936 | "本年,纱粉销场均佳,价格步涨,二十支棉纱至每件二百四十元,我处从改进后,开支省,出品好,销路广,因此货无存积。申新一三五厂,且已客等货矣。各厂余利颇优,惟以陆续添机,支用亦大。除稍还去零星陈欠外,大笔债款却未还去,余深以为虑,特函兄注意。" | 乐续129 | 保守、谨慎借款经营的思想 |
| 1936 | 劳工自治区建立"尊贤堂""功德祠",规定职工"因公受伤损命"或在厂"服务十年以上而有功绩于厂方者",均可"入祠奉祀"。 | 荣586 | 利用传统思想及肯定工人贡献,潜移默化工人 |
| 1936 | 申九添机,增加产量减轻成本。"机械方面,前纺部分只需要酌添半数便已足用,其他开支几无增加。故一经实现,成本定能更为减轻,与另行敷设新厂,事半功倍不可以道里计矣。关于偿还机款办法,拟即以添机后实现省开支,按照二十支标准,每件提出五元陆续归还,则全部机款不出五年均可付清,实属轻而易举也。" | 申总档案,荣524 | 荣德生建立预算,偿还机款的新理念 |
| 1936 | 申新六七厂工人通过罢工取得工资增加一成。申四则通过罢工取得增加工资和年终双薪。申一八厂则要求恢复原先工资,取得5%增幅。1936年厂方宣布加薪决定"凡服务已满二年以上而平日成绩优秀者,不问论货论工,工资之外另给奖励金三分;凡论货凭率一律增加百分之三至百分之五;凡论工工友服务不满二年,而在一年以上成绩优异者,酌加工资一分至二分。"双薪则参照日本厂方做法适当增加奖金。 | 荣608—609 | 工资制度改变、工人参与制度变迁、利益分享理念 |
| 1937 | 赋税不合理,但是只可争力争,不可私偷或逃税。 | 协助荣德生办理申新三厂的回忆 | 纳税守法的信念 |
| 1937 | 一切要循序渐进,不可求速效率。 | 协助荣德生办理申新三厂的回忆 | 循序渐进的信念 |
| 1937 | 荣德生常言,只好向外国人借款来用,切不可存款于外国人手中,因为外国人钱可供我事业发展,可以赚钱来还他,把有用的钱存入外国手中,无异自杀。所以荣德生始终只欠外汇,从未存过外汇。 | 协助荣德生办理申新三厂的回忆 | 特殊的向外国人借款的思想 |
| 1937 | 荣德生在申三开厂时,要求栈房公平秤足,有余秤就要处理甚至停职。 | 协助荣德生办理申新三厂的回忆 | 公平的诚信信念 |
| 1937 | 荣德生重乡谊,重土器(相信土木工程师、匠人、工头),不很信任外国人,不赞成子女都出国留学,相信延请专家传授技能,更信任自己培养出来的学生、同乡和亲属。 | 荣管863—865 | 荣德生尊重传统和相信自己培养的人才的信念 |
| 1937 | 荣德生稳健,遇到内部困难,主张把现有的厂办好,然后发展。主张等待人才培养出来,机器可以自己制造,然后放手大做,否则就不容易办好。故主张稳扎稳打,更不宜买破烂的老厂。 | 协助荣德生办理申新三厂的回忆 | 向企业内改良的思想 |
| 1937 | 荣德生重视内地,计划向南京、徐州、连云港、郑州发展。认为内地接近原料产地,工资便宜,开支节省。事业尤忌集中于上海一地,最好分散全国,有一天能够出国开厂,才是真正的事业。 | 荣管863—865 | 内地寻求发展、原料地就近建厂的信念 |

续表

| 年份 | 制度事件 | 资料来源 | 制度评价 |
|---|---|---|---|
| 1937 | 荣宗敬重业务,重视交易所;重先进洋人,相信外国人,重视新设备、新发明、新技术。 | 荣管 863—865 | 荣宗敬追求西方先进事物的思想 |
| 1937 | 荣宗敬重视上海,故开工厂都集中于上海,更加认为上海是交通、经济中心,金融调度便利,电力供应容易。 | 荣管 863—865 | 荣宗敬重视上海经济中心的思想 |
| 1937 | 遇到阻碍他买旧厂,荣宗敬说:“工厂不管好坏,只要有人肯卖,我就要买。我能多买一只锭子,就像多得一支枪,我虽没有钱,人家肯欠给我,我就要借。” | 荣管 863—865 | 举债都要全力扩展的思想 |
| 1937 | 荣宗敬冒险,认为多设一厂就多一盈利机会,也即多一个还债机会。常说“债多勿愁,虱多勿痒,债愈多愈凉”。想在五十岁时有五十万锭,六十岁时有六十万锭,七十岁时七十万锭,八十岁要达到八十万锭。 | 荣管 863—865 | 大胆借债,重视规模的经营思想 |
| 1937 | “此时我各厂营业日佳,出品有利,每件可余七八十元,为历年所无。原料、物料,积存充足,纱、布销路甚好,纱改大盘头,大筒子,布则坯布,均系实销。铁工厂尤好,订购络绎,人人欢迎,工作分日夜两班,并已添建公事房、工厂、打样间、翻砂间、工人宿舍、教室、饭店、平车间等屋,准备开始翻制细纱,粗纱、钢丝、清花等机,预计每月出纱锭五千枚。先由申三试用,如果良好,则扩大进行,首先自己换去老机,改为一式大牵伸新机,布机均‘公益式’。从此物料可省,只要备一式者可矣。筒管木锭,亦均自造。次则推行各厂,拆旧换新,如此可少买许多外国货。余自办实业,至此已经四十余年,终能做到自造自用,虽年逾花甲,而对事业之心未衰。” | 乐续 131 | 自造自用,试图摆脱对外国技术的依赖 |
| 1937 | “本年营业,承上年之后,纱销俏利,价渐高,好牌子已逾三百元大关。花价未涨,扯四十元之谱,各厂有利,气象极佳。兄力主添机,洋行纷来兜售,公司门庭若市。” | 乐续 131 | 不断购买新式机器的经营思想 |
| 1937 | 荣德生甚至要进入矿业,要觅矿开采,自己小炉冶铸做起,计划每日百吨为止。工厂通小铁轨,直至大河,上下驳卸,小件由用汽车装运。种种设施,分头办理,正在勘探铁矿,着手进行。 | 乐续 132 | 产业链延伸的经营思想 |
| 1937 | 1937 年,申三照常开齐,实行成本核算,天天结账。余发明先行‘日结’,继则每星期行‘周结’,积一周之‘日结’为‘周结’,积四周之‘周结’为‘月结’,如此一览即知,是月盈亏若干,不等月结结出,心中自能有数。收进原棉,扯见成本,抛出纱布,扯见收入,一进一出,除却开支,即知盈亏以及存货扯价,通盘上下,比较而知。 | 乐续 130 | 科学管理:重视成本核算理念 |
| 1937 | “厂中管理制度日臻完善,秩序井然,自经理、副经理、工程师、总管、副总管、双领班、单领班,以至各车间分班人员,一切分工负责。均有系统,收付皆有手续,进料办花与售出纱、布、废花,皆有专人负责,使无流弊。由知万事皆在人为。” | 乐续 130 | 科学管理理念 |
| 1937 | “申新各厂在未改进前,只为自己打算,不知树立方针,建立制度,改进以后,有了竞争心,逐渐革新整顿,颇多仿照申三办法,大、二儿本在三厂出去,自多采用。余虽非工程师,然理想所及,实行后颇有效验。远地各省新创纺织厂,常有派人前来观摩学习,或在我厂调去职工指导者甚多。养成所毕业生,后日大多出任各厂高级人员,声誉四播,始信“种瓜得瓜,种豆得豆”,此言非虚。凡事只要实做,将来必有所成就。 | 乐续 130 | 科学管理:制度治理 |
| 1937 | 四月申三开股东会,兄特由申来锡,余早知必要提议添机,但财力未充,尚非其时,必须还清前欠,再谋扩展,始可轻松,否则肩责太重,防有不测。然未便明违兄意,即以预备自造为言。各股东亦以余言为善,决定加股至七百万,候年终盈余,提出若干,明年即可造矣。兄会后退至我办公室,与各股东至各车间看看,均乐意。鸿元陪同前来。当时对企业前途,都抱有绝大希望。 | 乐续 131 | 自造机器、谋求技术独立 |

续表

| 年份 | 制度事件 | 资料来源 | 制度评价 |
|---|---|---|---|
| 1937 | 战前先还欠款,“余先将茂新欠款92万,设法将粉出售归还,只剩中国银行一家,已不满5万元,如果功杭中庄归来,即可全部还清。如此厂中所存粉麦,即为厂中净益。于是,申三同样办理,行庄欠款,只剩下合同之底数。外栈新仁原料厂内纱布原料车间物料等合计有四五百万,街面了清,已无挂牵。开支预备,小小往来则照常。有人劝荣德生换外汇,“余深不以为然,决以还清欠款为上策。当时,但望战事早平,顾全信用,仍可往来”。 | 乐续133 | 顾全信用,战前还款 |
| 1937 | 1937年,荣德生在汉口“余因汉厂诸事方有头绪,正待进行改良,增加生产,不愿前去”。 | 乐续136 | 痴心事业 |
| 1937 | 薛明剑谈劳工自治好处:一、消除劳资间的纠纷;促进劳资合作;减少暗损,增加出数;不受到外界影响和诱惑。并有资料说明效率提高。认为在困难中,申三能够有盈余,正是安定劳工生活和改进劳工技能的效果。 | 荣581 | 科学管理:管理层劳资合作共享利益 |
| 1937 | 先兄气魄宽广,大度磅礴,遇事勇往直前,自奉俭约,除生活必需外,全部资财放在扩充事业上,不足则借款为之。余时加力阻,兄辄不顾,力图扩大。因此一遇逆风,即难收拾。但事业之大,实由兄主持,才有此成就也。 | 《荣德生文集》,第313页《先兄宗敬纪事述略》 | 勇于借款的经营思想 |
| 1937 | 行庄欠款,只剩合同之底数,外堆新仁栈约近百万元,厂内纱布原料约二百万,车面物料约五十万,余将街面了清,已无挂念。 | 乐133 | 荣德生的守信和不愿意欠款的经营理念 |

备注:①《实业家荣丈昆仲创业史》,引薛明剑文集,代中国出版社2005年《实业家荣丈昆仲创业史》,第805页;②《协助荣德生办理申新三厂的回忆》指薛明剑:《协助荣德生办理申新三厂的回忆》,荣管863—865页。③李国伟:《荣家经营纺织和制粉企业六十年》。载《工商史料》第1辑,文史资料出版社,1980年第6页;其他简称见说明。

## 附表5.1:有限责任不可为的制度事件列表

**有限责任不可为的制度事件列表**

| 年份 | 制度事件 | 资料来源 | 制度评价 |
|---|---|---|---|
| 1905 | 振新纱厂是有限公司,股东对企业债务负有限清偿责任,不连累私人家产,以保护经营者利益。其名为“股份有限公司”,实则有限责任公司,在决策上,实行一人一票制,而不是如股份有限公司的一股一票制。在这种组织体制中,哪一个股东起决定作用不直接取决于个人的经营管理能力,而取决于其个人影响力,并最终由其社会地位和经济实力决定。 | 中国经济史研究1998年第2期,潘必胜(1998) | 振新纱厂建立有限公司制度 |
| 1905 | 荣瑞馨是怡和洋行的总买办,曾留学英国,向来以上海的无锡帮领袖自居,富有号召力,从而成为企业的主要决策人。荣氏兄弟对有限公司没有多少认识,加上对荣瑞馨等人资财、名望的依赖,欣然同意采用有限公司组织形式。振新股东7人,除荣宗敬、荣德生兄弟外,其余5人全是洋行买办和大商号老板。 | 潘必胜(1998) | 振新大股东情况 |
| 1905 | 振新建成后,聘张园游乐场主人张云伯为经理,当铺老板徐子仪为副经理,但“经理在申不管生意,副经理读书不知生意,一味扳价”一个“不管”,一个“不知”,企业经营管理权废置。 | 潘必胜(1998) | 董事会用人无方 |
| 1905 | 振新在开办过程中,荣德生负责购地和监造,出力最多,但开业后却没有安排实职,无事可做。后因产品大量积压,才聘德生代经理,后为经理,宗敬为董事长。如此看来,似乎荣氏兄弟已掌握了经营管理大权,其实不然,荣德生几次计划增资、添机或扩建新厂,都被否决。 | 潘必胜(1998) | 股东几次否决“增资、添机或扩建新厂”的建议 |

续表

| 年份 | 制度事件 | 资料来源 | 制度评价 |
|---|---|---|---|
| 1907 | 振新二月正式开机，日夜出纱廿二三件，无甚利也。振新开业到中秋，已经欠裕大祥卅余万两。叶振斋为银钱董事，与石君商量。经理在申，副经理读书，不知生意，一味扳价，请为主张。让荣德生出面去兼理纱厂。荣德生开始力辞，最后答应帮助云伯(经理)，销清存货，至年不再欠款，明年决不再办，由股东解决。荣德生于是迅速查明存货，招纱号，一月售完，二月出清，并不亏折……买籽花五千包……得到总经理赞赏。每日到厂，看各部分利弊得失，一一明了。用花若干，出数如何可以增加，开支如何可以扯轻，牌子会好。数月做过，颇见功效，于是各散股东略为安心。1908 年，"振新尚好，有微利，正式任余为经理，人事略有调动，总管改吴炳奎，张至秋间辞去"。 | 乐 51、51 | 振新经营无力，请出荣德生代任经理，次年正式任命荣德生为经理 |
| 1909 | 荣德生在无锡潜心研究厂务管理，及劳动安全。尤其注意厂内和营业方面人事安排，并参照欧美杂志样本，改进工场设计。 | 荣宗敬、荣德生年表合编 | 荣德生做事兢兢业业 |
| 1909 | 1909 年，振新无锡和上海股东产生冲突，是年并股，无锡负担人事出现大变动。"振新申锡股东不和，是年并股，归锡负担，一面招人接替，人事改动。余为经理，董事选入俞廷元、邓务生、唐水臣，兄任董事长，批发汪子泉，殷明斋……申锡合力，专心做，尚有微余，可以支持。然纱已好，牌子起色。收花吴昆生，账房刘绥之，办料家永达，总管吴炳奎，助账田少梅，人手一时整齐。" | 乐 54 | 上海无锡股东冲突 |
| 1910 | 振新纱已与苏"天官"、日纱"蓝鱼"等并价，每日出数卅二件，用花三百四十二三斤，开支每件不出廿元，如此省法，实为人所不及。每件纱可赚数元，不出十元耳。时外纱竞销，欲多不能也。 | 乐 57 | 荣德生下功夫节省企业开支 |
| 1910 | 总董荣瑞馨以权谋私，投机，竟以振新地产押入英商汇丰银行，以垫补他投机股市的巨额亏损，以致企业险被查封厂产。"瑞馨又亏巨数……批发已在三洋泾桥沿浜二楼，雪梅为账房，被其将茂新书柬倒押，在保人字上盖之而去，不知何用。至七月发觉，追讨无着。"瑞馨无钱赎回，汇丰交上海道台转请商会派王、匡两人来厂说明原因，如无办法，要查封工厂。满城风雨，往来均到，有欠追讨。信成银行经理将晚来出货，余因晚不允，同坐至天明，一夜未睡。裕宁请总督转县查封，因是押款，据理力争，由商会代呈而止。于是将进行办法到申兄弟共商，四出请人帮助转押，连三十八日而成。余每早至申，晚车而回，计卅余次。托人借款，后由李裕成及信成周舜卿共借八万两，用庄活期四万两，厂内凑出四万两，赎回了事。 | 乐 57 | 大股东任意妄为，导致企业险些被查封 |
| 1911 | "图样悉照钞票，请商务印刷二万张，归余签字。每次发工资，即用此票，工人照用，此难关总算渡过，照常开工。而各店不收，指定几家代收，予以权利。车站方面亦然。后来用惯，欲停不可。至明春，县政府称，都督府财政处汪赞卿禁止，不能自出，即收回保存。" | 乐 59 | 振新纱厂资金周转失灵，荣德生发工资票以代现金 |
| 1912 | 1912 年春节过后，振新因原棉短缺面临停工危机，荣氏兄弟在董事会上提出要各董事垫款赎回栈单，但未获结果。"欲请各董事垫款五千元，购花栈单，无一应者，一时不能开工，棉花已无。"荣德生不得不通过聚生钱庄账房先生以个人交情私下取出栈单，谈妥约日"归款送还，不失信用"。荣德生取到栈单，立即出货投产，于是售纱贴现取款，企业资金得到了周转。 | 乐 60 | 董事会不肯垫款支持经营 |
| 1912 | 1912 年振新营业一好，荣氏兄弟又扩张生产，产生添机扩充之想，"余因曾经为茂新冒险添机，解除困难，今天天有利，大局转安，振新必须加添机器，减轻开支，解除困苦"(同年，茂新加股到 20 万两，用于添置机器四百筒，连前二次共一千二百筒。)股东无财力支持工厂扩张时，用分期付款再买振新机器。"添锭一万八千只，脱而宾(涡轮机)发动一千三百五十启罗华特(千瓦)，每部细纱机独用小马达，连用于老机之大马达，共计英金一万零五百镑。纱锭共计英金三万三千二百五十镑，当时每镑约十元。上海码头交货，六个月交货。先付一成，其余九成，每三个月交一成，约四年(1915 年)十月交齐"。 | 荣 29、31，乐 65 | 董事会不愿意出钱支持添机，荣德生自己分期付款、设法添机 |

续表

| 年份 | 制度事件 | 资料来源 | 制度评价 |
| --- | --- | --- | --- |
| 1913 | 1913年,在振新添机时大股东兰舫先生问“外传添机有否? ……答:新建钢骨水泥,新式打样,动力用电机,自发动,独只马达。问:共费几何? 答约五十万。云:甚便宜,未闻招股,何来资本? 答:欠来,股东仍为老股东。彼云:我久有此心缘,未能办者,今尔已先办,我明日同开福来看。”祝明带一英籍,纺织专家,怡和纱厂工程师来厂,一一看过,颇赞赏,谓“日本、中国以为此为初创,只英国有每部车单独马达运转也。”用电机省煤……。三万锭只有23吨,连同茂新共27吨。 | 乐68 | 添机导致振新效率好转 |
| 1914 | 是年,茂新余十二万两。振新余廿万元,付官息,未分余,还机款。名誉日起,作事较易,思想宽大,义务亦增,是政府奖给匾额一方。人民企业心不少,各省皆然。余已自有主张,逐步进行,兄意亦同。选用同事,取勤俭练达,初无恶习气、虽各厂均余,尚觉安然,无争执之象。惟振新董事会,已知难合作。 | 乐71 | 荣氏声望日隆,经营理念日益完善,然董事会已难合作 |
| 1914 | 1914年,“振新机器装齐,全开三万锭,常出七十万余件,开支扯轻,连官利不满二十元,经理与职员薪水共四百廿元,只用三十三人,每日可余600元。”因为经营顺利,在振新时得到大股东兰舫和英人开福的称赞。十一日,兰舫先生与英人开福来参观,已全厂用电力,别开生面,有一种新式整齐气概,不若公益纱厂,怡和纱厂之老式样,开福赞美不已,但云:我国人也得如此! 于是到处揄扬。开福友谊有加,后申新三厂设立,托彼办机装运,得力不少。 | 乐69 | 得大股东和外国工程师称赞 |
| 1914 | 1914年,荣德生“申锡气象已大,董事会目光不远,还款将半,欠款轻松。瑞馨已有异心,余不知,……余说明,欲造振新厂四所,二厂在申,三厂在宁,四厂在郑。董事会闻之大骇,谓:‘若此,即赚钱,股东永无希望拿得现钱。’余谓:‘要拿大钱,所以要大生产,照三万锭,能赚几何? 彼时,内地无过三万者,所以看得大。余料爱剎理司远东经理口气,照我所做,深得交易信用,一次还清,欠二次、三次,决能办到,所以如此先定计划也”。 | 乐71 | 经营上与董事会信念冲突 |
| 1914 | 振新开三万锭子,利益已稳。计划欲添二万,遂购厂对岸地八亩为栈房,取其谨慎也。秋间,至郑州……招绘图房常州人看定下站西首空地四十亩,拟日后作厂基及栈房之用……回来商董事会,未能通过而止。 | 乐70 | 董事会不支持扩展经营 |
| 1915 | 荣氏兄弟洞察行业发展,把握机遇、勇于开拓。而股东希望拿到现钱分红,荣氏兄弟的发展计划,让董事会闻之大骇,“若此,即赚钱,股东永无希望拿到现钱。”到1915年,董事会露出无现金分红的不满之意,加上大股东荣瑞馨想夺企业的经营大权,联络董事对荣德生进行查账,“二月,董事已经露无现金分红不满之意,联络各董事,命查账,余候查不能出游,四十天始毕”董事会降职荣德生为副经理,自云“目前机款未还清,负责尚重,虽命余为小工亦不辞,责任使然也.乃时知已难合,决辞去另立。近我者均以为然,惟以存客气为主。”召开股东大会降荣德生为副经理,然后对荣德生起讼。 | 荣52～53,乐72 | 董事会查账风波、荣德生表现出职业道德 |
| 1915 | 振新将股权割让,作一百五十元互换,粉厂股五百二十五两,振新归瑞馨管,余三万元仍留,茂新全归余管。全数换清,各事交割,尚欠万元,约十余日归还。锡事较少,去京看开会…… | 乐74 | 茂新、振新置股 |
| 1915 | 申新一厂成立。1915年荣德生辞职,兄弟俩一起从振新退股,并决定以无限公司组织形式另创荣家自已发展企业的新局面。根据1914年民国北京政府农商部颁布的《公司条例》规定的公司类型,企业的正式名称为“申新纺织无限公司”。 | 荣52—53 | 退出振新,自己设立公司 |

## 附表 6:荣家企业正式制度列表

### 荣家企业正式制度变迁列表

| 年份 | 制度事件 | 制度评价 | 资料来源 |
|---|---|---|---|
| 1896 | 设立广生钱庄(包括家族经营、学徒制度、旧式四柱记账等钱庄的全部具体企业制度)。 | 总体正式制度变迁 | 荣 5 |
| 1896 | “临行再三训迪,对社会经历,得失本末,多所启发。后来余兄弟同心协力,和衷共济,数十年如一日,即由庭训而来,事业之成,亦根源于此也。” | 非正式产权安排 | 《先兄宗敬纪事述略》,《荣德生文集》第 314 页 |
| 1896 | 兄为经理,余管正账,尚能勉力做去。不放心怡昌,自己设分庄于无锡,荣德生经理。 | 人事:荣氏兄弟管理分工、制度纵向扩展 | 乐 22—23 |
| 1896 | 荣氏兄弟创业的开始,就难于脱离传统氏族宗族同乡关系网(费孝通的差序格局),而且父亲荣熙泰言“兄弟合力,内外同做”,用传统的方式对产权进行了安排。 | 产权安排 | 乐 21 |
| 1897 | 店中汇利日好,已推至常熟、常州、溧阳。收下汇款,不轻放出,占利无多,平稳过去。至年,结余无多,余分得酬劳卅十元。 | 制度纵向扩展 | 乐 22 |
| 1898 | 制度变迁发生,合伙转兄弟独资,在危机时发生,合伙人退股。“广生已开三年,无余派账,计算不亏,有三股东不愿再做,将原本五百元拆去,如此只存一半,归吾兄弟独开,外面不知,亦无变动,余反为专心,料必做得好也。” | 产权变迁 | 乐 24 |
| 1898 | “春间,兼营收茧,年年照常,可得二三千。” | 多元化投资 | 乐 48 |
| 1899 | 店事如前……助理李伯萱,已熟习,可放心。三七搭 ,汇款申出厘大,锡补厘小,日有盈余。 | 知识、技术 | 乐 26 |
| 1901 | 开办之初的打点送礼支出,“二月起至十二月,历十个月,用去来往舟金、抄批等,共八百元,可算省矣,凌姓用去八千元,卖去当股了案。” 厂屋及公事房、廒间、街场、驳岸,一切完工,共费不满二万元。机器一切共费二万三千元。股款三万九千元,用透支四千元。活动归经理调度。 | 支付交易费用、组织费用、技术变迁 | 乐 28,荣 12 |
| 1901 | 至申定机事,由兄开始问价及装船、交货,引擎马力六十匹,磨子四部……厂房由洋行绘图,公事房由和卿与余定…… | 引进西方技术 | 乐 36 |
| 1901 | 保兴面粉厂开始因为财力有限,不能引进 10 万两左右的全套美机,只能用英国机器和法国石磨合用的办法。面粉厂设立于无锡西门太保墩,水陆交通方便,并靠近小麦产区。 | 技术变迁 | 荣家企业发展史,第 6 页 |
| 1901 | 保兴面粉厂除四道是荣德生托人从法国买回的石磨外,麦筛三道,粉筛二道,这就是全部的机器设备了。每昼夜只能生产面粉 300 包。工厂有工人 30 多人。初用机匠杜姓,丝厂做过项目,粉厂外行,所以滞也。后在树立烟囱时,由苏铁工厂包做,派孙阿虎装引擎,炉子。十二月试车,外国工程师装引擎,忘记中间一节,正开动,即将气缸打一洞,大怪杜机匠未能早说。要换机匠,由孙阿虎接。 | 技术变迁、人事变迁、工头制度建立 | 乐 38 |
| 1902 | 保兴面粉厂正式建立,保兴荣氏兄弟各入 3 000 元,总股本 30 000 元。另内部文件说是 1901 年建立茂一、三厂。 | 企业制度变迁:新式企业、产权变迁 | 乐 38 |
| 1902 | 苏州设批发处于阊门内大街,后改新民桥东。无锡则在望湖楼,烟台请荣杏生去,粉由黄遵卿谈二官船装申,租苏州河福来德隔壁叶氏产。厂虽小,布置不小。请王禹卿带销面粉天津帮。 | 纵向制度扩展、人事变迁 | 乐 40,荣 13, |
| 1903 | 茂新一厂,产权变迁,朱仲甫要退出,荣氏保留股份,拒绝祝兰舫独购股份要求,收股改保兴为名茂新,增加资本到二万有零,共五万元,荣氏兄弟成为第一大股东。 | 产权变迁 | 年表 |
| 1903 | 茂新自改后,每日去路稍爽。添一粉筛,自做仿造也。想去华兴参观学习,彼老板不允许人看。烟台庄收去,苏锡申足以销完,只望增出数。惟石磨时时要停,不能够多出,粉比人小二角,所以难于获利。 | 技术变迁 | 乐 43 |

续表

| 年份 | 制度事件 | 制度评价 | 资料来源 |
| --- | --- | --- | --- |
| 1903 | 出粉稍改良,麦机添一只,由韩福记造。水洗不用,因麦潮,出粉软,顾客不乐购。 | 技术变迁 | 乐43 |
| 1903 | 茂新建姜堰麦庄。 | 纵向制度扩展 | 573,荣德生文集 |
| 1903 | 产权变迁后,荣德生仍为经理,荣宗敬仍为批发经理。原呈人朱大兴退出,张某为名誉总经理。黄君自去,蔡、崔两君往粤,正账为张熊占,蒋成之写信,办麦亦改张介堂。 | 人事变迁 | 年表 |
| 1904 | 1904年,王禹卿赴烟台销粉。六月得沪电赴营口销粉……推销茂新本牌面粉外,兼营美粉,且营汇兑……共销粉二十余万包,获利两万余金,禹亦分得红利千余两。 | 销售个人代理制度 | 荣16~P17 |
| 1904 | 订茂新厂规及职工办事章程,经常研究工厂管理办法。九月赴南京镇江调查粉麦产销情况。 | 企业正式制度变迁 | 年表 |
| 1904 | 茂新新增资到六万两,股单有"长年官利一分的记载"。 | 产权变迁、官利制度 | 荣15 |
| 1905 | 心中仍要添机。斯时,粉价利厚而稳,石磨粉小难跟,决计添钢磨,计划一切就绪,只无资本。再去买柚木二根,准备翻砂造机,购车钻床回厂,各造车间,分部定规,建筑匠亦定。粉机麦机皆仿造,如限完工。外国机亦到,即装车,出粉并无不妥,每日八百包,装申销行甚好。 | 技术变迁 | 荣16、乐46 |
| 1905 | 1905年,在资金不足的情况下,荣氏兄弟与生产钢磨的外国厂商协商,最后以分期付款的方式向英商怡和洋行定购了18英寸钢磨6部。其他辅助设备则全部自行仿造。 | 最早的分期付款 | 荣管274,无锡茂新面粉厂大事记 |
| 1905 | 1905年,茂新粉厂向清政府注册为无限公司组织,成为全国第二家注册的民族资本粉厂。 | 注册无限公司制度 | 乐47 |
| 1905 | 兄弟各入股三万合伙办振新纱厂,为有限责任公司。 | 产权变迁 | 荣 |
| 1905 | 利润大好的情况下,荣德生"尝至苏州购地,预备造栈房及批发所于万里桥,取其近便。苏批发经理 荣汉卿物色地基,共购四块。锡批发处已任严少兰,办麦请王禹卿至姜堰。" | 纵向制度扩展 | 乐47 |
| 1906 | 麦贵粉平,加上外粉竞争,销售不顺利。 | 市场环境 | 20 |
| 1906 | 姜庄已换杨少裳,王君被裕大祥招往天津,溥文汀办麦,李伯埙专事广生,余则专事两厂。 | 人事变迁 | 乐49 |
| 1907 | 荣氏兄弟投资商业裕大祥字号。 | 多元化投资 | 荣6 |
| 1907 | 是岁,茂新面粉一厂附设美国购来打米机六部,始代人打米以增加收入。兼营至改新面粉机麦间而折去,售与宝新,后颇发展。 | 横向制度扩展、技术变迁 | 荣20,乐52 |
| 1907 | 荣德生被股东推为振新纱厂经理,每日到厂,看部分利弊得失,加以整顿改进,颇见到功效。 | 人事变迁 | 荣20 |
| 1908 | 广生钱庄因为装面粉至天津的轮船沉没,并受到裕大祥投机失败的影响,年底收歇。 | 逆横向制度扩展 | 荣24 |
| 1908 | 企业制度向行业扩展……与同业组织办麦公会,试图垄断原材料。1908年5月,沪锡两地七家粉厂公议办麦规条。(华兴、中兴、立大、裕丰、裕顺、茂新、阜丰七家粉厂也)附1908年5月《沪锡两地七家粉厂公议办麦规条》。 | 初级行动集团:参加办麦公会 | 荣23 |
| 1908 | 茂新在高邮办麦庄。 | 纵向制度扩展: | 荣97 |
| 1909 | 1909年,因为外粉竞争,茂新面粉厂经营困难,股东开始抛售股票,每股低到十余两(原票面价一百两),荣氏购14股,计二百两,分半给王禹卿,让其参股。 | 产权变迁 | 乐54 |

续表

| 年份 | 制度事件 | 制度评价 | 资料来源 |
|---|---|---|---|
| 1909 | 1909年,振新无锡和上海股东产生冲突,是年并股,无锡负担人事出现大变动。振新申锡股东不和,是年并股,归锡负担,一面招人接替,人事改动。余为经理,董事选入俞廷元、邓务生、唐水臣,兄任董事长,批发汪子泉,殷明斋……申锡合力,专心做,尚有微余,可以支持。然纱已好,牌子起色。收花吴昆生,账房刘绥之,办料家永达,总管吴炳奎,助账田少梅,人手一时整齐。 | 产权变迁、人事变迁 | 荣54 |
| 1910 | "南京鲜鱼巷设批发处,以管梓怀为经理;镇江边亦设批发处,后以严少兰调南京,管梓怀调镇江,李伯埙任北塘,高右铭为南门认销处。预备明年出货。" | 纵向制度扩展 | 乐54,荣22 |
| 1910 | 改用兵船牌商标,推销甚广。 | 品牌制度 | 荣22 |
| 1910 | 茂新面粉厂在上海设立批发处、苏北设立收麦处。 | 纵向制度扩展 | 荣管275 |
| 1911 | "图样悉照钞票,请商务印刷二万张,归余签字。每次发工资,即用此票,工人照用,此难关总算渡过,照常开工。而各店不收,指定几家代收,予以权利。车站方面亦然。后来用惯,欲停不可。至明春,县政府称,都督府财政处汪赞卿禁止,不能自出,即收回保存。"1911年,振新纱厂资金周转失灵,每次给工人发工资票以代现金,工资票在规定商店购买物品。 | 企业制度创新:工资票 | 乐58 |
| 1911 | 各地皆放批发处,我处杭州、湖州有代理,时沪杭路已通车矣。 | 纵向制度扩展: | 年表 |
| 1911 | 茂新厂设苏州批发处。 | 纵向制度扩展: | 乐59 |
| 1911 | 荣宗敬租办沙头纱厂一年,稍有盈余,期满归还。 | 横向制度扩展:租办沙头纱厂 | 荣22 |
| 1912 | "1912年,禹卿同浦文汀私议,拟在申合创二百筒机磨小型面粉厂,另树基业,共图发展。惟……财力不能胜。事闻于荣氏昆仲,来谋合作。禹卿系茂新沪埠销粉主任,浦为驻锡办麦主任,俱属多年宾主,情不可却,彼此合作。" | 产权变迁:职员参与股份 | 荣33 |
| 1912 | "车已开,即售纱,贴现取款,送太仓,开秤收花装厂,源源而来,已应用。每售纱,皆贴现送太。"荣德生"惟茂新进麦划款,无往来不便,即想出三日划条付现,二厂通融。"自己买禅臣德国式大铁箱两只,以装银洋。因为不在钱庄开户,要自往自来,一年可省利息不少。"余已学社会及国家经济数年,调度异于寻常,自己种种亦稳而有备,各事安排好。" | 制度创新:流通上二厂通融 | 荣德生生平事业年表 |
| 1912 | 与王氏兄弟议定在上海办福新面粉厂,任公正董事,兄为总经理(原想做打米厂,为荣德生否定)。 | 人事变迁 | 荣33 |
| 1912 | 外部人已经有开始介入经营的迹象。银行进厂财务监督。银行——公司的公司治理制度已经出现苗头。"民国二年(1913)五月,租办中兴面粉厂,加恒记,曰中兴恒记公司。营运资金不足,由江苏银行往来,派员在厂监督财务" | 企业财务制度变迁 | 荣98 |
| 1912 | 茂新设南京批发处。 | 纵向制度扩展:南京批发处 | 乐61 |
| 1912 | 荣氏企业一般普遍存在官利制度,福新、茂新都有官利制度,设立交易所也有官利规定。 | 官利制度 | 荣36 |
| 1912 | 福新一厂建立后,荣氏大力扶助新厂,借原来茂新的品牌打开市场,并用原来的原料采购管道,迅速帮新厂打开局面,开厂几个月就盈利四万元。这样的战略不但留住了人才,避免了企业的分裂还取得了新的发展路径,在茂新系统外,还创造了一个福新面粉系统迅速发展的良好局面。 | 横向制度扩展:福新一厂 | 荣30、34、71 |
| 1912 | 1912年振新失火,烧栈损失10万元。 | 制度折旧 | 荣65 |

续表

| 年份 | 制度事件 | 制度评价 | 资料来源 |
|---|---|---|---|
| 1913 | 刚刚渡过1911年的难关,荣家企业得力干将浦氏兄弟想离职自创米厂,王禹卿也想退出,自谋创界面粉业,荣家企业面临一次大规模人才流失的危险,并易于让稳定企业发展局面受到动摇,荣氏兄弟闻到手下创业而财力不够的消息,迅速相商合作建厂,共图发展。"事闻于懊丧氏昆仲,来谋合作。禹卿系茂新沪埠粉主任,浦为驻锡办麦主任,俱多年宾主,情不可却,彼此合作。" | 产权上创造:合入股本,资助与手下办厂 | 荣32—33 |
| 1913 | "余心中有时觉闷,与浦先生至惠山吃茶,一日过北塘,正夕阳西下,日光返照墙上,见水渍三四尺高,余云:麦已变坏,受潮复又受热,失晒热伤,与粉色、经线均有关。即至接官亭堆栈,取样试验,果然。从此得决,栈中热坏麦不收,江北亦同。阜丰执坏姜麦甚多。王石泉辞职歇,后到我处。" | 企业制度:面粉质量控制 | 荣50 |
| 1913 | 年租2万元租办上海中兴机器面粉厂,改名为中兴恒记公司。2年到期后购为福四。附:福新租办中兴粉厂合同内容:其一是茂新与中兴董事会的合同,交押租银规元伍千两。合同为收据等。时间丑癸阴历3月初一。附英文合同,交江苏国税厅筹备处。 | 横向制度扩展:租中兴改福四 | 年表 |
| 1913 | 茂新设汉口、镇江批发处。 | 纵向制度扩展:汉口、镇江批发处 | 年表 |
| 1913 | 除了自己开批发处,还把批发处给别人办理,并按销售数量取佣金。黄汉民指出,福一在1914年比1913年产量增加79.7%时,佣金却增加了4倍多。荣家企业发展史第35页,销售旺时佣金减少,当大战结束,外货增加时,又增加了佣金。代销佣金,记录了福新1913年开始支付佣金的金额,从开始的每千包二元二角二分之多到次年1914年八元一角九分,再到1921年平均五角八分,1922年提高到一元五角六分,1923年达到四元。附:1913—1923年的佣金支付情况表。 | 佣金制度、纵向制度扩展 | 荣35 |
| 1913 | 福新系统一厂创建(1922毁于火灾)。 | 横向制度扩展:福一 | 年表 |
| 1914 | 1914年,"二月后,茂新添蚌埠、济南、济宁等处麦庄"。 | 纵向制度扩展:麦庄 | 年表 |
| 1914 | 时福一营业好,决添三厂,福二租中兴,后买下。是时有福一、二、三。 | 横向制度扩展:福三 | 乐69 |
| 1914 | 在中兴旁边购地,1914年开始兴建福二厂房及栈房二所,公事房、厂房六层,令通和洋行打样。五月厂房初成,四边之墙未彻,而机器已经到。即一面装机一面水木作加工工作。十月,厂房、栈房、公事房次第竣工,机器亦经装齐。十月十六日,试机。装机时聘西工程师汤姆生指挥。另资料显示,福二购置机器三十吋机磨二十一部。每日夜出粉五千五百包。资金定为十万元,但是查一厂账册,一厂拨付二厂除股本四万两外,还在1913、1914年往来项目下拨给二厂四万四千四百二十二两。因而说二厂极大部分来源于二厂盈余。 | 横向制度扩展:福二 | 荣36,乐70 |
| 1914 | 茂新设蚌埠、济南、济宁办麦庄;福新设天津批发处。 | 纵向制度扩展:麦庄批发处 | 年表 |
| 1915 | (申一)1915年8月到货,10月开车。股本三十万,荣氏兄弟占六成。本余为经理,因不能住厂,让推惠卿为经理,永达副之,裕昆总管,昆生收花,兄为总经理,刘阿荣为工头。试灵,出纱三十件,每月余万元。附:申新向英商安利洋行订机合同摘要。 | 人事变迁 | 年表 |
| 1915 | 上海申新纺织一厂(买下上海织呢轧油厂建立此厂)。 | 横向制度扩展:申一 | 年表 |
| 1915 | 申新纺织无限公司章程部分摘要:第一条,本公司依公司条例第二章之规定,名曰申新纺织无限公司;第十一条和第十三条如此规定,"本公司现经股东全体议决荣宗锦(荣宗敬)君为总经理,执行业务","总经理有任免各处办事员之权"。第十九条规定报酬和纯益金分配方案。 | 正式制度:无限公司章程 | 荣54,乐74 |

续表

| 年份 | 制度事件 | 制度评价 | 资料来源 |
| --- | --- | --- | --- |
| 1915 | 荣德生从振新辞职,以振新股份换荣瑞馨茂新股份,退出振新将股权割让,作一百五十元互换,粉厂股五百二十五两,振新归瑞馨管,余三万元仍留,茂新全归余管。全数换清,各事交割,尚欠万元,约十余日归还。 | 产权变迁 | 荣55、56 |
| 1915 | 福二决添四厂,可出四千包。1915年收购中兴,改名为福四。 | 横向制度扩展:福新四厂 | 乐74 |
| 1915 | 福新设扬州麦庄(办麦处)。 | 纵向制度扩展:麦庄 | 年表 |
| 1916 | 在河南道口设茂新分厂未成,在山东考察,发现济南商埠初开,人心振作,与元年来此情形不同,开始有在内地设厂之信念,并先在济宁购地,拟在济南购地,不欲租地。环境原因未成。 | 横向制度扩展:未成 | 年表 |
| 1916 | 在南京购地千亩选择优种试种棉。 | 多元化投资 | 年表 |
| 1916 | 荣家企业设杭州批发处(面粉)。 | 纵向制度扩展 | 年表 |
| 1916 | 拟在汉口开福五厂。兄为总经理,福一二三四均开,故兴致好。少棠在汉办麦,余因汉口厂面粉不能吃,多石沙也。如设厂改良,营业必佳。余意湖北、河南、山东皆须设分厂,以占地位。 | 横向制度扩展:福新五厂 | 年表 |
| 1916 | 茂新二厂(先租惠元)"次日允租出,租金每年二万元,改名为茂新二厂,整理开车,由一千六百包增加到二千包,月月有利"。 | 横向制度扩展:茂新二厂(租) | 乐76 |
| 1916 | 茂新系统三厂(租厂)。 | 横向制度扩展:茂新三厂(租) | 年表 |
| 1916 | 茂新设杭州批发处。 | 纵向制度扩展 | |
| 1916 | 租无锡泰隆面粉厂,以冯屺怀为经理。二年后,原主收回。 | 横向制度扩展:租厂泰隆 | 年表 |
| 1916 | 荣家企业创建福新系统三厂(1922年和六厂一起合并为福新一厂)。 | 横向制度扩展:福新三厂 | 年表 |
| 1917 | "恒昌源亦有出售意,荣宗敬云:地好,不听荣德生之旧机不合的劝告,四十万买下。屋破机旧,后吃苦不少。荣德生"不违兄意,入股四成,是为申新二厂请丁梓仁为经理,不久,丁君知难而退,历换经理之多,此厂为最。"申新二厂(并购)1917年购买,仍旧叫恒昌源(原来为中日合资到日本独资,再换为中资,直到荣氏购买),直到1919年才正式转移产权。附:荣59—60,申新以恒昌源名义向日商三井洋行订机两个合同。 | 横向制度扩展:申二 | 荣44 |
| 1917 | "请丁梓仁为经理,不久,丁君知难而退,历换经理之多,此厂为最。" | 制度折旧:申二 | 乐79 |
| 1917 | 1917年租华兴面粉厂,为福新六厂。面粉厂扩张直到1920年想建大粉厂,已经买地却没有建成,才停止面粉厂的扩张。 | 横向制度扩展:福新六厂(租华兴) | 年表 |
| 1917 | 申新纺织总公司收集职工保证函件,1917年、1918年。 | 企业制度:保证书制度 | Q193—1—1021 |
| 1917 | 申一订购布机设立织部,即布厂。汪孚礼"到了民国六年,方在第一厂创设布厂,尔时不过350架"。后除申二、五外各厂均附设布厂。 | 横向制度扩展:申一布厂 | 荣管396,汪孚礼:《申新纺织公司过去的回忆和今后应采取的方针》 |
| 1917 | 实行各厂练习生制度,一再申令各厂严格保持工厂整洁。 | 正式制度:练习生制度 | 乐76,荣77 |
| 1917 | 茂、福新设硖石批发处。 | 纵向制度扩展 | |
| 1917 | 茂新二厂(租一年后并购),正式购下此厂。手书厂名(1926毁于火灾)。 | 横向制度扩展:茂二(正式买下) | 乐79,荣48, |
| 1917 | 茂新四厂(先租无锡的宝新面粉厂),然后改为沿用此名在济南,是为茂四来由。 | 横向制度扩展:茂新四厂(济南) | 年表 |

续表

| 年份 | 制度事件 | 制度评价 | 资料来源 |
|---|---|---|---|
| 1917 | 荣氏最初创办申新布厂就有为粉厂制造包装布袋的目的。根据《申新第一纺织厂概况》:1917年创设布厂,购布机三百五十架,1918年又购布机七百六十架,合前有布机一千一百架,所出布匹,除销售各埠外,余悉自制粉袋,供给本公司面粉厂应用。附:荣57,申新一厂产量和产值表、销售数量价值表。根据黄汉民,自用布纱曾经达92.8%(1921年时)。 | 纵向制度变迁:设立布厂 | 荣57、59,荣家企业发展史第66页 |
| 1917 | 荣家企业租宝新面粉厂。 | 横向制度扩展:租宝新 | 年表 |
| 1917 | 福新六厂(先租华兴面粉厂,以查仲康为经理,此时,昔年相从老友,都为经理。)华兴合同载明,价银25万两,签订合同日先付定银1万两,其余24万两,在三年内六期交付。至1921年11月全部付清。分期付款,除价款外,并付年息五厘的利息。 | 横向制度扩展:租福新六厂 | 荣57、59 |
| 1917 | 荣家企业增设浙江硖江批发处。 | 纵向制度扩展 | 荣管278 |
| 1918 | 开发外国和香港市场……1918年租办元丰粉厂,出品专售香港。附委托合同,1922年期满退回。注:1918年元丰创办后就为荣宗敬所租,改称元丰恒记公司。 | 横向制度扩展:租元丰 | 荣81 |
| 1918 | 1918年福新修改章程底稿:福一以盈余增资扩充。为扩充营业,添造洋式厂房,添置新式机器,经股东会公同决议,加增股本银二十四万元,合成银元三十万元。重定章程,重订合同,签名盖章,公推荣宗敬为总经理,王尧臣为经理。注:照本件,福一1914年报部资本为6万元,但按账册记载当时实收资本为4万元。 | 制度变迁:修改章程、产权变迁 | 年表 |
| 1918 | 在1918年左右,荣宗敬把上海的茂新批发处改为办事处。 | 制度变迁:改办事处 | 荣81 |
| 1918 | 对厂务管理采取分工制度,并注意培养人才奖励技术改进,同时将改进办法通知各厂进行。 | 制度变迁:分工制度、技术鼓励等 | 年表 |
| 1918 | 申新设大仓浮桥及六渡桥办花处。 | 纵向制度扩展 | 年表 |
| 1918 | 1903～1919年,茂新设立姜堰、高邮、蚌埠、济宁、泰州等7个麦庄;1918～1922年,申新纺织系统在江苏大仓、浮桥、常熟、支唐设立4个收花处。另外还在济南设立表庄、上海南市设立收花处。1911年开始设立批发处,茂新设立南京、苏州、镇江、杭州、济南、枫泾6个批发处,此外和福新合办新硖江批发处,1914年福新和申新在天津设有粉、纱经销处。茂福新粉厂除自己出资设立批发处,还和各地商号订立经销合同,作为代理商。如1917年茂新和嘉兴、湖州增华公司订立的经销合同,1920年茂、福新与张成泰合组浙江嘉善枫泾镇茂福批发处。1920年总公司成立后,统一了销售和收购,派往各处庄、处的工作人员也有100多人。 | 纵向制度扩展:销售组织变迁、茂新的纵向一体比较出色,福新是借用茂新的办麦和批发系统渠道而迅速发展的 | 荣96—98 |
| 1918 | 在茂新二厂旁附设苞米粉车间,后为茂三厂。 | 横向制度扩展:增设茂三车间 | 荣管278 |
| 1918 | 在原料产地办厂。福新五厂(武汉)"并为申厂兼代办麦"。 | 横向制度扩展:福新五厂 | 年表 |
| 1919 | 申二经营一直不理想,"1919年,申二抛纱四千件与边文锦……未有余利。申二添美机,与老机分装,厂房未打样,不甚合,至今苦之。新机老机共为三万四千锭,不听余言,硬干无利,然成本已大矣"。"1919年,申二微,等于停顿,拆机未复,添机已巨,欠款已不少。" | 制度折旧:申二 | 乐79—88 |
| 1919 | 1919年申一再添机……规模已大,管理稍难。职员已生二心,余已知,不便说穿。轧数已明,混于布轻袋次,只能糊涂。然事业之大,亦由此而成,新老机共为三万八千锭。 | 制度折旧 | 乐48 |
| 1919 | 1919年设立公益工商中学,要求学生"贵在实学""若虚其名,无裨实用,不如无学。造就人才,如良玉美璞,必细加琢磨,才能居器"。 | 企业制度:培训机构 | 荣80 |

续表

| 年份 | 制度事件 | 制度评价 | 资料来源 |
|---|---|---|---|
| 1919 | 1919 年纱联会议案日人取引所将于 9 月 1 日兼做棉花贸易，并在浦东奸商栈房，为屯花之用。其目的所在，无非欲操纵棉花市面，而制厂家死命。闻手棉业联合会已议不往该所交易。兹拟治标治本两法，请公决。略(治标是抵制日本取引所，并对去之花号花行和掮客断绝来往并登报；治本是自己建立花纱联合交易所，或由本埠各厂向棉产区公设花行)。 | 最早记录的参加初级行动集团：纱联会活动 | 年表 |
| 1919 | 1919—1947 年，荣家企业重视职业培训，先在 1919—1927 年开设公益中学，主要为自己培养中初级工程技术人才。1928 年起，申新纺织公司在上海和无锡开办职员养成所和职员训练班，至 1940 年，先后培训 250 人。接着在上海创办中国纺织染工程补习学校，这所业务夜校除了招收荣家本系统的在职技术人员外，还兼收纺织业其他各厂职员，学制二年半，前后共 7 届毕业生，约 400 人。1940 年，申新九厂开办一所 3 年专科制中国纺织染工程专科学校，招收高中毕业生，分设纺织、染化、机电 3 个专科，抗战结束后由总公司接办，改为 4 年本科制的中国纺织染工程学院。1947 年在荣德生的倡议下开设江南大学，设有工艺、食品、电机、机械、化工、数理等系，并在全国首倡面粉专修科和工业管理专业。 | 投资知识和企业制度鼓励特定知识的生成 | 乐 84，荣 80 |
| 1919 | 改建福新系统二厂(1919 走电失火，改建水泥八层厂房)。 | 横向制度扩展：改建福二 | 年表 |
| 1919 | 茂新在济宁设一麦栈。 | 纵向制度扩展 | 年表 |
| 1919 | 茂新系统三厂(自建，1926 毁于火)主要生产苞米粉。苞米粉缺乏原料，加上上海食用苞米粉的风气未开，只能向天津销售。 | 纵向制度变迁——添做苞米粉、横向制度扩展：茂三 | 年表 |
| 1919 | 茂新泰州麦庄、福新常熟麦庄。 | 纵向制度扩展 | 年表 |
| 1919 | 福一增资，福四添机扩充。 | 产权变迁 | 乐 84，荣 79、80 |
| 1919 | 福八同时与福七筹办，并定购三十吋机磨十部，三十六吋机磨十四部。1921 年正式开车，每日夜出粉约八千包；同年续定三十吋机磨十部及三十六吋十四部，于 1922 年开车，日夜出粉约一万六千包。资本定为六十万元，实际上大部分开办费由福新二厂提拨。商标与二厂同。 | 横向制度扩展：福八 | 荣 80 |
| 1919 | 福新七厂"集股三十万元，余与兄各占三成……成立后，以禹卿为经理。因各友均任经理，专以待之"。 | 横向制度扩展：福七 | 乐 84 |
| 1919 | 福新六厂(并购，"福六买下，正式自产，日出三千包，惟屋小机老，占利赶不多。"1922 年合并于一厂，1932 年出售厂房并入福三) | 横向制度扩展：福六 | 乐 84，荣 77 |
| 1920 | "1920 年，申二无利，身重难周转，办法不合故也。换朱长清为经理，亦未转佳。" | 制度折旧：申二 | 乐 79—88 |
| 1920 | 另查 1922 年运输处 1920、1921、1922 年转入盈余 1 177.691、1 516.955、70.786 元于提存折旧科目，证明存在纵向制度扩展——购买船只组织运输。 | 纵向制度扩展：购船组织运输 | Q193—1—568 |
| 1920 | 而济南茂四于 1920 年，机器发动机损坏，损失近八万元。"岂意工人失措，发动机飞轮横遭毁碎，修理半载，始克藏事。综计损失不下八万元。此为我第四厂最不幸之厄运。" | 制度折旧 | 《茂新第四面粉厂概况》，《茂新、福新、申新总公司卅周年纪念》 |
| 1920 | (申三)九年正月，建筑电机……十月冬纱厂屋告竣。而纱机原约上年春季交货，一再延缓，不能如约，直至十年五月中旬，方陆续运锡。是年十一月试开电机，十二月接通本厂方棚间……十一年正月初四正式开工，时粗细纱女工只到七百余人，所开者仅美纱锭之半数。五月后，开始建筑织布间，九月告竣，随时布置布机，至十月亦正式开车焉。"至造完，共有纱锭五万锭，布机五百台，电机三千二百启罗瓦特，轧花机八十台，规模为内地无二，内业侧目。" | 横向制度扩展：申三 | |

续表

| 年份 | 制度事件 | 制度评价 | 资料来源 |
|---|---|---|---|
| 1920 | 1920年与同业组织农事试验场,改良棉麦种植。民国九年,华商纱厂联合会由美购脱字棉及郎字棉等十吨,运赴豫、陕分散。华商联合会组织购美棉,在1929年江苏省政府参与(十八年江苏财政厅拨五万元)荣宗敬捐款一万五千元,由美购爱字棉一百吨,运往豫、陕代赈。"在锡购地,拟创办农场,试植原棉,后中止。""1920年南京东南大学农学院应上海面粉厂协会之请,在南京建立一所小麦实验场。" | 纵向制度扩展:参与成立实验场、改良麦棉 | 荣71、72,朱敬圃:《荣宗敬、荣德生先生年表合编》 |
| 1920 | 1920年内部开始分工,管理上出现分流,各自负责一块业务是一种产权上的制度建立,不过是非正式制度安排也"至申,与申新部分、福新部分叙谈,申厂事不能兼顾,只任公正董事。有纷争,归余劝解,不取董事费。申总经理费,全归兄收入。无锡面粉盈余利息,总经理收入,照规定分派,麦灰作酬劳。分与吾兄弟者,另立学记,助入公益中学,每年共有万余"。 | 制度变迁:内部分工 | 荣156 |
| 1920 | 1920年后,用新式记账是因为银行的压力,银行为贷款着想提出要求:一是抵押贷款为主;二是对财务管理提出严格要求,要求提供成本会计为基础的财务报表,以便于监督。这可以看到,并不是危机压力让荣氏改进制度,而是外部压力,银行的压力。另外,1929年后公司法严格规定了会计律师和审计监督的权力。 | 会计制度变迁 | |
| 1920 | 1920年建成茂新、福新、申新总公司。1919年,"议建总公司,余托人向盬务署买新开河地二亩一分余,以其风水好。兄因电话不便,再买江西路二亩八分,建筑总公司,款由各分公司分担"。 | 企业制度变迁:总公司购地 | 乐85 |
| 1920 | 兄又在工商中学旁购地,拟创农场。余由钱印霞经手,买进漚藻浜地卅余亩,预备制造粉厂,独自置备。后添买至六十八亩,尚欲再购,世乱无从下手,尚未建筑。后申三创办,遂致力纺织,无暇及此矣。申总会计职员也回忆说,原先计划在漚藻浜造福新九厂,面粉产量五万包,因粉业发展困难而中止。 | 多元化投资:买地拟创农场 | 乐89,荣168 |
| 1920 | 茂新四厂(自建)在山东济南,日产3 000包左右,据称产品质量最好,粉为各厂之冠,在火车上餐食上用,外人亦极赞美。畅销京津一带。建成是在1921年,请张文焕为经理。 | 横向制度扩展:茂四 | 《荣德生文集》:申新第三纺织厂概略第267页 |
| 1920 | 茂新设枫泾批发处。 | 纵向制度扩展: | 荣98 |
| 1920 | 荣宗敬1920年参与发起花纱交易所。1920年1月6日纱联会决议"议华商纱厂自设交易所,第股五十元,计一百万元。推聂云生、徐静仁、刘伯森、荣宗敬……穆藕初诸先生为筹备员,与各纱号接洽,再由纱号公推筹备员。1921年7月1日,交易所正式开幕。资本额二百万元实缴半数"。 | 多元化投资:交易所 | 荣73,申总档案 |
| 1920 | 荣宗敬与张謇等组织左海公司,承领滩地,举办实业。附合同。 | 多元化投资:左海公司 | 荣73,申总档案 |
| 1920 | 随着科学管理方法的传播,财务会计制度的改革就成了一些精明企业家关注的重点。荣宗敬经过慎重考虑于1920年开始引进新式簿记,对旧的记账法并未一概废除。正如他所说:"以新的为表,旧的为里,互相传抄,新旧并存。"一个企业使用两种簿记,不可避免地增加了传抄的麻烦,但这种方法确实适合中国民营企业的实际情况。 | 制度变迁:财务制度 | 荣98—101 |
| 1920 | 王全富向福新公司租码头大驳船8只,介绍人王禹卿。 | 纵向制度扩展:购买运输用船 | Q193—1—151 王全富向福新公司租船笔据 |
| 1920 | 荣宗敬参与顾馨一、宁钰亭等在1920年成立的上海华商面粉交易所。 | 多元化投资 | 荣70—71 |

续表

| 年份 | 制度事件 | 制度评价 | 资料来源 |
|---|---|---|---|
| 1921 | 1921 年 6 月，荣宗敬与王禹卿等合资设立纱布交易所第十二十三号经纪人，投入 6 000 两，股东共 3 万两。附：荣宗敬与王禹卿等 6 个成立经纪人的官利和分红等合同。 | 多元化投资 | 荣 86，武汉市工商局、纺织工业局调查资料 |
| 1921 | 申四建厂情况：1921 年房屋竣工，从事装机。1922 年 2 月投产。实收资本 285 000 元，1922 年欠总公司 739 506 两，欠福五 5 332 396 两。总共用去 1 062 233 两白银。附：申四主要股东名单。 | 横向制度扩展：申四 | 荣 95 |
| 1921 | 创建申新系统三厂。 | 横向制度扩展：申三 | 年表 |
| 1921 | 设支塘办花处。 | 纵向制度扩展：营销制度 | 年表 |
| 1921 | 建立总公司，1919 年，由各厂分担费用，1921 年建成用 35 万元。荣德生《乐农 1919 年 1921 年纪事》有怨言，称"是年，总公司购地建筑完成，地二亩八分，连建筑区用 35 万左右，由各厂担任，无锡派得最多。规模阔大，当时办实业有如许，即南通张謇亦不能过。用人既多，耗费日加，进此屋后，从此多事，口舌时现，反不若三洋泾桥静"。金融调度，被人注意。欧战时得，已扩充于事业中也。 | 制度变迁：总公司制度 | 荣 96 |
| 1922 | 1922 年，申二厂女工反对新工头，发生罢工。 | 制度折旧 | 荣 139 |
| 1922 | 1922 年前在全国 11 个地方建立了原料采购机构。1911－1920 在 8 个地方建立了批发处。除了自己建立批发处，还与各地商号订立经销合同，作为茂福新的代理商。1917 年茂新与嘉兴、湖州增华公司订立经销合同(荣 98)；1920 年福新与浙江嘉善县枫泾镇批发处等。 | 纵向制度扩展：原料采购和营销制度 | 荣 98 |
| 1922 | 本厂(申三)开办后，一切概从俗尚，工资均以论工计算。"根据改革当事人回忆工资制度有两种，工头及亲戚负责的车间是论天计算工资，而其他车间是按件计算工资。" | 制度变迁：工资制度 | 荣家企业发展史第 35 页，荣 98 |
| 1922 | 申新设常熟办花处。 | 纵向制度扩展：办花处 | 荣宗敬、荣德生先生年表合编 |
| 1922 | 荣宗敬辞去上海面粉交易所理事长职务。 | 多元化投资挫折 | 《荣德生文集》：申新第三纺织厂概略第 270 页 |
| 1922 | 创建福新系统新一厂(福一失慎，福新三、六厂合并为一厂)。 | 逆横向制度扩展：福一失慎、福三六并为一厂 | 年表 |
| 1923 | 1923 年"因工头已不如前，沈阿虎等当时不切实于工作，出品稍降"。 | 制度折旧 | 乐 93 |
| 1923 | 纱厂工头掌握技术，欺压工人。 | 制度折旧 | 荣 136 |
| 1923 | 申一厂实行抄身制度，工人不满。 | 制度折旧 | 荣 130 |
| 1923 | 十二年冬，由总管薛明剑条陈计划，从事改良，介绍余君钟祥来厂佐理，当将各部整顿，并审度情形，改用论货计算法(如粗纱以亨司计，细纱以木杠及出数为标准)。 | 制度变迁：改良工资制度 | 荣德生生平事业年表 |
| 1923 | 申各厂归兄专管，余不如从前常来去矣。款项出入，锡、济归余，当归兄。至年，平稳而过，通扯有薄利。 | 正式制度：管理分工 | |
| 1923 | 茂三(苞米粉)因原料、销路而停工。 | 逆横向制度变迁：茂三停工 | 荣德生生平事业年表第 567 页，乐 93 |
| 1923 | "惟我局则因面粉小小帮助，尚堪存在 ，时存竞争心。余因上年金融界露出如此境界，心存紧缩，不敢浪费，力劝各厂整理革新。申一亦改良，永达生意见而辞，由严裕昆为经理。布厂尤加注重，出布做袋，占光极巨，机数渐加至六百台。" | 制度变迁：改革整顿厂务、人事变迁 | 乐 93 |

续表

| 年份 | 制度事件 | 制度评价 | 资料来源 |
| --- | --- | --- | --- |
| 1923 | “教实联合会时往开会,欲设化学工厂,筹不出资本而罢。”工程师赵君,常州人,颇有学问经验,后到天津,用其所学之一部分,即见大效。余个人本有意,因曾云“不能放大经济,以误他事耳”。 | 多元化投资:尝试进入化学行业、制度变迁原则:放大经济 | 《荣德生文集》:申新第三纺织厂概略第270页 |
| 1923 | 查档案显示总公司1923年自己有船,是纵向制度扩展。小火轮一只规元10 000、大号铁驳船二只规元12 000元、二号铁驳船二只规元11 000,折大洋45 833.333元。 | 纵向制度扩展:运输 | Q193—1—569 申新1923年决算表 |
| 1923 | 福新二、八厂因原料不足而不全开,四停工改良,其余照开。 | 逆横向制度扩展:福二、八停工 | 荣德生生平事业年表 |
| 1924 | 查1924年第2页,资料称船只已经出售。 | 逆纵向制度扩展:出售轮船 | Q193—1—573 申新1924年决算表 |
| 1924 | 1924年,抽查总公司账上支出项目,荣秉耕粉麦霉亏空、宕账1 372.55规元和141.55大洋;荣世方亏空和宕账5 010.110规元和大洋228.732元。 | 制度折旧 | Q193—1—573 申新1924年决算表 |
| 1924 | 申二换经理,亏本已至二百万,不允接事,将二百万划入总公司,以轻利息。允之。 | 人事变迁、制度折旧 | 270页,《荣德生文集》:申新第三纺织厂概略 |
| 1924 | 常州纱厂创办时,入股二万元,总公司代保运机入厂六千锭。该厂停久,无法料理,拍卖无人问讯,惟有做之一法,拟商余同意,余因人事困难,无法兼顾,辞之。后来,常州纱厂一再来商,以租厂分折利益,至了清欠款为度,立租约,先以两年为期,鄂生先生代经理,开齐一万八千锭,不算租息,尚无余,因花贵纱贱。 | 新式租厂经营 | |
| 1924 | 先由申三进行改革,取得一定成效后,上海申一申二也进行相应改革,远在汉口的申四也由公司派出技术人员去进行管理改革。以后增设申新五至九厂,公司都派技术人员进厂,各厂配置工程师,建立了工程师为核心的工厂管理体制。 | 制度变迁:科学管理制度(工程师责任制取代工头制) | 乐95 |
| 1924 | 设青岛批花处。 | 纵向制度扩展:设批发处 | 《中国企业史近代卷》企业管理出版社,2004年,第586页 |
| 1925 | “德大纱厂欠款六十万,被债权人六十万拍去,归钱庄经营,以六十五万售与我处,遂改名申五。余去看,真便宜,老厂一万八千锭,新厂一万锭,尚未开过,请唐纪云、马润生两先生为经理。屡改易,得失无常。纱业至此,除内地厂或有立脚,上海、天津均不振。” | 横向制度扩展:申五 | 乐94 |
| 1925 | 1925年,荣家收购穆藕初创办的德大纱厂,改为申新五厂,并全盘照抄了德大纱厂的“工人约则”“厂间约则”“罚则”等制度条文。 | 科学管理制度变迁:标准工作法 | |
| 1925 | 1925年,“茂二、三被工人加油疏忽,至遭焚毁”。 | 制度折旧:工作疏忽 | 乐100 |
| 1925 | 1925年左右,申三改革工头制度后,实行类似“泰罗制”的生产定员制、劳动定额制、论货工资制、论工赏罚制和标准工作法,重点整顿、改善车间一级的生产管理。 | 科学管理制度变迁:泰罗制改革 | 荣德生 |
| 1925 | 1922年,各庄盈余是8 715.631元,1923年、1924年都是14 996.494元,1925年是10 626.517元。以后账上再没有相关盈余数据。 | 纵向制度变迁:行庄有自办、合组或代办形式,其中合组形式有和对方进行盈余分配的规定,请参考荣100 | Q193—1—569 申新1923年决算表、Q193—1—573 申新1924年决算表、Q193—1—570 申新决算表1925年 |
| 1925 | 十四年春,复聘汪君孚礼为工程师。十五年派二儿尔仁及总管薛君明剑等先后赴日,实地考察,以资借鉴。吾国纺织幼稚,改善维艰,加以工友泥于成见,墨守旧章,一旦力求速效,每易发生争执,引起意外。本厂经历改革,备历艰辛,今幸措施渐有端绪,工务稍见进步。 | 科学管理制度变迁:申三改革工头制度 | 《荣德生文集》:申新第三纺织厂概略第270页 |

续表

| 年份 | 制度事件 | 制度评价 | 资料来源 |
|---|---|---|---|
| 1925 | 运输处历年纯益 26 608.21 规元;祥利公费 2 008 规元、纱号呆账 457.32 规元、陈子博等十九户历年宕账 5 556.22 规元。亦说明存在运输部门纵向一体化。 | 制度折旧:呆账 | Q193－1－570 申新决算表 1925 年 |
| 1925 | 工人不稳,心存戒备,凡拖重款,均留意。 | 制度折旧:工潮 | 乐 100 |
| 1925 | 工资改革为定论货,凡每日生产满一百一十件,则发给赏金。当时的方针是降低工资总额,提高个人工资所得,老职员年大的逐步淘汰。工人的人事权逐步从工头方面争取过来,经过整顿,首先把女工中的空额取消,以后女工因生病生小孩跳厂死亡等原因慢慢减少。车机工减少下来,调往其他部门工作。这样的情况维持到 1927 年,可以说是半改革时期。1927 年后,改革比较顺利,沈阿富调茂新厂,后因年老不能工作,荣家每月贴他三十元。王阿宝搞黄色工会,抽上鸦片,逐渐坠落。工头的权力慢慢争取过来。汪孚礼推行一套工作方法,卓有成效,无锡各厂竞相仿效。附:改革后的成本和产量数据。 | 科学管理制度变迁:暴力冲突后渐进改革 | 荣 164 |
| 1925 | 申三工头制度改革,采用日本纱厂办法,管理严酷,劳动强度增加,部分工人停歇。“对于厂务,大见改良,仿照日本纺织厂制度,对于工人厉行科学管理法,办理颇为严紧,工人小有不合,轻则罚工,重则斥退。” | 科学管理制度变迁:日本纱厂办法 | 荣 157 |
| 1925 | 四月出现暴力打击新职员现象,停工 8 天。后余钟祥等改革激进派调往常州申六,楼秋泉调往上海总公司,保留汪孚礼工程师,另派职员谈家枨、郑翔德为掌管前后纺运转,王阿宝保留细纱头脑,技术由新派掌握,工资改革为定论货改革放慢。 | 制度折旧:反对改革风潮 | 荣 157 |
| 1925 | 申三响应五卅反帝运动,《锡报》刊登推销织布及代理漂染的国货广告。表明两个信息,织布、漂染的业务扩展。 | 随机冲击与反应 | 申新第三纺织厂大事记 |
| 1925 | 申新一、二厂、五厂成立工会,并有工会在荣氏福新申表茂新活动。 | 企业制度变迁:工会成立 | 荣 292－293 |
| 1925 | 荣家企业申新系统五厂。 | 横向制度扩展:申五 | 年表 |
| 1925 | 荣家企业申新系统六厂(租到 1931 年)。 | 横向制度扩展:常州租厂为申六 | 年表 |
| 1925 | 茂新二厂火灾焚毁,重建。 | 逆横向制度扩展及横向制度扩展:火毁及重建茂二 | 荣德生生平事业年表 |
| 1925 | 详细加研究,精心设计安排。如原来中国面粉长期习惯袋装 50 磅,而国外粉袋节 49 磅,但皆为一袋,价格相同。长此暗亏不利,于是荣宗敬建议而粉同业一律改为每擎 49 磅。 | 企业战略:面粉改磅 | 荣宗敬:《民国十三年面粉改磅》,卅周年纪念 |
| 1925 | 查定期放款中股款:包含中国银行 300 000 元、上海银行 300 000 元、中国铁工厂 25 000、联益公司 6 000 规元、上海商会公债 323.24 规元。 | 投资多元化 | Q193－1－696,申新纺织总公司资产负债明细第 38 页 |
| 1925 | 倡议金陵大学附设农场,试验改良植棉。 | 纵向制度扩展:改良植棉 | 年表 |
| 1925 | 福五于老厂另建新厂增加机磨 16 座。 | 横向制度扩展:福五扩建添机 | 年表 |
| 1925 | 福新一厂失火。以福三改福一,福三空缺(查福新面粉厂史略,应该是 1922 年失慎)。 | 逆横向制度扩展:福一火灾,并以福三补福一 | 荣德生生平事业年表第 579 页,《荣德生文集》 |
| 1926 | 1926 年,因战事已起,北方力弱。汉口福五来信,月泉已为工人压制,种种不合理,殊觉难处。上海、无锡均受影响,惟有谨慎小心,立定脚头而已。厂事谨守,社会事业陷于停顿,各地不肯多往来。 | 制度折旧:工人运动 | 乐 100 |

续表

| 年份 | 制度事件 | 制度评价 | 资料来源 |
|---|---|---|---|
| 1926 | 十五年先后派助理荣君仲诏及总管薛明剑赴日本考察。申三大事记则称,是年派荣尔仁赴日考察。 | 科学管理知识的学习和模仿 | 卅周年纪念《申新第三纺织厂概况》、申新第三纺织厂大事记 |
| 1926 | 申三工人因不发工资,殴打领班兼帮工账陆鸿生,布厂暂时停工。上海总工会派员来锡支援,在华商纱厂联合会和荣宗敬致电南京"清乡督办"等高压下,9天后复工。厂方当天举行职员谈话,各部研究会决定改革工人管理,举办劳工福利,将部分工人宿舍划为劳工自治区,办理训练事宜。 | 科学管理制度变迁:举办劳工福利 | 申新第三纺织厂大事记 |
| 1926 | 福新产品参加美国费城博览会获奖。 | 意识形态宣传:企业信誉 | 年表 |
| 1926 | 福新新三厂(并购),与中国银行订立购买兴华粉厂合同及抵押四十万银两合同,10年分期付款,另外筹资30万。 | 横向制度扩展:新福三 | 年表 |
| 1926 | 荣宗敬联合同业,以上海纱联会、上海面粉公会、上海杂粮公会三单位名义,致汉口劳资仲裁委员会函:"现今最感难于解决者,莫如工潮。劳资两方,相资以生,本无深仇积怨,只以无第三方出任调停,予以公平之判断,驯致层波叠浪,愈演愈烈,商店歇业,工厂停机,市面萧条,为何如景象。" | 制度变迁:第三方实施 | 荣189 |
| 1927 | "是年,租办之常州纱厂,至四月两年期满,略有分余,续租两年。恽禹九约余谈出卖,却之,决帮助至还清而止。" | 横向制度扩展:继租常州厂 | 乐101 |
| 1927 | 1927年,"工业退化,余明知短时只能忍耐,然计划复兴,以此时决定为多。出品退化,牌子跌落,作工者不为怪。" | 制度折旧:工业退化 | 乐101 |
| 1927 | 1927年,申三助理荣尔仁看到来厂安装布机的施之栓技术熟练,工作勤快,便邀请他留厂担任机修间(后更名为整理部)主任,后又调任公益铁工厂厂长。为增强企业技术力量,又陆续聘请了胡学训、钱昌夫、蒋绍仪、李文模等组成了布厂新的领导班子。 | 人事变迁 | |
| 1927 | 1927年,总公司投机出现亏损。 | 制度折旧:投机亏损 | 荣207 |
| 1927 | 1927年,"是年,大局已平,茂一二四均有利,福新各厂不全开,麦与销路有阻。申一二三四五六虽市面为难,通扯不亏。兄与余共商,不可有现钱,还是向添机上走。余主张成立银行,部中催实业储蓄,即决组织,并请人。" | 横向制度扩展:拟成立银行 | 乐102 |
| 1927 | 申二停工,至八月改租。申四因内地内战,挫折甚多,停产。后调整人事,重新规划,重新开工。 | 逆横向制度扩展:申二停工、申四停产 | 年表 |
| 1927 | 5月,申三因荣宗敬通缉牵连,资金周转不灵暂时停产,9月(因缺棉)再次停工。 | 逆横向制度扩展:申三停产、停工 | 申新第三纺织厂大事记 |
| 1927 | 申新设常州、九江、南昌、许昌、郑州、广州六个批发处和香港办事处。 | 纵向制度扩展:设批发处 | 年表 |
| 1927 | 当年申新公司召开第一届纺织会议,计分机械设备、工务管理、原料分配、物料采购、业务奖励五组。由于各厂质量低落,制订奖惩措施,鼓励职工提高品质。 | 利益分享制度变迁:选择性激励以提高产品质量 | 年表 |
| 1927 | 朱仙舫任申五厂长,以纺织专家为厂长主持厂事,申新系统由此开始(专家治厂)。(朱)后受到重用,先后二厂、七厂任职。 | 科学管理制度变迁:专家治厂、打破家族式用人制度 | 汪孚礼:《申新纺织公司过去的回顾和今后应采取的方针》 |
| 1927 | 茂二失火重建,钢骨水泥机房,并购美国最新式钢磨十八座。茂三失火未建。申五厂因为工潮暂停工。 | 逆横向制度扩展:茂二、三厂火灾、申五停工 | 年表 |
| 1927 | 面对工人不停地罢工和运动,荣氏企业一度停工。拒绝工人要求增加工资,要求工人解除武装。 | 制度折旧 | 荣191 |
| 1927 | 1927年,公益铁厂独立经营,称年年有盈余,原来是公益中学实习制造之工厂。1927年工商中学停办(1919年开办)。 | 纵向制度扩展:公益铁厂前身 | 荣222 |

续表

| 年份 | 制度事件 | 制度评价 | 资料来源 |
|---|---|---|---|
| 1928 | 1928年,"公益中学请沈泮元为补习教师,教纺织专科,并到厂实习,由汪孚礼带同指导。后各学生多感其功,以师事之"。 | 制度变迁:知识技术投资 | 乐103 |
| 1928 | 1928年,组织复兴公司,对付日商竞争,以维持市场纱价格。因和空头有剧烈斗争,并受到社会关注而1929年无形结束。原意为对付日商竞争,以维持市场纱价格。多头公司……是不公开的,并参与期货投机。 | 投资多元化 | 荣209 |
| 1928 | 1928—1932年,申新纺织公司开办职员养成所,培训技术和管理人员。1929年,福新系统也决议开设职员养成所,延请粉业专家,教授技能,俾宏造就。1928—1932年毕业四班81人。 | 科学管理制度变迁:培训机构 | 荣222 |
| 1928 | 1928年,"出品颇竞争,尤其对外。永安已添新机,号召顾客。吾局各厂加意,工程师厂厂有,均添机,改良务条陈。经济有余利,有储蓄,不忧无着。凡属申新,个个非革新,即添机。三厂亦动心设计,求其进步。三、六专管,茂一二同。申各厂由兄请工程师调度"。 | 科学管理制度变迁:改良建立工程师责任制 | 乐102 |
| 1928 | 余素主实际,不尚空谈,尽力做去,以事实对付竞争。三厂对职员,主教以实习,对工人,主恩威并用,兼顾其自治及子女教养,有出路,待遇适合,平心和气,不加压力,又留心卫生,居住适宜,与学校无异。一经进厂,有不顾他去之概。终日办事与观察,不能兼顾他处矣,心中常存无纺织真知识为虑。 | 制度变迁:意识形态投资 | 乐103 |
| 1928 | 倡实业救国,进口大量小麦;赴汉视察,转道粤港,调查面粉销售情况,倡导国货,为申新粤帮南洋帮纱销,奠定基础。商请政府采购棉籽,运往旱灾地区,散发播种,寓于改良。 | 制度变迁:意识形态投资、调查市场、改良棉种 | 年表 |
| 1928 | 荣德生与常熟钱昌照江阴吴汀鹭等集资设垦殖公司(福利垦殖公司)。 | 投资多元化 | 年表 |
| 1928 | 在我们认为,任何都可以牺牲,惟技术则非改良不可,因技术不改良,不能对外竞争和立足。惟过去茫然招技术人员,来厂改良技术,语言既不相通,人事又多隔阂,既不能和衷共济,收到通力合作之效,又不能达成改革技术的目标……因此自行训练人才入手,除利用公益工商中学学生予以纺织技术训练作为基础外,决定自办职员养成所、机工养成所、女工养成所等。 | 制度变迁:技术改良及培训 | 协助荣德生办理申新三厂的回忆 |
| 1928 | 荣家企业设平湖批发处。 | 纵向制度扩展:设批发处 | 年表 |
| 1928 | 茂四张文焕辞,厂停工。茂一,二开,有余,付茂四四十万元,结平欠款。粉厂总结无利者,只此一个,鞭长莫及,去人外行,调度不合所致。福一二三六八均有余,汉福五亦好,申一二三四五六大都有利。多少之间,全在人事。 | 制度变迁:人事变迁 | 乐102 |
| 1928 | 面对危机,申一实行奖金制度,促使工人加紧工作。 | 利益分享制度变迁:奖金制度 | 荣256 |
| 1928 | 成立储蓄部门,申三厂设分部。 | 投资多元化 | 年表 |
| 1928 | 储蓄部成立,在锡申三成立分部,收款归余签字了,总部由鸿三帮理,鸿元、鸿增补毕业平均奖交通大学,实习纺织,乃时从事整顿,汪孚礼等皆奋发,学生随之实习者不少,气象甚佳。 | 制度变迁:荣二代介入经营 | 乐102 |
| 1929 | 1928年,茂四被军阀强行取面粉五万包,损失12万元,造成停工。这样的无保障的恶劣的生产环境,对民族企业生产造成了重大的不良影响。附:1929荣宗敬致函崔景珊。 | 逆横向制度扩展:茂四停工 | 荣233 |
| 1929 | 1929年,荣宗敬不顾荣德生"地段不合工厂,工人难立脚,开支必大,出品不出色,销路难去"的反对,收买英国纱厂建立申七,出现连年亏损。 | 横向制度扩展:并购申七 | 荣219 |

续表

| 年份 | 制度事件 | 制度评价 | 资料来源 |
|---|---|---|---|
| 1929 | 麸皮是面粉厂的副产品,初期为家畜饲料,后来发现可以为精、粗饲料,又可以提炼药品或营养品,荣氏兄弟联合同业订立规格和包装,把其列为出口贸易中的重要商品之一。营销于日本大阪等地,取得一笔可观收入。 | 销售战略:经营麸皮 | 荣 214 |
| 1929 | 1929 年,“(申一)严裕昆任经理,两厂兼顾。工人无训练,出品不佳。” | 制度折旧 | 乐 104 |
| 1929 | 1929 年,“永安建新机,兄亦欲添新式泼辣脱锭。风声一播,洋行即来兜卖,价格极克已,觅地无合意者,即在申一旁建屋,名八厂。余见才财两缺,必欲竞争,只可二万锭,多锭不如少锭。查内地一二万锭者,皆管理易而生利厚,我局锭多利少,人才与资本关系耳。兄不肯示弱于人,仍购买四万锭”。 | 横向制度扩展:建申八 | 乐 104 |
| 1929 | 1929 年,“申四人事变动……茂四照开,秦芹生为经理,兼营打包厂。济南产花颇多,销布亦多,后另派专任。申五亦改良,俱有进步。 | 人事变迁、纵向制度扩展:打包厂 | 乐 104 |
| 1929 | 福三旁空地甚大,施伯安为两路管理局要职,商将路轨接至栈房,由济南、河南等处来货,直接卸本栈。无锡更便利,不必上栈,省费而无损失。兄亦同意,即照进行。买地价小,比路局略大少许,华卫中时去接洽轨事。栈房成,另立营业组织,名‘福新栈’就便由福三带管。股东由总公司与各有关系之厂出资,无锡茂新、申三各占一股。建桥开河,成立后为上海各栈所无。惟因资本小,尚未布置尽善,生利无多。 | 纵向制度扩展:福新栈 | 乐 104 |
| 1929 | 对二代的培养:“二儿已在厂实习,认真则工人侧目,同事不敢有为。”“(五婿熊源与侄婿王云程 1931、1932)均在申三任事,得力颇多。从此,出品占优,人人乐用。” | 制度变迁:荣二代参与企业经营 | 乐 101 、103 |
| 1929 | 申新设南通东台收花处。 | 纵向制度扩展:收花处 | 年表 |
| 1929 | 在工商中学的原址工科实验工场设立公益铁工厂,拟定自己制造纺织机、面粉机。 | 纵向制度扩展:公益铁厂 | 荣德生生平事业年表 |
| 1929 | 我国劳资间,在昔颇能和衷共济,相安无事,已如上述。近年因生活之艰难,业务之纷纭,于是乎有工潮发生。年来更风起云涌,时有所闻。远因……英国全国总罢工……一由新思潮之发生,如……马克思主义之流传。近因(略,大约说到风俗奢侈生活费用增高,职员内部权利派别争夺、工人入不敷出,要求上下经理工人皆同甘苦,公平报酬,安心任事才可能)。 | 制度变迁:意识形态投资 | 薛明剑文集,当代中国出版社 2005 年《劳资问题之我所见》 |
| 1929 | 1929 年工厂法草案第七章,关于工人福利第 40 条规定,“工厂有年终结算,如有盈余,除提股息、公积金外,对于全年工作并无过失之工人,应给奖金或分配盈余。”立法要求对工厂盈余进行分配,是外部对微观制度变迁的影响途径。 | 宏观制度变迁要求利益分享 | |
| 1930 | 1929—1930 年,社会游资充斥,上海银行争做对申新贷款。“(1929)近来,汉口申新福五因花粉生产甚好,银根宽松,所订透支八十万仅用三四十万。今春,栋臣谓所趸麦子约需七八十万元,故特与总行另订定期用款五十万两,其后竟未用,汉分行受累不少。” | 银团争做贷款 | 荣 275—276 |
| 1930 | 1929 年,爆发了本世纪最严重的世界经济危机,帝国主义国家纷纷向中国倾销剩余产品。而日本更是一面在中国高价抢购原棉,一面打着“买一送一加三”的幌子,低价倾销棉布,抢占中国市场。此时,国民党政府又决定增加纱、布、面粉统税,使得生产成本大增。上海的申新各厂为了降低成本,使用了低价的劣质棉,生产的棉纱“各厂除申三外,均用印度棉,纱色平常,客有烦言,纱有存积。”“色暗太紧,客人不乐用”。 | 制度折旧 | 乐 110、113 |
| 1930 | 申三添机,产量、质量明显提高。 | 产品质量制度变迁 | 荣德生生平事业年表 |

续表

| 年份 | 制度事件 | 制度评价 | 资料来源 |
| --- | --- | --- | --- |
| 1930 | 申新设南通徐州、芜湖、长沙、枫泾批发处。 | 纵向制度扩展 | 年表 |
| 1930 | 申二厂清花间失慎。 | 制度折旧 | 年表 |
| 1930 | 因为受到战乱和交通的影响而让麦等运费高昂……1929年开始购外国小麦,开始转向外国小麦的采购。海路进口,而水脚低(运费)。只是担心对国内农业的影响。所以曾经一再呼吁提高小麦的产量,提高质量,并从美国购来大量良种小麦让各地试种。荣宗敬还在1920年自费捐助15 000元购买美国优质棉100吨,让河南和陕西试种。 | 采购制度变迁:进口外麦 | 荣230 |
| 1930 | 早期操纵粉麦市场之二:利用厂多和规模优势,降低交易费用,并利用采购量大而操纵市场,压低价格。 | 企业制度变迁:操纵市场 | 荣82－83,福一厂长浦松泉访问记录 |
| 1931 | 放庄至广东、湖南、重庆,销路均清,价不如申。交易所抛空,纱压低,有外国人操纵,市呈不安。余日日通讯,说此中上落,心常担忧。外力日涨,内力日亏,欠数日巨,收税日加,盈余难望。所欠机款,逐日到期。账户严少兰调度力竭,熟人亦多维持,如此习以为常者,有二年。 | 制度折旧 | 乐110 |
| 1931 | 申新设重庆批发处。荣德生则往连云港考察,准备购地建厂。 | 纵、横向制度扩展:收花处、准备购地建厂 | 年表 |
| 1931 | 1931年,荣氏企业出现大的制度变迁,“王云程学业回来,入厂练习,后为申一执事。大儿、二儿受兄命,先后到申助理各厂,亦从‘自治’入手。厂以五、六先仿,鄂先生常州已先试行,次及申一,大、二两儿先后主办。云程入内,照新方针同做。申二朱仙舫、汪孚礼皆主改良,惟在添机器,改方法为主,未从人工入手。余在三厂所经营,所请人非专家,以有诚心,管人不严,以德服人,顾其对家,对子女,使其对工作不生心存意外,即算‘自治’有效,自信可以教范围内各厂仿行。” | 制度变迁:荣二代参与企业经营 | 乐108 |
| 1931 | 1931年,申新以340万两巨额资金收买上海厚生纱厂,因无现金支付而向该厂原债权银团抵押贷款,本身未出任何现金。规模效应也说明了荣氏进行融资。1931年10月,收买厚生厂时,钱庄相信荣氏而不相信厚生,愿意把厚生厂转抵押给荣氏,不付分文就得到一个厂。这也是一种融资,是信用融资方式。据称当时厚生厂成立了第一债权团和第二债权团,分别借款三百四十万元和一百四十万元,竭力玉成荣氏接收厚生厂。 | 横向制度扩展:收购厚生为六厂 | 乐109、253 |
| 1931 | 1931年,荣尔仁推进技术变迁,制造各种纺织零件。 | 制度变迁:荣二代参与企业经营 | 荣354 |
| 1931 | 改变工人激励机制,实行奖金制度,促使工人加紧工作。申一经理严裕昆先生增加生产而出赏金。每月赏金达到六七千元之巨,文武场各得其半。 | 科学管理制度变迁:选择性激励 | 荣256 |
| 1931 | 1931年荣氏总公司增设生产部管理机构,其职责是根据各厂生产技术力量和设备水平,分别确定各厂生产任务、原料品级、用花比例、纺织支数、织布磅数竺,力求做到机器设备合理利用,提高产品质量和首日,即进行厂务标准化。这是一种制度变迁,以前只有营业部和会计、五金等,生产技术管理日益重要。生产部负责进行厂务标准化。 | 科学管理制度变迁:设立生产部 | 《中国企业史近代卷》企业管理出版社,2004年,第586页 |
| 1931 | 荣德生称余在三厂所经营,所请人非专家,以有诚心,管人不严,以德服人,顾其对家,对子女,使其对工作不心存意外,即算自治有效。自信可以教范围内各厂依行。 | 制度变迁:意识形态投资 | 乐108 |
| 1931 | 1931－1932年,荣宗敬个人投资入股信康钱庄等7个、银行2个、保险公司1个、其他公司4个、地皮1处。 | 投资多元化 | 荣553 |
| 1931 | 三新情况和作价四十万两。买下分各厂,后看到清花机尚是新添,拆之可惜,且先试做,渐渐分拆……取名申九。至此,申新有厂九个,共有锭五十万,布机三千余张,国内无出其右者,外人侧目、粉厂一时亦占最多数。 | 横向制度扩展:九厂 | 乐110 |

续表

| 年份 | 制度事件 | 制度评价 | 资料来源 |
|---|---|---|---|
| 1931 | 与中国银行协同经营堆栈三年(1931—1934)事宜,以便质借款项。中国银行有权派遣职员驻栈,查视存货出入。而申新以存货市价8折作质借款。 | 逆纵向制度扩展:委托银团经营福新栈 | 荣258 |
| 1931 | "五婿唐熊源毕业于美国罗惠尔纺织大学,归国即来申三,后任副经理,颇得力于改良。牌子渐渐转佳。申一添机后,资本加至四百廿万元。申三亦由盈余加至五百万元。纱锭六万,织机九百台,决心改良,出品生产,虽加重税,盈余不弱,开支较各厂为省。余从克已做起,以前一种恶风潮,均无矣。" | 制度变迁:荣二代参与企业经营 | 乐106 |
| 1931 | 经常请纺织界的名人、专家来厂演讲。1931年11月,邀请由美国留学回来,到申三调查生产管理情况的王云程等介绍美国纺织界的情况;12月底,又请在美国康奈尔大学毕业的顾毓镍博士来厂演讲科学管理方法。 | 科学管理制度变迁:学习科学管理知识 | 申新第三纺织厂大事记 |
| 1931 | 本厂……在工人宿舍左近辟室三幢,设立小学一所,名曰申新小学,免费招收本厂工人子弟,已于本月(9月)21号开学。聘定蔡文玉女士为校长,宋振华女士为教员。另有成立消费合作社等。 | 科学管理制度变迁:工人子弟学校和消费合作社 | 荣257 |
| 1931 | 申三厂举办技术竞赛会,优胜者给予奖品。 | 科学管理制度变迁:技术竞赛 | 申新第三纺织厂大事记 |
| 1931 | 申四经理李国伟深感申四生产管理方法陈旧,去日本考察学习新的管理知识回国后,对企业进行了一系列改革,命令龚培卿在全厂范围内改用西式会计制度。龚感到人手不够,乃推荐厉无咎前去协助。厉协助龚建立了必要的统计报表、核算生产成本等制度,使企业资产、成本、盈亏有了比较可靠的数据。 | 科学管理制度变迁:申四推行西式会计 | 《厉无咎,荣氏在汉最后一位经理》,《纵横》,2006年第10期 |
| 1931 | 申三女工养成所章程摘要。 | 科学管理制度变迁:女工养成所 | 荣570 |
| 1931 | 申三为抵制日货,自制棉条筒等纺织器材。并设立化验室,由陆崇圻负责试验皮辊漆的药品,同时向美国订购制造梭子的机器一台,准备自造。 | 科学管理制度变迁:设立化验室 | 申新第三纺织厂大事记 |
| 1931 | 申新九厂,1931年,当荣宗敬收买三新纱厂机器建立申九时,三新机器给穆藕初,觉得他没有这个实力;找严裕棠,也觉得他没有这个实力;最后找到荣宗敬,荣一口答应,但是说没有那么多钱;最后,决定机器厂子40万,先付佣金5万,荣找了荣鸿三的丈人孙直斋(汇丰钱庄和惠中旅馆的老板),要他贷款,说只有5万。荣正好需要5万,就把厂买下来了。这是一种非正式的制度安排,造人际关系网来融资的体系。 | 非正式制度:社会人际关系网 | 乐109,荣248 |
| 1931 | 申新三厂创设劳工自治区。 | 科学管理制度变迁:初步建立劳工自治 | 荣德生生平事业年表 |
| 1931 | 申新三厂编辑出版《人钟月刊》。 | 制度变迁:意识形态投资 | 荣德生生平事业年表 |
| 1931 | 申新设立重庆批发处。 | 纵向制度扩展:批发处 | 年表 |
| 1931 | 时申六到期……没有谈成续租。斥资了结。各事清了,徐、于、钱三君到舍致谢,并承赠送余一联,唐君书也。 | 逆横向制度扩展:原申六厂退租 | 乐109 |
| 1931 | 荣德生个人投资于连云港种植白杨、在无锡火车站用储蓄总资金建造数十幢楼房,参与开原汽车公司、开原电灯厂及太湖饭店等。 | 投资多元化 | 荣553 |
| 1931 | 抵货运动期间,申三让日本技师礼田哲雄退职。 | 说明曾经聘请外国工程师 | 荣354 |
| 1931 | 根据华商联合会1933年的调查报告,沪战期间,申新一、八、二、五、六、七、九厂尽数停工,锭数达到370 056锭;工时3 432个。 | 逆横向制度扩展:战争导致申新全面停工 | 《华商纱厂联合年会报告书》,荣352页 |

续表

| 年份 | 制度事件 | 制度评价 | 资料来源 |
|---|---|---|---|
| 1931 | 荣氏企业为了从根本上改变民族棉纺织业国货产品在同外国产品中的竞争力,1930 年建立申八。所有设备是当年出品的最新式英国泼拉脱大牵伸精纺机,是荣家企业中最新的一个厂,在全国中也比较罕见,新厂房、新机器、新人才、新产品的美称,所出产品是精品,可以与日本纱匹敌。 | 横向制度扩展:申八厂建立 | 《中国企业史.近代卷》企业管理出版社,2004 年,第 590 页 |
| 1931 | 荣宗敬收买浦东恒大新记纱厂,自任总经理。 | 横向制度扩展:收买恒大 | 年表 |
| 1931 | 储蓄部照常。茂新一二四各厂,福新及申新一、二、三、四、五、六、七、八各厂,均开。各厂除申三外,均用印度棉,纱色平常,客有烦言,纱有存积。放庄至广东、湖南、重庆,销路均清,价不如申。交易所抛空,纱压低,有外国人操纵,市呈不安。余日日通讯,说此中上落,心常担忧。外力日涨,内力日亏,欠数日巨,收税日加,盈余难望。所欠机款,逐日到期。账户严少兰调度力竭,熟人亦多维持,如此习以为常者,有二年。 | 制度折旧:产品质量下降 | 乐 110 |
| 1931 | 福新各厂面粉产量创开业最高纪录,达 2 137.7 万袋,当年除福五略有盈余外,余各厂皆亏。盈亏相抵亏损 190 万余元,为历史上罕见现象。1930 年、1931 年,福新面粉公司购进大量期货美麦,超过生产上的需要,到期低价了结,造成亏损。根据 1930 年福新面粉公司粉务会议记录,民国十九年六月二十日补行第十三届常务会议,到会者有荣宗敬、王禹卿、张春霖、吴昆生等。会议称今年小麦只有加拿大及美洲丰收,欧洲年景正常,俟金价低落小麦价必昂。("关于所做加拿大麦的决议如下:所做加拿大期麦,目前如做结束,吃亏太巨,应挺到期时再行了结,价格如再低落,不妨转至明年 5 月期。") | 制度折旧:期货亏损 | 荣 236 |
| 1931 | 早期押款合同,银团介入较轻,只规定"银行把受押品委托抵押人经营管理,但是随时可以书面通知撤销,并把管理权交付受押人或者其指定之人。" | 早期银团介入制度变迁 | |
| 1932 | 1932 年,参与成立中国经济信托公司,资本金二万万元,荣宗敬是中国董事。荣氏向此公司借款三千万,以备购美棉、美麦之用。 | 投资多元化 | 荣 385 |
| 1932 | 1932 年,外部困难重重,荣德生重视内部制度改革,"厂中研究工人待遇,自治设备日臻完备。进厂先教识字,落工习副业,非实业不能派事,女工非由养成班学过不能工作,班班皆教导,宿舍亦有室长,办理渐有声誉"。 | 科学管理制度变迁:内部改良 | 乐 112 |
| 1932 | 申三成立总管理处,由薛明剑任总管。 | 制度变迁:申三成立总管理处 | 申新第三纺织厂大事记 |
| 1932 | 申新各厂,从 1930 年开始,随着企业管理改革工作进一步开展,开始制订和推行标准工作法,对生产工人的技术操作要求越来越高,从 1932 年起,依照日本纱厂做法,设立女工养成所,招收女工进行短期技术培训,这样,招收养成工成为申新系统的一项制度。 | 科学管理制度变迁:制订标准工作法 | 申三 |
| 1932 | 申新设安徽批发处。 | 纵向制度扩展:批发处 | 年表 |
| 1932 | 阿根廷与澳麦在华竞销,低价且无须现金共进三万吨,五月到货,各粉厂照开。申新职员养成所结束,重新开公益中学。 | 科学管理制度变迁:培训机构 | 年表 |
| 1932 | 在建立申九时,因为接收工人的问题,受到国民党上海特别市政府社会局局长的公函责问。这样就与社会的制度相博弈。政府保护工人之意也体现于制度博弈中。 | 制度变迁:博弈工人问题 | 荣 250 |
| 1932 | 申新租船把申七厂存货 3 万多件运往广州销售,误判市场,到 1934 年仍未售尽。把第七第九厂二十支次纱销四川传统市场,因为川帮改向他厂采办,导致只能廉价脱售,亏损甚大。 | 制度折旧 | 荣 361,上海银行:《申新一、二、三、五、八厂调查报告》 |

续表

| 年份 | 制度事件 | 制度评价 | 资料来源 |
|---|---|---|---|
| 1932 | 每个养成工都要通过相当于高小程度的识字、算术考试,并要经过持续性测验、记忆力测验、注意力测验、插拔筒管测验、个别谈话和体格检查。录取后进行3个月的技术培训和文化教育。培训期间,每天学习操作8小时,上课3小时,膳宿均由厂中供给。学习期满成绩合格者分配相当工作,每天除工作12小时外,仍要授课1小时。因为养成工工资特别低,操作熟练,因此,大大提高了劳动生产率。 | 科学管理:养成工培训 | 荣管812—817 |
| 1932 | 查档案资料,发现1932年资产负债表等财务数据上出现会计师李澂等3位签字的审计查账证明,会计制度出现变迁。 | 科学管理制度变迁:审计制度 | Q193—1—563:会计师查稽申新纺织总公司及各厂账目报告书 |
| 1932 | 倡导改进植棉,派员到琼州岛试植海岛棉,成绩良佳。 | 纵向制度扩展:改良棉种 | 年表 |
| 1932 | 无锡申三厂和汉口四厂因为地位好,就地收购原料,当地制造而脱售,其中运输、税捐费用减轻不少,工价又廉,较上海为优,而能够获利。 | 企业战略:内地办厂有利 | 荣361页,上海银行:《申新一、二、三、五、八厂调查报告》 |
| 1933 | 在危机中暴露出管理上存在许多漏洞,任人唯亲,管理不科学,腐败成风。典型如荣宗敬大儿子,私自进劣质棉花,栈房不敢不收,还得高价结算;后来,还私自移公司的急款用于还个人对洋行欠款,产生信用问题和大的退票风潮,让改进委员会统一进花的改革,在已经初见成效时,不够顺利进行,只好归于银团控制;因为原材料质量不过关,甚至连人钟的名牌都做烂了。 | 制度折旧 | 荣365、荣管474 |
| 1933 | 1933—1936年危机下,统一管理已经在内部分崩离析,外有政府企图吞并,还有银团介入控制经营,内部产权也因为不清晰,开始出现争斗,不但福新在王禹卿下另立总公司,让荣宗敬抱怨无法参与其管理,福新还以股东人数不到四分之一而通过的以福新盈余支持申新的议案无法执行,没有办法调动福新盈余来支撑申新的亏损,这次议案,甚至荣德生也不表态支持申新,只好苦苦支撑。 | 制度折旧:统一管理的分崩离析 | 荣377 |
| 1933 | 1933年,"一心兼管公益铁工场,仿美式改良,添人加机,以能自造纱机、织机、面粉机为目标。特色人才,先从打样,注重小学从工为出路,调施之铨为主任。职业教育毕业生,招人稍易,一班打样由此而来。原有房屋,不适用者翻造之,翻砂间特别扩大,专揽翻砂生意,微有薄利,兴致甚好,局内面粉厂、纱厂、铁工不假他处,快而妥当,天天有人来接生意,一换前人面目。小小出品甚多,抽水机、轧面机、打包机、小引擎、车水机、丝厂用品、布厂用品、摇纱机等,凡东西来路出品,均能仿之自造"。 | 制度变迁:人事变迁 | 乐114 |
| 1933 | 1933年,"申三自治区,日见完备,副产研究,如养分兔之类;单身女工工房,可住至一千余,布机已至一千五百台,纱锭七万零……再有余力可添机。因申经济未裕,不添,陆续购地预备。因工作好,进花,出品有把握,越大越有利,资本已足五百万元,心已放大,主客云集,出品时时不敷。申一二五六九,均有改良者,以一五九略好,余则正在机上想法,未及用料、自治"。 | 科学管理制度变迁:劳工自治 | 乐114 |
| 1933 | 1933年,申新公司在危机中决定减工和紧缩,一律取消赏工和升工。 | 制度变迁:取消赏工 | 荣560 |

续表

| 年份 | 制度事件 | 制度评价 | 资料来源 |
|---|---|---|---|
| 1933 | 1933年,荣氏危机中,福新另建立总公司。企业制度在危机中的变迁出现分裂。抛弃总公司而自立一路,以求避险。福新总公司无限责任章程规定总经理王禹卿对外独权处理,又设业务、麦务、财务三部。荣德生"惟面粉厂福一三七未押出,而活动,有自营能力,且有私产,信誉未损。兄将面粉厂经理归王禹卿专管,俾易调度"。 | 制度折旧:福新另立总公司 | 荣377 |
| 1933 | 开办长途汽车公司。 | 投资多元化 | 年表 |
| 1933 | 公益铁工厂试制纺纱机、面粉机成功,并制造抽水机、打包机、小引擎以及各种机器零件。 | 制度变迁:产业链升级 | 荣德生生平事业年表 |
| 1933 | 1933年5月,荣宗敬向实业部写信要求代付英国纱锭机器款、向英国商会驻沪会长请求斡旋商借庚款应急,6月两次致电彭学沛商议使用棉麦借款。1932年依靠洋行赊购外棉,暂渡难关。企图通过美国商人大量赊购外国棉麦、中国经济信托投资公司与霍白克的活动。1933年6月,荣宗敬向叶琢堂、实业部、财政部、棉业统制会等等呼吁援助。1934年,荣德生见汪精卫请求发行公债,救济申新。1934年7月发行公债500万而托吴稚晖向蒋介石、(同日致信)汪精卫、陈公博求助。 | 制度变迁:危机中企业家的外部努力 | 荣386－415 |
| 1933 | 1933年,由于产品质量急剧下降,导致纱布交易所不再使用"人钟"纱为标准纱。在这种情况下,申三另立"好做"商标,"用花、拼花、用料,事事亲为配准,拉力、颜色均高,各布厂乐用,价提高,不与交易所出人。所以,年年有利,十余年已有三倍"。 | 制度变迁:交易所停用人钟和申三另立商标 | 乐113 |
| 1933 | 九厂正在开车,总公司严少兰屡屡来信,乃时将锡款解出应付,见九厂开出,心定。此时机款解清,花款常调,装纱于各庄,垫头皆为亏去,银行款归结,均为押款。申一到九,无不抵押,茂一二四亦押款,申三为总公司押出。 | 制度变迁:危机中企业内部努力 | 年表乐113 |
| 1933 | 公益铁工厂试制纺纱机、面粉机成功,并制造抽水机、打包机、小引擎以及各种机器零件。 | 制度变迁:产业链升级 | 荣德生生平事业年表 |
| 1933 | 无锡申新第三纺织无限公司章程:第七条规定了公司的四大业务,采办、厂所、营业、转运;第九条,设总经理、经理、办事员三级。 | 科学管理制度变迁:事业部结构 | 荣管930 |
| 1933 | 无锡申新第三纺织无限公司章程:第十四条:本公司办事员均须具有介绍书及保证书。 | 制度变迁:职员保证制度 | 荣管930 |
| 1933 | 无锡申新第三纺织无限公司章程:第十八条:本公司出入款项,应造具财产目录、贷借对照表、营业报告书、损益计算书、纯益分派之簿册,以务股东借阅。 | 科学管理制度变迁:财务制度和股东权益保护 | 荣管931 |
| 1933 | 民二十二年,银行看到申新欠款数目巨大,统改为押款,因此申一到九,茂一二四统统押出,只剩福一三七未押出。福新已经由王禹卿负责。申三另立好做商标,不在交易所开市,销路敞佳。 | 制度变迁:经营与交易所交易脱离 | 1947年《纺织周刊》贝山撰文,荣管186 |
| 1933 | 汉口申四火灾,秋后重建。寻求新股,有一万元以下股东24个退出,荣德生入股吸收新股东6个,每股四千元。股本增加到92万,荣宗敬58.2万,荣德生28.4万元,荣氏兄弟总共占94.1%。申请重建后开始技术管理上进行改良,棉纱用长纤维细绒毛棉花纺织,使产品接力加强,获得市场信誉;另创立品牌,轻质细布,经纬各减十根,产量多、成本低。 | 横向制度扩展:重建申四 | 荣德生生平事业年表 |
| 1933 | 由于经营困难,为了控制市场而不断通过交易所抛进抛出,最终购进劣质棉花,又因为总公司乱配棉纱,生产纱布质量得不到保证,最终做烂人钟品牌。 | 制度折旧:交易所扰乱经营 | 荣365 |
| 1933 | 申九在澳门路建新厂。九月迁完,然后开始对原三新机器进行改革,清花工程复式改为简式;精纺机由普通式改为新式皮圈式大牵伸;并陆续添置日本丰田式及坂本式自动布机。 | 横向制度扩展:申九厂迁建 | 荣德生生平事业年表 |

续表

| 年份 | 制度事件 | 制度评价 | 资料来源 |
| --- | --- | --- | --- |
| 1933 | 申三将汇款解出应付帮助总公司困难，并为总公司抵押出去。二月，本厂职工邓春坐创制布机筒齿轮，以节电得实业部奖励。五月，本厂停工减产；七月，布厂女工七百名罢工反对厂方因营业清淡而减少工人工资。正式成立劳工自治区，委任胡鸣虎为区长。并新建三层医院。 | 制度变迁：下属工厂拯救总公司 | 申新第三纺织厂大事记 |
| 1933 | 可以说申新在成本方面与日本相差不大，技术上也可行，主要是利息上的支出，拉大了与日本厂的差距。甚至六厂成本还低于日本厂呢。一方面说明日本得到国家银行支持而利息低，二是荣氏经营不算很差。据数据1933—1935年危机中申三在荣德生的苦心经营下管理大有进步，已经在各方面超越日本在华工厂，除了利息指标外。 | 科学管理制度变迁：企业效率提高 | P399 |
| 1933 | 申新总公司因商业信用受到影响，不得不改变借款方式，银行大量押款，信用借款大减。 | 企业融资制度变迁：信用融资方式变迁 | 荣398 |
| 1933 | 收少付多，出品不俏，押汇装出，垫头不资，越转越紧。往来银行屡屡帮忙，看看数大，即商改押款。 | 制度折旧：信用丧失 | 乐112 |
| 1933 | 自治区内设有食堂、消费合作社、储蓄所、浴室、医院、图书馆、电影院、为职工生活提供方便；开办职工补习学校、六年制职工子弟小学，用于职工及其子女的教育；组织职工饲养家畜、种植蔬菜、花果，从事副业生产，以补贴膳食。 | 科学管理制度变迁：自治区日益完善 | |
| 1933 | 荣宗敬、王禹卿在企业经营上存在许多隔阂，多次大声争吵，王认为荣纵子投机，损害股东利益。荣则认为茂福申都是自己创办的子孙万世基业。 | 制度折旧 | 荣408 |
| 1933 | 荣家企业较有作为的第二代资本家荣尔仁，是20世纪30年代中国鼓吹“劳资合作”，并主持“劳工自治区”的核心人物之一。 | 制度变迁：荣二代参与企业制度 | |
| 1933 | 荣德生也指出：茂新至年有利，抱稳做，年年如此。济南则无利，盈亏相扯无余。福新有利。申一至申九，唯有申三有利。其余牌次，货积耗息，好者少。有机多，心不齐，收花走样。洋行解花已有恶习，总公司为经济套轻起见，不如号家，汉口打包夹破子，陕西打包夹杂，印度花等级降次，不照原样。出品色暗太紧，客人不乐用。永安及其他纱厂，则办好花，出品不同。相形之下，自然货积。 | 制度折旧 | 乐113 |
| 1933 | 1933年，申一罢工，反对取消赏工和降低工资。1935年，一八厂罢工，以及反对停工和停开夜市。1935年，申二、五争取复工。1936年，申六、七厂罢工要求增加工资，一八厂和四厂也要求增加工资。1937年，申一反对克扣工资，再度罢工，申四也出现罢工。 | 制度折旧 | 荣599—610 |
| 1933 | 抽查申九工友志愿担保书：照片、年龄、身高、住址和贯籍，担保人。担保人对下列事项负责任：不得鼓动罢工捣乱如厂方认为不妥得随时开除，担保人负其责任，不得要求复工；不得敲毁机器，如有此种行为担保人负责赔偿。由用人部门和工务处工账科盖章签名。 | 企业制度：企业职员担保制度 | Q193—4—156，上海申新第九纺织厂工友进厂担保书 |
| 1933 | 申一厂九千余工人宣布怠工，要求保留赏工、分派历年盈余等。“工人除工资外另有赏工：栈房小工每月四工，其他部分，每月均两工。以前赏工本无如此之多，近数年来工人屡次要求增加工资，厂长屡次拒绝之后，唯恐工人失望，发生他故，则每月加以工资一工，作为赏工。其他部分之工人于厂中有盈余时，稍有红利分润，独栈房小工无有。故赏工犹较他部工人为多。” | 利益分享和赏工制度变迁 | 荣602—606 |
| 1934 | 1934年3月底，金融界已无一肯放，中国、上海两银行不肯再做，只靠十六家熟悉的往来钱庄继续维持。 | 社会网络维持信用 | 乐117 |
| 1934 | 总公司统一管理后，出现脱离生产实际，不切实情的情况。实业部调查报告指出“查该厂配棉之主权，大体操于总公司，各厂经理只能略为上下，但终不克超轶其范围……往往以不适之棉，责令纺成意欲之纱。甚至某一纱支，数日即易原棉之配合，该各厂违则来源不济，从则工作困难……以致同一纱牌，今昨异其质量。”后来申新准备实行标准生产工作法，只是执行力度不行。负面影响是产品质量在规模扩大时，重数量，质量管理跟不上，让人钟牌等商标质量渐渐下降，渐渐失去行业标准的信誉。 | 制度折旧 | 《申新纺织公司调查报告》1934年7月，上档：Q193—1—428 |

续表

| 年份 | 制度事件 | 制度评价 | 资料来源 |
| --- | --- | --- | --- |
| 1934 | 根据内部报告和银行调查,大量时间和精力用于交易所投机,让经营活动受到严重影响,不是为了销售而销售,是为了投机而销售,不但错失市场时机,也无视客户要求,进口原料也是如此,……整个申新系统已经成为一个投机的集团。 | 制度折旧:投机影响经营 | 荣 425 |
| 1934 | 企业集团管理混乱,股东组成不同,相互间资产关系十分复杂,统一管理难。中国银行和上海银行派驻申新的稽核员在调查指出:"各厂组织极不划一,不独人数不同,即名称与权限亦无一定标准。各厂各样,实于管理之上,考成上,效率上障碍甚多。" | 制度折旧:组织、考成皆障碍甚多 | 上海市档案馆 Q275-1-57 |
| 1934 | 银钱之出纳,票据之保管,似无一定手续。发出票据,并不经负责人签字,而收入票据则经职员私行兑取,存入私折,事过月余,方经发觉者有之;因职员疏忽将票据投入废纸篓中者亦有之。此等现象虽属于不常有之事,但理财缺乏统制,殆难讳言。该公司支用浩繁,然从无一预算制度。申新如此大规模企业财务会计制度极不健全。年终决算时,新旧重复而结果仍旧不完善。至于各厂均各自为政,会计科目亦不统一。对于出品无确实之成本计算,故全由估计,而估计时又乏标准,咸意为之。如遇到淡月,则将存货价格提高;如遇到旺月,则将存货价值减低。固定资产之折旧,向未计入成本中,是以各厂之盈亏殊不准确。 | 制度折旧:财务制度混乱 | 上海市档案馆 Q275-1-57 |
| 1934 | 1933-1936 年危机下,统一管理已经在内部分崩离析,外有政府企图吞并,还有银团介入控制经营;内部产权也因为不清晰,开始出现争斗。不但福新在王禹卿下另立总公司,让荣宗敬抱怨无法参与其管理,福新还以股东人数不到四分之一而通过的以福新盈余支持申新的议案无法执行,没有办法,调动福新盈余来支撑申新的亏损,这次议案,甚至荣德生也不表态支持申新,只好苦苦支撑。 | 制度折旧:内部分裂 | 荣 494 |
| 1934 | 荣鄂生:总公司组织与一般公司的组织不同,各厂是无限责任组织或合伙,说申新组织散漫是不对的。申新有自己一套组织系统,内部分好多部门,各部门主任分工负责,各厂经理厂长对本厂负全部责任,着重生产方面。后来各厂也经办小部分原料,系辅助总公司上的不足。(荣家企业史料座谈会记录) | 企业制度:总公司形成组织分工 | 荣管第 205 |
| 1934 | 非家族人才的使用:值得强调的是,在荣家企业管理组织中,有一批人是血缘上毫无关系的。这一批人是凭才能进来的,如薛明剑、汪孚礼、朱仙舫等,他们或擅长管理,或精通技术,或二者兼备,对荣家企业的发展做出了重大贡献。 | 企业制度:人事安排 | 中国经济史研究 1998 年第 2 期,潘必胜(1998) |
| 1934 | 1934 年,上海银行《申新一二三五八厂调查报告》:申三申四大规模训练养成工,并严订章程,加强管理"总工程师汪孚礼来申三,督率工务人员,改革一切工务,对于工人技能之指导,尤不遗力,数年之间,成效卓著。推行标准工作法,于前年 1932 年七月起,设立养成班,初仅就细纱一部着手,划定瑞士机二十二部为养成工之工作区,招收工人,限定自十五岁至二十岁,具备初小或高小程度,品性纯善,身体强健,能耐劳苦,身材高以达五十四吋为合格。学艺三月,期内膳宿,均由厂中供给。第一月一元津贴,第二月一元五角,第三月二元。学艺中……如三月期满艺成,则正式派以相当工作,可与普通工人同样以货计资"。 | 科学管理制度变迁:建立职工培训机制 | 荣 569 |
| 1934 | 1934 年,申四火灾重建后,执行一套工务规则,实行后,效率提高两倍多。工人不执行是要受到惩罚的。资本家知道光有罚则不完全,又订立了一套奖励制度,少请假少停工者有奖励,多则有惩罚;节省原料有奖励;多出一件纱奖励 100 元,由技师、考工主任、保全主任、训练管理和各部领班、副领班平均分配 ;可提取十分之三四,奖给高级工友。还有临时的奖励措施,如 1935 年夏天奖纸卷。 | 科学管理制度变迁:申四新工务规则 | 荣 557、562 |

续表

| 年份 | 制度事件 | 制度评价 | 资料来源 |
|---|---|---|---|
| 1934 | 1934年,改进委员会拟添设整理印染厂:整理印染,为布匹织成后必经之工程,试观舶来棉织物,莫不赖整理印染之功。增其艳丽,高其价值。而为人乐用。此整理印染工程。有助长纺织工程之效能之明证也。故纺织厂必兼营整理印染。始可畅其销路。而于经济上有所调剂。本公司所出纱布。以本色出售者为多,整理印染出售者少。彼印染厂,以购诸本公司之布。整理印染后出售者,为数殊钜。在彼自必有相当利益,而本公司有时须加印染出售之布,则由沪上印染厂为之。在色布畅销时,该厂等以须自染其货,常将寄染者搁置,遂不免贻误时机。本公司为出品宜于销售计,为资人以利而自利计,实有添整理印染厂之必要。 | 纵向制度扩展:添整理印染厂 | 上海档案馆案卷号Q193—1—108 |
| 1934 | 1934年,李国伟致函王禹卿说"申四能率大增,前三万锭要用1800—1900人;现在只用1 100人左右。"还据说,大量雇用了临时工人。 | 科学管理制度变迁:申四效率提高 | 乐119 |
| 1934 | 1934年总公司出现搁浅危机后,申新系统虽有改进委员会之组织,试图进行"改组及整理",但它依旧保持了总公司人治管理体制的框架,所以并未从根本上解决问题。而经过这次搁浅之后,总公司的形象发生了变化,荣宗敬在集团内的绝对权力地位已经开始动摇,上海福新系统各厂因担心申新系统亏损牵连而另立了总公司,不再受荣宗敬的支配。 | 制度折旧 | 上海市档案馆Q275—1—57 |
| 1934 | 余意仍旧由兄主持,兄照我方针,设改进委员会,各厂经理为当然委员,余则主其事,由伟仁听余调度……(中间有波折,银行只付二百五十万就停止。)余因其不熟此中得失,听之。再与各庄领袖会商,声言由兄仍旧主持,由改良至能赚钱,而百事解决,人人以为然。 | 科学管理制度变迁:设立改进委员会 | 乐117、荣德生生平事业年表 |
| 1934 | 中国、上海两银行的稽核员还披露了申新在期货交易市场上的买进卖出,更是因为缺乏监督机制而铸成大祸。他们指出:申新"棉纱布三者时向交易所抛出,时又向交易所买进,致本身之产销事业反置之脑后。盖公司当局之见地,以为正式营业所入有限,投机则获利独厚也。因此之故,往往将已成之纱布囤而不售,以待善价而沽,卒致市价日跌而大蒙损失。有时纱布尚未制出而早已抛售,每因花价高涨,事先又未套进,亦常蒙亏折"。 | 制度折旧:投机影响产销 | 上海市档案馆Q275—1—576 |
| 1934 | 无限公司的这种缺陷,在1934年申新搁浅时被突出出来。"九一八事变"后,民族资本企业市场条件恶化,长期坚持信用扩张的荣家企业到1934年筋疲力尽,导致搁浅。 | 制度折旧:过度扩张 | 中国经济史研究1998年第2期,潘必胜(1998) |
| 1934 | 无锡申新第三纺织无限公司章程,第三条:随时视营业之必要,得于他省他县酌设支店及采办处;第五条:国币500万资本,荣宗敬175.5万,荣德生184.2万,产权上出现微妙变化;第七条规定了公司的四大业务,采办、厂所、营业、转运;第九条,设总经理、经理、办事员三级;第十四条:本公司办事员均须具有介绍书及保证书;第十五条,规定常年利息八厘(保证了股东对经营的放权);第十七条:纯收益十三成摊派,十成归股东支配,一成提公积折旧金,二成为总经理、经理及办事员酬劳,其分配办法另订;(有了部分利益共享机制)并每年三月股东开会讨论一次账务利息分配等;第十九条:规定了财务的标准和公开供股东审查的制度。 | 产权变迁、财务、人事制度 | 荣德生与企业经营,第927—930 |
| 1934 | 王禹卿致电上海银行陈光甫、中国银行贝淞荪:"敝公司经过情形及现时状况,早在两公洞鉴中。弟所陈述,承蒙采纳,足证两公维护实业之热忱。弟之出任维持,亦以敝公司范围较广,力予援助,何幸如之。" | 制度变迁:新制度决策者的努力 | 荣410 |
| 1934 | 王禹卿致接手后,清账发现库存缺少八万元,银账房汪君解职,银账房事移交新银团,旧印章封存,拨二百五十万元维持现状。中、上行要求各厂在各钱庄所做押款一律改为营运性质,并由总公司负责保证一律不得停工。 | 制度折旧:账务弊端 | 荣413 |

续表

| 年份 | 制度事件 | 制度评价 | 资料来源 |
| --- | --- | --- | --- |
| 1934 | 出现提前上班和推迟下班的情况，人为延长工人工作时间。一天做工十二小时也。一个月体大礼拜，三天。表格数据表明，1932—1936 年，申九工人平均产值提高约 20%。 | 制度变迁：工人提高劳动强度 | 荣 567 |
| 1934 | 史量才对友人提及申新危机时说："企业如果不是公私分明，破除面情，困难就难以彻底解决。"并认为荣宗敬家族观念很深，没有革除旧一套的决心。史量才的意见，荣宗敬当然不会接受。 | 制度折旧：家族观念严重 | 荣 424 |
| 1934 | 民二十三年，纱价日益小，申三自收花于太仓、通州、陕西、山东，售纱于常州织厂。 | 纵向制度扩展：产地收花 | 1947 年《纺织周刊》贝山撰文，载荣管，第 187 页 |
| 1934 | 汇兑保险股：研究外币。结算外币，在市价合理时通知赶快结算……进出货保险事宜。纱花布下脚栈房保险事宜、厂房保险、机器保险事宜、职员住宅保险事宜、工房保险事宜、职员团体保险、其他一切保险事宜。事务股：有劳工——改善劳工之待遇，管理——改善各厂管理方法编制及审定各种表账。 | 科学管理制度变迁：规范部门职能 | 上档案卷号 Q193—1—108 |
| 1934 | 申三设总经理一人，常驻上海，负责所有经营、策划、购售花纱布匹。驻厂经理荣德生负责公司一切事务，任免职员并有当地经营及内地花纱布匹进出之权。下设副经理二人，又设助理一人。纺织技术方面由总工程师负责，关于人事由总管负责。另设总账户、批发处等。 | 企业制度：申三业务独立 | 荣管 455，《申新第三纺织厂调查报告》 |
| 1934 | 申三纱厂各部工作法，异常纯熟而整齐，堪称无锡之冠。 | 科学管理制度变迁：工作法纯熟 | 荣管 460，《申新第三纺织厂调查报告》 |
| 1934 | 申三管理规约要而不繁，语多明显，故各部咸能切实遵行。该厂工作之能精益求精，殆非偶然也。计列有拼花部、清棉部、梳棉部、拼条部、细纺部、络纱车管、摇秒部、成包部 8 部管理规约，一个粗纱部整理工作时间表。 | 科学管理制度变迁：建立管理约则 | 荣管 462，《申新第三纺织厂调查报告》 |
| 1934 | 申总提供资料：申总内部开会，大家都认为非王禹卿出来负责不能应付困难局面，行庄方面也希望王禹卿出来。 | 制度变迁：人事变迁 | 荣 409 |
| 1934 | 申新一厂各年负担利息表和申新各厂 20 支纱每件平均工缴成本与在华日厂比较。 | 科学管理制度变迁：效率提高 | |
| 1934 | 申新人钟标准纱因质量下降，被华商纱布交易所停用。荣德生带上 1 000 多万有价证券赴上海。加上申三申七押款之余数五百万元，向中国银行及上海银行押款五百万元，以解救总公司危机。 | 制度折旧：总公司危机 | 申新第三纺织厂大事记 |
| 1934 | 申新企业规模大，影响范围广，引起整个社会和政府的关注，并导致激烈争论。争论的问题有二：一是组织上的国营与民营的问题；二是人事上的专家治厂与非专家治厂问题。陈公博、李升伯等主张以专家治厂，并企图将申新收归国营，即以国营的组织加专家的人才，来解决申新这一类企业中出现的问题。对此，吴稚晖、荣宗敬等强烈反对。他们认为申新的困难并不是由组织、人事和管理方面的缺陷导致的，而是由市场的恶化导致的，并对国营组织和专家人才表示了不信任。 | 制度变迁：不同信念的博弈 | 中国经济史研究 1998 年第 2 期，潘必胜(1998) |
| 1934 | 申新各厂大规模推广养成工制度(附章程和相关规定)1932 年养成所、申四 1934 年推行，效果明显。申一、九则推行包身工制度(背景是当时农村凋落)。 | 科学管理制度变迁：养成工制度 | 荣 569—579 |
| 1934 | 申新困难时期的方案和实业部所拟的救济办法行政通知司法机关函件指出：承世界经济衰疲之余，产业发达之国，欲不过剩产物均作大集团输出。而以厂价为竞销法门，以节缩消费，增加生产。为弥补廉价要图，吾国更因关税不能彻底自主，遂为其过剩货物销售尾闾。纺织工业益以在华外厂倾轧。于是感受无上艰困。而陷入……严重状态……随时代演进，为合理化革新……以至小劳力，成至大效能，从节费增产中，求成本低廉无他……根据此原则，制订整理方案其大要在于能成成本低廉产物，易销售于市场，而无大宗存货。妄耗息金(其他略)。 | 制度变迁：节省成本理念 | Q193—1—24，申新困难时期的方案和实业部所拟的救济办法行政通知司法机关函件 |

续表

| 年份 | 制度事件 | 制度评价 | 资料来源 |
| --- | --- | --- | --- |
| 1934 | 危机下,工资下降,上海纺织公会曾经决定议将工资以八五折计算,英商怡和纱厂减少工资 10%,申新又减少四分之一。1933 年总公司致电各厂减工紧缩,取消赏工,职员升工。 | 制度变迁:减工收缩 | 荣 558 |
| 1934 | 各厂工人自 5 月 1 日起减薪九折计算,申五职员自动减薪,各厂响应。 | 制度变迁:减工收缩 | 年表 |
| 1934 | 申二、申五厂停工,一八、六、七、九厂减工和取消部分夜班。 | 逆横向制度扩展:申二五停工、其他厂减工 | 年表 |
| 1934 | 如果说申新五厂的制度化科学管理还主要限于车间一级的话,《申四厂规》则是全面的了。1932 年,李国伟主持的汉口申新四厂发生火灾,毁于一旦。1934 年,申四重建,李国伟废除工头制,大量招收养成工加以培训,然后对工人实行全面的科学管理,制定了《申四厂规》739 条,包括经营、生产、生活各方面,涉及对象不限于车间工人,也包括全厂管理人员,是荣家企业中第一部自定义的科学管理法规。 | 科学管理制度变迁:申四厂制定厂规 | 潘必胜:中国经济史研究 1998 年第 2 期 |
| 1934 | 技术变迁中,国民党实业部《调查报告书》指出申新盲目扩张和进口机器无统一规划,存在许多弊端。如为整理旧厂付出巨大成本,不如新建立厂划算;技术无统制,机械复杂多样多国部队。 | 制度折旧:技术规格混乱 | 荣 547 |
| 1934 | 史量才对友人提及申新危机时说:“企业如果不是公私分明,破除面情,困难就难以彻底解决。”荣把企业看作是自家王国,他所津津乐道的无限公司组织形式,其实就是家族统治。史量才的意见,荣宗敬当然不会接受,以后银团接管申新,荣宗敬本来只处于监察地位,但他认为体面攸关。是年 12 月 18 日,上海商业储蓄银行棉业研究会开会得出结论,荣家族观念太深,他的子侄辈分掌各厂实权,难以交出。 | 制度折旧:家族治理 | 荣 464 |
| 1934 | 国民党实业部派员会同全国经委会、财政部清查并拟定救济办法。申总提供资料表明,实业部陈公博想通过财政部拨款 300 万接管申新。 | 外部影响制度变迁:实业部试图接管申新 | 荣 417 |
| 1934 | 实业部《申新纺织公司调查报告》指出:荣氏负债高,生产成本也越来越高,批评其无组织、无管理、经营无系统。并提出旧厂收场机器过旧,添置机器没有全盘考虑、建筑过旧、光线不足等问题。 | 制度折旧 | 荣 424,546—547 |
| 1934 | 押款虽成,未全收用,欠款尚多未了,各方希望难应,仍要设法。余再度到宁,请发公债,仍无眉目。余从此不想此路,事从处处改进,渐渐起色。陈君便在梅园问余方针,即照办法答之。彼云“若此甚好”,彼亦安心。改进会收花解款,被人移至洋行.... 再度出现问题……是年,茂一二均余,申三亦余,福新亦微余,申新其他厂早亏,改进后略抵,从此转机。改进会停止办花,由各厂自办,申行号亦肯送厂。 | 科学管理制度变迁:内部改良 | |
| 1934 | 经营照常,各厂皆开“惟花价不小,纱只售一百六十元,不俏。布尤贱……又讲到重庆、广东等地情况,认为生意真是难做。加税三年……政府不觉其多,商已受苦难言。申三则靠实销,通州、太仓、汉口 、陕西、山东各地,自己办花,常州织厂及本埠袜厂联络,出布多印坏,订货不断”。 | 纵向制度扩展:申三就地办花 | 乐 115 |
| 1934 | 荣德生也有个人投资围堤造地,做火柴,建楼房出租,创造汽车公司,电灯厂和开太湖饭店。 | 投资多元化 | 荣 554 |

续表

| 年份 | 制度事件 | 制度评价 | 资料来源 |
|---|---|---|---|
| 1934 | 荣德生以家中全部有价证券作押，向银行请求帮助。荣伟仁亲自向荣德生求救，押款五百万。不料银团止付，申新正式搁浅。 | 逆横向制度扩展：申新搁浅 | 荣 411－412 |
| 1934 | 荣德生在无锡批示大儿，从办花收花入手进行整顿（有信请荣德生主政），与通州订专办合同半年，送锡代收，每日轮至申，分交各厂。外面不知，但见厂中用花不断。厂中用此好花，出纱色白而条分均匀，销场顿起，已有微利。再从省世纪末省料、教工一一照改，颇有效验。大局为之稍定。 | 制度变迁：整顿收花 | 乐 118 |
| 1934 | 银团接管申新，荣宗敬处于监察地位，上海商业储蓄银行棉业研究会第十九次会议商讨相关经营问题和接管情况，并得出结论：荣宗敬子侄辈分掌各厂实权，难以交出；本人体面攸关；荣家家族观念太深。 | 制度折旧：家族经营 | 荣 465 |
| 1934 | 搁浅前银行只派员监督资金支付，没有参加企业经营管理；搁浅后，银团直接参加部分工厂的经营，直接控制生产业务，而损益归企业负担。并规定申新应该在最短的时间内请求当局拨款救济。上海银行与申新一、二、五、八厂补充营运借款合同。 | 制度变迁：银团参与 | 荣 442－443 |
| 1934 | 11 月，钱庄逼债，荣宗敬对钱庄自称，内部切实改进，生产增加，开支紧缩，以等待市面转机，请求钱庄帮助维持信用。12 月，致电洋行请延付拖欠花衣款项。12 月，对上海银行催账请求利息照付而本款推迟。甚至在 1935 年 1 月通过李国伟向外商银行谋借款。 | 制度折旧：银行钱庄紧逼还款 | 荣 458 |
| 1934 | 荣德生以家中全部有价证券作押，向银行请求帮助、荣伟仁亲自向荣德生求救，押款五百万。不料银团止付，申新正式搁浅。 | 银团影响制度变迁 | 荣 411－412 |
| 1934 | 王禹卿致接手后，清账发现库存缺少八万元，银账房汪君解职，银账房事移交新银团，旧印章封存，拨二百五十万元维持现状。中、上行要求各厂在各钱庄所做押款一律改为营运性质，并由总公司负责保证一律不得停工。 | 银团控制账房和介入经营 | 荣 413 |
| 1934 | 国民党实业部派员会同全国经委会、财政部清查并拟定救济办法。申总提供资料表明，实业部陈公博想通过财政部拨款 300 万元接管申新。 | 外部影响制度变迁：实业部试图接管申新 | 荣 417 |
| 1934 | 上海银行报告指出贷款机器押款 4 474 000 元、货物押款 6 051 385 元、信用放款 2 134 531 元。总计 12 659 922 元。无期票作抵之信用项下 868 000 元。信用放款甚微。 | 信用放款产生变迁 | 荣 427 |
| 1934 | 申一股东反对整理，对王禹卿施加压力，使其辞职，荣德生奔走，导致行庄同意荣宗敬复职。 | 人事变迁 | 荣 420－424 |
| 1934 | 12 月，上海银行棉业研究会第十九次会议，就销售方面提出如下弊端：仅凭原有营业员兜售后报告登记账，数月来，有已定出而复来调换或取消者，有厚此薄彼引起纠纷者，有以市价上落双方均不照成单履行者，有两年前之定货至今未能出者，有运至四川广东等等省搁置一二年仍运回受到极大损失者。信用既堕，损失随之，固无所谓营业方针也。 | 制度折旧 | 荣 464 |
| 1934 | 实业部提出三条整理办法，提请国民党行政院讨论。强烈反对下没有做出结论。8 月，南京行政会议决定由荣氏本人大加整理。 | 制度变迁：政府放弃管制 | 荣 427－440 |
| 1935 | “凡事皆有运，上好纺机到了二厂，就是最坏。试问六十二支股，上海那家能够纺？申二老锭九千二百锭，新锭四万余枚，如何会坏？惜余不能兼顾，若经余手，必不如此。” | 制度折旧：申二 | 乐农续 123 |

续表

| 年份 | 制度事件 | 制度评价 | 资料来源 |
| --- | --- | --- | --- |
| 1935 | 黄炎培《申新问题的精讨》,认为申七汇丰拍卖只是债务问题,解决荣家企业的根本是经营上立住脚,对纺织业机械陈旧、管理缺乏研究、捐税之繁重、息率之高提出批评。 | 制度折旧 | 荣管 474 |
| 1935 | 1935年,茂四用山东产玉麦制成头号粉,色白质韧,前所未有。1936年,人钟、好做各支棉纱远销南洋。 | 企业战略:研究新产品 | 年表 |
| 1935 | 1935年后,申新债务诉讼纷起。 | 制度第三方实施 | 荣 495—499 |
| 1935 | 1935年,根据申新纺织总公司投资一览表,有投资汉口打包厂30 000元。 | 纵向制度扩展:打包厂 | 年表 |
| 1935 | 立信会计师事务所对申六、九厂的外部审计云收支损益尚无误,惟制度手续不完全,另外对成本会计不完善、固定资产无折旧事项,申六、九对此进行答复和针对性改进。 | 科学管理制度变迁:现代审计制度 | Q193—1—562 上海申新第六、九棉纺织厂会计对会计制度查账意见以及意见 |
| 1935 | 荣宗敬要求降息和增加发行货币,认为应该由中央银行出面,发行现金,送达农村,这样可以救济农村,让农村的棉花流出,达到商农两利的目标。 | 制度变迁:荣宗敬谋求改善制度环境 | 荣 501 |
| 1935 | 1935年,汉口申四火灾后赔款拟订机恢复重建,由国伟、栋臣来申,报告股东,共议未决。返汉经锡……留住长谈,对经营管理、利弊得失,谈得头头是道。因思昔年长江大水,竭力救护,未遭淹没,足见办事精神,余曾书"力挽狂澜"四字匾为赠。今毁于火,不复可惜,兄虽赞成,而各股东不允,以后照我主张,改进办法,余可加人股份,设法恢复,如照申三做法,必有成绩。二人欣然,参观申三,持荣德生信再回到上海,荣宗敬同意,恢复成定局。"余亲自指授方法,并学习女工自治办法,明年成功出货。讵部分股东不愿加人复业,注册时拒不签字,商量再三,用反签字方式决定,方才办好登记,鄂财厅始发运单,否则不能运销。办事诸君,经此挫折,深得教训,以后工作,分外奋勉。复建厂房,较申三联络一气,当时固经煞费设计也。" | 制度变迁:申四重建并改良 | 乐续 125 |
| 1935 | 1935年,银团要作为主体经营管理工厂,荣宗敬不肯。认为不应该过问生产,只监督财务可矣。最后妥协,让申二、五两厂停工。 | 制度变迁:银团参与 | 荣 442 |
| 1935 | 1935年,就申二厂经营问题,荣德生自信"凡事皆有运,上好纺机到了二厂,就是最坏。试问六十二支股,上海那家能够纺?申二老锭九千二百锭,新锭四万余枚,如何会坏?惜余不能兼顾,若经余手,必不如此。"又得到中行邬君暗中询问那个儿子善于经营……然后要求调尔仁到申二,决放款组织银团,可开工。兄照办,即调大儿到申一,二儿到申二。"申二开工后,大加改革,二儿一切秉公,办事有条理。后来庄款几独任还清,大押款亦还清不少。大儿接任申一,颇有头绪,口碑甚佳,天天有利。一二年内,纱锭添至圩二万三千枚,粗细各支纱线,应有尽有;布机一千一百台,计划扩充至一千五百台,规模宏大,为申新各厂之冠"。 | 制度变迁:人事变迁 | 乐农续 123 |
| 1935 | 1935年,申三上年因资助申事,自己迫得颇紧,以耳为目者似已在注目,虽有往来,限定数目,户头又少,斤斤较量。余弄得不明白,自思厂中有余,实力不弱,何故如何,惟有另想办法,预为防备。每日用度,先事预算,差幸人力已足,一心、熊源、明剑,遇事均能想法处理。 | 科学管理制度变迁:建立预算、人事情况 | 乐续 121 |
| 1935 | 1935年年初,英商汇丰银行企图拍卖申新七厂,该厂全体职工和申新各厂职员联合会900多人分别发表宣言和声明,怒斥汇丰违法拍卖,并表示誓与工厂共存亡的决心。 | 逆横向制度扩展:申七拍卖 | 荣管 479—481 |
| 1935 | 1935年,时事新报采访荣宗敬,说危机下解雇了2万多人。还据说尽量用女工。 | 制度变迁:危机中裁员 | 荣 555 |
| 1935 | 上海《新闻报》发表《参观申新三厂的劳工自治区》文章及照片,称为劳工界仅见之成就。从此专程来访日必数起,政府要人也来参观。 | 制度变迁:意识形态宣传 | 申新第三纺织厂大事记 |

续表

| 年份 | 制度事件 | 制度评价 | 资料来源 |
|---|---|---|---|
| 1935 | 火灾后重建,申四职工写的文章介绍"申四十个月,十批养成工成,这种大规模训练养成工,在国内是首创"。申四关于养成工的规定,学习内容是工作法、纺学、公民、国语、常识、音乐、体育等科。每月学科和实习考试一次,不及格者留级;养成后起码服务一年才能退工,否则赔偿期内各项费用。 | 制度变迁:申四大规模训练养成工 | 荣 571 |
| 1935 | 对于实业部想借"整理"之名将申新收归国有,无锡纺织厂联合会致电南京政府行政院表示反对,对实业部的估价也表示异议,认为低估了申新资产。无锡申新三厂、天津市纱厂业同业公会、河北省各纱厂都公开表示反对。 | 制度变迁:各方博弈实业部 | 荣 433—435 |
| 1935 | 对劳工自治的整洁干净赞扬,感觉一切井井有条。申新小学,专收工人子弟,目前有学生一百五十人,初级部分由厂中负责,高级部分由工人自己承担。连房子、校具都是工人捐赠的。并说各室公选一个小导师,负责教授文字,室与室之间每月举行竞赛,宿舍工人文字程度,竟有蒸蒸日上的情势。并说劳资双方在帝国主义侵略中国的情况下,根本不应该有纠纷,应该绝对的协调,互求国货的进步,这是无形的飞机大炮。 | 科学管理制度变迁:自治区发展 | 姚惠泉:《介绍一具劳工自治区》荣管,第 768 页 |
| 1935 | 本国纺织厂一般生产费用未能合理化,与日纱比较,约昂贵十分之六点五,此亦经营失败之一大原则民。本厂废除二十支纱旧法,并使各种棉纱负担的生产费用得到准确计算。统计 1935 年全年生产费用比 1934 年减少 12.51%,比 1931 年减少 23.64%,八厂的 20 支纱与日纱比,只多生产费用 4.7 元,主要是借款利息过重。与外纱抗衡并非不可能,只要减低利息。 | 制度折旧:利息负担重 | 《申新一、八厂 1935 年度会计报告》,荣 535～536 |
| 1935 | 申三在火车站旁建成新仁栈,占地二十亩,装卸方便。 | 纵向制度扩展:新仁栈 | 年表 |
| 1935 | 申新二、五厂争取复工,荣宗敬向上海社会局、中国银行董事长宋子文、贝淞荪请求帮助,棉统会建议对两厂进行债务清理,另增加资本复工或者拍卖,或者指令债权人委托第三者经营。 | 制度变迁:申二五厂复工努力 | 荣 507—510 |
| 1935 | 申新纺织总公司投资事业一览表:计投资银行 3 家、电力公司、中国铁工厂、交易所、棉业贸易公司、国产纱线采办所、中国水泥公司、房地产和地皮 3 处。合计股份价值 3 533 470 元。 | 投资多元化 | 荣 552 |
| 1935 | 申新总公司向海关报退税,由广庄退回二六厂纱,因为存栈日久,霉烂虫伤,经重新包装后方可销售。 | 制度折旧:销售不良 | 荣 484 |
| 1935 | 9 月 26 日,上海银行致申新华栋臣,指出存浔赣棉纱,有近百件贬价出售于军装行业,亏损近 15 000 元,原因是存货日久,包铁箍大多生锈,即将霉烂。 | 制度折旧:销售不良 | 荣 485 |
| 1935 | 查当年总公司账上呆账:宁批发处 175 229.87 元;新丰花号 19 800 元;皖庄 65 164.77 元;第一批销处 999.10 元。 | 制度折旧:呆账 | Q193—1—585,申新纺织总公司 1935 年度决算账表 |
| 1935 | 查储蓄部 1935 年收入来源:贷出款利息收入 7 484.42 元;总公司利息收入 449 824.95 元;房地租 15 581.8 元;合计 465 406.75 元;支出部份:财务费用(1)存入款息 308 057.03 元;(2)分庄息 1 643.75 元;(3)股息 40 000 元,合计 364 491.78 元。另各项开支 4 639.94 加上杂损益 2 922.6 元,总支出 372 054.32 元。收支相抵盈余 93 352.43 元。 | 横向制度扩展:储蓄部独立经营放贷业务 | Q193—1—585,申新纺织总公司 1935 年度决算账表 |
| 1935 | 当时上海银行界贷款申新颇多,如交通、中国、上海、浙兴、中一信托公司等,尤以上海银行投资最巨,对申新之放款占其存款百分之八十。由于纱价猛跌,1932 年申二、五厂一度停工,后由一二五八厂银团管理。又 1934 年,银团从汇丰处赎回拍卖的七厂,组织银团管理。六厂亦如此,九厂由交通银行管理。幸好申三厂茂新厂、福新厂各单位营业较好,互相挹注,得以渡过难关。 | 逆横向制度变迁:银团参与管理企业 | 佩水:《茂新福新申新创业史》,荣管第 195 页 |

续表

| 年份 | 制度事件 | 制度评价 | 资料来源 |
|---|---|---|---|
| 1935 | 劳工自治区早期,厂方花费不少金钱和力量,后来,厂方对自治区除了每月供给事业费100元外,其他经费自筹。 | 制度变迁:自治区经费筹集 | 陆诒:《参观申新三厂劳工自治区》,荣管779 |
| 1935 | 改进委员会一年来的工作报告,对各厂销售、售货员实行内部控制制度安排,防止造假。 | 科学管理制度变迁:改革销售制度 | 荣管534 |
| 1935 | 改进委员会一年来的工作报告,在总务上统一信件收发,编制预算节省开支。实行签到制度,对各项案卷、账册、单据、合同、报表、进行了制度化管理。厂务方面,编制各厂用棉预算,开始建立产品检验制度,研究各厂原动工程,还对混乱的商标使用进行改善。 | 科学管理制度:内部改良、整顿 | 荣管504 |
| 1935 | 改进委员会一年来的工作报告,收缩公司驻外分庄。原来有十数处分庄,各庄开支除粤庄实销实报外,其他各庄都是销售纱布中按比例取费,近年感觉销售衰落,感觉押汇押款数额巨大,利息栈租保险等费用开支大,费用难于控制。为减轻负担开始收缩,停止装货,只剩下浔、汉、湘、津数处。计结束粤庄、渝庄、徐庄三处,合并湘汉两庄。另外与各地天津隆顺、南昌新盛昌、许昌、长沙、常州等纱号订阅特约经销合同。 | 逆纵向制度扩展:收缩行庄 | 荣管506 |
| 1935 | 改进委员会一年来的工作报告,改善会计制度、根据预算采购原料,收缩外庄,整顿出品,不解交易所。 | 制度变迁:会计制度改革 | 荣管503 |
| 1935 | 改进委员会一年的来工作报告,组织上引进银团驻公司办事处,控制购花委员会,并参与相关制度变迁决策。新设立改进委员会临时机构,负责制度变迁和企业决策。委员会建立文书股、保管股、人事股、调查股、庶务股5个办事简则。厂务方面建立厂务股、事务股、厂务委员会、财务股、会计股、原料股、销售股、汇总保险股、机器材料股、运输股10个办事简则。 | 制度变迁:银团参与及内部大改良 | 荣管506 |
| 1935 | 是年,茂一、二均有余,陆辅臣调福新二、四、八厂经理,因丁梓仁亏空巨款去职,禹卿兄主张商调陆先生到沪也。茂新有四儿助理,通谊副理,并由余兼管,所以无妨。福新各厂均余。申新除二厂外,均有余,改进后已得法,走上正轨,心中欣然。 | 制度变迁:人事变动 | 年表、乐124 |
| 1935 | 1934年8月1日,荣宗敬写信给叶琢堂指出,其勉力维持,但是外界无相当之援助,长此以往,纵夺新组织新管理,恐也是难为无米之炊。不久必有停顿之日。8月16日,再度写信给叶,指出金融方面无丝毫松动,救济成泡影。希望得到政府支持。 | 制度变迁:荣宗敬请求外部援助 | 荣453 |
| 1935 | 1935年1月,荣宗敬致各厂,要求紧缩开支。(1)1935年起,制订开支预算;(2)各厂的机器移动、改换和加装,如增加费用一律停止;(3)各厂特别紧缩,同事去留,格外减少;(4)车间应用五金物料,各厂查有呆搁,制表分送各厂通用,以免呆搁,并注重少存。 | 制度变迁:紧缩开支 | 荣462 |
| 1935 | 荣宗敬抱怨王禹卿独揽福新大权,总部为难不帮助(指三年前在洋麦上几乎全军覆灭),1935年年初才恢复原状。不肯执行福新盈余帮助申新的议案(转移支付受到破坏),也不愿意为申表担保债务。 | 制度折旧:危机中福新和申新离心 | 荣493 |
| 1935 | 荣德生“申三仓库货物押款,向由中国银行经做,本年到期后,余意欲改变方针,然实不得已而出此。余数十年经营,未尝失信 ,今手头虽紧,皆由接济申厂关系,若不别想一法,恐将均无由解围,于是托友向部租地,计划建造仓库。有货来,先上外栈;有款来,出货到厂应用。不数月建成,取名‘新仁’请熊源经营……”三家银行争相来贷款,特别是上海银行无锡经理谈君考察过栈房后,赞扬不止。同上页“但当时外人不知道底细,交通银行唐君首先谈成押款二百万元函报总行。事为中行所闻,即函锡行经理邬君志和责问,函复并无其事。总行云:‘已知确订合同’……旋上海银行亦闻知,锡经理谈君森寿问余……见占地二十亩,可堆棉花十万担,小麦十万石,还可堆铁、粉、水泥等。栈外通路轨,停船上栈,装卸均便,面积颇长。观后叹服。银钱界某君私谓人曰:‘余初不知荣某有如此调度,今始知之。’” | 企业策略:建新仁栈谋押款 | 乐续122 |

续表

| 年份 | 制度事件 | 制度评价 | 资料来源 |
| --- | --- | --- | --- |
| 1935 | “荣德生、王禹卿曾经反对荣宗敬对上海各个行庄都要搭上一个股份，荣宗敬说自己搭上一万股子，可以用上十万二十万资金。”据称是荣氏在发展过程中深切感到要向金融界融资的需要，由于扩张快速，经常受到资金的困扰，而且受到金融界的制约。于是，开始向金融界渗透，向中国银行、上海商业储蓄银行等多处金融机构投资，通过股权投资，荣宗敬担任中国银行和上海商业储蓄银行的董事。 | 近代股票投资都少参与企业经营，担任中、上两行董事是有实质性战略意义制度变迁 | 荣 552—553 |
| 1935 | 根据 1935 年 10 月 1 日修订的申新一厂无限公司章程。(银元 420 万资本，荣宗敬加切实可行协生 266 万，过半)第三条，随时视营业之必要，得于他省他县酌设支店及采办处；第六条，资本额荣宗敬 140 万而荣德生 126 万(产权上出现微妙变化)；第八条，规定了公司的四大业务，采办、厂所、营业、转运；第九条，设总经理 、经理、办事员三级；第十六条，规定常年利息一分(保证了股东对经营的放权)；第十七条，纯收益十三成摊派，十成归股东支配，一成提公积折旧金，二成为总经理、经理及办事员酬劳，其分配办法另订；(有了部分利益共享机制)并每年三月股东开会讨论一次账务利息分配等；第十九条，规定了财务的标准和公开供股东审查的制度。 | 制度变迁：重订申一无限公司章程 | 《上海申新纺织第一厂无限公司章程》，1935 年 10 月，上海市档案馆 |
| 1935 | 根据 1935 年 10 月 1 日修订的申新一厂无限公司章程第十四条：本公司办事员均须具有介绍书及保证书。 | 企业职员担保制度 | 《上海申新纺织第一厂无限公司章程》，荣管 921 |
| 1935 | 曹启东说，记得在困难时，有一家银行贷款给申新四十万，还不敢和别人说。上海银行借给茂新的款子非但收不回来，还要借款给它发工钱。1934 年，银团没有办法执行借款合同，就是因为这样(银行面子、申新规模大)。 | 制度变迁：银团参与 | 荣管 204 |
| 1935 | 尊贤堂由工人自己供养五尊惠泉山做的泥菩萨，是过去曾经卫国抗侮有功的岳飞、关羽、戚继光、薛仁贵、王其勤，工人有时蛮横无理，便叫他去尊贤堂宣誓。薛明剑称，他自己并不提倡宗教信仰，但是这种向泥菩萨宣誓的办法，在工人中实行，有时颇有功效。 | 意识形态投资 | 陆诒：《参观申新三厂劳工自治区》，荣管 778 |
| 1936 | 申二厂委托申总聘请中国建设工程股份有限公司工程师、申五聘请大陆法律事务所过守一律师，另外有申二五厂聘请黄启罗工程师、联合会计师事务所会计师的合同。申新纺织总公司关于聘请法律原动机械工程师及会计师等顾问的合同。 | 企业制度变迁：聘请外部法律、技术和会计人才参与企业经营 | Q193—1—1057 |
| 1936 | 有一个四年概况总结，对人数、教育、会议、参观人数等有统计。 | 制度变迁：自治区四年概况 | 《无锡申新三厂劳工自治区四年概况》，荣管 780 |
| 1936 | “余专心于公益铁工铸造，进步甚快，添机用人，建筑工厂，无日不在此中计划。一心亦有兴致，在外国学过，回来仿造，究非盲目可比，出品渐多。申三自治区办得好，声誉四播。各处学校、工商界来参观者不少，政府要人亦来参观，颇加称道。所办识字班已有一千六七百人，医院、礼堂、子弟小学、幼儿园、托儿所、公共花园、合作社、合作饭店等等。动力除本厂外，仍兼供茂一二，自用新电机后，比老机省煤，开支减轻。虽有特税加重，亦不觉矣。可见万事必磨炼而成，不经困难奋斗，成功少也。” | 制度变迁：申三专心产业升级 | 乐续 125 |
| 1936 | 朱苏吾调查本年度各地新棉状况以及发育情况报告表指出：第三次调查，提到尚无巨大变化，惟北方如陕豫各地嫌雨水太少，似有干旱之虞。除洛阳一带已经生旱象，……估计天气对产量的影响，而南方通大等则雨水太多，湿度大重，上海浦东等棉区如何……另附有各地具体调查表。加上调查时间，说明地方和棉苗的高度 和长度长势发育情况等。是否已经开黄花以及如何程度、近来气候对棉苗的影响有无生虫害等不良现象、预测收成与往年比较等数据和报告。 | 取得信息与知识：调查新棉 | 1936 年，申新总公司关于调查各地新棉状况及发育情况报告表 |
| 1936 | 1936 年数据，申九大量使用包身工制度。3 000 多任务人中 1 200 多是包身工，由二十个包工头带领。而养成工多是包身工。当时的社会环境造就了包身工制度，申九迁到澳门路后因为招不到人所以就用了包身工。申新一厂也有部分包身工。说待遇都差，和日本工厂中的包身工差不多。 | 制度变迁：申一、九包身工制度 | 荣 575 |

续表

| 年份 | 制度事件 | 制度评价 | 资料来源 |
|---|---|---|---|
| 1936 | 1936—1940年,在上海办有申新职员训练所。抗战期间,在上海办中国纺织染工程补习学校,申九开办三年制中国纺织染工业专科学校。1947年,荣德生在无锡建议成立江南大学。 | 科学管理制度变迁:职工培训和教育投资 | |
| 1936 | 又得到中行邬君暗中询问那个儿子善于经营……然后要求调尔仁到申二,决放款组织银团,可开工。兄照办,即调大儿到申一,二儿到申二。"申二开工后,大加改革,二儿一切秉公,办事有条理。后来庄款几独任还清,大押款亦还清不少。大儿接任申一,颇有头绪,口碑甚佳,天天有利。一二年内,纱锭添至圩二万三千枚,粗细各支纱线,应有尽有;布机一千一百台,计划扩充至一千五百台,规模宏大,为申新各厂之冠。" | 制度变迁:人事安排 | 乐农续123—124 |
| 1936 | 申九添机,增加产量减轻成本。"机械方面,前纺部分只需要酌添半数便已足用,其他开支几无增加。故一经实现,成本定能更为减轻,与另行敷设新厂,事半功倍不可以道里计矣。关于偿还机款办法,拟即以添机后实现省开支,按照二十支标准,每件提出五元陆续归还,则全部机款不出五年均可付清,实属轻而易举也。" | 科学管理制度变迁:提取还机器款准备金 | 申总档案,荣524 |
| 1936 | 工人对膳食补贴、暂垫衣服费用、消费合作社会和福利的反应。医疗卫生,说1936年后要自己出钱看病,而且妇女1936年后才有产假。 | 制度变迁:福利与企业利益分享 | 荣583、585 |
| 1936 | 本年所受经济上之苦况,至此一扫而空矣。上海各厂除申二外,均好,天天生利,出口白净,出数加多,成本合轻,积货渐减,否极泰来。花款、机款、陆续还清,庄款虽欠,但已放心。 | 制度变迁:企业好转 | 乐续123 |
| 1936 | 申二、五厂复工,并与中国、上海银行订委托经营合同,将经营权和管理权委托于中、上行为主组织的委员会。 | 逆横向制度变迁:委托银团经营申二五厂 | 荣518—520 |
| 1936 | 申三劳工自治区名声四播,参观者络绎不绝。 | 意识形态宣传:自治区名声大播 | 荣德生生平事业年表 |
| 1936 | 申四厂开出染印厂,1936年收入两万多,利润一百多元。 | 纵向制度扩展:申四开出染印厂 | Q193—1—594 |
| 1936 | 申新六、七厂工人通过罢工取得工资增加一成。申四则通过罢工取得增加工资和年终双薪。申一、八厂则要求恢复原先工资,取得5%增幅。1936年厂方宣布加薪决定"凡服务已满二年以上而平日成绩优秀者,不问论货论工,工资之外另给奖励金三分;凡论货凭率一律增加百分之三至百分之五;凡论工工友服务不满二年,而在一年以上成绩优异者,酌加工资一分至二分。"双薪则参照日本厂方做法适当增加奖金。 | 工资制度改变、工人参与制度变迁、利益分享理念 | 荣608—609 |
| 1936 | 申新三厂增资,扩建公益铁工厂,自造纱布面粉机器。"荣一心归国扩建公益铁工厂,聘请英国工程师路易土。" | 申三增资扩建公益铁工厂 | 荣525 |
| 1936 | 此时,余兄弟所办企业,除所营之二十余厂外,在全国各大都市均有支店及联络店。在浙省则杭州、宁波、绍兴、温州、台州、枫泾、平湖、嘉兴、湖州;在粤则广州、汕头;闽省则福州、厦门;沿长江则镇江、南京、芜湖、安庆、九江、南昌、武汉、沙市、宜昌、万县,而至重庆;平汉路则驻马店、许昌、郑州、新乡、开封、彰德;陇海路则海州、徐州、云宝、西安,而至咸阳;津浦路则浦口、蚌埠、济南、德州,而至天津、北京;在关外则沈阳、营口、旅顺、大连;在鲁省尚有青岛、烟台、济宁;在湘省则有长沙、衡阳;在本省则苏北之东台、南通、高邮、泰州、溱潼、姜堰、海门、扬州,江南之太仓、江阴、常熟、苏州、宜兴、溧阳、川沙、崇明,以及浦东之大团、周浦等地,非办麦即销粉,非办花即销纱、销布。海外,近则港、澳,日本、南洋群岛,均有交易;远则英德两国之机械与零件,美国、加拿大、巴西、澳洲之棉、麦,时有进出。不幸战事猝起,事业半付劫毁。余未战之前,望其不战,既战之后,望其早停。人民渴望和平,中日同在东亚,允宜敦睦邻邦,不料轻启干戈,终致两蒙损伤。 | 企业制度纵向一体化情况 | 乐续128 |

续表

| 年份 | 制度事件 | 制度评价 | 资料来源 |
|---|---|---|---|
| 1936 | 宋子文想控制申新系统工厂。2 月提出与银团不同的计划,用发行公司债的方法还债务。申新方面则认为政商合办从未做好,全力反对。 | 制度变迁:宋子文图谋申新官商合办 | 荣 510—515 |
| 1936 | 社会各界纷纷到无锡来参观,国内外报道很多,国际劳工特派员伊士曼赞叹不已,认为是"工业界的先觉"。上海《新闻报》也称是"劳动界仅成之成就"。最重要的是申新三厂的总管薛明剑提供的数据说:1936 年生产的每件纱,每匹布与 1933 年劳工自治区开办之际相比,成本大大下降,产量却增加了。"1933 年,每件纱成本 21.157 2 元;每匹布 1.010 56 元,到 1936 年,成本为 13.833 4 元和 0.739 03 元。" | 科学管理制度变迁:申三效率大增 | 申新第三纺织厂大事记 |
| 1936 | 股东溥文汀等致函荣德生,要求其负责将上海申新拖欠申三款从速追还,此时申三借给上海各厂已经达四百万元。 | 制度变迁:股东利益冲突 | 申新第三纺织厂大事记 |
| 1936 | 是年,填塞劳工自治区中心之鱼池,建筑礼堂,立碑记事。劳工自治区初具规模,设有医院、各级学校、剧场、大礼堂、运动场、健身房、尊贤堂、功德祠、公墓、图书馆、茶馆、裁判所、托儿所以及养鸡、兔、蛙、照相、酿造等多种副业,供工人业余选习。参加识字班的工人达到 1 600 多人。 | 科学管理制度变迁:自治区扩展 | 申新第三纺织厂大事记 |
| 1936 | 荣德生:1936 年完成自治。劳工宿舍区分单身女工,男工,以及工人、职员家属四个,房租由副业生产膳食下脚,工会补贴等收入拨付。分区、村、室三级,工人自己推选各级负责人"区长村长室长"进行管理,一套被褥、铁床、枕头、席子、衣箱都由工厂供应,还在单身男女工人区每室都选举知识较高的工人作为小导师,休息时间教大家粗浅文字。自治区有园圃、鱼塘鸡场鸽场。工人业余可以种花果蔬菜,养鸡鸽狗兔等。食堂、浴室、菜场、运动场、公园、戏院、代笔处,职业介绍所、民众茶园、合作社、职工医院、劳工图书馆、公墓,以及劳工储蓄和劳工保险……还有自治法庭,由工人推出 5 个裁判委员,解决互相之间的纠纷。却有个传统的 尊贤堂,供奉关羽、岳飞戚继光,遇到有人不讲理就让他到里面宣誓;另有一个功德祠,因公受伤和殒命或在申新三厂服务十年以上而有功绩于工厂的,可以入祠,授受全厂的公祭。 | 科学管理制度变迁:自治区扩展 | 荣管 784 |
| 1936 | 荣德生函荣宗敬:"指出申三开支不断节约,产量不断提高,核之国内各厂,尚无不及之处。历承国省委员及各方参观者交相推许,而实业部陆君更许为国外亦所仅见……最近常州大成纱厂委托聘请管理人员,民生派人来厂实习,似在国内纺织界有相当地位,即与日厂相较,除利息外,工资、物料等项无一不可与之争胜,而此后自信且尚有优越日厂之把握。" | 科学管理制度变迁:申三效率领先国内 | 荣 513 |
| 1936 | 荣德生函荣宗敬:"追念往昔,添机扩充,日夕更张,改革耗费,縻事增华,致陷今日经济之危径,思之反觉抚然。夫真正之专家人才,固为我侪所寤寐以求者。惟今之计,只有埋头苦干。力谋品质与产量之增进,耗费之减少,自力更生,古有明训,似不宜再事纷更,重蹈覆辙。" | 科学管理制度变迁:荣德生内部改良的信念 | 荣 513 |
| 1937 | 1937 年,申三提议添机,决定自造,不再向外订购。 | 企业战略:决议自造机器 | 年表 |
| 1937 | 申新一厂(1933—1937 年)组织结构:厂长、副厂长(下设立一厂工程师、八厂工程师、布厂工程师、事务部长、人事部部长)。1937—1950 年又变动为:总经理、监理、厂长(下设庶务主任、布厂工程师、人事、物料、会计等机构)。 | 科学管理制度变迁:组织结构变迁 | Q193—2—11,上海申新第一棉纺织厂组织机构表 |
| 1937 | 申新各厂在未改进前,只为自己打算,不知树立方针,建立制度。改进以后,有了竞争心,逐渐革新整顿,颇多仿照申三办法,大、二儿本在三厂出去,自多采用。余虽非工程师,然理想所及,实行后颇有效验。远地各省新创纺织厂,常有派人前来观摩学习,或在我厂调去职工指导者甚多。养成所毕业生,后日大多出任各厂高级人员,声誉四播。 | 科学管理制度变迁:推广申三科学管理法 | 乐续 130 |

续表

| 年份 | 制度事件 | 制度评价 | 资料来源 |
|---|---|---|---|
| 1937 | 此时各厂营业日佳,出品有利……纱改大盘头,大筒子,布则坯布,均系实销。铁工厂尤好,订购络绎,人人欢迎,工作分日夜两班,并已添建公事房、工厂、打样间、翻砂间、工人宿舍、教室、饭店、平车间等屋,准备开始翻制细纱,粗纱、钢丝、清花等机,预计每月出纱锭五千枚。先由申三试用,如果良好,则扩大进行,首先自己换去老机,改为一式大牵伸新机,布机均'公益式'。从此物料可省,只要备一式者可矣。筒管木锭,亦均自造。次则推行各厂,拆旧换新,如此可少买许多外国货。余自办实业,至此已经四十余年,终能做到自造自用,虽年逾花甲,而对事业之心未衰。 | 制度变迁:自造自用,完善产业链 | 乐续 131 |
| 1937 | 回思余兄弟所营企业,试为评骘,则茂一实为起点。面粉厂以茂二最为完善,茂四为中等;福新以福一为起点,中中,福二完备而最大,福三改建而成,中中,福四未改好,福五上中,福七完备,上等,福八与福二合。申新以申一为起点,上中,申二上中等,申三为改进及创造各事之起点,申四改建后中上等,申五中中,申六中等,申七中等,申八与申一合,申九屋新机杂,上中等也。 | 荣德生评价各厂良优 | 乐 130 |
| 1937 | 申三照常开齐,实行成本核算,天天结账。余发明先行'日结',继则每星期行'周结',积一周之'日结'为'周结',积四周之'周结'为'月结',如此一览即知,是月盈亏若干,不等月结结出,心中自能有数。收进原棉,扯见成本,抛出纱布,扯见收入,一进一出,除却开支,即知盈亏以及存货扯价,通盘上下,比较而知 。厂中管理制度日臻完善,秩序井然,自经理、副经理、工程师、总管、副总管、双领班、单领班,以至各车间分班人员,一切分工负责。均有统系,收付皆有手续,进料办花与售出纱、布、废花,皆有专人负责,使无流弊。由知万事皆在人为。 | 科学管理制度变迁:成本核算日结月清 | 乐续 130 |
| 1937 | 申新第九厂规章汇编:(1)规定厂长职责,设工务、事务两部,再设各科。(2)要求职员要有试用期,并需要介绍人、保证人担负银钱及行动之责。对职员权责,道德上严格要求,如有赌博、酗酒、斗殴、调戏妇女,立即解雇。并禁止与工友有金钱上往来。(3)各部办事规则。(4)工友宿舍管理规则,九点熄灯,管理严格庶务员随时查清洁。(5)机械练习生规则。(6)工务部女指导员规则。(7)来宾参观须知。 | 科学管理制度变迁:申九建立规章 | 荣营 1008 |
| 1937 | 此外,还经常开展多种技术竞赛,并给操作优胜者以物质奖励,最高为一只金戒指,以此鼓励工人钻研技术。 | 科学管理制度变迁:技术奖励 | 申新第三纺织厂大事记 |
| 1937 | 茂一、二、四均开,实则近年粉厂往往在春间时开时停,夏秋则可开足,至冬则几乎全停,所以一年只扯七八个月可做。如粉价有余,则采办外麦补充,澳、美及加拿大均有,因此粉厂可以不亏。福新亦照此方针,除福四外,其余各厂均开。 | 销售制度变迁:采办外麦 | 乐续 129 |
| 1937 | 荣德生甚至要进入矿业,要觅矿开采,自己小炉冶铸做起,计划每日百吨为止。工厂通小铁轨,直至大河,上下驳卸,小件由用汽车装运。种种设施,分头办理,正在勘探铁矿,着手进行。 | 多元化经营:试图进入矿业 | 乐续 132 |
| 1937 | 据说,武汉市工商局纺织工业局调查"开养成工始是广告招收,后来因为苦而少人报名,只好与天主教孤儿院联系,送幼童进来……"还说,工资在头一二年要比一般工人少,部分工人是救济会招来,所以部分工钱还要交救济会。 | 科学管理养成工制度 | 荣 573 |
| 1937 | 申一八厂怠工,要求厂方重新建立赏工制度,并对工资短缺产生不满,要求资方在工折上注明每日工资数额,以资核对。最终资产对工资透明化、缩短工时做出制度安排。 | 科学管理:赏工的制度变迁、信息对称要求 | 荣 606—608 |

备注:本表把制度变迁的内容划分为:①各类单项企业制度变迁,包括工头制度、人事、财务、营销、奖励和工资制度等;②制度扩展:(逆)纵向变迁;③制度扩展:(逆)横向变迁;④制度实施方式;⑤制度折旧及保险、保障制度等;⑥投资多元化。产权结构和变迁另作列表处理(范围经济、互补性和制度矩阵的网络外部性也是正式制度的范围)。

关于史料来源:①荣德生生平事业年表,载《荣德生文集》第 586 页;②荣系,指上海社会科学院经济研究所编:《荣家企业史料》上册,上海人民出版社 1980;荣管,指乐农史料选编:荣管,上海古籍出版社 2004 年;③年表,指上海档案馆资料:Q193－1－428 申新系统企业史料(第六编第二期)年表;④乐续,指荣德生:《乐农自订行年纪事续编》,载《荣德生文集》,上海古籍出版社 2002 年;⑤《申新第三纺织厂大事记》,载荣管;⑥《协助荣德生办理申新三厂的回忆》,载荣管第 837 页。其他见说明。

**荣家企业正式制度变迁列表**

| 年份 | 制度事件 | 制度范畴 | 资料来源 | 制度评价 |
|---|---|---|---|---|
| 1944 | 荣尔仁以申四为依托设立研究机构:公益工商研究所。 | 正式制度:研究机构 | 《家族企业现代管理思想演进研究——以荣氏为中心》赵波,第 163 页 | 近代中国第一家企业设立的研究机构 |

附表 6.1:制度变迁横、纵向一体化及多元化投资

**制度变迁横、纵向一体化及多元化投资**

| 年份 | 制度事件 | 制度类型 | 数据来源 |
|---|---|---|---|
| 1898 | “春间,兼营收茧,年年照常,可得二三千。” | 多元化投资 | 乐 48 |
| 1902 | 保兴面粉厂正式建立,荣氏兄弟各入 3 000 元,总股本 30 000 元。 | 多元化投资 | 年表 |
| 1902 | 1902－1905 年,荣宗敬尝试经营熟煤,并投资商业和投资股票、面粉期货等,进行了一系列投资。 | 多元化投资 | 乐 41、46、52 |
| 1902 | 苏州设批发处于阊门内大街,后改到新民桥东。无锡则在望湖楼,烟台请荣杏生去,粉由黄遵卿谈二官船装申,租苏州河福来德隔壁叶氏产。厂虽小,布置不小。请王禹卿带销面粉天津帮。 | 纵向一体化变迁 | 乐 40,荣 13 |
| 1902 | 《荣家企业史料座谈会记录》荣得其指出荣宗敬曾经贩卖米到天津,结果蚀去二千元。因为米不同于面粉,没有加工过,不容易赚钱。 | 多元化投资 | 荣管 197 |
| 1903 | 荣氏兄弟控制茂新系统一厂。 | 多元化投资 | 年表 |
| 1903 | 茂新在江苏产麦区姜堰设立麦庄。 | 纵向制度扩展 | 荣家企业发展史,第 34 页 |
| 1905 | 兄弟各入股三万于合伙办振新纱厂。 | 多元化投资 | 年表 |
| 1905 | 利润大好的情况下,荣德生“尝至苏州购地,预备造栈房及批发所于万里桥,取其近便。苏批发经理荣汉卿物色地基,共购四块。锡批发处已任严少兰,办麦请王禹卿至姜堰”。 | 纵向制度扩展 | 乐 47 |
| 1907 | 荣氏兄弟投资裕大祥字号(商业投资)。 | 多元化投资 | |
| 1908 | 茂新在高邮办麦庄。 | 纵向制度扩展 | 荣家企业发展史,第 34 页 |
| 1910 | 茂新面粉厂在上海设立批发处、苏北设立收麦处。 | 纵向制度扩展 | 荣管 275 |
| 1910 | 南京鲜鱼巷设批发处,以管梓怀为经理;镇江边亦设批发处。 | 纵向制度扩展 | 荣 22 |
| 1913 | 创建福新系统一厂(1922 毁于火灾)。 | 横向制度扩展 | 年表 |
| 1913 | 创建福新系统四厂(上海租办)。 | 横向制度扩展 | 年表 |
| 1913 | 茂新设汉口、镇江批发处。 | 纵向制度扩展 | 年表 |

续表

| 年份 | 制度事件 | 制度类型 | 数据来源 |
|---|---|---|---|
| 1913 | 年租 2 万元租办上海中兴机器面粉厂,改名为中兴恒记公司。2 年到期后购为福四。附:福新租办中兴粉厂合同。 | 横向制度扩展 | 荣 35 |
| 1914 | 创建福新系统二厂(自建)。 | 横向制度扩展 | 年表 |
| 1914 | 茂新设蚌埠、济南、济宁办麦庄;福新设天津批发处。 | 纵向制度扩展 | 年表 |
| 1915 | 创建申新系统一厂。 | 横向制度扩展 | 年表 |
| 1915 | 福新系统新四厂(收购中兴恒记)。 | 横向制度扩展 | 年表 |
| 1915 | 设扬州办麦处。 | 纵向制度扩展 | 年表 |
| 1916 | 在河南道口设茂新分厂未成。 | 横向制度扩展失败 | 年表 |
| 1916 | 在南京购地千亩选择优种试种棉。 | 横向制度扩展 | 年表 |
| 1916 | 创建茂新系统二厂(租惠元 2 年)。 | 横向制度扩展 | 年表 |
| 1916 | 创建茂新系统三厂(租)。 | 横向制度扩展 | 年表 |
| 1916 | 创建福新系统三厂(1922 年和六厂一起合并为福新一厂)。 | 横向制度扩展 | 年表 |
| 1916 | 设杭州批发处(面粉)。 | 纵向制度扩展 | 年表 |
| 1916 | 租无锡泰隆面粉厂。 | 横向制度扩展 | 年表 |
| 1917 | 荣德生力主粉价畅销时以成本计值,不求厚利。 | | 年表 |
| 1917 | 创建申新系统二厂(1930 清花间走火受到损失)。 | 横向制度扩展 | 年表 |
| 1917 | 创建茂新系统二厂(1926 毁于火灾),租办后并购。 | 横向制度扩展 | 年表 |
| 1917 | 创建茂新系统四厂(先租)。 | 横向制度扩展 | 年表 |
| 1917 | 创建福新系统六厂(租华兴面粉厂)。 | 横向制度扩展 | 年表 |
| 1917 | 租宝新面粉厂。 | 横向制度扩展 | 年表 |
| 1917 | 增设浙江硖江批发处。 | 纵向制度扩展 | 荣管 278 |
| 1917 | 申一订购布机设立织部,即布厂。汪孚礼"到了民国六年,方在第一厂创设布厂,尔时不过 350 架"。后来,除申二、五外各厂均附设布厂。详细参考荣管第 439—441 页实业部报告。 | 横向制度扩展 | 荣管 396,汪孚礼:《申新纺织公司过去的回忆和今后应采取的方针》 |
| 1917 | 荣氏最初创办申新布厂就有为粉厂制造包装布袋的目的。根据《申新第一纺织厂概况》:1917 年创设布厂,购布机三百五十架,1918 年又购布机七百六十架,合前有布机一千一百架,所出布匹,除销售各埠外,余悉自制粉袋,供给本公司面粉厂应用。附:荣 57,申新一厂产量和产值表、销售数量价值表。根据黄汉民,自用布纱曾经达 92.8%(1921 年)。 | 横向制度扩展 | 荣 57,59;荣家企业发展史,第 66 页 |
| 1918 | 申新设大仓、浮桥及六渡桥办花处。 | 纵向制度扩展 | 年表 |
| 1918 | 创建福新系统五厂。 | 横向制度扩展 | 年表 |
| 1918 | 在茂新二厂旁附设苞米粉车间,后扩展为茂三。 | 横向制度扩展 | 荣管 278 |
| 1918 | 开发外国和香港市场……1918 年租办元丰粉厂,出品专售香港。附委托合同,1922 年期满退回。注:1918 年元丰创办后就为荣宗敬所租,改称元丰恒记公司。 | 横向制度扩展 | 荣 81 |
| 1919 | 茂新在济宁设一麦栈。 | 纵向制度扩展 | 年表 |
| 1919 | 泰州常熟设麦处。 | 纵向制度扩展 | 年表 |
| 1919 | 茂新系统三厂(自建,1926 毁于火)主要生产苞米粉。 | 横向制度扩展 | 年表 |

续表

| 年份 | 制度事件 | 制度类型 | 数据来源 |
|---|---|---|---|
| 1919 | 改建福新系统二厂(1919 走电失火,改建水泥八层厂房)。 | 横向制度扩展 | 年表 |
| 1919 | 创建福新系统六厂(并购,1922 年合并于一厂)。 | 横向制度扩展 | 年表 |
| 1919 | 创建福新系统七厂。 | 横向制度扩展 | 年表 |
| 1919 | 培训机构:1919 设立公益中学;1928 申新设职员养成所;详细请参考相关知识投资表格。 | 纵向制度扩展 | 养成所、公益工商中学等 |
| 1920 | 茂新系统新四厂。 | 横向制度扩展 | 年表 |
| 1920 | 荣宗敬与张謇等组织左海公司,承领滩地,举办实业。附合同。 | 投资多元化 | 荣 73,申总档案 |
| 1920 | 荣宗敬参与发起花纱交易所。1920 年 1 月 6 日,纱联会决议"议华商纱厂自设交易所,第股五十元,计一百万元。推聂云生、徐静仁、刘伯森、荣宗敬……穆藕初诸先生为筹备员,与各纱号接洽,再由纱号公推筹备员。 | 投资多元化 | 荣 70 |
| 1920 | 兄又在工商中学旁购地,拟创农场。余由钱印霞经手,买进蕰藻浜地卅 sa 余亩,预备制造粉厂,独自置备。后添买至六十八亩,尚欲再购,世乱无从下手,尚未建筑。后申三创办,遂致力纺织,无暇及此矣。"申总会计职员也回忆说,原先计划在蕰藻浜造福新九厂,面粉产量五万包,因粉业发展困难而中止。 | 投资多元化 | 乐 89,荣 168 |
| 1920 | 与同业组织农事试验场,改良棉麦种植。民国九年,华商纱厂联合会由美购脱字棉及郎字棉等十吨,运赴豫、陕分散。华商联合会组织购美棉,在 1929 年江苏省政府参与(十八年江苏财政厅拨五万元)荣宗敬捐款一万五千元,由美购爱字棉一百吨,运往豫、陕代赈。"在锡购地,拟创办农场,试植原棉,后中止。""1920 年南京东南大学农学院应上海面粉厂协会之请,在南京建立一所小麦实验场。" | 纵向制度扩展 | 荣 71、72,朱敬圃:《荣宗敬、荣德生先生年表合编》 |
| 1920 | 又和实业界同人一起在南京设立农事试验场,委托东南大学农学院进行小麦和稻米的改良试验工作。 | 纵向制度扩展 | 荣 72 |
| 1920 | 建立原材料采购部门,在企业快速扩张时期,第一次世界大战期间,福新粉厂业务很发达,因此在许多地方建立了采购原材料的机构——麦庄。同时设置许多销售部门。大部是经销面粉,8 个只有一个是经销纱厂。 | 纵向制度扩展 | 荣 98 |
| 1920 | 茂福新"在各主要产麦区都设有专门机构和专门人员,以便大量采购原料小麦。" | 纵向制度扩展 | 年表 |
| 1920 | 另查 1922 年运输处 1920 年、1921 年、1922 年转入盈余 1 177.691、1 516.955、70.786 元于提存折旧科目,证明存在纵向制度扩展——购买船只组织运输。 | 纵向制度扩展:购船组织运输 | Q193—1—568 |
| 1920 | 1920 年南京、姜堰、扬州、六合、常州、芜湖、苏州、镇江(亏损)、高邮(亏损)、怀远(亏损)麦庄累计盈余合计大洋 9 504.781 元。各庄有独立核算亏损,不纳入层级管理。 | 纵向制度扩展:行庄独立核算 | Q193—1—568 |
| 1921 | 创建申新系统三厂。 | 横向制度扩展 | 年表 |
| 1921 | 创建申新系统四厂(1933 毁于火)。 | 横向制度扩展 | 年表 |
| 1921 | 设支塘办花处。 | 纵向制度扩展 | 年表 |
| 1921 | 1921 年 7 月 1 日,华商纱布交易所正式开幕。资本额二百万元实缴半数。与日本交易所对抗。附:纱联会成立交易所的决议。 | 多元化投资 | 荣 71,聂路生访问记录 |
| 1921 | 荣宗敬参与顾馨一、宁钰亭等在 1920 年成立的上海华商面粉交易所。 | 多元化投资 | 荣 70—71 |
| 1921 | 各庄盈余,1921 年南京、姜堰、扬州、六合、芜湖、苏州(亏损)、镇江、怀远(亏损)、常熟、高邮,累计盈余 4282.066 银元。 | 纵向制度扩展效率 | Q193—1—568 |

续表

| 年份 | 制度事件 | 制度类型 | 数据来源 |
|---|---|---|---|
| 1921 | 最早的投资银行的记录,查总公司账上有收上海银行上半年股款股息收入规元8 676元。 | 多元化投资 | Q193—1—567申新总公司1921年决算表 |
| 1922 | 设常熟批发处。 | 纵向制度扩展 | 年表 |
| 1922 | 1922年前在全国11个地方建立了原料采购机构。1911—1920年,在8个地方建立了批发处。除了自己建立批发处,还与各地商号订立经销合同,作为茂福新的代理商,1917年,茂新与嘉兴、湖州增华公司订立经销合同(荣98);1920年,福新与浙江嘉善县枫泾镇批发处等。 | 纵向制度扩展 | 荣家企业发展史,第35页;荣98 |
| 1922 | 查福新面粉厂史略,福新系统新一厂(福一失慎,福新三、六厂合并为一厂),是1922年失慎。 | 逆横向制度扩展:福一失慎、福三、六厂并为一厂 | 年表 |
| 1922 | 各庄盈余,1922年则镇江、溱江(亏损)、姜堰(亏损)、高邮(亏损)、常熟(亏损)合计亏损5 071.216元。 | 纵向制度扩展效率 | Q193—1—568 |
| 1922 | 各庄盈余,1923年、1924年(12个麦庄)都是14 996.494元, | 纵向制度扩展效率 | Q193—1—569申新1923年决算表、Q193—1—573申新1924年决算表 |
| 1922 | 查总公司账上1922年定期放款明细(大洋):上海商业银行股款400 000元、中国银行股款300 000元;大丰银行股款40 000元、中国铁工厂股款25 000元、枫泾批发处股款规元4 766.19元。 | 多元化投资 | Q193—1—568申新1922年决算表 |
| 1923 | 档案显示总公司1923年自己有船,是纵向一体化。小火轮一只规元10 000、大号铁驳船二只规元12 000元、二号铁驳船二只规元11 000,折大洋45 833.333元。 | 纵向制度扩展:购船组织运输 | Q193—1—569申新1923年决算表 |
| 1923 | 福新二、八厂因原料不足而不全开,四厂停工改良,其余照开。 | 逆横向制度扩展:福二、八停工 | 荣德生生平事业年表 |
| 1923 | "社会事业急急进行,时有名流高人,来园借住,如汪、岑、马皆是……此时,余已是奖,二等嘉禾章,又二等大绶嘉禾章。教实联合会时往开会,欲设化学工厂,筹不出资本而罢。"工程师赵君,常州人,颇有学问经验,后到天津,用其所学之一部分,即见大效。余个人本有意,因曾云"不能放大经济,以误他事耳"。 | 投资多元化:筹备化学工厂不成 | 乐94 |
| 1924 | 设青岛批花处。 | 纵向制度扩展 | 年表 |
| 1924 | 常州纱厂创办时,入股二万元,总公司代保运机入厂六千锭。该厂停久,无法料理,拍卖无人问讯,惟有做之一法,拟商余同意,余因人事困难,无法兼顾,辞之。时花贵纱贱,交易所有人抛纱,收花,花价最高五十两零,纱则一百六十余两。余由产地收花,勉敷成本。 | 横向制度变迁 | 乐95 |
| 1924 | 1924年,资料称船只已经出售。但后来每年都有运输总损益的核算,如1928年就有10 279.4大洋的盈余。因此是不完全的逆纵向制度变迁。 | 逆纵向制度扩展:部份出售轮船 | Q193—1—573申新1924年决算表 |
| 1925 | 各庄盈余,1923年、1924年都是14 996.494元,1925年13个麦庄,另加1个郑州花庄是独立核算,其中有5个麦庄亏损合计盈余是10 626.517元。1925年以后账上再没有相关盈余数据。各分庄的制度出现变迁:从有独立核算盈余到非独立核算盈余的变迁。 | 纵向制度扩展 | Q193—1—570申新决算表1925年 |
| 1925 | 福五于老厂另建新厂增加机磨16座。 | 横向制度变迁 | 年表 |
| 1925 | 创建申新系统五厂。 | 横向制度变迁 | 年表 |
| 1925 | 创建申新系统六厂(租到1931年)。 | 横向制度变迁 | 年表 |
| 1925 | 倡议金陵大学附设农场,试验改良植棉。 | 纵向制度扩展 | 年表 |

续表

| 年份 | 制度事件 | 制度类型 | 数据来源 |
|---|---|---|---|
| 1925 | 查定期放款中股款:中国银行 300 000 元、上海银行 300 000 元、中国铁工厂 25 000、联益公司 6 000 规元、上海商会公债 323.24 规元。 | 投资多元化 | Q193－1－696;申新纺织总公司资产负债明细,第 38 页 |
| 1926 | 创建福新系统新三(重新并购)。 | 横向制度变迁 | |
| 1927 | 创建茂新系统二厂(重建)。 | 横向制度变迁 | |
| 1927 | 申新设常州、九江、南昌、许昌、郑州、广州六个批发处和香港办事处。 | 纵向制度扩展 | |
| 1927 | "是年,租办之常州纱厂,至四月两年期满,略有分余,续租两年。恽禹九约余谈出卖,却之,决帮助至还清而止。" | 横向制度扩展:租常州厂 | 乐 101 |
| 1927 | 申二停工、至八月改租。申四因内地内战,挫折甚多,停产。后调整人事,重新规划,重新开工。 | 逆横向制度扩展:申二停工、申四停产 | 年表 |
| 1927 | 茂二失火重建,钢骨水泥机房,并购美国最新式钢磨十八座。茂三失火未建。申五工潮暂停工。 | 逆横向制度扩展:茂二三厂火灾、申五停工 | 年表 |
| 1928 | 与常熟钱昌照江阴吴汀鹭等集资设垦殖公司,福利垦殖公司。 | 多元化投资 | 年表 |
| 1928 | 创建同仁储蓄部。 | 纵向制度扩展 | 年表 |
| 1928 | 设平湖批发处。 | 纵向制度扩展 | 年表 |
| 1928 | 1928 年组织复兴公司,对付日商竞争,以维持市场纱价格。多头公司也……可以值得研究。这个 组织本来是不公开 的,也是保密的,并参与期货投机。 | 多元化投资 | 荣 209 |
| 1929 | 创建申新系统七厂(收购东方纱厂)。 | 横向制度变迁 | 年表 |
| 1929 | 创建申新系统八厂。 | 横向制度变迁 | 年表 |
| 1929 | 茂四兼营打包厂;另外,1935 年根据申新纺织总公司投资一览表,有投资汉口打包厂 30 000 元。 | 横向制度变迁 | 乐 104,荣 552 |
| 1929 | 在工商中学原址工科实验工场设立公益铁工厂。 | 横向制度变迁 | 荣 554 |
| 1929 | 申新设南通东台收花处。 | 纵向制度扩展 | 年表 |
| 1929 | 福三旁空地甚大,施伯安为两路管理局要职,商将路轨接至栈房,由济南、河南等处来货,直接卸本栈。无锡更便利,不必上栈,省费而无损失。兄亦同意,即照进行。买地价小,比路局略大少许,华卫中时去接洽。栈房成,另立营业组织,名'福新栈'就便由福三带管。股东由总公司与各有关系之厂出资,无锡茂新、申三各占一股。建桥开河,成立后为上海各栈所无。惟因资本小,尚未布置尽善,生利无多。 | 纵向制度扩展 | 乐 104 |
| 1929 | 麸皮是面粉厂的副产品,初期为家畜饲料,后来发现可以为精、粗饲料,又可以提炼药品或营养品,荣氏兄弟联合同业订立规格和包装,把其列为出口贸易中的重要商品之一。营销于日本大阪等地,取得一笔可观收入。 | 纵向制度扩展 | 荣 214 |
| 1929 | 1928 年,茂四被军阀强行取面粉五万包,损失 12 万元,造成停工。这样无保障的恶劣的生产环境,对民族企业生产造成了重大的不良影响。附:1929 年荣宗敬致函崔景珊。 | 逆横向制度扩展:茂四停工 | 荣 233 |
| 1930 | 申新设南通徐州、芜湖、长沙、枫泾批发处。 | 纵向制度扩展 | 年表 |
| 1930 | 因为受到战乱和交通影响而让麦等运费高昂……1929 年开始购外国小麦,开始转向外国小麦的采购。海路进口,而水脚低(运费)。担心对国内农业的影响,所以曾经一再呼吁提高小麦的产量,提高质量,并从美国购来大量良种小麦让各地试种。荣宗敬在 1920 年自费捐助 15 000 元购买美国优质棉 100 吨,让河南和陕西试种。 | 纵向制度扩展 | 荣 230 |

续表

| 年份 | 制度事件 | 制度类型 | 数据来源 |
| --- | --- | --- | --- |
| 1931 | 1931—1932年,荣宗敬个人投资入股信康钱庄等7个、银行2个、保险公司1个、其他公司4个、地皮1处。 | 多元化投资 | |
| 1931 | 连云港种植白杨、在无锡火车站用储蓄总资金建造数十幢楼房,参与开原汽车公司、开原电灯厂及太湖饭店等。 | 多元化投资 | 年表 |
| 1931 | 创建申新系统六厂(另外并购厚生)。 | 横向制度变迁 | 年表 |
| 1931 | 创建申新系统九厂。 | 横向制度变迁 | 年表 |
| 1931 | 申新设重庆批发处。 | 纵向制度扩展 | 年表 |
| 1931 | 荣宗敬收买浦东恒大新记纱厂,自任总经理。 | 横向制度变迁 | 年表 |
| 1931 | 与中国银行协同经营堆栈三年(1931—1934)事宜,以便质借款项。中国银行有权派遣职员驻栈,查视存货出入。而申新以存货市价8折作质借款。 | 逆纵向制度扩展:委托银团经营福新栈 | 荣258 |
| 1931 | 时申六到期……没有谈成继租。斥资了结。各事清了,徐、于、钱三君到舍致谢,并承赠送余一联,唐君书也。 | 逆横向制度扩展:原申六厂退租 | 乐109 |
| 1932 | 申新设安徽批发处。 | 纵向制度扩展 | 年表 |
| 1932 | 倡导改进植棉,派员到琼州岛试植海岛棉,成绩良佳。 | 纵向制度扩展 | 荣552 |
| 1932 | 1932年,参与成立中国经济信托公司,资本金二万万元,荣宗敬是中国董事。荣氏向此公司借款三千万,以备购美棉、美麦之用。 | 多元化投资 | 荣385 |
| 1933 | 老申四厂毁于火。 | 逆横向制度变迁 | 年表 |
| 1933 | 申新系统新四厂重建。 | 横向制度变迁 | 年表 |
| 1933 | 申九搬迁。 | 横向制度变迁 | 年表 |
| 1933 | 开办长途汽车公司。 | 多元化投资 | 年表 |
| 1934 | 申二、申五厂停工,一八、六、七、九厂减工和取消部分夜班。 | 逆横向制度扩展:申二、五厂停工、其他厂减工 | 年表 |
| 1934 | 1934年,改进委员会拟添设整理印染厂:整理印染,为布匹织成后必经之工程,试观舶来棉织物,莫不赖整理印染之功。增其艳丽,高其价值。而为人乐用。此整理印染工程。有助长纺织工程之效能之明证也。故纺织厂必兼营整理印染。始可畅其销路。而于经济上有所调剂。本公司所出纱布以本色出售者为多,整理印染出售者少。彼印染厂,以购诸本公司之布。整理印染后出售者,为数殊钜。在彼自必有相当利益,而本公司有时须加印染出售之布,则由沪上印染厂为之。在色布畅销时,该厂等以须自染其货,常将寄染者搁置,遂不免贻误时机。本公司为出品宜于销售计,为资人以利而自利计,实有添整理印染厂之必要。 | 纵向制度扩展:添整理印染厂 | 上海档案馆案卷号Q193—1—108 |
| 1934 | 荣德生以家中全部有价证券作押,向银行请求帮助、荣伟仁亲自向荣德生求救,押款五百万。不料银团止付,申新正式搁浅。 | 逆横向制度扩展:申新搁浅 | 荣411—412 |
| 1935 | 申新纺织总公司投资事业一览表:计投资银行3家、电力公司、中国铁工厂、交易所、棉业贸易公司、国产纱线采办所、中国水泥公司、房地产和地皮三处。合计股份价值3 533 470元。 | 纵横向扩展制度、投资多元化 | 荣552 |
| 1935 | 荣氏家族以茂新、申新、福新三个企业名义持有16个企业的股份,以避开对大股东权利的限制,并介入经营,担任中、上两银行董事、上海电力公司华籍董事、恒大纱厂总经理,华商交易所和面粉交易所也是主要发起人。 | 法人持股,担任董事等职务、实质性产权变迁 | 荣552 |
| 1935 | 申三建立新仁栈。 | 纵向制度扩展 | 年表 |
| 1935 | 1935年年初,英商汇丰银行企图拍卖申新七厂,该厂全体职工和申新各厂职员联合会900多人分别发表宣言和声明,怒斥汇丰违法拍卖,并表示誓与工厂共存亡的决心。 | 逆横向制度扩展:申七拍卖 | 荣479—481 |

续表

| 年份 | 制度事件 | 制度类型 | 数据来源 |
| --- | --- | --- | --- |
| 1935 | 改进委员会一年来工作报告,收缩公司驻外分庄。原来有十数处分庄,各庄开支除粤庄实销实报外,其他各庄都是销售纱布中按比例取费,近年感觉销售衰落,感觉押汇押款数额巨大,利息栈租保险等等费用开支大,费用难于控制。为减轻负担开始收缩,停止装货,只剩下浔、汉、湘、津数处。计结束粤庄、渝庄、徐庄三处,合并湘汉两庄。另外与各地天津隆顺、南昌新盛昌、许昌、长沙、常州等纱号订阅特约经销合同。 | 逆纵向制度扩展:收缩行庄 | 荣管 506 |
| 1935 | 荣宗敬在发展过程中深切感到要向金融界融资的需要,由于扩张快速,经常受到资金的困扰,而且受到金融界的制约。于是,开始向金融界渗透,向中国银行、上海商业储蓄银行等多处金融机构投资,通过股权投资,荣宗敬担任中国银行和上海商业储蓄银行的董事。 | 横向制度变迁 | 荣 552—553 |
| 1935 | 查当年总公司账上有呆账:宁批发处 175 229.87 元;新丰花号 19 800 元;皖庄 65 164.77 元;第一批销处 999.10 元。 | 制度折旧:呆账 | Q193—1—585,申新纺织总公司 1935 年度决算账表 |
| 1935 | 当时上海银行界贷款申新颇多,如交通、中国、上海、浙兴、中一信托公司等,尤以上海银行投资最巨,对申新之放款占其存款百分之八十。由于纱价猛跌,1932 年申二、五厂一度停工,后由一二五八厂银团管理。又 1934 年,银团从汇丰处赎回拍卖的七厂,组织银团管理。六厂亦如此,九厂由交通银行管理。幸好申三厂茂新厂、福新厂各单位营业较好,互相挹注,得以渡过难关。 | 逆横向制度变迁:银团参与管理企业 | 佩水:《茂新福新申新创业史》,载荣管,第 195 页 |
| 1935 | 查储蓄部 1935 年收入来源:贷出款利息收入 7 484.42 元;总公司利息收入 449 824.95 元;房地租 15 581.8 元;合计 465 406.75 元;支出部分:财务费用(1)存入款息 308 057.03 元;(2)分庄息 1 643.75 元;(3)股息 40 000 元,合计 364 491.78 元。另各项开支 4 639.94 元,加上杂损益 2 922.6 元,总支出 372 054.32 元。收支相抵盈余 93 352.43 元。 | 横向制度扩展:储蓄部独立经营放贷业务 | Q193—1—585,申新纺织总公司 1935 年度决算账表 |
| 1936 | 申二、五厂复工,并与中国、上海银行订委托经营合同,将经营权和管理权委托于中、上行为主组织的委员会。 | 逆横向制度变迁:委托银团经营申二、五厂 | 荣 518—520 |
| 1936 | 所办企业,除所营之二十余厂外,在全国各大都市均有支店及联络店。在浙省则杭州、宁波、绍兴、温州、台州、枫泾、平湖、嘉兴、湖州;在粤则广州、汕头;闽省则福州、厦门;沿长江则镇江、南京、芜湖、安庆、九江、南昌、武汉、沙市、宜昌、万县,而至重庆;平汉路则驻马店、许昌、郑州、新乡、开封、彰德;陇海路则海州、徐州、云宝、西安,而至咸阳;津溥路则浦口、蚌埠、济南、德州,而至天津、北京;在关外则沈阳、营口、旅顺、大连;在鲁省尚有青岛、烟台、济宁;在湘省则有长沙、衡阳;在本省则苏北之东台、南通、高邮、泰州、溱潼、姜堰、海门、扬州,江南之太仓、江阴、常熟、苏州、宜兴、溧阳、川沙、崇明,以及浦东之大团、周浦等地,非办麦即销粉,非办花即销纱、销布。海外,近则港、澳,日本、南洋群岛,均有交易;远则英德两国之机械与零件,美国、加拿大、巴西、澳州之棉、麦,时有进出。 | 纵向制度扩展 | 乐续 128 |
| 1936 | 申四厂开出染印厂,1936 年收入两万多,利润一百多元。 | 纵向制度扩展:申四开出染印厂 | Q193—1—594 |
| 1937 | 荣德生甚至要进入矿业,要觅矿开采,自己小炉冶铸做起,计划每日百吨为止。工厂通小铁轨,直至大河,上下驳卸,小件由用汽车装运。种种设施,分头办理,正在勘探铁矿,着手进行。 | 多元化投资:试图进入矿业 | 乐续 132 |

备注:①本表专门列出纵向、横向制度扩展和多元化投资。②早期钱庄为本,所以面粉业是多元化投资。后期实业为本,金融业是多元化投资。③因为企业制度与市场存在代替关系,如果报酬递增,就表现为企业制度不断扩展,直到边际收益等于边际成本为止;同理,如果出现报酬递减,就会产生制度收缩,直到边际收益等于边际成本为止。

附表 6.2:产权结构

**产权结构**

| 厂名 | 成立年份 | 产权情况(千元) | 荣氏控制 | 所占比例 | 固定资产 | 备注二 |
|---|---|---|---|---|---|---|
| 广生钱庄 | 1896 | 3 | 先占 50%, 1 898 年 100%。 | | | 占一半,1 889 年三股东撤资,荣氏兄弟独资。 |
| 保兴面粉厂 | 1902 | 30 | 荣氏兄弟各出 3 000 元。 | 0.20 | | 荣 10,1 904 年增资到 6 万两。规定长年官利一分。 |
| 振新纱厂 | 1905 | 27.08 | 荣氏兄弟各出 30 000 元。 | 0.22 | | 1 915 年荣氏兄弟退出振新纱厂。 |
| 申新一八厂 | 1915 | 3 500 | 2 216.55 | 0.63 | 11 158.67 | 对外招股。 |
| 二 | 1919 | 2 483.33 | 2 483.33 | 1.00 | 5 104.05 | 总公司垫款基金。 |
| 三 | 1921 | 3 000 | 2 170 | 0.72 | 7 062.9 | 对外招股,加总公司支持。 |
| 四 | 1920 | 285 | 150 | 0.53 | 3 166.89 | 荣 86,总公司垫款和福五支持;荣 396,1 933 年追加集股到 92 万元外,再向汉口借款 210 万元用以火灾重建。 |
| 五 | 1925 | 1 399.51 | 1 399.51 | 1.00 | 3 458.44 | 总公司垫款基金并购德大纱厂。 |
| 六 | 1925 | 1 388.89 | 1 388.89 | 1.00 | 5 205.4 | 荣 251,银团借款 340 万两购厚生补充六厂。 |
| 七 | 1928 | 2 500 | 2 350 | 0.94 | 4 782.52 | 分期付款买下东方纱厂,200 万银元押入汇丰,集股 50 万两。荣氏兄弟占六成,叶君四成。 |
| 八 | 1929 | 并入申一 | | | | 荣 220,才财两缺时扩建八厂。 |
| 九 | 1931 | 694.44 | 694.44 | 1.00 | 1 919.23 | 荣 248,40 万两,找孙直斋借款 5 万两定金买下九厂。荣 395,迁建九厂又花费 520 万,英商麦加利银行借款而来。 |
| 合计 | | 15 251.17 | | — | 41 858.1 | |
| 茂新一、三厂 | 1903 | 1 166.67 | 1 067.5 | 0.91 | 2 331.16 | 茂一对外招股,茂三厂不添本。 |
| 二 | 1916 年租,917 年买入, | 并入茂一 | | | | 收购为二厂,没有对外招股。 |
| 四 | 1919 | 416.67 | 381.25 | 0.91 | 507.46 | 25 万资本,济南建厂。 |
| 福新一厂 | 1913 | 500 | 233.2 | 0.47 | 2 444.71 | 招股 4 万成立,茂新各方面全力支持得发展。 |
| 二、四、八 | 1914 | 2 322.5 | 1 402.09 | 0.60 | 5 445.88 | 荣 36、37,福一支持了福二大量资本。 |
| 三 | 1926 | 500 | 133.35 | 0.27 | 并入福一 | 荣 37,福一转移支付旧福三;1 926 年分期付款收购华兴补充福三。 |
| 四 | 1913 | 并入福二 | | | 并入福二 | 荣 46,以福二厂盈余 12 万购进。 |
| 五 | 1918 | 1 500 | 828.8 | 0.55 | 1 792.42 | 荣 182,最初招股 30 万,1 921 年、1922 年、1 923 年加盈余 45 万—75 万,然后 1 926 年追加到 100 万股本。 |
| 六 | 1919 | | | | | 荣 48,无对外招股,大部由租此厂的盈余支付。1 932 年出售厂房。 |
| 七 | 1920 | 1 500 | 900 | 0.60 | 并入福一 | 荣 80,福一、二、三厂的盈余中支持福七建厂,部分招股。 |
| 八 | 1919 | 并入福二 | | | 并入福二 | 荣 80,福一、二、三厂的盈余中支持福八建厂,部分招股。 |

资料来源:根据荣 281 页,截至 1932 年年底计算,单位千元。

## 附表 6.3:荣家企业产权变迁情况

### 荣家企业产权变迁情况

| 年份 | 股本和股东情况 | 变迁情况 | 资料来源 |
|---|---|---|---|
| 1896 | 早期的钱庄,父亲出 1 500 元股本,共 3 000 元,荣氏兄弟无正式股权划分。 | 早期钱庄,由荣氏兄弟父亲出资,没有明显划分股权 | 荣 5 |
| 1896 | 荣氏兄弟创业的开始,就从没有脱离过氏族宗族关系网、费孝通的差序格局,而且父亲荣熙泰言“兄弟合力,内外同做”,对产权进行了安排。 | 父亲对兄弟进行的产权安排、资本也是通过朋友关系而筹集而来 | 乐 22—23 |
| 1898 | 制度变迁发生,合伙转兄弟独资,在危机时发生,合伙人退股。“广生已开三年,无余派账,计算不亏,有三股东不愿再做,将原本五百元拆去,如此只存一半,归吾兄弟独开,外面不知,亦无变动,余反为专心,料必做得好也。” | 产权变迁:独资和制度垄断 | 乐 26 |
| 1902 | 合伙公司和无限公司组织,都是所有权与经营权不分的,没有投票制,大股东一般也是主要经理人,直接操纵企业。在保兴粉厂,朱仲甫是总经理,荣德生为经理(驻锡),荣宗敬为批发经理(驻申),以荣德生为主,荣宗敬为辅。保兴粉厂的组织关系十分简单,管理层尚未分化,是典型的原始状态企业组织。 | 产权:钱庄以荣宗敬为主导 | 潘必胜(1998) |
| 1902 | 在保兴粉厂,朱仲甫是第一大股东,但不管事,因为“做贯了大事”的人,对办企业不感兴趣,是个半官半商的过渡性人物,还不具备企业家素质;另一方面因为他与荣氏有很深的私交上的渊源,出资而不揽权,从而使有经营管理才能的荣氏兄弟实行有效的集权管理。但这时的集权管理并无组织上的保证,只是人事上处理得好,管理层次少,易于协调股东关系。 | 保兴面粉发产权分析:管理权集中于荣德生 | 潘必胜(1998) |
| 1902 | 保兴荣氏兄弟各入 3 000 元,总股本 30 000 元。 | 产权变迁 | 荣 11 |
| 1903 | 产权变迁,朱仲甫退出,荣氏保留股份,拒绝祝兰舫独购股份的要求,收股改保兴为茂新,增加资本到五万元,荣氏成为第一大股东,荣德生仍为经理,荣宗敬仍为批发经理。原呈人朱大兴退出,张某为名誉总经理。黄君自去,蔡、崔两君往粤,正账为张熊占,蒋成之写信,办麦亦改张介堂。荣氏兄弟的集权管理有了组织保障,荣氏兄弟在 50 000 元资本中占 24 000 元,成为第一大股东,巩固了在企业中的经营管理权。 | 荣氏兄弟控股茂新,面粉厂以荣德生为主 | 乐 43、荣 14 |
| 1904 | 茂新一厂巨额利润后,新增到 6 万两资本,资股单有“长年官利一分的记载”。 | 官利 | 荣 15 |
| 1905 | 1905 年,振新入股兄弟各 3 万,总股本 30 万(未招齐)。 | 荣氏股份不占控制权 | 荣 18 |
| 1905 | 1905 年,茂新粉厂向清政府注册为无限公司组织,成为全国第二家注册的民族资本粉厂。 | 正式注册为无限公司组织 | 乐 47 |
| 1905 | 振新纱厂是有限公司,股东对企业债务负有限清偿责任,不连累私人家产,以保护经营者利益。其名为“股份有限公司”,实则有限责任公司,在决策上,实行一人一票制,而不是如股份有限公司的一股一票制。在这种组织体制中,哪一个股东起决定作用不直接取决于个人的经营管理能力,而取决于其个人影响力,并最终由其社会地位和经济实力决定。 | 有限责任公司 | 潘必胜(1998) |
| 1909 | 1909 年,振新无锡和上海股东产生冲突,是年并股,无锡负担人事出现大变动。“振新申锡股东不和,是年并股,归锡负担,一面招人接替,人事改动。余为经理,董事选入俞廷元、邓务生、唐水臣,兄任董事长,批发汪子泉,殷明斋……申锡合力,专心做,尚有微余,可以支持。然纱已好,牌子起色。收花吴昆生,账房刘绥之,办料家永达,总管吴炳奎,助账田少梅,人手一时整齐。” | 产权变迁:争夺控制权 | 乐 54 |
| 1909 | 股东因为经营困难而抛售茂新股票,荣宗敬购得十四股(面值 1 400 元),分半与王禹卿。 | 股权变迁,引入职员为股东 | 荣 21 |

续表

| 年份 | 股本和股东情况 | 变迁情况 | 资料来源 |
|---|---|---|---|
| 1910 | 茂新一厂增加资本到 20 万两。 | | 荣 29 |
| 1912 | 茂新一厂 1903 年在农工商部注册,1912 年则资本增加到 20 万两,荣氏占控股地位。 | 股份由原来保兴转来,荣氏兄弟间应该不变 | 荣 29—30 |
| 1912 | 福新、茂新的官利制度,设立交易所也有官利规定。 | 官利 | 荣 15、30、34、71 |
| 1913 | 刚刚渡过 1911 年的难关,荣家企业的得力干将浦氏兄弟想离职自创米厂,王禹卿也想退出自谋创界面粉业,荣家企业面临一次大规模人才流失的危险,并易于让稳定企业发展局面受到动摇,荣氏兄弟听到手下创业而财力不够的消息,迅速相商合作建厂,共图发展。"事闻于懊丧氏昆仲,来谋合作。禹卿系茂新沪埠粉主任,浦为驻锡办麦主任,俱多年宾主,情不可却,彼此合作。" | 产权上创造:合入股本,资助与手下办厂 | 荣 32—33 |
| 1913 | 福新一厂创办时的股单情况:根据商律合资股份公司章程,长年官利一分;年终总结盈亏按股小派认。4 万元股本,荣家兄弟各一万,占 50%,盈余按十三股分派。股东得十股,机器折旧一股;余两股又分十成:总经理三成、经理二成、协理一成半,各友得三成半。并规定日后添机扩股,先由老股东认定,如不足再行加新股。(王倬云一再想入股,董事决议不能添外股,受到拒绝)另外向工商部注册则虚增为 6 万元资本。 | 兄弟同权,早期荣家企业都是用股单的形式订立合伙协议,以后改为合同议据形式 | 荣 32—34、Q466—1—89 福新面粉一厂股单章程(公司) |
| 1913 | 福四成立未对外招股。12 万元买下。 | 少对外融资 | 荣 46 |
| 1914 | 福一原来 1912 年说是股本 6 万,实收 4 万元,1914 年福一订立合同,在农工商部注册,加增股本 24 万,合计 30 万。 | 产权变迁 | 荣 45 |
| 1915 | 申新一厂成立时无限责任公司章程,章程规定:股本转让限制、职员二级为总经理(过半数股东取决)和各处办事员、年结后所得纯余,十三份摊派。十份归股东分配,一份提公积;其余两份归总经理及办事人酬劳。 | 已经出现兄弟之间的正式制度安排,荣宗敬在一厂股权大于荣德生 | 荣 55,荣管 344 |
| 1915 | 振新将股权割让,作一百五十元互换,粉厂股五百二十五两,振新归瑞馨管,余三万元仍留,茂新全归余管。全数换清,各事交割,尚欠万元,约十余日归还。锡事较少,去京看开会…… | 茂新振新股权交换,茂新一厂从此为荣氏兄弟控制股权 | 乐 74 |
| 1915 | 1915 年申新纺织厂总股本三十万,荣氏兄弟占六成,说是各三成,兄弟间股本分配实际已不同;1919 年入股福七,仍旧兄弟各占三成。本余为经理,因不能住厂,让推惠卿为经理,永达副之,裕昆总管,昆生收花,兄为总经理,刘阿荣为工头。试灵,出纱三十件,每月余万元。附:申新向英商安利洋行订机合同摘要。 | 兄弟正式股权不同 | 荣 54,乐 74 |
| 1915 | 福二厂资本为 7.2 万元(1913 年建立福二时 10 万元资本)。 | 产权变迁 | 荣 105 |
| 1915 | 申一厂,1915 年成立时 3 000 股,30 万资本,1916 年注册;荣宗敬,800 股 80 000 元,荣德生 790 股,79 000 元。 | 荣氏兄弟在产权上出现分流,不再是同股同权,非正式制度安排转为正式制度安排 | 荣管 343—350 |
| 1917 | 申二厂建立之初荣氏占八成,丁梓仁占二成,后丁因为亏损而取消。 | 产权变迁 | 荣 59、284 |
| 1917 | 福新股东会议:决定盈余升股和下脚分派,议事权按原股份办,提出让红利不能动摇根本的原则。决议本公司官利后,盈余按十三股分派。股东得十股,机器折旧一股;余两股又分十成:总经理二成七五、经理二成、协理一成二五,禹卿得一成,各友得三成正。另外规定麦灰下脚收入分派:入公司二份、总理二份半、经理得二份、文渭得一份、禹卿一份,各友、各处麦庄、申账房诸友得三份半。 | 剩余利益开始向非股东,如经理和高层管理人员扩散,而且下脚收入扩散更加广泛,包括账房和麦庄 | 荣 45 |
| 1917 | 福新一厂只有资本 4 万元,1917 年盈余增加到 15 万元,根据福新系统华丰面粉厂经理兼厂长王秋舫介绍,一厂的增资,只王尧臣拿出一万元,其他只是账面上调整。三厂的十五万资本也是由一厂盈余和三厂本身盈余的抵付,所以两厂的原始资本只有 5 万元,仅在 1913—1920 年 8 年,两厂就获利 190 万余元,接近原始资本的四十倍。 | 福新系统盈余添资情况 | 荣 112 |

续表

| 年份 | 股本和股东情况 | 变迁情况 | 资料来源 |
| --- | --- | --- | --- |
| 1917 | 福一增加股东王尧臣1万元股份,但是董事会专门决议,红利官利可以一样享受同等待遇,却惟议事权则仍照原数股份取之。因原议足有地不添外股之条分,所以能让红利不能动摇根本。 | 增加股份不增加表决议事权的制度安排 | |
| 1917 | 福新系统其他各厂资本增资中,新参加的人很少,投资额更加极微,基本用滚雪球的方法实现发展,一三开办初就有协议,三年内不得分红利,股东的股利也存入工厂生息,以厚资力。一厂如此,其他各厂也如此。只从一厂账册就可以发现1913—1923年,一厂陆续拨付二三七厂的投资金额就达到二百八十余万两,合计三百九十余万元。 | 福新系统盈余添资情况 | 荣113 |
| 1917 | 1917租进华兴为福六,后分期付款25万两,1919年正式买下。 | 无对外招股,大部由租此厂的盈余支付 | 荣48 |
| 1917 | 40万元买下申二厂,兄弟各四成,1919年正式转移产权。 | 没有对外招股,总公司垫款 | 荣59 |
| 1917 | 1917年福新一厂股东会议,原来报6万股本(实际4万),盈余升股增加到30万元,盈余加24万两,其中荣德生和荣宗敬各加35 000两。另有关于盈余升股及下脚分派办法的决定摘要。 | 盈余升股 | 荣45 |
| 1918 | 茂新一厂资本增加到60万。 | 产权变迁 | 荣44 |
| 1918 | 福五股份情况1:股东30家,股金30万,荣宗敬84 650元;荣德生81 556元。占55.4%。 | 福五:兄弟不同股权 | 荣47 |
| 1918 | 银行通过借款影响企业,向中日实业公司借款25万日元。借款条款规定:抵押物为全部厂产;要求式厂保险火灾;不履行义务可以自由处置厂产。 | 产权:受到银行影响 | 荣49 |
| 1918 | 福一资本30万,用盈余加到50万元。 | 产权变迁的形式 | 荣78 |
| 1918 | 1918年,福新修改章程底稿:福一以盈余增资扩充。为扩充营业,添造洋式厂房,添置新式机器,经股东会共同决议,加增股本银二十四万两,合成银元三十万元。重定章程,重订合同,签名盖章,公推荣宗敬为总经理,王尧臣为经理。注:照本件,福一1914年报部资本为6万元,但按账册记载当时实收资本为4万元。 | 福一盈余扩充资本 | 荣45 |
| 1919 | 福五正式开车,月泉兄回来,结束宝新事,分与五万元,入股福五。转任经理,以少裳为批发处经理,国伟为厂长。 | 用股权送与人才 | 乐85 |
| 1919 | 申一厂将原定股本30万,用截至1918年的盈余30万加添股本到60万元,因为添机再续加股本40万,分别于四月、十月缴齐,合足一百万元。 | 产权变迁 | 荣112 |
| 1919 | 茂新一厂民国八年增资为60万元。呈北京政府注册。其中荣宗敬275 000元,荣德生为274 000元。 | 兄弟不同权 | 荣管252,申新系统企业史料第二编第一期《茂新面粉厂》 |
| 1919 | 福七集股30万,荣氏兄弟各三成,共18万。 | 产权变迁 | 荣79 |
| 1919 | 福八集股30万,荣氏各9万元。实际筹建支出160万。大部由福二支持而来。 | 产权变迁 | 荣80 |
| 1919 | 公益铁工厂初始投资1 500元,1937年扩充到700万元。 | 产权变迁 | 荣524—525 |
| 1920 | 查总公司账目,有收到上海银行股息收入12 000元。 | 产权变迁:投资上海银行取得股息 | 其中46 |
| 1920 | 申一厂原定股本100万,用1919年的盈余除分红利30万外,剩余50万加到股本增资为150万元。 | 产权变迁 | 荣112 |
| 1920 | 查福新和张成泰等合组浙江嘉善县枫泾镇茂、福新批发处合同,规定设立批发处,专营茂、福新麸皮交易,资本2万元,福茂占三分之一。年终有盈余,按十三成分派:十成归股东,其余三成,经理得一成,申总得一成,批发处友得一成。 | 早期产权合约对盈余的分配规定 | 荣100 |
| 1920 | 1920年内部开始分工,管理上出现分流,各自负责一块业务是一种产权上的制度建立,不过是非正式制度安排也"至申,与申新部分、福新部分叙谈,申厂事不能兼顾,只任公正董事。有纷争,归余劝解,不取董事费。申总经理费,全归兄收入。无锡面粉盈余利息,总经理收入,照规定分派,麦灰作酬劳。分与吾兄弟者,另立学记,助入公益中学,每年共有万余"。 | 产权变迁 | 乐88 |

续表

| 年份 | 股本和股东情况 | 变迁情况 | 资料来源 |
|---|---|---|---|
| 1921 | 以股份有限公司性质,组织中国机制面粉上海贸易所,后改称上海面粉交易所。是荣宗敬、顾馨一发起,1921年成立,资本金额原定50万元,1931年又增加25万,以福新绿兵船为标准。 | 有限公司形式已经出现,并为荣氏所采用 | 荣70,朱彤芳:《旧中国交易所介绍》第45页 |
| 1921 | 参加上海华商纱布交易所,荣宗敬为发起人之一。1921年正式成立,资本总管300万元,实际只有超过一半,后经政府批准改为150万元股本。申新人钟16支纱为标准。 | 新的组织形式和制度安排,股份有限的制度安排早就出现在荣氏兄弟的选择范围 | 荣70,朱彤芳:《旧中国交易所介绍》第45页 |
| 1921 | 申一厂原定股本150万,用1920年的盈余除分红利7.5万外,剩余90万加到股本,增资为240万元。 | 产权变迁 | 荣112 |
| 1921 | 申三筹建股份名单中,股本150万,兄弟1 085 000元。荣德生545 000元,荣宗敬540 000元。 | 申三股本中荣德生微量超过荣宗敬,对比以前对半股本的产权安排,显然是质的变迁 | 荣管622 |
| 1921 | 申三增资50万,到200万。 | 产权变迁 | 申新第三纺织厂大事记 |
| 1921 | 参与纱布交易所经纪人,集资3万两。年官利一分,盈余提二十分之一为公积;其余13份,股东10份,按照资本分派;经理协理各一份;办事人一份。 | 新的组织形式和制度安排都有说明,股份有限的制度安排早就出现在荣氏兄弟的选择范围中 | 荣71 |
| 1921 | 申四荣宗敬15万元。招30万元,实收28万元。 | 产权变迁 | 荣86 |
| 1921 | 申三厂增资50万元,到200万元。 | 产权变迁 | 申新第三纺织厂大事记 |
| 1922 | 第一次增资,股本300万元,1928年在民国政府注册;荣宗敬增加资本到100万元;荣德生加到90万元。 | 产权变迁 | 荣管343—350 |
| 1922 | 申一厂原定股本240万元,用1921年的盈余剩余60万元,添加股本,增资为300万元。 | 产权变迁 | 荣112 |
| 1922 | 申新向日本东亚兴业会社借款350万日元;除了贷主第三个月检查厂房机器外,还要求借主第三个月编含制贷借对照表、损益计算表及有关营业状况的报告书。并规定借主要向贷主指定保险公司投保火险。 | 银行介入产权完整 | 荣94 |
| 1925 | 福五1921年追加盈余20万元,总股本50万元;1922年,盈余追加15万元,达到65万元;1923年追加到75万元。1926年到达100万元,其中荣宗敬282 200元;荣德生272 000元。 | 产权变迁 | 荣182 |
| 1926 | 福一资本由30万元,用盈余20万元加到50万元。荣德生和荣宗敬各116 600元。 | 产权变迁 | 荣182 |
| 1926 | 福新新三厂(并购)与中国银行订立购买兴华粉厂合同及抵押四十万银两合同,10年分期付款。并另外筹资30万元股本。 | 福三另立股本 | 荣宗敬、荣德生年表合编 |
| 1928 | 设立同仁储蓄部,本公司……爰集资一百万元,组织储蓄部于上海江西路五十八号,并于南京、杭州、济南、九江、汉口等地设立分部三十七处,章程完备,基金稳固,手续便捷,利息优厚…… | 企业的重要制度变迁:金融和多元化早期已经存在许多存款,就是说个人或者企业存入款,可以说是同仁储蓄部的前身 | 薛明剑文集,代中国出版社2005年《欢迎各界惠临储蓄》 |
| 1928 | 茂新一厂向国民政府注册,登记为茂新机器面粉无限公司。 | 产权变迁 | 申新系统史料第二编第一期《茂新面粉厂》 |
| 1929 | 福三商将路轨接至栈房,兄亦同意,即照进行。栈房成,另立营业组织,名'福新栈'就便由福三带管。股东由总公司与各有关系之厂出资,无锡茂新、申三各占一股。建桥开河,成立后为上海各栈所无。惟因资本小,尚未布置尽善,生利无多。 | 新式产权,法人占股 | 乐104 |
| 1929 | 分期付款买下东方纱厂200万银元押入汇丰,申七集股50万两。荣氏兄弟占六成,叶君四成,股东只三人。 | 产权变迁 | 荣219 |
| 1929 | 申三厂增资100万元,凑足股本300万元。 | 产权变迁 | 申新第三纺织厂大事记 |

续表

| 年份 | 股本和股东情况 | 变迁情况 | 资料来源 |
|---|---|---|---|
| 1930 | 申一厂 1930 年将盈余 50 万元入资本;合为 350 万元。 | 添四万锭,设八厂 | 荣管 343～350 |
| 1931 | 茂福申三和中国银行协同经营堆栈,委托银行经营。 | 银行参与经营,主银行制度变迁 | 荣 258 |
| 1931 | 荣宗敬任中国银行董事,1932 年任上海储蓄银行董事。 | 银团影响企业制度,企业也通过投资影响银行制度和行为 | 荣 273 |
| 1931 | 荣宗敬代表福新一厂向上海社会局注册,修改福新公司章程仍呈社会局报部案。第六条以 50 万元资本注册。福一荣宗敬和荣德生皆为 116 600 元,其他四个股东王尧臣、王禹卿、浦文汀、浦慎德合计 266 800 元。有采办、营业、运输、厂务四部门。规定资本利息常年一分,盈余按十三份摊派:十成股东,一成公积折旧、二成总经理、经理及办事员酬劳,办法另订。 | 产权变迁 | Q466－1－17 福新一厂修改福新公司章程 |
| 1933 | 1933 年申三无限责任章程,股东名单中,股本 500 万元,兄弟共计 3 597 000 元。荣德生 1 842 000 元,荣宗敬 1 755 000 元,荣尔仁 10 000 元,李国伟 20 000 元;规定资本利息常年八万厘;盈余按十三份摊派:十成股东,一成公积折旧、二成总经理、经理及办事员酬劳,办法另订。 | 职员从两级变为三级,总经理、经理、职员,总经理和经理皆由过半股东决定 | 荣管 931 |
| 1933 | 申一厂,1933 年第三次加盈余 70 万元,添股本到 420 万元。荣宗敬增资时为 140 万元,同时荣鸿元 28 000 元;荣德生 1 260 000 元。 | 产权变迁 | 荣管 343－350 |
| 1933 | 茂一厂于 1933 年修改章程向实业部登记。 | 产权变迁 | 《茂新面粉厂》 |
| 1933 | 申三增资到 500 万元。 | 产权变迁 | 申新第三纺织厂大事记 |
| 1934 | 申四厂火灾重建,24 个股东退出,吸引 6 个小股东,每股四千元,未退股 12 户,1934 年总计 20 户股东,股本增加到 92 万元,其中荣宗敬 582 000 元,占 63.2%,荣德生 284 000 元,占 30.9%。 | 李国伟筹新股,废新股,造成中小股东变动 | 荣 397 |
| 1937 | 申四厂股东由 20 户增加到 36 户,其中荣氏家族占 87.5%,李国伟等女婿亲家占 5.7%,本系统职员占 5.8%。 | 说明职工也开始拥有股权 | 荣 303 |
| 1935 | 荣氏家族以茂新、申新、福新三个企业名义持有 16 个企业的股份,以规避开对大股东权利的限制,并介入经营,担任中、上两银行董事、上海电力公司华籍董事、恒大纱厂总经理,就是华商交易所和面粉交易所也是主要发起人。 | 法人持股,规避对大股东权利的限制 | 荣 552 |
| 1935 | 1935 年,申一厂无限公司章程中,荣宗敬 140 万元;荣德生 126 万元;荣鸿元 28 000 元;总股本 420 万元。规定资本利息常年一分;盈余按十三份摊派:十成股东,一成公积折旧、二成总经理、经理及办事员酬劳,办法另订(职员从两级变为三级,总经理、经理、职员。总经理和经理皆由过半股东决定)。 | 申一股本中荣宗敬微量超过荣德生。对比以前对半股本的产权安排,显然是质的变迁。同时荣二代荣鸿元正式成为股东 | 荣管 921 |
| 1936 | 股东浦文汀等致函荣德生,要求其负责将上海申新拖欠申三款从速追还,此时申三借给上海各厂已经达四百万元。 | 中小股东保障利益的诉求 | 申新第三纺织厂大事记 |
| 1936 | 申新三厂增资,扩建公益铁工厂,自造纱布面粉机器。 | 申三增资扩建公益铁工厂 | 荣 525 |
| 1937 | 申三厂加股到 700 万元。 | 申三产权变迁 | 申新第三纺织厂大事记 |
| 1937 | 1937 年,申新第九厂规章汇编,规定一个职员积储金规则,自从 1937 年 1 月起,职员薪水一律加 5%,作为积储金存入银行,照银行利率结息,于退职时还于职工,中途解雇自退,除特许发还外,一般充作附设医院之经费。 | 新制度变迁出现 | 荣管 1008 |
| 1937 | 四月申三厂开股东会,……各股东亦以余言为善,决定加股至七百万,俟年终盈余,提出若干,明年即可造矣。 | 产权变迁 | 乐续 131 |

备注:无限公司因为责任重,信誉高,承担无限责任,并且要参与企业的经营,因此在选择合伙人时特别谨慎,并且难于大规模对外招股。当股东的大量二代进入企业经营时,就会对企业经营管理产生极大危害。

# 附表7:荣家企业总公司资产负债表(1920—1936年)

## 荣家企业总公司资产负债表(1920—1936年)

| | | | | | | | | | | | | | |
|---|---|---|---|---|---|---|---|---|---|---|---|---|---|
| 超借1(全部资金融通) | | −540 007.08 | 2 278 618.99 | 498 861.814 | 1 206 587.589 | 701 546.521 | 1 208 855.343 | 3 072 524.94 | 4 713 022.659 | 4 955 303.396 | 11 372 386.46 | 15 867 526.52 | 17 419 775.19 |
| 超借2(不包含储蓄部、活期存款) | | −2 279 197.52 | 2 237 835.83 | 413 367.738 | 116 188.281 | −960 695.754 | 770 688.776 | 1 768 251.348 | 2 208 113.114 | 927 744.74 | 5 708 971.805 | 9 662 206.967 | 10 986 255.39 |
| 超借3(单指银行钱庄借款和各庄各厂欠款差额) | | −2 279 197.52 | 2 237 835.83 | 279 802.757 | −544 362.674 | −1 366 503.088 | 286 087.804 | 880 051.731 | 904 524.67 | −2 447 361.77 | −957 456.09 | 7 525 930.015 | 3 767 230.35 |
| 总公司资产负债率 | | | 0.974 | 0.967 | 0.962 | 0.946 | 0.946 | 0.968 | 0.960 | 0.969 | 1.117 | 1.292 | 1.369 |
| 资料来源 | | | Q193—1—567申新总公司1921年决算表,第22页 | Q193—1—568 申新1922年决算表,第2页 | Q193—1—569 申新1923年决算表,第2、12页 | Q193—1—573 申新1924年决算表 | Q193—1—570申新决算表1925年 | Q193—1—696,申新纺织总公司资产负债明细 | Q193—1—574 申新1928年决算表 | Q193—1—575申新总公司各厂1929年决算表 | Q193—1—572申新纺织总公司资产负债明细录(1930) | Q193—1—576民国20年申茂福资产负债 | Q193—1—584,1932年申新纺织总公司决算表 |
| 年份 | | 1 920 | 1 921 | 1 922 | 1 923 | 1 924 | 1 925 | 1 927 | 1 928 | 1 929 | 1 930 | 1 931 | 1 932 |
| 资产类(部分项目) | | — | 10 534 330.47 | 13 476 540.87 | 13 697 549.05 | 14 057 646.69 | 17 055 411.56 | 17 958 351.35 | 19 943 838.55 | 28 051 371.93 | 41 919 885.61 | 40 919 169.55 | 43 365 928.33 |
| 调整后的资产 | | — | 10 534 330.47 | 13 476 540.87 | 13 697 549.05 | 14 057 646.69 | 17 055 411.56 | 17 780 827.23 | 19 943 838.55 | 28 051 371.93 | 36 754 979.12 | 31 682 868.42 | 31 684 730.08 |
| 房屋、地基、材料现金、存放银行钱庄款等 | | | 1 587 394.79 | 789 465.7 | 698 546.856 | 583 153.307 | 658 516.353 | 406 260.89 | 646 007.737 | 1 248 600.495 | 475 029.824 | 469 297.292 | 390 171.39 |
| 定期放款 | | 13 888.89 | 773 364.85 | 773 388.026 | 772 758.5 | 625 758.516 | 633 781.278 | 838 854.167 | 872 615.542 | 935 376.389 | 1 150 333.083 | 1 198 654.93 | 1 191 360.8 |
| 活期欠款 | | 0 | 0 | 58 617.473 | 364 833.456 | 155 683.796 | 546 592.923 | 511 615.63 | 221 413.366 | 241 216.2 | 1 292 994.604 | 2 182 721.284 | 2 216 556.29 |
| 暂记欠款 | | 25 215.31 | 226 041.61 | 525 483.807 | 242 017.176 | 802 942.288 | 555 209.089 | 1 991 563.438 | 2 051 360.61 | 1 278 573.449 | 1 318 291.639 | 380 592.56 | 345 061.72 |
| 各厂欠款 | | 2 307 250.41 | 7 943 817.7 | 11 511 765.41 | 11 587 738.42 | 11 918 945.31 | 14 340 730.98 | 13 863 437.69 | 13 962 188.36 | 21 034 480.33 | 28 753 557.66 | 24 535 340.64 | 24 814 258.76 |
| 呆账 | | | | | | | | | | 795 906.8 | 810 603.998 | 1 690 483.262 | 1 690 483.262 |
| 花纱买卖 | | | | 170 649.017 | | | 288 058.028 | 111 755.48 | 1 835 933.099 | 1 465 707.646 | 1 440 357.348 | 949 226.75 | 532 510.43 |
| 粉麦买卖 | | | | 598 706.487 | | | 12 192.678 | 18 901.217 | 25 068.247 | 42 436.25 | 1 032 669.461 | | |
| 证金 | | | | | | | | | | | | 178 085.18 | 6 944.44 |
| 各庄及批发处欠款 | | | | 31 655.042 | 27 553.793 | 21 165.712 | 20 329.23 | 18 439.422 | 329 251.586 | 1 009 074.37 | 476 804.459 | 98 466.526 | 497 385.01 |

续表

| | | | | | | | | | | | | | |
|---|---|---|---|---|---|---|---|---|---|---|---|---|---|
| 历年损益 | | | | | | | | | | | 0 | 4 308 095.879 | 9 236 301.13 |
| 本年损失 | | | | | | | | 177 524.121 | | | 5 164 906.494 | 4 928 205.252 | 2 444 897.12 |
| 经调整收益的负债总额 | | | 10 259 642.3 | 13 032 887.74 | 13 178 936.27 | 13 295 551.81 | 16 131 925.96 | 17 210 388.28 | 19 143 235.86 | 27 194 561.31 | 41 063 075 | 40 919 169.55 | 43 365 928.33 |
| 各厂资本总额 | 荣 640—643，有资本额度，1 929 年仅仅申新的 | 4 438 888.89 | 7 544 621.55 | 9 285 000 | 9 935 000 | 9 535 000 | 9 885 000 | | | 6 641.11 | | | 21 901 447 |
| 活期存款 | | 1 739 190.44 | 40 783.16 | 85 494.076 | 1 090 399.308 | 1 662 242.275 | 438 166.567 | 1 304 273.592 | 1 034 578.932 | 1 077 504.336 | 1 373 263.906 | 1 533 728.306 | 1 403 785.9 |
| 暂时存款 | | 229 579.57 | | 168 629.455 | 316 030.907 | 609 635.842 | 546 707.165 | 255 986.02 | 138 773.254 | 195 703.219 | 460 326.419 | 417 835.872 | 634 509.37 |
| 借入款 | | | 7 883 583.16 | 8 666 805.209 | 7 026 074.111 | 6 353 103.448 | 11 790 277.78 | 9 860 480.41 | 9 056 333.358 | 13 596 192.93 | 14 094 100.35 | 14 733 196.81 | 15 009 273.21 |
| 透支银行钱庄款 | | 28 052.89 | 2 298 070.37 | 3 156 417.996 | 4 044 855.425 | 4 220 504.481 | 2 856 870.235 | 4 901 448.433 | 6 139 631.256 | 6 000 000 | 14 178 805.68 | 17 426 540.38 | 14 069 600.91 |
| 粉麦买卖 | | | | | 2 717.842 | 3 048.488 | 14 514.362 | | | | | | |
| 储蓄部往来 | | | | | | | | | 1 470 330.613 | 2 950 054.32 | 4 290 150.748 | 4 671 591.243 | 5 029 733.9 |
| 各厂存款 | | | | 131 436.405 | 601 340.164 | 300 718.394 | 225 339.651 | 705 347.615 | 890 106.548 | 1 421 745.98 | 1 466 787.225 | 611 880.487 | 2 288 388.18 |
| 各庄及批发处存款 | | | | 2 128.576 | 59 210.791 | 105 088.94 | 259 261.321 | 182 852.002 | 413 481.896 | 1 953 360.531 | 5 199 640.67 | 1 524 396.465 | 4 930 636.86 |
| 利润 | | | 103 012.41 | 105 971.335 | 76 174.512 | 247 004.968 | 155 467.229 | | 132 191.328 | 56 207.927 | | | |
| 前期盈余(贷方为正利润) | | | 171 675.76 | 342 753.009 | 427 441.776 | 500 093.417 | 757 391.85 | 747 963.072 | 668 411.36 | 800 602.687 | 856 810.615 | | |
| 各庄盈余 | | 9 504.781 | 4 282.066 | −5 071.216 | 14 996.494 | 14 996.49 | 10 626.517 | | | | | | |

备注:1. 1920 年,总公司无独立数据,资产负债率由福新和申新一厂合并计算代表总公司。1921 年,根据 Q193—1—567 申新总公司 1921 年决算表第 20 页数据,全体总公司和各厂资产负债率:(23 057 950.51－资本 7 544 621.55－公积金 477 953.27－上年滚存 202 392.20)/资产 23 057 950.51=64.32%;2. 总公司 1931 年资产中减呆账、花纱买卖、历年损益、本年损益;3. 总公司 1932 年资产中减呆账、花纱买卖、历年损益、本年损益;4. 1934 年,数据申新各厂加总公司数据代替。5. 1925 年,Q193—1—695,总公司及各厂资产负债率:(资产 42 018 735.66—资本 9 885 000－公积金 648 327.71－上年滚存 1 330 456.42－本年纯益 2 993 658.92=)27 161 292.61/资产 42 018 735.66=64.64%。

**附表 7(续表)**

## 荣家企业总公司资产负债表(1920—1936)

| 超借(全部资金融通) | 18120051.63 | | 5229136.64 | 7722647.97 | 8974991.44 | 5108385.4 | 备注一 | 备注二 |
|---|---|---|---|---|---|---|---|---|
| 超借(不包含储蓄部、活期存款) | 13 105 647.56 | | −82 187.27 | 1 055 072.21 | −586 933.89 | 3 756 707.11 | 关于总公司的备注:1、1920 年各厂总共欠总公司:3 695 653.8 元,其中:福二欠 999 424.99;福五欠 73 755.85;福七欠 626 948.21;申一欠 169 550.08;申二欠 1 825 974.67 元;另各厂存总公司 1 386 403.37 元,其中元丰恒存 224 469.92 元、泰隆存 76 632.53 元、福六存 274 937.61 元、福一存 810 363.31 元。此账户结余:2 309 250.43 元;2、Q193—1—568 申新 1922 年决算表第 2 页,1 922 年各庄盈余是 8 715.631(1 920 年南京、溱济、姜堰、扬州、六合、常州、芜湖、苏州、镇江(亏损)、高邮(亏损)、怀远(亏损)麦庄累计盈余合计大洋 9 504.781 元。1921 年则南京、溱济、姜堰、扬州、六合、芜湖、苏州(亏损)、镇江、怀远(亏损)、常熟、高邮,累计盈余 4 282.066 银元;1922 年则镇江、溱江(亏损)、姜堰(亏损)、高邮(亏损)、常熟(亏损) 合计亏损 5 071.216 元。);3、Q193—1—569 申新 1923 年决算表,1923 年粉麦买卖无投机支出,第 2 页,各庄盈余也是 14 996;4、Q193—1—696,申新纺织总公司资产负债明细 38 页,定期放款中全是股款:1925 年包含中国银行 300 000 元、上海银行 300 000 元中国铁工厂 25 000、联益公司 6 000 规元、上海商会公债 323.24 规元。5、Q193—1—573 申新 1924 年决算表第 2 页。6、Q193—1—696 申新纺织总公司资产负债明细大量借款单位可查,如银行钱庄前期利润 538 533 规元折来;历年转账中挂账中损失:三菱 2 785.24、三井 58 777.02、铃木 13 609.432;14 页。定期放款中全是投资其他公司的股款 1 925 年包含:中国银行规元 216 600、上海银行 219 375 规元、中国铁工厂 25 000、中国水泥公司股款 150 000 规元。(1927 年茂新证金、九江粗绒、中丰存货款三个子项目);花纱买卖中有四类中国棉花 423 707.956、印度棉花 132 429.950、美国棉花 308 913.760、标准棉花 373 985.845、证金 82 834.320. 粉麦买卖是上年结转。7、Q193—1—572 申新纺织总公司资产负债明细录(1930)档案 27—28 页。1930 年粉麦买卖:三井证金规元 492 389.072、祥茂 31 749.090;三菱 219 383.850;31 页,花纱买卖中 1 440 357.348 银元,其中证金胡梅记、信诚、美安(最多 105 239.940 规元)和江商轧存计 177 627 244 银元;标纱 316 347.222;档案 29 页有大量投机亏损明细账。8、Q193—1—576 民国 20 年申茂福资产负债。规元,呆账中最大一笔是许叔记 541 262.16 元;加上福记损益 589 138.07;7 页,1 931 年无粉麦买卖:证金胡梅记 10 000.00 和美安 118 221.330 规元);9、Q193—1—584 规元,呆账中最大一笔是许叔记 541 262.16 元;加上福记损益 589 138.07;证金只剩下远大号 6 944.44 银元银行利息支出可以查第 9 页。一般对各厂收息,又付息于银行钱庄。1933 年全部不良资产转入损益;10、1937 年借款财务费用分摊比较,根据 Q193—1—578:1 937 年申新决算表第 2、18 页资料计算财务利息负担率,特种抵押利息率 0.051 3;存入款 0.118;银行透支 0.093;储蓄部 0.08;定期抵押 0.12;定期信用借款 0.079;10、就 1933 年申新信用放款,上海储蓄银行史料,514 页,上海储蓄银行达到 2 000 784 元,其总共放款才 2 107 236 元。大部放于申新。说明申新以前的信用颇好。11、Q193—1—654,上海申新第五棉纺织厂决算报告,1934 年总公司账务出现异常,资产负债率无正当原因忽然下降,而各厂往来从 1 600 多万元一下子猛增加到 4 000 多万元,而当年并无大笔银行肯借款给申新融资,抽查九厂账务第 79 页、第 83 页,发现九厂 1934 年在资产类增加总公司往来一另户:2 700 170 元;同时在负债类项目对冲一笔上年损益一总公司:2 700 170 元,查实为总公司把债务负担转移到各厂分摊承担,致使下属资产负债率增加而总公司资产负债率下降。查上档:Q193—1—654,上海申新第五棉纺织厂决算报告,1934 年也同样异常增加上年损益(总公司)和总公司往来,金额 2 092 798 银元。其他如:申一厂也在 1934 年异常增加近 200 多万的资产和权益;申四厂异常增加历年损益 90 多万。 | 关于超借的说明:1、1920—1922 年只是福新,1923、1924、1925、1932 年是茂福合计。2、1920 年总公司还没有完整的账目。3、1921 年遇到周转危机,所以超借额度大;1925 年前,总公司财务负担不严重,甚至有利息收入;1926 年资料欠缺,对应 1927 年总公司超借金额忽增,1927 年开始总公司开始出现沉重的利息支出,说明一是总公司在资金使用上出现问题;二是融资的角度,除了满足各厂的实体经济需要外(1923 年、1924 年、1930 年、1931 年、1933 年、1934 年、1936 年实体经济相应出现亏损或者周转困难,出现总公司为各厂超额融资,表示为超借金额负数,说明总公司的抽调自己的资金融通,以支援各厂实体经济发展需要),大量超借说明总公司自己的资金需求大量增加,这解释了总公司投机等相关业务的资金来源;对应总公司的投机业务大规模上升,相应的超借金额也从 1927 年急剧上升直到 1932 年达到高峰(投机导致的超借需求急剧上升异常明显),而 1933 年又急剧下降(1 700 多万元下降到 200 多万元,回归正常水平),正好对应 1933 年开始总公司停止投机活动,说明投机导致的超借资金需求急剧下降;4、1933—1936 年超借再度持续需求上升,说明了总公司消化亏损而出现周转资金需求,此时超借的需求是由总公司的周转应对流动性缺乏的需要引致。5、总公司在 1936 年、1937 年继续消化历年盈余,同时由于财务费用负担重,无法转亏为盈。 |
| 超借(单指银行钱庄借款和各庄各厂欠款差额) | 13 105 647.56 | | −82 187.27 | 1 055 072.21 | −586 933.89 | 3 756 707.11 | | |
| 总公司资产负债率 | 1.319 | | 1.033 | 1.037 | 1.133 | 1.096 | | |
| 资料来源 | Q193—1—588,1 933 年申新纺织总公司 1 933 年度年结 | | Q193—1—577;1 934 年申新决算表 | Q193—1—585 申新纺织总公司 1 935 年度决算账表 1 | Q193—1—586 申新纺织总公司 1 936 年度决算账表;申新总公司 | Q193—1—578;1 937 年申新决算表 | | |
| 时间 | 1 933 | | 1 934 | 1 935 | 1 936 | 1 937 | | |
| 资产类(部分项目) | 35 287 639.05 | | 55 355 312.5 | 52 542 248.12 | 28 337 590.64 | 23 764 574.48 | | |
| 调整后的资产 | 26 286 413 | | 53 571 522.14 | 50 672 579.3 | 28 337 590.64 | 18 025 792.31 | | |
| 房屋、地基、现金、股款(由定期放款转入) | 1 634 838.17 | | 1 440 192.32 | 644 729.53 | 4 231 881.58 | 810 875.88 | | |
| 各项投资 | | | 2 958 171.28 | 3 603 478.1 | | 3 481 037.04 | | |
| 活期欠款 | 721 137.17 | | | | | | | |
| 暂记欠款 | 1 303 685.6 | | 184 639.38 | 107 845.96 | | 156 284.37 | | |
| 各厂往来 | 16 859 960.8 | | 46 736 995.45 | 43 154 632.77 | 21 607 314.66 | 11 332 633.44 | | |
| 呆账 | | | 1 932 747.96 | 2 059 007.76 | 2 087 007.76 | 2 089 653.76 | | |
| 花纱买卖 | 1 423 600.07 | | 2 958 171.28 | 3 603 478.1 | | | | |
| 粉麦买卖 | 4 343 190.2 | | | | | | | |

续表

| | | | | | | | | |
|---|---|---|---|---|---|---|---|---|
| 贷出款 | | | 170 518.63 | 178 430.1 | | 149 952.61 | | |
| 历年挂账转入损益 | 5 188 778.52 | | | | 公积或资本 | 4 000 000 | | |
| 历年损益 | 2 384 320.05 | | 1 030 635.04 | 1 783 790.36 | | 4 279 608.77 | | |
| 本年亏损 | 1 428 127.48 | | 753 155.32 | 85 878.46 | | 1 459 173.4 | | |
| 负债类总计 | 34 659 191.19 | | 55 355 312.5 | 52 542 248.12 | 32 117 199.41 | 19 764 574.48 | | |
| 公积或资本 | 628 447.86 | | | | | | | |
| 定期款项 | 12 588 800.8 | 特种抵押借款 | 4 016 963.65 | 3 859 991.81 | 3 959 129.93 | 2 158 866.29 | | |
| 应付未付息 | 219 849 | 应付票据 | 1 879 351.19 | 463 045.39 | 406 877.86 | 240 213.52 | | |
| | | 应付账款 | 483 645.93 | 366 273.93 | 934 946.99 | 126 091 | | |
| 暂时存款 | 87 769.77 | | 395 133.47 | 141 008.32 | | 293 583.06 | | |
| 存入款 | | | 1 813 071.89 | 2 382 083.11 | 6 354 785.99 | 1 840 221.71 | | |
| 银行钱庄往来(透支) | 9 180 221.98 | | 1 177 600.25 | 509 864.82 | 420 938.77 | 333 663.85 | | |
| 花纱押款 | 316 945.6 | | 4 765 905.95 | 617 473.16 | | | | |
| 储蓄部往来 | 5 014 404.07 | | 3 498 252.02 | 4 285 492.65 | 3 207 139.34 | 3 191 900 | | |
| 各厂往来 | | | | | 5 037 397.39 | | | |
| 各庄往来 | 5 022 392.75 | | 968 464.26 | 277 708.82 | 49 996.01 | | | |
| 营运借款 | | | 4 808 498.93 | 8 025 484.91 | | | | |
| 公积或资本 | 628 447.86 | 定期信用借款 | 2 892 179 | 4 352 397.14 | 4 444 680.09 | 4 341 718.2 | | |
| 活期款项 | 2 228 799.37 | 定期抵押借款 | 28 025 196.14 | 26 566 784.32 | 7 108 238.58 | 6 414 870.5 | | |

## 附表 8:荣家企业总公司及各厂资产负债率(1920—1937 年)

**荣家企业总公司及各厂资产负债率(1920—1937 年)**

| 年份/单位 | 1920 | 1921 | 1922 | 1923 | 1924 | 1925 | 1926 | 1927 | 1928 |
|---|---|---|---|---|---|---|---|---|---|
| 申新总公司 | — | 0.97 | 0.97 | 0.96 | 0.95 | 0.95 | 缺乏数据 | 0.97 | 0.96 |
| 福茂各厂资产负债率 | 0.38 | 0.57 | 0.64 | 0.65 | 0.70 | 0.52 | 缺乏数据 | — | — |
| 申新各厂资产负债率 | 0.44 | 0.55 | 0.58 | 0.67 | 0.69 | 0.74 | 缺乏数据 | — | — |
| 全部福茂申各厂及总公司 | — | — | — | — | 0.67 | — | 缺乏数据 | — | — |
| 年份 /单位 | 1929 | 1930 | 1931 | 1932 | 1933 | 1934 | 1935 | 1936 | 1937 |
| 申新总公司 | 0.97 | 1.12 | 1.29 | 1.37 | 1.32 | 1.03 | 1.04 | 1.13 | 1.10 |
| 福茂各厂资产负债率 | — | — | — | 0.51 | — | — | — | — | — |
| 申新各厂资产负债率 | 0.74 | — | — | 0.68 | — | 0.92 | 0.99 | 0.93 | — |
| 全部福茂申各厂及总公司 | — | — | — | 0.68 | — | 0.92 | — | 0.94 | — |
| 年份 /单位 | 1932 | 1933 | 1934 | 1935 | 1936 | 1937 | 1938 | | |
| 申一八厂 | 0.48 | 0.58 | 0.57 | 0.60 | 0.55 | — | 0.48 | | |
| 申二厂 | 0.98 | — | — | — | 1.15 | — | — | | |
| 申三厂 | 0.57 | 0.60 | — | — | 0.46 | — | — | | |
| 申四厂 | 1.06 | — | 0.99 | 0.99 | 0.92 | 0.52 | 0.52 | | |
| 申五厂 | 0.98 | 1.02 | 1.28 | — | 1.18 | — | 1.10 | | |
| 申六厂 | 0.74 | 0.81 | 1.30 | 1.26 | 1.37 | — | 1.14 | | |
| 申七厂 | 0.63 | 0.68 | — | — | 1.32 | — | 1.14 | | |
| 申九厂 | 0.72 | 0.95 | 1.39 | 1.39 | 1.30 | — | — | | |
| 福一三厂 | 0.6070 | — | — | — | — | — | — | | |

资料来源:福茂各厂资产负债率,荣第 495、404、376、105、94、266、154、406、254、257 页;荣第 523、641 页;Q193—1—586 申新纺织总公司 1936 年度决算账表、Q193—1—584 申新纺织总公司 1932 年度决算账表、Q193—1—591 上海市申新第一棉纺织厂 1933—1936 年年结第 1—9 页、Q193—1—576 1931 年申茂福资产负债、Q193—1—593 上海申新第二、三棉纺织厂经济收支及第八届账略报告、1938 年根据荣下册第 5、6、7、8、52 页(申四系 1937 年底数据)、Q193—1—654 上海申新第五棉纺织厂决算报告、Q193—1—596 上海市申新第六棉纺织厂 1933—1936 年年结、Q193—1—654 上海申新第五棉纺织厂决算报告、Q193—1—599 上海市申新第七棉纺织厂 1932—1933 年年结、Q193—1—604 上海市申新第九棉纺织厂 1933—1936 年年结、Q193—1—596 上海市申新第六棉纺织厂 1933—1936 年年结、Q193—1—596 上海市申新第六棉纺织厂 1933—1936 年年结。总公司:Q193—1—696、Q193—1—585、Q193—1—586、Q193—1—578、Q193—1—588、Q193—1—584、Q193—1—570、Q193—1—572、Q193—1—573、Q193—1—574、Q193—1—575、Q193—1—576、Q193—1—567、Q193—1—568、Q193—1—569,1922—1937 年申新决算表。

备注:①申六 1934 年资产负债率忽然上升 ,根据上档:Q193—1—596 上海市申新第六棉纺织厂 1933—1936 年年结,除了接受总公司债务负担,增加上年损益 227 万多元外,还因为原来股本 140 万元,被总公司作为负债,总公司垫借基金 98 万元,两个原因导致股本大减,负债大量增加,资产负债率急剧上升。②1934 年,申一厂正常情况下,无论是出现当年亏损还是分摊总公司的债务和损失,资产负债率都应该上升,但是申一厂账务处理异常,根据上档:Q193—1—591 上海市申新第一棉纺织厂 1933—1936 年年结,申一厂在分摊总公司债务和损失时,虚增权益,同时虚增资产:包括虚增特别准备和折旧合计 200 多万元,对应资产增加应收总公司往来 138 多万,对总公司债务却减少 70 多万,由负债作为资产,实际上是做假账降低资产负债率。③荣下 93 页,有申新总公司偿还债务资金来源表。④福茂各厂资产负债率,1920—1922 年只是福新,1923 年、1924 年、1925 年、1932 年是茂福合计。⑤1933 年后,因为福新另立总公司,所以没有数据。

附表 9:总公司历年投机情况汇总表(1921—1937 年)

**总公司历年投机情况汇总表(1921—1937 年)**

单位:银元

| 年粉/投机项目 | 外汇 | 国内棉麦 | 国外棉麦纱布 | 国内纱布、面粉 | 其他(利息和账外转入) | 账面盈亏数据 | 调增:未结算盈余 | 调减:未结算亏损 | 总计 | 备注 |
|---|---|---|---|---|---|---|---|---|---|---|
| 1921 | 0.00 | 11 247.57 | 0.00 | 120 017.76 | −12 567.84 | 118 697.50 | 128 519.32 | 0.00 | 247 216.82 | 1 921 年未结算是上半年的数据。 |
| 1922 | −22 657.49 | 6 101.07 | 0.00 | 8 278.60 | 0.00 | −8 277.82 | 0.00 | 0.00 | −8 277.82 | |
| 1923 | 0.00 | 0.00 | 0.00 | −40 054.03 | 0.00 | −40 054.03 | 102 560.18 | −67 162.63 | −4 656.48 | |
| 1924 | 5 415.24 | 4 487.21 | 14 747.31 | 72 749.46 | −7 890.06 | 89 509.16 | 572 698.02 | −595 213.98 | 66 993.20 | |
| 1925 | 5 840.29 | 0.00 | 0.00 | −24 821.39 | 0.00 | −18 981.10 | 382 628.62 | −340 780.34 | 22 867.17 | |
| 1926 | 0.00 | 0.00 | 0.00 | 0.00 | 0.00 | 0.00 | 0.00 | 0.00 | 0.00 | |
| 1927 | 21 627.81 | −384 559.02 | 197 660.19 | 0.00 | −42 240.83 | −207 511.85 | 153 760.01 | −1 686 843.04 | −1 740 594.88 | 1 927 年账外转入投机盈余 194 214.307 |
| 1928 | 5 655.17 | 119 060.76 | 108 124.27 | 43 450.76 | 0.00 | 276 290.95 | 128 111.69 | 0.00 | 404 402.64 | 0 |
| 1929 | −27 048.21 | 196 352.54 | −39 689.90 | 131 315.45 | 127 274.90 | 388 204.79 | 125 670.17 | −795 906.80 | −282 031.84 | 1 929 开始出现呆账,一直挂到 1 937 年,是没有消化的亏损金额,其中有大部分的呆账经查属于投机亏损。花纱买卖意外出现一笔 12.72 万的利息收入。 |
| 1930 | −301 680.58 | 205 494.53 | −4 632 827.39 | 125 060.78 | 0.00 | −4 603 952.66 | 0.00 | −810 604.00 | −5 414 556.66 | 1 930 年,增加呆账 80 多万银元。 |
| 1931 | −141 235.74 | 107 693.37 | −2 914 712.21 | 202 715.35 | 0.00 | −2 745 539.23 | 0.00 | −1 690 483.26 | −4 436 022.49 | 1 931 年资产类明细中,又新增加一笔金额巨大的亏损:福记损益,达 589 138.070 规元, 818 247.319 4 银元, 累计 1 690 483.26 银元 |
| 1932 | 7 904.80 | 11 539.84 | −789 876.56 | 1 289.66 | −50 923.22 | −820 065.48 | 0.00 | −1 690 483.26 | −2 510 548.74 | 本年无呆账增加 |
| 1933 | 44 906.38 | 0.00 | −57 624.56 | 0.00 | 0.00 | −12 718.18 | 0.00 | −5 766 790.27 | −5 779 508.45 | 1 933 年资产类科目投机相关科目存项总计:存福记损益 823 969 银元、存粉麦买卖 4 343 190 银元、存小麦损益 26 169 银元、存花纱损益 4 338 639 银元、存花纱买卖 1 423 600 银元(第 6 页),呆账部分有许叔记 756 856 银元(第 63 页),历年损益 2 384 320 银元(第 67 页)。另一套账的投机挂账数据截至 1 933 年又放回到历年挂账。 |

续表

| 年粉/投机项目 | 外汇 | 国内棉麦 | 国外棉麦纱布 | 国内纱布、面粉 | 其他(利息和账外转入) | 账面盈亏数据 | 调增:未结算盈余 | 调减:未结算亏损 | 总计 | 备注 |
|---|---|---|---|---|---|---|---|---|---|---|
| 1934 | 0.00 | | | | | 0.00 | 0.00 | −1 025 423.32 | −1 025 423.32 | |
| 1935 | 0.00 | | | | | 0.00 | 0.00 | −2 059 007.76 | −2 059 007.76 | |
| 1936 | 0.00 | | | | | 0.00 | 0.00 | −2 087 007.76 | −2 087 007.76 | |
| 1937 | | | | | | | 0.00 | −2 089 653.76 | −2 089 653.76 | |

备注:根据Q193－1－567申新总公司1921年决算表,1921年上半年有相关粉麦买卖的具体数据摘抄如下:①卖出七月份二号粉119 000包,证金付出规元23 800;卖出七月份二号粉89 000包,追证金付出规元8 900元,买进二号粉9 000包,价钱二两一钱;买进二号粉7 500包,价钱二两。买进麸皮3 000包,价钱一两八钱五分。计922 963.93银元。②根据荣207页,1927年,总公司投机花纱套做亏120多万元,在外棉买卖,外汇套利方面盈15万多元,小盈大亏,总亏105万多元,显然多是可能由1926年转入的亏损。③1933年后总公司已经很少投机交易,所以只有亏损挂账,但是也有零星在各厂进行。④本表只统计总公司投机,其他如另外支付小额佣金、美国商情报告费和相关用于投机的资金利息,因为金额不大或者零星或者技术原因没有一一统计在内。⑤且各厂也存在投机交易,但是规模不大,亦没有进行统计,例如Q193－1－574申新1928年决算表,查1928年有9个工厂涉及投机交易:申二厂有花纱买卖损益7 034.200元。申五厂花纱买卖损失5 121.700元。福一厂查有粉麦买卖损益12 138.855元,兑换损益7 594.859元和杂损益5 049.912元。福七粉麦买卖损益55 814.820元,兑换损益12 136.454元。茂二粉麦买卖损益7 711.220元。福三厂粉麦买卖损益7 161.642元,兑换损益5 387.879元。福五厂粉麦买卖损益3 104.280元。福六厂粉麦买卖损益4 718.324元,兑换损益5 533.750元。福七厂粉麦买卖损益55 814.820元,兑换损益12 136.454元。

资料来源:Q193－1－588申新纺织总公司1933年年度年结、Q193－1－584申新纺织总公司1932年年度决算账表、Q193－1－576民国20年申茂福资产负债、Q193－1－498申新纺织总公司资产负债明细录(1930年)、Q193－1－575申新总公司各厂1929年决算表、Q193－1－574申新1928年决算表、Q193－1－571申新1927年决算表、Q193－1－570申新1925年决算表、Q193－1－573申新1924年决算表、Q193－1－569申新1923年决算表(有1921－1923年历年数据)、Q193－1－567申新总公司1921年决算表。

1931年总公司忽然把历年损益由账外转入账内，历年的损益全部转入累计亏损4 308 095.879银元，其中1 930年的亏损：原3 718 732.676规元折5 164 906.494银元（亏损挂账，由1930年的亏损金额转入）。（上档Q193－1－576民国二十年资产负债明细录，页码编号：SC0008－SC0009）。查上档Q193－1－584申新纺织总公司1932年年度决算账表，第9页，历年损益挂账又出现二十年纯损原3 548 307.782规元，折4 928 205.253银元（累计原6 650 136.815规元，折9 236 301.132银元）。

| 年份/投机项目 | 外汇 | 国内棉麦 | 国外棉麦纱布 | 国内纱布、面粉 | 其他(利息和账外转入) | 调整后的总计 |
|---|---|---|---|---|---|---|
| 1921 | 0.00 | 11 247.57 | 0.00 | 120 017.76 | (12 567.84) | 247 216.82 |
| 1922 | (22 657.49) | 6 101.07 | 0.00 | 8 278.60 | 0.00 | (8 277.82) |
| 1923 | 0.00 | 0.00 | 0.00 | (40 054.03) | 0.00 | (4 656.48) |
| 1924 | 5 415.24 | 4 487.21 | 14 747.31 | 72 749.46 | (7 890.06) | 66 993.20 |
| 1925 | 5 840.29 | 0.00 | 0.00 | (24 821.39) | 0.00 | 22 867.17 |
| 1926 | 0.00 | 0.00 | 0.00 | 0.00 | 0.00 | 0.00 |
| 1927 | 21 627.81 | (384 559.02) | 197 660.19 | 0.00 | (42 240.83) | (1 740 594.88) |
| 1928 | 5 655.17 | 119 060.76 | 108 124.27 | 43 450.76 | 0.00 | 404 402.64 |
| 1929 | (27 048.21) | 196 352.54 | (39 689.90) | 131 315.45 | 127 274.90 | (282 031.84) |
| 1930 | (301 680.58) | 205 494.53 | (4 632 827.39) | 125 060.78 | 0.00 | (5 414 556.66) |
| 1931 | (141 235.74) | 107 693.37 | (2 914 712.21) | 202 715.35 | 0.00 | (4 436 022.49) |
| 1932 | 7 904.80 | 11 539.84 | (789 876.56) | 1 289.66 | (50 923.22) | (2 510 548.74) |
| 1933 | 44 906.38 | 0.00 | (57 624.56) | 0.00 | 0.00 | (5 779 508.45) |
| 1934 | 0.00 | | | | | (1 025 423.32) |
| 1935 | 0.00 | | | | | (2 059 007.76) |
| 1936 | 0.00 | | | | | (2 087 007.76) |
| 1937 | | | | | | (2 089 653.76) |
| 总计 | (401 272.34) | 277 417.87 | (8 114 198.84) | 640 002.40 | 13 652.96 | (26 695 810.14) |

## 附表9(续表):荣家企业投机维里伯交易所定期小麦

### 荣家企业投机维里伯交易所定期小麦

单位:　蒲尔　美金

| 期货商品名称 | | 代为卖出(负号是买进) | | | | | 佣金(买入佣金) | | 收益 | 备注 |
|---|---|---|---|---|---|---|---|---|---|---|
| 维里伯交易所定期小麦 | 合同号码 | 年 | 月日 | 数量 BUSHELS | 定价(G$) | 金额 | 单价 美分/bushels | 金额(美金) | 括号为亏损额 | 户名 |
| 12月期 | | 1929 | 8.23 | 20 000 | 1.55 | 31 000.00 | | | | |
| 12月期 | | 1929 | 8.29 | 5 000 | 1.56 | 7 800.00 | | | | |
| 12月期 | | 1929 | 8.29 | 5 000 | 1.57 | 7 850.00 | | | | |
| 12月期 | | 1929 | 8.29 | 5 000 | 1.58 | 7 900.00 | | | | |
| 12月期 | | 1929 | 9.1 | 5 000 | 1.57 | 7 850.00 | | | | |
| 12月期 | | 1929 | 9.1 | 5 000 | 1.58 | 7 900.00 | | | | |
| 12月期 | | 1929 | 9.18 | −20 000 | 1.5 | (30 000.00) | | | | |
| 12月期 | | 1929 | 9.21 | −10 000 | 1.49 | (14 900.00) | | | | |
| 12月期 | | 1929 | 11.6 | −20 000 | 1.25 | (25 000.00) | | | | |
| 12月期 | | 1929 | 10.29 | −40 000 | 1.376 25 | (55 050.00) | | | | |
| 1929年12月期 | 397 | 1929 | 7.6 | −34 000 | 1.33 | (45 220.00) | | −1 700 | (43 520.00) | |
| 1929年9月期 | 195 | 1929 | 6.8 | −20 000 | 1.13 | (22 600.00) | | −1 000 | (21 600.00) | |
| 一千九百三十年五月期 | | 1929 | 12.9 | −20 000 | 1.3 | (26 000.00) | | | | |
| 一千九百三十年五月期 | | 1929 | 12.5 | −100 000 | | 0.00 | | | | |
| 一千九百三十年五月期 | | 1929 | | | | 0.00 | | | | |
| | | 1929 | 8.13 | 10 000 | 1.57 | 15 700.00 | | | 15 700.00 | |
| | | 1929 | 8.17 | 10 000 | 1.57 | 15 700.00 | 1 | 500 | 15 200.00 | 荣宗敬、茂新 |
| | | 1929 | 8.24 | 5 000 | 1.55 | 7 750.00 | | 250 | 7 500.00 | |
| | | 1929 | 9.04 | 5 000 | 1.56 | 7 800.00 | | 250 | 7 550.00 | |
| | | 1929 | 9.13 | 5 000 | 1.572 5 | 7 862.50 | | 250 | 7 612.50 | |
| | | 1929 | 9.13 | 5 000 | 1.583 75 | 7 918.75 | | 250 | 7 668.75 | |
| | | 1929 | 9.21 | −20 000 | 1.497 5 | (29 950.00) | | −1 000 | (28 950.00) | 是补进8.17、8.24、9.4的卖出数额 |
| | | 1929 | 9.23 | −10 000 | 1.49 | (14 900.00) | | −500 | (14 400.00) | |
| | | 1929 | 11.13 | −20 000 | 1.25 | (25 000.00) | | −1 000 | (24 000.00) | |
| | | 1929 | 10.3 | −40 000 | 1.357 5 | (54 300.00) | | −2 000 | (52 300.00) | |
| | | 1929 | 12.16 | −20 000 | 1.296 25 | (25 925.00) | | −1 000 | (24 925.00) | |
| | | 1929 | 12.1 | −50 000 | 1.341 25 | (67 062.50) | | −2 500 | (64 562.50) | |
| | | 1929 | 12.1 | −50 000 | 1.342 5 | (67 125.00) | | −2 500 | (64 625.00) | |
| | 197 | 1929 | 6.8 | −20 000 | 1.121 25 | (22 425.00) | | −1 000 | (21 425.00) | |
| | | 1929 | 6.8 | −50 000 | 1.112 5 | (55 625.00) | | −2 500 | (53 125.00) | |
| | 398 | 1929 | 7.6 | −34 000 | 1.33 | (45 220.00) | | −1 700 | (43 520.00) | |
| | 443 | 1929 | 7.11 | −10 000 | 1.316 25 | (13 162.50) | | −500 | (12 662.50) | |
| | 442 | 1929 | 7.11 | −10 000 | 1.316 25 | (13 162.50) | | −500 | (12 662.50) | |
| | 441 | 1929 | 7.11 | −10 000 | 1.316 25 | (13 162.50) | | −500 | (12 662.50) | |

续表

| | | | | | | | | | | |
|---|---|---|---|---|---|---|---|---|---|---|
| | 466 | 1929 | 7.12 | −10 000 | 1.317 5 | (13 175.00) | | −500 | (12 675.00) | |
| | 467 | 1929 | 7.12 | −10 000 | 1.317 5 | (13 175.00) | | −500 | (12 675.00) | |
| | 465 | 1929 | 7.12 | −10 000 | 1.317 5 | (13 175.00) | | −500 | (12 675.00) | |
| | 267 | 1929 | aug 17 | −20 000 | 1.296 25 | (25 925.00) | | | | 鸿三先生 |
| chicago may option | 134 | 1930 | 39 994 | −20 000 | 1.031 875 | (20 637.50) | | | | |
| 1930 年 7 月期 | | 1930 | 11.26 | 20 000 | | 0.00 | | | | |
| 1931 年 5 月期 | B218 | 1930 | 8.3 | −250 000 | 0.992 225 | (248 056.25) | | −12 500 | (235 556.25) | 179 |
| 1931 年 7 月期 | | 1930 | 11.27 | −20 000 | 0.652 58 | (13 051.60) | | −1 000 | (12 051.60) | 约定市价 |
| | | 1930 | 11.27 | 20 000 | 0.620 08 | 12 401.60 | | 1 000 | 11 401.60 | 限价 |
| | 225/226 | 1930 | 9.05 | −120 000 | 0.95 | (114 000.00) | | −6 000 | (108 000.00) | 184 |
| | 273 | 1930 | 9.24 | −120 000 | 0.9 | (108 000.00) | | −6 000 | (102 000.00) | 202 |
| | 93 | 1930 | 12.24 | 50 000 | 0.812 5 | 40 625.00 | | 2 500 | 38 125.00 | |
| | 98 | 1930 | 12.27 | 50 000 | 0.819 63 | 40 981.50 | | 2 500 | 38 481.50 | |
| | 99 | 1930 | 12.27 | 50 000 | 0.812 75 | 40 637.50 | | 2 500 | 38 137.50 | |
| | 102 | 1930 | 12.29 | 50 000 | 0.811 25 | 40 562.50 | | 2 500 | 38 062.50 | |
| | 106 | 1930 | 12.3 | 50 000 | 0.81 | 40 500.00 | | 2 500 | 38 000.00 | |
| | 110 | 1930 | 12.31 | 50 000 | 0.810 63 | 40 531.50 | | 2 500 | 38 031.50 | |
| | B55 | 1930 | 11.27 | 20 000 | 0.620 08 | 12 401.60 | | 1 000 | 11 401.60 | 对应 B134 号买进。 |
| | 244 | 1930 | 40 069 | −100 000 | 0.9 | (90 000.00) | | | | 宗 |
| | 245 | 1 930 | 40 069 | −20 000 | 0.9 | (18 000.00) | | | | 三 |
| 卖出单号 | 274 | 1930 | 40 080 | −120 000 | 0.85 | (102 000.00) | | | | |
| | 336 | 1930 | 40 103 | −10 000 | 0.802 5 | (8 025.00) | | | | 三 |
| | 327 | 1930 | 40 103 | −10 000 | 0.77 | (7 700.00) | | | | 三 |
| | 390 | 1930 | 40 116 | −50 000 | 0.782 32 | (39 116.00) | | | | 宗 |
| | 391 | 1930 | 40 116 | −20 000 | 0.782 32 | (15 646.40) | | | | 三 |
| | 2 | 1930 | 40 118 | −10 000 | 0.77 | (7 700.00) | | | | |
| | 8 | 1930 | 40 120 | −10 000 | 0.767 75 | (7 677.50) | | | | |
| | 10 | 1930 | 40 121 | −100 000 | 0.76 | (76 000.00) | | | | |
| 102 | 36 | 1930 | 40 132 | −50 000 | 0.712 25 | (35 612.50) | | −2 500 | (33 112.50) | |
| 193 | 43 | 1930 | 40 135 | −280 000 | 0.688 25 | (192 710.00) | | | (192 710.00) | |
| 193 | 500 | 1930 | 39 841 | −100 000 | 1.25 | (125 000.00) | | | | 宗敬先生 |
| 203 | 501 | 1930 | 39 841 | −20 000 | 1.25 | (25 000.00) | | | | 鸿三先生 |
| 245 | 502 | 1930 | 39 841 | −20 000 | 1.25 | (25 000.00) | | | | 鸿三先生 |
| 246 | 519 | 1930 | 39 848 | −80 000 | 1.195 | (95 600.00) | | | | 宗敬先生 |
| 261 | 520 | 1930 | 39 848 | −20 000 | 1.192 5 | (23 850.00) | | | | 宗敬先生 |
| 261 | 521 | 1930 | 39 848 | −10 000 | 1.192 5 | (11 925.00) | | | | 伟仁先生 |
| 2 | 522 | 1930 | 39 848 | −10 000 | 1.19 | (11 900.00) | | | | 伟仁先生 |
| 3 | 523 | 1930 | 39 848 | −20 000 | 1.19 | (23 800.00) | | | | 鸿三先生 |
| 21 | 524 | 1930 | 39 848 | −20 000 | 1.19 | (23 800.00) | | | | 鸿三先生 |
| 40 | 525 | 1930 | 39 848 | −100 000 | 1.2 | (120 000.00) | | | | 宗敬先生 |
| 45 | 525 | 1930 | 39 848 | −20 000 | 1.197 5 | (23 950.00) | | | | 鸿三先生 |
| | 526 | 1930 | 39 848 | −20 000 | 1.197 5 | (23 950.00) | | | | 鸿三先生 |

续表

| | | | | | | | | | | |
|---|---|---|---|---|---|---|---|---|---|---|
| | 654 | 1930 | 2.2 | −50 000 | 1.15 | (57 500.00) | | | | 宗仁先生 |
| | 655 | 1930 | 2.2 | −20 000 | 1.15 | (23 000.00) | | | | 元 |
| | 656 | 1930 | 2.2 | −20 000 | 1.15 | (23 000.00) | | | | 三 |
| | 658 | 1930 | 2.2 | −10 000 | 1.15 | (11 500.00) | | | | 伟 |
| | 657 | 1930 | 2.2 | −100 000 | 1.1 | (110 000.00) | | | | 宗 |
| | 677 | 1930 | 2.21 | −20 000 | 1.097 5 | (21 950.00) | | | | 三 |
| | 719 | 1930 | 2.25 | −50 000 | 1.15 | (57 500.00) | | | | 宗 |
| | 720 | 1930 | 2.25 | −50 000 | 1.078 75 | (53 937.50) | | | | 宗 |
| | | 1931 | 1.06 | | | 0.00 | −39.81 | 0 | 0.00 | |
| | 117 | 1931 | 1.06 | 50 000 | 0.81 | 40 500.00 | | 2 500 | 38 000.00 | |
| | 118 | 1931 | 1.06 | 50 000 | 0.810 63 | 40 531.50 | | 2 500 | 38 031.50 | |
| | 119 | 1931 | 1.06 | 50 000 | 0.812 88 | 40 644.00 | | 2 500 | 38 144.00 | |
| | 120 | 1931 | 1.06 | 40 000 | 0.813 44 | 32 537.60 | | 2 000 | 30 537.60 | |
| 1930年12月期 | | ? | ? | 20 000 | 0.723 | 14 460.00 | | | | |
| 1930年7月期 | | ? | ? | 20 000 | | 0.00 | | | | |
| 1931年5月期 | ? | ? | | 50 000 | 0.959 | 47 950.00 | | | | |
| | 1 042 | | 3.24 | −20 000 | 1.11 | (22 200.00) | | | | 三 |
| | 1 043 | | | 50 000 | 0.9 | 45 000.00 | | | | |
| | | | | 20 000 | 0.9 | 18 000.00 | | | | |
| | | | | 10 000 | 0.9 | 9 000.00 | | | | |
| | | | | 20 000 | 0.970 125 | 19 402.50 | | | | |
| | | | | 20 000 | 0.970 125 | 19 402.50 | | | | |
| | | | | 10 000 | 0.970 125 | 9 701.25 | | | | |
| | | | | 20 000 | 0.785 | 15 700.00 | | | | |
| | | | | 30 000 | 0.782 5 | 23 475.00 | | | | |
| | | | | 100 000 | 0.75 | 75 000.00 | | | | |
| | | | | 50 000 | 0.76 | 38 000.00 | | | | |
| | | | | 25 000 | 0.552 5 | 13 812.50 | | | | |
| | | | | 25 000 | 0.554 25 | 13 856.25 | | | | |
| | | | | 50 000 | 0.546 25 | 27 312.50 | | | | |
| | | | | 50 000 | 0.564 25 | 28 212.50 | | | | |
| | | | | 25 000 | 0.552 5 | 13 812.50 | | | | |
| | | | | 25 000 | 0.558 25 | 13 956.25 | | | | |
| | | | | 10 000 | 0.571 25 | 5 712.50 | | | | |
| | | | | 10 000 | 0.572 5 | 5 725.00 | | | | |
| 总计盈亏(不完全统计): | | | | (1 289 000.00) | | (1 642 500.95) | | | (747 252.30) | |

资料来源:Q193—1—2,申新纺织总公司关于委托日商三井、三菱洋行向国外市场进行粉麦投机活动的函件账单统计汇总。

## 附表10:银团介入荣家企业

### 银团介入荣家企业

| 年份 | 制度事件 | 制度评价 | 资料来源 |
|---|---|---|---|
| 1905 | (分期付款的方式买机器:向英国赫来华特洋行购机器,当时只需付20%的订金,余款分20年还清。)1905年,在资金不足的情况下,荣氏兄弟与生产钢磨的外国厂商协商,最后以分期付款的方式向英商怡和洋行定购了18英寸钢磨6部。其他辅助设备则全部自行仿造。为了添新式钢磨,先是1904年增加资本1万元,达到6万元股本。荣德生回忆录中最早使用分期付款购买机器是1909年,购买新式白乃里斯粉机,"机器定好,先付二成,八成分二年,约十万"。 | 最早的融资手段 | 荣家企业发展第9页、乐56 |
| 1904 | 1904年,荣德生感觉茂新在大好形势下却没有什么利润,"市价因石而小,华兴、阜丰、增裕,则大为得利。"几经设法,才去买通黑炭工头去华兴参观,上下各处机器均看明,并将要点摘下来,决心改添用钢磨。"无奈添本不易,自己无此数十万之巨款,外招更难,即招到,亦无同心可奋斗者。" | 产生融资需求 | 乐45 |
| 1905 | 斯时,粉价利厚而稳,石磨粉小难跟,决计添钢磨,计划一切就绪,只无资本。 | 苦于企业发展的资本不足 | 乐46 |
| 1905 | "心中仍要添机。斯时,粉价利厚而稳,石磨粉小难跟,决计添钢磨,计划一切就绪,只无资本。""由机器部主任讲明三个月交货,十八寸辊英机六部,购定签字,计银四千两。再去买柚木二根,准备翻砂造机,购车钻床回厂,各造车间,分部定规,建筑匠亦定。粉机麦机皆仿造,如限完工。外国机亦到,即装车,出粉并无不妥,每日八百包,装申销行甚好。"当年经营好转,云余66 000两。因为钢磨费用约十万,荣德生没有交代资本来源,又只说合同计银四千两,可能存在分期付款的情况。 | 新的融资方式产生:分期付款 | 荣16、乐46 |
| 1905 | 荣德生向上海怡生和洋行以分期付款的方式,定购十八寸锟英国钢磨六部,价银四千两。 | | 荣管274,无锡茂新面粉厂大事记 |
| 1908 | 荣氏经营的茂新面粉厂,六万资本几乎蚀光,聚生钱庄放款8万两。后来再借4万两,计12万两。 | | |
| 1909 | 股东力量,决无如许,只有欠入赚下还钱。 | 早期借款的理论 | 乐55 |
| 1911 | 1911年,振新纱厂银根紧张,生产困难,为了维持生产,纱厂便将棉花栈单300包作为当品,押入聚生钱庄,换取流动资金,后盈利赎回。 | | |
| 1913 | 外部人已经有开始介入经营的迹象。银行进厂财务监督。银行——公司的公司治理制度已经出现苗头。"民国二年(1913)五月,租办中兴面粉厂,加恒记,曰中兴恒记公司。营运资金不足,由江苏银行往来,派员在厂监督财务"。 | 最早的银行介入经营记录 | 荣36 |
| 1915 | 最早的福二厂向钱庄抵押合同,把莫干山路货栈押与志庆成钱庄,月受租400两,货栈归庄独营。福二则在一年合同期内,随时于20万两限额内,可用栈内麦粉市价八折要求钱庄垫借款,而且无论有无垫款都要按千分之八息率计算并支付8万银两的利息。 | 创造性的融资方式 | Q193－1－130福新二厂与志庆成钱庄因押款关系所订租赁莫干山路货栈合同 |
| 1917 | 扩充企业,营运资本不足,1917年1月,向台湾银行借款日元30万;1917年4月,向中日实业有限公司借款40万日元,以申一、福一三为抵押品。 | 开始出现较大的借款 | 荣60、61 |
| 1918 | 1918年2月,福二扩充经营,向中日实业公司借款25万日元,年息九分五厘(每百日元九圆五十钱)。附:借款合同。 | 开始出现较大的借款 | 荣48 |
| 1919 | 投资钱庄和银行业,1919－1921年,荣宗敬和穆藕初、聂云台等联合组织中华劝工银行,穆藕初云"以辅助工业之发达或改良为目标",此银行除了一般银行业务外,还有振兴内国实业等六项特别业务。 | | 《穆藕初评传》第151页 |

续表

| 年份 | 制度事件 | 制度评价 | 资料来源 |
|---|---|---|---|
| 1919 | 1919年,荣宗敬参与创办正利商业储蓄银行。 | | 杜恂诚《近代中国企业家多元投资效果分析》(2013)《贵州社会科学》 |
| 1920 | 1920年荣宗敬参与创办大丰商业储蓄银行。荣宗敬与虞洽卿一起创办了劝业银行。1923年参与创办江苏华大商业储蓄银行。1927年参与创办正华银行。 | | 《民族资本主义与旧中国政府,1840～1937》,上海社会科学院出版社1911年版,第238～239页 |
| | 1931年成为新成立的中和商业储蓄银行和宝丰保险公司的董事。 | | (参考杜恂诚:《民族资本主义与旧中国政府,1840－1937》,上海社会科学院出版社1991年版,第238－239页) |
| 1920 | 1920年后,用新式记账是因为银行的压力,银行为贷款着想提出要求:一是抵押贷款为主;二是对财务管理提出严格要求,要求提供成本会计为基础的财务报表,以便于监督。这可以看到,并不是危机压力让荣氏改进制度,而是外部压力、银行的压力。 | | 《近代中国社会环境与企业发展》,上海社会科学院出版社2008年,陆兴龙《申新纺织公司扩张时期经营状况分析》 |
| 1920 | 透支银行钱庄信用从1920年开始既有,原申新一厂转来28 052.89元。 | | Q193－1－566申新纺织总公司1920年决算表 |
| 1921 | 至1921年,荣氏集团已负债颇多,常欠款300万。是年冬天,上海发生信交风潮,荣氏投机交易所失败,资金周转出现严重困难。 | | |
| 1921 | 查总公司账上有收上海银行上半年股款股息收入规元8 676元。 | 多元化投资,最早的投资银行的记录 | Q193－1－567申新总公司1921年决算表 |
| 1922 | 查总公司账上1922年定期放款明细(大洋)有:上海商业银行股款400 000元、中国银行股款300 000元、大丰银行股款40 000元、中国铁工厂股款25 000元、枫泾批发处股款规元4 766.19元。 | 多元化投资 | Q193－1－568申新1922年决算表 |
| 1921 | 1921年荣家扩张大过,一旦遇到市场不景气,又陷入资金周转困境。申四厂开工时,拖欠债务300多万,加上著名的"信交风波"投机风潮过后,交易所倒闭,银行收缩银根,荣家马上陷入困境,只好以苛刻条件向日本东亚兴业株式会社贷款,以三倍于日本本国内利息1分一厘半年息,以申一二四厂全部资产抵押,并以福新面粉厂为担保。350万日金,计220万两。这样的苛刻贷款,一旦荣氏企业没有转机,马上就失去大部分优良资产。 | | |
| 1922 | 各厂均开,唯欠款二百万。至沪设法借款,渡过风险。 | 荣德生 | 荣德生生平事业年表,第567页,《荣德生文集》 |
| 1922 | 惟拖款累累,已为金融界看透,至九月底咸缩手,常欠市款三百万。斯时,常欠者福二、福七、申三、申四、汉口亦要帮助,共想办法。"因粉纱均有交易所,市面已被操纵,难于自主,即难获利。金融方面,因受交易所股票失败影响,欧战时所得,大都非扩充事业,即为投机损失。一场春梦,至此而醒。"我厂范围既如此之大,自己力量已经用入实业,绝非空言可集。于是访人寻觅押款。十月起,决心要做,迟滞无着,各庄同为着急,与事实更远。余至此,有暇即至申设法,二王先生亦同,因有关系,非设法不可。 | 荣德生 | 乐92,荣90 |

续表

| 年份 | 制度事件 | 制度评价 | 资料来源 |
| --- | --- | --- | --- |
| 1922 | 为解决1922年周转危机，荣宗敬不得不接受日商苛刻条件，于1922年向日本东亚兴业株式会社借贷巨款350万日元，合规元2 205 773.36万两，利息高达一分一厘半，一般资本主义国内市场为三厘左右。附：1922年申新向日本东亚兴业会社借款合同。 | 在申新收购恒昌源纱厂之后，由于缺乏改建资金，于是向日资的银行借款 | 荣91 |
| 1922 | 债权人催款厉害，“棉纱部分皆无利，面粉虽然微利，无济于事……至十二月廿日，借款成功，签字，人人安心，喜形于色……此为余入实业界第三次风险，即光绪卅四年，民国元年及本年也”。 | | 乐92 |
| 1922 | 所借日本兴业银行350万日元，连续三次转期，最后一次为1925年。 | | 荣184 |
| 1925 | 查定期放款中股款：包含中国银行300 000元、上海银行300 000元、中国铁工厂25 000元、联益公司6 000规元、上海商会公债323.24规元。 | | Q193－1－696，申新纺织总公司资产负债明细，第38页 |
| 1927 | 申四需要贷款来支持，通过金融界李国伟的表兄华栋臣，并让他担任营业部主任，还请汪孚礼的弟子任总工程师。这样，以福五厂基抵押三百万元，以申四厂厂基抵押140万元，加上营运贷款三百万元，总计700多万元。恢复了生产。 | 银团的介入 | |
| 1928 | 设立同仁储蓄部，自设金融机构同仁储蓄部，吸收社会存款为了筹集更多的运营资金，荣氏集团于1928年建立了同仁储蓄部，吸收职工和社会存款。由于有实业做后盾，储蓄部业务繁多，吸纳了大量存款，1931年已达到643万余元。 | 早期已经存在许多存款，就是说个人或者企业存入款，可以说是同仁储蓄部的前身 | 荣276 |
| 1930 | 社会游资充斥，银行争做对申新贷款。 | 反向影响主银行制度变迁 | 荣273 |
| 1931 | 1931年，申新以340万两巨额资金收买上海厚生纱厂，因无现金支付而向该厂原债权银团抵押贷款，本身未出任何现金。规模效应帮助荣氏取得融资信用。1931年10月，收买厚生厂时，钱庄相信荣氏而不相信厚生，愿意把厚生厂转抵押给荣氏，不付分文就得到一个厂子。这也是一种融资，是信用融资方式。据称当时厚生厂成立了第一债权团和第二债权团，分别借款三百四十万元和一百四十万元，竭力玉成荣氏接收厚生厂。 | 9家钱庄，一家中央信托公司、永庆公司和两个个人组成银团 | 乐109，荣253 |
| 1931 | 申新九厂，1931年，当荣宗敬收买三新纱厂机器建立申九时，三新机器给穆藕初，觉得他没有这个实力；找严裕棠，也觉得他没有这个实力；最后找到荣宗敬，荣一口答应，但是说没有那么多钱；最后，决定机器厂子40万元，先付佣金5万，荣找了荣鸿三的丈人孙直斋（汇丰钱庄和惠中旅馆的老板），要他贷款，说只有5万元。荣正好需要5万元，就把厂买下来了。这是一种非正式的制度安排，营造人际关系网来融资的体系。 | 非正式制度：人际关系网 | 乐109，荣248 |
| 1931 | 为了筹到足够的流动资本，荣氏利用企业的信誉、与金融业资本家的关系和在银行拥有的股份，不断向上海银行、中国银行贷款。至1931年，总公司已分别欠两行536.1万元和434.7万元。 | | |
| 1931 | 1931－1932年，荣宗敬个人投资入股信康钱庄等7个、银行2个、保险公司1个、其他公司4个、地皮1处。 | | 荣553 |
| 1931 | 早期押款合同，银团介入较轻，只规定“银行把受押品委托抵押人经营管理，但是随时可以书面通知撤销，并把管理权交付受押人或者其指定之人。” | 早期银团介入形式 | Q193－1－541，荣宗敬以申新六厂产权向公利、聚兴、集益等银团订立的押借款及营运合同 |
| 1932 | 但是在1932－1933年，工业衰退，闲置生产能力增加，许多企业因债务累累而将所有权转归银行。直到1936年才得到复苏。此时私人企业已经很大程度让位于国家控制。 | | |
| 1932 | 1932年，申新各厂资金调度已经非常困难，年底流动资金为2 236万余元，而短期负债却有2 456万余元 | | |

续表

| 年份 | 制度事件 | 制度评价 | 资料来源 |
| --- | --- | --- | --- |
| 1932 | 以西方和日本金融界支持企业的事例,指责中国金融界以盘剥企业利息为能事,在厂家生意兴旺时争着放款,在厂家疲软时毫无情义可言,没有尽到通融或接济的义务,认为是中国实业不发达的一大原因。 | 独特的金融支持理念 | 荣管403,汪孚礼:《申新纺织公司过去的回忆和今后应采取的方针》 |
| 1932 | (荣氏兄弟)经验既丰,信用也好,一文钱做数文钱的事实,渐渐能够将局面做扩大起来。 | 一文钱做数文钱的经营思想 | 同上 |
| 1932 | “申新因连年扩张,过于迅速,所需资金多向银行通融。当时贷款申新者甚多,如交通、中国、上海、浙兴、中一信托公司,尤以上海银行投资最巨,对申新放贷竟占到其存款的百分之八十。” | | 《荣宗敬荣德生经营实业传略》,第194页 |
| 1932 | 由于纱价猛跌,1932年因在美麦粉交易上失败,二厂、五厂曾经一度停工。后由各银行会同组“一二五八厂银团”管理。又申新七厂受到汇丰拍卖,由中、中、交及上海银行界以二百五十万元购回,组一银团管理。六厂亦如此,九厂由交通银行管理。 | | 同上 |
| 1933 | 收少付多,出品不俏,押汇装出,垫头不资,越转越紧。往来银行屡屡帮忙,看看数大,即商改押款。 | | 乐112 |
| 1934 | 申总提供资料:申总内部开会,大家都认为非王禹卿出来负责不能应付困难局面,行庄方面也希望王禹卿出来。 | 内外部影响制度变迁:股东冲突、改变制度垄断者 | 荣409 |
| 1934 | 王禹卿致电上海银行陈光甫、中国银行贝淞荪:“敝公司经过情形及现时状况,早在两公洞鉴中。弟所陈述,承蒙采纳,足证两公维护实业之热忱。弟之出任维持,亦以敝公司范围较广,力予援助,何幸如之。” | 外部影响制度变迁:王禹卿向上海银行、中国银行求援助 | 荣410 |
| 1934 | 荣德生以家中全部有价证券作押,向银行请求帮助、荣伟仁亲自向荣德生求救,押款五百万。不料银团止付,申新正式搁浅。 | 银团影响制度变迁 | 荣411—412 |
| 1934 | 王禹卿致接手后,清账发现库存缺少八万元,银账房汪君解职,银账房事移交新银团,旧印章封存,拨二百五十万元维持现状。中、上行要求各厂在各钱庄所做押款一律改为营运性质,并由总公司负责保证一律不得停工。 | 银团控制账房和介入经营 | 荣413 |
| 1934 | 荣宗敬通过史量才向金城等北五行借款求成,史量才提出以中国上海银行为主,北五行为辅。企业组织彻底改组,废除总经理,改设董事会,以荣宗敬为董事长,中国、上海、北五行及钱庄各推一常务董事,共同处理日常重要事务,其余董事一律为申新股东及各债权行庄推选,组成董事会;厂务要物色一总工程师统一领导,要做到统一品质、降低成本。并要荣宗敬两个儿子出国,史指出:如果企业不公私分明,破除情面,困难就难于彻底解决。史量才认为荣宗敬家族观念很深,没有革除旧一套的决心导致方案最终没有成功。 | 科学管理:史量才和银团提出设立董事会的制度变迁的要求 | 荣424 |
| 1934 | 12月上海银行棉业研究会第十九次会议。认为12月发生退票风潮后,信用日衰,无法周转。提出目前申新困局,并非头痛医头可以解决,非要整个整理方案,开诚布公,得银团彻底解决。商讨各厂与总公司独立,另立联合办事处的建议;银团认为只能得到进花实权而销售方面无实权。要求全面控制管理权,才能解决问题,取得经营转机。银团认为:关系荣宗敬体面;荣家族观念太深,他的子侄辈分掌各厂实权,难以交出。 | 荣家企业家族观念太深、子侄掌握大权,银团无法进一步控制企业 | 荣464 |
| 1935 | 申七事件,荣宗敬函托张公权、陈光甫转请国民党政府援助,用中央银行垫款200万赎出申七厂。 | 通过银团请求帮助 | 荣538 |
| 1935 | “荣德生王禹卿曾经反对荣宗敬对上海各个行庄都要搭上一个股份,荣宗敬说自己搭上一万股子,可以用上十万二十万资金。”这据称是荣氏在发展过程中深切感到要向金融界融资的需要,由于扩张快速,经常受到资金的困扰,而且受到金融界的制约,于是,开始向金融界渗透,向中国银行、上海商业储蓄银行等多处金融机构投资,通过股权投资,荣宗敬担任中国银行和上海商业储蓄银行的董事。 | 近代一般股票投资都少参与企业经营,荣宗敬担任中、上两行董事是有实质性战略意义。银团和企业的互相渗透 | 荣552—553 |
| 1935 | 1935年,银团要作为主体经营管理工厂,荣宗敬不肯。认为不应该过问生产,只监督财务可矣。最后妥协,让申二、五两厂停工。 | 制度变迁:银团参与 | 荣442 |

续表

| 年份 | 制度事件 | 制度评价 | 资料来源 |
|---|---|---|---|
| 1935 | 改进委员会一年来工作报告，组织上引进银团驻公司办事处，控制购花委员会，并参与相关制度变迁决策。新设立改进委员会临时机构，以负责制度变迁和企业决策。委员会建立文书股、保管股、人事股、调查股、庶务股5个办事简则。厂务方面建立厂务股、事务股、厂务委员会、财务股、会计股、原料股、销售股、汇总保险股、机器材料股、运输股等10个办事简则。 | 制度变迁：银团参与及内部大改良 | 荣管506 |
| 1935 | 1933年年底，钱庄逼债厉害，荣宗敬对钱庄声称：将在企业内部切实改进，增加生产，紧缩开支，以等待市面转机，请求钱庄帮助维持信用。显然，荣家企业经营上不断对银行钱庄做出改革的保证，以取得后者的融资信用。荣宗敬在1935年1月致各厂，要求紧缩开支。(1)1935年起，制订开支预算；(2)各厂的机器移动、改换和加装，如增加费用一律停止；(3)各厂特别紧缩，同事去留，格外减少；(4)车间应用五金物料，各厂查有呆搁，制表分送各厂通用，以免呆搁，并注重少存。 | 制度变迁：银行压力下，企业紧缩开支 | 荣462 |
| 1936 | 申新一、二、五、八厂银团把申新二厂A号栈房租于新裕纺织有限公司、福新面粉公司及相关建筑工程合同等。 | 银团控制下的经营和租赁情况 | Q193—1—131 |
| 1936 | 第二大纺织集团永安困境中，向银行贷款，通过中国银行和中国建设银行发行公司债500万元，被迫接受宋子文派员监督，还转让20万元的股份低价20%给宋子文。 | | 上海市纺织工业局等：《永安纺织印染公司》，第127、130—132页 |
| 1936 | 上海申新纺织第五厂与中国、上海两银行订立委托经营契约。 | | Q193—1—30 |
| 1936 | 申二、五厂复工，并与中国、上海银行订委托经营合同，将经营权和管理权委托于中、上行为主组织的委员会。 | 委托经营二五厂 | 荣518—520 |
| 1937 | 遇到阻碍他买旧厂(三新)，荣宗敬说："工厂不管好坏，只要有人肯卖，我就要买。我能多买一只锭子，就像多得一支枪，我虽没有钱，人家肯欠给我，我就要借。" | 举债都要全力扩展的思想 | 荣管863—865 |
| 1937 | 荣宗敬冒险，认为多设一厂就多一盈利机会，也即多一个还债机会。常说"债多勿愁，虱多勿痒，债愈多愈凉"。想在五十岁时有五十万锭，六十岁时有六十万锭，七十岁时七十万锭，八十岁要达到八十万锭。 | 大胆借债，重视规模的经营思想 | 荣管863—865 |
| 1937 | 总公司一般对各厂收息，又付息于银行钱庄。1937年借款财务费用分摊比较，根据资料计算财务利息负担率(利息/各种贷款总额)，特种抵押利息率0.0513；存入款0.118；银行透支0.093；储蓄部0.08；定期抵押0.12；定期信用借款0.079。 | | Q193—1—578：1937年申新决算表，第2、18页 |

备注：我们对家族企业介入企业所有者与经营者的激烈冲突并无深刻认识，刘鸿生引入职业经理人华润泉，受到刘氏各厂家族势力的明暗抵制，非常不信任经理人。荣氏也是对银团等外部介入产生强烈反弹。

## 附表11：工头制度改革当事人访问录样本

### 工头制度改革当事人访问录样本

| 年份 | 当事者 | 内容 | 资料来源 | 备注 |
|---|---|---|---|---|
| 1905 | 荣鄂生日记： | 1925年"4.21暴动"；6.4炉子间工人殴打巡丁；6.8工人扰乱张姓职员工作；1926年布厂工人殴打追击职员并停工；布厂女工聚众要发工资。 | 荣管677—679 | 时任申三副经理 |
| | 楼震旦回忆录 | 关于申三厂改革的回忆。 | 荣管680—698 | 时任申三工程师 |
| | 谈家枨访问录 | 关于申三厂改革的回忆。 | 荣管699—705 | 时任申三职员，后任厂长 |
| | 陈步韩访问录 | 关于申三厂改革的回忆。 | 荣管706—710 | 时任申三职员 |

续表

| 年份 | 当事者 | 内容 | 资料来源 | 备注 |
|---|---|---|---|---|
| | 郑翔德访问录 | 关于申三厂改革的回忆。 | 荣管 711—714 | 时任申三职员，后任厂长 |
| | 丁阿满访问录 | | 荣管 715—718 | 时任细纱间机工 |
| | 冯顺大访问录 | | | |
| | 吴盘生访问录 | | | |
| | 薛明剑日记 | | | |
| 1926 | | 申三发生工潮。 | Q193—1—428 申新系统企业史料(第六编第二期)荣宗敬、荣德生年表合编 | |
| 1927 | | 二月申五发生工潮。 | Q193—1—428 申新系统企业史料(第六编第二期)荣宗敬、荣德生年表合编 | |
| 1934 | | 1934年，上海银行《申新一二三五八厂调查报告》申三、申四大规模训练养成工，并严订章程，加强管理"总工程师汪孚礼来申三，督率工务人员，改革一切工务，对于工人技能之指导，尤不遗力，数年之间，成效卓著。推行标准工作法，于前年1932年七月起，设立养成班，初仅就细纱一部着手，划定瑞士机二十二部为养成工之工作区，招收工人，限定自十五岁至二十岁，具备初小或高小程度，品性纯善，身体强健，能耐劳苦，身材高以达五十四吋为合格。学艺三月，期内膳宿，均由厂中供给。第一月一元津贴，第二月一元五角，第三月二元。学艺中。如三月期满艺成，则正式派以相当工作，可与普通工人同样以货计资。" | 荣 569 | |
| 1936 | | 申九多使用包身工制度。3 000多人中，1 200多是包身工，由20个包工头带领。而养成工多是包身工。据说申九迁到澳门路后因为招不到人所以就用了包身工。申新一厂也有部分包身工。说待遇都差，和日本工厂中的包身工差不多。当时的社会环境造就了包身工制度。 | 荣 575 | |
| | | 根据谭家根访问记录，谭家根当时任申新三场车间职员，后任厂长。 | | |
| | | 根据郑翔德访问记录，郑翔德当时任申新三场车间职员，后任厂长 | | |

资料来源：未注明的源于上海社会科学院经济研究所采访记录，引乐农史料选编：《荣德生与企业经营管理》下册，上海古籍出版社，2004年版，第700页。